江门年鉴

JIANGMEN NIANJIAN

2021

江门市人民政府地方志办公室 编

方志出版社
Publishing House of Local Records

图书在版编目（CIP）数据

江门年鉴. 2021 / 江门市人民政府地方志办公室编. —
北京 : 方志出版社, 2021.12
ISBN 978-7-5144-5051-4

Ⅰ. ①江… Ⅱ. ①江… Ⅲ. ①江门－2021－年鉴
Ⅳ. ①Z526.53

中国版本图书馆 CIP 数据核字(2021)第 276337 号

责任编辑：黄彦
责任校对：刘玉霞
责任印制：赵楚
出 版 者：方志出版社
地　　址：北京市朝阳区潘家园东里 9 号（国家方志馆 4 层）
邮　　编：100021
网　　址：http://www.zgfzcb.cn
发　　行：方志出版社图书营销中心（010-67110500）
印　　刷：江门市江海区艺朗彩色印艺有限公司
开　　本：889 毫米×1194 毫米　1/16
印　　张：27.5
字　　数：745 千字
版　　次：2021 年 12 月第 1 版
印　　次：2021 年 12 月第 1 次印刷
定　　价：350.00 元

数字江门 2020

土地面积9506.92平方千米
年末常住人口480.41万人
年末户籍总人口401.59万人
地区生产总值3200.95亿元
第一产业增加值274.48亿元
第二产业增加值1333.23亿元
第三产业增加值1593.24亿元
人均地区生产总值6.6万元
规模以上工业增加值1027.95亿元
货物周转量158.19亿吨·千米
旅客周转量33.12亿人·千米
沿海主要港口货物吞吐量7427.4万吨
通信业务总量429.1亿元
社会消费品零售总额1162.62亿元
居民消费价格指数103.1%
旅游收入103.34亿元

实际利用外资82649万美元
海关出口总额1125.9亿美元
海关进口总额303.0亿美元
实际利用外商直接投资8.26亿美元
地方财政一般预算收入264亿元
地方财政一般预算支出442.37亿元
城乡居民储蓄存款余额2986.74亿元
城镇居民人均可支配收入39923元
农村居民人均可支配收入21129元
研究与试验发展（R&D）经费投入强度2.45%
高等院校在校学生5.6万人
中等职业在校学生4.85万人
小学在校学生35.46万人
卫生机构病床数24953张
人均公园绿地面积20.19平方米
建成区绿化覆盖率45.72%

编辑说明

一、本年鉴以马克思列宁主义、毛泽东思想、邓小平理论、“三个代表”重要思想、科学发展观、习近平新时代中国特色社会主义思想为指导，坚持辩证唯物主义和历史唯物主义的立场、观点和方法，旨在全面、系统、准确地反映江门市自然、政治、经济、文化、社会等方面的基本情况，为读者了解和研究江门市提供基本资料。

二、本年度《江门年鉴》记述江门市的大事、要事和新事，时间界限为2020年1月1日至2020年12月31日。

三、《江门年鉴》采用分类编辑法。全书由卷首、百科、卷尾3个基本部分组成；框架结构分类目、分目、条目3个层次；在部分条目中，增加子目层次。卷首设总述、大事记、年度关注；卷尾设附录、索引。

四、本年鉴设34个类目，189个分目，1284个条目，条目条头统一用方头号【 】。全书约85万字。

五、本年鉴采用的稿件均由江门市各市（区）、各部门、各单位专人撰写，并经单位审核。凡涉及国民经济和社会发展的统计数据，由地方志办公室与统计部门核对。对于统计口径、时限范围不一，条目中有些数字与统计部门的数据不一致，以江门市统计局出版的《江门统计年鉴》数据为准。

江门市地图

图例			
◎ 江门市	地级行政中心	—·—	地级行政区界
◎ 蓬江区	县级行政中心	-·-·-	县级行政区界
◦ 环市街道	镇级行政中心		高速铁路、城际铁路
▲	山峰		普通铁路
	机场	G65	高速公路及编号
	码头	G325	国道及编号
比例尺 1:360 000		S281	省道及编号
			隧道

注：本图界线不作为权属争议的依据，资料截止时间为2018年6月30日。

审图号：粤S（2018）133号 广东省国土资源厅 监制

蓬江区地图

审图号：粤S（2018）135号

广东省国土资源厅　监制

江海区地图

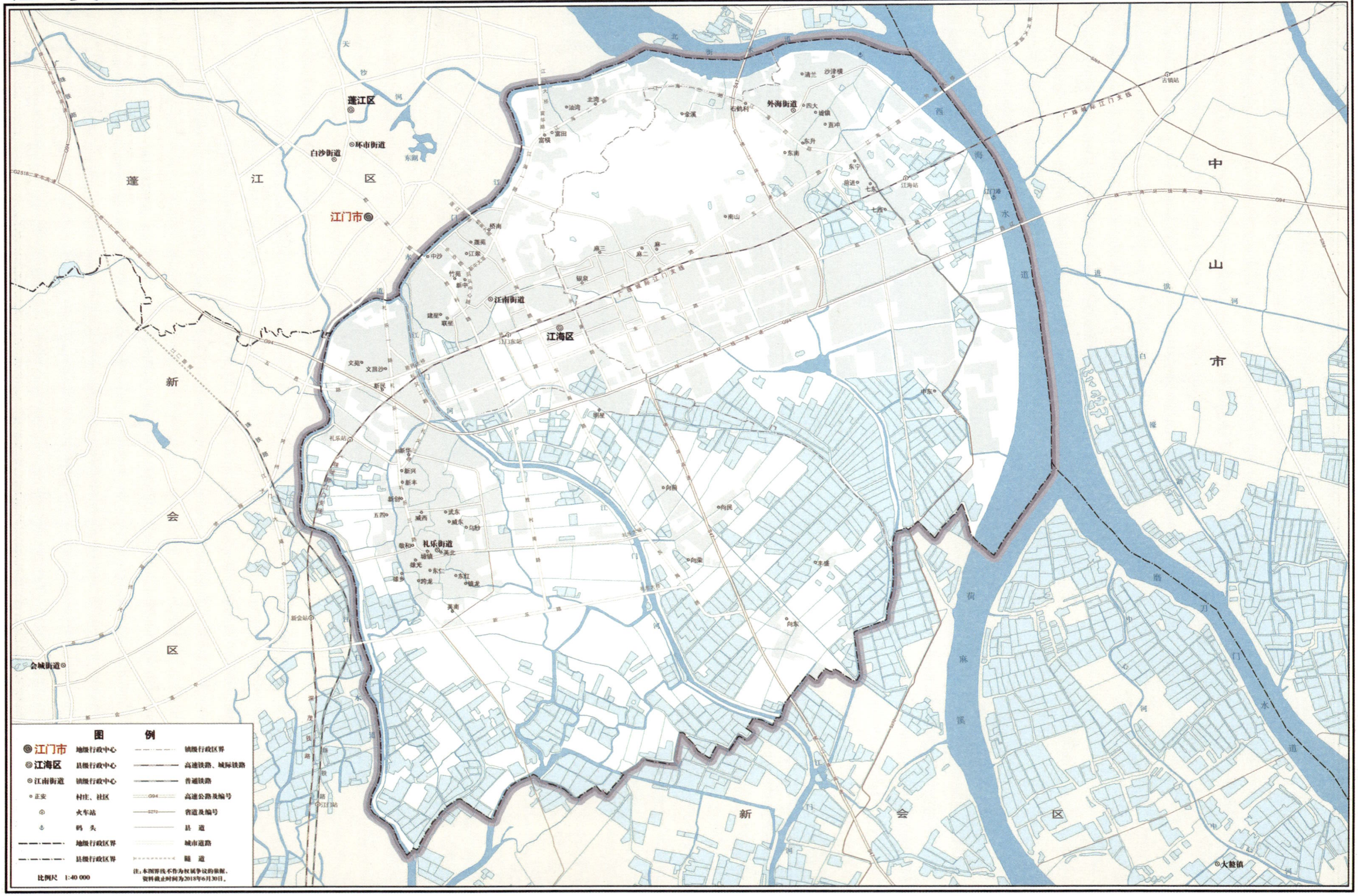

审图号：粤S（2018）132号

广东省国土资源厅 监制

新会区地图

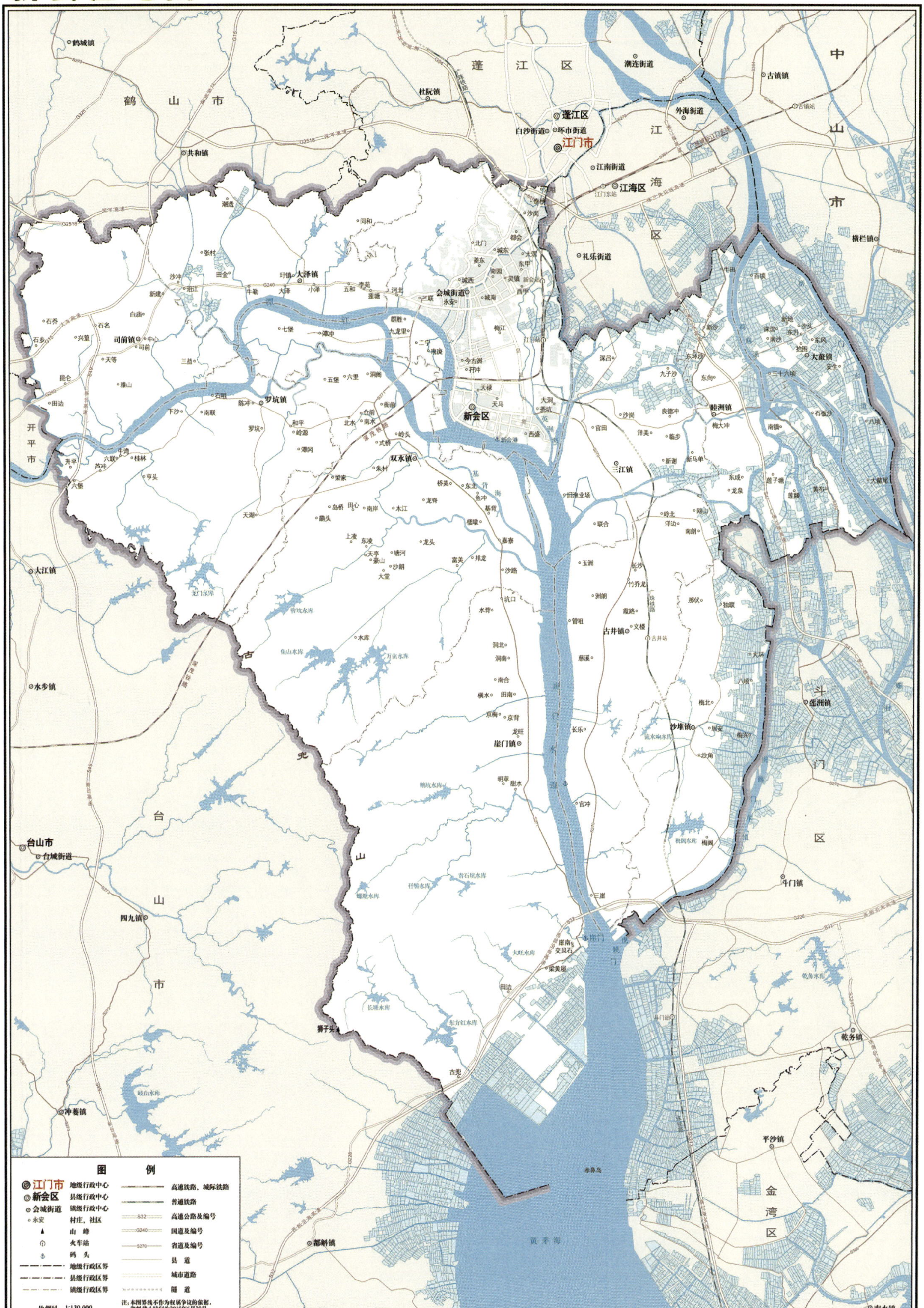

审图号：粤S（2018）137号

广东省国土资源厅 监制

台山市地图

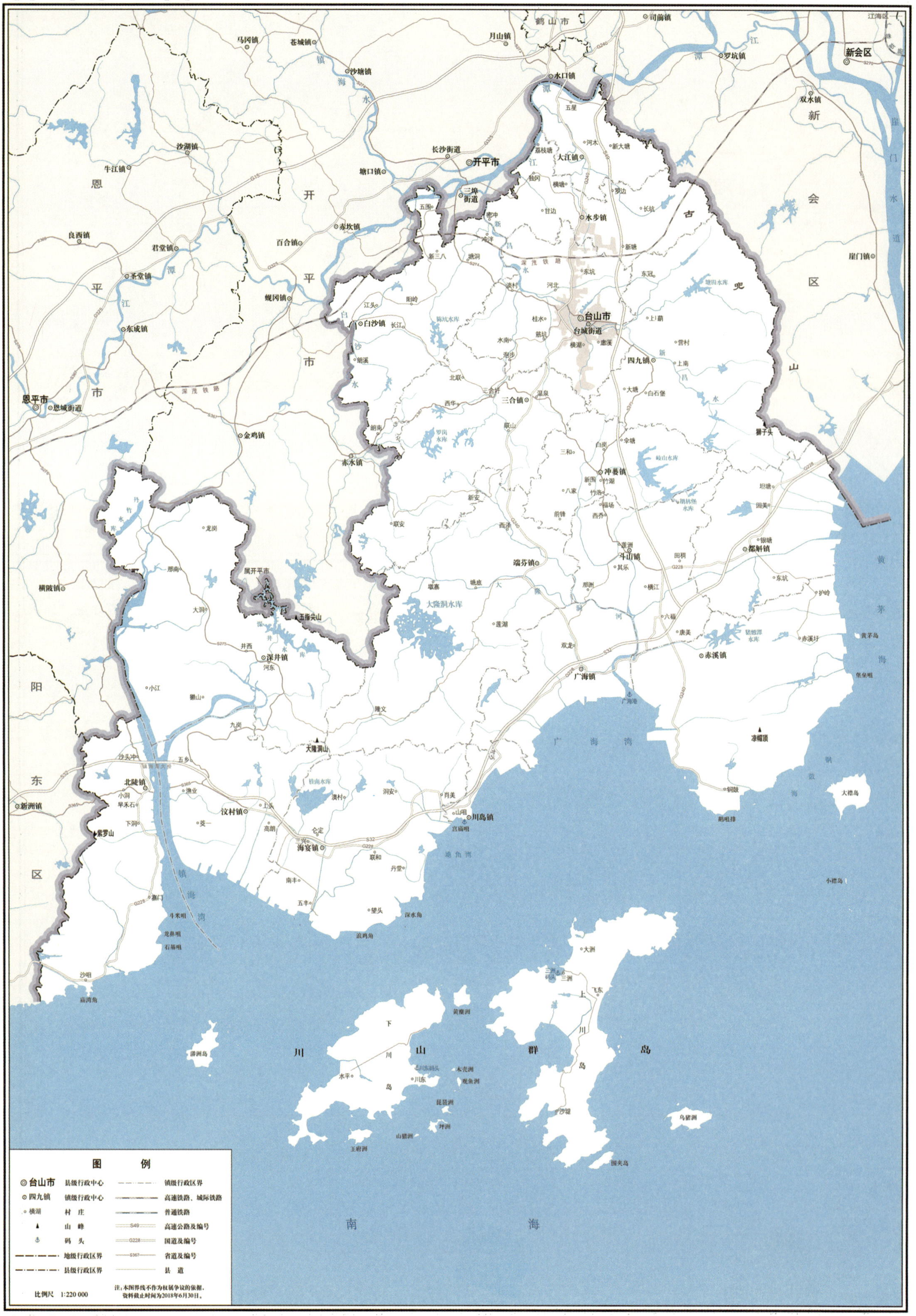

审图号：粤S（2018）136号　　　　广东省国土资源厅　监制

开平市地图

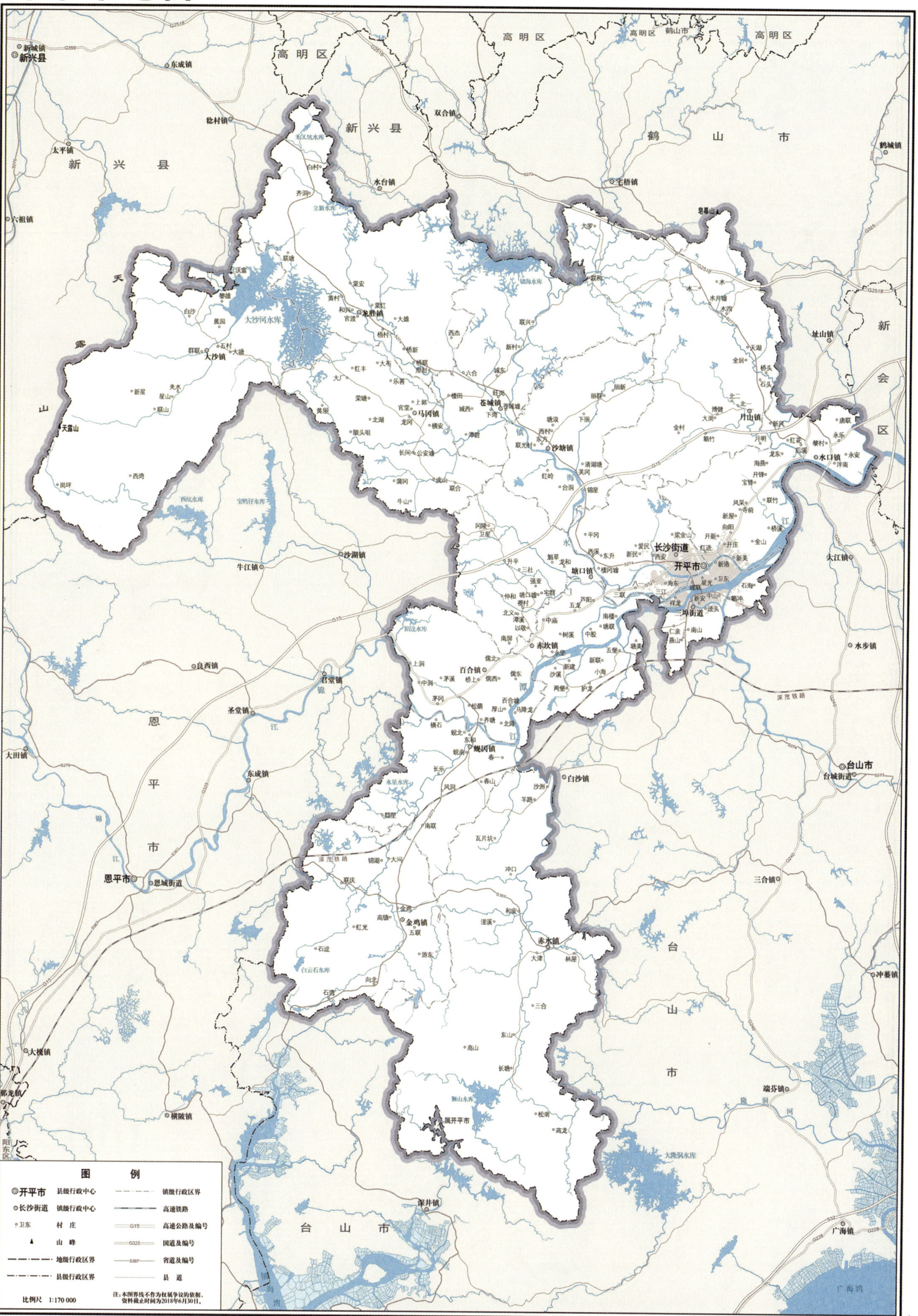

审图号：粤S（2018）134号

广东省国土资源厅 监制

鹤山市地图

审图号：粤S（2018）131号

广东省国土资源厅 监制

恩平市地图

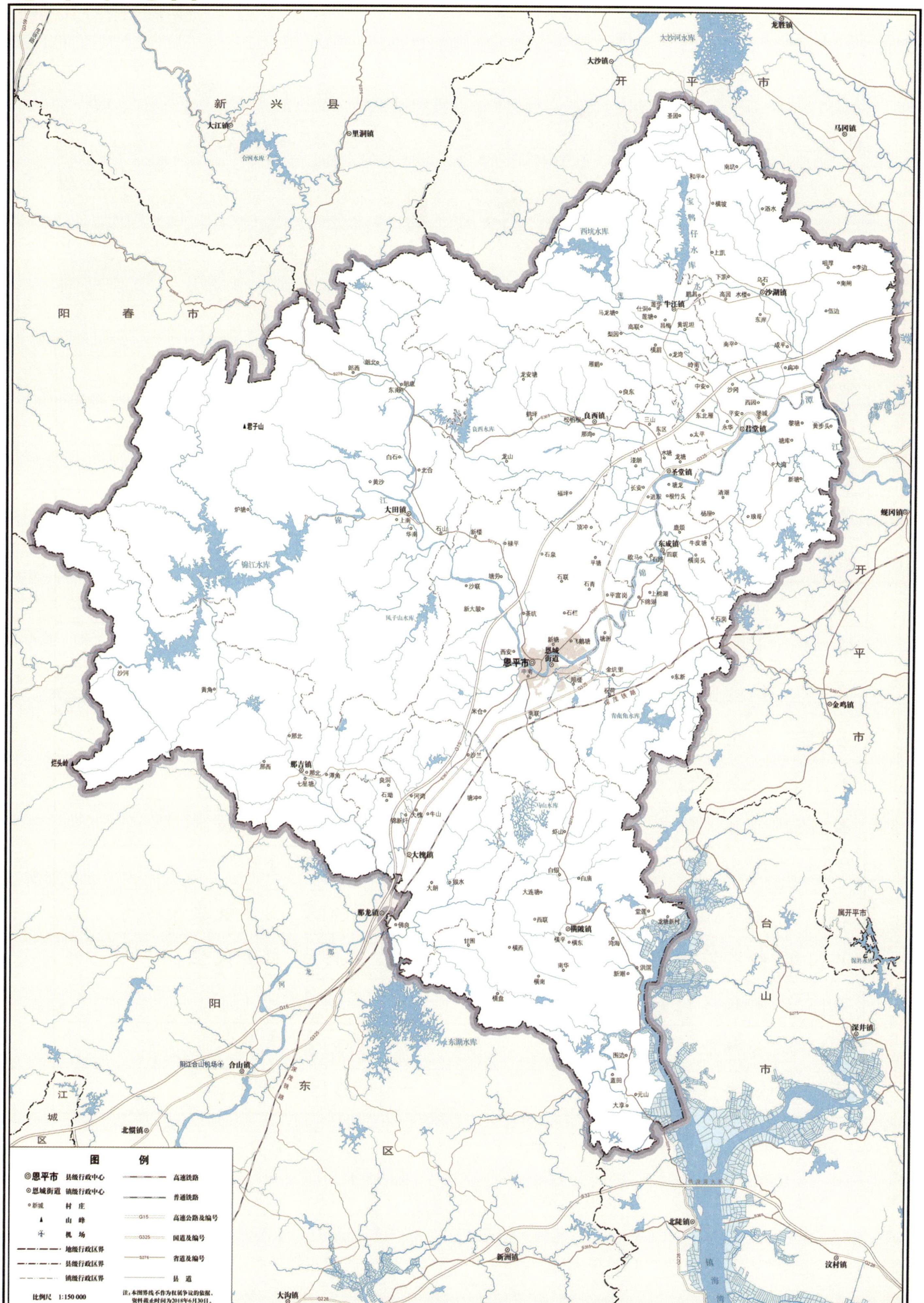

审图号：粤S（2018）130号

广东省国土资源厅　监制

总 目

图片专辑

2020年1月1日，江门市民在五邑华侨广场迎接新年

（郭永乐　摄）

2020年1月4日，中央广播电视总台2020春节戏曲晚会江门分会场在五邑华侨广场录制节目

（江门市文化广电旅游体育局　供图）

2020年1月8—11日，中国人民政治协商会议第十三届江门市委员会第四次会议在市文化馆召开。图为8日开幕式现场

（郭永乐　摄）

2020年1月9—11日，江门市第十五届人民代表大会第六次会议在江门市市委市政府大会堂开幕。图为11日闭幕式现场

（周华东　摄）

2020年1月22日，中国共产党江门市第十三届纪律检查委员会第五次全体会议在市委市政府大会堂召开

（周华东　摄）

2020年1月28日，江门市严格执行省防疫通告，规定市民出入公共场所必须戴口罩。图为市民戴口罩在超市购物

（郭永乐　摄）

2020年1月27日，面对突如其来的新型冠状病毒肺炎疫情，江门市舒而美医疗用品有限公司紧急号召职工返回工厂赶制口罩。图为口罩生产现场

（陈敏锐　摄）

2020年2月9日，江门市首批赴湖北抗击疫情医疗队的15名医护人员在市卫健局集结完毕，即奔赴抗击疫情最前线。图为医护人员合照

（周华东　摄）

2020年2月14日，江门市第三批赴湖北抗击疫情医疗队的20名医护人员在市卫健局集结完毕，驰援湖北省荆州市。图为医护人员合照

（周华东　摄）

2020年7月16日，在滨江新区举行中国铁建湾西总部基地奠基仪式

（李俊雄　摄）

2020年7月，江侨路（江沙路—江门大道）改造工程全面建成通车

（江门日报社　供图）

2020年8月16日，江门市在台山市横山横水码头举行南海伏季休渔开渔节。图为开渔时百舸齐发

（周华东　摄）

2020年9月22日，江门市庆祝2020年中国农民丰收节系列活动暨第七届江门市农业博览会在珠西国际会展中心启动。图为市民参观农产品现场

（郭永乐　摄）

2020年10月1日，首届“书香侨都童乐融融——任溶溶童书节”在珠西国际会展中心开幕

（周华东　摄）

2020年10月16日，中国共产党江门市第十三届委员会第十二次全体会议在市委市政府大会堂召开

（周华东　摄）

2020年11月16日，总投资约40亿元的广东第四大轨道交通枢纽——珠西综合交通枢纽江门站开通

（周华东　摄）

2020年11月16日，第二届国家考古遗址公园文化艺术周暨第十届国家考古遗址公园联盟联席会、首届台山海丝史迹考古遗址公园文化艺术周在台山市开幕

（江门市文化广电旅游体育局　供图）

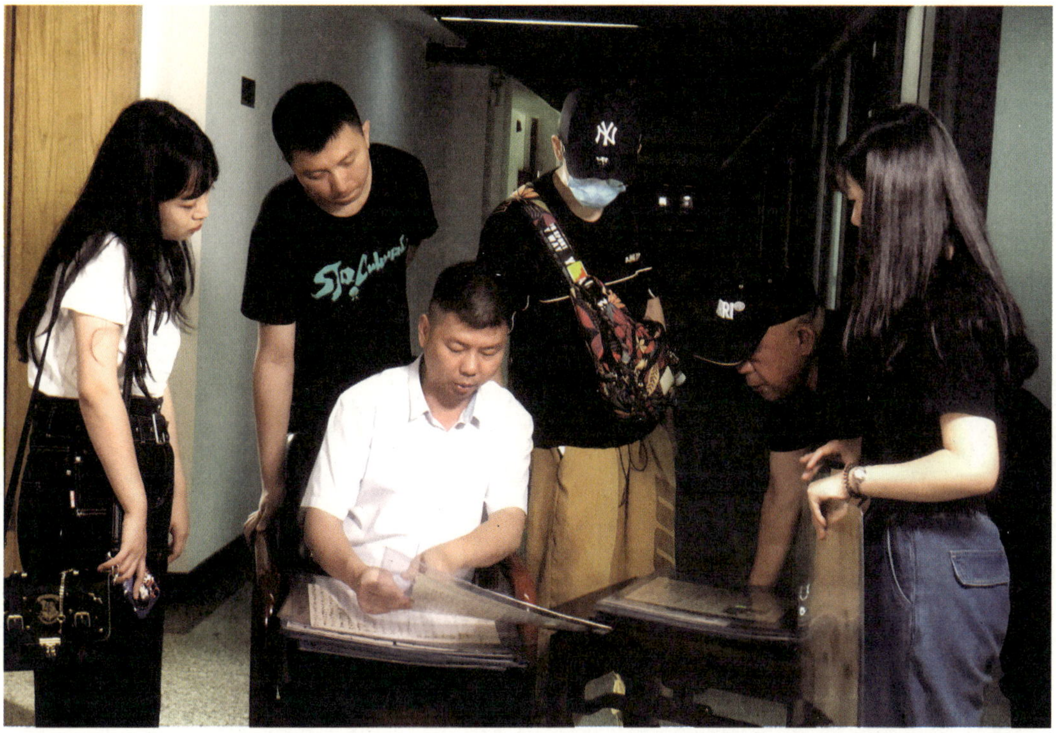

2020年11月18—20日，中央广播电视总台《国家记忆》栏目摄制组到江门，围绕世界记忆遗产“侨批档案”，拍摄纪录片《跨越山海的家书》。图为收藏家向摄制组展示民间银信藏品现场

（江门日报社　供图）

2020年12月24日，中国共产党江门市第十三届委员会第十三次全体会议在市委市政府大会堂召开

（周华东　摄）

2020年12月28日，广中江高速全线通车。图为广中江高速沙富立交鸟瞰图

（江门日报社　供图）

蓬江区

2020年3月3日，蓬江区2020年第一季度重大项目集中动工（投产）活动在荷塘镇举行。图为出席嘉宾按下启动手印现场

（蓬江区委宣传部　供图）

2020年3月16日，蓬江区人民政府与中国铁建投资集团有限公司、中国铁建房地产集团有限公司、中国土木工程集团有限公司在江门人才岛举行战略合作框架协议签约仪式

（蓬江区委宣传部　供图）

2020年4月23日，蓬江区滨江新城的园山湖公园建成开放

（蓬江区委宣传部　供图）

2020年6月起，蓬江区园山湖音乐喷泉开放表演

（刘　琼　摄）

2020年7月28日，蓬江区在荷塘镇康溪工业园举行首个村级工业园旧改示范项目蓬江（荷塘）万洋众创城签约仪式。图为动工建设签约仪式现场

（蓬江区委宣传部　供图）

2020年8月30日，位于滨江新区的广东实验中学附属江门学校投入使用

（蓬江区教育局　供图）

2020年9月，蓬江区石湾社区启明里二期改造完成

（蓬江区委宣传部　供图）

2020年10月，蓬江区创建第三批广东省公共文化服务体系示范区。图为“月圆中秋 梦圆中国”2020年蓬江区中秋国庆晚会现场

（蓬江区委宣传部　供图）

2020年11月22日，在江门市文化馆举办纪念陈垣先生诞辰140周年语言艺术大赛暨颁发陈垣奖学金活动

（蓬江区图书馆　供图）

2020年12月17日，中国排球协会在广东的首个训练基地在蓬江区成立。图为代表揭牌后合照

（蓬江区委宣传部　供图）

江海区

2020年1月1日，江海区龙溪湖阅读中心启用

（江海区地方志办公室　供图）

2020年2月26日，江门市中心医院江海分院负压救护车移交仪式

（江海区地方志办公室　供图）

2020年3月6日，江海区宏健医疗器械有限公司捐赠防疫物资

（江海区地方志办公室　供图）

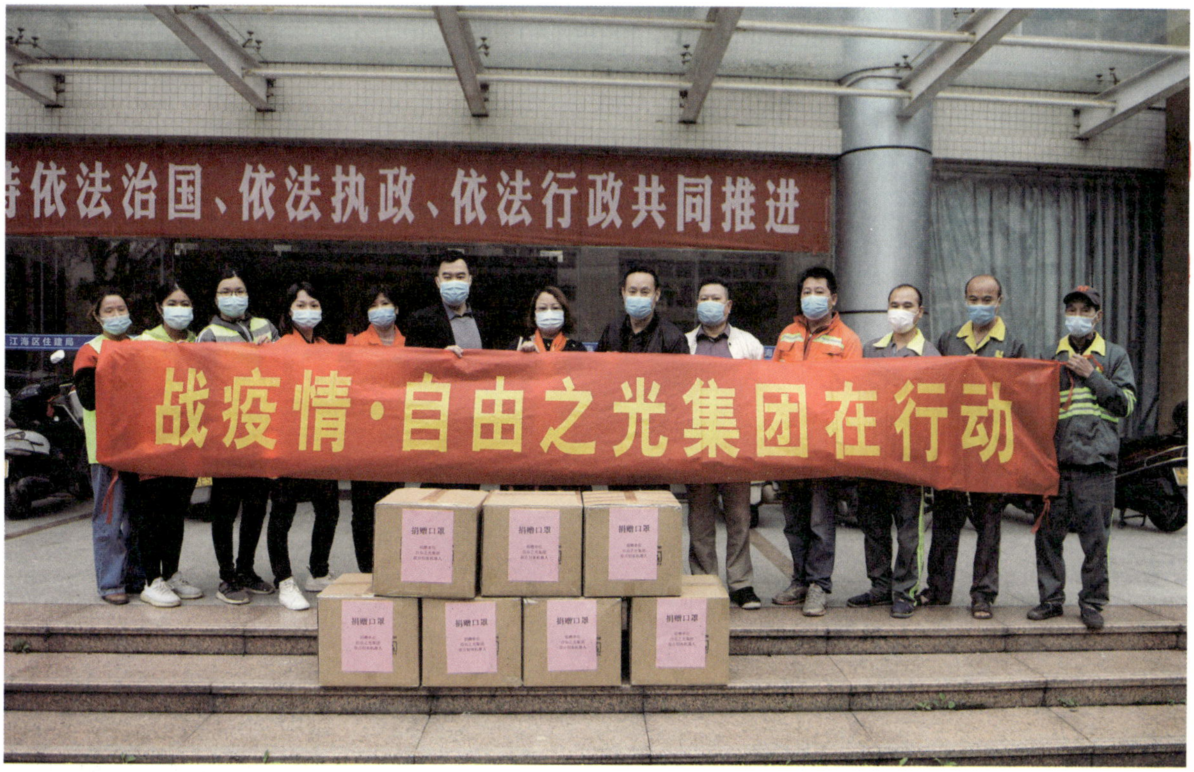

2020年4月1日，自由之光集团向环卫工人捐赠口罩现场

（江海区地方志办公室　供图）

2020年5月1日，江海区启动“2020江门市江海区五月惠民消费节”活动

（江海区地方志办公室　供图）

2020年6月1日，江海区儿童公园正式对公众开放

（江海区地方志办公室　供图）

2020年6月19日，江门市碧道建设工程EPC+O项目江海段开工仪式在城央绿廊外海示范段举行。图为嘉宾推杆启动现场

（江海区地方志办公室　供图）

2020年6月20日，在礼乐街道丰盛村举行江海乡村旅游文化节暨礼乐葡萄节开幕式

（江海区地方志办公室　供图）

2020年7月10日，珠海华润银行江门分行在江门高新区开业。图为江门市政府代表与华润银行代表签署战略合作协议

（江海区地方志办公室　供图）

2020年10月1日，江门圩日·江海龙狮文化节在江门演艺中心开幕

（江海区地方志办公室　供图）

2020年10月6日，龙溪湖时尚运动中心举行启用仪式

（江海区地方志办公室　供图）

2020年11月19日，江门高新区（江海区）举行2020年第四季度重大项目集中动工（投产）活动

（江海区地方志办公室　供图）

2020年12月30日，江门高新港竣工落成

（江海区地方志办公室　供图）

2020年12月30日，位于江海区的江门一中附属小学启用。图为揭牌仪式现场

（江海区地方志办公室　供图）

2020年6月5日，全球最大的电子束处理工业废水项目在江门市新会区冠华针织厂建成投运。图为七台电子加速器联机运行处理印染废水

（新会区府办公室　供图）

2020年8月27日，新会区举行三季度重大项目集中动工（投产）暨“两看两比”活动，集中动工（投产）项目19个。总投资超120亿元，集中签约项目17个，计划总投资60.3亿元，为完成全年经济目标任务注入强大动力

（刘韵尧　摄）

2020年11月20日，以“香遇小冈·云通世界”为主题的第五届中国（新会）香文化博览会在双水镇小冈香业城开幕。图为嘉宾按下启动手印现场

（刘韵尧　摄）

2020年12月23日，新会区举行亚太森博（广东）纸业有限公司增资200亿元首批项目动工仪式

（林文沃　摄）

台山市

2020年2月14日台山市首批支援湖北医疗队出征

（市卫生健康局　提供）

2020年8月19日，台风“海高斯”来袭，南方电网广东江门台山供电局做好应急抢修准备

（台山供电局　供稿）

2020年7月7日，江门市农业农村局、江门市农业技术服务中心和台山市农业农村局联合在广海镇举行水稻智能机械化收获现场演示会

（台山市农业农村局　供图）

2020年8月，台山市三合镇人大打造全省首个人大代表游客联络站

（台山市人大常委会办公室　供图）

2020年12月22日，台山市新档案馆启用

（台山市地方志办公室　供图）

2020年12月31日，中开高速公路台山段建成通车。图为白沙收费站

（台山市交通运输局　供图）

2020年7月28日，开平市在深圳市举行2020年开平市（深圳）招商推介会，图为开平市政府与深圳市宏发投资集团签订战略合作框架协议现场

（余映意　摄）

2020年9月16日，开平市公安局在开平东汇城商场举办“扫黑除恶　开平在行动”成果巡展暨示警行动开幕式。图为公安铁骑队伍在街道示警巡游

（开平市公安局　供图）

2020年11月30日，开平市获得“绿水青山就是金山银山”实践创新基地表彰。图为领奖现场

（开平市档案馆　供图）

2020年12月25日，开平翠山湖科技产业园区被认定为省级高新技术产业开发区。图为翠山湖科技产业园区鸟瞰图

（开平市档案馆　供图）

2020年12月21日，广东省“精准扶贫奔小康”小戏小品获奖剧目展演在开平市人民会堂举行。图为剧目《谁是小芳》

（开平市文学术界联合会　供图）

2020年12月31日，开平市被评为2020年度广东省“四好农村路”示范县。图为五福里公路驿站鸟瞰图

（开平市档案馆　供图）

2020年1月20日，鹤山市举行滨江路工程通车仪式，展示鹤山市区位优势和经济潜力，优化投资环境。图为出席仪式的领导嘉宾共同为滨江路工程通车推杆现场

（鹤山市档案馆　供图）

2020年2月23日，鹤山市举行2020年首批重大项目集中动工仪式。动工项目4个，总投资达161亿元，涵盖新型产业集聚平台、装备制造、自动化智能设备等领域

（鹤山市档案馆　供图）

2020年5月20日，鹤山市X波段双偏振有源相控阵天气雷达建成使用
（鹤山市档案馆　供图）

2020年6月28日，鹤山市在鹤山市文化中心举行2020年“广东扶贫济困日”暨慈善公益活动仪式
（鹤山市档案馆　供图）

2020年9月20日，广州市演出电影有限公司蓓蕾艺术剧团出品的大型儿童人偶歌舞剧《白雪公主与七个小矮人》在鹤山市文化中心剧场上演

（鹤山市档案馆　供图）

2020年9月25日，鹤山市举行江门“华侨城　古劳水乡”大型文化生态旅游度假区一期首开庆典

（鹤山市档案馆　供图）

2020年11月19日，鹤山市举行2020年第四季度重大项目集中签约、动工活动。其中签约项目9个，总投资50亿元；动工项目7个，计划总投资74亿元；投产项目6个，总投资7亿元

（鹤山市档案馆　供图）

2020年11月20日，鹤山市共和镇来苏村获“全国文明村镇”称号。图为共和镇乡村一角

（鹤山市档案馆　供图）

2020年1月18—19日，哥斯达黎加驻华全权大使德尔加多一行到恩平市进行访问和交流，就加强两地资源对接、商贸合作等方面进行商讨

（恩平市档案馆　供图）

2020年6月16日，恩平市安全生产委员会联合有关部门在昌大昌中庭广场举办主题为“2020年安全宣传咨询日活动消除安全隐患　筑牢安全防线”的安全宣传咨询日活动。图为恩平市应急管理局负责人在启动仪式上讲话

（恩平市应急管理局　供图）

2020年10月22日，开阳高速公路扩建工程（恩平段）建成通车

（恩平市档案馆 供图）

2020年10月26日，恩平市国道G325线塘洲至竹排段路面改造工程完成右幅主线部分工程并通车

（恩平市档案馆 供图）

2020年10月27日，在恩平市牛江镇昌梅村委会举行中国华侨国际文化交流基地揭牌暨恩平拉美华侨华人展仪式

（恩平市档案馆　供图）

2020年12月28日，恩平市妇幼保健院新院投入使用

（恩平市档案馆　供图）

2020年12月31日，开春高速建成通车

（恩平市档案馆　供图）

2020年12月31日，中开高速（白沙至凤山互通段）建成通车

（恩平市档案馆　供图）

目 录

总 述

大事记

年度关注

中国共产党江门市委员会

江门市人民代表大会

江门市人民政府

中国人民政治协商会议江门市委员会

纪检监察

民主党派·工商联

群众团体

外事·侨务·港澳台事务

法　治

军 事

经济监督管理

财政 · 税务

金融业

城乡建设

生态环境

开放型经济

农业农村·水利

工业

建筑业·房地产业

交通运输业·邮政业

信息业

商贸服务业

旅游业

教育

科学技术

文化

卫生健康·体育

社会民生

区（市）

人物

附录

索引

总 述

市情概貌

【地理位置】 江门市地处广东省中南部、西江下游，珠江三角洲西部。东邻佛山市顺德区、中山市、珠海市斗门区，西接阳江市阳东区、阳春市，北与云浮市新兴县、佛山市高明区、南海区为邻，南濒南海，毗邻港澳。全境位于北纬21°27′～22°51′、东经111°59′～113°15′。江门市2020年度行政区域面积9506.92平方千米。其中：蓬江区321.97平方千米，江海区109.16平方千米，新会区1354.74平方千米，台山市3287.80平方千米，开平市1656.94平方千米，鹤山市1082.73平方千米，恩平市1693.60平方千米。

（市自然资源局）

【建置沿革】 元末明初，在肄水(西江)出口江门海西岸地域，形成一个商贸墟集，称江门墟。明万历年间，属新会县龙溪乡归德都辖。清沿明制。康熙年间，江门墟仍为新会县龙溪乡归德都十五图辖地。光绪二十三年(1897)，据《中英西江通商条约》，辟为外国船只停泊及货物上落站。光绪二十八年（1902），《中英续议通商行船条约》议定，江门为对外通商口岸，并设立海关，时称江门埠。

民国时期，建置易制。民国14年（1925），据广东省政府《民国十七年年刊》本省各市政调查材料载：“民国14年11月26日，经广东省政府批准，江门为省辖市建置。”民国20年（1931）2月，撤销省辖市建置，改为新会县第十二区辖镇。民国26年（1937）3月改属新会县第二联乡辖。民国34年（1945）9月至江门解放，为新会县第二区辖镇。1949年10月23日，江门解放。10月25日，中国人民解放军江会区军事管制委员会在江门成立，对江门、新会实施军事管制。翌年5月1日，设立江会区军事管制委员会江门办事处，为县级建制，负责江门行政管理事务。1951年1月12日，经中央人民政府政务院批准，江门改为省辖地级市，归粤中专署辖。同年4月1日，成立江门市人民政府。同时撤销江会区军事管制委员会江门办事处，结束军事管制。1952年5月改属粤西办事处领导，11月归粤中行署辖。1958年4月11日，江门市改为县级市，归佛山专区辖。1958年12月，归属江门专区。1961年4月2日，改属肇庆专区。1963年6月再改隶佛山专区辖。1966年年初，复升为省辖地级市。1970年，江门降为县级市建制，归佛山地区领导。1975年11月，经国务院批准，江门市复改为省辖地级市，受广东省和佛山地区双重管辖。1979年11月24日，江门市革命委员会撤销，复设江门市人民政府。1983年6月1日，实行市领导县体制，江门市下辖新会、台山、开平、恩平、鹤山五县。同年9月1日增辖阳江、阳春两县。1984年7月，江门市区分设城区与郊区两个县级区。至1987年年末，江门市共辖7县2区。1988年1月，阳江县、阳春县从江门市划出。1992年4月至1994年2月，辖下的台山、新会、开平、鹤山、恩平五县先后撤县设市，为省辖县级市建制，省政府委托江门市代管。2000年年末，江门市辖新会市、台山市、开平市、恩平市、鹤山市五个县级市及蓬江区、江海区两个市辖县级区。2002年6月22日,江门市辖下原新会市撤市设区。

（市地方志办）

2020年江门市行政区划简表

表1　　单位：个

市、区	镇、街道名称	镇数	街道数	村委会数	社区居委会数
蓬江区	镇：荷塘、棠下、杜阮； 街道：环市、白沙、潮连	3	3	55	77

续表1

市、区	镇、街道名称	镇数	街道数	村委会数	社区居委会数
江海区	街道：外海、礼乐、江南	0	3	36	26
新会区	镇：大泽、司前、沙堆、古井、三江、崖门、双水、罗坑、大鳌、睦洲 街道：会城	10	1	199	34
台山市	镇：大江、水步、白沙、冲蒌、端芬、都斛、斗山、三合、赤溪、北陡、川岛、海宴、四九、深井、汶村、广海 街道：台城	16	1	277	36
开平市	镇：水口、月山、沙塘、龙胜、马冈、塘口、蚬冈、百合、赤坎、金鸡、苍城、大沙、赤水 街道：长沙、三埠	13	2	226	42
恩平市	镇：大槐、良西、圣堂、君堂、东成、牛江、大田、沙湖、那吉、横陂 街道：恩城	10	1	151	23
鹤山市	镇：雅瑶、龙口、桃源、古劳、址山、宅梧、双合、鹤城、共和 街道：沙坪	19	1	112	27
合计		71	12	1056	265

（周　权　冯颖冰）

【行政区划】 2020年，江门市辖3个区，代管4个县级市。全市有71个镇，12个街道办事处，1056个村民委员会，265个社区居民委员会。

【地形地貌】 江门市地貌特征为北西高，以低山丘陵为主；西南部及东南部较低，以河谷冲积平原和少数丘陵为主，地面标高在5～40米。全市山地丘陵面积达4400多平方千米，占土地总面积46.8%。境内海拔500米以上山地占总面积1.77%。800米以上山脉有9座，多为东北一西南走向。全市最高山为西北部的天露山，南北长约100千米，东西宽约40千米；主峰海拔1250米。北部皂幕山脉的婆髻顶、东部的镬盖尖和南部的笠帽山、凉帽顶，均山势陡峻，岩石嶙峋，“V”形谷发育。东南沿海的古兜山主峰海拔986米，俯瞰南海，气势雄伟。全市河流冲积平原及三角洲平原面积4880多平方千米，占总面积51.90%，多为良田。境内地层有震旦纪、寒武纪、奥陶纪、石炭纪、二叠纪、三叠纪、侏罗纪、白垩纪、下第三纪及第四纪等地质年代的地层，第四纪地层分布最广。侵入岩形成期次有加里东期、加里东—海西期、印支期、燕山期，燕山期最为发育，规模最大。境内岩浆岩分布广，构造比较发育，构造单元属“东南低洼区”。地质构造以新华夏构造体系为主，大的断裂带有北东向的恩苍大断裂和金鹤大断裂。

（市自然资源局）

【气候】 江门市地处低纬，属亚热带海洋性季风气候。冬季盛行东北季风，夏季是西南季风，春秋为转换季节。冬短夏长，气候宜人，雨量丰沛，光照充足。无霜期在360天以上，常年无雪。区域气候分为山地温凉区，丘陵温暖区，沿海温热带三级。江门市有海洋季风的调节，气候温和多雨，冬夏分明。太阳辐射较强，有丰富的热力资源。每年3月上旬日平均气温12℃。

气温年际变化不大。各地年平均气温在22.5℃左右，上川岛略高。气温具有明显季节性变化，最冷月（1月）与最热月（7月）相差14℃～15℃。每年3月底至4月初，有南方暖湿气流加强并向北推进，气温明显回升，7月达到最高值。11月开始，北方寒冷干燥的冷空气不断南侵，本地受冷高压脊控制，气温明显下降。

主要灾害性天气有：暴雨（连续性暴雨和特大暴雨）、台风、干旱、冷害等。每年春夏季节时有范围小、突发性强的雷雨大风、龙卷风、冰雹等强对流天气发生，冬季的寒潮、早春的低温阴雨对农业生产和种养殖业亦有一定的影响。每年4—9月是汛期，全年80%以上的降水出现在此段时间，前汛期雨量与后汛期雨量大致持平，年雨日最多的年份有200天。所辖的恩平市由于地形等因素是全国的暴雨中心，年降水量比东部多五成左右。7—9月是台风活动的频发期，影响江门的台风时空分布不均匀，常有暴雨到大暴雨甚至特大暴雨和12级大风，造成严重的气象灾害。

【水文】 江门市河流属珠三角水系和粤西沿海诸河两大水系，全市集水面积超100平方千米的河流25条，主要河流有西江、潭江及其支流和沿海诸小河：西江、潭江、朗底水、莲塘水、蚬岗水、白沙水、镇海水、新昌水、公益水、新桥水、址山水、江门水道、天沙河、下沙河、沙坪河、大隆洞河、那扶河等。西江，位于江门市东北部的西江下游干流，属江门市的过境河流，在鹤山石岩头以上集雨面积约35万平方千米，流经鹤山、江门、新会、佛山、中山、珠海等城市。江门境内西江西海水道多年平均径流量1078亿立方米，其中部分流经银洲湖。潭江，是珠三角水系的干河，主流发源于阳江市牛围岭山，自西向东流经恩平、开平、台山、鹤山、新会等市（区），在新会区环城镇附近折向南流，从崖门口出海。沿途汇纳朗底水、莲塘水、蚬冈水、白沙水、镇海水、新昌水、公益水、新桥水、址山水、新会河、江门水道、天沙河、下沙河、虎坑水道及虎跳门水道等支流，流域面积6026平方千米，在江门市境内流域面积5882平方千米，主流全长248千米，上游多高山峻岭，植被良好，雨量充沛，水资源丰富。潭江主流上游建有大（2）型锦江水库，并建成水沾、江北、恩城、塘洲、东成、江洲、合山等梯级开发的水闸，兼顾发电，潭江流域水力资源理论蕴藏量29.86万千瓦。全市建成大、中、小（2）型以上水库601宗，其中大（2）型水库4宗，中型水库30宗，小（1）型水库162宗，小（2）型水库405宗；控制流域面积2006平方千米，总库容16.86亿立方米，开发小水电246宗，装机容量14.61万千瓦，2020年度发电量1.82亿千瓦时。

【自然资源】 *动物资源* 江门市陆生野生动物资源丰富。全市境内陆生野生动物有兽类100余种、鸟类400余种、蛇类100多种、昆虫类200多种，其中野猪、小灵猫、獾类、蛇等于西北部山地常见。属国家重点保护的陆生野生动物有53种，占广东省国家重点保护动物25.8%。国家一级重点保护动物有黑鹳、黑脸琵鹭等4种，国家二级重点保护动物有猕猴、小灵猫、鸳鸯、苍鹰、黑翅鸢、红隼等49种。

森林资源 2020年,全市林业用地面积42.95万公顷,其中森林总面积42.92万公顷，全市森林覆盖率45.14%，林木绿化率46.57%，活立木总蓄积量2485.48万立方米，其中森林蓄积量2483.84万立方米。全市商品林25.92万公顷，占林业用地60.3%，优势树种以桉树、杉木、马尾松、速生相思等为主；生态公益林17.03万公顷，占林业用地面积39.7%，优势树种以杉木、湿地松、针阔混交林、其他硬阔林等为主。

土地资源 2020年,全市土地资源面积95.07万公顷，农用地76.66万公顷，占全市土地资源面积80.64%；建设用地12.10万公顷，占全市土地资源面积12.72%；未利用地6.31万公顷，占全市土地资源面积6.64%。农用地中，现状耕地15.56万公顷，占农用地比重20.30%，占全市土地资源面积16.37%。全市土地开发强度（建设用地占土地总面积比重）12.72%。

矿产资源 江门矿产种类较多，探明的资源储量53种，占全省探明资源储量101种矿产的52.50%，累计发现矿产地261处。其中大、中型规模28处，以非金属矿为主。优势矿产有建筑用花岗岩、饰面用花岗岩、水泥用石灰岩、高岭土、页岩、地热和矿泉水等。

海洋资源 海域资源。江门市海域（含内水、领海）面积4880.47平方千米。其中：确权海域面积97.06平方千米（新会区2.31平方千米、台山市93.89平方千米、恩平市0.86平方千米）；未确权海域面积4783.41平方千米（新会区159.19平方千米、台山市4617.48平方千米、恩平市6.74平方千米）。领海基线向大陆一侧海域（即内水）面积2886平方千米。

海岛资源 江门市有海岛351个，其中有居民海岛6个，无居民海岛345个（台山市343个、恩平市2个）。至2020年年底，345个无居民海岛均未划拨或出让。

海岸线 江门市大陆海岸线长414.8千米。省下达江门市大陆自然岸线保有率指标49.06%，江门市大陆自然岸线保有率51.36%，高于省下达的指标任务。

（市自然资源局）

水资源 江门市地表水资源、地下水资源和水资源总量均高于全省、全国平均值，多年平均降雨量2105.3毫米，为全省均值119.62%、全国均值324.89%；年均河川径流量120.74亿立方米，占全省6.29%、全国0.45%。地下水的补给主要来源于大气降水，全市地下水资源总量25.95亿立方米，占全省5.56%、全国0.31%。水资源总量的主体是河川径流量，江门水资源总量121.46亿立方米，占全省6.27%、全国0.43%。

【人口·语言】 *人口* 至2020年年底,江门市总户数120.89万户，比上年减少1377户；总人口数401.59万人，增加1.48万人。总人口中男性201.30万人，女性人数200.29万人；年内办理出生登记入户4.30万人，出生率10.73‰；办理死亡注销3.23万人，死亡率8.07‰；全市人口自然增长1.07万人，减少4752人，人口自然增长率2.66‰；全市城镇人口218.27万人，增加7.66万人；暂住人口51.35万人，减少1141人。

（市公安局　容伟伦）

语言　江门各市（区）之间以及广播、电视等领域通用广州话，随着经济发展，人员交流增多，普通话成为较为通用的语言。各市（区）内均使用方言，全市方言属于汉语粤方言中的四邑话，四邑话与广府（广州）话基本相通。台山、开平、鹤山、恩平、新会等各市区之间的语音、声调、词汇等方面有所差异。鹤山的共和、鹤城，新会的部分山区，台山的赤溪、斗山，开平东北部的水井等地，是客家人聚居地方，使用客家方言。

【侨乡侨情】　江门市及所辖的台山、开平、鹤山、恩平五地，俗称“五邑”。五邑人出洋史可追溯到唐代，唐乾符六年（879），已有新会人随阿拉伯商人至印度尼西亚苏门答腊岛。自此之后，由于地理环境、政治、经济等原因，一批又一批的五邑人陆续到海外谋生。至2020年，江门五邑旅居海外华侨、华人和港澳台同胞近400万人，遍布全世界五大洲110多个国家和地区，其中大多数分布在北美洲和中美洲，是全国著名侨乡。江门市辖下的台山海宴、恩平大槐和鹤山合成3个华侨农场在全国率先建立镇一级人民政府，理顺领导体制。

【民风民俗】五邑有独特的节日、婚嫁、丧葬、饮食、娱乐等习俗，主要有龙舟比赛、舞狮舞龙、广东曲艺、民间舞蹈、民歌演唱，如台山跳禾楼、飘色，新会鱼灯、大鳌咸水歌，开平洋村舞灯会、八音演奏，鹤山狮艺，恩平木鱼等。

（市地方志办）

组织机构和负责人名单(2020年)

（2020年1月1日至12月31日）

【中国共产党江门市委员会】

书　记：林应武

副书记：刘　毅

　　　　胡　钛

常　委：林应武　刘　毅　胡　钛

　　　　张元醒　冯立坚　项天保

　　　　利为民　许晓雄　程大欣

　　　　刘　杰（12月任职）

　　　　陈　冀（9月任职）

　　　　周惠红（任至5月）

组织部部长：张元醒

宣传部部长：陈　冀（9月任职）

统一战线工作部部长：利为民

政法委员会书记：冯立坚

　　常务副书记：陈学敏

政策研究室主任：郑文江（任至4月）

　　　　　　　　郑丹辉（4月任职）

直属机关工作委员会书记：杨健平

外事工作委员会办公室主任：赵剑雄

机构编制委员会办公室主任：黄慧明

老干部局局长：谢思敏

市台港澳办（市台港澳事务局）主任（局长）：李欣立

市委党校常务副校长：李　纯

市委党史研究室主任：陈　弢

市档案馆馆长：罗会明（任至6月）

【江门市人民代表大会常务委员会】

主　任：林应武

副主任：易中强　钟　军　吴国杰

　　　　郭建红　甄仁旺　顾达华

秘书长：凌伟中

副秘书长：冯玩钦（任至4月）

　　　　　罗职安

　　　　　傅昭君（1月任职）

　　　　　卢国壮（5月任职）

法制工委主任：曹　利

监察司法工委主任：侯明飞

财经工委主任：梁炎浓

教科文卫工委主任：齐丁民

农村农业工委主任：王　义

华侨外事工委主任：黄凤屏（1月任职）

城建环保工委主任：陈　旻

【江门市人民政府】

市　　长：刘　毅

常务副市长：许晓雄

副　市　长：林春生（任至7月）

　　　　　　林飞鸣（任至5月）

　　　　　　蔡德威

　　　　　　赖燕芬

　　　　　　王长青

　　　　　　郑晓毅（6月任职）

　　　　　　乔　雷（12月任职）

党组成员：彭章瑞

秘书长：温伟文
江门市发展和改革局党组书记、局长：胡其波（3月任职）
江门市教育局党组书记、局长：张 璐
江门市科学技术局党组书记、局长：冯一宁
江门市工业和信息化局党组书记、局长：余中华
江门市公安局党委书记、局长：林春生（任至7月）
乔 雷（12月任职）
江门市民政局党组书记、局长：谢鸿猷
江门市司法局党组书记、局长：苟晓彤
江门市财政局党组书记、局长：李文聪
江门市人力资和社会保障局党组书记、局长：钱杰润
江门市自然资源局党组书记：胡亦邦
局 长：刘建新
江门市生态环境局党组书记、局长：廖辉文
江门市住房和城乡建设局党组书记、局长：林健生
江门市交通运输局党组书记、局长：许春绵
江门市水利局党组书记、局长：梁君明
江门市农业农村局党组书记、局长：郑少强
江门市商务局党组书记、局长：赵瑞思
江门市文化广电旅游体育局党组书记、局长：
汤惠红（任至5月） 邝积康（5月任职）
江门市卫生健康局党组书记：刘学文（3月任职）
局 长：周津明
江门市退役军人事务局党组书记、局长：李广义
江门市应急管理局党委书记、局长：刘志方
江门市审计局党组书记、局长：陈新汉
江门市人民政府国有资产监督管理委员会党委书记、
主任：卢国壮（任至4月） 林锡波（4月任职）
江门市市场监督管理局党组书记、局长：
容新荣（任至4月） 郑劲龙（6月任职）
江门市统计局党组书记、局长：黄俊伟
江门市医疗保障局党组书记：叶仕钦
局 长：张慧琳
江门市金融工作局党组书记、局长：曾锦俊（任至5月）
汤惠红（5月任职）
江门市城市管理和综合执法局党组书记、局长：赖惠镇
江门市政务服务数据管理局党组书记、局长：元小文
江门市社会保险基金管理局局长：黄锐楼（任至11月）
蒋 茜（11月任职）
江门市供销合作社联合社党组书记、主任：陈林基
江门市公路事务中心党组书记、主任：简锦聪

【中国人民政治协商会议江门市委员会】

党组书记、主席：周伟万
党组副书记、副主席：赵翠玲
副主席：蓝 华 向 斌（任至1月）
马跃敏 胡念芳 任安良
周津明 费伟东 伍培进
秘书长：马克烈
提案委员会副主任：丁成玉
农业和农村委员会主任：陈壁光
经济和人口资源环境委员会主任：周 文
社会和法制委员会主任：练泽鹏（任至9月）
陈 靖（9月任职）
教科卫体委员会主任：杨少景
港澳台侨联络和外事委员会主任：赵洁英
文化和文史资料委员会主任：陈健威
联络工作委员会主任：区海熔

【中国共产党江门市纪律检查委员会、江门市监察委员会】

纪委书记、监委主任：项天保
纪委副书记、市监委副主任：陈允均 莫健文 李云龙
纪委常委、市监委委员：王文波

【江门市中级人民法院】

党组书记、院长：陈明辉

【江门市人民检察院】

江门市人民检察院党组书记、检察长：郭 玉

【民主党派】

中国国民党革命委员会江门市委员会主委：任安良
中国民主促进会江门市委员会主委：费伟东
中国民主建国会江门市委员会主委：王建生
中国致公党江门市委员会主委：胡念芳
九三学社江门市委员会主委：陈瑞香（任至12月）
李 芳（12月任职）

【群众团体】

江门市总工会党组书记、主席：顾达华
副书记、常务副主席：蔡汉文
中国共产主义青年团江门市委员会书记：
梁钊俊（任至11月） 林沛华（12月任职）
江门市妇女联合会党组书记、主席：林露华
江门市科学技术协会主席：吴 森
江门市文学艺术界联合会党组书记、主席：
尹继红（任至7月） 招文娟（9月任职）
江门市社会科学界联合会党组书记、主席：陆黛云
江门市工商业联合会党组书记、常务副主席：
曾锦俊（5月任职）
江门市残疾人联合会理事长：梁培招
江门市归国华侨联合会党组书记、主席：林春晖
江门市红十字会会长：赖燕芬（10月任职）
常务副会长：黄集文（10月任职）

【院校、新闻单位】

五邑大学党委书记：张　焜

校　长：张运华

江门职业技术学院党委书记：张忠林

校　长：刘智勇

江门开放大学党委书记：吴　军

校　长：任忠红

广东江门中医药职业学院党委书记：蒋业洲

院　长：程文海

广东南方职业学院校长：陈光潮（任至7月）

徐　刚（7月任职）

江门日报社党委书记、社长：张永源

江门市广播电视台党委书记、台长：何志斌

江门市幼儿师范高等专科学校党委书记、校长：黄锦棠

【中央、省直部门及驻江门有关单位】

江门海关党委书记、关长：徐建华（任至6月）

詹少彤（6月任职）

江门市税务局党委书记、局长：陈雁成（任至7月）

曾玉勤（7月任职）

江门海事局党委书记、局长：邵　国

江门航道事务中心党组书记：陶文飞

主　任：李水新

江门市烟草专卖局局长：李程坚

江门银保监分局党委书记、局长：毛炳盛（2月任职）

江门供电局党委书记　、副总经理：马超然

江门市气象局党组书记、局长：张晓东

江门出入境边防检查站党支部副书记、站长：

阮统奇（任至10月）

党委书记、站长：马健富（10月任职）

江门市消防救援支队队长：王学强（4月任职）

江门市邮政管理局党组书记、局长：李群辅（任至12月）

邓海强（12月任职）

江门市企业资产经营有限公司党委书记、董事长：

邓　勇（任至2月）

总经理：陈伟雄（3月任职）

【区（市）】

蓬江区

区委书记：伍培进

副书记：文　丽　林伟勤（任至11月）

王心北（11月任职）郑丹辉（挂职，任至3月）

常　委：邹　强　林建中　刘少龙（4月任职）

张文新　关志钒　余登伟（任至3月）

黎国新（4月任职）　梁凤琼

区人大常委会主任：赵　全

副主任：黄锡炎　张长齐　何瑞鹏　张沃芬

林贤光　谢强伟（4月任职）

区　长：文　丽

副区长：亢雁直（任至4月）　李达成

黄达斌（任至8月）

罗　军（8月任职）　李泗玲

谢树浓　区林杰（10月任职）

农元炁（挂职，11月任职）

区政协主席：杜振飞

副主席：赵洪辉　谢雁平　吕国荣（任至1月）

黄月嫦　林永康　廖炳华

江门高新技术产业开发区

工作委员会书记：彭章瑞

副书记：劳茂昌　朱辉荣

委　员：余启超（任至12月）　赵晓斌　邹德昌

陈焕溪　陈　诚　李　丹

刘　刚（12月任职）　李国和　肖咏延

岑明俸（4月任职）

庞晋山（6月任职）　曾计开

管理委员会主任：彭章瑞

常务副主任：劳茂昌

副主任：陈焕溪　岑明俸（4月任职）

庞晋山（6月任职）

江海区

区委书记：彭章瑞

副书记：劳茂昌朱辉荣

常　委：余启超（任至12月）　赵晓斌　邹德昌

陈　诚　李　丹　刘　刚（12月任职）

李国和　肖咏延　农建敏（11月任职）

张连军

区人大常委会主任：余志坚

副主任：胡影儿　黄卫明　陆润球　张成富

郑仕进　伍国胜

区　长：劳茂昌

副区长：陈　诚　王作青　梁中杰　丑继明　区　用

曾国华　庞晋山（任至6月）

区政协主席：何　腾

副主席：吴　刚　周　明（任至9月）　黄伟权

吴　旭（任至7月）　黄少芳

袁美兰（1月任职）

新会区

区委书记：文　彦

副书记：梁明建　陈树歆

常　委：文　彦　梁明建　陈树歆　张　华　黄明亮

郑立森（10月任职）　陆锦健　张华景　梁海标

易思保　郑祖材　宋　岩（任至10月）
区人大常委会主任：梁远球
副主任：张莲友　钟景贤　吴捷雄　陈华操
李俊杰　马　坚
区　长：梁明建
副区长：张华景　李福达　胡悦玲　谭炎明
刘国培（11月任职）　谭圣钳（12月任职）
邓继贤（挂职，12月任职）
凌华威（任至9月）
黄来兴（任至12月）
史朝阳（挂职）（任至8月）
区政协主席：林社攸
副主席：谢惠雯　邹达明　邓佩兰　黄寿根　陈维盛
张赞天

台山市

市委书记：李惠文
副书记：谢少谋　赵建涛
市委常委：彭大荣（任至9月）　马品高（任至5月）
罗海华　李白云　陈瑞琪（任至12月）
邝世铭（10月任职）　刘　刚（任至12月）
宋峻峰（任至12月）　李超华（任至11月）
刘子奕（9月任职）　方健康（12月任职）
市人大常委会主任：黄伟红（任至12月）
副主任：黄淑质（5月任职）　蔡红珍
郑大有　黄沃旋　吴东文
陈迺章（5月任职）
市　长：谢少谋
副市长：马品高（任至8月）　邝世铭（10月任职）
关耀东　赵智健　方健康（任至12月）
灵　君　王银洲（任至12月）
温家林（8月任职）　黄旭晖（12月任职）
杜学刚（12月任职）
市政协主席：李健慈
副主席：黄国忠　陈翠芹　赵春燕（5月任职）
梁小青（任至11月）　梁永波（任至5月）
伍岸明（5月任职）

开平市

市委书记：庞正华
副书记：邝积康（任至5月）　马品高（5月任职）
陈军凯
市委常委：庞正华　邝积康（任至5月）
马品高（5月任职）　陈军凯
谭良发（任至9月）　陈伟成
林国宁（4月任职）　颜海娜
陈　全（9月任职）　何武健（任至4月）
郭海平（任至12月）　余文锋
伍德斌　陈杰文（1月任职）
市人大常委会主任：张星杰（任至2月）
副主任：李宝贞　邝业礼　吉　喆　陈百浓
谢常荣　冯健楚
市　长：邝积康（任至5月）
马品高（5—7月，代市长），（7月任职）
副市长：何武健（任至4月）　林国宁
陈杰文（任至1月）　梁健芬（4月任职）
何光骏　范拓源（任至3月）
张伟业（4月任职）　许永锋（4月任职）
政协主席：梁民跃
副主席：余荣深　黄旭征　黄婉慈　何俊贤　郑永钦
刘　宁（3月任职）

鹤山市

市委书记：林贤进
市委副书记：聂加伟　施国亨
常　委：李健中　张镇就　刘德贤　邓志华
林锡波（任至4月）　胡国伟（8月任职）
钟海军（任至9月）　谭良发（9月任职）
赵群笑（任至10月）　陈志美（10月任职）
黄华基（11月任职）　朱发理（任至12月）
人大常委会主任：冯细就
副主任：邓祺伟　林慧梅　温伟强（任至4月）
冯宝能　叶志强　李活文
任　文（6月任职）
市　长：聂加伟
副市长：李健中　杨海泉　朱立辉　陈　文　潘　蕊
胡国伟（任至9月）　陆　芳（挂职，任至9月）
李海权（12月任职）
市政协主席：冯伟华
副主席：梁暖勋　黄建华　吴秋红　叶永雄
黄国豪（10月任职）

恩平市

市委书记：谢超武（任至5月）　黎沛荣（12月任职）
副书记：刘　兵　何焕仍
常　委：黎沛荣　刘　兵　何焕仍　吴彩堂　郑成博
黄建辉　禤活源　吴永芳　黄海见　刘迪雄
市人大常委会主任：李健忠
副主任：吴月波　叶婵娟　徐兆赞　梁新庭
侯光裔
市　长：刘　兵
常务副市长：郑成博
副市长：王文忠　劳沈川　岑安林　张红艺　黄艳芬
市政协主席：禤缵灵
副主席：郑将统　吴雅静　冯文锋　吕琼锋　余超群

经济和社会发展

【概况】 2020年，江门市抓好新冠肺炎疫情防控，做好“六稳”（稳就业、稳金融、稳外贸、稳外资、稳投资、稳预期工作）、“六保”（保居民就业、保基本民生、保市场主体、保粮食能源安全、保产业链供应链稳定、保基层运转），完成市十五届人大六次会议确定的目标任务，新冠肺炎疫情防控和经济社会发展取得成果。全年地区生产总值实现3200.95亿元，比上年增长2.2%。规模以上工业增加值比上年增长2.3%，固定资产投资增长6.9%，外贸进出口总额增长0.2%，社会消费品零售总额下降3.7%，地方一般公共预算收入增长2.8%，居民人均可支配收入33667元，增长4.2%，城镇登记失业率2.36%，控制在年度目标3%以内。制定实施“援企减负12条”等政策措施，全年为企业减负约100亿元，实现新增市场主体10.27万户，比上年增长13.64%。

【实体经济】 至2020年年底，江门市有工业企业2万多家，其中规模以上工业企业2400多家、上市企业18家。全市工业涵盖41个大类中的34个、207个中类中的142个、666个小类中的349个，具有较完整的工业体系。拥有“中国摩托车产业示范基地”“国家电子信息产业基地”“中国纺织服装产业基地”等18个国家级产业基地和6个省级产业基地。摩托车、纺织服装、纸制品、水暖卫浴、电声麦克风等产品产销量处于全国领先水平，产业集聚明显。

先进制造业发展。对照省20个战略性产业集群，加快培育大健康、新材料等五大新兴产业，巩固提升金属制品、造纸和印刷、纺织服装等传统特色产业，打造“5+N”（新材料、大健康、高端装备制造、新一代信息技术、新能源汽车及零部件五大新兴产业，金属制品、造纸和印刷、纺织服装、家电、摩托车及零部件、食品等特色优势产业）先进制造业体系，构建产业集群成长梯队。

新材料产业实现产值超660亿元，新材料类生产企业近1000家，主要分布在江海区、新会区、台山市及恩平市等市（区），在新能源电池材料、石化新材料、先进有色金属材料、现代建筑材料等领域均有发展基础，集聚优美科、嘉宝莉、芳源、道氏、海亮铜业、信义玻璃等龙头企业。

大健康产业（含食品产业）实现产值超630亿元，拥有大健康生产企业超100家，主要分布在江海区、新会区、蓬江区、开平市和台山市等市（区），集聚无限极、天地壹号、睿智医药（量子高科）、特一药业、恒健制药等企业，初步形成以绿色食品、营养保健品、生物医药、医疗器械、康养服务五大领域为核心的大健康产业发展格局。其中，食品产业产值超500亿元，食品饮料产品畅销全国各地和全球五大洲超100个国家和地区，拥有食品工业规模以上企业近100家，主要分布于蓬江、新会、开平和鹤山等地区，汇集李锦记、顶益、东古等龙头企业。

高端装备制造产业实现产值超330亿元，有装备制造类企业300多家，以新会区为主体，辐射江海区、蓬江区、鹤山市和台山市，在轨道交通装备、船舶与海工装备、工作母机等领域拥有良好的产业基础，集聚中车广东、广东科杰、海目星等龙头企业。

新一代信息技术产业实现产值360亿元，有电子信息类企业2000多家，其中规模以上企业300多家，以蓬江区、江海区、开平市、鹤山市、恩平市等市（区）为主体，重点发展电子元件、半导体光电器件（LED）、电子信息材料和计算机外部设备制造等领域，集聚海信电子、世运电路、依利安达、崇达电路等龙头企业。

新能源汽车及零部件产业实现产值超140亿元，有专用车及零部件类企业100多家，主要集中在江海区、鹤山市和台山市，重点发展整车制造、汽车零部件、新能源动力电池等领域，其中半挂车轴、铝合金油罐车、铝制轮毂、等速万向节、车载DVD、转向器、雨刮器等产品在质量和技术含量上均居世界或国内同行业领先地位；集聚富华集团、中集车辆、安波福等龙头企业，培育本土企业汉宇集团，并引进“广粤”清障车、“德普”吸污车等项目。

【农村经济发展】 2020年，江门市实现农林牧渔总产值超500亿元，比上年增长4.1%，新增18个大湾区“菜篮子”生产基地和省级农业科技园区、现代农业产业园、“一村一品、一镇一业”专业镇、重点农业龙头企业。新建3家省级标准化生猪屠宰场。加强农田水利建设，建成高标准农田7020公顷，高标准农田考评获国务院督查激励。抓好粮食生产，早稻种植面积超额完成省下达任务。粮食供应充足，全市成品粮储备规模由1.15万吨增至1.84万吨，全社会粮食库存80.21万吨。新会陈皮以广陈皮专属特征首次写入药典标准，入选中国特色农产品优势区目录，新会陈皮制作技艺被评为国家级非物质文化遗产。举办庆祝2020年中国农民丰收节主场活动、第七届市农业博览会。乡村振兴综合改革试点深入开展，江门市乡村产业“链条联通”融合发展模式等6个案例入选《广东农村改革100例》，江门市及新会区获全国农村承包地确权登记颁证工作典型地区。开平市被列为省级农村土地流转试点，“两预两委托”（预整合、预流转，委托统筹经营、委托统一发包公开招标）经验在全省农村承包地流转工作现场推进会上作经验介绍。

【重点项目建设】 2020年，江门市安排市重点建设项目466项(打包项目拆分后共554项)，项目总投资5323亿元，年度计划投资742.38亿元。全年项目累计完成投资914.6亿元，占年度投资计划123.2%。交通类项目完成投资220.0亿元，投资完成率109.5%。珠西综合交通枢纽江门站、中开高速罗坑互通至凤山互通段和开春高速工程建成通车，江门大道三江至南门大桥段左幅试通车，深江铁路、珠肇高铁江门至珠三角枢纽机场段、珠西物流中心国际陆港项目、中江高速扩建、崖门出海航道二期工程等项目动工建设，黄茅海跨海通道和银洲湖高速全线开工，其他等级公路、市政道路项目按计划推进建设，加强交通“硬联通”。产业类项目完成投资371.5亿元，投资完成率120.5%。诺贝机电、百汇模具、世安电子科技等制造业建成投产，亚太森博增资扩产项目、麦克韦尔、世运电路三期世茂智能电子产品项目、台山市巨高机床等项目动工建设，其他园区平台、产业项目加快建设，产业发展后劲增强。城建类项目完成投资323.1亿元，投资完成率138.6%。江海区“两馆一中心”（科技馆、图书馆、青少年活动中心）、儿童公园、市区餐厨垃圾处理站、江海云道、南山路、江侨路、双龙大道等项目建成使用，260千米万里碧道建设工程和西江、潭江14条跨县重点支流综合治理工程（一期）项目开工。

【营商环境建设】 2020年，江门市推进优化营商环境综合改革，推动各职能部门联动破解企业发展和群众办事的难点痛点堵点，依托“数字政府”建设，创新开展审批服务、投资项目承诺制、诚信体系建设等改革工作。推动扫黑除恶专项行动，开展重大项目专班服务，促进营商环境优化。江门市“多证合一”“证照分离”改革项目被列入第一批全国法治政府建设示范项目。加强顶层设计，推进营商环境建设纳入“江门市重点工作和重点项目督查督办电子监察系统”，推动营商环境综合改革，解决企业开办、运营、退出全流程各环节的痛点问题。压缩工程建设项目审批事项及时间，应用投资项目承诺制，江门“开办企业1天办结”经验被全省复制推广。提升“一网通办”能力，推行政务服务“指尖计划”，实现商事登记和食品经营许可“微信秒办”，不动产登记线上线下“智能秒办”“零材料提交”，全省率先实现不动产登记“税证联办”。推行政务服务“湾区通办”，联合大湾区城市推出485项通办政务服务事项，全国率先上线商事登记“智能湾区通”，将“商事登记+智能审批”改革延伸到港澳地区；全国率先在澳门特别行政区设立人力资源和社会保障服务点，启动江门、珠海、香港、澳门四地政务服务及不动产登记“跨城（境）办理”，推动“政银通办”，被编入省2020年“数字政府”建设优秀案例。提升社会信用联合奖惩工作，重点推进便利高效的营商环境。开展政务服务“堵点清零”改革，全年全市实现新增减税降费60.58亿元；在此基础上，加上减免其他行政收费，降低用电、用气成本等，累计为全市企业减负超75亿元。推进扫黑除恶专项斗争，先行先试行政执法“两平台”（行政执法信息平台、行政执法监督网络平台），清理违反公平竞争的政策文件，为持续优化营商环境保驾护航。

【社会事业发展】 2020年，江门市完善社会保障体系，扩大住房保障覆盖面，建成胜利新村房屋解危改造项目，完成779套棚改工作任务。在全国率先上线公租房信息系统，住房保障基本实现应保尽保。康养服务体系完善，在全省率先建立居家养老服务设施长效保障机制，建成长者食堂60家，登记备案运营的养老机构103家。妇女、儿童2个发展规划落实，可比量化指标总达标率96.1%，妇幼保健服务体系健全。新冠肺炎疫情防控期间，企业职工养老金、城乡居民基础养老金、失业金和工伤保险待遇均足额发放。企业职工退休人员基本养老金实现16连涨。物价总水平基本稳定，居民消费价格指数涨幅控制在3.5%的年度目标以内。社会保障完善，提高城乡最低生活保障、特困人员供养、孤儿供养、城乡医疗救助、困难残疾人生活补贴和重度残疾人护理补贴等5项底线民生保障项目水平。落实社会救助和保障标准与物价上涨挂钩的联动机制，发放低收入群众价格临时补贴7039万元、受益规模62.5万人次。

社会事业加快发展。教育事业水平提升，率先完成学前教育“5080”（公办园在园学生比例达到50%，普惠幼儿占比达到80%）攻坚目标，公办幼儿园和普惠性民办幼儿园在园人数占比85.5%。高中阶段教育毛入学率98.8%。幼儿师范高等专科学校（二期）、江门一中扩容增效和培英高中新校区等省、市重点项目推进。支持民办学校发展，广东省实验中学江门学校、市第一中学附属学校等民办学校招生。医疗卫生服务能力增强。公立医院综合改革各项任务按节点落实，现代医院管理制度建设初步形成，市新三甲医院（市公共卫生临床中心）、市中心医院新院区项目动工建设，市紧急医疗救援指挥中心建设项目推进。实施医疗救助市级统筹，实现生育保险与基本医疗保险并轨实施。协同推进医药服务供给侧改革，推动国家组织药品集中采购落实落地。中医药服务能力提高，市五邑中医院入选国家区域中医（肛肠）诊疗中心建设项目，基层医疗机构100%设置中医馆。是年，江门市获全国无偿献血先进市，市中心医院获全国无偿献血促进奖。医养结合试点工作推进，全市养老机构通过不同形式配备医疗服务。全市建成8个公共文化馆，市县级文化馆一级达标率100%。完成20个江门市“历史文化博物馆群”项目。4首抗疫作品分别获广东省群众抗疫原创“十佳优秀歌曲”或“优秀推广歌曲”。举办2020年全国女子排球锦标赛，全省首个中国排球协会训练基地落户江门。获第十一届“全国双拥模范城”称号。

【国民经济动员】 2020年，江门市经济动员办公室开展2020年度国民经济动员有关潜力统计调查工作，并针对部分重点潜力相关数据进行专门核实补充完善。推动江门市相关项目的筹建工作，完成省下达给江门市的动员中心组建任务。配合市国防动员委员会完成有关专项动员保障预案和动员保障队伍的编组工作，提升经济动员应急保障能力。

（市发展改革局）

全国文明城市创建

【概况】 2020年，江门市以巩固和深化全国文明城市创建成果为抓手，推动物质文明和精神文明协调发展，提升人民文明素养和社会文明程度。继续实施《江门市深化全国文明城市创建工作总体方案（2019—2021年）》及20项子方案，强化任务清单落实情况的动态管理。开设《创文曝光台》栏目，对不文明行为保持高曝光度。出台《江门市文明行为促进条例》。解决停车难、农贸市场管理及周边秩序混乱、“三线”（电力线、通信线、广播电视线）乱拉挂、自来水管乱接驳、共享单车乱停放等5个城市管理“顽疾”。建立督导体系，加强问题督办闭环管理。推动台山、开平、鹤山、恩平四个县级市全部争创文明城市，加强工作指导、强化督导考核。是年，全市文明村镇创建达标覆盖率分别为97%和98.4%。健全礼遇帮扶机制。常态化开展道德模范、身边好人选树学活动，评选“江门好人”50名，有11人当选“广东好人”。健全道德模范和身边好人帮扶激励机制，通过节日慰问、资金帮扶等方式帮扶道德模范、身边好人30人次，帮扶资金6.8万元。

【“创文”工作推进】 2020年，江门市继续实施《江门市深化全国文明城市创建工作总体方案（2019—2021年）》及20项子方案，强化任务清单落实情况的动态管理，深化环卫一体化、道路一把扫、老旧小区改造、农贸市场升级、市民素质提升等重点工作落地落实。健全文明城市创建常态长效机制，优化创文督查通报、网格化管理、红黑榜激励、市领导挂点、市直单位结对等措施。落实《江门市创文绩效激励办法》，将创文实绩纳入县域经济社会发展考核和市直单位绩效考核，扎紧“同创、同建、同职、同责”工作闭环。实施社会主义核心价值观融入城市景观工程，设置公益广告小景59处，推动社会主义核心价值观外化于形。开设《创文曝光台》栏目，对不文明行为保持高曝光度。出台《江门市文明行为促进条例》。

【“创文”补短板工作】 2020年，中共江门市委成立专项工作组，由3名市领导牵头，着力解决停车难、农贸市场管理及周边秩序混乱、“三线”（电力线、通信线、广播电视线）乱拉挂、自来水管乱接驳、共享单车乱停放等5个城市管理“顽疾”。新增停车位25.2万个，提高街面见警率，开展文明停车劝导，最大限度减少违章停车现象；推动城区大型农贸市场全部升级改造，38个市场接近“商超化”标准，建立农贸市场周边环境整治5人小组长效管理机制，破解城区农贸市场及周边环境管理难题；开展“三线”乱拉挂、自来水表后水管乱接驳专项整治行动，整治楼宇自来水表后水管乱接驳问题3122处，整治“三线”问题66万处。约谈共享单车企业，指导设立电子围栏和禁停区域，按需控制共享单车投放数量，规范共享单车运行秩序。

【“创文”督导】 2020年，江门市形成市领导、督办指挥部、市创文办三级督导创文工作体系。市领导按照市创文指挥部督导组分工和《江门市领导班子成员联系镇街督导创文工作方案》开展督导；市创文督办指挥部针对文明城市创建的重难点问题，每季度至少督导1次；市创文办督查组每日开展常态化督查，分阶段强化各类点位对标创建，每日下发创文督查通知书，限期督办整改，定期“回头看”复查，形成督查、交办、整改、验收的管理闭环。修改完善《江门市创建全国文明城市“红黑榜”实施方案》，根据问题整改率、第三方测评成绩等发布创文“红黑榜”。

【文明城市“四级联创”】 2020年，江门市推动台山、开平、鹤山、恩平4个县级市全部争创文明城市，加强工作指导、强化督导考核；实施乡镇创文强基提质工程，选取创建试点，采取“抓两头带中间”的工作方法，加大对创文工作人力、物力、财力投入，抓好示范乡镇出精品出亮点，抓后进乡镇对标创文硬指标强基提质，打造8个样板示范镇，组织实地考察交流学习，辐射带动全市乡镇文明创建水平提升；抓好文明村镇创建和动态管理，修订完善《江门市文明村镇测评体系》，量化细化创建指标，实施文明村镇复查和评选，是年，全市文明村镇创建达标覆盖率分别为97%和98.4%。

【模范人物关爱行动】 2020年，江门市常态化开展道德模范、“身边好人”选树学活动，通过各级各部门推荐、网上评议、专家评审等程序，评选“江门好人”50名，有11人当选“广东好人”。市文明办帮扶道德模范、“身边好人”30人次，帮扶资金6.8万元。其中2020年上半年在“江门好人”、江门“新时代好少年”发布会暨现场交流活动现场，为2019年符合低保帮扶条件的3位道德模范、“身边好人”每人给予帮扶资金5000元。

（市委宣传部）

大事记

1月

2日 江门市委、市政府召开江门市拥军座谈会。

3日 江门市外国人才驿站在传统老街墟顶“一屋”揭牌，成为广东省首家外国人才驿站。依托外国人才驿站，市科学技术局举办“2020年外国人才贺新年联谊活动”，近200名外国人才、随行嘉宾参加。

同日 2020年粤港澳大湾区高价值专利培育布局大赛赛事巡讲活动在江门市举行。由广东省市场监督管理局主办，江门市市场监督管理局和横琴国际知识产权交易中心承办。

同日 广东省副省长许瑞生率省送温暖慰问团到江门市，入户进企看望慰问困难群众和外地务工人员。市委书记林应武，省总工会党组成员、副主席张丽，市人大常委会副主任、市总工会主席顾达华参加慰问活动。

7日 中国共产党江门市第十三届委员会第十一次全体会议在市委市政府小会堂召开。

同日 江门海关技术中心出具首份新城疫病毒检测报告。

8日 中国人民政治协商会议第十三届江门市委员会第四次会议开幕。

9日 江门市第十五届人民代表大会第六次会议在市委市政府大会堂开幕。

13日 江门市招商项目服务平台上线仪式举行。

同日 “消费扶贫——江门行动”系列活动在江门市万达广场举行启动仪式。由江门市农业农村局、市扶贫开发办公室主办，崇左市农业农村局、七台河市农业农村局、康定市农牧农村和科技局及泸定县农牧农村和科技局协办。

14日 江门市突发事件预警信息发布中心加挂江门市海洋气象台牌子。

16日 江门市市场监督管理局在全国首发营业执照全自动换发系统，打通变更登记的“最后一公里”，营业执照在银行网点实现“秒批”“秒换”“秒领”。

同日 江门市公安局召开新闻发布会向社会公布12项改革便民服务措施。

22日 中国共产党江门市第十三届纪律检查委员会第五次全体会议在市委市政府大会堂召开。

28日至2月28日 江门市总工会开展“爱在侨乡”2020年春节外来务工人员平安返岗服务专项活动，为在规定时间段内回到江门市企业就业的外来务工人员补贴返程车费。为3433名符合资格条件的外来务工人员每人发放200元“平安返岗”交通费补贴。

29日 江门市报告首例新冠肺炎确诊病例。

2月

3日 江门市新增1例新型冠状病毒感染的肺炎确诊病例，为开平市首例确诊病例、全市第四例确诊病例。

8日 江门海关截获1件从美国寄往台山市的包裹，经鉴定，内含毒品大麻花912.79克。

9日 江门市第一批援鄂医疗队出发，共15人，援助武汉客厅方舱医院。

11日 江门市第二批援鄂医疗队出发，共13人，援助湖北荆州市公安县。

12日 “守护平安中国，援驰小微企业——平安乐业福公益救助版保险捐赠仪式”在江门市工人文化宫举行。

14日 广东省省长马兴瑞到江门鹤山市，就深入贯彻落实习近平总书记关于疫情防控工作的重要讲话和重要指示精神、做好广东省农村防疫和“菜篮子”供应保障工作进行调研。省领导叶贞琴参加调研。市委书记林应武、市长刘毅陪同调研。

17日 江门市新会区工业园区管理委员会设立，为新会区人民政府派出机构，负责新会工业园区有关经济发展工作。

25日 广东省副省长陈良贤率队到江门市、佛山市调研交通行业疫情防控、复工复产和安全生产工作。

26日 中共江门市委组织部加挂“中共江门市委非公有制经济组织和社会组织工作委员会”牌子，明确市、县两级党委非公有制经济组织和社会组织工作机构设置形式。

28日 江门市市场监督管理局在全国率先上线“智能湾区通”，将微信智能办照延伸至港澳，实现港澳投资者离岸智能办理江门市营业执照。

是月 江门市不动产登记“线上+自助”办税系统投入使用，实现不动产一手房登记“线上+自助”税证联办，拓展“智能+指尖”服务渠道，实现一纸不用交、审批不见面，申请人通过线上自助受理，约10分钟即可完成缴税与办证申请，提速达3倍。

3月

2日 江门市侨务服务中心更名为江门市统一战线综合服务中心。

3日 中共广东省委书记李希到江门市，深入农村和企业，就认真学习贯彻习近平总书记关于统筹疫情防控和经济社会发展一系列重要讲话和重要指示精神，推动落实广东省统筹疫情防控和经济社会发展工作进行调研检查。

4日 广东省科学技术厅公布2019—2020年度广东省科技孵化育成体系高质量发展专项项目，“启迪之星（江门）孵化器”被评定为国际化科技企业孵化器，“珠西创谷孵化器”被评定为粤港澳科技企业孵化器，分别获省财政扶持资金100万元。

5日 农业农村部公布第一批全国农业综合行政执法示范单位名单，江门市农业农村局作为广东省唯一获此殊荣的单位名列其中。

同日 广东省总工会授予全省20个先进女职工集体省“五一劳动奖状”、30名先进女职工省“五一劳动奖章”。其中，江门市有1个集体、3个个人受到表彰。

8日 江门市实现境内新冠肺炎确诊病例清零，实现病例“零死亡”和医务人员“零感染”。

9日 黄茅海跨海通道项目合作建设经营协议在广州市签约，标志着该项目落地。

14日 广东省副省长陈良贤率队先后到佛山市、江门市，实地调研广东省供销社系统综合改革、冷链物流体系建设、“粤菜师傅”工程和农业社会化服务等工作开展情况。

15日 江门市举办以“凝聚你我力量让消费更温暖”为主题的2020年江门市“3·15”国际消费者权益日线上宣传教育活动。

17日 “2020年广东春茶保卫战之江门市政府与广东省农业科学院茶产业战略合作框架协议签约暨江门市茶产业联盟成立活动”在开平市大沙镇大沙里欢茶谷举行，江门市与省农业科学院共同推动江门侨乡茶发展，打造省级茶叶产业园。

20日 江门市3批援鄂医疗队48名队员完成湖北援助任务返回江门，在江门市碧桂园凤凰酒店集中休整14天。

26日 江门海关会同财政部广东监管局、广东省税务局、国家外汇管理局广东省分局成立联合验收组，对江门大广海湾保税物流中心（B型）开展联合验收。同意该保税物流中心建设通过验收。

31日 广发银行江门分行与江门市人力资源和社会保障局、江门市中心医院全省首创发布电子社保卡C-B结算模式助力抗疫。

4月

2日 “2019广东政务新媒体奖项”揭晓，“江门应急管理”南方号获“年度民生服务奖”和“年度最佳新锐奖”。“江门应急管理”南方号是“南方号·江门矩阵”和“广东应急宣传矩阵”单位中，唯一一个获2项单位奖项的南方号。

15日 江门市政府与广东省科学院在广州签署共建省科学院江门产业技术研究院备忘录。

19日至21日 中共江门市委书记林应武率团到广西崇左市对接扶贫协作工作，崇左市委书记刘有明参加对接活动。

22日 江门市举办江门文旅品牌发布暨文旅政策宣介会，推出江门文旅“门”字LOGO（商标）和“中国侨都诗邑江门”口号。

同日 江门市率先在全省启动“广东省行政执法信息平台和行政执法网络监督平台”省、市一体化部署实施工作，对外公布第一批11家试点单位和12家推广应用单位名单。

26日 广东省总工会批复同意江门市总工会开展“智慧工会”积分管理试点工作。

28日 江门市举办“湾区新商机·珠西增长极——2020江门市‘云招商’推介活动”。

29日 江门市推动制造业高质量发展暨中小企业（民营经济）发展大会召开。

5月

6日 《国务院关于同意在雄安新区等46个城市和地区设立跨境电子商务综合试验区的批复》公布。国务院同意在江门市设立跨境电子商务综合试验区，名称为中国（江门）跨境电子商务综合试验区。

9日 江门市市场监督管理局查处江门市恒通无纺布有限公司哄抬熔喷布价格案，罚没金额3270多万元，成为新冠肺炎疫情期间广东省价格监管领域案值最大、罚没金额最多的案件，入选全国典型案例。

12日 江门市在全国率先上线运行市场监管智能许可平台，并于当日发出全国首张智能许可食品经营许可证。

14日 五邑大学与江门市人民政府、华立大学集团有限公司签订框架合作协议，三方合作共建“广东华立海洋学院”和“江门市海洋经济创新发展研究院”。同时，五邑大学与江门市自然资源局签署合作协议，双方共同成立“江门市海洋经济创新发展研究中心”。

21日 海关总署批复，认定江门大广海湾保税物流中心（B型）验收合格，可以进行封关运作。

28日 江门市整合电子签章、电子证照、智能计税等功能的“不动产登记税证联办”网上服务平台上线，为市民提供广东省政务服务网、“粤省事”小程序和“侨都之窗”自助服务终端三大渠道，实现一手商品房交易登记“一步不用跑”“一纸不用交”，全流程只需10分钟的改革目标。

29日 江门市入选为广东省第一批全国市域社会治理现代化试点城市。

6月

1日 全省农业重大建设项目启动与推进暨江门市农业重大项目集中开工仪式在台山市举行。

4日 广东省人民政府通报2019年广东省食品安全工作评议考核结果，江门市获评为A级，全省排第四名。

5日 2020年广东省青少年环保创意大赛评选结果公布，江门市有41个参赛作品获奖，其中一等奖6个、二等奖14个、三等奖15个、优秀奖6个，4名教师获优秀指导教师奖，江门市生态环境局、江门市教育局及3所学校获优秀组织单位奖。

6日 黄茅海跨海通道项目开工活动在江门台山市举行。广东省省长马兴瑞出席活动并宣布项目开工。

8日 广东省人大常委会副主任徐少华率队到江门市调研基层立法联系点工作。

9日 《人民日报》头版报道江门市援企稳岗工作成效。

11日 江门供电局220千伏司前变电站工程获2020年中国电力优质工程奖。

12日 广东省生态环境厅公布第二次全国污染源普查工作验收结果，江门市获优秀等次。

16日至18日 中共广东省委常委、统战部部长黄宁生率省调研组到江门市，调研了解重大平台、重大项目建设和脱贫攻坚、乡村振兴等工作情况，指导解决基层遇到的困难和问题。

17日 广发银行江门分行与江门市中级人民法院合作落地“智慧法院”便民项目，在全国首创法院执行案款“云发放”模式。

23日 江门市应急管理局与江门市广播电视台联合推出的“江门应急广播100.2”开播。

30日 江门市举行2020年“广东扶贫济困日”暨十周年活动仪式。公布2019年度慈善捐赠先进单位和先进个人，并对获奖单位和个人颁发感谢状。活动进行2020年捐赠善款100万元以上的单位和个人的现场认捐。

7月

1日 江门市城乡居民基本养老保险基金实行市级管理。

同日 江门大广海湾保税物流中心（B型）封关运作。

同日 江门市城乡居民基本养老保险基金实行市级管理。

2日 国家药品监督管理局、国家卫生健康委员会颁布2020年版《中华人民共和国药典》。江门市药品检验所参与修订的广陈皮标准纳入药典。

同日 深江铁路先行段动工。

6日 江门市人民政府与新加坡金鹰集团在广州市签署战略合作框架协议。广东省省长马兴瑞、金鹰集团主席陈江和见证签约。

10日 江门市举办推进江门大广海湾保税物流中心（B型）及中国（江门）跨境电子商务综合试验区建设系列活动，江门大广海湾保税物流中心（B型）封关运营。

13日 第九届中国创新创业大赛（广东·江门赛区）暨2020年江门市“科技杯”创新创业大赛启动仪式在直播江门直播间举行。由市科学技术局、市总工会等单位联合主办。

19日 第十二届“挑战杯”广东大学生创业大赛终审决赛在广州中医药大学（大学城校区）闭幕，江门职业技术学院团队“初创制造有限公司”获金奖，并首次捧得“挑战杯”大学生创业大赛优胜杯。

28日至30日 中共江门市委书记林应武率队到深圳市开展招商拜访活动。广东省委副书记、深圳市委书记王伟中在深圳五洲宾馆会见林应武一行。市领导许晓雄、蔡德威参加相关活动。

28日 中山市委书记赖泽华、市长危伟汉率党政代表团到江门市考察，江门市委书记林应武陪同考察。

8月

4日至6日 广东省政协主席王荣率队到江门市，就学习贯彻习近平总书记重要讲话和重要指示批示精神，做好统筹推进疫情防控和乡村振兴工作，开展提案督办和专题调研。省政协领导邓海光、吴伟鹏，市委书记林应武，市政协主席周伟万陪同调研。

13日 广东省科学院江门产业技术研究院有限公司注册成立，落户江门人才岛科创中心。

16日 “2020年江门市南海伏季休渔开捕仪式活动”在台山市横山横水码头举行，超200艘渔船参加开渔节活动。

18日 江门市海洋创新发展研究中心及其下设的5个研究中心在五邑大学揭牌成立。

19日 江门市第一个社会力量设立科学技术奖——“无限创新”江门科学技术奖设立。

同日 第7号台风“海高斯”在珠海市金湾区登陆，登陆后其中心先后经过江门市新会区、台山市、开平市、鹤山市。受此次台风影响，江门市多地发生不同程度受灾情况，全市受灾人口1.38万人，紧急转移安置人口9709人，无人员伤亡和倒损房屋报告。全市农作物受灾面积7998.13公顷，林地受灾面积1497.2公顷，水产养殖受灾面积866.67公顷；受损公路6.11千米，受损水利工程9宗，受损堤围长0.14千米，受损电力线路长1.4千米，通信基站故障42座。全市直接经济损失9811.96万元。

21日 中央全面依法治国委员会办公室通过《人民日报》公布第一批全国法治政府建设示范地区和项目名单，江门市申报的“多证合一、证照分离”改革被命名为第一批全国法治政府建设示范项目，是江门市法治政府建设首次获国字号荣誉。

26日 文化和旅游部、国家发展和改革委员会公布第二批全国乡村旅游重点村名单，开平市塘口镇强亚村、台山市水步镇草坪村、台山市海宴镇五丰村入选。

31日 第十五届全国大学生智能汽车竞赛全国总决赛成绩公布，五邑大学智能制造学部教师张建民、龙佳乐指导的声音信标组获全国一等奖（华南赛区3个）、华南赛区第二名。

是月 江门市市长刘毅带队到广州、东莞开展招商活动，举办江门•广州企业家座谈、项目对接活动。

9月

5日 “把爱带回家——广东省助力消费扶贫推动妇女创业就业公益行动”直播带货活动走进江门市，活动涵盖63家企业、巾帼企业及基地376种江门特色产品，分为“品味江门”“品质江门”“品牌江门”三大板块，全面展示江门市妇女创业创新成果。直播观看人数超407万人次，参与直播间互动秒杀、抽奖等环节，总销售额近80万元。销售金额的1%将捐给广东省妇女儿童基金会用于关爱妇女儿童身心健康，帮扶救助贫困妇女儿童。

同日 五邑大学参与研发的4800万像素硅基液晶数字光场芯片在2020中国国际服务贸易交易会首发，并被评为“科技创新服务示范案例”。这是中国首颗工业数字光场芯片，以4800万个光场像素创造硅基液晶芯片分辨率世界纪录。

9日 江门市工业和信息化局联合江门市工业互联网联盟、江门市首席信息官协会成立“江门市工业互联网服务中心”。

14日 江门市2家科技企业——荣炭电子、久冠松高分子在第九届中国创新创业大赛（广东赛区）暨第八届“珠江天使杯”科技创新创业大赛新材料行业决赛中获冠、亚军，分获成长组一、二等奖。

16日 江门市财政局联合市民政局、市残联印发《关于2020年提高我市残疾人“两项”补贴标准和扩大困难残疾人生活补贴范围的通知》，从2020年1月起提高江门市残疾人“两项”（生活、护理）补贴标准，从发文之日次月起将低收入家庭残疾人纳入困难残疾人生活补贴范围。

18日 中共广东省委常委、统战部部长黄宁生到广东厨艺技工学校调研“粤菜师傅”工程。

22日至26日 江门市庆祝2020年中国农民丰收节系列活动暨第七届江门市农业博览会在珠西国际会展中心举行，现场设置乡村振兴主题形象馆、乡村振兴成果展览馆、对口协作馆、现代农业馆、地方特色馆等，展示江门市农业农村发展成果。

29日 中国（江门）跨境电子商务综合试验区• 江门电商（数字）产业园•江门市进出口商品展销中心开园仪式在蓬江区保利商业中心广场举行。

同日 2020年江门市“科技杯”创新创业大赛总决赛举行，鹤山市厚积工程机械有限公司获成长组特等奖，江门市荣炭电子材料有限公司获成长组一等奖。

10月

9日 中共江门市广海湾经济开发区工作委员会设立。

同日 中共江门市银湖湾滨海新区工作委员会设立。

10日 是日起，港澳居民可在江门市出入境管理部门申请换发补发港澳居民来往内地通行证（简称“回乡证”）。

13日 生态环境部公布第四批“绿水青山就是金山银山”实践创新基地名单，全国有35个县（市、区）入选，开平市是广东省唯一入选的县，也是江门市首个“绿水青山就是金山银山”实践创新基地。

15日 江门市举办首个“云上世界江门青年大会”。

16日 全国法院第七届微电影微视频金法槌奖颁奖会在上海市举行，其中江门市中级人民法院《在法槌敲下之前》获选百优微电影。

同日 江门市政府印发《关于表彰2020年度江门市政府质量奖获奖企业的通报》，决定授予海信（广东）空调有限公司、广东新会中集特种运输设备有限公司、雅图高新材料股份有限公司、江门东洋油墨有限公司、江门气派摩托车有限公司、量子高科（中国）生物股份有限公司、广东博盈特焊技术股份有限公司、特一药业集团股份有限公司、江门市科禹水利规划设计咨询有限公司9家企业“2020年度江门市政府质量奖”称号。

同日 中国共产党江门市第十三届委员会第十二次全体会议在市委市政府大会堂召开。

24日至25日 教育部职业院校文化素质教育指导委员会，在长沙举办“传承·创新 ·筑梦”为主题的全国职业院校传统技艺传承与发展研讨会，江门职业技术学院获“全国职业院校传统技艺传承与示范基地”称号。

26日 江门市第三人民医院被遴选为国家药物滥用监测哨点，成为全市首家国家药物滥用监测哨点。

28日 国道325线鹤山址山至开平塘口段改建工程动工暨开平市北环东延线二期开通启用。

29日 江门市首个农光互补平价上网项目——110千伏信鹤光伏电站投入运行。

是月 江门市文化广电旅游体育

局举办华侨华人文化交流合作活动月活动，推出19项涵盖侨务、文化、旅游、体育等领域的活动。

11月

3日 广东省总工会对2015—2019年工会女职工工作先进集体及个人进行表彰，江门市10个集体获广东省工会女职工工作先进集体、13名个人获女职工工作先进工作者和“优秀女职工”之友称号。

5日 广东省首届工会集体协商竞赛在广州市落幕，江门代表队获竞赛三等奖和“优秀组织奖”。

同日 由新华社、中央广播电视总台、中国新闻社、人民公安报社组成的中央媒体团先后到蓬江区、江海区、新会区，就江门市扫黑除恶专项斗争典型经验做法进行采访报道，肯定江门市扫黑除恶长效常治工作成效。

8日 江门市农业农村局获颁“全国农业综合行政执法示范单位”牌匾，成为广东省唯一获此荣誉的单位。

9日 为期3天的“护航计划‘爱江门·知中国·看世界’暨留学报国公益实践活动”在江门人才岛落幕。该活动由江门市侨联与中国儿童少年基金会联合举办。

同日 江门市司法局、市政务服务数据管理局、市住房和城乡建设局与中国建设银行江门市分行，共同举办江门市“政银区块链”上线暨房屋交易云链签全省首发发布会。

10日 广东省气象局和江门市政府召开联席会议，共同推进气象防灾减灾第一道防线先行示范市建设并签署合作备忘录。

12日 江门市委宣传部、市妇联在新会区梁启超故居纪念馆举行广东省首批家教家风教育基地（梁启超故居纪念馆）揭牌仪式。

13日 珠西枢纽江门站配套长途客运站、公交站开通运行。

14日至15日 由广东省总工会和澳门工会联合总会共同主办的2020年第三批粤澳工会交流营到江门市展开交流活动。

16日 江门站（珠西综合交通枢纽）开通。

18日 暨南大学少年及家事法研究中心研究基地在江门市中级人民法院挂牌。该基地为暨南大学少年及家事法研究中心在全省检察系统设立的首个研究基地。

20日至21日 中国信息协会在北京嘉里中心大酒店举行“2020年（第五届）中国客户联络中心行业发展年会”，江门市“12345”政府服务热线获评为“2020年度最佳公共（政务）服务示范单位”。

23日 江门市政务服务数据管理局与广西壮族自治区桂林市、贺州市行政审批局通过现场签约，与黑龙江省七台河市营商环境建设监督局通过“云签约”形式，签订政务服务“跨省通办”合作协议，实现同时与3个省（区）外城市政务服务“跨省通办”，打造多地联动政务服务“江门样本”。

24日 2020年全国劳动模范和先进工作者表彰大会在北京举行，江门市4名劳动模范受到中共中央、国务院表彰。

26日 江门市举办第十届“省长杯”工业设计大赛（江门赛区）暨2020“市长杯”工业设计大赛颁奖典礼。

同日 中国银行江门分行作为境内唯一金融机构代表，与江门市政务服务数据管理局、珠海市政府服务数据管理局、江门市不动产登记中心、珠海市不动产登记中心及中国银行澳门分行、中国工商银行（亚洲）有限公司、中国工商银行（澳门）股份有限公司签署江珠港澳四地跨城（境）办理合作协议，助推江珠港澳四地不动产登记业务“跨城（境）”落地。

26日至27日 中国社会科学院、国脉研究院联合组织召开2020智慧中国年会，江门市申报的“江门市房屋交易‘云链签’项目”入选第二届（2020）全国数字政府特色评选50强。

27日 江门市人民政府与华为公司签署深化战略合作协议。

29日 广东电网公司重点智能输变电项目江门220千伏泡步输变电工程投入运行，该工程研发应用多项电网工程建设新技术，获2020年中国电力建设科技进步奖。

30日 生态环境部在北京举行2018—2019绿色中国年度人物、第四批国家生态文明建设示范市县和“绿水青山就是金山银山”实践创新基地表彰授牌活动，对全国87个国家级生态文明建设示范市（县）、35个“绿水青山就是金山银山”实践创新基地授牌。开平市被命名为“绿水青山就是金山银山”实践创新基地，成为第四批全省唯一一个获此殊荣的县（市）。

是月 司徒美堂故居被公布为全国重点文物保护单位革命文物。

同月 建行江门市分行助推江门市“政银区块链”平台上线，在全省率先实现房屋交易“云链签”首发和基于区块链技术的银行公证业务办理。

12月

2日 2020年广东省劳动模范先进工作者和先进集体表彰大会在广州市举行，江门市有14名个人、4个集体受省委、省政府表彰。

9日至11日 中国华侨历史学会、广东省档案馆、福建省档案馆和五邑大学在江门市举行“侨批文化与华侨精神研讨会”。

10日 崖门出海航道二期工程动工。

11日 广东省农业农村厅召开全省农业机械化转型升级推进大会，总结全省“十三五”发展规划时期农业机械化成效，表彰先进典型。其中江门市农业农村局被授予“整市推进水稻生产全程机械化先进单位”称号，新会区、台山市、开平市、恩平市被授予“水稻生产全程机械化先进县”

称号，开平市永晖农机专业合作社联合社被授予“合作社农机化杰出服务奖”称号，大会期间，江门市分别作题为“整市推进水稻生产全程机械化 确保饭碗端在自己手”“创建平安农建设平安家园”“全程机械化＋综合农事服务联合体建设”的经验交流。

同日 五邑大学在鹤山楼举行“华侨华人文化研究院”揭幕暨“侨批文化保护活化研究中心”“广东侨乡文化研究院”揭牌仪式。

同日 浙江省政协主席葛慧君一行到江门市调研华侨文化保护开发、乡村振兴等工作。广东省政协主席王荣陪同调研。

16日 黄茅海跨海通道全线动工。

同日 广东省生态环境厅与江门市人民政府签署合作共建框架协议，共同推进江门市生态环境高水平保护及经济高质量发展，重点建设生态发展区、乡村振兴和生态文明示范市，打造全省绿色发展典范。

同日 广东省注册税务师协会江门办事处挂牌成立。

17日 江门市体育中心挂牌“中国排球协会排球训练基地”。

20日 2020年“粤菜师傅带你吃宵夜”暨五邑宵夜美点技能大赛在东湖广场举行，来自33家单位92名“粤菜师傅”同台竞技，评出中式烹调、中式面点等专业获奖选手32人、广府风味菜烹饪获奖选手16人，28名选手获高级工职业技能证书，27名选手获专项职业能力证书。

18日 广东省社保费系统优化升级项目在鹤山市税务局试点上线，标志着第三代社保费征管系统投入使用。

22日 中共广东省委常委、省委政法委书记张虎带队到江门市中级人民法院开展扫黑除恶专题调研。

24日 广东省污染防治攻坚战指挥部印发通报，公布2019年度全省环境保护责任暨污染防治攻坚战考核结果。其中广州、深圳、佛山、韶关、惠州、汕尾、江门获“优秀”等次。

同日 中国共产党江门市第十三届委员会第十三次全体会议在市委市政府大会堂召开。会议审议通过《中共江门市委关于制定国民经济和社会发展第十四个五年规划和二〇三五年远景目标的建议》。

25日 广东省人民政府批复同意认定开平翠山湖科技产业园、鹤山产业转移工业园（鹤山工业城）为省级高新区，分别定名为江门翠山湖高新区、江门鹤山高新区。

同日 全国住建系统抗击新冠肺炎疫情表彰大会召开，江门市住房和城乡建设局被评为“全国住房和城乡建设系统抗击新冠肺炎疫情先进集体”，市城市管理和综合执法局办公室主任毛国华获“全国住房和城乡建设系统抗击新冠肺炎疫情先进个人”称号。

27日至28日 江门市参赛选手在第三届粤港澳大湾区“粤菜师傅”技能大赛暨粤菜文化交流活动中取得优异成绩，冯高翔获中式面点师新星组一等奖，梁香莲获中式面点师工匠组三等奖，张振鸿获中式烹调师新星组三等奖，廖雄胜获中式面点师工匠组优胜奖，江门市获颁“优秀组织奖”。

28日 广（州）中（山）江（门）高速公路三期工程（除公铁共建部分外）通车。

同日 中共江门市委政法委的《江门：用心呵护每“邑”人》项目入选“2020年广东省社会治理十大创新项目”。

同日 广东南方职业学院大学科技园获2020年省级大学科技园认定，是全省唯一一家在民办专科类高校建立的省级大学科技园。

29日 文化和旅游部发布国家AAAAA级旅游景区认定公告，开平碉楼文化旅游区入选。

30日 江门市参赛选手王浩培、黄泽基获第九届全国数控技能大赛广东省选拔赛数控系统与工业软件应用技术（学生组）第一名，并代表广东省参加在无锡市举行的第九届全国数控技能大赛数控系统与工业软件应用技术项目比赛。

同日 中共广东省委政法委下发《关于解除对有关地区重点治理和挂牌整治突出问题的通知》，解除江门西江水域走私活动突出问题的挂牌整治。

同日 江门高新港竣工落成活动在高新区（江海区）举行。江门高新港是华南地区最大的内河智慧港口，建成运营后可使全市外贸船运吞吐量增长1倍。

同日 银洲湖高速公路全线动工建设。

同日 开阳高速公路改扩建工程全线通车。

同日 江门高新港竣工落成。

同日 开春高速公路全线通车。

同日 五邑路扩建工程（外海大桥至江门大道段）主线试通车。

31日 中开高速（白沙互通至凤山互通段）实现通车。

是月 商务部公布2020年新认定国家外贸转型升级基地名单，新认定江门市新会区国家外贸转型升级基地（五金不锈钢制品）。

同月 文化和旅游部公示第五批国家级非物质文化遗产代表性项目名录推荐项目名单，江门市新会陈皮炮制技艺作为国家级非物质文化遗产代表性项目名录传统医药（中药炮制技艺）的扩展项入选。

年度关注

粤港澳大湾区和深圳先行示范区建设实现新突破

2020年，江门市完善推进粤港澳大湾区建设领导小组机制,调整领导小组成员和12个专项小组成员单位,制定《江门市推进粤港澳大湾区建设2020年工作要点》等系列指导性文件，构建长、中、近结合的贯彻实施体系。

打造国际科创中心重要承载区初见成效。国家大科学装置工程江门中微子实验站基建工程完成。五邑大学建设高水平理工科大学推进,参与研发中国首颗工业数字光场芯片,加快中德（江门）人工智能研究院、数字光芯片联合实验室,粤港澳大湾区人类重大疾病重大动物模型联合创新基地封顶。成立粤港澳大湾区战略研究院江门分院。

推进基础设施互联互通取得突破。投资40亿元、总建筑面积25.5万平方米的珠西综合交通枢纽江门站建成并投入运营，争取将珠肇高铁引入江门站并调整为近期实施项目，推动珠肇高铁江门至珠三角枢纽机场段2020年动工建设，支持深江铁路动工建设。构建三大战略通道,“北通道”连通广州都市圈，“中通道”对接深中通道，联系深圳都市圈，“南通道”对接港珠澳大桥，黄茅海跨海通道,参与大湾区港航体系建设,江门高新港投入使用,推进台山、恩平等通用机场建设,珠西综合交通枢纽渐次成形，逐步成为粤港澳大湾区沟通粤西和大西南、承东启西的门户。

机制“软联通”深化。在大湾区内地9个城市中率先实施“湾区通办”,累计有125个涉企便民服务事项实现港澳跨境通办,在全国率先上线运行商事登记“智能湾区通”，全国率先在澳门设立人力资源和社会保障服务点，启动珠海、江门、香港、澳门政务服务及不动产登记跨城（境）办理，向澳门银行颁发首本江澳“跨境办理”的不动产权证。

推动江港澳青年就业创业合作。推动港澳居民在社保、购房、养老、金融等方面享有“市民待遇”,新设港澳居民就业创业补贴项目12个,有122人享受大湾区个人所得税优惠政策，制定出台《江门市关于加强港澳青年创新创业基地建设实施方案》，建成珠西先进产业优秀人才创业创新园等5家港澳青年创新创业孵化基地，累计孵化港澳项目82个，启迪之星（江门）孵化器获“国际化科技企业孵化器”、全省首批“大湾区青年家园”称号。

构建大湾区特色合作平台体系。与珠海市、中山市共同谋划粤港澳大湾区（珠西）高端产业集聚发展区（以下简称“集聚区”），被列入中央2020年粤港澳大湾区建设重大事项，谋划建设江门—珠海大型产业园区，高标准推进江门人才岛建设，累计完成投资超85亿元，《江门华侨华人文化交流合作重要平台建设方案》通过省大湾区领导小组审议并印发实施，成为江门市首个省级大湾区重要平台，出台《关于支持银湖湾滨海新区加快发展的实施意见》，推进首批总投资约40亿元的5个基建工程和八大景观工程建设，印发《关于中国（江门）“侨梦苑”华侨华人创新产业聚集区“一苑多园”建设工作方案》，规划建设粤港澳大湾区（江门）高质量农业合作发展平台，《江门市落实〈关于金融支持粤港澳大湾区建设的意见〉的行动方案》，江澳金融合作发生额累计超1700亿元。

主动对接支持先行示范区建设初见成效。加强顶层设计，高位推进深江合作。7月30日，江门市党政代表团赴深圳学习交流，印发《江门市关于支持深圳建设中国特色社会主义先行示范区的行动方案》，突出重大项目建设，提升深江产业合作水平。谋划建设包括深江产业园在内的五大万亩园区及江门人才岛等发展平台,加快构建“深圳研发+江门承接孵化转化”创新协作模式。

（市发展改革局）

“一核一带一区”区域发展格局加快构建

2020年，江门市委、市政府贯彻落实省“一核一带一区”（珠三角地区、沿海经济带、北部生态发展区）工作部署，构建江门市“三区并进”区域发展格局，印发《江门市加快构建“三区并进”区域发展新格局实施方案》《关于加大有效投资力度构建“三区并进”区域发展格局三年行动计划（2020—2022年）》。强化政策支撑。先后出台《江门市财政管理体制调整方案》《江门市关于建立加快招商项目落地及集中动工项目建设工作机制的指导意见》等配套文件。研究制定《关于支持江门人才岛建设发展的实施意见》《关于支持银湖湾滨海新区加快发展的实施意见》等政策措施支持重点区域发展。完善区域协调发展体制机制。成立江门市推进“三区并进”区域发展格局建设工作领导小组，加强重大项目统筹机制，成立市重大工程重大项目总指挥部和12个专项指挥部。在全省率先成立市级自然资源统筹管理委员会。

持续加快构建“三区并进”区域发展格局。都市核心区一体化进程加快。中心城区产城融合示范区入选广东省城乡融合省级试点名单。江门人才岛与中铁建、IBM公司、省科学院、深圳腾讯公司签订合作协议。高新产业新城城市品质明显提升，德昌电机、优美科等龙头项目逐渐释放“磁场效应”。枢纽新城枢纽建设中集智库等市级科技企业孵化器或众创空间。珠西物流中心加速破局，复合型国际物流港崛起。推动五大万亩园区等产业园区提质增效，引进优质项目。大广海湾区重点平台建设加速。粤港澳大湾区（珠西）高端产业集聚发展区被写入省委全会报告并纳入中央大湾区办2020年工作要点。银湖湾滨海新区加快建设首批投资约40亿元的基建工程和八大景观工程，碧海银湖、新澳重大装备创意产业园等重点项目推进。广海湾LNG接收站项目纳入省能源“十四五”规划。生态发展区绿色优势逐步释放。乡村振兴工作获粤西片区第一名。河长制湖长制和高标农田考评获国务院督查激励。现代农业产业园建设成效明显。印发《江门市促进全域旅游发展扶持办法》，开平市被评定为第二批省全域旅游示范区，开平碉楼文化旅游区创建国家AAAAA级旅游景区，台山川岛海丝文化游径等3条游径入选广东省历史文化游径。在全省率先出台市内流域生态保护补偿办法，印发《江门市国家生态文明建设示范市创建规划（2019—2030年）》。

（市发展改革局）

华侨华人文化交流重大平台建设

《粤港澳大湾区发展规划纲要》提出，支持江门建设华侨华人文化交流合作重要平台（以下简称“交流合作平台”）。2020年，江门市围绕方案、平台、项目、活动、传承五大抓手，全力打造具有国际影响力的华侨华人文化交流合作重要平台。

推动平台提升至中央和省层面，争取省推进湾区建设领导小组审议通过《江门华侨华人文化交流合作重要平台建设方案》，把交流合作重要平台提升至省层面高位推进。争取文化和旅游部将江门交流合作重要平台建设、建设多元文化交流创新示范区等工作纳入国家《粤港澳大湾区文化和旅游发展规划》。

举办华侨华人文化交流合作活动月，推出19项涵盖侨务、文化、旅游等华侨华人文化交流合作活动，包括启动仪式、2020江门“云上世青会”活动、“任溶溶童书节”“少年中国说”系列活动、闭幕晚会等。活动月对在疫情防控特殊时期凝聚侨心、汇聚侨智、发挥侨力，增强海外华侨华人情感共鸣、家国情怀，具有积极意义。

重点项目建设加快推进华博馆改扩建项目、江门市图书馆改造项目按计划推进。江门市“历史文化博物馆群”20个项目完成17个。中国侨都华侨华人总部建设开展总体规划设计工作，赤坎古镇华侨文化展示旅游项目、华侨城古劳水乡文旅项目推进。江门市被国际饭店与餐馆协会授予“世界名厨之乡”称号。台山市大江镇成功创建“中国华侨国际文化交流基地”。

（市文广旅体局）

科技创新强市建设取得新成效

2020年，江门市贯彻科技创新强省战略，科技创新工作取得明显成效。创新环境优化，出台实施“江门科创十条”9项扶持政策。高新技术企业存量1845家，是“十二五”时期的9倍，增速全省第一。开平翠山湖科技产业园、鹤山工业城创建省级高新区。全面提升与省科学院的战略合作，广东省科学院江门产业技术研究院落户江门人才岛。国家大科学装置——中微子试验站建设加快推进，完成基建投资4 亿元。推进五邑大学高水平理工科大学建设，参与粤港澳大湾区西岸科技创新和人才合作联盟，与中科院共建“数字光芯片联合实验室”，研发中国首颗工业数字光场芯片。推动再生医学实验动物中心——大动物模型联合研究中心（江门）建设。新增2个省级农业科技园区、2家省级工程技术研究中心。省级研发机构478家，市级研发机构1677家，规模以上工业企业研发机构覆盖率61%，位居全省第一位。做强做大“科技杯”创新创业大赛品牌，江门市企业获中国创新创业大赛（广东赛区）一、二、三等奖。广东南方职业学院创建江门市首个省级大学科技园。实施科技奖励制度改革，推动社会力量设立“无限创新”江门科学技术奖。

（市科技局）

新冠肺炎疫情防控取得重大成果

2020年，江门市贯彻落实习近平总书记“坚定信心，同舟共济，科学防治，精准施策”的指示精神，以党建为统领，以人民为中心，组建一张防控新冠肺炎的仁心铁壁防控之网。至年底，全市累计筛查45.8万名发热患者，实现应筛尽筛；全市核酸筛查163万份，实现应检尽检；累计集中隔离医学观察9060人，实现应管尽管；累计接种2.3万剂次，实现应接尽接；定点医院累计收治无症状感染者和确诊病例27例，实现应治尽治，取得阻止疫情蔓延扩散、病例零死亡、医护人员零感染的成果，确保460万名侨乡人民生命安全和身体健康，全市连续320天无境内病例报告。在做好疫情防控的同时，先后派出5批118名医护人员驰援湖北、香港和广州海关。全市系统有2人分别获全国抗击新冠肺炎疫情先进个人、全国先进工作者称号；市卫生健康局等4个集体、20人分别获省抗击新冠肺炎疫情先进集体和先进个人称号；14个集体、166人分别获市抗击新冠肺炎疫情先进集体和先进个人称号。

（市卫生健康局）

学习贯彻习近平新时代中国特色社会主义思想取得新成效

2020年，江门市坚持把学习贯彻习近平新时代中国特色社会主义思想作为头等大事和首要政治任务，推动全市党员干部用党的创新理论武装头脑、指导实践、推动工作。先后开展《习近平谈治国理政》（第三卷）、习近平总书记出席深圳特区建立40周年庆祝大会和视察广东重要讲话重要指示精神等大学习、大培训。推动基层教育培训全覆盖，指导各单位通过干部培训网络学院、远程教育系统、“三会一课”（支部党员大会、支部委员会、党小组会、党课）等健全落实常态化学习机制，实现新冠肺炎疫情期间工作学习两不误，并提级对全市1321个村（社区）党组织书记进行5天的集中轮训。推进“政治能力提升年”行动，印发《江门市“政治能力提升年”行动实施方案》及责任清单，提出具体举措23条，对各级党组织和党员干部提升政治能力作部署。

（市委组织部）

脱贫攻坚目标任务如期高质量完成

2020年，江门市脱贫攻坚取得全面胜利。2016—2019年度，连续四年在全省扶贫工作考核中被评为“好”等次。全市建档立卡贫困户5097户16659人达到“八有”（有稳固住房、有饮用水、有电用、有路通自然村、有义务教育保障、有医疗保障、有电视看、有收入来源或最低生活保障）标准并实现脱贫退出，人均可支配收入由2015年的5974元增加到2020年的21087元，年均增长28.69%，“两不愁三保障一提升”（不愁吃、不愁穿，义务教育有保障、基本医疗有保障、住房安全有保障，提升村级公共服务水平）全面实现。产业带动、稳岗就业、消费扶贫、民生底线等长效扶贫措施落实，累计建成规模产业扶贫项目215个，带动/受益贫困户4532户；创建就业扶贫点110个，累计开发公益性岗位450个；有劳动能力的贫困人口实现就业6391人；就业率97.8%；搭建1个省级消费扶贫点和8个县级以上消费扶贫基地，认定省级扶贫产品73项，实现消费扶贫产品销售总额超2.7亿元，带动贫困户4000多户；推动将受新冠肺炎疫情影响严重的34户76人纳入低保保障对象。扶贫改革走在全省前列，相对贫困人口帮扶改革推进，首创低收入人口识别指标体系和分类政策管理体系，完成恩平市市级试点和全市相对贫困人口入户调查工作，制定《江门市相对贫困人口帮扶改革实施方案》和N个配套政策。做细做实东西部“携手奔小康”行动，扶贫协作中结对帮扶的广西崇左市4个贫困县实现脱贫“摘帽”，并代表粤桂扶贫协作考核迎检取得好成绩。

（市农业农村局）

乡村振兴实现“三年取得重大进展”

2018—2020年，江门市贯彻落实习近平总书记、党中央决策部署及省委、省政府、市委、市政府工作要求，坚持农业农村优先发展，以乡村振兴战略为总抓手，全力统筹推进新时代“三农”（农业、农村、农民）工作，河长制、湖长制工作获2019年度国务院督查激励；获全国农村承包地确权登记颁证工作典型地区表彰，是全省唯一获此殊荣的地级市；台山市成为全省唯一入选全国第五批“率先基本实现主要农作物生产全程机械化示范县”名单；江门市中心城区产城融合示范区、新会区双水镇、开平市赤坎镇列入广东省城乡融合发展省级试点地区；2018年、2019年连续2年在省乡村振兴实绩考核中获“优秀”等次，并位列粤西片区第一名；2016—2019年连续4年在省扶贫开发考核中获评“好”等次。2020年，全市实现农林牧渔总产值500.9亿元，比上年增长4.1%，总量在全省排第四名；农村常住居民人均可支配收入21129元，2016—2020年，年均增长8.88%。

（市农业农村局）

文化强省建设迈出新步伐

2020年，江门市学习贯彻习近平总书记视察广东期间对侨批保护工作的重要指示精神，做足“侨”字文章，推动侨乡文化事业兴盛繁荣，为人民群众提供丰盛的精神食粮。

开展“侨批”保护活化利用，组织侨批研讨会，探讨侨批文化内涵、文化价值、世界意义，开辟侨批档案挖掘、整理、研究、利用新路径，校地共建“侨批文化保护活化研究中心”，出台《江门市侨批保护活化工作方案》，开发侨批元素文创产品、抖音、微电影，启动侨批题材舞台剧创作，构建侨批活化利用格局。实施文艺精品攀峰工程，报告文学《钟南山：苍生在上》出版，舞蹈作品《赶海的女人》获广东省群众艺术花会金奖。重大文化活动亮点纷呈，承办相关江门分会场活动，创新举办全国首个“任溶溶童书节”。

推进“公共文化事业建设年”工作，市县镇村四级公共文化设施网络完善，全市公共文化场所实现免费对外开放，成为全省首批达标率100%城市。做好农村公益性电影放映工作，完成农村电影放映9907场、广场电影放映728场，全市建成农家书屋1159个，公共文化服务水平提升。开平碉楼入选国家级AAAAA级旅游景区，全市印刷企业1340家，从业人员4.3万人，成为珠三角印刷重要基地，儿童图书印制全国知名，筹备成立“中国儿童图书印制创新研究中心”，文化产业发展提质。

（市委宣传部）

2020年江门十件民生实事完成

2020年，江门市政府公开承诺的十件民生实事21个项目完成。全年市十件民生实事投入13.65亿元，完成年度投资计划110.9%。

提高医疗卫生服务水平，完善疫苗接种管理体系建设，建设和改造4家疾控机构冷链系统，实现63家预防接种门诊数字化。推进医疗健康信息便民攻坚行动，提升服务质量和效率，完成25间二级以上医疗机构对接市区域卫生健康平台互通、数据共享和检查检验结果互认。实施农村妇女“两癌”（宫颈癌和乳腺癌）免费检查，完成宫颈癌、乳腺癌筛查各4.24万例，保障妇女健康。

提高底线民生保障水平全市低保标准不低于900元/人·月，实现低保人均补差水平城镇不低于当地低保标准75%，农村不低于当地低保标准50%，不低于省定标准。特困人员基本生活标准不低于当地最低生活保障标准1.6倍，而且不低于当地现行特困人员基本生活标准。实现孤儿集中供养标准2200元/人·月、分散供养标准1800元/人·月。全市困难残疾人生活补贴提高到175元/人·月、重度残疾人护理补贴提高到235元/人·月。统一全市医疗救助待遇标准，城乡低保对象、建档立卡贫困人口政策范围内基本医疗救助比例提高到90%以上。开展城市困难职工调查摸底工作并动态管理，经精准识别后，分类帮扶，精准施策，进行就业帮扶、医疗救助、金秋助学、生活救助、技能培训等系列精准帮扶，100%实现城市困难职工家庭生活水平超过江门市低保标准，保障困难职工基本生活。

加大市场食品质量安全监管力度加强食用农产品种养殖环节源头治理，100%落实农产品生产企业、农民专业合作经济组织等生产主体监管名录，加快食用农产品溯源系统建设，推广80%以上生产主体开展农产品质量安全溯源管理。开展农业投入品追溯应用，100%落实高毒农药定点经营、实名购买制度。试行食用农产品合格证制度，推行统防统治、绿色防控、配方施肥、健康养殖和高效低毒农兽药使用等技术，打击使用高毒禁用药物等违法犯罪行为。提升食品监督抽检效能，建设食品安全抽检监测管理平台，提高监督抽检的针对性和靶向性，严防问题食品流入人民群众的餐桌，全市完成2.74万批次食品抽检任务，食品检验量达到每千人6批次。加强食用农产品产地准出与市场准入衔接，在全市100家食用农产品集中交易市场开展以蔬菜类、水产品类和肉类等为主的快速检测，及时公示快检信息，对不合格产品的处置率为100%，全年快检不少于35万批次，全面倒逼食用农产品生产者落实安全主体责任。加强校园食品安全保障，学校食堂食品安全量化分级100%达到B级以上，实现“互联网+明厨亮灶”阳光工程全覆盖。

提升养老照护服务水平，推进区域性养老服务中心、长者食堂项目建设，提升居家养老服务质量和水平，建设7家区域性养老服务中心、7家居家社区养老服务示范点，新建12家长者食堂。

促进幼儿学前教育发展，全市公办幼儿园在园幼儿占比50%以上，公办和普惠性民办幼儿园在园幼儿占比合计80%以上。

打赢精准脱贫攻坚战全市建档立卡贫困户全部达到“八有”（有稳固住房、有饮用水、有电用、有路通自然村、有义务教育保障、有医疗保障、有电视看、有收入来源或最低生活保障）指标，并且100%实现有序退出，如期高质量完成脱贫攻坚任务。全市完成农村公路建设150千米，危桥改造12座。

落实就业创业帮扶政策推进“广东技工”“粤菜师傅”“南粤家政”三大工程。开展全民技能提升行动，培训各类劳动者2.5万人，其中，培训“粤菜师傅”2500人次，培训家政服务从业人员4200人次。开办2020年江门创客素质提升班，组织有发展潜力和带头示范作用突出的初创企业经营者参加高层次进修学习。

打通便民服务“最后一公里”，推动实体大厅向网上大厅转变、便企服务向便企便民服务并重转变。推行政务服务事项“零见面”“秒批”办理。实现与企业生产经营、群众生产生活密切相关的高频政务服务事项“一次办、网上办、马上办、就近办”4个100%，实现不少于100项高频政务服务事项全城通办，增加不少于100项高频政务服务事项进驻“粤省事”或“粤商通”、100项涉民服务事项进驻“侨都之窗”。全面梳理基层证明事项清单，压减基层证明事项，优化规范证明开具流程、格式，推动不少于30项证明事项网上办、掌上办、自助办，突破开具证明多乱难问题。居住证业务实现全程网上办理，让群众“零跑路”。

着力解决群众饮水难题，推进落实革命老区村集中供水覆盖，完成332个革命老区自然村集中供水全覆盖，受益人口6.4万人。推进全域自然村集中供水全覆盖，解决全市132个自然村集中供水，受益人口1.7万人。

提升城市综合管理水平实施15个老旧社区改造，加快老旧小区水、电、燃气、照明、绿化、道路等基础设施更新改造，推进有条件的老旧住宅加装电梯或者扶手等适老设施。简化规划审批要求，在3个区试点推行“承诺制+公示”代替公证书的方式，提高报批可行性和操作性。实现全市公共机构生活垃圾分类全覆盖。蓬江区、江海区基本建成垃圾分类示范片区，其他的市（区）至少一个街道基本建成示范片区。完善公园公共设施配套。开展“城管进社区管到位”行动。

（市府办）

2020年6月20日，蓬江区开展主题为“垃圾分类新时尚，城市文明我先行”的蓬江分类信息管理平台上线发布会，全市首个垃圾分类信息管理平台——“蓬江分类”信息管理平台上线运行

（蓬江区委宣传部　供）

中国共产党江门市委员会

综　述

【中共江门市委机构概况】 2020年，中共江门市委设置纪检监察机关1个，计入机构限额的工作机关15个：办公室、组织部、宣传部、统一战线工作部、政法委员会、政策研究室、网络安全和信息化委员会办公室、外事工作委员会办公室、机构编制委员会办公室、台港澳工作办公室、直属机关工作委员会、巡察工作领导小组办公室、老干部局、机要和保密局、市人才工作局（副处级），其中，纪律检查委员会与监察委员会合署办公，实行“一套工作机构、两个机关名称”；办公室挂市档案局牌子；组织部挂市公务员局牌子；宣传部挂市精神文明建设委员会办公室、市新闻出版局（市版权局）牌子；统一战线工作部挂市民族宗教事务局、市侨务局牌子；网络安全和信息化委员会办公室挂市互联网信息办公室牌子；台港澳工作办公室挂市台港澳事务局牌子；机要和保密局挂市国家保密局、市密码管理局牌子。设在相关部门的市委议事协调机构的办事机构不计入机构限额的有：全面深化改革委员会办公室（设在政策研究室）、全面依法治市委员会办公室（设在市司法局）、国家安全委员会办公室（设在办公室）、财经委员会办公室（设在政策研究室）、审计委员会办公室（设在市审计局）、教育工作领导小组办公室（设在市教育局）、农村工作办公室（设在市农业农村局）、市推进粤港澳大湾区建设领导小组办公室（设在市发展和改革局）。

【中共江门市委十三届十一次全会】

2020年1月7日在江门市委市政府小会堂召开。会议以习近平新时代中国特色社会主义思想为指导，全面贯彻党的十九大和十九届二中、三中、四中全会精神，深入贯彻习近平总书记对广东重要讲话和重要指示批示精神，认真贯彻省委十二届八次、九次全会精神，回顾2019年工作，部署2020年工作，动员全市广大党员干部群众担当作为、开拓创新、砥砺奋进，坚决夺取全面建成小康社会伟大胜利。市委常委会主持会议。市委书记林应武代表市委常委会作工作报告，市委副书记、市长刘毅就经济工作作专题讲话。

会议指出，市第十三次党代会以来，在以习近平为核心的党中央坚强领导下，市委团结带领全市广大党员干部群众，深入贯彻党中央决策部署，认真落实省委工作部署，致力“兴业惠民、治吏简政”，实施“三战略、三带动”，始终以人民为中心增进民生福祉，以党建为引领重构良好政治生态，实现经济实力跨越发展、产业规模增势强劲、交通建设迅猛推进、民生事业亮点纷呈、政治生态显著好转，交出一份高质量发展的靓丽成绩单。尤其是2019年，面对国内外风险挑战明显上升的复杂局面，全市上下坚定信心、抢抓机遇、迎难而上，有力推动各项工作取得扎实成效。

会议强调，做好江门工作，必须增强“四个意识”，坚定“四个自信”，做到“两个维护”，向总书记看齐、向党中央看齐；必须坚持工业立市，大力发展实体经济，实施创新驱动发展战略，走高质量发展之路；必须从大局出发、从大处着眼，推动工作从问题入手、从细节发力，崇尚实干、贵在落实，压实责任、一抓到底；必须不忘初心、牢记使命，坚持以人民为中心，解决好群众的操心事、烦心事、揪心事；必须狠抓全面从严治党，强化各级党组织战斗堡垒和党员先锋模范作用，为各项事业发展提供坚强政治保证。

会议指出，站在“两个一百年”奋斗目标的历史交汇点，全市干部要坚定信心、凝心聚力，以新担当新作为推动江门改革发展再出发。一是紧盯第一个百年奋斗目标，把工作重心向补短板转移、政策措施向补短板倾斜、各方资源向补短板集聚，确保交出高水平全面建成小康社会的江门答卷。二是坚定制度自信，推动党的十九届四中全会精神落地落实，切实强化制度意识，带头维护制度权威，做制度执行的表率，确保党中央重大决策部署按制度要求落到实处。三是坚持新发展理念，贯彻落实好中央经济工作会议精神，确保经济实现量的合理增长和质的稳步提升。四是牢牢把握“双区驱动”重大历史机遇，加大投入力度、扩大消费、提升效益、加快发展，奋力打造珠江西岸新增长极和沿海经济带上的江海门户。

会议强调，2020年是全面建成小康社会和“十三五”规划收官之年，做好2020年工作至关重要。全市工作的总体要求是：以习近平新时代中国特色社会主义思想为指导，全面贯彻党的十九大和十九届二中、三中、四中全会以及中央经济工作会议精神，坚决贯彻党的基本理论、基本路线、基本方略，深入贯彻落实习近平总书记对广东重要讲话和重要指示批示精神，增强“四个意识”、坚定“四个自信”、做到“两个维护”，认真落实省委十二届八次、九次全会精神、“1＋1＋9”工作部署和市委“1＋1＋5”工作举措，紧扣全面建成小康社会目标任务，坚持稳中求进工作总基调，坚持新发展理念，坚持以供给侧结构性改革为主线，坚持以改革开放为动力，坚定推动高质量发展，坚决打赢三大攻坚战，全面做好“六稳”工作，统筹推进稳增长、促改革、调结构、惠民生、防风险、保稳定，坚持不懈推进全面从严治党，确保全面建成小康社会和“十三五”规划圆满收官，得到人民群众认可、经得起历史检验。

会议强调，要高举习近平新时代中国特色社会主义思想伟大旗帜，聚焦重点、攻坚克难，奋力开创江门高质量发展新局面。一要加快推进“三区并进”，聚力建设中心城区产城融合示范区，加快推进银湖湾滨海新区开发，着力建设绿色生态发展区，努力在推动区域协调发展上实现大突破。二要强化市级统筹，深化各领域改革，建立重大平台重点项目市级统筹机制，加强国土空间规划编制工作，做强做优做大国资国企，深化营商环境综合改革，推动“全市一盘棋”发展。三要坚持工业立市不动摇，将2020年定为“招商引资项目提质年”，实施重点企业帮扶行动，大力打造科技创新引擎，推动制造业高质量发展。四要加快城镇人口集聚，深化户籍管理制度改革，优化城市商圈布局，发展文化旅游产业，提升现代服务业，促进消费提档升级。五要持续实施“交通大会战”，打造全省第四大轨道交通枢纽，织密优化高快速路网，加强港口机场建设，强化与大湾区城市互联互通。六要保障和改善民生，坚决打好打赢三大攻坚战，办好“广东技工”“粤菜师傅”“南粤家政”三大培训工程，实施教育优质发展三年行动计划，提升社会事业发展水平，建设平安江门，提升人民群众的获得感、幸福感、安全感。

会议强调，要全面落实新时代党的建设总要求，党要管党、从严治党，坚定不移加强党的领导和党的建设。一要筑牢“两个维护”政治根基，落实不忘初心、牢记使命的制度，开展新一轮“大学习、深调研、真落实”工作，实施一把手政治能力提升计划，引导广大党员干部增强“四个意识”，坚定“四个自信”，做到“两个维护”。二要牢牢掌握意识形态工作领导权管理权主动权，压实意识形态工作责任制，确保意识形态领域绝对安全。三要深化拓展省委基层党建三年行动计划和市委十大专项行动，实施“三个三”党建品牌示范工程，推动基层党组织建设全面进步全面过硬。四要锻造高素质专业化干部队伍，把2020年作为新时代干部队伍建设的“政治能力提升年”，加强干部队伍思想淬炼、政治历练、实践锻炼、专业训练。五要严格落实中央“八项规定”精神，深入推进反腐败斗争，深化政治巡察，持之以恒正风肃纪反腐。

【中共江门市委十三届十二次全会】

2020年10月16日在江门市委市政府大会堂召开。会议全面贯彻习近平总书记关于促进区域协调发展、加快形成以国内大循环为主体、国内国际双循环相互促进的新发展格局的重要论述和对广东重要讲话、重要指示批示精神，认真落实省委十二届十次全会精神、省加快构建“一核一带一区”区域发展格局的工作部署，动员全市广大党员干部群众奋发有为、开拓创新，为全省发展大局作出江门应有的贡献。

会议强调，要深入学习贯彻习近平新时代中国特色社会主义思想，增强战略定力、把握大局大势，沿着习近平总书记指引的方向阔步前行。2020年是决胜全面小康、决战脱贫攻坚之年。全市上下要切实增强“四个意识”、坚定“四个自信”、做到“两个维护”，准确把握新形势新变化新任务，有章有法、有力有序办好江门的事情。要深入推进“三区并进”，将其作为落实总书记重要论述精神、粤港澳大湾区建设战略的重要抓手以及省委“一核一带一区”工作部署的重大举措，努力打造先进制造业强市、珠西综合交通枢纽、沿海经济带开放高地、华侨华人文化交流合作窗口、宜居宜业宜游高品质城市。

会议指出，要突出重点、科学施策，持续精准用力，推动“三区并进”建设打开新局面。市委十三届七次全会确定构建“三区并进”区域发展新格局以来，“三区并进”区域发展新格局渐次成形。全市上下要坚定信心决心，全力优产业、壮规模、强平台、扩投资，加快培育千亿产业，建设千亿强区，打造千亿国资平台，实施升级版“三个千亿投资计划”，在新时代新起点上不断开创江门区域协调发展新局面。一要聚焦做大城市能级量级，提升都市核心区引领带动能力。要紧紧围绕优产拓城聚人创新，以中心城区产城融合示范区建设为主攻点，做大做强滨江新区、高新产业新城、新会枢纽新城、鹤山珠西物流中心、台山工业新城以及开平翠山湖科技产业园等城市功能平台，推动形成区域协调发展新格局。二要聚焦建设“一极点两片区”，增强大广海湾区蓝色发展动力。大广海湾区是城市未来发展和重大产业布局的大平台，要面向全国、服务港澳，把海洋资源优势转化为高质量发展优势。三要聚焦培育“绿色+”动能，激活生态发展区可持续发展潜力。切实提高生态安全保障和绿色发展能力，深入实施乡村振兴战略，在高水平保护中实现可持续发展。四要聚焦互联互通，推动区域交通基础设施一体化。加快构建东西部外联内通立体化交通体系，力争“十四五”期间完成交通投资2000亿元，推动形成北广州、东深圳、西江门“三足鼎立”的综合交通枢纽格局。五要聚焦强基础增动力，充分发挥有效投资的关键作用。要实施升级版“三个千亿投资计划”，持续加大工业、基础设施、城市建设投资力度，力争“十四五”时期全社会固定资产投资达1.5万亿元。坚持工业立市不动摇，大力发展实体经济，力争“十四五”期间完成工业投资5000亿元。

会议强调，要乘势而上、集中攻坚，奋力夺取“双胜利”，确保如期全面建成小康社会。全市上下要坚持“两手抓、两手硬”，全力做好“六稳”“六保”工作，统筹推进疫情防控和经济社会发展。坚决把疫情防控战果巩固好发展好；积极融入国内国际双循环新发展格局；全力提升全面建成小康社会质量成色；抓紧抓好“十四五”规划编制工作。

【中共江门地方组织概况】 2020年，江门市有乡以上中国共产党（含基层）地方委员会69个，其中市委员会1个，县（市、区）委员会7个，乡镇委员会61个。县以上党委工作部门72个，其中市委工作部门15个、县（市、区）委工作部门57个。

组织工作

【概况】 2020年，江门市学习贯彻习近平新时代中国特色社会主义思想，推动全市党员干部用党的创新理论武装头脑、指导实践、推动工作。加强基层党组织建设，2018—2020年，发展党员1.02万人，新增基层党组织1590个，完成全市“三个三”［创建3个示范市（区）、30个示范镇（街）和300个示范村（社区）］基层党建品牌创建。加强干部监督管理，出台《受理审核干部选拔任用工作任前事项报告操作规程》；做好干部教育培训，全市举办各级各类培训班852期，覆盖近20万人次。制定《江门市干部教育培训学时管理办法》《关于进一步加强江门市干部脱产培训工作的意见》；加强人才队伍建设，江门市累计认定评定高层次人才6470人。专业技术人才21.42万人，其中高级职称专业技术人才2.03万人；高技能人才总量14.28万人。

【基层党组织建设】 2020年，中共江门市委组织部以市委基层党建“十大专项行动”为抓手，推动基层党组织全面进步、全面过硬。2018—2020年，发展党员1.02万人，新增基层党组织1590个，其中“两新”（新经济组织、新社会组织）党组织增长40%；实施党建经费“亿元保障计划”，市县两级累计投入基层党建经费16.42亿元；举办各类培训班2.3万场，培训133.3万人次；调整提拔优秀年轻村（社区）党组织书记504人，平均年龄下降8.6岁；配备农村女性党组织书记111人，占比10.5%；村（社区）“两委”（村党支部委员会、村民委员会）干部大专以上学历比例提高8%。

是年，发挥组织优势服务统筹疫情防控和经济社会发展工作，动员各级党组织和党员干部投身疫情防控，2万多名机关干部驰援一线，近16万名党员扫码捐款1600多万元，下拨党员捐款715万元、各级抗疫党费近1200万元，走访慰问抗疫一线人员5万多人，推动12名表现突出的抗疫工作者火线入党，75名抗疫一线编外医务人员入编。

是年，完成全市“三个三”［创建3个示范市（区）、30个示范镇（街）和300个示范村（社区）］基层党建品牌创建。推进村级换届工作，对全市7300多名村（社区）干部“过筛子”资格联审，调整“两委”干部2138人，新进班子人选于10月前到岗履职。支持江海区建设全国农村社区治理试验区，获评“粤治—治理现代化”优秀案例。累计推出“枣工”动漫作品160多期，获中组部表彰。举办党建好新闻评选、红色书画摄影展、红故事宣讲赛等活动，传承红色精神。拍摄隐蔽战线题材纪录片《信仰铸英魂》并在凤凰卫视播出，获“中国梦脱贫攻坚短视频盛典”评委会金奖。

【干部监督管理】 2020年，中共江门市委组织部配合做好省委巡视江海区、恩平市、开平市相关工作，抓好整改“后半篇文章”。出台《受理审核干部选拔任用工作任前事项报告操作规程》，明确破格提拔、领导干部近亲属提拔及乡镇党政正职调整报备等方面的审核把关，严控用人风险。抓好《党委（党组）讨论干部任免事项守则》专项整治、领导干部个人有关事项报告专项整治。深化“裸官”治理和出国（境）管理，对2019年以来全市各级在职干部因私出国（境）情况进行排查梳理。对市直单位、市（区）、镇（街）32名党政一把手开展经济责任审计。加大对举报反映不担当不作为问题查核督办力度。探索实行失实信访举报澄清制度。修订县域经济绩效考核和市直机关绩效考核指标体系，将考核结果与“帽子”“票子”“板子”挂钩。

【干部教育培训】 2020年，中共江门市委组织部围绕学习贯彻习近平总书记重要讲话重要指示精神、党的十九届五中全会精神等开展大学习大培训。举办“一把手”党建工作专题培训班和领导干部专业化能力培训班，在四川省甘孜州举办领导干部党性教育专题培训班，举办公务员初任培训班、正副科长任职培训班、中青一班、中青二班、培训管理者能力提升培训班、公务员能力提升培训班及基层公务员能力提升班等班次，全市举办各级各类培训班852期，覆盖近20万人次。制定《江门市干部教育培训学时管理办法》《关于进一步加强江门市干部脱产培训工作的意见》。

【人才队伍建设】 至2020年年底，江门市累计认定评定高层次人才6470人。专业技术人才21.42万人，其中高级职称专业技术人才2.03万人；高技能人才总量14.28万人。“百名博（硕）士引育工程”累计引进博（硕）士66人。实施镇（街）“人才强基工程”，加快镇级人才驿站建设，培育农村实用人才，打通人才工作“最后一公里”。强化“全国博士后创新（江门）示范中心＋各市（区）分中心＋园区、孵化器”的“1＋7＋N”创新创业平台建设。成立江门市高层次人才发展促进会。“一岛一策”印发支持江门人才岛建设若干措施。制定制造业高质量发展人才支撑“八大计划”，编制《江门市急需紧缺产业人才目录》。举办“520”人才系列活动日，开展“中国侨都博士后江门行”，举行“侨”文旅人才峰会，实现“零门槛”入户政策。全市人才发展专项资金投入2.74亿元。“侨都英才计划”兑现资助近1100万元。

【党建制度改革】 2020年，中共江门市委组织部深化干部人事制度、党的基层组织建设、人才体制机制等领域改革。制定《关于在疫情防控阻击战一线考察识别干部的实施办法》，激励干部挺身而出、扎实工作。会同市纪委监委制定《关于进一步构建良好政治生态的实施意见》，推动全面从严治党向纵深推进。制定《江门市市管企业领导人员管理制度（试行）》，首次对市管企业领导人员管理进行系统性规范。制定《江门市干部人事档案重要信息重新认定工作指引（试行）》。落实农村基层组织向同级党组织报告、村（社区）党组织书记县级党委备案管理等制度，完善“四议两公开”（党支部会提议、“两委”会商议、党员大会审议、村民代表会议或村民会议决议；决议公开、实施结果公开）议事决策机制，制定农村党组织书记小微权力清单，约束权力行使。制定实施党建引领加强社区物业服务管理工作方案，破解住宅小区管理难题。制定《江门市人才工作领导小组工作规则》，压实各地各部门抓好人才工作的政治责任。

（徐　峻）

宣传工作

【概况】 2020年，江门市委宣传思想文化战线坚持把学习宣传习近平新时代中国特色社会主义思想作为头等大事和首要政治任务，持续深化理论学习、理论宣讲、理论研究，推动习近平新时代中国特色社会主义思想在侨乡大地落地生根、结出丰硕成果。坚持团结稳定鼓劲、正面宣传为主，精心组织重大宣传报道，以强劲的主旋律、充沛的正能量凝聚民心、鼓舞士气。

【理论学习宣讲】 2020年，中共江门市委宣传部理论学习抓好“关键少数”，落实“第一议题”“必修课程”“核心课程”“必读书目”等制度，全年组织市委理论学习中心组专题学习17次，以上率下推动习近平新时代中国特色社会主义思想入心入脑。理论宣讲突出“最大多数”，组建市委宣讲团，博（硕）士宣讲团、先进人物宣讲团、百姓能人宣讲团，围绕十九届五中全会精神，《习近平谈治国理政》第三卷等专题，开展分众化、对象化、互动化基层宣讲活动5200场次。组织“老乡讲小康”“第一书记讲中国制度故事”宣讲活动，推动党的科学理论“飞入寻常百姓家”。全市35万干部群众注册“学习强国”平台，指尖上的学习时时在线。理论研究升级“智库服务平台”，市社科联组织专家开展重大课题理论研究22个（篇），修订江门市哲学社会科学规划课题管理办法，规范社科普及基地管理，升级“江门社科智库服务平台”，服务全市社科工作者理论研究。《江门印刷业高质量发展白皮书》得到市委、市政府主要领导批示肯定。

【新闻舆论宣传】 2020年，中共江门市委宣传部围绕中央、省部署及市委、市政府中心工作，组织开展疫情防控、复工复产、脱贫攻坚、全面建成小康社会，党的十九届五中全会，习近平总书记出席深圳经济特区建立40周年庆祝大会和视察广东重要讲话、重要指示精神，市委十三届十二次、十三次、十四次全会，江门站开通运营等重大主题宣传工作。加大传统媒体和新媒体宣传力度，指导《江门日报》、江门电视台和县级融媒体中心，在重要时段、重要版面和主要新闻节目，报道江门市重点工作情况。

【精神文明建设】 2020年，中共江门市委宣传部弘扬和践行社会主义核心价值观，深化精神文明建设，利用新时代文明实践中心（所、站）、爱国主义教育基地、国防教育基地、红色革命遗址开展宣教活动。开展核心价值观教育，落实全国文明城市创建整改工作，制定《江门市创建全国文明城市整改提升总体方案》，落实“十大整改行动”，其中，文明之歌大家唱、快递小哥传文明活动成为全城热点事件，得到中央、省级媒体关注，成为发动群众支持创文，参与创文的创新典范。落实26项整改措施，投入整改资金近2亿元。推进群众性文明创建重点突出，推进精神文明创建“九大行动”，倡导“文明健康、绿色环保”生活方式，开展“垃圾分类”“拒食野味”“公筷公勺”等线上线下宣传活动超3000场次。实施乡镇创文强基提质工程，县级以上文明村镇覆盖率近95%。加强家教家风建设，选出“最美家庭”30户，新会区打造“五个一”［一部好的戏剧作品，一部好的电视剧（片）作品，一部好的电影作品，一部好的图书（限社会科学方面），一部好的理论文章（限社会科学方面）］活动项目，讲好新时代江门家风故事。全市建立新时代文明实践中心（所、站）1394个，组建文明实践志愿服务队伍2140支，开展文明实践活动2.32万场次，参与群众252万人次。

【文化高地建设】 2020年，中共江门市委宣传部贯彻落实习近平总书记对侨批保护工作的重要指示精神，组织侨批研讨会，挖掘侨批文化内涵，开辟侨批保护路径，启幕百年侨批与世界文明对话格局；成立“侨批文化保护活化研究中心”，出台《江门市侨批保护活化工作方案》，开发侨批元素文创产品、短视频、微电影，创排侨批题材舞台剧。创作抗疫文艺作品3136件，其中原创音乐94首，数量位居全省第三位。举办《音乐的记忆》抗疫原创公益歌曲演唱会，创排话剧《最美逆行》首演并作为中小学“开学第一课”展播。报告文学《钟南山：苍生在上》入选国家新闻出版署2020年“优秀现实题材文学出版工程”，《我们不散》获“中国抗疫主题MV征集典藏金奖”，摄影作品《风雨坚守全力打好疫情防控战》入选全国“五个一百”（百名网络正能量榜样、百篇网络正能量文字作品、百幅网络正能量图片、百部网络正能量动漫音视频作品、百项网络正能量专题活动）网络正能量精品。承办2020年中央广播电视总台春节戏曲晚会江门分会场录制；举办首届“任溶溶童书节”，展出儿童读物超1500种，入场观展市民超6万人次，开幕式网络直播在线观看近20万人次。

【脱贫攻坚主题宣传】 2020年，中共江门市委宣传部制定《2020年江门脱贫攻坚宣传报道方案》《“脱贫攻坚”主题外宣工作方案》，围绕“脱贫攻坚”主题策划系列宣传报道，统筹协调江门日报社和江门广播电视台2家市直新闻媒体开设《决战决胜脱贫攻坚》《脱贫攻坚决胜小康》等专栏，指导新会区、台山市、开平市、鹤山市、恩平市县级融媒体中心开展脱贫攻坚宣传报道。

【对外宣传】 2020年，中共江门市委宣传部组织集中采访、专题片拍摄等大型活动40多场次。其中《人民日报》头版头条报道江门市援企稳岗工作成效，中央电视台《新闻联播》专题报道《广东江门：优化营商环境助推高质量发展》事件长达1分钟，实现零的突破；全年央视采用江门稿件量50多条次，比上年增长200%；省电视台采用483条次，《广东新闻联播》采用99条次，均居全省前列。江门广播电视台摄制的电视纪录片《他乡五邑人北美篇》登上《今日广东》和美国夏威夷中文电视台等海外电视台。加强疫情防控正面宣传和舆论引导，回应社会关切。全市张贴、悬挂宣传标语（海报）近800万份，发出短信信息逾2亿条，实现疫情防控社会宣传全方位覆盖。利用城市地标、户外大屏亮灯致敬“最美逆行者”“江门最美她力量”“欢迎战疫英雄回家”。建立疫情防控例行新闻发布会机制，举办新闻发布会9场，在全省率先公布确诊病例详细活动轨迹。

【国防教育】 2020年，中共江门市委宣传部组织开展2020年征兵宣传，筹建江门市国防教育网，在江门新闻网开设专题频道即江门市国防教育网，委托专人负责日常更新维护；指导江门市国防教育主题公园建设。成立江门市国防教育领导小组和江门市国防教育讲师团。组织开展第一批江门市国防教育基地工作，江门市国防教育训练基地等5个基地获评江门市首批国防教育基地。加强和规范红色革命遗址保护利用，争取省级红色革命遗址项目资金474万元，配合做好全市红色革命遗址大普查，印发江门市红色革命遗址保护利用工作清单，协调市委党史研究室做好《江门红色地图》编印工作、加强龚昌荣故居保护利用和宣传工作。组织开展全市革命纪念设施检查清理工作。

（市委宣传部）

统一战线工作

【概况】 2020年，中共江门市委统战部推动全国、全省统战部长会议精神在江门市落地落实，发挥统一战线独特优势，在防范化解重大风险、抗击新冠肺炎疫情、脱贫攻坚、创文、平安建设、“六稳”（稳就业、稳金融、稳外贸、稳外资、稳投资、稳预期）和“六保”（保居民就业、保基本民生、保市场主体、保粮食能源安全、保产业链供应链稳定、保基层运转）等重点工作上取得成效，在政党、民族、宗教、阶层、海内外同胞关系5个方面构建江门大统战工作格局。

【党外人士政治和实职安排】 至2020年年底，江门市安排副厅级民主党派干部8人，占全市厅局级干部21%。其中，担任市人大常委会副主任1人，副市长1人，市政协副主席4人。全市县处级党外干部64人（民主党派成员39人，无党派人士25人），其中，在市人大工作委员会担任领导2人，分别是江门市人大常委会监察和司法工作委员会主任、江门市人大常委会法制工作委员会副主任。全市30个市政府工作部门中，市司法局、市财政局、市自然资源局、市住房和城乡建设局、市交通运输局、市水利局、市农业农村局、市审计局、市统计局、市医疗保障局10个部门的领导班子配备党外领导干部，其中担任正职有市自然资源局、市水利局、市医疗保障局，达到中央和省关于政府工作部门配备党外干部的领导班子不低于四分之一的要求。所辖市（区）人大、政府、政协领导班子按规定安排党外干部，其中，进入人大领导班子7人、政府领导班子6人、政协领导班子19人。江门市公路事务中心、江门市土地储备中心、江门开放大学、江门市第一中学、江门中医药职业学院领导班子中分别配备1名党外干部；市属国有企业中一级企业领导班子中有党外干部2人。在党外人士政治安排方面，江门市第十五届人大代表总数375人，其中非中共人士139人，占全体代表37.07%；市人大常委会组成人员36人，其中非中共人士10人，占全体常委会组成人员的27.78%。政协第十三届江门市委员会委员总数346人，其中非中共人士226人，占全体委员的65.32%；政协常委62人，其中，非中共人士41人，占全体常委的66.13%。

【多党合作和政治协商】 2020年，中共江门市委统战部探索创新政党协商工作，引导和组织党外人士围绕学习贯彻中共十九届四中全会精神开展重点调研，发挥新型政党制度效能，服务市委、市政府中心工作，助力“防疫情、促发展”建言献策，形成调研报告11份；做好党外人士意见的研究、沟通、协商、落实、反馈工作，并持续跟进3～5年推动调研成果落到实处，该做法得到省委领导肯定。是年，全国政协副主席、民革中央常务副主席郑建邦率队到江门市开展“探索建设现代化农业特区，更好服务保障民生”等课题进行专题调研，民进中央副主席、最高人民法院副院长陶凯元率队到江门市举办“不忘合作初心，继续携手前进”主题教育系列活动。做好市级层面民主党派代表人士推荐工作，形成市级层面民主党派代表人士建议人选名单105人；组织各民主党派机关干部与市委统战部党员义工共同开展抗疫志愿服务；举办“江门市民主党派代表人士培训班”；完善民主党派机关年度绩效考核机制，优化考核方案。

【非公有制经济领域统战】 2020年，中共江门市委统战部联合市工商联组织召开江门市民营企业家代表学习座谈会，专题学习习近平总书记在政协经济界委员联组会上的重要讲话精神，传达学习民营经济统战工作意见。做好全省“民营经济走访谈心开新局暖企行动”。组织民营企业家与省、市统战部和工商联谈心谈话，通过召开座谈会了解新冠肺炎疫情后民营经济面临的实际问题，助推民营经济复苏。做好民营企业和民营经济人士统战工作，落实民营经济领域意识形态工作责任制，抓住“侨梦苑”建设契机，主动融合粤港澳大湾区发展战略，拓展江门民营经济高质量发展空间。贯彻落实习近平总书记关于做好稳就业、稳金融、稳外贸、稳外资、稳投资、稳预期工作，落实保居民就业、保基本民生、保市场主体、保粮食能源安全、保产业链供应链稳定、保基层运转任务的重要指示精神，制定关于开展落实“六保”促发展·暖企行动的工作措施，跟进各部门贯彻落实情况。

【党外知识分子和新的社会阶层人士统战】 2020年，中共江门市委统战部做好党外知识分子和新的社会阶层人士的思想建设工作。推荐党外知识分子、新的社会阶层人士参加全省新的社会阶层人士培训班和“凝聚新力量筑梦新时代”红色体验活动；市委召开统一战线各界代表人士座谈会、党外人士知情明政协商座谈会、党外人士暑期调研、党外人士意见建议协商座谈会、党外人士情况通报会、“十四五”规划编制征求意见座谈会等，组织开展“携手新阶层人士共庆建党99周年”主题党日活动，提高党外知识分子、新的社会阶层人士的政治思想理论水平及政治素养。推动组织建设，发挥基地效能。实现市县两级新的社会阶层人士联合会组织和实践创新基地全覆盖工作目标，建立1个市级、7个县级新的社会阶层联合会组织和4个市级、4个县级实践创新基地。全市各级新的社会阶层联合会覆盖面延伸，其中市新的社会阶层联合会会员人数323人，蓬江区新的社会阶层联合会57人，江海区新的社会阶层联合会70人，新会区新的社会阶层联合会56人，台山市新的社会阶层联合会53人，开平市新的社会阶层联合会50人，鹤山市新的社会阶层联合会53人，恩平市新的社会阶层联合会95人。利用专业优势，创新服务举措。支持党外知识分子、新的社会阶层人士通过参加建言献策、学习教育、公益活动等方式发挥专业优势和智库作用，创新举措服务社会经济发展。围绕市委、市政府中心工作开展调研，向市委提交《江门市研学实践教育示范基地建设的研究》《建立公共卫生安全专家委员会，健全公共卫生风险管理链》《关于对江门市“十四五”规划编制工作的意见和建议》等调研报告。全年组织新的社会阶层人士参加省、市、县各类教育培训22场，参训人数325人次。举办江门市首届直播节、网络新媒体人士座谈会，协办市注册会计师协会年会的专题讲座、农业科技下乡等活动。坚守新冠肺炎疫情防控一线，以文艺创作、捐资赠物等方式参与疫情防控和促进复工复产复学，为全力打赢疫情防控战做贡献，筹集和捐赠公益善款140多万元，音乐MV《因为有你》获评中国音协全国抗疫第一批优秀作品，并入选国家广电总局全国“防控新型冠状病毒疫情”专项主题宣传公益广告首批优秀作品。

【民主党派建设】 至2020年年底，江门市有民革、民盟、民建、民进、农工党、致公党、九三学社等7个民主党派地方组织，13个县级委员会，252个基层组织，成员总数4094人（其中：民革374人、民盟1069人、民建489人、民进553人、农工党919人、致公党436人、九三学社254人），全年发展成员118人。是年，各民主党派围绕市委、市政府中心工作，履行参政议政职能。各民主党派市委会和成员向各级人大、政协提交的提案、建议、专题调研报告等695篇，其中人大建议类82篇、政协提案类360篇、社情民意类210篇、调研报告类43篇。

（市委统战部）

机构编制

【概况】 2020年，江门市为市直、各市（区）调整优化机构编制事项140余项，其中提请市委常委、市委编委审议30余项，优先确保市委重大平台、重点项目、市级统筹工作任务和市政府重点工作及民生实事需要。机构编制资源盘活优化。通过深化改革、挖潜创新等方式收回事业编制333名，重点加强教育、医疗卫生、公共文化等社会民生重点领域编制保障。推进镇(街)体制改革，镇(街)“三定”规定印发、机构挂牌、人员转隶等工作完成，改革后，镇街规范设置党政机构752个，城管部门实现属地管理。推进行政执法权限和力量向基层延伸下沉，向基层下达行政执法专项编制790名，第一批838项县级行政执法职权下放镇(街)，全市73个镇(街)综合行政执法均开始实施。推进镇(街)事业单位改革，精简和规范镇(街)事业单位设置。深化事业单位改革。完成全市147家公益三类及从事生产经营活动事业单位改革工作。开展机构编制法律法规宣传教育，举办学习贯彻《中国共产党机构编制工作条例》专题培训班，开展机构编制违纪违规问题查纠工作，推进全市机构编制问题台账整改，妥善解决机构编制历史遗留问题170余项。

【重点领域专项改革】 2020年，江门市完成镇（街）体制改革工作，印发各市（区）深化镇街体制改革实施方案，全市镇(街)规范设置党政机构752个。指导各市（区）完成干部任免、人员转隶、机构挂牌、办公室调整、镇(街)“三定”规定印发等工作。将派驻在镇(街)的城管执法机构实行属地管理整合组建综合行政执法办公室，指导成立综合执法委员会等三大平台。精简优化事业单位，按照工作需要和职能分类整合资源，事业单位精简9.8%。推动完成第一批放权赋能工作，将838项县级行政执法职权和524项行政许可、公共服务事项下放镇街。

【机构编制资源优化配置】 2020年，江门市推动编制资源向基层下沉、向一线倾斜，将省下达江门市的行政执法专项编制一次性分配下达给各市（区）和市委托县（市、区）管理的有关开发区、功能区（主要用于加强安全生产等应急管理执法工作），调剂部分市级预留待分配行政执法专项编制下达给有关市（区），增强镇（街）执法力量，配强执法队伍，强化属地执法责任，促进镇（街）体制改革任务落实。

【事业单位改革】 2020年3月24日，中共江门市委机构编制委员会印发《关于推进市直公益三类及从事生产经营活动事业单位改革方案》及其配套处理意见。方案贯彻“因事制宜、分类施策”“激发活力、提质增效”“统筹谋划、稳步实施”的原则，围绕使市场在资源配置中起决定性作用和更好发挥政府作用的目标，以推进公益三类及从事生产经营活动事业单位改革为重点，强化事业单位公益属性，优化事业机构编制资源，理顺政事、事企关系，激发事业单位内生发展动力，提高国有资本运营效益。纳入此次改革范围的单位主要为公益三类及从事生产经营活动（含经营服务类、未分类）事业单位。改革后，市直原则上只保留公益一类、公益二类事业单位。市、县两级全面启动公益三类及从事生产经营活动事业单位改革，全市147家涉改单位改革工作完成，强化事业单位公益属性。

【机构编制管理】 2020年，中共江门市委机构编制委员会办公室印发《江门市发展和改革局职能配置、内设机构和人员编制规定》《关于市大湾区办机构设置有关事项的函》，完善市推进粤港澳大湾区有关机构设置。印发《江门市财政局职能配置、内设机构和人员编制规定》，完善财

2020年4月27日，市委编办到恩平市开展镇街体制改革调研

（市委编办 供）

政部门机构编制设置。印发《江门市银湖湾滨海新区管理委员会职能配置、内设机构和人员编制规定》，健全完善银湖湾滨海新区管理体制机制，促进银湖湾滨海新区加快开发建设发展。印发《江门市广海湾经济开发区管理委员会职能配置、内设机构和人员编制规定》，完善广海湾经济开发区管理架构，提高管理效能。围绕市委、市政府中心工作，着重为市委组织部、市精神文明建设委员会办公室、市委农办、市扶贫办、市退役军人事务局等部门加强领导力量配备，着重在工业和信息化、司法、市场监管、自然资源、医疗保障、交通运输、城市管理综合执法、应急管理等部门加强机构编制资源配置。江门市技师学院不再加挂广东省江门市高级职业技术培训学院牌子，市人民政府驻北京办事处不再加挂江门市人民政府驻外地办公室牌子，市委党校不再加挂江门市团校、江门市军队转业干部培训中心牌子，市二轻集体企业联社、市城镇集体企业联社调整为市国资委所属正科级事业单位。撤销江门市银行电子结算中心、江门市商务中心、江门市培英幼儿园等机构；将广中江高速公路项目管理处、江门市中小企业信用担保中心、江门市摩托车检测技术研发中心等机构调整为登记设立事业单位；市市区防雷设施检测所更名为江门市气象服务中心，加挂江门市季风强降水预报技术创新中心牌子，调整为市突发事件预警信息发布中心所属事业单位。市农业环境监测站不再与市农产品质量监督检验测试中心合署办公；市外经贸幼儿园、市财贸幼儿园调整为市教育局所属事业单位；设立江门市金融服务中心。江门市侨务服务中心、江门市地价评估事务所等机构更名。印发江门市技师学院、江门市体育运动学校、广东省江门市卫生监督所等机构的机构编制方案；印发中共江门市委党史研究室“三定”方案和江门市老干部大学机构编制方案。江门市突发事件预警信息发布中心加挂江门市海洋气象台牌子；设立江门市网络安全应急指挥中心并加挂江门市互联网违法和不良信息举报中心牌子；江门市美术馆加挂中国侨都（江门）华侨华人美术馆牌子并撤销江门市星光公园管理中心牌子；江门市教育研究院加挂江门市教育考试中心牌子；江门市妇幼保健院不再加挂江门市红十字医院牌子。

2020年9月22日，市委编办组织召开《中国共产党机构编制工作条例》专题培训班 （市委编办　供）

【机构编制监督检查】　2020年，中共江门市委机构编制委员会办公室推进市本级并指导各市（区）机构编制问题整改，完成全市机构编制问题台账整改任务。组织各级各单位对超审批权限设置机构等问题的自查自纠工作。建立《市直副处级以上机关事业单位领导职数管理台账》，对全市各级机关事业单位领导职数设置情况进行规范管理。完成2020年度机构编制统计月报、季报和年报工作。9月，举办全市学习贯彻《中国共产党机构编制工作条例》培训班，提高各级各单位运用条例指导并做好机构编制工作的能力水平。

【事业单位登记管理】　2020年，中共江门市委机构编制委员会办公室做好法人登记管理工作，依法依规开展事业单位登记管理工作，确保事业单位登记管理规范化、标准化。全年办理事业单位法人设立登记1宗，变更登记101宗，注销登记6宗，做好249家事业单位法人年度报告公开工作。

（何盈颖）

机关党建

【机关党组织概况】　至2020年年底，中共江门市直属机关工作委员会管理各级基层党组织1135个，其中党委80个、党总支39个、党支部1016个。直接管理的党组织82个，其中，党委13个（全部为驻江单位或垂直管理部门），机关党委35个，党总支12个，党支部22个。党员总数18114人。

【机关党建管理】　2020年，中共江门市直属机关工作委员会推动基层党组织规范化建设，开展机关党建“灯下黑”“两张皮”问题专项整治，开展基层组织建设“五查五看”[查组织架构设置，看是否按期换届、是否及时更新《广东省党务信息管理系统》党组织及党员相关数据、是否存在少于3人的党支部、多于50人的党支部和多于100人的党总支；查党务干部配备，看是否按规定配备专（兼）职党务干部、是否按要求配备机关纪委书记和设立党（总）支部纪律检查委员、是否做到专职党务干部专职专用；查党组织生活记录，看是否严格落实“三会一课”等有关制度要求、是否按《基层党支部组织生活记录参考模板》规范记录党组织生活、是否落实领导干部过“双重组织生活”和讲党课的规定要求；查党员档案资料，看是否存在档案缺失或档案伪造、是否存在发展党员审批错误、是否存在党籍无法认定、假党员、“口袋党员”“空挂党员”“隐身党员”“失联党员”等问题；查党建工作经费使用，看是否按月收缴党员党费、是否按规定用途使用下拨党费、是否规范党组织活动经费审批流程、是否按规定进度和范围使用党组织活动经费、是否建立党组织活动经费保障制度]专项整改工作。制定下发《关于进一步规范市直机关基层党组织党建工作经费管理的意见》，规范市直机关党组织各类党建经费的使用管理。是年，市直机关发展党员328名，51个单位党组织完成换届选举、组织架构调整，任命机关党委专职副书记12名。各单位党组织以提升基层党组织的组织力为重点，通过开展党支部和党员“红色指数”评估、落实“三会一课”（支部党员大会、支部委员会、党小组会、党课）等组织生活制度、落实换届工作要求和基层党组织设置等规定，推动基层党组织达标创优。

落实机关党建工作责任制，逐级开展党组织书记抓基层党建工作述职评议，全覆盖对直属82个党组织开展调研督导，形成调研报告报送市委并抓好存在问题的整改提升。制定下发《关于进一步加强市直机关党务干部队伍建设的意见》《关于进一步规范市直机关基层党组织党建工作经费管理的意见》，规范市直机关党务干部配备、使用和管理及各类党建经费使用管理。印发《江门市直机关党建品牌创建实施方案》，聚焦品牌建设，择优选定部分创新项目并下拨经费85万元进行重点培育，推动机关党建工作创新。

推进模范机关创建，下发《2020年江门市市直机关模范机关创建活动工作清单》，开展模范机关创建督查，把创建活动纳入党组织书记年度述职评议和机关单位年度绩效考核，全面部署模范机关创建活动总结和评选模范党支部，有53个单位评选模范党支部83个。

新冠肺炎疫情发生后，由市直机关工委牵头，成立市直机关战疫一线党员先锋队等4支党员干部队伍，派出4200多名党员干部参与一线防疫工作。下拨196万元留存党费作为疫情防控工作经费，支持一线防控单位和市直单位派驻第一书记做好防疫工作。组织市直机关为疫情防控捐款，1.4万名党员捐款221万元。市直机关2个基层党组织、5个集体、3名党员、16名个人获全省抗击新冠肺炎疫情表彰。

【机关反腐倡廉】 2020年，中共江门市直属机关工作委员会制定党风廉政建设主体责任清单，明确职责分工，层层落实责任。通过开展纪律教育学习月活动，增强纪法意识和廉洁意识，综合运用监督执纪“四种形态”（党内关系要正常化，批评和自我批评要经常开展，让咬耳扯袖、红脸出汗成为常态；党纪轻处分和组织处理要成为大多数；对严重违纪的重处分、作出重大职务调整应当是少数；而严重违纪涉嫌违法立案审查的只能是极极少数），使“咬耳扯袖”“红脸出汗”成为常态，营造风清气正的政治环境、和谐共事的工作环境、健康向上的生活环境。

（市直机关工委）

【理论学习与政策宣传】 2020年，中共江门市直属机关工作委员会学习宣传贯彻习近平总书记出席深圳经济特区建立40周年庆祝大会和视察广东重要讲话、重要指示精神，《习近平谈治国理政》第三卷，习近平总书记在党的十九届五中全会上的重要讲话精神和全会精神。突出“江门红星网”网站及微信公众号党建宣传阵地作用，全年发布信息2300多篇。《人民日报》、旗帜网等中央、省级和市级党建主流媒体采用信息82篇。其中《市直机关工委关于2020年工作情况的报告》获市委书记林应武肯定批示，《市直机关各级党组织和广大党员在抗击疫情中走在前作表率》获市长刘毅肯定批示，《市直机关强化党建引领助力城市困难职工脱贫攻坚》获市委常委张元醒批示。推动“学习强国”学习平台推广使用工作，市直机关1.44万名党员注册使用该学习平台，实现在职党员全覆盖，市直机关学习活跃度排在全市前列。开展“老乡讲小康”百姓宣讲活动，市直机关5个作品入围全市总决赛并获奖项，市直工委获“优秀组织奖”。围绕“深入学习宣传习近平法治思想，大力弘扬宪法精神”主题，组织市直机关党组织以“三个一”推进“宪法进机关”，即举行一次宪法宣誓活动、开展一次宪法学习宣讲活动、开展一次普法宣传活动。市直机关组织开展宪法宣誓仪式103次，5600多名党员参加宣誓；开展宪法宣讲64场，6200多人参加。

【机关党员教育培训】 2020年，中共江门市直属机关工作委员会提升党务干部队伍能力素质，分层分批分期对党组织书记、党建分管领导、党支部书记，以及机关党委专职副书记和专职党务干部开展专题培训。6月，在双水镇委党校举办市直机关党委专职副书记及党务干部素质能力提升培训班，市直机关各单位党组织专职副书记及党务干部80多人参加培训；7月，举办市直机关发展对象培训班，300多名党员发展对象和积极分子参加培训；8月，举办2020年度基层党支部书记培训班，600多名党支部书记参加培训；10月，在广东南岭干部学院举办市直机关党建领导干部理论学习示范班，近50名机关党组织书记或分管领导参加培训。

【“插旗亮牌”考核机制】 2020年，中共江门市直属机关工作委员会印发《2020年市直机关党建工作“插旗亮牌”目标化考评标准》，着重对机关党建日常工作落实情况进行考核，坚持每季度组织开展一次动态考评并公布结果，对在同一类别中考评排名前2位的党组织插“红旗”予以肯定，对成绩80分以下的单位党组织亮“黄牌”予以提醒。全年对41个单位党组织插“红旗”激励，督促存在问题的单位抓好整改落实。

【党员志愿服务】 2020年，中共江门市直属机关工作委员会以“双报到、双服务”（机关党组织、党员到社区报到，服务社区建设、服务居民群众）活动的形式动员组织机关各级党组织和党员投身疫情防控、创建全国文明城市等志愿服务活动。面对新冠肺炎疫情，市直机关工委成立市直机关战疫一线党员先锋队，派出4257名党员干部到交通口、社区等参与一线防疫工作。市直机关工委被市委、市政府评为“江门市抗击新冠肺炎疫情先进集体”。推动创建全国文明城市工作，发动市直机关各单位志愿者13058人次到公园广场、社区（城中村）、主要交通路口等地方开展便民志愿服务活动775场次。至年底，市直机关有志愿者1.54万人，组织开展志愿服务活动4175场次，志愿者参与服务时数超30万小时。

【机关群团工作】 2020年，中共江门市直属机关工作委员会组织发动市（区）机关工委、市直单位参加第八届广东省市直机关“先锋杯”工作创新大赛，江门市有11个项目晋级全省决赛，均获优秀作品奖。其中推送项目《开平赤坎古镇项目走出大湾区首例“毛地出让模式”新路径》作为全省9个优秀展示项目之一，向全省展示江门机关党建风采。组织召开共青团江门市直机关代表会议，选举产生市直机关出席市第十七次团代会代表20名。组织各单位团组织围绕“绽放战疫青春·坚定制度自信”，开展形式多样的教育活动，激发新时代青年的责任和担当，激发团员青年在防控疫情工作中有更多主动作为。联合市总工会组织开展“扶贫济困履使命•脱贫攻坚奔小康”系列主题党日活动，对255名困难职工进行上门送温暖活动，发放慰问款以及物资近60万元。

【机关作风建设与管理创新】 2020年，中共江门市直属机关工作委员会开展明察暗访，开展会风会纪监督检查；发挥“民生热线”平台作用，48个单位主要负责人通过《民生热线》节目解答群众关心关注的热点难点问题，机关作风持续改善。开展满意度日常测评，委托第三方调查机构，对市直机关78个单位进行一轮测评，收集群众意见建议252条，将群众意见反馈至相关单位并督促落实整改。深化市直机关管理创新奖评选活动，有55个单位57个项目申报管理创新奖评选，经过单位申报、专家组评价、评议团评分和领导审定等程序，评选创新奖项目10个。

政策研究与改革

【概况】 2020年，中共江门市委政策研究室围绕全市空间发展布局开展调查研究，调研成果获市委、市政府主要领导批示肯定；牵头制定《市委全面深化改革委员会2020年重点改革工作安排》。研究确定重点推进的十项改革项目。组织召开2次市委全面深化改革委员会会议，审议重要改革文件7份。编发《江门改革工作简报》32期，《广东改革督察情况》刊发江门市改革信息1篇。在《江门日报》刊发8期全面深化改革系列报道。围绕市委、市政府重大工作部署，牵头组织召开专家咨询论证会9场，形成决策咨询报告9篇。向市委、市政府上报《决策参考》9期；组织智库专家开展课题研究，联合专家学者开展课题调研10项。向省委政策研究室、省委改革办、省委财经办报送有关工作情况报告等文稿14篇。

【综合课题研究】 2020年，中共江门市委政策研究室围绕全市空间发展布局开展研究。调研成果《关于借鉴东莞经验加快银湖湾滨海新区开发建设的调研报告》《聚心强轴优化空间推动江门市区高质量发展》获市委书记林应武等领导批示肯定，《实施沿海沿江协同开发战略，助推江门跨越式发展》获市长刘毅等领导批示。围绕经济发展重点问题开展调研。调研报告《珠海市富山工业园开发建设经验及启示》《关于加快推进我市新型基础设施建设的研究报告》获林应武批示肯定，《江门“三区一市”村级工业园改造提升的调研报告》获刘毅批示。聚焦重点领域改革开展研究。形成《关于推动完善我市重大疫情防控体制机制的调研报告》《关于激励青年投身乡村振兴事业的对策建议》等报告，其中《在实施乡村振兴战略中加强农村基层党建的对策建议》获林应武批示，要求相关部门研究落实。紧扣社会民生实事开展调研。完成《江门市消费经济发展研究》《江门市基础教育强市调查报告》《新冠肺炎疫情对江门经济的影响及应对措施建议》《关于我市村级集体经济发展情况的调研报告》，部分报告得到市领导批示肯定。

【重要文稿起草】 2020年，中共江门市委政策研究室做好市委主要领导有关讲话稿起草。主要包括全市领导干部党章党规党纪教育培训班上的辅导报告、2次市委全面深化改革委员会会议上的讲话材料、市委财经委员会第一次会议上的讲话稿，参与起草市委十三届十一次全会报告。牵头研究制定重大政策文件。包括《关于统筹推进新冠肺炎疫情防控和经济社会发展工作的若干措施》《江门市人民政府关于支持银湖湾滨海新区加快发展的实施意见》，牵头研究起草《中共江门市委关于国民经济和社会发展第十四个五年规划和二〇三五年远景目标的建议》。研究回复各级各部门报送的各类文稿征求意见。完成提案办理工作，研究答复人大建议、政协提案会办意见5份。向省委政策研究室、省委改革办、省委财经办报送有关工作情况报告等文稿14篇。

【体制机制改革】 2020年，中共江门市委政策研究室牵头制定《市委全面深化改革委员会2020年重点改革工作安排》。研究确定重点推进的十项改革项目。组织召开2次市委全面深化改革委员会会议，审议重要改革文件7份。支持法治政府建设示范市申报工作，推动江门市“多证合一”“证照分离”改革入选首批全国法治政府建设示范项目。推进乡村振兴、“数字政府”2项省级综合改革试点工作。推进低效建设用地升级改造、垃圾分类工作等改革事项。抓好构建现代产业体系等方面体制机制改革创新。做好改革督察工作。配合省开展党的十八届三中全会以来改革评估工作，上报改革评估报告。配合省开展营商环境综合改革专项督察及中小学教师“县管校聘”管理改革、网上中介服务超市应用效果第三方检查评估。强化改革考核，对市直机关单位和市（区）年度全面深化改革工作完成情况开展考核。是年，编发《江门改革工作简报》32期，《广东改革督察情况》刊发江门市改革信息1篇。在《江门日报》刊发8期全面深化改革系列报道。通过“江门政研”微信公众号、“江门智库”微博等载体，加大改革宣传力度，营造良好改革氛围。

【决策咨询服务】 2020年，中共江门市委政策研究室围绕市委、市政府重大工作部署，牵头组织召开专家咨询论证会9场，形成决策咨询报告9篇。针对全市经济社会发展热点、难点问题组织专家委员建言献策，向市委、市政府上报《决策参考》9期，其中《关于妥善解决补缴社会保险费争议的建议》《关于构建“四梁八柱”主导产业体系提高经济发展稳健性的建议》得到市领导批示肯定。组织智库专家开展课题研究。联合专家学者开展建设空港经济区、参与构建双循环新发展格局、建设专业化投融资平台等10项课题调研，形成高质量研究成果。

（市委政研室）

党校工作

【概况】 中共江门市委党校与江门行政学院、江门社会主义学院合署，实行“三块牌子，一套班子”的管理模式。学校实行校务委员会（简称校委会）领导体制，校长由市委常委、组织部部长张元醒兼任，日常工作由常务副校长李纯主持。至2020年年底，学校内设科级机构12个，其中行政职能科室7个，教学科研科室5个；教职工64人，其中行政后勤人员47人，教学科研人员17人。全市有县（市、区）党校7个，教职工91人。

【干部教育培训】 2020年，中共江门市委党校举办主体班次10期（批）次，培训学员1800人次。创新教学安排和培训管理，实现6个“首次”，首次采用全新的教学布局、首次全面实施领导干部上讲台制度、首次实行封闭式管理模式、首次开展学员微课堂教学方式、首次安排组织员跟班管理、首次使用学员助手App扫码考勤等。有7名市领导为主体班授课12次，部门单位领导干部授课39次，取得良好教学效果。中青一班、中青二班组织学员举办活动24次，实现学员全覆盖。

【干部在线学习】 2020年，中共江门市委党校完善江门市干部培训网络学院功能，学员人数3.3万人，访问学习次数近10万人次。创新开展学员微课堂。利用课后时间、晚间课堂，搭建学员交流平台，开展学员微课堂活动，中青一班、中青二班组织学员举办活动24次，实现学员全覆盖，提供展现自我、交流互动的平台。

【党校教学布局】 2020年，中共江门市委党校优化教学单位设置，将中青一班、中青二班等学制较长班次的教学内容，划分为4个教学单元，制定教学计划环节，教学内容更加系统科学。将全国两会精神、民法典等列入主体班课程。结合疫情防控，加大突发公共事件的舆论引导、社会治理体系与治理能力现代化等专题教学力度，增加抗疫先进人物访谈教学；增设中央党校网络直播精品课程，丰富教学内容。落实领导干部上讲台相关要求，推进领导干部上主体班讲台，确保主体班领导干部讲课课时不低于总课时20%，打通干部教育培训中的学用结合瓶颈，提升培训成效。利用课后时间、晚间课堂，搭建学员交流平台，开展学员微课堂活动。先后派出15名党员骨干教师参加习近平新时代中国特色社会主义思想、《粤港澳大湾区发展规划纲要》《习近平谈治国理政》（第三卷）市宣讲团，走进机关、企业、社区、学校、农村等基层一线进行理论宣讲近300场次。围绕习近平总书记出席深圳经济特区建立40周年庆祝大会和视察广东重要讲话、重要指示精神，党的十九届五中全会等，全校专兼职教师到机关、学校、社区、镇（街）等开展宣讲150余场，取得良好宣传效果。

【科研咨政】 2020年，中共江门市委党校直呈市委常委、副市长的咨政研究报告5篇，选送省社会主义学院的咨政报告2篇。完成市委指定咨政课题，形成《关于破解江门市经济“三低”问题的思考与建议》咨政报告，获市委书记林应武的肯定。完成市政府《关于破解我市企业人才困境，建设粤港澳大湾区人才高地的调研报告》，获市长刘毅肯定性批示，并编印《研究动态》4期报市领导决策参考。参与全省党校系统精品课程评选，《坚定文化自信大力推动社会主义文化建设》《走进共产党宣言》获评精品课（全省共10门），在地级市党校中位居前列。《构建“6+3”格局打造六度空间——粤港澳大湾区建设背景下党建带侨建工作的江门经验》获省党建研究会重点课题报告一等奖；率先完成1项国家级课题（《当代科学解释理论的演进逻辑与发展趋势研究》）并结项，课题申报总数37项，通过评审获准立项29项；承担省社院智库研究课题3项。公开发表理论文章24篇，非公开刊物发表28篇，27篇论文入选各类理论研讨会，13篇入选学术会议的论文获奖。

党史工作

【概况】 2020年，江门市有党史部门8个，分为市、县两级。其中市级1个，县级7个。部分县（市、区）党史部门与当地档案局（馆）、地方志办公室合署办公。全市有党史工作人员25人，其中市级12人，县级13人。是年，全市党史部门做好党史资料征集、研究和编辑出版工作，拓展渠道开展党史宣传，发挥党史以史鉴今、资政育人作用。加大对地方党史的征编、宣传力度，编撰出版精品红色教材，打造经典红色线路，做好革命遗址保护开发利用工作。组织编撰《中国共产党广东省江门历史大事记（1949.10—1978.12）》。

【党史正本征编】 2020年，中共江门市委党史研究室完成《中国共产党广东省江门历史第二卷（1949—1978年）》编撰并于10月出版；编撰纪念抗战胜利75周年画册《镜像历史珍爱和平》；启动1993年9月至2019年12月“中国共产党广东省江门市组织史资料”征编工作。各市（区）党史部门完成二卷资料征集并形成初稿；台山市编纂出版《林基路传》，被江门市委组织部推荐参加全国红色教材评比活动；新会区完成《江门市新会区革命老区发展史》编撰出版工作。

【党史资料育人】 2020年，中共江门市委党史研究室启动《江门市抗击新冠肺炎疫情实录》编撰，完成相关资料收集、分类整理工作，形成初稿17.3万字。完成革命遗址大普查工作，向省委党史研究室报送革命遗址普查资料并进行审定。配合省委党史研究室建立广东省红色革命遗址数据库，完成《广东省红色革命遗址大博览》江门篇的编撰工作。开展龚昌荣故居保护利用工作，成立专责工作小组，做好分工安排，协调推动各项工作落实，每季度形成专报报市委分管领导。向中共中央党史和文献研究院申报重点项目，争取20万元中央专项资金支持，成为年内全省唯一获批的项目。组成资料征集小组到广州、南京、上海等地征集烈士龚昌荣资料，加大对龚昌荣事迹的宣传，党史研究室主要领导接受《人民日报》等18家中央及省级媒体采访，并为参加2020年“知名作家江门行”活动的作家团成员介绍龚昌荣革命事迹。故居完成修缮工作，撰写故居布展方案初稿。抓好中共党史教育基地升级改造工作。党建重点项目台山滨海松苑、新会大泽五和二社旧址的改造升级工程，鹤山云乡革命史迹陈列馆布展、周文雍陈铁军烈士陵园升级改造均完成并对外开放。

开展纪念抗战胜利75周年系列活动，联合市委网信办开展“热血五邑人可敬侨乡魂”全国主流网络媒体追寻江门抗战印记主题活动，与《江门日报》合作推出7期《邑地烽火——纪念抗战胜利75周年》专题文章，形成网络舆论声势。推进地方党史“六进+E”（党史成果进机关、进院校、进企业、进军营、进社区、进乡村、进网络活动）活动，到机关、学校、社区讲党史课12场。探索地方党史进思政课堂模式，选取紫茶中学、福泉奥林匹克学校、里村小学、农林双朗小学作为试点，讲好红色故事，传承红色基因。开发文创产品，印制江门地方党史小书签作为特色宣传品，传播红色文化。

编撰《江门市红色旅游指南》，将红色文化与特色乡土文化融合。是年，作为党史宣传教育和红色资源保护利用工作成效明显的7个地级市党史部门之一，受到省委党委研究室通报表扬，在11月召开的全省党史研究室主任座谈会上作经验介绍。为市委宣传部审核《江门红色地图》条目、《中国国家人文地理·江门》内容，为市纪律检查委员会、团市委等单位开展党建相关工作提供党史资料。

【党史教育基地建设】 2020年，中共江门市委党史研究室开展“致敬·2020清明祭英烈”活动，在官网、公众号更新、上传江门烈士事迹，引导社会各界以网上祭奠方式表达对革命先烈的缅怀，吸引12.7万人次参与。做好创建全国文明城市实地考察点——东湖公园英雄山烈士纪念设施的更新。市（区）党史部门加大革命遗址建设，新会区、恩平市推出本土红色教育线路，开平市配合赤坎镇做好“初心广场”打造工作，蓬江区和江海区举办“红色精神在传承”红色故事宣讲赛，蓬江区拍摄党史纪录片《“国宝”陈垣》，鹤山市协助做好鹤山烈士纪念馆史实审核工作。谢创故居、顺天里144号等革命遗址被评为江门市爱国主义教育基地、江门市党员教育基地。

（市委党史研究室）

老干部工作

【概况】 至2020年年底，江门市市直有离退休干部9694人，比上年减少1468人，其中：离休干部96人，平均年龄89岁；退休干部9598人。抗日战争时期参加革命工作13人，解放战争时期参加革命工作83人。全市市直有离退休干部党支部106个，离退休党员4921人；老干部工作人员27人；老干部活动中心（老干部活动室）1个，老干部大学1所。

【老干部待遇落实】 2020年，中共江门市委老干部局与市卫生健康局和相关医院进行沟通协调，为市直离休干部看病就医开通“绿色通道”；做好疫情防控下的后事处理工作，向老干部遗属宣传疫情防控精神，指导“后事从简”。先后组织离退休干部党组织书记、委员举办《习近平谈治国理政》（第三卷）、《中华人民共和国民法典》、习近平总书记出席深圳经济特区建立40周年庆祝大会和视察广东重要讲话重要指示精神、党的十九届五中全会精神等专题学习会，举办市厅级老干部学习贯彻党的十九届五中全会精神专题读书班。为市直单位离退休干部党组织订阅《广东省政治理论读本》2048 本。组织全市离退休干部利用“云课堂”形式学习《习近平谈治国理政》（第三卷），并组织收看3场全国离退休干部网上专题报告会。

【老干部党建工作】 2020年，中共江门市委老干部局联合市委组织部、市财政局制定印发《关于做好市直单位离退休干部职工党组织书记工作补贴发放工作的通知》，按照每人每月300元标准，为离退休干部党组织书记发放补贴（在职党员兼任离退休干部党组织书记的，不纳入发放对象），自2020年7月1日起执行。做好全市离退休干部党组织建设，在全省离退休干部先进集体和先进个人表彰会议上，江门市获先进集体2个（台山市广海镇离退休干部党委、江门市税务局老干部党总支），先进个人4名（中共江门市委组织部退休干部梁英杰、江门市人民政府办公室离休干部袁勋、新会市纪委退休干部何毛、中共开平市委办公室退休干部余文质）。市老干部大学组织临时党支部书记召开座谈会，就改进市老干部大学临时党支部建制、创新党支部活动内容和形式、选优配强党支部班子等方面听取意见和建议。至年底，全市有离退休干部党支部106个，离退休党员4921人。

【关工委工作】 2020年，江门市关心下一代工作委员会（以下简称“市关工委”）联系江门籍香港影视明星录制抗疫歌曲和视频，歌曲和视频通过CCTV4（中央电视台四频道）《中国文艺》栏目等媒体平台推送后，引起关注。市关工委推进“传承红色基因，争做时代新人”线上主题教育活动，对青少年进行爱国主义教育，并结合新冠疫情防控，讲好中国抗疫故事，增强青少年爱党爱国爱社会主义的热情。通过网络发动港澳同胞、民营企业家和社会热心人士捐资助学，全年市关工委募集帮困助学资金100多万元，资助生活困难学生超5000人次。纪念市关工委成立20周年，编印《侨乡关爱新篇》，收编近20年来特别是党的十八大以来市关工委的工作理论和实践成果，对新时代关心下一代工作需要研究和解决的问题进行思考和探索。全市离退休干部为抗击疫情捐款捐物近55万元。围绕“同舟共济抗疫情”主题，全市老干部大学组织师生用音乐、文学、书画等艺术形式，为奋战在一线的白衣天使和干部群众加油鼓劲，全市离退休干部创作诗、书、画作品1251幅。

【老干部大学】 2020年，江门市老干部大学挑选钢琴、古筝、模特、五脏养生舞、茶艺、智能手机6门学科制作微课程，并在微信公众号上推送微课程视频，帮助离退休干部从“面对面”变为“线上见”，实现居家抗疫、在线学习两不误。市老干部大学有3000多名学员进行网上学习；市老干部大学20多名教师开展线上教学，上课100余次，惠及100多个教学班，1000余名学员。6月，市老干部大学获中国老年大学协会颁发的“2020年战疫教学荣誉证书”。8月，市老干部大学获广东省老年大学协会第四届老年教育理论研讨会“组织奖”。

（市委老干部局）

2020年10月27日，江门市委老干部局在江门市委党校礼堂召开广东省离退休干部服务管理系统培训班 （市委老干部局 供）

江门市人民代表大会

综　述

【人大机构概况】　2020年，江门市有各级人民代表大会8个，其中市人民代表大会1个，区人民代表大会3个，县（市）人民代表大会4个，乡镇人民代表大会61个。各级人大代表5830人，其中全国人大代表5人，省人大代表38人，市人大代表375人，县人大代表1518人，乡镇人大代表3894人。江门市第十五届人民代表大会常务委员会有组成人员34人，其中主任1人，副主任6人，秘书长1人，委员4人。江门市第十五届人民代表大会设法制委员会、财政经济委员会、社会建设委员会，江门市第十五届人民代表大会常务委员会设有选举联络人事任免工作委员会、法制工作委员会、监察和司法工作委员会、财政经济工作委员会、教育科学文化卫生工作委员会、农村农业工作委员会、华侨外事工作委员会、城建环保工作委员会。

【人大理论研究与宣传】　2020年，江门市人大常委会围绕“江门市人大构建民生实事‘全链条闭环’监督模式的实践与思考”和“对地方人大代表调研实践的理性审视——以习近平总书记关于调查研究的重要论述为指导反思和重构人大代表调研制度”2个课题开展研究，2个课题均入选省人大制度研究会2020年度研讨会，并获全省人大优秀研究成果奖，其中“对地方人大代表调研实践的理性审视——以习近平总书记关于调查研究的重要论述为指导反思和重构人大代表调研制度”作为全省2个地级市代表之一在会上研讨交流。新闻作品《江门首开全省民生实事代表票决制先河》获中国城市党报新闻奖一等奖。组织参加省人大第29届“广东人大新闻奖”评选，其中《江门打造全省首个海上“代表之家”》《“1号建议案”助群众喝上“放心水”》《架好“连心桥”，画好“同心圆”》等获二等奖，江门市人大常委会研究室杨小燕被评为2019年度广东省人大新闻宣传工作优秀个人。台山市的全省首个“设立代表建议办理专项资金，推动民生‘微实事’落地见效”入选广东省第三届县乡人大工作十大创新案例。加强宣传阵地建设，与《江门日报》合办《江门人大风采》专版，编印《江门人大信息》（县乡人大工作专刊），挖掘立法、监督、代表工作、县乡人大工作和建设等年度重点工作中的典型案例、生动故事，打造宣传江门市各级人大工作的重要载体和品牌。

（黄志坚）

人大重要会议

【市十五届人大六次会议】　2020年1月9日—11日在市委市政府大会堂召开。会议应到代表375人，实到代表347人。会议听取并审议江门市人民政府工作报告、江门市人民代表大会常务委员会工作报告、江门市中级人民法院工作报告、江门市人民检察院工作报告，审查和批准江门市2019年国民经济和社会发展计划执行情况与2020年计划草案的报告及2020年国民经济和社会发展计划草案、江门市2019年预算执行情况和2020年预算草案的报告及2020年预算草案，表决通过各项报告的决议及市十五届人大社会建设委员会个别组成人员调整名单，票决产生市政府2020年十件民生实事项目，选举陈霞、黄凤屏、傅昭君为市人大常委会委员。来自全球11个国家和地区的11名华侨和8名江门市荣誉市民受邀列席江门市十五届人大六次会议，并在列席华侨专题座谈会上为江门发展建言献策，提出加快融入粤港澳大湾区建设、保护华侨权益、促进对外贸易和交往以及促进经济建设等方面的17条意见和建议。

【市人大常委会会议】　2020年，江门市十五届人大常委会召开常委会会议9次，即第二十八次至第三十六次。会议听取和审议市人大常委会执法检查组关于检查《江门市城市市容和环境卫生管理条例》《江门市户外广告设施和招牌设置管理条例》实施情况的报告和市人大常委会法制工委关于《江门市潭江流域水质保护条例》立法后评估报告及2019年备案审查工作情况报告；听取和审议市政府关于江门市东部城市带发展战略规划

2020年1月11日，江门市第十五届人民代表大会第六次会议在市委市政府大会堂闭幕。图为与会人大代表投票选举和表决现场（周华东　摄）

（2019—2035年）和江门市西部发展区发展战略规划（2019—2035年）报告、2018年度审计查出突出问题整改工作情况报告、2019年度法治政府建设情况报告、2019年度环境状况和环境保护目标完成情况报告、2020年市本级财政预算调整方案的报告、江门市巩固脱贫成果建立长效机制工作情况报告、2019年财政决算草案报告、2019年度本级预算执行和其他财政收支的审计工作报告、2020年市本级财政预算第二次调整方案的报告、2020年上半年国民经济和社会发展计划执行情况报告、2020年上半年预算执行情况报告、江门市2019年国有资产管理情况综合报告、2019年企业（不含金融企业）国有资产管理情况专项报告、推进城乡生活垃圾分类工作情况的报告、江门市“十四五”规划编制情况的报告、“一府两院”关于市十五届人大六次会议及闭会期间代表建议办理情况的报告、2020年市本级财政预算第三次调整方案的报告、江门市“十四五”规划编制情况的报告；听取市政府关于江门市2019年度财政专项资金绩效情况的报告，并进行专题询问；听取和审议市政府关于2020年市十件民生实事项目落实情况报告，并进行满意度测评；听取和审议市中级法院研究处理市人大常委会关于加强刑事审判工作审议意见的报告；听取和审议市检察院关于江门市检察机关加强刑事侦查活动监督工作的报告。会议审议并通过《江门市历史文化街区和历史建筑保护条例》，审议《江门市文明行为促进条例（草案）》；审议江门市第十五届人民代表大会第六次会议选举办法（草案）、江门市十五届人大六次会议民生实事项目票决办法（草案）、关于市十五届人大专门委员会个别组成人员调整的表决办法（草案）等。会议作出关于批准《江门市东部城市带发展战略规划（2019—2035年）》及《江门市西部发展区发展战略规划（2019—2035年）》、2020年江门市本级财政预算第一次至第三次调整方案、2020年江门市本级财政决算等的决议。会议审议并通过关于许可对个别市人大代表采取强制措施事项，决定接受林飞鸣辞去江门市人民政府副市长职务，接受钟军辞去广东省第十三届人民代表大会代表职务，决定免去林春生的江门市人民政府副市长、市公安局局长职务，补选易中强为广东省第十三届人民代表大会代表，决定任命郑晓毅为江门市人民政府副市长，决定任命乔雷为江门市人民政府副市长、江门市公安局局长，审议通过其他有关人事任免事项。

【广东省人大代表联络站规范化建设片区（粤西）座谈会】　2020年9月10日在台山市召开，省人大常委会选联工委副主任钟卡主持会议，市人大常委会副主任郭建红及粤西片区11个市人大常委会代表工作部门负责人参加会议，交流推动人大代表联络站规范化建设再上新台阶、发挥新作用、取得新成效。

（卢建勋）

人大重要决策与活动

【人大监督】　2020年，江门市人大常委会制定地方性法规1部，备案审查市政府和各市（区）人大常委会规章和规范性文件21件，听取审议“一府两院”工作报告等25项，开展执法检查、调研、视察和专题询问52次，督办代表建议152件，作出决议、决定10项，依法任免国家机关工作人员58人次。

是年，江门市人大常委会听取审

议市政府关于2019年度环境状况和环境保护目标完成情况的报告，关于江门市东部城市带发展战略规划（2019—2035年）和江门市西部发展区发展战略规划（2019—2035年）报告，关于审计查出突出问题整改工作情况报告，关于《江门市潭江流域水质保护条例》立法后评估报告，关于江门市巩固脱贫成果建立长效机制工作情况报告，关于《江门市城市市容和环境卫生管理条例》《江门市户外广告设施和招牌设置管理条例》执法检查情况报告，关于江门市“十四五”规划编制情况的报告，关于江门市2020年上半年国民经济和社会发展计划执行情况的报告，关于江门市十五届人大六次会议代表建议办理情况的报告，关于民生实事项目落实情况的报告并开展满意度测评；市中级法院研究处理市人大常委会关于加强刑事审判工作审议意见的报告，市检察院关于全市检察机关加强刑事侦查活动监督工作的报告。召开市人大常委会组成人员和代表小组长参加的政情通报会，听取市“一府两院” 2020年上半年工作情况的汇报。加强财政监督，听取和审议市政府关于江门市2019年财政决算草案的报告、关于江门市2019年财政专项资金使用进度及绩效情况的报告并进行专题询问，江门市2020年上半年预算执行情况的报告及江门市2019年度市本级预算执行和其他财政收支的审计工作报告，促进依法理财和财政资金的有效使用。对江门市便民工作情况开展代表约见市长活动。围绕江门市中心城区产城融合示范区建设、学前教育发展、群众“看病就医难”、打击电信网络诈骗、就业情况等开展专题视察和调研。根据监督法要求，对市政府和各市（区）人大常委会报送的21项规范性文件进行备案审查，维护法制统一。（黄志坚）

【人大专题询问】 2020年8月28日，江门市人大常委会在市十五届人大常委会第三十四次会议上，就科技、工信、人社等部门财政专项资金使用绩效情况进行专题询问。市科技局、市工信局、市人社局主要负责人到会接受询问。市人大常委会通过做好全面评估、分项研究等大量基础性工作，有针对性地选取科技发展、工业扶持、就业创业等3项群众关注度高的资金使用情况提交常委会会议进行询问。会上常委会委员、代表提出问题10个，相关政府部门负责人到场应询，通过专题询问增强政府及组成部门主动接受人大监督的意识，强化人大监督的刚性约束，督促政府部门提高财政资金使用绩效。（吕 翼）

【人大立法】 2020年，江门市人大常委会坚持科学立法、民主立法、依法立法，推进地方立法工作。首部自

2020年5月21日，江门市在恩平市召开人大系统党建工作座谈会（杨小燕 摄）

主起草的实体性法规——《江门市新会陈皮保护条例》经3月31日省十三届人大常委会第十九次会议批准，自7月1日起施行。《江门市历史文化街区和历史建筑保护条例》经9月29日省十三届人大常委会第二十五次会议批准，自12月1日起施行。《江门市文明行为促进条例》经10月29日市十五届人大常委会第三十五次会议第一次审议。4月23日，江门市2020年立法工作会议召开。首次开展地方立法后评估工作，3月26日，市十五届人大常委会第三十次会议对《江门市潭江流域水质保护条例》立法后评估报告进行审议。支持和推动江海区人大常委会申报为全省唯一、全国9个全国人大常委会法工委基层立法联系点之一，8月18日，全国人大常委会法工委在江海区挂牌启动基层立法联系点工作。至年底，完成12部法律法规草案意见征集工作，上报意见建议150条。《提高站位凝心聚力书写基层立法联系工作新篇章——广东江门市江海区基层立法联系点启动“百日记”》工作信息被全国人大常委会法工委工作简报单篇刊发并呈送中央领导参阅。在规范性文件备案审查工作方面，对“一府两院”报送备案的1件政府规章、20件规范性文件进行主动审查并备案。3月26日，市十五届人大常委会第三十次会议通过《江门市人民代表大会常务委员会法制工作委员会关于2019年规范性文件备案审查工作情况的报告》。市、县、镇三级人大均实现省规范性文件备案审查信息平台应用的常态化、规范化。

（伍青萍）

【重大事项讨论决定】 2020年3月26日，江门市十五届人大常委会第三十次会议听取和审议市政府关于2020年江门市本级财政预算调整方案的报告、江门市2018年度审计查出突出问题整改情况的报告、2019年度环境状况和环境保护目标完成情况报告，审议市政府关于2019年度江门市法治政府建设情况报告，作出关于批准2020年江门市本级财政预算调整方案的决议；8月28日，江门市十五届人大常委会第三十四次会议听取和审议市政府关于2019年市本级财政决算草案报告、2019年度市本级预算执行和其他财政收支的审计工作报告、2020年上半年国民经济和社会发展计划执行情况报告、2020年上半年预算执行情况报告，作出关于批准江门市2019年市本级财政决算、2020年市本级财政预算第二次调整方案的决议；10月29日，江门市十五届人大常委会第三十五次会议听取和审议市政府关于江门市2019年国有资产管理情况综合报告及2019年企业（不含金融企业）国有资产管理情况专项报告；12月25日，江门市十五届人大常委会第三十六次会议听取和审议市政府关于2020年江门市本级财政预算第三次调整方案的报告、2020年市十件民生实事项目落实情况报告、江门市“十四五”规划编制情况的报告，作出关于批准2020年江门市本级财政预算第三次调整方案的决议。

（卢建勋）

【“更好发挥人大代表作用”主题活动】 2020年7月，江门市人大常委会开展“更好发挥人大代表作用”主题活动，统筹指导各级人大按照要求有计划开展活动。主题活动期间，各级人大重点围绕城乡人居环境整治主题开展活动，深入了解城乡人居环境整治状况，推动深入开展新时代爱国卫生运动，推动城乡环境综合治理，推动完善公共卫生设施，健全公共卫生应急救治体系，提高全民公共卫生风险防控意识，通过组织开展代表小组活动、驻站活动、执法检查、调研视察等活动，听取和反映群众呼声，督促政府和企业做好城乡人居环境整治工作。全市有人大代表5157人参加主题活动，占市人大代表总数88.6%；人大代表联络站开展活动912次，进联络站活动的代表4854人，接待群众3603人，收集群众意见建议1164条；开展调研视察活动447次，代表向选民述职506人，代表约见国家机关负责人37次，执法检查29次。

（阮嘉雯）

【人大代表视察活动】 2020年7月，江门市人大常委会组织省人大代表开展调研视察活动，围绕“城市人居环境提升”“加强江门与周边城市轨道互联互通”“学前教育发展情况”3个专题组织省代表进行调研；12月，围绕“大港海湾交通规划建设”“旅游产业发展情况”开展集中视察。通过听取汇报、座谈交流、实地调研视察等方式，深入基层听取收集意见和建议，为形成代表议案建议、参加大会审议打基础。11月，下发《关于组织江门市人大代表集中视察的通知》，委托各市、区人大常委会组织市代表开展视察活动。

（阮嘉雯）

【常委会组成人员联系代表和代表联系群众工作】 2020年10月，江门市人大常委会组成人员分成7个小组分别到各市、区开展走访代表月活动。通过召开座谈会、走访固定联系的代表等形式，听取收集市人大代表、代表小组长对市人大常委会及“一府两院”工作的意见和建议58条，综合后交市政府反馈有关单位办理。推进人大代表联络站建设。至年底，全市设立代表联络站559个，基本达到有场地、有人员、有制度、有活动、有经费、有设备的“六有”要求。各镇（街）组织开展代表驻站活动，通过约访、坐访、走访等形式联系选民、群众，听取收集选民、群众对地方经济社会发展、民生建设及公共事务管理方面的意见和建议，并以代表建议的形式交有关部门办理。

（唐树新）

【督办议案和建议】 2020年，江门市十五届人大六次会议期间没有收到代表提出的议案。会议及闭会期间收到代表建议152件，其中闭会期间8件。代表建议涉及内容包括：城建环保方面建议44件，占总数28.9%；教科文卫方面建议37件，占总数24.3%；财经方面建议36件，占总数23.7%；政法方面建议12件，占总数7.9%；社会建设方面建议10件，占总数6.6%，农村农业方面建议7件，占总数4.6%；华侨外事方面建议1件，占总数0.7%，其他方面建议5件，占总数3.3%。152件代表建议中，交政府系统单位办理139件，交市委有关单位办理11件，交市中级人民法院办理2件。至年底，均答复代表。建议所提问题解决或基本解决（A类）131件，占86.2%；列入计划解决（B类）17件，占11.2%；所提问题因条件限制暂时无法解决（C类）4件，占2.6%。代表对答复表示满意132件，占86.8%；基本满意20件，占13.2%；没有不满意反馈。其中，廖雪平等代表提出的《关于深入推进医保支付方式改革切实提高医疗保障服务水平的建议》作为2020年市人大常委会重点督办的建议，经市政府组织办理，取得明显成效。

（唐树新）

【县乡人大工作和建设】 2020年，江门市人大常委会制订《关于贯彻落实省委、江门市委人大工作会议精神“回头看”工作方案》，全市各级人大开展自查自纠，采取措施固基础、补短板、强弱项、促提升。各市（区）人大机关行政编制均超16名；均成立3个专门委员会（法制委员会、财经委员会和社会建设委员会）；工作机构达到“1+5”（一个办公室加5个工委）以上标准；工委均配有2～3名行政编制人员，解决“一人一委”的人手紧缺问题；专职组成人员比例均达60%以上。镇（街）人大落实“六有”（有场所、有编制、有人员、有待遇、有经费、有设备）；并以高于省标准的要求，配齐73个镇（街）人大主席（主任）、专职副主席（副主任），配备专职工作人员171名，每个镇（街）配有2～4名专职工作人员；建成代表联络站559个，比上年增加75个，实现五级人大代表进站全覆盖，平均10.1名代表配有一个代表联络站，高于全省平均水平。市人大常委会讲师团送教下乡，加强对人大代表和人大干部的培训，提高基层人大履职能力和水平。深化镇（街）人大示范点建设，市人大评选15个镇（街）人大示范点，以奖优的方式，促进县乡人大工作规范化制度化标准化水平提升。各市、区人大围绕特色做文章，深化工作品牌建设。蓬江区创新开展“双约见”活动，从每月约见政府部门负责人“升级”到每季度约见分管副区长；江海区人大常委会成为全省唯一的“国”字号基层立法联系点，相关工作进展得到全国人大肯定，相关工作信息呈送中央领导审阅；台山市人大开展“设立代表建议办理专项资金，推动民生‘微实事’落地见效”工作入选广东省第三届县乡人大工作十大创新案例；新会区开展代表履职量化考核工作，引导和激励代表履职尽责；开平市连续9年开展代表约见市长活动，建立“三问一评”（问清单、问进展、问结果，开展工作评议）跟踪监督机制；鹤山市人大把党建工作与民生实事项目相结合，推动党建工作由“虚”转“实”；恩平市人大推行代表履职“一人一档”管理模式，促进代表履职尽责。在全面规范代表联络站建设的基础上，打造特色代表联络站，将联络站建设延伸至企业、行业协会、旅游景区、出海渔船等领域，打造具有特色的代表联络站，台山市三合镇人大创建全省首个人大代表游客联络站，以接访、走访、公开微信号等方式倾听群众、游客、商户的声音，将收集的意见建议交政府有关部门办理，助力温泉小镇建设；新会区双水镇人大探索建设网上人大代表联络站，让代表履职从“线下”延伸至“线上”；台山市川岛镇人大在上川岛沙堤渔港打造全省首个人大代表海上联络站，运用“互联网+”开展船访活动，将人大代表联系选民延伸到海上；恩平市人大根据良西镇“旅游温泉休闲小镇”的发展定位，将良西镇福坪村人大代表联络站打造成集四种功能（代表的“加油站”、群众的“服务站”、政策的“宣讲站”、农产品的“销售站”）于一体的特色联络站。

（许　涛）

【人大信访】 2020年，江门市人大常委会落实新型冠状病毒感染肺炎疫情联防联控措施，参照省、市信访局的做法，从2月3日起至5月19日，市人大常委会机关暂停接待群众来访，群众可通过来信、来电的方式反映诉求。市人大常委会接收群众来信来访来电（含重复来信来访来电信访件）50件，130多人次。

（李健壮）

江门市人民政府

综　述

【政府机构概况】　2020年，江门市政府机构30个，包括市政府办公室、市发展和改革局、市教育局、市科学技术局、市工业和信息化局、市公安局、市民政局、市司法局、市财政局、市人力资源和社会保障局、市自然资源局、市生态环境局、市住房和城乡建设局、市交通运输局、市水利局、市农业农村局、市商务局、市文化广电旅游局、市卫生健康局、市退役军人事务局、市应急管理局、市审计局、市政府国有资产监督管理委员会、市市场监督管理局、市统计局、市医疗保障局、市金融工作局、市城市管理和综合执法局、市信访局和市政务服务数据管理局。

【市政府常务会议】　2020年，江门市政府召开市政府常务会议39次。其中传达学习国家、省、市精神，审议政府规章、意见措施规划研究讨论有关事项。

表2　2020年江门市政府常务会议召开情况表

会议时间	会议名称	会议议题
1月2日	市政府常务会议（十五届八十二次）	审议《政府工作报告（送审稿）》《2020年江门市民生实事候选项目（送审稿）》《江门市2019年国民经济和社会发展计划执行情况与2020年计划草案的报告（送审稿）》《江门市2020年重点建设项目计划草案（送审稿）》《江门市2019年预算执行情况和2020年预算草案的报告（送审稿）》《江门市本级2020年综合预算草案（送审稿）》《关于分配省临时救助资金的请示》《江门市主城区和城市新区城市基础设施配套费征收管理办法》《关于全面实施预算绩效管理的实施意见（送审稿）》
1月9日	市政府常务会议（十五届八十三次）	审议《江门市种养循环发展规划（2019－2025）》，研究市直机关2019年绩效考核有关问题
1月20日	市政府常务会议（十五届八十四次）	审议《江门市加快构建“三区并进”区域发展新格局实施方案（送审稿）》《“健康江门2030”规划（送审稿）》《江门市贯彻落实省土地管理改革工作方案的实施意见》，传达全省财政工作会议精神及研究财政预算收支管理，审定省级财力补助资金分配方案
2月9日	市政府常务会议（十五届八十五次）	审议《江门市关于应对新型冠状病毒肺炎疫情支持企业复工复产的若干措施（试行）（送审稿）》，关于审定支持防疫应急保障物资生产企业扶持措施的请示

续表2

会议时间	会议名称	会议议题
2月21日	市政府常务会议（十五届八十六次）	审议《我市2020年经济指标分解方案》和《我市2020年GDP核算基础指标建议目标》《2020年市政府重点工作任务分解表（送审稿）》《2020年市十件民生实事任务分解表（送审稿）》《江门市潭江水资源保护专项资金使用管理办法》《江门市房建市政工程招标投标“评定分离”改革试点实施方案》《关于解决新型冠状病毒肺炎疫情卫生应急经费的请示》，研究部署全市节后复工复产安全生产工作
3月2日	市政府常务会议（十五届八十七次）	审议《江门市气象灾害防御规定（草案）》《江门市政府投资管理办法（修订）》《江门市农业品牌培育奖励办法（修订稿）》《江门市自然资源统筹管理委员会工作规则（送审稿）》（套开市自然资源统筹管理委员会第一次会议），听取关于2020年地方政府专项债券申报发行和支出情况的报告
3月5日	市政府常务会议（十五届八十八次）	审议疫情防控和统筹推进经济社会发展有关措施、《促进我市房地产市场平稳健康发展的若干措施》《江门市残疾人联合会改革方案》《江门市2020年度政府规范性文件制定计划》
3月11日	市政府常务会议（十五届八十九次）	审议《江门市市区集体建设用地和农用地基准地价试点项目成果》《江门市城市节水中长期规划》《江门市人民政府关于市区实行羊定点屠宰的通告》《江门市文昌沙等7座生活污水处理厂特许经营权项目实施方案》
3月20日	市政府常务会议（十五届九十次）	传达贯彻习近平总书记重要讲话和重要指示精神暨研究当前财政运行情况（套开市新冠肺炎疫情复工复产工作协调小组第二次会议）、省十三届人大三次会议精神暨研究《聚焦短板指标攻坚克难决胜我市全面建成小康社会的工作方案》，审议《江门市2020年度政府规章制定计划（草案）》《江门市城市供水用水管理办法（审议稿）》《江门市2019年环境质量状况和环境保护目标完成情况报告》
3月26日	市政府常务会议（十五届九十一次）	传达学习全省稳外贸专题工作协调会议精神暨研究疫情防控期间促进餐饮商贸外贸旅游（旅宿）发展情况（套开市新冠肺炎疫情复工复产工作协调小组第三次会议），审议《江门市城市生活垃圾分类工作实施方案(2020—2022年)》《江门市推进康养服务发展若干措施》
4月3日	市政府常务会议（十五届九十二次）	审议《江门市关于对接支持深圳建设中国特色社会主义先行示范区的行动方案（送审稿）》，传达3月31日省推进重大项目建设积极做好稳投资工作电视电话会议精神和听取市新冠肺炎疫情复工复产工作协调小组重点项目专责组工作情况汇报（套开江门市重大工程建设项目总指挥部第二次会议），听取市新冠肺炎疫情复工复产工作协调小组农业专责组工作汇报（套开江门市落实“菜篮子”市长负责制工作领导小组会议）
4月10日	市政府常务会议（十五届九十三次）	听取全域旅游发展工作汇报和审议《江门市促进文旅产业复苏和发展的若干措施》（套开市全域旅游发展工作联席会议）、江门市复工复产工作协调小组房地产市场专责组工作情况汇报（套开市房地产调控工作领导小组会议），研究财税工作，审议《江门市餐厨垃圾管理办法》

续表2

会议时间	会议名称	会议议题
4月16日	市政府常务会议（十五届九十四次）	听取江门市复工复产工作协调小组餐饮商贸外贸旅游（旅宿）专责组工作情况汇报（套开我市稳外贸专题协调会议）、江门市复工复产工作协调小组工业及中小企业专责组工作情况汇报和研究工业投资工作、研究分析一季度经济运行情况，审议《江门市进一步做好稳定和促进就业工作实施方案》《江门市“三线一单”编制成果》
4月24日	市政府常务会议（十五届九十五次）	研究餐饮商贸外贸旅游（旅宿）工作（套开市完善促进消费体制机制工作领导小组会议），审议《江门市水资源管理办法（审议稿）》
5月6日	市政府常务会议（十五届九十六次）	学习贯彻市委常委会（扩大）会议和全市机关党的建设工作会议精神
5月7日	市政府常务会议（十五届九十七次）	审议修改江门市芳源新能源材料有限公司增资扩股协议、《江门市推动制造业高质量发展行动方案（送审稿）》《江门市人口发展规划（2020—2035年）（送审稿）》、优化江门市预拌混凝土搅拌站布局的事项
5月14日	市政府常务会议（十五届九十八次）	审议《江门市贯彻落实国务院农村人居环境整治大检查反馈意见整改方案（送审稿）》《关于2020年江门市本级财政预算调整方案的报告》《市属境外国有（行事）资产处置实施方案》
5月20日	市政府常务会议（十五届九十九次）	传达贯彻2020年省信访工作联席会议第一次全体会议暨全省信访工作电视电话会议精神、省稳投资专题工作会议精神暨听取我市重大项目建设情况汇报、全省决胜攻坚“四好农村路”建设部署动员电视电话会议精神，审议《中国（江门）跨境电子商务综合试验区实施方案（送审稿）》，听取江门市财税工作情况汇报
6月5日	市政府常务会议（十五届一百次）	传达贯彻《国务院办公厅关于对2019年落实有关重大政策措施真抓实干成效明显地方予以督查激励的通报》精神和省委省政府主要领导有关批示精神、全省稳外贸工作专题协调会精神暨听取江门市外商投资项目情况汇报（套开全市稳外贸专题协调会议），审议《江门市进一步推进户籍制度改革实施方案》《江门市禁食陆生野生动物人工繁育主体转型退出工作实施方案》《江门市区餐厨垃圾收运处置政府购买服务项目实施方案》《江门市提升公共卫生服务能力建设方案》《关于支持江门市属两大建设平台高质量发展的实施意见》
6月19日	市政府常务会议（十五届一百零一次）	研究GDP统一核算各部门责任划分和落实问题，听取工业企业复工达产情况，审议《江门市推进重大项目、重大平台建设资金统筹机制实施方案（送审稿）》《江门市红十字会改革实施方案》《江门市改革完善医疗卫生行业综合监管制度实施方案》《广东江门幼儿师范高等专科学校（二期）建设方案》《关于市本级与蓬江区、江海（高新）区土地收储权调整后被征地农民和完全被征土地农村居民基本养老保障有关事项》《关于安排迎宾西路（江鹤高速杜阮出入口至井根村路段）项目补助资金的请示》

续表2

会议时间	会议名称	会议议题
6月28日	市政府常务会议（十五届一百零二次）	审议《江门市人民政府赋予各市（区）人民政府行使市级经济管理相关的行政审批和管理职权目录（2020年版）（送审稿）》（套开市推进政府职能转变和“放管服”改革协调小组会议）、《江门市城市排水管理办法》《江门市农村水利治理规划（2018—2027年）（送审稿）》《广东省科学院 江门市人民政府共建广东省科学院江门产业技术研究院协议》、关于做好江门市扩大失业保险保障范围有关问题、关于2020年压减一般性支出和盘活存量资金调整支出结构（第一批）的请示、听取保市场主体工作暨审议《江门市推动重点企业倍增计划实施意见（审议稿）》、听取江门市生猪稳产保供工作情况的汇报、听取全市财政收支管理和特别国债额度分配情况汇报
7月9日	市政府常务会议（十五届一百零三次）	研究促消费工作（套开市完善促进消费体制机制工作领导小组会议），听取江门市稳投资及补齐工业投资短板情况汇报，听取江门市稳就业、保居民就业工作情况汇报，审议《江门市“千吨万人”集中式饮用水水源保护区划分方案》、关于申请安排全域自然村集中供水工作市级奖补资金的事项
7月13日	市政府常务会议（十五届一百零四次）	传达全省稳外贸工作研判调度视频会议精神暨听取我市稳外贸工作情况（套开市稳外贸专题协调会议）、审议《江门市燃气管道设施保护办法（审议稿）》《江门市人民政府关于划定禁止黑烟车行驶区域的通告》
7月23日	市政府常务会议（十五届一百零五次）	听取全市违建别墅问题项目整治核销工作情况汇报（套开江门市违建别墅问题清查整治专项行动领导小组第四次会议），听取保产业链供应链稳定工作情况、保基层运转工作暨研究当前财政收支管理工作
8月3日	市政府常务会议（十五届一百零六次）	审议《江门市特色小镇发展规划（2020—2035）（送审稿）》《台山核电厂规划限制区安全保障与环境管理规定》《2020年省科技专项资金“大专项＋任务清单”安排工作方案（江门）》，听取保基本民生工作情况，研究江门市区粮食仓储设施整合建设方案
8月14日	市政府常务会议（十五届一百零七次）	学习国务院《重大行政决策程序暂行条例》暨研究完善江门市重大行政决策程序，听取第三产业增加值主要权重内容工作情况（套开市构建大统计工作格局领导小组会议），审议《江门市稳投资若干工作措施》、关于江门广海湾LNG接收站项目引入战略投资者的请示、关于江门市银洲湖高速公路有限公司向国家开发银行申请项目贷款的请示，传达贯彻国务院第七次全国人口普查电视电话会议精神（套开市第七次全国人口普查领导小组会议）
8月20日	市政府常务会议（十五届一百零八次）	审议《关于2020年江门市本级财政预算第二次调整方案的报告》《关于支持新会区都市文旅中心项目用地选址规划的请示》，研究江门市质量强市工作（套开市质量强市活动领导小组会议），听取建筑业及房地产业、农林牧渔业指标情况（套开市构建大统计工作格局领导小组会议），研究江门市重大项目建设情况（套开市重大工程建设项目总指挥部会议）
9月4日	市政府常务会议（十五届一百零九次）	听取工业指标、主要行业工资总额指标情况（套开市构建大统计工作格局领导小组会议），听取深化户籍制度改革“零门槛”落户新政实施情况

续表2

会议时间	会议名称	会议议题
9月18日	市政府常务会议（十五届一百一十次）	审议《江门市支持企业融资专项扶持资金管理暂行办法（送审稿）》，听取第三季度及全年经济运行预测（套开市构建大统计工作格局领导小组会议），学习中共广东省委办公厅广东省人民政府办公厅《关于深化消防执法改革的若干措施》，听取江门市全面建成小康社会统计监测指标年中评估情况及《江门市决胜全面建成小康社会工作措施》汇报（套开市聚焦短板决胜全面建成小康社会工作领导小组会议）、关于《江门华侨华人文化交流合作重要平台建设方案》修订情况报告，传达贯彻全省加快中央直达资金和债券资金支出进度工作电视电话会议精神暨研究部署前三季度财政收支管理工作
9月24日	市政府常务会议（十五届一百一十一次）	审议《关于2020年压减非急需非刚性支出和盘活存量资金调整支出结构（第二批）的请示》《关于促进江门“侨梦苑”高质量发展实施意见》《江门市文明行为促进条例（草案）》《江门市开展“证照分离”改革全覆盖试点实施方案（送审稿）》、江门市实行综合行政执法镇街名单以及相应职权调整事项目录、《江门市关于加快人力资源服务业发展实施意见(审议稿)》，听取江门市政府性债务和隐性债务管理工作落实情况（套开江门市政府性债务管理领导小组会议）
9月29日	市政府常务会议（十五届一百一十二次）	学习习近平总书记关于财政工作的重要论述暨审议《关于2020年重大项目、重大平台建设统筹资金安排方案的请示》《广东省人才发展条例》，审议《江门市划转部分国有资本充实社保基金工作建议方案》，传达贯彻广东省土地例行督察动员部署电视电话会议精神
10月26日	市政府常务会议（十五届一百一十三次）	审议《关于加大有效投资力度构建“三区并进”区域发展格局三年行动计划（2020—2022年）》（套开市推进“三区并进”区域发展格局建设工作领导小组会议）、《关于申请继续设立全市党建工作“亿元保障计划”专项资金的请示》《江门市电力建设征(占)地、拆迁和青苗补偿办法(审议稿)》《关于调整江门大道沿线两侧各100米范围内禁限规定的请示》《关于安排2021—2023年度文化强市专项资金的请示》《关于江门市融建房地产开发有限公司实施增资扩股的请示》，传达全省稳外贸工作研判调度视频会议精神暨听取江门市稳外贸工作情况［套开市稳外贸专题协调会议暨中国（江门）跨境电子商务综合试验区工作领导小组会议］
11月6日	市政府常务会议（十五届一百一十四次）	学习习近平总书记关于技能人才培养工作的重要论述暨审议《关于启动江门市技师学院荷塘校区建设的请示》，研究江门市重大项目建设情况（套开市重大工程建设项目总指挥部会议），传达贯彻全省污染天气应对工作会议精神暨研究污染防治攻坚战工作(套开江门市环境保护督察整改工作领导小组会议暨污染防治攻坚战工作推进会)、全省农房管控和乡村风貌提升暨田间窝棚整治（珠三角）现场推进会主要精神，审议《江门市人民政府关于推动企业利用资本市场实现高质量发展“金种子”三年行动方案》

续表2

会议时间	会议名称	会议议题
11月10日	市政府常务会议（十五届一百一十五次）	审议2019年度江门市推进乡村振兴战略实绩考核情况有关文件，学习《江门市海上丝绸之路史迹保护条例》
11月19日	市政府常务会议（十五届一百一十六次）	学习习近平总书记关于国资国企改革发展的重要论述暨研究市属国有资本布局调整方案、党的十九届五中全会精神，通报“十三五”指标预计完成情况，审议江门市“十四五”规划基本思路（套开市“十四五”规划编制工作领导小组会议），审议《江门市生态环境机构监测监察执法垂直管理制度改革实施方案》
12月1日	市政府常务会议（十五届一百一十七次）	听取江门市落实《实施〈粤港合作框架协议〉2020年重点工作》有关措施情况汇报，传达贯彻省安全生产专项整治三年行动和自然灾害防治能力建设九项重点工程推进视频会议精神（套开市安全生产委员会会议），审议《江门市城市公共交通专项规划（2018—2035）》《江门市贯彻落实省土地管理改革2020年度工作方案的实施意见》《江门市文昌沙等7座生活污水处理厂特许经营权项目实施方案(报批稿)》
12月14日	市政府常务会议（十五届一百一十八次）	研究财政收支管理工作暨审议《关于市本级第三次财政预算调整方案的报告》、研究大气臭氧污染防控和潭江牛湾国考断面水质攻坚工作，审议《关于提高我市中小微企业稳岗补贴返还标准有关问题的请示》《江门市贯彻〈广东省消防救援队伍职业保障办法（试行）〉的实施意见(审议稿)》、关于安排有关资金的请示，听取妇女儿童发展规划指标攻坚情况汇报，传达贯彻全省稳外贸稳外资工作研判调度电视电话会议精神（套开市稳外贸专题协调会议）
12月28日	市政府常务会议（十五届一百一十九次）	审议《关于组建江门市银湖湾滨海新区投资开发有限公司的请示》《市政府2021年度立法项目建议书（草案）》《江门市禁止、限制和控制危险化学品目录(审议稿)》《江门市突发公共卫生事件应急物资储备方案》《关于调整我市企业职工基本养老保险单位缴费比例的请示》《重大交通基础设施项目建设资金筹措方案》《以股权投资方式支持广东世电科技有限公司电路板压合及外层制作项目的请示》、划转商务领域行政执法职责和政府通告文本，听取全市道路交通安全形势分析及下一步综合治理工作建议，2020年全市食品、药品安全工作情况汇报
12月31日	市政府常务会议（十五届一百二十次）	审议关于2020年上级临时救助资金和财力补助资金分配有关事项的请示

【市政府重要会议】 江门市安全生产暨防范较大以上事故及消防工作会议 2020年1月19日，全市安全生产工作暨第一季度防范较大以上安全事故会议在市政府召开，市长刘毅出席会议并讲话，市有关领导，市安委会全体成员，部分重点企业主要负责人78人参加，会议总结2019年、部署2020年尤其是第一季度、春节期间全市安全生产工作。4月10日，市政府第二季度防范较大以上安全事故会议在市政府召开，刘毅出席会议并讲

话，市有关领导，市安委会全体成员，部分重点企业主要负责人76人参加，会议总结第一季度、部署第二季度全市安全生产工作。8月3日，市政府第三季度防范较大以上安全事故和消防工作会议暨安全生产专项整治三年行动推进会在市政府召开，常务副市长许晓雄出席会议并讲话，市有关领导，市安委会有关成员单位领导68人参加，会议总结上半年、部署第三季度全市安全生产工作。11月4日，市政府第四季度防范较大以上生产安全事故暨消防工作会议在市政府召开，许晓雄出席会议并讲话，市有关领导，市安委会有关成员单位领导，部分重点企业负责人74人参加，会议总结第三季度、部署第四季度特别是岁末年初全市安全生产工作。

江门市全域旅游工作现场会　2020年4月15日，江门市政府在台山市召开江门市全域旅游工作现场会，会议对全面推进江门市2020年全域旅游各项工作作动员部署，重点推进文旅休闲消费健康复苏，促进新冠肺炎疫情后消费回补和潜力释放，加快全域旅游高质量发展。市长刘毅出席会议并讲话。与会人员参观台山公益埠、雷洁琼故居、伍炳亮黄花梨艺术博物馆和水步镇草坪村。会议听取台山市国家全域旅游示范区创建工作经验介绍、开平市国家AAAAA级旅游景区创建行动计划，颁发2019年度全域旅游发展扶持资金省、市奖励670万元。来自华南理工建筑学院、上海优迦文化传媒的专家对江门市侨乡文化遗产游径规划、江门市文旅品牌策划进行介绍和解读。各市（区）政府主要负责人和分管负责人、市全域旅游发展工作联席会议成员单位负责人、各市（区）文广旅体局主要负责人、获2019年全域旅游发展扶持资金代表90人参加会议。

江门市科技创新大会　2020年4月16日在江门市委市政府大会堂召开，市委书记、市人大常委会主任林应武出席会议并讲话，市长刘毅主持会议，胡钛、张元醒、许晓雄、王长青等市领导出席会议。会议深入贯彻习近平总书记重要讲话和重要指示批示精神，认真落实国家科学技术奖励大会、全国科技工作会议及全省科技创新大会精神，总结2019年全市科技创新工作，表彰奖励科技创新先进单位和个人，对江门市建设创新型城市、深化科技创新工作进行再部署、再落实。各市（区）党委政府、市直有关单位、中直和省直驻江门有关单位主要负责人，高新技术企业、新型研发机构和创新人才代表约100人参加大会。

市政府廉政工作电视电话会议　2020年8月7日，市政府廉政工作电视电话会议在市委市政府小会堂召开，会议以电视电话会议形式开至各市（区）。市长刘毅出席会议并讲话，会议要求深入贯彻落实习近平总书记重要讲话和重要指示批示精神、十九届中央纪委第四次全会精神，认真落实国务院、省政府第三次廉政工作会议和省纪委十二届四次、五次全会精神，以及市委关于做好政府系统廉政工作的部署，推进政府系统党风廉政建设和反腐败工作推向深入。

江门市创建气象防灾减灾第一道防线先行示范市动员会　2020年11月10日，广东省气象局与江门市人民政府在市政府召开局市合作联席会议暨创建广东气象防灾减灾第一道防线先行示范市动员会，并签订新一轮局市合作备忘录。省气象局局长庄旭东，市长刘毅出席会议并讲话。各市（区）政府和市发改、财政、农业、应急管理等市直部门主要领导30多人参加会议。会议学习贯彻习近平总书记关于气象和防灾减灾重要指示批示精神，听取局市合作以来江门气象现代化建设情况和台山市政府、市应急管理局气象防灾减灾方面工作经验，部署深化局市合作，共同创建省气象防灾减灾第一道防线先行示范市，打造基层防灾成体系、暴雨预报有突破、科普宣传入民心三大精品示范样板。

2020年江门市质量大会　2020年12月25日在市委市政府小会堂召开，会议以电视电话会议形式开至各市（区）。市长刘毅，副市长蔡德威出席会议并讲话，市质量强市活动领导小组成员单位、部分优秀企业代表114人在市主会场参加会议。各市（区）政府主要领导、分管领导及各市（区）质量强市（区）活动领导小组成员单位代表近190人在各分会场参加会议。会议学习贯彻习近平总书记关于质量工作的重要论述精神，贯彻落实广东省质量大会精神，总结全市质量工作情况，研究部署加快推进质量强市战略。会议为获2020年度江门市政府质量奖的9家获奖单位颁奖。

江门市退役军人工作会议暨“全国双拥模范城”揭牌仪式活动　2020年12月29日，江门市退役军人工作会议在市委市政府小会堂召开。市委、市人大常委会、市政府有关领导，江门军分区主要领导，市双拥成员单位及有关单位主要负责人，各市（区）分管双拥工作领导、退役军人事务局主要负责人，驻军部队代表约100人出席。会议传达国家和省退役军人工作暨双拥模范命名表彰大会精神，市长刘毅部署安排下一步双拥工作。

综合协调服务

【办文办会】　2020年，江门市人民政府办公室落实中央“八项规定”精神及为基层减负有关要求，全年以市政府或市府办名义制发的文件总数、以市政府或市政府部门名义召开的会议数均实现下降。以市政府或市府办名义制发的文件总数936份，比上年下降2.6%；以市政府或市政府部门名义召开的会议总数235次，下降49.1%。

【督查督办】　2020年，江门市《政府工作报告》分解292项重点工作任务，汇总形成《2020年市政府重点工作清单》，明确责任分工，倒排时间节点，强化督查落实，确保各项重点工作任务按时按质完成。至年底，292项重点工作任务完成（含基本完成7项）。设立全市做好“六稳”（稳就业、稳金融、稳外贸、稳外资、稳投资、稳预期工作）工作落实“六保”（保居民就业、保基本民生、保市场主体、保粮食能源安全、保产业链供应链稳定、保基层运转）任务情况“红黑榜”督查通报机制。推进督查督办重点任务“闭环管理”工作，全年跟踪督查省、市重点工作任务及民生实事345项，跟进市政府主要领导有关公务活动后续工作571项，《政府工作报告》和《十件民生实事》工作任务清单311项。利用督查督办电子监察系统进行动态跟踪督办，各项重点工作任务按进度推进。推进“河长制”及“商事制度改革”2项工作获2017—2019年度国务院督查激励。利用省政府督查室“直通车”渠道，先后2次解决江门市7家防控物资生产企业原材料物资供应问题。创新民生实事落实情况跟踪管理，实行“三办”（中共江门市委办公室、江门市人大常委会办公室、江门市人民政府办公室）联合督导，打通便民服务最后“一公里”，提升城市综合管理水平。以民生实事、经济发展、事权分置、企业服务等问题为重点，各市（区）梳理选报69个当地亟须解决的请求事项，破解制约江门市经济社会发展的瓶颈问题，推动全市各项工作再上新台阶。做好国家指导组到江门市的迎检工作。联合市委督查室对各市（区）的重点项目、工业及中小企业、餐饮商贸旅游、农业、房地产和交通等六大类企业的复工复产情况进行实地督导，协调解决企业反映的防疫物资采购难、复工人员返岗难、供应链运转不畅、资金链紧张等复工复产突出问题，开展全市性疫情防控及复工复产督查13次。协调有关部门解决江门市明星纸业有限公司增值税退税问题，协助该企业退税3239.05万元，获市领导批示肯定。

【值班值守】 2020年，江门市政府值班室实行双人在岗值班和两级在岗带班机制，全天24小时值班值守。全年市政府值班室收到突发事件书面信息报告860份，其中自然灾害类39份、事故灾难类404份、公共卫生事件类149份、社会安全事件类205份，其他信息类63份；上报省信息138期；编辑《值班信息》（周刊）49期。

【政府职能转变改革】 2020年，江门市推进“放管服”改革，优化营商环境。“多证合一”“证照分离”改革项目被认定为首批全国法治政府建设示范项目。在全国率先上线商事登记“智能湾区通”，将“商事登记+智能审批”改革延伸到港澳地区。在全国首推执照全自动换发系统，营业执照“秒批”“秒换”“秒领”，率先实现食品经营许可智能审批。“数字政府”综合改革推进，“粤省事”实名用户269万户，“粤商通”市场主体注册率排全省第一名。创新推出“政银通办”服务，实现政务服务“就近办”“马上办”，改革做法入编省2020年“数字政府”建设优秀案例。不动产登记集成服务改革深化，在全省率先推出不动产一手房登记“线上＋自助”税证联办。至年底，江门市实有各类市场主体57.57万户，比“十二五”期末增长126.8%。在2020年省营商环境试评价中，江门市居全省第七位。

【政务公开】 2020年，江门市发布各类政务信息34.5万条，其中89个市直部门发布2020年财政预、决算和“三公”［公出国（境）经费、公务车购置及运行费、公务招待费］经费信息，转载国务院、省政府重要政务信息1.62万条；发布政策解读文件102份；发布“民生热线”节目预告、音频、文稿等内容46期。每周在江门市政府英文版网站发布翻译简讯3篇，累计发布120多篇。开设《全力做好疫情防控工作》信息专栏，发布疫情防控常态化下的疫情信息。

（市府办）

行政审批与政务服务管理

【概况】 2020年，江门市深化“放管服”改革。通过推进“互联网+政务服务”，实施“四免”（政府部门核发的材料原则上免提交、政府部门形成的业务表单数据原则上免填写、可用电子印章的免用实物印章、可用电子签名的免用手写签名）改革，“一网通办”能力明显提升，探索商事登记“微信+智能审批”、不动产登记“税证联办”、政务服务“湾区通办”“政银通办”“房屋交易云链签”等可复制推广的改革经验，被舆论媒体关注和宣传。2020 年广东省数字政府改革建设工作评估报告，江门市在21 个地级以上市得分位列全省第六位，全市政务服务一体化水平和政务营商环境优化。

【线下服务大厅改革创新】 2020年，江门市统一的市、市（区）、镇（街）、村（社区）四级，即“1+7+75+1297”政务服务体系改革创新，提高政务服务水平。建立四级联动的疫情防控长效机制，各级政务服务大厅做好应急预案、疫情监测、健康登记、环境管理工作，利用全市统一的预约渠道预测办事人数、有效控制人流、维持政务服务大厅秩序，并开通防疫事项特事特办、随到随办“绿色通道”。不动产税证联办借助电子签章、电子证照、智能计税等“数字政府”建设成果，一手房办税、办证实现零资料提交，全程零跑动，办理时间缩短75%、材料精简100%，群众办事零成本；企业开办实现“一窗通办、一网通办、一窗通取”，工程建设项目实现“一窗受理、一网审批”并创新实施“一码通行”，全年全市综合窗口受理商事登记业务11.58万宗，不动产登记事项25.25万宗，工程建设项目事项9605宗；在市、县两级政务服务大厅设置“跨省通办、省内通办”专窗，485项政务服务事项实现“湾区通办”，江门114项、贺州92项、桂林97项、崇左92项、七台河42项高频事项实现“跨省通办”。

【“放管服”改革】 2020年，江门市推进清单制、委托制、承诺制“三制”改革，推动政府提效、营商环境优化，打造可复制可推广的“放管服”改革江门样本。以街镇体制改革为契机，继续加大向基层赋能，7个市（区）向街镇委托或下放县级行政许可和公共服务事项524项。推动基层减证便民，通过信息共享、电子证照、书面告知承诺等方式，对2019年原市直部门保留的113项证明事项逐一进行清理与压减，取消38项，压减率34%。工程建设项目审批改革取得突破，出台配套文件29个，以自主开发的综合审批平台为支撑，力推流程简化，全年办理申报事项6254项，项目平均审批用时提速超90%，由原来391天压缩至28天，“拿地即开工”逐步走向常态化。落实“互联网+监管”试点，6月22日，在全省率先实施“广东省行政执法信息平台和行政执法网络监督平台”省市一体化部署。不动产登记改革取得突破，税证联办实现“智能秒办”，增量房登记实现“零跑动”“零材料”和全程减至10分钟。上线江门市“政银区块链”平台，在全省率先实现房屋交易“云链签”和基于区块链技术的银行公证业务办理，首推“公证+不动产”区块链核验，案例获评2020年广东省电子政务创新案例和2020中国“数字政府”特色评选50强。

【便民服务措施】 2020年，江门市推广应用粤系列移动服务平台，“粤省事”江门版上线事项751项，用户数超270万人，业务办理量超508万件；“粤商通”上线事项351项，“粤商通”法人用户超33万人，注册率居全省第一位。全省率先上线疫情补贴专区，将补贴申办事项纳入“掌上办”，打造“粤商通”江门企业智能服务专区，商事主体实现企业开办、公积金、用能报装等服务“一站式”办理。“江门易办事”提供本地40个部门近200项特色服务事项。“侨都之窗”政务服务自助终端推动政务服务“就近办”“随时办”“跨城通办”。662台“侨都之窗”分别部署在市、市（区）、镇（街道）、村（社区）四级政务服务大厅及银行、商场等人流密集的第三方场所，构成“一门、一网、一线、一端”结合的政务服务模式，实现123项高频政务服务事项就近办、马上办，打通服务群众的“最后一公里”。建设“侨都之窗”24小时服务厅，在服务厅内铺设政务服务一体机、公安业务自助机和税务自助机，全市138台“侨都之窗”提供24小时全天候自助服务，为市民提供24小时“不打烊”政务服务。通过地市平台对接，“侨都之窗”实现与广州、佛山、清远、东莞、惠州、河源和梅州等省内城市合计超600项政务服务事项的“粤港澳”大湾区跨城通办。“侨都之窗”自助服务终端自推广运营后，达到小事不出村（社区），大事不出镇（街道）的效果，15分钟便民服务圈逐步形成，累计实名认证用户90万户，累计办理业务245万宗，通过终端机刷卡金额1.02亿元。

【“一网通办”服务】 2020年，江门市深化政务服务事项标准化，对全市1.52万项政务服务事项标准进行统一，政务服务“两减一即”（减时间、减跑动、即办率）关键指标提升，即办率从64.59%提升至92.52%、时间压减从81.4%提升至94.15%。推进政务服务“四免”（政府部门核发的材料原则上免提交、政府部门形成的业务表单数据原则上免填写、可用电子印章的免用实物印章、可用电子签名的免用手写签名）优化，电子证照、电子印章、统一身份认证等“数字政府”公共支撑落地应用，全市行政许可事项网上可办率99.05%，全程网办率94.20%；全市开通电子证照259种，1437项高频事项实现“免证办”，应用电子证照超173万次。推进“一次办成一件事”改革，梳理和发布一件事主题事项办事指南558个，涵盖不动产登记、工程建设项目审批、企业生产经营、个人婚育等领域。

【“政银通办”服务】 2020年，江门市创新推出“政银通办”服务。推进政务服务能力向国有商业银行延伸，打造“政务服务无堵点城市”，改革做法入编2020年省“数字政府”建设优秀案例，被全省推广借鉴。开设“政银通办”专区。全市铺设中国银行、农业银行、工商银行、建设银行、邮政储蓄银行、农商银行、民生银行、广发银行等8家银行512个“政银通办”服务网点。各服务网点统一管理制度、服务标志、业务培训、工作通报和考核机制，确保“政银通办”服务专区服务标准统一规范。共建“政银通办”服务专机。将高频政务服务事项进驻银行智能终端，丰富银行智慧柜员机可办理政务服务的内容，实现公积金、社保、人社、医保、公安、不动产、卫健、民政、残联、营业执照、税务、司法仲裁等120多项政务服务事项在银行智能柜员机办理。除将政务服务嵌入银行自助终端的做法外，银行网点可直接租赁“侨都之窗”政务服务自助终端机实现“政银通办”，通过配备专门团队对“侨都之窗”自助终端机进行管理维护确保机具运行顺畅。构建“政银通办”线下专窗。选取具备委托条件的“政银通办”服务专区，设立“政务服务综合窗口”。将不动产税证联办服务延伸至“政银通办”窗口办理，在全省率先实现不动产交易、缴税、办证、贷款等业务一次办结，以信息化手段支撑不动产交易登记"云上签""零材料""秒办"等改革成效，实现政务服务大厅窗口在银行的拓展，形成线上线下协同发展的"政银通办"服务体系。发挥银行网点辐射范围和智能服务终端分布宽度优势，市民可就近办理政务服务事项，登录"粤省事"小程序的"地市特色"栏目，查看所有"政银通办"服务专区分布情况，查找出距离最近的政务服务办理地点，创新政务服务"就近办""马上办"，是年，各大银行平台办理业务超20万件。

【"12345"政府服务热线服务】 2020年，江门市"12345"政府服务热线整合部门服务专线37条，设置话务坐席73个，热线承办单位超400个，涵盖市直、三区、四市各职能单位及部分公共企事业单位、社会团体等，承办人民网《地方领导留言板》"江门市委书记""江门市市长"板块事项，开设"江门政务"微信公众号、"12345"政府服务热线微博。打造智慧"12345"政府服务热线大数据分析管理系统，通过"云""网""数""图"多维支撑（搭建云端工作平台、建立协同网络机制、加强数据分析应用、运用可视化大数据决策图助力决策），为群众解答新冠肺炎疫情相关咨询问题，对疫情及夜间经济消费环境开设专题数据分析模块，助力江门市防范化解重大疫情和突发公共卫生风险，为江门市打造优质营商环境提供数据支撑。全年接处电话82.42万个，比上年增长33%，受理事项63.32万宗，增长28.6%，事项按时办结率99.98%，市民对热线服务满意率98.09%，对事项处理结果满意率91.52%。

【"跨域通办"服务】 2020年，江门市聚焦企业开办、社保医保、不动产登记等企业群众密切关注的服务，推动"跨域通办"。与广州、深圳、珠海等地建立政务服务湾区通办机制，江门70项政务服务事项可在湾区城市通办；与广西壮族自治区桂林市、贺州市、崇左市，黑龙江省七台河市等4个省外城市签订政务服务跨省通办合作协议，江门114项政务服务事项可在省外四市通办；搭建"一站式"涉侨服务平台，港澳同胞、华侨华人46项服务实现全程自助办、湾区跨城通办；通过微信端、自助终端、港澳线上服务专区、线下跨境服务点等渠道，实现商事主体登记注册、税务缴费、补贴申领、养老年审、不动产登记等119项涉企便民高频业务的港澳跨境通办。2月，在全国率先上线试运行商事登记"智能湾区通"，将"商事登记+智能审批"改革延伸到港澳地区，实现港澳同胞远程离岸智能办照、全程自助办理。

信访

【概况】 2020年，江门市信访部门受理群众来信来访及网上信访事项6996批（件）次，其中，来访584批1477人次，来信1247件次，网上信访5165件次。信访事项及时受理率、及时办结率均达100%。是年，群众信访问题主要集中在城乡建设类、政法类等。

【市领导包案解决信访突出问题】 2020年8月25日，江门市信访工作联系会议制定《2020年市党政领导同志接访下访群众和包案处理信访问题工作方案》。市信访局推进市、县两级党政领导干部包案处理信访问题工作，落实13名江门市党政领导各包案处理3件疑难复杂信访事项。全年市、县（市、区）两级84名党政领导包案处理信访突出问题172件。

【信访矛盾化解攻坚】 2020年11月10日，《江门市信访工作联席会议关于开展集中治理重复信访、化解信访积案工作的方案》印发。市信访局推进重复信访治理，对上级交办的282件重复信访问题结案175件，化解率62.3%。市、县两级处理群众信访事项总量6458件，其中群众来访564件；网上信访4701件，群众来信1193件。在属地得到依法调处，没有发生影响社会大局稳定的问题。

（市信访局）

2020年11月12日，市信访局在蓬江区人民来访接待厅开展网上信访宣传活动

（市信访局　供）

中国人民政治协商会议江门市委员会

综　述

【政协机构概况】　2020年，江门市有各级政协组织机构8个，其中市政协1个，县（市、区）政协7个。各级政协有委员1905人。其中，住江门的省政协委员9人，市政协委员358人，县级政协委员1538人。市政协设常务委员会，由主席、副主席、秘书长和常务委员组成。设有提案委员会、农业和农村委员会、经济和人口资源环境委员会、教科文卫体委员会、社会和法制委员会、港澳台侨联络和外事委员会、文化和文史资料委员会、联络工作委员会等8个。另按地域分香港、澳门、蓬江、江海、新会、台山、开平、鹤山、恩平9个联络组。2020年有主席1人，副主席8人，党组成员7人，秘书长1人，市政协常务委员62名。

【政协委员约见市政府领导座谈会】2020年，江门市政协召开政协委员约见市政府领导座谈会2次。

1月9日上午，港澳委员座谈会（委员约见市长座谈会）在金凯悦酒店召开，出席市政协十三届四次会议的港澳委员及列席会议的海外华侨华人代表、历届港澳委员代表、港澳人士代表、港澳新生代代表等60多人，围绕“抓住‘双区驱动’机遇，推动江门经济高质量发展”主题，就海洋经济、侨乡教育、人才引育、中小企业、侨乡文化等内容，为江门发展建言献策。

12月18日，以“破解工业用地动工慢难题”为主题，召开市政协委员约见市领导座谈会。市领导利为民、蔡德威、蓝华参加座谈会。会议要求市政协继续跟踪工业用地动工慢难题，学习借鉴外地加快工业项目动工的经验，深化协商内容，推动建言资政提质增效。

【众人议事厅】　2020年，江门市政协“众人议事厅”聚焦民生协商议政，通过与新闻媒体合作，以视频节目的形式，打造政协委员、党政部门、各界群众“面对面”协商议政平台。围绕幼儿入园、居民养老、公园提质、城区停车等民生热点难点，开展4期节目议事，得到《人民政协报》《南方日报》，以及人民网、“学习强国”等媒体的关注报道，全网播放量550万人次。其中，围绕破解“幼儿园入园难、入园贵”问题，达成“扩大公办园总量、提高普惠园占比、规范小区配套园建设”等协商清单，推动江门市率先完成学前教育“5080”（公办园在园学生比例达到50%，普惠幼儿占比达到80%）攻坚目标。围绕“让老人安享晚年”，促进区域性养老服务中心、长者食堂等加快建设。聚焦“提升城市公园品质”，推动江门河、天沙河加快建设碧道上的公园。聚焦“缓解中心城区停车难”问题进行调研协商，推动增设车位供应、规范停车管理，为全市“创文”工作营造良好氛围。蓬江区政协“众人议事室”围绕“三旧”（旧城镇、旧厂房、旧村庄）改造、垃圾分类等社会治理问题开展专题议事，推进政协协商向基层延伸。

【政协委员学院】　2020年，江门市政协与当地高校合作，聘请知名专家学者担任客座教授，打造委员理论学习、政策宣讲、调查研究、履职培训的平台。举办“学习贯彻全国两会精神”“高质量做好提案工作”等专题辅导，参训委员近1000人次。围绕企业反映强烈的“用工难问题”开展调研，提出12条具体建议，推动编制江门市急需紧缺产业人才目录。

【政协委员工作室】　至2020年年底，江门市在企业、镇街、社区设立“委员工作室”22个。市政协委员工作室围绕疫情防控下的复工复产和健康管理开展专题辅导，600多名企业界人士参与。新会区政协“委员工作室”聚焦民生，组织开展基层协商84次，化解矛盾纠纷77个。

【政协助力疫情防控】　2020年，江门市政协动员全市政协组织和委员参与疫情防控和复工复产。先后召开党组（扩大）会议24次，贯彻落实上级疫情防控工作部署。领导班子成员带队深入基层，督导抗疫42次，全体党员干部主动下沉一线，服务50天、233人次。第一时间发布倡议书，政协委员、历届港澳委员、港澳青年及海外华侨华人列席代表捐款900多万元、捐赠紧缺防疫物资。

政协重要会议

【市政协十三届四次会议】 2020年1月8—10日在江门市文化馆举行。来自全市各界的330多名政协委员和40多名列席代表参加会议。市政协主席周伟万代表政协第十三届江门市委员会常务委员会向大会报告工作。受市政协常委会委托，市政协副主席任安良向大会作提案工作报告。各民主党派市委会、市工商联和市政协香港、澳门联络组分别作大会发言。会议向2019年度市政协优秀提案、优秀调研报告和优秀社情民意信息的获得者颁发荣誉证书，审议通过《政协第十三届江门市委员会提案委员会关于十三届四次会议提案审查情况的报告》《政协第十三届江门市委员会第四次会议决议》。审议通过向斌辞去政协第十三届江门市委员会副主席、委员职务的请辞，通过谢伯欣、张翠华、董照杰辞去政协第十三届江门市委员会常务委员职务的请辞。并通过无记名投票，选举伍培进为政协第十三届江门市委员会副主席，增补丁成玉、王雄、陈力君、陈杰恒、黄德豪、谭文超为政协第十三届江门市委员会常务委员。会议号召，全市各级政协组织、政协各参加单位和全体政协委员更加紧密地团结在以习近平为核心的党中央周围，在市委的坚强领导和省政协的指导下，不忘初心、牢记使命，为江门夺取全面建成小康社会伟大胜利做出政协贡献。

【市政协常委会会议】 2020年，政协第十三届江门市委员会常务委员会召开会议4次。

第十三次会议　1月11日召开。会议审议通过有关人事任免安排等事项，审议个别常委会组成人员请辞及政协第十三届江门市委员会常务委员会组成人员候选人建议名单、政协第十三届江门市委员会第四次会议选举办法（草案）、选举大会总监票人、监票人名单（草案）、政协第十三届江门市委员会第四次会议决议（草案）。市委常委、统战部部长利为民就增补委员、个别常委会组成人员请辞及选举市政协常委会组成人员的有关情况作说明。

第十四次会议　6月9日召开。会议传达学习全国“两会”精神，审议通过有关委员调整和人事任命等事项。62名常委会组成人员出席会议，专题学习邀请市直委员、在内地的港澳委员和市公共外交协会会员参加。

第十五次会议　9月16日召开。会议围绕“促进我市海洋经济发展”课题开展专题协商，审议通过有关委员调整和人事任命等事项；61名常委会组成人员出席会议，市委常委、统战部部长利为民就人事事项进行说明。

第十六次会议　12月29日召开。会议听取江门市2020年经济社会发展情况、政府部门办理市政协十三届四次会议以来的提案工作情况通报，2020年江门市纪检监察工作情况、江门市中级人民法院工作情况、江门市人民检察院工作情况通报，政协第十三届江门市委员会第五次会议有关安排的说明；审议通过召开政协第十三届江门市委员会第五次会议的有关文件；审议通过有关人事事项；书面审议

2020年1月8日，江门在市文化馆召开市政协第十三届委员会第四次会议。图为开幕式现场　（市政协　供）

市政协各专门委员会2020年工作情况报告。市委副书记、市长刘毅，市委常委、市纪委书记、市监委主任项天保，副市长赖燕芬，市中级人民法院、市人民检察院主要负责人到会通报情况，市委统战部负责人就人事事项作说明，62名常委会组成人员出席会议。

【市政协主席会议】 2020年，政协第十三届江门市委员会常务委员会召开主席会议15次。

第三十八次会议 1月2日在市政协机关11楼综合会议室召开，6名主席会议成员参加会议。会议审议通过市政协2019年度全体委员履职量化考评结果报告，要求在市政协十三届四次会议上对委员履职量化考评结果进行通报。

第三十九次会议 1月11日在市政协机关11楼综合会议室召开，10名主席会议成员参加会议。会议审议增补委员名单、部分常委会组成人员请辞事项、常委会组成人员候选人名单，研究委员增补后的活动分组安排方案。市委统战部常务副部长、市工商联党组书记庄春维列席会议并作委员调整事项的说明。

第四十次会议 3月3日在市政协机关11楼综合会议室召开，9名主席会议成员参加会议。会议审议2020年协商计划课题、2020年民主监督课题、2020年重点提案名单及2020年市政协重点工作计划。

第四十一次会议 3月25日在市政协机关11楼综合会议室召开，9名主席会议成员参加会议。会议传达全国政协《“革除滥食野生动物的陋习，从我做起”倡议书》精神，审议《市政协领导2020年重点提案督办分工安排》。

第四十二次会议 4月14日在市政协机关11楼综合会议室召开，10名主席会议成员参加会议。会议围绕“加快人才岛建设”开展专题视察。

第四十三次会议 5月19日在市政协机关11楼综合会议室召开，7名主席会议成员参加会议。会议围绕“全面决战决胜脱贫攻坚”开展专题视察，审议通过《江门市政协十三届十四次常委会议方案》。

第四十四次会议 6月4日在市政协机关11楼综合会议室召开，9名主席会议成员参加会议。会议研究同意有关委员调整和有关人事任命事项。

第四十五次会议 7月7日在市政协机关11楼综合会议室召开，6名主席会议成员参加会议。会议传达学习习近平总书记在中央政治局第二十次集体学习时的重要讲话精神，审议各专门委员会上半年工作情况，研究调整2020年协商计划课题事宜。

第四十六次会议 8月18日在市政协机关11楼综合会议室召开，8名主席会议成员参加会议。会议围绕“加强湿地保护，改善生态环境”开展专题协商。

第四十七次会议 8月28日在市政协机关11楼综合会议室召开，7名主席会议成员参加会议。会议学习《求是》杂志“中国共产党领导是中国特色社会主义最本质的特征”，研究市政协十三届十五次常委会会议方案。

第四十八次会议 9月16日在市政协机关11楼综合会议室召开，9名主席会议成员参加会议。会议研究有关人事事项。

第四十九次会议 10月12日在市政协机关11楼综合会议室召开，7名主席会议成员参加会议。会议围绕“以排球为重点打造我市体育品牌”开展专题协商。

第五十次会议 11月25日在市政协机关11楼综合会议室召开，7名主席会议成员参加会议。会议传达学习习近平总书记在浦东开发开放30周年庆祝大会上的重要讲话精神，以及在江苏考察时作出的重要指示精神，围绕“一号提案”《关于加快构建“三区并进”区域发展新格局的建议》开展集体督办，研究市政协十三届五次会议大会发言课题和《2020年度优秀提案、优秀调研报告和优秀社情民意信息评选方案》。

第五十一次会议 12月23日在市政协机关11楼综合会议室召开，7名主席会议成员参加会议。会议传达学习习近平总书记在中央政治局第二十五次集体学习时、在中央全面依法治国工作会议上的重要讲话，以及中共中央党外人士座谈会精神；听取大会筹备处关于市政协十三届五次会议筹备工作情况的汇报；研究2020年度委员履职考评调整的有关方案；研究市政协十三届五次会议列席代表名单。

第五十二次会议 12月28日在市政协机关11楼综合会议室召开，9名主席会议成员参加会议。会议传达学习习近平总书记在中央政治局第二十六次集体学习时的重要讲话精神，中央经济工作会议精神；研究市政协十三届十六次常委会会议方案，“优秀提案”“优秀调研报告”“优秀社情民意信息”初评名单，市政协十三届五次会议有关事项，以及有关人事事项。

政协事务

【政协调研视察】 2020年，江门市政协联合民主党派、相关单位，组织政协委员开展调研视察活动，形成《关于开展“推动解决制造业企业用工难题”专题调研的报告》《关于开展“打造江门特色体育品牌”专题调研的报告》《江门市“工业用地动工慢”问题专题调研报告》《关于促进我市海洋渔业发展的建议》《关于开展“加强湿地保护改善生态环境”主席会议专题协商的报告》《关于加快推进我市公共法律服务体系建议的调研报告》《关于开展“加强基层侨务阵地建设”专题协商的报告》《关于推动江门历史文化街区提质和活化的调研报告》《关于2020年联合开展推进城乡生活垃圾分类工作情况的调研报告》《江门市2020年实施乡村振兴战略情况联合督查情况报告》10份专题调研报告和建议案，供中共江门市委、市政府和有关部门决策参考。

表3

2020年江门市政协视察调研情况表

日期	调研内容	政协带队领导
1月2日	开展疫情防控和复工复产工作调研	周伟万、赵翠玲、蓝华、马跃敏、胡念芳、任安良、费伟东
2月26日	开展推进新会陈皮产业发展工作调研	费伟东
3月3日	赴江海区金羚电器有限公司就企业开展“招工难”问题现场调研	胡念芳
3月19日	围绕“新能源，新材料应用及科技创新”课题到广东芳源环保股份有限公司调研	任安良
3月20日	开展“江门市政协委员书屋”建设问题工作调研	马跃敏
3月24日	开展址山河鹤山段治理情况现场调研	蓝　华
3月26日	开展推动解决基层政协“两个薄弱问题”调研	胡念芳
4月2日	赴蚬冈水沿线开平市蚬冈镇东和村、金鸡镇大同村开展污水处理设施建设和管护情况调研	费伟东
4月7日	赴江门市职业技术学院开展“我市制造业企业用工难”专题调研	周伟万、赵翠玲
4月9日	开展东湖水体保护和防控工作调研	费伟东
4月10日	开展推进我市农村生活垃圾分类处理调研	费伟东
4月13日	赴广东创长盛安新材料有限公司、广东新时代新材料科技有限公司，就企业劳动用工情况以及企业招人难、留人难方面存在的主要问题开展调研	赵翠玲
4月14日	围绕“加快推进人才岛建设”赴潮连街道开展调研视察	周伟万
4月15日	围绕“我市制造业企业用工难”专题，赴大长江集团有限责任公司研发中心调研考察	赵翠玲
4月16日	开展“工业用地‘动工慢’问题”专题调研	蓝　华
4月17日	开展“众人议事厅”第一期协商课题——“增加公办和普惠性民办幼儿园学位供给”专题调研	马跃敏
4月22日	围绕“加强我市公共法律服务建设”开展对口协商专题调研	胡念芳
4月23日	开展“我市制造业企业用工”专题调研会	赵翠玲
4月24日	开展“增加公办和普惠性民办幼儿园学位供给”专题调研活动	费伟东
4月27日	赴新会区会城街道、三江镇、大鳌镇开展农村主要道路两侧环境整治现场调研	费伟东
4月28日	围绕重点提案《关于加快银湖湾滨海新区开发建设的建议》开展前期调研	任安良
4月29日	赴鹤山市走访委员企业鹤山粤汉制伞有限公司开展企业复工复产实地调研	任安良

续表3

日期	调研内容	政协带队领导
5月13日	围绕“推进我市农村生活垃圾分类处理”到鹤山市和恩平市开展专题调研	费伟东
5月18日	围绕“开发培育保护地理标志产品，做强做优我市现代农业产业”专题开展调研	费伟东
5月19—21日	开展“深化我省农村宅基地改革，助推农房管控和风貌提升”和“完善海岸线占补平衡机制，推进沿海经济带的发展”专题调研	周伟万
5月19日	围绕“全面决战决胜脱贫攻坚”开展专题调研	周伟万
5月21日	开展“文明寺观规范建设”专题调研	胡念芳
5月25—27日	围绕“众人议事厅”第一期协商课题“关于增加公办和普惠性幼儿园学位供给”专题赴汕尾、惠州学习调研	马跃敏、费伟东
5月27—28日	开展“公共法律服务体系建设”专题调研	周伟万
5月29日	围绕主席会议专题协商课题“加强湿地保护、改善生态环境”赴新会区调研	赵翠玲
6月1日	围绕“新能源，新材料应用及科技创新”课题到荷塘镇调研	任安良
6月2日	围绕“促进我市海洋渔业发展”开展专题调研	
6月5日	围绕“凝侨心建侨乡，加强基层侨务阵地建设”专题赴新会区双水镇调研	胡念芳
6月9日	围绕“我市制造业企业用工难”专题赴高新区、鹤山市走访调研	赵翠玲
6月10日	围绕“凝侨心建侨乡，加强基层侨务阵地建设”调研课题赴台山市调研考察	胡念芳
6月10—12日	开展历史文化街区、“海丝”文化、华侨文化和历史名人遗迹的建设和提升开展专题调研	马跃敏
6月11日	围绕“促进我市海洋经济发展”主题，赴新会船舶制造业企业开展专题调研	任安良
6月15日	赴台山市水步镇开展乡村振兴工作调研	马跃敏
6月16—17日	赴恩平市、开平市开展公共法律服务建设专题调研	胡念芳
6月18日	赴广东汇海农牧科技有限公司和赛克斯塑料制品有限公司开展“工业用地‘动工慢’问题”专题调研	蓝　华
6月18日	围绕“凝侨心建侨乡，加强基层侨务阵地建设”调研课题赴江海区调研考察	赵翠玲
7月15—17日	开展老字号传承发展工作中存在的困难和问题以及相关提案办理情况调研	任安良
7月7—8日	赴台山市、开平市开展“促进我市排球运动发展”专题调研	马跃敏

续表3

日期	调研内容	政协带队领导
7月10日	赴佛山市、肇庆市开展“加强湿地保护，改善生态环境”专题调研	赵翠玲
7月14日	赴东望洋（江门）有限公司开展“工业用地‘动工慢’问题”专题调研	蓝　华
7月14—16日	赴梅州市开展“凝侨心建侨乡，加强基层侨务阵地建设”专题调研	胡念芳
7月20日	开展扩大市区中心区域学前教育普惠供给工作调研	任安良
7月23—24日	围绕特色产业发展和旅游资源开发与保护专题开展调研考察	赵翠玲
7月15—17日	开展“推进农村生活垃圾分类处理”专题调研	费伟东
7月16—17日	开展海上丝绸之路文化建设、实施乡村振兴战略等内容实地考察调研	马跃敏
7月21日	赴江海区开展加强公共法律服务建设调研	胡念芳
7月21日	海信（广东）信息产业园开展“工业用地‘动工慢’问题”专题调研	蓝　华
7月21—22日	围绕“众人议事厅”第二期议题“提升养老照护服务水平”赴新会区、鹤山市、恩平市、开平市、台山市开展专题调研	任安良
7月28日	赴开平市金鸡镇开展“推进农村生活垃圾分类处理”专题调研	费伟东
7月28—30日	赴梅州市、揭阳市围绕“将排球体育运动打造成我市亮丽名片”专题开展考察调研	马跃敏
7月30—31日	围绕“我市海岛发展和渔港建设工作”专题赴台山开展调研	任安良
8月12—13日	围绕“文旅融合发展和服务侨界委员的经验做法”开展专题调研	周伟万
8月13—14日	围绕“发挥本地特色资源优势，积极融入粤港澳大湾区建设”开展专题调研	周伟万
8月4日	赴新会区开展“加强湿地保护，推进乡村振兴”专题调研	赵翠玲
8月10—15日	开展建立扶贫长效机制专题调研	费伟东
8月20日	开展新会陈皮国家现代农业产业园和陈皮产业发展调研	费伟东
8月24—26日	赴汕头市、潮州市开展“古村落的开发与保护”专题调研	费伟东
8月31日—9月5日	围绕“加强生态保护，促进乡村振兴”专题开展学习考察	周伟万
9月2日	开展我市垃圾处理设施调研	胡念芳

续表3

日期	调研内容	政协带队领导
9月2—3日	围绕近年我市重点产业园区和重大项目开工建设情况开展专题视察活动	赵翠玲
9月20—25日	开展投资环境考察调研	马跃敏、任安良
9月24—25日	赴佛山市、中山市就“工业用地‘动工慢’问题”专题开展调研	蓝　华
9月27日	开展“关于打造江门特色体育品牌”的专题调研	马跃敏
9月29日	赴东湖公园对社区公园和口袋公园的建设情况进行调研	赵翠玲
10月20—23日	赴广西壮族自治区桂林市围绕“凝侨心建侨乡，加强基层侨务阵地建设”专题进行调研	胡念芳
10月26—30日	赴安徽省合肥市、芜湖市和江苏省南京市围绕“工业用地‘动工慢’问题”开展专题调研活动	蓝　华
10月26—30日	赴浙江省金华市、丽水市开展“推进农村生活垃圾分类处理”专题调研活动	费伟东
10月28—29日	围绕众人议事厅第四期议题“如何缓解中心城区停车难题”实地调研	赵翠玲
11月9—13日	赴江苏省无锡市、镇江市开展“加强公共法律服务建设”课题调研	胡念芳
11月16—20日	开展国情教育考察调研	周伟万
12月14日	开展加强公共法律服务建设工作调研	胡念芳
12月23日	围绕“推进渔业生产，助力乡村振兴”主题开展提案工作调研	费伟东
12月28日	开展我市侨务阵地建设情况调研	胡念芳
12月30日	开展“打造高端文化旅游城市客厅”调研	马跃敏

【协商议政】 2020年，江门市政协开展协商活动12项，主要分专题协商、界别协商、提案办理协商和对口协商。其中，市政协常委会会议专题协商“促进我市海洋经济发展”议题1项。主席会议专题协商“关于加快构建‘三区并进’区域发展新格局的建议”“加强我市突发公共卫生事件应急能力建设”“加强湿地保护，改善生态环境”议题3项。界别协商“重视解决工业用地动工慢问题”“推进我市农村生活垃圾分类处理，加快美丽乡村建设”议题2项。提案办理协商“关于加快银湖湾滨海新区开发建设的建议”“关于扎实推进乡村振兴工作的建议”“关于举全市之力加大江门站建设运营扶持，助力江门融入大湾区发展大局的建议”议题3项。对口协商“加强我市公共法律服务建设”“凝侨心建侨乡，加强基层侨务阵地建设”“推动我市历史文化街区提升和活化”议题3项。

【政协民主监督】 2020年，江门市政协制定民主监督计划，包括民生实事督办、四办联合督查、提案督查、协商课题回头看四大类别8项议题。分别是：民生实事督办3项，即“增加幼儿园公办和普惠性学位供给问题”“提升基础教育服务水平”“促进打赢精准脱贫攻坚战”，四办联合督查1项，即“完成农村户厕无害化改造，改善农村人居环境”，提案督查2项，即“加强规范停车管理，提高城市街巷道路交通治理能力，推动城市面貌和城市品质提升”“江门市开展全面传承中华优秀传统文化工作情况”，协商课题回头看2项，即“大力改革商事制度，推进商事登记全程电子化”“进一步提升我市公园建设品质”。

【政协提案办理】 2020年，江门市政协委员、政协各参加单位提出提案250件，立案216件，其中89件提案列入2020年市政府重点工作任务分解表。经承办单位办理，所有提案均办复。其中，解决或采纳的占87.96%，拟解决或拟采纳的占11.11%，对于部分未被采纳的意见，有关承办单位做解释和说明。其中，致公党江门市委会提出的“关于加快构建三区并进区域发展新格局”被列为“一号提案”，由市委书记林应武牵头督办。围绕“加快银湖湾滨海新区开发建设”开展重点提案督办，关于完善管理体制、加快基建配套等10方面建议，纳入银湖湾滨海新区加快发展的实施意见。围绕“加大江门站建设运营扶持”开展提案办理协商，助推江门站开通运营。就“扎实推进乡村振兴”开展“回头看”，助力江门市全域完成农村人居环境基础整治。

【社情民意】 2020年，江门市政协办公室报送《市政协委员重要建议“直通车”》2份，编印《社情民意调查》7期，反映社情民意信息24条，内容涉及疫情防控、复工复产、教育医疗、城市建设管理等方面。部分意见建议被市委、市政府和相关部门采纳，《关于扶持民办幼儿园渡过停学难关的建议》获市委、市政府主要领导批示，推动市教育局等6部门联合出台《江门市关于疫情防控期间支持民办幼儿园稳定健康发展的措施》。《关于扶持出口企业开拓国内市场的建议》等6条信息被评为市政协2020年度“优秀社情民意信息”。

（林琼芳）

【政协文史工作】 2020年，江门市政协学习和文史委员会编印《江门文史》第52辑，内容以“白沙文化”为专题，配以《文史纪事》专栏。其中“白沙文化”专题分为“‘岭南一人’陈白沙”“百世仰贤话今昔”“诗书乐艺古今传”“白沙文化在当代”4部分，内容包括陈白沙的史料、陈白沙遗迹、陈白沙的文化艺术成就和影响、当前江门市对陈白沙文化的关注和研究等；《文史纪事》专栏由“共同走过七十年”“五四运动一百年”“文史动态”3部分组成，内容包括纪念新中国和人民政协成立70周年、江门市政协发展历程、江门与五四运动、江门两级政协的作情况等。全书56篇，约15万字，配以图照100幅。第52辑《江门文史》由中国文史出版社出版，规格为170毫米×240毫米，206页，全彩色印刷，印刷1000本，免费赠送江门市政协委员、有关单位及全国各级政协进行交流。

（陈健威）

【政协重要活动】 “齐心聚力·圆梦小康”书画展 9月23日，江门市政协系统“齐心聚力·圆梦小康”书画摄影作品展在市美术馆开幕。此次展览征集作品500余件，择优展览195件，包含书法61件、美术57件、摄影77件。展出作品讴歌奋战在疫情防控第一线的最美英雄，展示江门决战脱贫攻坚、全面实现小康的生动实践和成果。

扶困助学 11月11日，市政协第十四批扶困助学金发放仪式在江门职业技术学院举行，该校199名学生获资助70万元。

公益慈善 6月22日，江门市政协机关举行2020年扶贫济困慈善公益捐赠活动，围绕“决战脱贫攻坚，助力乡村振兴”活动主题，80余名机关干部职工参与，募集善款3.6万元。市政协机关募捐的善款转交市慈善会，用于全市贫困家庭危房改造、全市人居环境整治和乡村振兴、精准扶贫等项目。

【统战联谊】 2020年，江门市政协定期联系各民主党派、工商联，召开市政协与各民主党派、工商联工作座谈会，凝聚履职工作合力。发挥港澳委员作用，深化与港澳各界的团结联谊，组织港澳委员开展国情教育，坚决支持和拥护香港国安法实施。发挥公共外交协会桥梁纽带作用，筹集抗疫物资反向驰援海外，加深与华侨华人、海外社团的联系。港澳委员关于“加强深江产业合作、提高教育医疗质量”等24项意见，全部得到政府部门办理落实。同时，从保障侨胞侨属合法权益、夯实基层侨务工作力量等方面建言献策，推动加强基层侨务阵地建设。

（市政协）

纪检监察

综　述

【纪检监察组织概况】 中共江门市纪律检查委员会（以下简称“市纪委”）由江门市人民代表大会选举产生，江门市监察委员会（以下简称“市监委”）由江门市人民代表大会产生。市纪委与市监委合署办公，实行一套工作机构、两个机关名称，履行党的纪律检查和国家监察两项职责，对市委和省纪委省监委负责。市监委对江门市人民代表大会及其常务委员会负责，并接受其监督。在市委和省纪委省监委双重领导下，市纪委监委加强对下级纪委监委的领导。市纪委监委机关有19个内设机构及机关党委，派驻市一级党和国家机关纪检监察组21个，派出机构1个。受市委委托，市纪委、市委组织部共同管理4个巡察组。市委巡察组作为市委工作机关。

【市纪委十三届五次全会】 2020年1月22日在市委市政府大会堂召开。会议坚持以习近平新时代中国特色社会主义思想为指导，全面贯彻落实党的十九大和十九届二中、三中、四中、五中全会精神，深入学习贯彻习近平总书记在十九届中央纪委五次全会上的重要讲话精神、深入学习贯彻习近平总书记出席深圳经济特区建立40周年庆祝大会和视察广东重要讲话、重要指示精神，贯彻落实十九届中央纪委五次全会和十二届省委十二次、十三次全会精神、十二届省纪委六次全会和十三届市委十三次、十四次全会部署，回顾2020年全市纪检监察工作，部署2021年工作任务。市委书记林应武出席会议并讲话。会议审议通过市委常委、市纪委书记、市监委主任项天保代表市纪委常委会作题为“忠诚履职尽责深化正风反腐为江门全面建成小康社会提供坚强保障”的工作报告。听取6名有关市（区）、单位党委（党组）书记的述责述廉述德报告并进行评议。市委、市人大常委会、市政府、市政协有关领导同志；市中级人民法院、市人民检察院主要负责人；市纪委委员，不是市纪委委员的市监委委员；各市（区）党委、政府和纪委监委主要负责人；市直各单位和中直、省直驻江门有关单位副处级以上干部及部分正科级干部；市纪委监委机关、派驻（出）机构、市委巡察机构全体人员；市监委特约监察员等约230人参加会议。

【党章党规党纪教育培训班】 2020年10月12日，江门市纪委监委举办2020年江门市纪委监委党章党规党纪教育培训班，市委常委、市纪委书记、市监委主任项天保作专题辅导报告。会上观看省纪委拍摄的警示教育片。市纪委监委班子成员，市纪委监委机关各室（部）、各派驻（出）机构、市委巡察机构全体党员干部参加。

【监察体制改革】 2020年，江门市

2020年1月22日，江门市在市委市政府大会堂召开第十三届市纪委第五次全体会议第一次会议
（市纪委　供）

纪委监委召开会议3次推进改革工作。完善机构设置，对4家市管企业监察专员办公室进行授牌，成立市纪委监委驻银湖湾滨海新区管委会纪检监察组。开展市管企业、高校纪检监察体制改革专题调研，督促指导市管企业、高校纪委配齐配强专职人员。健全派驻机构考核机制，推动派驻机构深化“三转”（转职能、转方式、转作风），发挥“探头”作用，全年市纪委监委各派驻（出）机构处置问题线索132条，立案16件，处分16人。出台市纪委监委领导分管派驻机构、加强业务室与派驻机构沟通协作机制等配套制度，从制度层面理顺工作关系。研究制定市纪委监委问题线索管理办法、监督检查审查调查措施使用规定、派驻（出）机构和市管企业纪检监察机构监督检查审查调查措施使用管理办法，印发关于规范对市管干部采取谈话措施使用谈话室的提醒函，推动纪检监察工作制度化规范化。市纪委监委认真贯彻落实党中央“行贿受贿一起查”的工作要求，探索建立行受贿行为信息内部管理系统，逐年列清行受贿人员“黑名单”，登记行受贿人员信息2031条，为办案提供查询90多次。

【政治生态建设】 2020年，江门市纪委监委强化政治监督。加强政治要件落实情况监督检查，加强人防领域问题线索排查，清查整治违建别墅、农村乱占耕地建房等问题，推动三大攻坚战、扫黑除恶、乡村振兴、疫情防控等重大决策部署落细落实。与市委组织部研究起草《关于进一步构建良好政治生态的实施意见（送审稿）》，10月9日以市委名义正式印发实施。全市各级纪检监察机关和巡察机构学习贯彻落实《实施意见》，结合调研督导、日常监督、巡察监督、约谈提醒等工作强化监督检查，督促各级党组织抓好学习贯彻。

【纪检监察责任担当】 2020年，江门市纪委监委完善领导干部廉政档案，更新市管干部基本信息。深化述责述廉，全年市县两级38人进行现场述责述廉。落细落实党内谈话，印发《关于做好党内谈话工作的通知》，全市县处级以上领导干部开展提醒谈话258次、警诫谈话17次。召开3场集体廉政谈话会，对全市14名新任正处职干部和67名新进领导班子成员进行集体廉政谈话。修订完善党风廉政意见回复工作实施办法，市纪委监委提供廉政意见回复169人次。落实“三个区分开来”（把干部在推进改革中因缺乏经验、先行先试出现的失误和错误，同明知故犯的违纪违法行为区分开来；把上级尚无明确限制的探索性试验中的失误和错误，同上级明令禁止后依然我行我素的违纪违法行为区分开来；把为推动发展的无意过失，同为谋取私利的违纪违法行为区分开来），深化运用“四种形态”（党内关系要正常化，批评和自我批评要经常开展，让咬耳扯袖、红脸出汗成为常态；党纪轻处分和组织处理要成为大多数；对严重违纪的重处分、作出重大职务调整应当是少数；而严重违纪涉嫌违法立案审查的只能是极极少数），用好监督执纪“七个看”（看违纪情节、看危害程度、看时间节点、看动机原因、看认错态度、看一贯表现、看群众口碑）和问责“六字诀”（严、准、适、通、扩、用），实现政治效果、纪法效果和社会效果有机统一。全市运用“四种形态”处理2488人次，其中第一种形态1523人次，占61.2%。严肃查处诬告陷害行为，落实澄清保护制度，做好申诉复查工作，保障党员合法权益。全市纪检监察机关为受到不实举报的514名干部澄清正名。落实习近平总书记在企业家座谈会上的重要讲话精神，围绕复工复产、减税降费等强化监督检查，坚决防止权钱交易、商业贿赂等问题损害营商关系，维护企业合法权益，构建新型亲清政商关系。

【纪检监察队伍自身建设】 2020年，江门市纪检监察机关深学笃行习近平新时代中国特色社会主义思想。市纪委监委班子坚持“第一议题”制度，学习贯彻习近平新时代中国特色社会主义思想、习近平总书记出席深

2020年4月16日，江门市在市纪委四楼会议室召开深化纪检监察派驻机构改革工作会议。图为对市监委驻有关市管企业监察专员办公室授牌现场

（市纪委监察机关　供）

圳经济特区建立40周年庆祝大会和视察广东重要讲话重要指示精神，学习贯彻党的十九届四中、五中全会精神，贯彻落实十九届中央纪委四次全会精神，十二届省委十一次、十二次全会精神，十二届省纪委五次全会，十三届市委十一次、十二次全会工作部署。市纪委常委会会前集体学习43次、理论学习中心组学习33次。落实市委深化“大学习、深调研、真落实”工作部署，班子成员围绕强化警示教育针对性有效性等专题开展调研，形成调研成果。创建模范机关。市纪委常委会定期听取机关党建和室务管理工作，班子成员定期参加双重组织生活会、参加非分管室（部）所在党支部组织生活，抓实“三会一课”(支部党员大会、支部委员会、党小组会、党课)制度。抓好对口帮扶台山市赤溪镇脱贫攻坚工作，划拨30万元专项资金帮助困难群众脱贫致富。树立鲜明选人用人导向，激发干部队伍的生机与活力。统筹推进全员培训。主要领导带头抓、带头讲、带头学、带头考、带头干，班子成员全部参与，通过“故事”“论坛”“课堂”“研究”等“五邑清风系列行动”，带动全体干部参训，形成浓厚学习氛围。强化自我监督。开展警示教育活动，各党支部召开专题组织生活会，对照纪检监察干部违纪违法典型案件查摆问题不足。对4个市（区）纪委监委和4个派驻纪检监察组开展内部专项检查并督促整改。梳理排查机关、派驻、巡察机构廉政风险点，制定防控措施。建立纪检监察干部廉政档案。聘请17名特约监察员，举办特约监察员进机关活动。坚持刀刃向内，全市立案审查违纪违法纪检监察干部5人，其中结案4人，处分3人，诫勉谈话1人，调离纪检监察机关3人。

纪律监督与反腐倡廉

【政治巡视巡察】 至2020年年底，江门市本级开展巡察10轮，全覆盖进度84.04%；完成的9轮巡察发现和移交问题线索141条，推动立案查处53人，其中处级干部19人。推动村级巡察全覆盖，村级巡察全覆盖进度98.1%。在省委巡视办对全省21个地级以上市党委巡察工作情况全面评估中，江门市总分排全省第二名、党委主体责任方面得分全省第一名。抓实省委巡视反馈问题整改工作。至年底，省委第七巡视组移交128件问题线索办结122件，办结率95.3%。省委第九巡视组转来的信访件63件，办结27件。强化巡察成果运用。坚持市委、市政府分管领导牵头督办制度，健全纪检监察机关参与巡察整改日常监督的具体措施，灵活运用日常监督手段，开展巡察整改情况专项检查，压实被巡察党组织巡察整改主体责任和党组织书记第一责任人职责，推动巡察整改和成果运用取得实效。市本级10轮巡察发现和反馈问题3406个，整改3219个。

【正风肃纪】 2020年，江门市纪委监委查处违反中央“八项规定”精神问题193件，处理284人，通报典型案例7期23起。紧盯精准扶贫、污染防治、扫黑除恶等重点领域，查处形式主义、官僚主义问题71件，处理98人，通报典型案例10起。协助市委举办2020年江门市领导干部党章党规党纪教育培训班，市委书记林应武作动员讲话，市纪委书记项天保作专题辅导报告。用发生在当地的违纪违法典型案件进行剖析，编印《警示教育读本（2020）》3万册，发放至全市各级党组织。在江门电视台展播革命历史题材话剧《铁骨丹心林基路》，制作光盘发至全市大中小学作为思政课重要内容，有65万名师生观看学习。制定《关于进一步规范和统筹做好纪检监察建议工作的意见》，发出纪检监察建议书156份，督促83个领导班子召开专题民主生活会。制定《关于受处分党员干部回访教育的工作规定（试行）》，关怀教育帮助受处分党员干部，分级完成受处分党员干部回访教育900人次。

【反腐倡廉】 2020年，江门市纪委监委坚持反腐败无禁区、全覆盖、零容忍，一体推进不敢腐、不能腐、不想腐。召开市委反腐败协调小组会议，市委主要领导出席会议作讲话。专题研究部署开展久立未结案件清理工作，对超6个月未结案件进行滚动式动态管理，积案办结率明显提升。全市纪检监察机关接收信访举报2319件次，立案1243件，处分1073人，其中处级干部32人、科级干部116人，挽回经济损失2.6亿元。开展反腐败国际追逃追赃工作，追回外逃人员4人、涉案赃款1125万元，追回外逃22年的原鹤山农信社工作人员钟某某、张某某夫妇，得到省纪委监委肯定。深化基层正风反腐。全市排查基层党员干部违纪违法问题线索1511条，立案938件，结案911件，给予党纪政务处分773人。推进监察职能向基层延伸，各市（区）均建立村（社区）纪检监察站。全市排查扶贫领域腐败和作风问题线索72条，立案87件，结案94件，给予党纪政务处分68人。全市累计排查涉黑涉恶腐败和“保护伞”问题线索781条，立案567件，结案468件，给予党纪政务处分377人，组织处理87人，打掉“保护伞”289人，移送司法机关70人。

（市纪委监委机关）

民主党派·工商联

中国国民党革命委员会江门市委员会

【民革组织概况】 2020年，中国国民党革命委员会江门市委员会（以下简称民革江门市委会）有基层组织31个，包括区委会1个、总支部6个、支部24个。江海总支、综合总支、医卫总支、职院支部进行换届，成立教育总支和中医药职业学院支部。全年发展党员13名，平均年龄37岁，具有大专以上学历者13名（其中硕士2名），占总数100%。至年底，有党员374名。党员任省政协委员1人；市人大代表3人，任市政协委员12人；任县级市（区）人大代表4人，任县级市（区）政协委员22人；有1人被聘为市级“特约人员”。

【民革组织建设】 2020年，民革江门市委会学习贯彻习近平总书记在两会期间的重要讲话和两会精神，习近平视察广东与中共十九届五中全会精神。8月24日，组织党员观看历史战争片《八佰》。加强后备干部队伍建设，选派5名党员干部参加中共江门市委统战部在省社院举办的江门市民主党派代表人士培训班，2名处级干部参加省社院举办的广东民革处级实职干部廉政警示教育培训班，1名副主委参加中央社院举办的第十七期民革中青年干部培训班。综合总支、医卫总支等5个基层组织进行换届，教育支部成立总支委员会。加强党员之家建设，新建一个民革党员之家——江海民革党员之家，全年出版《江门民革》3期。

2020年5月26日，民革江门市委会、民革江海总支、礼乐街道办事处联合开展关爱困境儿童慰问活动 （市民革 供）

【民革参政议政】 2020年，民革江门市委会围绕中共江门市委、市政府中心工作建言献策。《关于统一表格表式，减少基层表格（信息）重复报送的建议》《复工复产下劳动者的担忧和对政府工作的建议》《关于在疫情结束后刺激我市居民消费拉动经济发展的一些建议》等围绕疫情防控工作中的重点、难点和人民群众反映强烈的热点问题的社情民意通过民革省委会、统战部、市政协等渠道为决策部门提供参考。疫情期间部分民办幼儿园出现资金链断裂，无能力支付员工工资、社保及面临人员流失、生源流失和资金困难等问题，民革江门市委会与市政协教科卫体委联合开展调研，形成《关于扶持民办幼儿园渡过停学难关的建议》以直通车形式报送市主要领导，得到市委、市政府领导重视，市教育局等6个部门联合出台《江门市关于疫情防控期间支持民办幼儿园稳定健康发展的措施》，帮助民办幼儿园特别是乡镇民办幼儿园渡过难关。以直通车的形式将《主动对接广佛城市轨道交通网调研报告》报市委，中共江门市委书记林应武批示市发展和改革局跟进研究。两会期间，民革江门市委员会向省政协提交提案6份，向市人大、市政协提交建议16份、提案36份，县（区）基层组织向同级人大、政协提交建议2份、提案24份，向省委会、市政协、市委统战部、区政协提交社情民意24份。其中市政协大会发言《关于加快（中国）“侨梦苑”建设，打造粤港澳大湾区华侨华人创新产业聚集区的建议》被市政协列为重点提案。《关于扎实推进乡村振兴工作的建议》《关于成立广东省戴爱莲职业艺术学院的提案》《关于整治交通廊道两侧环境提升城市品质的建议》被评为2019年度优秀提案，《关于推进我市健康养老体系，打造粤港澳大湾区养老示范基地的调研报告》被评为2019年度优秀调研报告。省委全会上，民革江门市委会获民革广东省委会2019—2020年度参政议政工作先进集体二等奖，任安良、刘夏林获民革广东省委会2019—2020年度参政议政工作先进个人三等奖。

【民革社会服务】 2020年，民革江门市委会各基层组织和党员响应号召，开展捐款捐物。民革企业发展促进会副会长黄德宗捐赠价值1.6万元的医用退热贴4箱和防疫资金2万元给江门市红十字会，鹤山支部副主委、微笑牙科医院院长李厚诚将价值近万元的口罩、帽子、消毒液、消毒片等捐给鹤山卫生健康局，鹤山支部党员李发萍捐赠价值1万元的消毒片500千克给桃源镇。江门民革各级组织和党员捐款捐物40多万元。疫情发生后,民革党员参加抗击疫情活动。陈照南获民革省委会颁发的2020年抗击新冠肺炎疫情工作杰出贡献奖、阮炳威获民革省委会颁发的2020年抗击新冠肺炎疫情工作突出贡献奖；林子瑛、黄荣富、梁汉文获民革省委会颁发的2020年抗击新冠肺炎疫情工作优秀奖；陈照南被评为江门市抗击新冠疫情先进个人。春节前，各基层组织组织党员为所联系的抗战老兵送上节日问候及新春慰问品。蓬江总支到台山市都斛镇看望95岁的独居抗战老兵王灼儒，筹资2.8万元为其装修及更换残旧家具。5月26日，组织部分党员到江海区礼乐街道办事处联合开展“情暖童心、守护成长”关爱困境儿童慰问活动，为困病儿童送上节日祝福及慰问品。7月，组织医疗专家到贵州纳雍开展义诊活动，为当地老百姓免费看病、提供咨询服务，与当地卫生院开展交流学习并赠送2000元的药品给卫生院。10月，蓬江总支与荷塘镇政协联络组向荷塘镇三良小学捐赠图书。响应民革省委会号召，为云浮市郁南县大全村“博爱林”捐赠66棵银杏树，价值3.3万元。

（民革江门市委会）

中国民主同盟江门市委员会

【民盟组织概况】 2020年，中国民主同盟江门市委员会（以下简称民盟江门市委会）下辖民盟新会区委员会和民盟台山、开平、恩平3个县级市委员会，有基层组织65个，全年发展盟员21人，盟员总数1070人，有中、高级职称盟员占80.76 %。

【民盟组织建设】 2020年，民盟江门市委会通过召开主委会议、委员（扩大）会议、全体盟员总结会和基层学习工作会议，学习贯彻习近平新时代中国特色社会主义思想和中共十九大及十九届二中、三中、四中、五中全会精神。在台山市举办新盟员学习培训班，组织全市市委委员、支部班子成员到广东民盟盟史馆韶关分馆开展传统教育学习考察；举办民法典学习报告会。编印《江门盟讯》4期，推送微信公众号信息79条。全年发展盟员21人，净发展率1.13 %，平均年龄35岁。其中：女盟员10人，教育、文化、科技界别占比80.9% 。建成民盟新会区委会“盟员之家”、民盟恩平市文艺支部“盟员之家”。成立机关工会。是年，民盟江门市委会被民盟中央授予“民盟思想政治建设和宣传工作先进集体”称号，民盟江门市开平三埠支部被民盟中央授予“盟务工作先进基层组织”称号；全市盟员获各级各类奖项172人次，其中获市级以上102人次。

【民盟参政议政】 2020年，民盟江门市委会参加中共江门市委、市政府、市政协及统战部组织的各类协商会，就全市经济社会发展及民主党派队伍建设等问题提出意见和建议。“两会”期间，各级盟组织提交政协提案67份、人大建议5份，其中在江门市“两会”提交政协提案22份、人大建议2份，在政协江门市十三届四次会议上，盟市委作题为《关于进一步推进我市乡村文化建设助力乡村振兴战略实施的建议》的大会发言，提案《关于尽快建立江门市3岁以下婴幼儿照护服务体系的建议》获江门市政协2019年度优秀提案。开展4项专题调研工作，向盟省委、市政协、市委统战部报送信息181篇次。提交的《关于加强华侨文化保护，巩固海内外联系纽带》调研报告被盟中央采用为全国政协十三届四次会议集体提案素材。是年，民盟江门市委会获“2020年度民盟广东省参政议政工作先进集体二等奖”。

【民盟社会服务】 2020年，民盟江门市委会开展抗击新冠肺炎疫情活动。发动盟员通过参加地区防疫、捐款捐物、创作“抗疫”文艺作品等形式抗击疫情,盟员捐款捐物4.89万元，盟员艺术家创作抗疫音乐作品12首，书画作品130余幅。参加志愿者队伍投入疫情防控盟员100多人次。开展送文化到基层书画挥毫系列活动。1月6日，组织盟员书法家参加市委统战部在蓬江区五福社区举办的义务写春联活动。1月12日和16日，组织民盟江门书画院书画家到鹤山市古劳镇、江门市妇幼保健院开展“送文化到基层书画挥毫”活动。举办盟员书画摄影作品展。9月18—27日，由民盟江门市委会主办，民盟广东书画院江门对外交流中心、民盟江门书画院承办的“同心同行齐抗疫提振信心再出发”江门市盟员书画摄影作品展在江门市文化馆举行，展出江门市盟员书画摄影作品89件。开展“农村教育烛光行动”。12月15—17日，组织毕节市七星关区中等职业学校骨干教师到江门一职进行跟岗培训交流学习。民盟江门市委会、开平市委会组织江门市优秀教师到开平二中开展“农村教育烛光行动”，10—12月，每月选派3名高中和初中教师按照课程安排支教。

（赵兰芳）

中国民主建国会江门市委员会

【民建组织概况】 2020年，中国民主建国会江门市委员会（以下简称民建江门市委会）有县级委员会2个（新会、开平），总支部2个（蓬江、江海），支部23个，会员489人，平均年龄53.9岁，其中江门297人，新会98人，开平94人，经济界会员397人。年内发展会员17人。

【民建思想建设】 2020年，民建江门市委会学习贯彻习近平新时代中国特色社会主义思想习近平总书记重要讲话和重要指示批示精神、中共十九届四中、五中全会精神；通过召开主委会议、委员（扩大）会议、专题报告会等，组织市委委员、基层组织正副主委、骨干会员、新会员、机关干部约450人次开展学习和培训，持续巩固“不忘合作初心，继续携手前进”主题教育活动成效。开展纪念中国民主建国会成立75周年系列活动，在“会员之家”召开纪念中国民主建国会成立75周年座谈会；组织到民建广东省委会首个爱国主义教育基地——梅州三河坝战役纪念园及叶剑英纪念馆参观学习，加强会员爱国主义教育；发动会员参与民建广东省委会纪念中国民主建国会成立75周年“五个一”（一次主题征文、一本图片册、一场书画展、一场纪念会议、一场演讲比赛）活动，2篇征文入选主题征文活动作品选集，1件书画作品入选书画展，1名会员获演讲比赛三等奖。报送理论研究成果5篇，在民建广东省委会“工匠精神与创新发展”课题研讨活动评比中，2名会员的研究成果获特等奖、1名会员获优秀奖。

【民建组织建设】 2020年，民建江门市委会发展会员17人，平均年龄39.8岁，其中经济界会员14人，本科以上学历10人。召开十三届十八次委员会议，增补1名副主委及2名委员。做好换届前期准备工作，下发《民建江门市委员会2021年换届工作方案》《民建江门市委员会基层支部（总支）支部换届方案》，明确2021年换届工作时间表。召开委员（扩大）会议，对委员及领导班子考察人选进行民主推荐。开展“作风建设年”活动，通过成立工作领导小组、加强理论学习、开展爱国主义教育、开展作风建设专题调研、召开领导班子民主生活会等举措，加强市委会作风建设。成立监督委员会，形成监督合力。是年，民建江门市委会主委王建生被民建中央授予“全国优秀会员”称号。

【民建参政议政】 2020年，民建江门市委会领导班子参与中共江门市委召开的市党外人士座谈会，与市委主要领导、市政府有关部门负责人共同协商议政，就推动江门市建立“‘互联网＋’企业员工共享平台”提出意见和建议。组织开展“用共享模式促进制造业企业发展”和“培育壮大存量经济，增强发展内生动力”2项重点课题调研。联合市政协教科卫体委，对“打造江门特色体育品牌”开展专题调研，先后走访有关部门和各市（区）调研，召开座谈会，形成调研报告报送市委、市政府并得到市委主要领导批示。民建江门市委会向各级人大和政协会议提交建议提案74件，其中省人大建议3件，市人大建议4件，市政协提案28件，区（市）人大建议3件，区（市）政协提案36件，内容涵盖粤港澳大湾区建设、乡村振兴、智能制造发展、人才培养引进、生态环境保护等方面。在市政协十三届四次会议上，民建江门市委会提交的《加快智能制造步伐促进经济高质量发展》和会员提交的《关于江门市社会应急救援力量建设现状及存在的困难和培育支持发展的建议》被列为重点提案，民建江门市委会提案《关于构建现代物流产业新格局的建议》获评市政协优秀提案。会员聚焦社会热点、难点和焦点问题，反映社情民意信息41篇，其中1篇被民建广东省委会采用，6篇被市政协采用，1篇被中共江门市委统战部采用。是年，民建江门市委会获评民建广东省委会2019年度参政议政工作先进集体三等奖，2名会员获评民建广东省委会2019年度参政议政工作优秀个人。

2020年10月17日，民建江门市委会在举办“启超家人说家风暨启超家风‘袋袋’传公益教育活动第三期启动仪式”。图为受聘梁启超先生三名后人成为公益教育活动顾问　（民建江门市委员会　供）

【民建社会服务】 2020年，民建江门市委会开展消费扶贫专项行动，采购河北丰宁、贵州黔西、湖北十堰等贫困地区农产品价值7.5万元。捐款3.39万元支持黔西新仁乡学校爱心课桌椅捐赠项目，改善当地教学环境。举办“启超家人说家风暨启超家风‘袋袋’传公益教育活动第三期启动仪式”，梁启超的3名后人梁忆冰、梁任又、梁红接受聘请成为公益教育活动的顾问，现场分享梁氏家族家风故事。是年，民建江门市委会获评民建广东省委会2019年度社会服务工作先进集体三等奖，8名会员获评民建广东省委会2019年度社会服务工作优秀个人。参与新冠肺炎疫情防控工作，发出《凝心聚力共克时艰，打赢防疫阻击战》倡议书，号召会员投身疫情防控工作。39名会员工作在医卫、交通、生产、法律等领域的抗疫一线，5名机关干部参与丰雅社区疫情防控工作，并支援江门市入境人员转运工作。会员和会员企业在疫情期间捐赠款17.05万元，捐赠物资价值176.92万元，发动身边社会力量捐款捐物552.55万元。22家会员企业开展“暖企”行动，调研了解疫情防控和复工复产情况。汇编援企稳岗政策、财税支持政策和相关法律法规，联合市人力资源管理协会举办“复工复产政策宣讲会”，帮助会员企业用好用足各项政策。通过微信公众号编发“众志成城，助力防控，江门民建会员在行动”抗疫系列报道13篇，撰写抗疫纪实1篇。会员冯旭初被市委、市政府授予“江门市抗击新冠肺炎疫情先进个人”称号。

（民建江门市委会）

中国民主促进会江门市委员会

【民进组织概况】 2020年，中国民主促进会江门市委员会（以下简称民进江门市委会）下设新会区委会，3个基层委员会（蓬江、江海和台山）、1个总支部（职院总支部），支部37个，鹤山小组1个。有会员553名，年内发展会员23人，高中级职称占73%，其中教育文化出版界会员占71%。

【民进组织建设】 2020年，民进江门市委会开展“不忘合作初心、继续携手前进”主题教育活动，学习中共十九届五中全会精神和习近平视察广东和在深圳经济特区建立40周年庆祝大会上的讲话等系列重要精神，江门民进公众号、“南方+”推送稿件200多篇。与江门市博物馆共同主办《中国共产党的亲密朋友——雷洁琼生平事迹展》并进行全国巡展，该展览入选2020年广东省弘扬社会主义核心价值观主题展览。谋划推动雷老祖居修缮和同心苑建设，为民进乃至统一战线打造教育基地。打造会员之家2个。9月，市委会承办民进中央主题教育报告会。开展向疫情防控工作先进会员学习、以抗疫为主题的支部生活等活动，陈春丽获民进省委会“抗疫突出贡献会员”称号；21名会员获民进省委会“新冠肺炎疫情防控工作先进会员”称号，文艺界会员创作抗疫题材的书画、音乐作品50多件。做好基层组织换届工作，举办骨干会员培训班，推动基层组织建设，换届工作完成。加强人才队伍建设。市委会通过优化会员结构、强化学习培训等方式，提升会员自身素质和能力水平。成立青年工作委员会，加大对年轻会员的培养和使用力度。举办“参政议政工作”“支部主委工作”培训。加强制度建设和作风建设。完善市委会各项规章制度，制定《青年工作委员会制度》《民进江门市委会领导班子民主生活会方案》。是年，民进江门市委会先后被评为民进全国会史工作先进集体和民进广东省新闻宣传工作先进单位。

【民进参政议政】 2020年，民进江门市委会围绕教育、城市管理、产业发展、文化建设等领域开展调研。提交各级人大建议4篇、政协提案45篇，完成民进省委会调研报告2篇。《关于加快村级工业园整治改造，拓展我市高质量发展新空间的建议》被确定为市政协重点提案；《主动对接广东滨海旅游公路建设，推动我市沿海乡村旅游产业发展》获江门市政协2019年优秀提案；《关于促进我市城镇小区配套幼儿园健康发展的建议》被市政协评为优秀调研报告；《关于建立“智慧养老院”模式，促进我省居家养老事业发展的提案》获民进省委会2019年度省优秀提案三等奖。与市政协教科卫体委联合开展“公办和普惠性民办幼儿园学位供给课题”专题调研，该课题被市政协列入是年众人议事厅首期讨论课题；与农业农村委联合开展农村生活分类处理专题调研，完成《加强农村生活垃圾分类处理，助力我市乡村振兴战略》调研报告；通过督办提案履行参政党职责。针对疫情期间民进会员反映疫情防控、复工复产过程中存在的难点问题，市委会撰写社情民意、信息提交民进省委会、市政协、市委统战部，《建议地方立法确立农产品批发市场生物安全防控长效机制》等17篇社情民意被采用，为党委、政府抗击疫情科学决策提供参考。是年，民进的人大代表、政协委员、特约人员参加市委、市政府举办的各类会议、观摩考察等活动，通过提出意见、批评、建议的方式，对党委、政府、政协、法院、检察院等的工作进行监督。是年，民进新会区委会获民进全国履职能力建设先进集体称号；费伟东、蔡柏滋获民进全国履职能力建设先进个人称号。

【民进社会服务】 2020年，民进江门市委会做好新冠肺炎疫情防控工作，开展捐款活动，会员向市红十字会、鹤山人民医院、江海区医院及市政协驻村扶贫单位杜阮镇捐赠防护服、消毒液、医用酒精及资金价值22万多元。响应民进中央“同心•彩虹行动”号召，对口智力帮扶贵州省金沙县禹谟镇初级中学，安排10名教师到景贤中学跟岗学习，帮助禹谟中学教师提升业务水平，推动西部地区教育均衡发展。8月，甘肃陇南地区出现暴洪泥石流灾害，市委会副主委钟景贤经营的企业新希望健康产业投资发展（广东）有限公司捐助100万元，并承担民进广东省委会在贵州安龙“白内障复明圆梦新视觉”项目，为安龙县贫困白内障患者捐赠白内障手术100例，捐赠眼镜300副，并为贫困学生提供配镜服务。

（民进江门市委会）

中国农工民主党江门市委员会

【农工党组织概况】 至2020年年底，中国农工民主党江门市委员会（以下简称农工党江门市委会）辖农工党新会区委员会、农工党台山市委员会、农工党恩平市委员会和农工党鹤山市总支部委员会4个县级基层组织，17个江门市直属基层组织。是年，发展农工党党员20人，累计919人，其中医卫界550人，占60%；文教界229人，占25%。

【农工党组织建设】 2020年，农工党江门市委会开展培训班、学习会30多场，学习贯彻全国两会精神、习近平总书记在党外人士座谈会上重要讲话精神、习近平总书记出席深圳经济特区建立40周年庆祝大会和视察广东重要讲话及重要指示精神、《习近平谈治国理政》第三卷、中共十九届五中全会精神等。农工党江门市委会以“江门农工”微信公众号为基地，坚持正面舆论导向，传播中国共产党各项方针政策，宣传农工党江门市委会各项工作，扩大农工党社会影响面。发挥理论与党史研究小组作用，发掘江门农工党历史，研究成果获农工党中央“庆祝中国农工民主党成立90周年理论研究优秀论文”表彰，其中一等奖1篇、二等奖2篇，三等奖1篇。全年发展农工党党员20人，发展率2%。推动各级“党员之家”建成落地，5月，恩平市农工党党员之家揭幕落成，6月，江门市农工党党员之家揭幕落成。8月，选举白云梅为农工党江门市委会副主委，12月，召开领导班子述职及民主评议会、领导班子民主生活会；指导恩平市委会补选主委、台山市委会补选副主委。

【农工党参政议政】 2020年，农工党江门市委会向各级人大和政协“两会”提交提案、建议案78份，其中，在江门市政协会议上提交的集体和个人提案22份，重点围绕人民群众关注的“健康中国”和“美丽中国”主题展开。向农工党中央、农工党广东省委员会、中共江门市委统战部、江门市政协报送社情民意信息58份。聚焦疫情防控形势建言，围绕“改革完善重大疫情防控救治体系，全面提高公共卫生服务能力”主题重点考察调研。农工党江门市委会各级人大代表、政协委员、特约人员通过会议、调研、视察等方式参与民主监督活动，对政府管理、法治建设、社会民生等重要领域提出意见建议。

【农工党社会服务】 2020年，农工党江门市委会推动全民卫生健康教育工作，分别到恩平市横陂镇塘莲村委会和江海区礼乐中学开展“健康教育”讲座，讲授健康教育66条、新冠病毒防治及诺如病毒防治知识，听课人数200多人，发放宣传资料小册子500多份。组织农工党党员为疫情防控捐款物近10万元。

【庆祝农工党成立90周年活动】 2020年8月4日，农工党江门市委会在党员之家召开庆祝中国农工民主党成立90周年座谈会。组织党员参加农工党广东省委会“学精神、学党章、学党史”网上知识竞赛活动，获农工党省委会表彰“优秀组织奖”。市委会发动选送2幅书法、3幅国画、1幅漆画、1幅钢笔素描参加农工党省委会“大美中国——庆祝农工党成立90周年书画作品展”。在农工党中央纪念中国农工民主党成立90周年大会上，江门市委会获“先进集体”称号，恩平市人民医院支部获“社会服务工作先进基层组织”称号，鹤山市总支委会获“党史和理论工作先进基层组织”称号，朱万水获“优秀党务工作者”称号，周津明、区博文获“先进个人”称号。

（农工党江门市委会）

中国致公党江门市委员会

【致公党组织概况】 2020年，中国致公党江门市委员会（以下简称致公党江门市委会）有基层组织27个，党员436人，其中市直属233人（含蓬江、江海、新会、鹤山），台山120人，开平83人；党员平均年龄56.3岁，本届别特色人士占86%。党员任全国人大代表1人、省人大代表1人、市人大代表8人，任市政协委员14人；任县级市（区）人大代表8人，任县级市（区）政协委员33人；有4人被聘为市级“特约人员”。是年，发展党员11名。

【致公党组织建设】 2020年，致公党江门市委会通过召开主委会、市委委员扩大会议、各基层支部学习会等形式在全体党员中开展学习习近平总书记2020年全国两会重要讲话精神，传达学习中共十九届五中全会精神，贯彻落实习近平总书记出席深圳经济特区建立40周年庆祝大会和视察广东重要讲话、重要指示精神。参加中共江门市委统战系统学习培训，先后组织党员80多人次参加2020江门云上世青会、市委统战部理论学习中心组学习习近平总书记出席深圳经济特区建立40周年庆祝大会和视察广东重要讲话、重要指示精神宣讲报告会、市统战系统“听党话、感党恩、跟党走——我来讲小康”宣讲活动等。致公党江门市委会举办“书香机关”读书活动启动会，贯彻落实习近平总书记关于加强读书学习重要论述精神。致公党五邑地区地方组织负责人到重庆开展“不忘合作初心，重走多党合作之路”调研活动。全年致公党江门市委会微信公众号采编各类稿件80多篇，编印《参政议政集（2019年卷）》一书，出版会刊《同舟报》2期。加强领导班子建设，召开主委会议9次，班子成员参加各类培训班20多人次，高峰论坛2次。加强组织建设，做好组织发展和党员教育管理工作。全年发展党员11人，其中市直5人，开平市4人，台山市1人，鹤山市1人。是年，市委会获省委会社会服务工作先进集体；市直教育二支部获省委会先进集体；6人获省委会优秀党员；2人获省委会优秀组织工作者称号；2人获省委会对外联络工作先进个人；4人获省委会“宣传思想工作先进个人”；4人获省委会社会服务工作优秀组织工作者称号。

【致公党参政议政】 2020年，致公党江门市委会通过召开座谈会、听取情况汇报、实地考察、提供资料等形式开展专题调研活动，形成并撰写调研报告《关于我市公共卫生人才培养情况的建议》《关于加快江门融入广深港澳科技创新走廊，打造珠西产业发展新高地的建议》《关于我市会展业发展的建议》等。与市政协港澳台侨联络和外事委员会、市侨联组成联合开展“凝侨心建侨乡，加强基层侨务阵地建设”的专题调研，以上调研均形成调研报告。在各市（区）人大、政协会上向人大提交建议12件，向政协提交提案42件，其中集体提案9件，所提交提案全部得到立案。市委会提案《提炼五邑华侨精神，助推江门社会发展》被评为市政协优秀提案奖。《关于加快构建“三区并进”区域发展新格局的建议》在江门市政协大会发言，并被列为2020年“一号提案”，由中共江门市委书记林应武领衔办理。全年报统战信息35篇（建言献策类信息20条）、政协信息11篇、省委会通讯信息80多篇。参加市委、市政府举办的各类会议、观摩考察等活动，通过提出意见、批评、建议的方式，对党委、政府、政协、法院、检察院等工作进行监督。参加党风廉政建设检查、行风评议和其他专项检查和执法监督工作；受党委委托，就有关重大问题进行专项监督。参加6次党外人士座谈会，并提出有建设性的意见和建议。听取中共江门市委情况通报，提出有关建议和专题调研报告；参与重要人事推荐协商会、参与围绕市委重点工作开展的乡村振兴、粤港澳大湾区、“十四五”规划等调研活动。落实民主党派建言献策“直通车”制度、对口联系制度和党委领导联谊交友制度。

【致公党社会服务】 2020年1月5日，致公党江门市委会组织党员在棠下陈垣文化广场举办利民便民暖心下基层活动。组织法律界党员开展法律公益讲座，并到中小学开展青少年法律知识讲座。11月29日，组织党员到新会区双水镇田心村看望慰问孤寡老人。参与新冠疫情防控工作。参与支援市委统战部、民主党派市委机关结对的丰雅社区和五邑碧桂园小区的疫情防控工作。向致公党中央，江门市慈善会，江门市委组织部捐助抗疫款4.33万元。发动党员通过“西好货——致公电商扶贫平台”购买扶贫农产品。

（致公党江门市委会）

九三学社江门市委员会

【九三学社组织概况】 九三学社江门市委员会主要成员和所联系的对象是从事科学、技术工作以及高等教育、医学卫生等方面的高、中级知识分子。2020年，九三学社江门市委会有基层组织19个，其中基层委员会3个、支社15个、小组1个。全年发展社员13人，其中博士1人，硕士4人，高级职称1人，中级职称4人，平均年龄38岁。累计有社员254人。

【九三学社组织建设】 2020年，九三学社江门市委员会组织社员收看社中央第六期专题政治辅导“网络课堂”，由全国政协委员、九三学社中央委员许进作题为“民主科学风雨同舟——纪念九三学社建社75周年”社史专题讲座。6名社员参加江门市民主党派代表人士培训班，在社省委纪念九三学社创建75周年暨基层组织座谈会上，江海基层委员会、鹤山支社及蓬江二支社被社省委表彰为纪念九三学社创建75周年优秀社组织。举办“庆祝九三学社创建75周年暨九三学社江门市委员会成立20周年书法美术作品展”，召开“纪念九三学社创建75周年暨九三学社江门市委员会成立20周年座谈会”，出版《纪念九三学社江门市委员会成立20周年》专刊。九三学社江门市委员会“社员之家”分别在江海安润农牧有限公司、新会李海全劳模工作室、鹤山市木森木制品有限公司、江门市艾迪赞工业设计有限公司、蓬江区杰士养生谷和社市委机关举行揭牌仪式。继续依托《江门九三》刊物、微信公众号等平台，推送学习资讯和工作动态。全年编印《江门九三》4期，微信公众号发布信息110条，其中抗疫方面的专题报道19条；向社省委、市政协和市委统战部投稿95篇，信息10篇。社员杨军、肖高秀、郑得洲和曹红燕等参与社省委“纪念九三学社创建75周年”征文、庆祝深圳特区建立40周年及九三学社脱贫攻坚征文等，报送纪念文章4篇;社员陈卒代表九三学社参加江门市统战部举办的“听党话、感党恩、跟党走——我来讲小康”宣讲活动,演绎歌曲《舒心的日子》。全年发展社员13人，其中博士1人，硕士4人，高级职称1人，中级职称4人，平均年龄38岁。累计有社员254人。蓬江基层委员会召开第二次社员大会，选举产生第二届基层委员会领导班子，王远胜当选主委，徐春红、陈元庄、吕彩霞、韩静开当选副主委；九三学社江门市第四届委员会监督委员会成立，社市委副主委何伟东担任监督委主任；召开四届二十七次委员会议，增补李芳为专职副主委。

【九三学社参政议政】 2020年，九三学社江门市委员会在市“两会”期间，向各级人大提交建议案5件，向各级政协提交集体提案3件，个人提案8件。在市政协十三届四次会议上，集体提案《关于集聚高端创新资源，打造粤港澳大湾区科技成果转化高地的建议》和提案《关于在蓬江区墟顶街区建设老街历史文化陈列馆的建议》获表彰为市政协2020年优秀提案，《关于促进我市高等职业教育发展的建议》获表彰为市政协2020年优秀社情民意。疫情期间，社市委报送抗疫方面信息6条，其中《关于完善武汉“方舱医院”管理的建议》得到社省委采用。各基层组织和专委会提交调研课题23个，《构建高质量产业创新体系，打造具有江门特色的先进制造业集群》等8个课题为重点调研课题，《加强创新驱动，促进江门省级产业转移园的高质量发展》作为社市委参加2020年民主党派暑期座谈会上的重点调研报告，提案《加快我省欠发达地区职业教育发展的建议》入围社省委参政议政课题招标。

【社员风采】 2020年，九三学社江门市委员会社员李海全被国务院表彰为2020年全国劳动模范；房昭被社中央表彰为九三学社抗击新冠肺炎疫情先进个人；林健潮被广东省司法厅记个人二等功；黎锡强被评为2019年江门市劳动模范；王贤文、谭麟主持完成项目《特种工程塑料聚醚砜（PES）工业化开发》获2019年度广东省科学技术奖二等奖；蒋小良主持完成《食品接触材料中有害物质检测体系建立关键技术创新及应用》获2020年度中国商业联合会科学技术奖三等奖；温涛的“摇杆开盖结构及其打印机”等项目获专利5项；秋夜雨作品《乡村建议进行时》获2019年全省文艺作品评选快板曲艺类铜奖、创作歌曲《这一去》《来了就是一家人》《爱同在》登上学习强国·广东学习平台；王远胜、陈元庄、詹雪梅、房昭、孔刚当选为2020年岭南名医；詹雪梅获南粤好医生称号；朱振华获“2020年度无限创新”江门市科学技术奖特等奖，尹荔松、蒋小良、陈元庄、马滚韶和王蒙获二等奖；周维长创新工作室被江门市总工会命名为江门市劳模和工匠人才创新工作室；陈彦东获中华医学会骨矿盐分会与白求恩基金会立项资助；罗小勇、李海全、谌继宗、王蒙入选新会区第六批优秀中青年专家和拔尖人才；王蒙获评广东省乡土专家、江门市农村实用人才种植高级种植师职称。闫爱国负责的江门市农产品质量监督检验测试中心检测室获广东省总工会授予省“五一劳动奖状”；陈艳娟负责的江门市妇幼保健院儿童康复科获省“青年文明”号称号。

【九三学社社会服务】 2020年春节前，九三学社江门市委员会组织江门九三书画院社员到江门市妇幼保健院开展“金鼠迎春赠祝福笔墨情浓送春联”送文化下基层活动。新冠肺炎疫情期间，社员投身志愿者服务，市中心医院社员房昭参与本院发热门诊工作，她的抗疫先进事迹被刊登在《人民政协报》上；林健豪等6名社员在春节期间驻守各高速和路桥的入口，对进入江门的外地客人进行测温和疏导分流等工作；李树源等7名社员协助社区做好防疫宣传，上门入户调查，对社区出入口群众进行测温工作等；机关全体专干参与市委统战部结对社区的疫情防控工作；有17名社员在线为学生上网课。社员为新冠疫情捐款3.56万元，社员王贤文的企业一次性向五邑大学捐赠医用口罩（非无菌）10万个和氯酸钠消毒液150桶，物资价值20.45万元；社员张旭辉的企业通过江门市红十字会、台山市红十字会向海外侨胞捐赠30万只一次性医用口罩；社员朱振华的企业向湖北黄石市和仙桃市医疗单位各捐款10万元。组织社的农业专家到杜阮养生谷和台山横江村考察调研，为农业高质量发展建言献策；向江海区安润农牧有限公司和广东江门杰士农业科技有限公司授予“九三学社江门市委员会农业科技服务点”牌匾。社市委与中共江海区委统战部共同主办“江门市水产产业高质量发展论坛及放心农资、农业科技下乡”的农业科技下乡活动，吸引近180名群众参与；组织医卫支社骨干社员分别到市第二人民医院和新会大泽进行义诊活动，来自骨科、妇科、心外科、麻醉科等的社员专家为107名病人进行诊治。

（黄玉婷）

江门市工商业联合会

【工商联组织概况】 2020年，江门市工商业联合会（以下简称市工商联）系统有商（协）会组织196个，会员2.6万人，实现72个乡镇（街道）商会全覆盖。是年，江门市浙江商会、江门市蓬江区白沙商会等5家商协会获评为2019—2020年度全国“四好”商会，江门市江西商会、江门市阳江商会等6家商协会获评为2020年广东省工商联系统“四好”（班子建设好、团结教育好、服务发展好、自律规范好）商会。江门市潮资企业联谊会获评2020年度“创新中国”异地商会工作最佳案例、江门市新兴领域“双强双优”（领导班子强、党员队伍强、制度建设优、工作业绩优）基层组织党建示范点，江门市湖北商会获评为“全国工商联抗击新冠肺炎疫情先进商会组织”。

【工商联服务经济建设】 2020年，江门市工商联在复工复产期间为企业统筹配售口罩超600万个，帮助1.5万家次企业在抗疫物资紧缺的情况下复工复产；协调商协会通过“点对点包车”形式，帮助滞留湖北的企业员工返江门复工。助力企业金融纾困，先后同建行江门分行、中行江门分行、农商银行签订战略合作协议，累计为会员单位提供意向授信总额950亿元。牵线3家银行分别同11家会员企业签订授信合作协议，银行、金融机构与30多个所属商协会及会员企业建立合作关系，推动江门超1000家中小企业接入广东省中小企业融资平台。

2020年5月13日，江门市工商业联合会（总商会）与建设银行江门市分行举行支持企业防疫抗疫复工复产合作签约仪式 （市工商联 供）

江澳合作创新突破，由市委常委、统战部部长利为民率团赴澳门开展经贸交流活动，签订“江门市工商业联合会（总商会）澳门贸易投资促进局战略合作框架协议”和“江门市工商业联合会（总商会）澳门工商联会三年行动工作备忘录”，推动江澳青年在江门“侨梦苑”华侨华人创新创业平台合作；与海关等部门共同探索运用粤澳“跨境一锁”（内地海关“跨境快速通关”模式与澳门海关跨境运输便利计划的对接，应用同一把安全智能锁及卫星定位设备，以“一锁到底、全程监管”为目标，各自依据内地与澳门法规对经陆路转运的同一运输车辆进行监管）模式，解决货物通关效率低、成本高等难题；联合澳门江门商会牵头举办首届“汇澳优质生活展”，超200家澳门企业、60多家江门企业参加。

【工商联法律服务】 2020年，江门市工商联举办“同心暖企促发展”培训班，做好政策法规宣传、推动惠企政策落地，助力江门经济回稳向好，获市委书记林应武2次批示肯定；开设11期网上法律专题解读，指导企业防范化解疫情期间的法律风险；开展“优惠政策话你知暖企行动”，推动纾困惠企政策直达基层、直接惠及市场主体。举办民法典宣讲会，推动工商联系统民法典学习宣传工作，提高民营企业家“尊法、守法、学法、用法”意识，优化营商环境。联合江门市人民检察院举行检察开放日活动，为民营经济发展提供检察产品和法治保障。推进商会调解组织建设，指导所属商会开展人民调解工作，在11家团体会员成立商会人民调解委员会，提升协同社会治理水平。

【工商联参与脱贫攻坚】 2020年，江门市工商联组织发动各商协会和企业，开展江门市对口帮扶广西崇左市“百企联百村”工作。超100家企业通过对口联系帮扶广西崇左市89个深度贫困村，建立帮扶“项目库”项目54个，投入资金8601万元，惠及9629个贫困户3.65万名贫困人口。

【商会建设】 2020年，江门市工商联加强对基层工商联、商协会指导、引导和服务，完成“五好”（领导班子好、会员发展好、商会建设好、作用发挥好、工作保障好）县级工商联全覆盖、“四好”（班子建设好、团结教育好、服务发展好、自律规范好）商会创建和巩固工作。召开江门市工商联（总商会）十三届三次执委会议暨2020年会。召开江门五邑商界联盟第二次联席会议，推进河南省、佛山市顺德区江门商会筹建工作。加强商协会规范化建设，工商联系统举办团体会员专职秘书培训班，提高商协会业务骨干工作水平和业务能力。启动新生代企业家成长计划——第二届“师徒结对导师制”，打造新一代企业家跨界融合发展平台。

【工商联参政议政】 2020年，江门市工商联向市委提交《关于我市工商联系统引导民营企业更好参与疫情防控工作的情况报告》；出台“支持企业复工复产30条”，助力企业抗疫解困。向市委提交《关于促进我市民营企业复工达产的建议》，市委书记林应武作出批示；分别通过江门市委党外人士座谈会、党外人士情况通报会、人大及政协座谈会等协商渠道，提出强化对稳企业保就业的金融支持、发挥商协会作用、搭建经贸合作交流平台、引导民营企业在国际国内双循环中发挥主体作用等建议；组织骨干企业参加市委企业座谈会、非公经济代表人士及各级工商联中的人大代表、政协委员建言献策；组织人大代表、政协委员企业家到长沙市、贵阳市、深圳市、珠海市等地开展调研交流活动。是年，市工商联成员在市本级提出人大建议29件、政协提案25件，《关于充分发挥商协会在协同参与粤港澳大湾区建设中作用的建议》列为江门市领导重点督办提案。

（市工商联）

2020年12月4日，江门市工商联与澳门贸易投资促进局、外汇局江门市中心支局、工商银行（澳门）、中国与葡语国家经贸合作及人才信息网等单位在广东珠西国际会展中心举办邑商大讲堂之江澳惠企政策宣讲会 （市工商联 供）

群众团体

江门市总工会

【工会组织概况】 至2020年年底，江门市有基层工会委员会5350个，其中，单独基层工会5066个，联合基层工会284个；基层工会涵盖单位10958个，工会会员69.67万人。是年，发展工会会员24777人。

2020年9月28日，江门智慧工会推介会暨第一批特约商家签约仪式在市工人文化宫举行。江门市总工会携手江门市首批11个特约商家，向全市会员职工提供专属的购物优惠 （市总工会 供）

表4 2020年江门市政府常务会议召开情况表

名单	单位	市辖区	蓬江区	江海区	新会区	台山市	开平市	鹤山市	恩平市	总计
基层工会	个	241	909	545	1099	705	699	669	483	5350
其中：单独基层工会	个	228	908	485	1020	685	613	656	471	5066
联合基层工会	个	13	1	60	79	20	86	13	12	284
基层工会涵盖单位	个	284	910	2511	1560	1380	1870	1678	765	10958
职工	人	51889	120435	56719	131787	84223	131643	121875	50578	749149
其中：女性	人	21839	50492	28992	43896	40642	57607	52369	21299	317136
农民工	人	2819	63246	33450	42315	43621	70475	75851	18588	350365
女性农民工	人	955	24932	17310	16566	21394	32479	28187	6961	148784
工会会员	人	51047	114114	52271	115386	77787	122676	115945	47516	696742
其中：女性	人	21392	48294	25898	40563	38083	54267	50309	20242	299048
农民工	人	2813	57954	30411	40032	41266	64957	72796	17603	327832
女性农民工	人	943	23912	14032	15782	20269	29618	27362	6643	138561

【职工思想政治引领】 2020年，江门市总工会强化职工思想政治引领，制定实施意识形态工作责任方案，加强宣传工作，构建江门工会新媒体矩阵，市总工会形成微信公众号、抖音号、“南方＋”等系列宣传阵地，蓬江、新会、台山等市（区）工会新媒体阵地发展迅速，逐步形成网上网下相互融合、线上线下相互补充的服务覆盖模式；“江门工会”“蓬江工人”“新会工会”“台山工会”微信公众号覆盖粉丝总量50万人次。影响力居全省各市、

县（市、区）两级工会前列。

【职工建功立业】 2020年，江门市总工会在全省率先建立市推进新时期产业工人队伍建设改革工作协调小组；推动有关部门落实先进产业工人代表在政协等组织中的配备要求、出台扶持产业工人创新创业的措施；推动市直有关部门及各市（区）落实责任分工，各市（区）成立协调小组，党委领导、工会牵头、部门联动推进产业工人队伍建设改革的工作机制发挥作用。发挥工会组织在“两个统筹”（统筹疫情防控、统筹经济社会发展）中的重要作用，先后投入716万元，慰问抗疫一线医护人员和其他抗疫岗位的干部职工，开展结对帮扶、协调赠送防疫物资，被《工人日报》报道；围绕“粤菜师傅”“南粤家政”“广东技工”三大工程，联合市人力资源和社会保障局组织开展25个工种（行业）技能竞赛30多场次，4万余人参加；推荐评选4名全国劳动模范、14名省劳动模范、4家省先进集体、1名参加省“五一劳动奖状”候选人、1名参加省“五一劳动奖章”候选人；加大援企稳岗力度，联合人社、工商联举办稳就业政策宣讲会；开展“爱在侨乡”外来务工人员平安返岗交通费补贴工作，发放补贴68.7万元；发动21.69万人次职工参加互助保障计划，参保、理赔发生额3610多万元，帮助4570名患病职工，在做好“六稳”（稳就业、稳金融、稳外贸、稳外资、稳投资、稳预期）、落实“六保”（保居民就业、保基本民生、保市场主体、保粮食能源安全、保产业链供应链稳定、保基层运转）中发挥工会积极作用。

【劳动关系领域政治安全维护】 2020年，江门市总工会加强基层工会组织建设，新组建企业工会307家，发展会员2.29万人；推进企业民主管理和集体协商制度落实。强化防范敌对势力渗透和维护劳动关系领域政治安全，加强部门联动，成立劳动领域政治安全专项行动小组，每月开展劳资纠纷风险隐患排查及形势分析研判，健全情况信息报告制度；开展劳动关系发展势态监测，首批入库监测企业25家；在全市重点企业建立信息员队伍，建立重点行业和企业相关信息管理台账，开展全市涉疫情劳动争议专项排查化解，排查建立工会的企业3339家，其中排查受疫情影响存在经营困难企业324家，对风险企业落实建账销账管理。参与群体性劳资纠纷事件应急处置，联合人社部门加强劳动争议义务调解员队伍建设，开展“春风行动”“治欠保支”专项行动，各级工会部门参与劳动争议调解1280余件，涉及职工人数2558人次，调解成功率89%，挽回损失4045.7万元；处理职工来访来信来电493宗，涉及职工4623人次，其中，办理省总工会劳资纠纷舆情监测系统事件55宗，涉及职工1113人，挽回损失3907.2万元；办理“12351”职工热线反映线索36宗，涉及职工117人，挽回损失95.6万元；其他劳资纠纷投诉案件154宗，涉及职工183人，挽回损失43万元；未发生重特大群体性上访事件和到省进京恶性上访事件，维护劳动领域政治安全和职工合法权益。开展安康杯竞赛活动，组织职工参加安全生产知识竞赛，引导企业工会履行职责，监督企业落实安全管理制度和劳动保护措施。

【城市困难职工解困脱困】 2020年，江门市总工会推动“城市困难职工解困脱困”纳入江门市2020年度民生十件实事，实现政府13个部门数据共享、联动帮困，提高精准识别率；对2016年以后建档的9876名困难职工开展上门复核、交叉检查，不漏一人；联合市直机关工委组织开展“扶贫济困履使命·脱贫攻坚奔小康”系列主题党日活动，实现党建与帮困业务双促进，获2020年市直机关管理创新二等奖；江门市政府2020年十件民生实事满意度测评中，城市困难职工解困脱困工作得分92.7分，在十大实事21个小项中排名第三，获评“非常满意”。江门市帮扶困难职工的做法在全省工会系统介绍经验。

【“智慧工会”构建】 2020年，江门市总工会在全省率先开展全市“智慧工会”积分（工会会员参与各级工会活动所获取的奖励分，在全市各级工会组织指定的特约商家消费时，可直接抵现金使用）管理试点，创新职工服务和工会经费支出监管制度，搭建优惠服务合作平台，各级工会利用活动经费安排积分或特约商家提供的优惠服务，吸引会员使用实名制信息系统参加工会组织活动；完善融政务、会务、民生、金融服务为一体的会员实名制信息平台建设，实现职工申请入会、维权服务和困难帮扶等活动在线上、线下融合一体，全市实名登记会员57.7万人；通过“智慧工会”开展民主评议镇（街）、基层工会主席试点，开展评议717场次，网上参评会员9.4万人，以评议促进基层工会主席直联职工机制建立的经验得到省总工会肯定并被《工人日报》刊载；鼓励职工群众参政议政，通过江门“智慧工会”系统发放100万元积分福利，提升工会民主管理、开门问政的工作实效，与市依法治市办联合通过“智慧工会”平台发动工会会员对市直26个政府部门行政执法情况开展民主评议，市总工会对完成评议及提出意见建议的会员给予积分奖励，参与职工9万多人次，收到建议16万条；组织会员为工会“十四五”建言献策，对通过“智慧工会”提出意见建议的参与者及优秀建议者给予积分奖励；票选最佳社会化工会工作者活动，对通过智慧工会参与评选的会员予以积分奖励。通过建立积分奖励制度鼓励职工参与活动，实现工会经费支出向基层倾斜、让广大会员受惠，推动工会改革发展。

（市总工会）

共青团江门市委员会

【共青团组织概况】 至2020年年底，共青团江门市委直辖团委20个，基层团委（团工委、团总支）457个；团支部8344个；专挂兼职团干1.4万人；75%以上专兼职团干具有大专以上学历；团员17.51万人。市少工委直辖少工委7个，基层少工委342个，全市少先队员35.8万人。江门市有14—40岁青年114.47万人，青年联合会有青联委员216人，青年企业家协会会员239人。

【命脉工程】 2020年，共青团江门市委员会实施整治软弱涣散基层组织“命脉工程”，抓住团员报到、团费收缴、团员评议等基础性工作，倒逼各项改革任务在基层落地落实，是年，新发展团员报到率100%，基础团务响应率、团费及时交纳率、团员参与志愿服务率等指标均领跑全省。围绕“两新”（新经济组织、新社会组织）组织、农村（社区）、民办学校等三大团建薄弱领域，整治空心团支部、无团干团支部问题，消除“空心团支部”127个，找回“口袋团员”2550名，深入基层开展“两新”组织团建工作调研，新建“两新”团组织327个。破解“学社衔接”难题，依托“智慧团建”系统，探索运用信息化手段实现96%的应届毕业生团员完成组织关系转接。

【青年思想引领】 2020年，共青团江门市委员会开展“青年大学习”主题教育活动。深化“与信仰对话”主题教育实践活动。以“青马工程”为抓手做好各领域青年骨干人才培养。坚持用社会主义核心价值观教育引导青少年，开展以“从小学先锋，长大做先锋”“争做新时代好队员”为主题的学习教育活动。结合疫情防控实际和青年特点，开展“相约国旗下”主题线上升旗活动。团市委结合齐心战疫、复工复产、志愿服务等主题在线上线下开展主题团日、队日活动，举办升国旗、入队仪式、祭奠英烈、主题演讲、歌咏快闪，参观红色教育基地，寻找“最美南粤少年”“最美五邑少年”等形式的主题教育活动，创新学校工作机制和活动机制，加强育人作用。参加首届广东非物质文化遗产青少年演讲展示“非遗少年说”活动。通过发掘身边“最美非遗”，利用新媒体载体，诉说心中的“最美非遗”。在7月公布的“非遗少年说”500强和100强名单中，江门市分别有114名和19名少年儿童入围。通过少年儿童喜闻乐见的方式，激发少年儿童的思考、参与和互动，引导少年儿童树立正确的文化思想。

【共青团参与基层社会治理】 2020年，共青团江门市委员会开展“青少年维权岗”创建活动。联合市人民检察院等11家单位创建省级青少年维权单位15家。打造“12355”江门青少年综合服务平台。服务平台在线接听咨询电话4300多个，为青少年提供免费心理面询151人次，对50名青少年进行心理危机干预。培育专业社工力量，提升未成年人保护工作专业化水平。开展“驻校社工”服务，市县两级团委通过政府购买服务方式，委托4家专业社工机构到学校针对学生、教师、家长开展专业的社工服务，投入资金35万元，覆盖学校23所，服务学生群体超2万人次，开展个案服务235个。开展困难青少年帮扶。通过“福彩育苗计划”，为低保家庭子女、外来工子女提供免费公益学位1500个。通过“江门会亲”“希望工程”助学活动，各级团组织众筹社会善款10万元资助100名农村留守儿童解决学业和生活困难。推进五类重点青少年服务。团市委投入经费56.5万元，以“行为矫正＋技能学习＋社会融入”三步帮教模式开展个案辅导、思想教育、法治教育、心理辅导等工作，帮扶各类特殊青少年120多名，开展个案辅导500多人次，开展小组团队活动24场。

【共青团助力禁毒】 2020年，共青团江门市委员会通过政府购买服务方式，投入21万元，委托社会工作综合服务中心到社区、学校等开展禁毒宣传。委托市心理卫生协会开展新型毒品知识宣传及为药物上瘾等精神活性物质依赖青少年提供药物治疗和心理帮扶服务。是年，全市各级团组织联合禁毒办、教育等部门在全市开展青少年禁毒宣教活动681场，向10万多名学生普及识毒、拒毒、防毒知识。以“体育竞技＋禁毒宣传”的模式，向市民传递“健康人生绿色无毒”的生活理念。团台山市委联合相关部门开展“无毒青春，健康人生”青少年

2020年7月15日，护河志愿者在长堤青年广场周边开展“爱护母亲河”宣传活动

（市五邑义工联合会　供）

3人篮球争霸赛、“无毒青春，健康人生”青少年游泳比赛、禁毒志愿者骨干培训班、青年同心圆足球赛、虎门销烟纪念日活动等青少年禁毒教育主题系列活动20多场，各项活动参加人次均超过2万人，覆盖9万多名青少年群体及社会各界人士。疫情期间，团市委组织禁毒社工通过线上平台，开展禁毒防疫“以读攻毒”云系列课堂，主要以毒品知识、毒品危害、毒品预防和复学防疫知识等4个方面进行课程直播解读，向青少年学生和家长传递防疫知识，加深他们对毒品的认知和提高预防毒品的能力。服务江门市内学校15所，师生1万余人次。

【网上共青团建设】 2020年，共青团江门市委员会打造“网站＋微信＋微博”的新媒体立体宣传矩阵。通过贴近青年生活的形式宣传习近平新时代中国特色社会主义思想、党的十九大，十九届二中、三中、四中、五中全会精神，以及江门市党政中心工作。是年，青春江门官方微信推送信息348条，阅读量492万次；抖音信息76条，阅读量1.85万次；微博推送信息288条，阅读量281万次。其中，“青春江门”微信公众号单篇信息点击量最高达28.3万次。在全市300多家政务新媒体影响力排名中，“青春江门”官方微信号位居前五位。

【学校少先队工作】 2020年，江门市各级少先队组织以“从小学先锋，长大做先锋”“争做新时代好队员”为主题，举办升国旗、入队仪式、祭奠英烈、主题演讲、歌咏快闪，参观红色教育基地等形式的爱国主义教育活动，通过具体化、有温度的形象教育、情感教育方式，打牢“强国一代”的思想底色。在新冠肺炎疫情防控期间，利用新媒体平台，策划组织开展“致敬逆行先锋”系列活动，举办“相约国旗下”主题线上升旗仪式、“战疫有我、绽放青春”侨乡青年线上分享会、“艺起战疫”线上文艺作品创作活动，把打赢疫情防控阻击战作为对少年儿童进行制度自信教育的重要实践和生动教材，累计关注和参与的青少年学生近100万人次。规范组织建设。团市委指导全市484所公办中小学100%建立少工委，服务引领全市少年儿童听党话、跟党走。团市委、市教育局、市少工委联合举办2020年江门市少先队辅导员培训班，推动各级少先队组织落实共青团中央、全国少工委联合有关部委印发的《关于构建阶梯式成长激励体系增强少先队员光荣感的指导意见》《关于深入贯彻落实党建带团建、队建加强少先队工作体制机制建设的意见》《关于加强新时代少先队辅导员队伍建设的意见》的有关精神和各项要求，做好全市中小学校少先队深化改革的各项工作。团市委联合市教育局、市文明办、市学联、市少工委开展2020年度江门市学校战线共青团工作先进集体和个人暨寻找第五届“最美南粤少年”“最美五邑少年”推荐活动，吸引7993人516所学校参加寻找“最美南粤少年”活动。是年，江门市少先队获省级以上荣誉68人（项）。其中，3人获全国优秀少先队个人（集体），2人当选中国少年先锋队第八次全国代表大会代表；57人获2019—2020年度广东省少先队先进个人（集体）、3所学校获第四批广东省红领巾示范校；3名队员获“最南粤少年”及“最美南粤少年”提名奖。

（共青团江门市委员会）

江门市妇女联合会

【妇联组织概况】 至2020年年底，江门市有行政县（市、区）妇联7个，街（镇）妇联73个，村（社区）妇女妇联1321个，市、县（市、区）、乡镇（街道）、村（社区）妇女组织组建率100%。

【妇联助力疫情防控】 2020年，江门市妇女联合会参与新冠肺炎疫情防控工作。筹措社会资金和物资189万元开展关心关爱活动。开展“您家的菜我来送”关爱活动，为江门市援鄂医疗队和一线医护、防控人员家庭224户家庭免费配送肉菜17批次，指导市（区）妇联为全市1100名抗疫一线医护人员家庭提供肉菜、日用品配送等暖心服务。开展“爱·一路相伴”健康公益活动，为48名援鄂医疗队队员每人赠送价值5000元的旅游支持资金。开展“抗疫情我同行——江门妇女守护家园志愿服务活动”，动员全市妇联干部、1.6万名妇联执委、20多万名巾帼志愿者和妇女立足家庭和社区，当好疫情防控的守门员宣传员服务员监督员。利用新媒体矩阵推送疫情防控宣传900多条；在五邑地区40多处标志性建筑和户外宣传屏同时亮灯展示江门市24位抗疫一线女医务“致敬，江门最美她力量”。开设《记抗疫一线的铿锵玫瑰》电视访谈、“致敬，最美逆行者”“疫情缩影”专题报道，“齐战疫爱童行”线上征集活动获全国儿童中心点赞。开展“您有需我就在”心理援助热线和线上咨询服务，为妇女儿童及家庭成员提供心理援助服务542宗，制作五大线上公益课堂，引导群众在疫情期间安心健康宅家。是年，市妇联被表彰为江门市抗击新冠肺炎疫情先进集体。

【妇女儿童发展规划实施】 2020年，江门市妇儿工委加强统筹协调，推进市妇女儿童发展规划如期达标。聚焦重难点指标，加强动态监测和达标预警，“一指标一措施”重点攻关；召开攻坚推进会，成立江门市妇女儿童发展规划指标达标工作专班，先后实行“一季度一通报”“一月一通报”，发出一市（区）一通报，督促市（区）各部门压实责任；市委常委会议、市政府常务会议先后听取专题情况汇报，市委办印发专项督查通知书，对两个规划实施工作进行立项督办。开展男女平等基本国策宣传，落实国策教育纳入市委党校主体班课程和中小学性别平等教育工作。推动妇女儿童发展和家庭建设相关目标任务、重点项目纳入市“十四五”规划，设立“保障妇女儿童基本权益”专节和妇女儿童家庭专栏。实施“巾帼头雁”培育工程，举办基层妇女参政议政能力培训班、中青年女干部培训班，推动妇女参与决策和管理，全市村委会主任中女性比例10.51%，比2010年的1.72%提高8.79个百分点，全市村委会成员中女性比例30.6%，比2010年的21.45%提高9.15个百分点，均首次达到妇女发展纲要规划终期目标。推动农村妇女“两癌”（乳腺癌、宫颈癌）免费检查纳入市十件民生实事，为11.85万人次妇女开展“两癌”免费检查。

至2020年年底，江门市妇女发展规划79项指标，达标77项，达标率97.47%；江门市儿童发展规划46项指标，达标46项，达标率100%；两个规划指标125项，达标123项，达标率98.4%，本周期妇女儿童发展规划实施成效明显，妇女儿童生存、发展、受保护和参与的权利得到保障。

【妇女思想政治引领】 2020年，江门市妇女联合会以“巾帼心向党奋进新时代”为主旋律，结合疫情期间工作实际，开展“巾帼大宣讲”“小康路上她力量”“巾帼暖心故事”等群众性宣传教育活动300多场次，引导妇女群众凝聚在党和政府周围。选树和宣传先进巾帼典型。江门市妇幼保健院获“全国三八红旗集体”称号；江门市残疾人联合会综合科科长阮美兰获“全国三八红旗手”称号；苏彩华、胡桂影获“全国巾帼建功标兵”称号；马清蓝等8名个人和集体获“广东省三八红旗手（集体）”称号。创建6个全国、9个省级、32个市级巾帼文明岗，开展岗组与“妇女之家”结对，树立岗位标兵，激励职业女性岗位成才。市妇联推荐选送的《将梦想植根土地——90后新农民麦春梅》短视频获省妇联“小康路上她力量”短视频征集展播活动一等奖，市妇联获优秀组织奖。

【创业创新巾帼行动】 2020年，江门市妇女联合会搭平台链资源，引领妇女创业创新。加强粤港澳大湾区妇女创业创新基地（启迪之星）等妇女“双创”平台建设，开展沙龙、论坛、培训等47场。引导妇女抢抓“互联网＋”机遇，依托“四新”（新领域、新业态、新阶层、新群体）领域妇联组织行业优势，为妇女提供电商创业的工作、社交、资源共享空间。与市科技局等部门联合举办江门市“科技杯”创新创业大赛。指导台山市妇联打造妇女创业品牌，成立“侨乡巧厨娘文化营”，开展“侨乡巧厨娘”电商创业培训。强培训促就业，推进巾帼家政提质扩容。参与“广东技工”“粤菜师傅”“南粤家政”三项工程建设，依托江门市妇女儿童活动中心，推进政策宣传、供需对接和免费技能培训送进基层。促进家政服务业提质扩容，与澳门妇联总会合作开展妇婴护理“一试两证”（参加妇婴护理考核合格的学员可分别获得由江门市职业技能鉴定指导中心核发的妇婴护理专项职业能力证书和澳门劳工事务局核发的澳门职业技能证明书）技能人才评价服务；举办巾帼职业技能大赛2场；组织优秀选手参加省“南粤家政”技能大赛获一、二、三等奖；全年开展育婴员、广府风味菜烹调、广式点心制作等技能培训与就业推荐3694人次。

2020年6月20日，江门市妇联联合市农业农村局在江门万达广场中庭举行江门市巾帼助农产销对接活动启动仪式 （市妇联 供）

【乡村振兴巾帼行动】 2020年，江门市妇女联合会开展“把爱带回家——江门市助力消费扶贫推动妇女创业就业公益行动”，打造“妇”字号助农产销对接平台，90多个基地、400多个产品进驻“江门市巾帼助农专区”和“粤姐姐助农专区”等平台，举办电商培训惠及创业女性及贫困农户，直播带货活动围观超400万人次，销售额超100万元，获省妇联颁发“最高人气奖”。推动市女企业家协会等企业提供近90个灵活就业岗位。实施妇女创业小额担保贷款贴息项目，为创业妇女提供创业资金支持1393.05元，辐射带动900多名妇女创业就业，该项目工作获省妇联通报表扬。推荐和命名省、市巾帼创业示范基地和巾帼专业合作示范社、巾帼林14个。市妇联在全市推进乡村振兴战略实绩考核获评“优秀”。

2020年9月5日，江门市妇联联合市农业农村局、市扶贫办、市工商联、市女企业家协会等共同举办“把爱带回家——走进江门”直播带货活动，当天吸引400多万人次在线围观，销售额超80万元　（市妇联　供）

【妇女儿童权益维护】 2020年，江门市妇女联合会做好妇女法治宣传。以“建设法治江门巾帼在行动”为主题到村（社居）开展普法宣传1703场，参与群众近15万人次。打造21期“维”课堂，浏览量15万人次，“维”课堂3.0项目被评为省妇联系统创新项目。深化平安家庭创建。实施“平安家园和谐侨乡服务项目”，受理重点家暴等个案31件，开展个案跟进和咨询服务265人次，开展宣传52场次，“守护平安家园”项目被评为市域社会治理现代化试点工作示范项目。做好妇女信访服务。3月8日，开展主席接听“12338”妇女热线日活动，当天全市两级妇联主席接听来电41件。全年全市妇女维权站处理妇女群众信访2480宗，完成个案服务143宗。市妇女维权与信息服务站获全省维权工作创新奖。推进社会心理服务体系建设。完善3个省级“舒心驿站”建设，接待心理疏导个案180宗，举办心理讲座19场。其中位于蓬江区白沙街道的“舒心驿站”被评为市社会心理服务体系建设项目示范单位。举办妇女心理健康公益大讲堂，线上线下吸引近2万人次参加学习。实施保护女童人身权益三年行动。建立9部门联动协调机制，以江海区和新会区为试点，建立流动、困难等妇女儿童家庭动态管理台账，对673名智力残疾和精神残疾女童及其家庭开展结对帮扶服务。深入学校、村居开展286场护苗宣传教育活动，4.4万名青少年受惠。

【家庭文明创建】 2020年，江门市妇女联合会制定《江门市传承弘扬好家教好家风行动实施方案（2020—2022年）》，开展“忠诚立家风、家和万事兴、立德育新人、书香飘万家、绿色进我家”5项行动，培育社会主义家庭文明新风尚。市妇联在全市精神文明建设工作推进会上作经验发言。以疫情防控、脱贫攻坚的家庭事迹为重点，县、市两级挖掘“最美家庭”135户，其中5户家庭获全国文明家庭、“五好家庭”“最美家庭”称号；15户家庭获广东省文明家庭、“五好家庭”、广东百户“最美家庭”、广东十大“书香之家”称号；命名10户江门市十大“最美家庭”，20户江门市优秀“最美家庭”。联合市文明办开展家庭文明建设示范点创建活动，创建6个省级、10个市级家庭文明建设示范点，新会梁启超故居纪念馆被命名为广东省首批家教家风实践基地。举办“幸福在身边”医护人员线上专场、“才自远方来，缘分邑线牵”高层次人才专场、“回娘家晒幸福”等交友联谊活动19场。开展文明餐桌、公筷公勺、垃圾分类等活动，发出倡议书，开展“文明餐桌，从我家做起”网上接力宣传，超10万名群众接力争当承诺人。

【帮扶困难妇女儿童】 2020年，江门市妇女联合会筹集近100万元开展“关爱母亲温暖儿童”困难妇女儿童帮扶项目，开展“点亮微心愿幸福送进家”圆梦行动，为131个困难家庭实现“微心愿”，援建（修葺）单亲特困母亲安居房14户，为138名患“两癌”(乳腺癌、宫颈癌)及重大疾病的贫困妇女儿童提供救助，为732名贫困母亲提供生产生活援助，发展3692名“爱心父母”集体和个人牵手困境儿童，助学、助教、助养

2020年5月8日，江门市“关爱·她”百万女性安康保险公益行动项目在市妇女儿童活动中心举行启动仪式　（市妇联　供）

3803名困难家庭儿童。关注女性健康，贫困母亲心灵关怀项目开展“姊妹私厨”增能计划，举办社交小组、户外拓展、专题讲座、就业培训等团体活动53次。实施“关爱·她”女性安康保险项目，为6876名低保妇女每人赠送2.5万元保额的“两癌”保险；面向18～50岁符合投保条件的妇女，免费赠送每人3000元保额的“两癌”保险。市妇联入围2020广东网络公益先进典型“网络公益团队”。

【家庭教育】 2020年，江门市妇女联合会推进家庭教育五年规划（2016—2020年）实施，各项目标任务如期实现，得到省评估调研组肯定。联合市文明办、市教育局举办“爱阅读爱生活爱文明”江门市“书香飘万家”全市家庭亲子阅读手抄报征集活动，征集作品2327个，评选93个优秀作品在首届“书香侨都童乐融融”任溶溶童书节上颁奖。推进家庭教育大讲堂进社区进乡村民生项目，全市妇联组织开展线上线下家庭教育大讲堂1119场次，受益家长群众43.7万人次。全市培育镇（街）、村（社区）级讲师团190个，讲师团成员587人，为满足城乡普惠性家庭教育公共服务提供人才支撑。市妇联在市民政系统为全市基层儿童服务队伍授课，推动农村留守儿童关爱保护和困境儿童保障政策落地。组织开展以“传承和弘扬良好家风家教、亲子阅读、儿童关爱”为主题的亲子互动活动2478场，服务儿童及家长23万人次。

【妇联基层组织建设】 2020年，6月23日，江门市妇女联合会召开妇联组织建设改革实施“破难行动”工作现场推进会，全市“四新”（新领域、新业态、新阶层、新群体）领域新建妇女组织142个。加强基层妇联班子配备，各级妇联常委、执委中各行各业劳动妇女和知识女性的优秀代表比例提高，县（区）级妇联执委不少于30人，挂兼职副主席配备工作完成。举办各级妇联执委线上培训班，全市5万多人次参与；与湛江市、清远市妇联联合主办巾帼“领头雁”素质提升培训；举办江门市直妇干和“四新”领域妇联主席素质教育大讲堂；组织江门市妇女代表到开平市开展乡村振兴巾帼行动专题调研，提升妇联干部履职能力和激发队伍活力。加大在“四新”领域组建妇女组织力度，创新开设“智慧雅堂”系列活动，搭建交流、学习、教育平台。实施第五届妇女儿童微公益项目创投活动，有5个项目获市妇联支持7万元。推动“妇女儿童之家”建设与服务提质增效，创新建立市直3个“妇女微家”。加强粤港澳大湾区交流，市妇联主席林露华应邀出席澳门妇女联合总会成立70周年庆典及“姐妹携手同心共建湾区好家园”——粤港澳大湾区妇女融合协同发展活动。

（市妇女联合会）

江门市科学技术协会

【科协组织概况】 江门市科学技术协会成立于1961年，至2020年年底，先后召开代表大会11次，2020为第十一届委员会，有委员63人，常委33人。所属地方科协、市级学会、院校和厂企科协组织47个，其中县级（市、区）科协7个，市级学会33个，院校科协3个，厂企科协8个。全市73个乡镇（街道办事处）设立科协组织机构，形成全市科协组织工作三级网络。

【江门市科学技术协会第十一次代表大会】 2020年7月31日在江门市文化馆召开。出席代表大会代表228人。省科协专职副主席郑庆顺，市委书记林应武，市长刘毅，市政协主席周伟万，市人大常委会副主任易中强等市领导，市总工会、团市委、市妇联、市工商联、市社科联、市文联、市侨联、市残联等群团组织负责人出席大会开幕式。大会审议通过江门市科协第十届委员会工作报告，选举产生江门市科协第十一届委员会。吴森当选为江门市科协第十一届委员会主席，吕俊杰、朱金治、李宇明、李霆、邹敦华、陈志美当选为江门市科协第十一届委员会副主席，其中邹敦华、朱金治为专职副主席。

【第十八届江门市科协学术活动月】

2020年10月30日，第十八届江门市科协学术活动月开幕式暨“5G已来·江门机会”专题论坛在珠西先进产业优秀人才创业创新园举行。以围绕5G产业概念、产业发展现状、应用场景、发展趋势，以及典型应用案例等分析，探讨面对5G到来，给江门市装备制造业带来哪些发展机会；探讨

2020年9月25—26日，江门市在江门中医药职业学院举行以“科技战疫 决胜小康 创新为民”为主题的第二届科普嘉年华活动。图为启动仪式现场

（市科协 供）

5G与物联网、大数据、人工智能的时代，如何加快装备制造企业数字化升级与转型、推进装备集群带落地为主题，由江门市科学技术协会主办，中国联合网络通信有限公司江门市分公司、江门市智能装备制造研究院有限公司、江门市机械工程学会协办，江门市智能装备及机器人协会、江海区工商联承办。江门市科协、市科技局、市工业和信息化局、江海区有关领导，江门市智能制造界专家学者、高新科技企业代表、江海区工商联企业、双创园孵化企业及代表100人参加开幕式，启动仪式共话改革开放创新引领——助力粤港澳大湾区建设，开幕式结束后，组织“5G已来•江门机会”专题论坛与政府优惠政策下加快装备制造企业数字化转型推进装备集群带落地交流活动。此届学术活动月期间，全市各级科协组织围绕“改革开放创新引领”主题开展学术年会、论坛、研讨会、报告会、会员活动等学术活动50多项。

【广东青年科学家江门行活动】

2020年12月9—11日，2020年广东中青年科学家江门行活动在江门市举行，活动由省科协主办，省科技工作者与企业创新服务中心、江门市科协承办。省中青年科学家一行39人到江门市38个企事业单位，对接82个项目，开展科技服务和人才对接服务。江门市副市长郑晓毅、省科技工作者与企业创新服务中心主任何少强出席启动仪式并讲话。江门市科协、市工业和信息化局、市科技局、市生态环境局、市农业农村局、市卫生健康局、市国资委、市工商联等市直单位及江门各市区科协相关负责人、各需求单位代表110多人参加会议。此次活动专家与各需求单位签订人才、技术、项目合作框架协议。

【科普活动】 2020年，江门市科学技术协会举办文化、科技、卫生“三下乡”“江门科普一日游”、第二届江门科普嘉年华暨全国科普日等系列主题活动。开展线上“中国公民科学素质抽样调查知多少”和“广东省全民科学素质大赛”活动，参与人数和答题人次排全省第一名。开展5场线上公民科学素质知识竞赛，答题10万人次。在《江门日报》、江门电台和新媒体发布科普资讯220多篇、刊登科普内容40期和播放节目129期。联合中科院老科学家科普演讲团，举办“大手拉小手——科普报告希望行”暨弘扬时代新风科普宣讲活动60场，听众近3万人次。科普讲堂首次进入党校课堂。甘化、东仓里和银泉等社区分别建立社区科普大学，面向群众开展科普课程20多期。助力实施乡村振兴战略。指导和资助乡镇、科普基地，开展蔬菜、火龙果、葡萄、南美白对虾、潭碧冬等技术推广。不定期组织科技小分队下乡为农户排忧解难，开展农民培训。打造科普文旅乡村品牌，举办葡萄文化节、勒菜成果展等，吸引群众参与。市科协组织科技工作者上山下乡开展10多项新技术推广、新成果示范项目，培训农民2000多人。

【青少年科技竞赛】 2020年，江门市科学技术协会组织开展青少年科技竞赛。主办第3届市青少年机器人竞赛，举办第36届市青少年科技创新大赛。组队参加第35届省青少年科技创新大赛，获一等奖8个。组队参加省机器人竞赛、挑战赛、科普剧大赛、人工智能编程和无人机科创活动等，获一等奖14项，二等奖39项，三等奖和优胜奖多项。全年参与各项科技竞赛师生超1万人次，作品1000余项。

【青少年科创教育体系建设】

2020年，江门市科学技术协会举办5期线上线下科技教师研讨交流活动，参加学习教师超800人次。面向乡村小学开展6场科技志愿服务进校园活动，促进全市青少年科教活动均衡发展。6所中小学校被授予“广东省青少年科技教育创新团队”。指导各市、区科协和学校开展各类校园科技节活动，举办创客辅导教师人工智能专业技能交流、航空科技节、中医药科普进校园等系列活动。

【科普服务】 2020年，江门市科学技术协会推进科普信息化建设，建成和试点在建“科普中国”e站38个，注册科普信息员1.9万人，科普信息传播量超12万次，把“科普中国”的优质资源向社区、学校传播。资助和指导科普教育基地实施科普项目，在江海区长廊生态园、开平健之源、新会（广东）桥梁博物馆、江门青少年宫、新会青少年宫等开展科普系列活动。

（市科协）

2020年10月13-16日，2020年江门市在市范罗冈小学滨江校区举行“大手拉小手——科普报告希望行”暨弘扬时代新风科普宣讲活动。图为中科院老科学家科普讲师团和学生代表参与启动仪式现场 （市科协 供）

·链接·

2020年江门市在省级以上报刊发表（或得奖）的社会科学成果（论文或专著）

1.《粤港澳大湾区背景下旅游屏蔽区突围研究——以江门市为例》，发表在《山西经济管理干部学院学报》《清远职业技术学院学报》《当代旅游》。

2.《“图书馆+”跨界共融模式下的联合图书馆运行机制研究》，发表在《情报科学》。

3.《梁启超、梁思庄父女图书馆学思想研究》，发表在《传媒论坛》。

4.《五邑侨乡民宿设计策略的研究》，发表在*Materials Science and Engineering*。

5.《日语固定词组语料库的建设》，发表在《科教文汇》。

6.《日本的文化遗产保护政策和开发对策及其对广东开平碉楼保护和开发的启示》，发表在《产业与科技论坛》。

7.《江门市新能源汽车产业发展与促进政策研究》，发表在《汽车工业研究》。

8.《多丽丝·莱辛〈金色笔记〉女性意识研究》，发表在《北方文学》。

9.《“互联网＋”背景下洋留守儿童家庭心理关爱研究——以江门市为例》，发表在《教育导刊》。

10.《从梁启超“四力”说之“提”力看其接受美学理论》，发表在《五邑大学学报》。

11.《产教融合背景下管理会计人才能力框架构建路径—以江门职业技术学院为例》，发表在《知识经济》。

12.《江门市中小企业基于4I模型的新媒体整合营销策略研究》，发表在《区域治理》。

13.《梁启超“趣味美学”语境下五邑风景题材美术创作及理论研究》，发表在《五邑大学学报》。

14.《基于游客体验的滨海旅游目的地综合评价研究》，发表在《当代旅游》《农村经济与科技》。

15.《基于五邑华侨文化的幼儿园美术课程资源开发研究》，发表在《科学咨询（教育科研）》。

16.《绿色发展理念下地方政府水环境治理现状分析——以江门河长制为例》，发表在《社会科学》。

17.《五邑侨乡传统图案数字化传承研究》，发表在《工业设计》。

18.《高职院校突发事件中的思想政治教育研究》，发表在《才智》。

19.《高职院校非英语专业学生英语听力焦虑研究》，发表在《开封教育学院学报》《保险职业学院学报》。

20.《江门市农村电商振兴乡村经济发展的思路与对策》，发表在《消费导刊》。

21.《陈白沙家教、学风研究》，发表在《五邑大学学报》。

22.《教育信息化2.0背景下英语听力教学研究与实践》，发表在《科技导刊》《长江丛刊》。

23.《基于产业共同体的“非遗”音乐与五邑侨乡文化的融合发展路径研究》，发表在《长江丛刊》《北方音乐》《艺术品鉴》《中国农村教育》。

24.《非遗项目校园传承模式及实践探索——以茶坑石雕刻技艺为例》，发表在《智库时代》《产业与科技论坛》。

25.《五邑地区非遗类饮食文化设计符号的建构与应用研究》，发表在《湖南工业职业技术学院学报》《美术教育研究杂志》。

26.《当代美国华裔文学发展演变及主题变迁研究》，发表在《才智》。

27.《基于核心素养的老年教育研究》，发表在《老年教育》。

38.《乡村振兴视角下广东南粤古驿道的保护、开发与利用现状调查——以江门海口埠古驿道为例》，发表在《青春岁月》。

29.《基于生态位的社区老年教育促进老年人“再社会化”实践研究》，发表在《老年教育》。

30.《开放大学外语教学与侨乡文化融合的实践研究》，发表在《科技咨询》。

31.《智慧就业视域下高职院校毕业生就业服务精准提升的体系构建》，发表在《广东教育》。

32.《唐·德里罗〈堕落的人〉中的后“911”景观》,发表在《兰州石化职业技术学院学报》《江西电力职业技术学院学报》。

33.《“互联网＋”视域下大学生全程化就业指导体系构建》，发表在《职业》。

34.《以信息化推动职业教育教学现代化探索研究——以食品检测技术专业为例》，发表在《学习导刊》。

35.《粤港澳大湾区背景下商务英语专业人才培养模式转变探索》，发表在《广州日报》《才智》。

36.《基于OBE模式下供配电技术课程的教学改革——三维仿真系统的教学应用》，发表在《数字通信世界》。

37.《党建融合课程，创建学校品牌研究》，发表在《广东教育·综合》。

48.《“健康中国”背景下，江门地区居民健康状况调查与分析》，发表在《营销界》。

39.《新时代“三有青年”思想背景下高职学生核心素养研究》，发表在《中国教师》。

40.《诺丁斯关怀德育思想对医药类职业院校学生德育的启示》，发表在《广东教育》。

41.《江门市高校贫困生资助现状及资助模式研究》，发表在《科学导报》。

42.《叔本华之同情与孟子之恻隐的现象学比较研究》，发表在《五邑大学学报》。

43.《江门海上丝绸之路多媒体资源库建设研究与实践》，发表在《图书馆界》《图书情报研究》。

44.《比较文学研究在文本分析中的作用》，发表在《科技风》。

45.《五邑地区中职临床护理教师胜任力研究》，发表在《广东职业技术教育与研究》。

46.《戴爱莲艺术思想与五邑地区“非遗”舞蹈的发展性传承与创新》，发表在《新丝路》《鸭绿江》。

江门市归国华侨联合会

【侨联组织概况】 江门市归国华侨联合会(以下简称江门市侨联)是中共江门市委领导的由归侨、侨眷组成的人民团体，是党和政府联系广大归侨、侨眷和海外侨胞的桥梁和纽带。江门市侨联机关内设办公室（加挂基层建设部）、联谊联络部、经济科技部。直属团体有江门侨界青年联合会、市留学生联谊会、市印尼归侨联谊会、市越柬老归侨联谊会、市华侨历史学会等社会组织5个。至2020年年底，全市有侨联组织960个，在江门有亲缘、地缘、血缘关系的海外工作对约400万人，分布于107个国家和地区。

【侨联组织建设】 2020年，江门市侨联增加机关编制2名，增加机关专职副主席职数1名。各市（区）侨联增加人员编制和领导职数。贯彻落实中国侨联《关于新时代加强基层侨联建设的指导意见》，打造“小机关、强基层、全覆盖”体系，逐步在全市建立健全以社区（村委会）为依托的侨联工作体系。全市侨联组织960个（其中新增基层侨联399个，新增侨胞之家58个），建立市、县（区、市）、镇街（华侨农场）、行政村（居委）、村小组五级侨联工作网络。全市“党建带侨建”建点411个。全市配备专、兼职侨联工作人员1256人。做好基层侨联组织统一社会信用代码赋码工作,台山白沙镇侨联、斗山镇侨联、冲蒌镇侨联、汶村镇侨联等4个基层侨联首批获中国侨联颁发“基层侨联组织统一社会信用代码证书”。省侨联授权江门市侨联统一办理基层侨联组织统一社会信用代码登记，审批办理40多个基层镇（街）侨联组织统一社会信用代码证；推动恩平市牛江镇、台山市大江镇等将华侨文化融入基层党建工作，探索建立镇、村委会和自然村三级党员联络华侨服务机制，提高海内外乡亲参与美丽新农村建设的积极性和主动性。牛江镇、大江镇被中国侨联确认为第七、第八批“中国华侨国际文化交流基地”；推动开平市水口镇沙冈侨联打造村史博物馆，展示传统历史文化，留住乡愁，以文化传承助力乡村振兴；支持台山广东厨艺技工学校申报中国侨联“中国华侨国际文化交流基地”；推动广东省侨界作家联合会在台山市水步镇草坪里、开平苍城镇楼田村平安里建立创作基地2个；联合中国华侨出版社在江门市建立“侨心书苑”，为“侨”提供文化交流平台，满足侨胞侨眷的文化需求。

【为侨服务】 2020年，江门市侨联做好侨资企业和归侨侨眷联系服务。开展困难归侨帮扶，做好保基本民生工作。全市归侨8692人，其中贫困归侨183人，纳入低保43人。春节前夕，市侨联慰问贫困归侨112户，慰问金和物资价值12万多元；中秋佳节前夕，市侨联和各市（区）侨联开展“浓情中秋·送温暖”走访慰问活动；江海区、鹤山市侨联开展“侨爱心·光明行”，帮助300多名困难归侨、侨眷和低保对象患者实施免费手术治疗；实施助侨惠侨行动。摸清特困归侨和临时救济救助归侨情况。是年，市侨联下拨贫困归侨扶贫救助补助资金和华侨事业费184.8万元。开展定点帮扶，全市侨联系统针对贫困户的致贫原因和发展需求，分类施策、精准施策，落实“一户一方案、一人一措施”帮扶措施。2018—2020年，派出干部35人次，驻点帮扶贫困户20户，帮扶脱贫14人次，帮扶资金88.81万元；开展社会帮扶，2018—2020年，全市侨联系统发动侨界捐资捐物折合人民币1.49亿元，其他资金612.1万元。其中教育帮扶惠及学生6955人次，基础设施帮扶完成项目109个；市侨联推进市侨资企业与四川省甘孜州合作对接，江门市天粤科技工业有限公司与雅安市泸州中喜汉白玉矿山有限公司康定分公司签订合作协议。发动爱心企业捐赠10万元和物资帮扶甘孜州困难群众；做好海外侨胞子女在国内的教育管理。江门、鹤山两级侨联将56名受疫情影响滞留鹤山的智利侨胞子女，于9月1日插班入读鹤山当地公办学校。恩平市教育、侨务部门做好中、小学6000名外籍学生的教育管理，确保每位留守的海外侨胞适龄儿童入学就读，并享受国内学生读书待遇。恩平市侨联联合外事部门，推动侨胞办理续签护照1764本，解决回乡的委内瑞拉籍侨胞护照延期问题；市侨联建设江门市涉侨“一站式”服务平台，海外华侨华人通过网站、App软件办理涉外行政审批和服务事项。并联合法院部门建设“法+侨”线上服务系统，采用海外远程视频实时化解涉侨纠纷，“线下”设置涉侨政务服务窗口，解决海外侨胞办事国内国外往返跑、成本高、办事繁杂等难题。

【侨界参政议政】 2020年，江门市侨联拓宽侨界参政议政渠道，做好议案、提案办理工作，引导归侨侨眷人大代表、侨联界政协委员及华侨代表深入了解侨情民意，建言献策，参与经济社会建设。全市有县级以上人大侨界代表62人、政协侨界委员153人。1月，来自马来西亚、日本、卡塔尔、澳大利亚、斐济、新西兰、美国、加拿大、墨西哥、英国、葡萄牙、巴拿马、巴西、哥斯达黎加、委内瑞拉、南非等17个国家的华侨华人列席江门市十五届人大六次会议和政协第十三届江门市委员会第四次会议，市侨联协助举行座谈会和组织参观考察。办理列席侨胞提出的有关意见建议；引导海外侨胞热议全国“两会”。联系对接10多个国家的侨领代表接受江门电视台、《江门日报》采访。做好建议提案办理工作。市侨联主办1件市侨界人大代表建议，会办7件市侨界政协委员提案，会办1件省人大代表建议，办结率100%。

【侨界助力抗疫】 2020年，江门市侨联成立抗疫工作领导小组，下设综合组、海外采购和募捐组、宣传信息组等工作组3个，统筹推进侨联机关和侨联系统抗疫工作。引导侨商侨企复工复产,落实江门“支持企业复工复产30条”，开展“暖企行动”，走访慰问侨资、海归企业，帮助企业用好各类复工复产政策措施，支持受疫情影响生产经营出现困难的企业渡过难关，为100多家侨资企业支援一次性医用口罩5万只，缓解企业防疫物资不足。疫情期间，市侨联通过实地走访、电话、微信、邮件等方式调研侨资、海归企业628家，并撰写调研报告上报市政府，协调解决防疫物资紧缺、原材料供应不足、企业用工成本高，资金压力大等问题和困难。市侨联到20多家重点侨资企业慰问调研，听取企业复工过程中遇到的困难和建议；动员侨界力量，驰援国内抗疫工作。市侨联发挥联系海内外侨胞优势，向五邑籍海外侨胞和全市归侨侨眷发出倡议，通过海外侨团、社团联系，争取用于抗击疫情的医用口罩、防护衣等医疗物资，支持一线医务人员和救护人群抗击疫情。全市侨联系统发动28个国家和地区的社团、乡亲捐赠一次性医用口罩及其他类型口罩382.89万只，N95口罩8.48万只；免洗手液35万包；消毒洗手液50瓶；消毒湿巾3000箱；陈皮金银花茶66箱；手套18.07万双；防护服1.382万套；医用帽2700冠；测温枪1379个；护目镜3163个；消毒剂1500千克，物资总价值823.14万元。发动21个国家和地区的社团、乡亲和侨资企业捐款1204.43万元；支持海外侨胞防疫抗疫。利用微信公众号、侨联网站、海外社团微信群等渠道发送“温馨提示”，告知江门市防控规定。联合有关部门制定向海外捐赠防疫物资的工作指引和实施方案。3月21日，江门市向巴拿马城发出第一批海外援助防疫物资。至6月30日，全市向海外26个国家和地区，127个社团，以及斐济劳托卡市和巴西坎皮纳斯市，共捐赠155万只一次性防护口罩和N95防护口罩，价值267.54万元；会同北京广东五邑侨乡海外联谊会，募集善款，采购防护口罩，并附上问候信，寄往20多个国家和地区。加强海外宣传引导工作，向100多个国家和地区的海外侨胞及200多名侨联海外顾问、委员发送各类防疫指引和信息。整理《海外侨胞疫情期间防护与返粤指南》、数字健康平台微医（WeDoctor）等，提供新冠肺炎防控指引、免费连线问诊和实时救助服务；引导和推动江门五邑籍海外侨胞、侨团加强团结，守望相助，立足当地，做好侨胞自身防控。

【侨联引资引智】 2020年，江门市侨联动员侨界力量，打造华侨华人投资创业发展平台，依托“海创空间”，建立侨之家服务平台。推动英国华人青年联会主席李俊辰一行到江门市交流对接，筹备设立“中国侨都中英文化交流中心”，谋划打造成为国际人文交流、科技创新和金融合作平台；推进中国侨都华侨华人总部建设。牵头打造一个集联谊联络、政务服务、经贸和文化合作交流、华侨华人创新创业、境内外投融资服务、“侨梦苑”总部服务中心等为一体的综合平台，畅通华侨华人多途径参与经济文化交流合作渠道和机制；支持江门侨青会、市留联会、市侨商总会青年会建设“侨之汇”跨境商品体验馆商贸项目，打造集商贸信息对接、侨乡文创产品展示、企业产品全球交易等功能为一体的综合服务平台。该项目于7月3日运营，海外多个国家和地区100多种商品和服务进驻。加强与深圳市侨商智库研究院、深圳市华人华侨产业交易会对接，盘活、整合侨务资源，探索两地在“云上世界江门青年大会”“侨路天下”论坛、城市云展厅建设等方面的合作，并依托江门珠西国际会展中心打造“侨交会”贸易展线下馆（江门），促进江门外贸发展；各市、区侨联配合招商引资取得进展。蓬江区协助投资额超1亿元的禾康包装材料、罗马仕科技项目签约；新会区侨联在中科创新广场、3个万亩工业园区、电子商务园区建立华侨华人创新创业基地；恩平市侨联支持恩平市华侨创业孵化基地建设，参与引进孵化项目10个。

【海外联谊】 2020年，江门市侨联拓展“一带一路”、欧美发达国家、太平洋岛国、新兴市场等重点地区工作，加强与“三新四有”（新一代华侨华人、华裔新生代、社团新生力量，政治上有影响、社会上有地位、经济有实力、专业上有造诣的华侨华人）人士联谊联络，利用侨资源推动双边经贸合作。做好所罗门群岛侨团对口联系工作。全市各级侨联与世界上100多个国家和地区574个社团建立联系；联合海外社团和组织机构，疫情防控常态化下创新开展海外华裔青少年“亲情中华”夏（冬）令营活动。与美国费城中山中文学校联合举办第五期线上“亲情中华”海外华裔青少年夏令营。台山市侨联举办线上“亲情中华”夏令营；举办2020江门“云上世青会”。此届世青会的主题为“纵横万里皆兄弟，一脉同胞云相约”，分为“云相约”“云商机”“云对话”3个板块。大会期间，市侨联举行江门“云上世青会”之“云商机”暨共商共建“侨之汇”分享座谈会，15个国家和地区侨商代表参与，为“侨之汇”建设出谋划策；举办“我们一起读江门”活动，组织因受新冠肺炎疫情影响在江门的侨胞子女，开展朗诵比赛、传统文化知识、中华才艺等活动；举办护航计划“爱江门·知中国·看世界”暨留学报国实践活动，组织江门市留学归国青少年深入体验、了解江门，坚定文化自信，担当中国的文化使者，推动中华文化在海外传播；发扬江门独特的狮艺、舞龙文化，赠送龙狮物料给巴西、巴拿马的侨团，支持他们在当地开展中华文化传播；发动泰国广肇学校、所罗门中华学校等组织华裔学生参加中国侨联、全国台联、《人民日报》海外版、《快乐作文》杂志等共同举办的“第二十一届世界华人学生作文大赛”；推动侨刊乡讯发展。理顺侨刊乡讯社机构设置，支持侨刊乡讯与海外华文媒体合作与侨团合作；挖掘华侨华人历史，坚定文化自信。台山市侨联讲好“台山侨故事”，发起寻找“Dean Lung”（100多年前向美国哥伦比亚大学捐款设立汉学研究讲座传播中华文化的华工）活动，配合央视《新闻调查》节目组到台山采访拍摄。5月，《寻找丁龙3》在央视新闻频道首播，引起台山海内外乡亲关注；恩平市举办中国华侨国际文化交流基地揭牌仪式活动，建设恩平拉美华侨华人展览馆。

【侨益维护】 2020年，江门市侨联建立多元化解涉侨矛盾纠纷机制，维护侨界群众合法权益。市侨联与市中级人民法院联合出台《涉侨纠纷诉调对接工作规范》、成立涉侨纠纷多元化解工作领导小组。“法+侨”无缝衔接，全市侨联系统与当地法院对接，各市（区）多元化解涉侨矛盾纠纷机制完成。市中级人民法院设立调解室，新会区人民法院开通远程在线调解平台，进行网上调解、网上开庭。是年，7个基层法院处理涉侨纠纷案件561件，结案440件。组建特邀调解员44人，为归侨侨眷、华侨合法权益担任调解员，依法维护海外侨胞合法权益。做好涉侨信访工作。全市侨联系统办理涉侨来信来访45件，调解结案率100%，信访主要涉及侨房权益、宅基地、困难救济等问题。

【护航计划“爱江门·知中国·看世界”暨留学报国实践活动】 2020年11月9日上午，为期3天的“护航计划‘爱江门·知中国·看世界’暨留学报国公益实践活动”在江门人才岛圆满落幕。本次公益实践活动由中国儿童少年基金会主办、江门市侨联与福建省孟子书院承办，当天，30余名留学归国青年及受疫情影响回国的留学生参观了江门人才岛综合展馆、智慧城市展示中心，了解江门人才岛总体建设规划、智慧“云”景以及蓬江区（人才岛）人才扶持政策。活动期间，为了带领留学青年学子成为讲好江门侨乡发展故事和向世界介绍中国的文化使者，除了人才岛参观之旅，活动还组织了一批即将出国的青年学子沿着陈白沙先儒文化的车辙、追寻梁启超先生报国之心，亲历一趟五邑文化研修之旅。活动首日以儒学氛围浓厚的陈白沙纪念馆为起点，青年学子们沿着儒家文化的脉络，由古至今，探寻新会学宫、梁启超故居等独具特色的文化景点，了解儒学历史文脉的起源、发展与新时代爱国报国精神。次日，青年学子们前往陈白沙书院系统地学习、体验茶学礼学与儒家文化，希望通过带领青年学子们深入体验五邑侨乡传统文化，了解自己的家乡，热爱自己的家乡，将来在国际交流平台上更好地讲好侨乡故事、传播中国声音。

【2020江门“云上世青会”】 2020年10月15日，江门市举行首个“云上世界江门青年大会”。该活动由第七届世界江门青年大会筹委会主办，世界各地五邑青年联合会协办，江门市广播电视台承办。大会以“纵横万里皆兄弟，一脉同胞云相约”为主题，首次以“云直播”的形式与世界江门青年在“云”上相见，“线”上相约。主会场设在江门广播电视台，在美国、巴西、哥斯达黎加等地设立7个海外分会场，在台山市、开平市、鹤山市和恩平市设立4个国内分会场。发动75个国家和地区的350个侨团参与，传播范围遍及全球100个国家和地区，覆盖逾1亿人次。该活动向江门市涉侨社团及商协会、企业家发出邀请，组织企业家代表参与线上线下互动。大会分“云相约”“云商机”“云对话”三大环节，重点围绕经贸合作、文化传承、为侨服务等方面开展，为加强与海外青年沟通互动提供一个创新平台，促进海内外侨商经贸交流。其中，在“云对话”环节上，市侨务局、市商务局、市侨联等部门负责人及名中医、呼吸道专家等专业人士，就经贸对接、为侨服务、居家防疫等问题与境外乡亲线上互动交流。

（市侨联）

江门市文学艺术界联合会

【文联组织概况】 2020年，江门市文学艺术界联合会（简称江门市文联）有一个事业单位——江门书法院、12个一级文艺家协会、7个市（区）文联、6个行业文联。全年发展新会员316人。有58名晋升为省级会员、11人晋升为国家级会员。全市有市级会员3882人，省级会员1077人，国家级会员190人。

【文艺创作】 2020年，江门市文学艺术界联合会掀起抗疫文艺创作高潮，收到抗“疫”文艺作品2500多件，结集出版《江门文艺》专刊、摄影增刊、音乐专辑等。江门音乐界创作的《最坚定的逆行》《因为有你》《我们不散》《武汉念想》《天使妹妹》《有爱就有明天》等40多首歌曲在“CCTV•央视频”、人民日报网、中宣部“学习强国”等平台推出。6月28日，市音乐家协会举办《音乐的记忆》江门原创战疫公益歌曲线上演唱会，通过新华社、央视新闻、咪咕视频等11个平台同步直播，当晚在线观看人数超100万人。江门市广播电视台和江门市音乐家协会联合创作的MV《我们不散》，获中国电视艺术家协会《风雨同歌——中国抗疫主题MV征集典藏》最高奖——金奖。江门书画界举办各类在线网络作品展。市音乐家协会开展“侨乡风情美，大湾时代歌，我和我的祖国”原创音乐作品征集，选出《匠心筑梦》《火龙传奇》《中国风采》等10首“侨乡最美之歌”。《渔家儿女》在“2020第二届珠中江民歌艺术节暨沙田民歌邀请赛”中，代表“江门市非物质文化遗产保护项目——咸水歌”在邀请赛中获金奖。市舞蹈家协会创作的《鱼恋蓬江》《夺冠》，在2020年“戴爱莲杯”人人跳全国群众舞蹈展演（广东省）选拔活动中，获最高荣誉称号“魅力之星”称号，并被省舞协推荐参加2021年第三届“戴爱莲杯”人人跳全国群众舞蹈展演。市戏剧家协会创作的《大道无疆》《村口有家特产店》《一袋金子》《守护》《谁是小芳》在省内的各类比赛中获奖。市书协联合中信银行江门分行，以“致敬医护工作者”诗词征文优秀作品为创作主题，创作书法作品，所有作品均以一定价格公开拍卖，所得善款全部捐给有关部门用于抗疫所需。市美协收到抗疫优秀作品180多幅，并将其中20多幅佳作赠送市中心医院。江门摄影界用摄影作品记录瞬间感动。在摄协微信公众号中举行“艺”起战“疫”、复工复产共9期网上微展览。举办“抗疫显英豪——江门市抗击新冠肺炎专题摄影作品展览”，并出版同名画册。江门文学界创作1000多篇诗词散文等文学作品。7月23日，江门原创抗疫主题话剧《最美逆行》在江门市文化馆上演，全体演员携手48名援鄂医护人员联袂演出。

【文艺队伍建设】 2020年，江门市文学艺术界联合会做好传帮带工作。省文学院院长熊育群为市重点作家进行创作培训。市书协为国家级会员建立名师工作室。爱莲堂名师史志伟的书法入展全国第五届正体书法作品展，黄炳壮、吴柱擎、谭国坚等名师先后开展师生作品展。市舞协成立舞蹈培训专业委员会，整合舞蹈培训资源，挖掘、传承、弘扬具有江门特色的舞蹈，推进行业健康发展。组织文艺沙龙，提升文艺水平建设。市音协邀请中国音协管乐学会主席、国家一级指挥、中国人民解放军军乐团原团长于海为江门音乐工作者和音乐爱好者进行公益讲座。市合唱协会邀请中国音协合唱联盟副主席王军担任婆婆合唱团音乐会的指挥，并请中国合唱协会会长、中国交响乐团合唱团原团长李培智，中国音乐家协会合唱联盟副主席、作曲家艾立群等名家现场观看。江门书法院创新教学，派出书法、美术教师团队，先后到新会、开平、恩平的乡镇学校开展文艺下乡活动，有2000多名乡村师生参加培训。完善档案管理，规范文艺家协会及会员管理。完成各文艺家协会会员、理事会名录的收集整理工作，并修订协会管理制度。全市各文艺家协会发展新会员316名。有58名晋升为省级会员、11人晋升为国家级会员。全市有市级会员3882名，省级会员1077名，国家级会员190名。

【文艺志愿服务】 2020年，江门市文学艺术界联合会先后参与创立“送欢乐下基层”“到人民中去”“红色文艺轻骑兵”“千名艺术家下基层”等一系列文艺志愿服务品牌项目，开展文艺志愿服务活动1000场次。响应市委宣传部“文明之歌大家唱”活动，组织发动12个文艺家协会参加传唱《文明在哪里》，100余名艺术家分成9个小分队进行传唱录制拍摄，传播文明城市正能量。是年，市音乐家协会被省音乐家协会授予“2020年度广东省文艺志愿服务先进集体”称号。台山市举行“平语春联”进万家活动，将“平语”近人的经典名句融入春联，传理论、传思想、传政策、传文化、传道德，让群众贴在门口，记在心上。加强与职能部门合作，以文艺助力经济社会发展。联合市城市管理和综合执法局举办垃圾分类专题比赛，联合市总工会举办书画展；市书协、摄协联合市生态环境局共同举办“绿水青山就是金山银山”——江门市生态文明建设书法、摄影展；市音协与电信联合举办音乐会等。与江海区共同举办乡村振兴采风活动，与恩平市共同开展红色教育主题党日活动；市美协与蓬江区重点打造良溪村文化建设，与开平市联合举办“水彩写生与创作”研修班；市书协与新会区联合，举办首届“梁启超杯”书法征稿，市作协与鹤山市联合推进儿童文学创作基地的建设等，促进当地文化建设。

【“走向我们的小康生活”江门千名文艺家系列采风活动】 2020年，江门市文学艺术界联合会联合江海区委宣传部、江海区文联共同启动“走向我们的小康生活”江门千名文艺家系列采风活动，文艺家走进江海区城乡，见证和记录江海区推进乡村振兴华丽蜕变的建设成果。各市（区）文联、各文艺家协会相继开展文艺活动。

【“追寻江门印记·携手走向小康”艺术作品展览月活动】 2020年12月1日，江门市文学艺术界联合会联合市总工会主办的2020“追寻江门印

江门市摄影家协会在江门市五邑碧桂园凤凰酒店开展“向最美逆行者致敬”——为援鄂医疗队员拍摄肖像照活动（市文联 供）

记·携手走向小康”艺术作品展览月活动在工人文化宫启动。展览月活动采取分会场展览模式，设美术、摄影、书法、民间文艺4个会场。此次展览收集作品2000余件，从中选出优秀作品553件进行展出。

江门市残疾人联合会

【残疾人组织概况】 2020年，江门市有县（市、区）残联7个，建立乡镇（街道）残联组织74个，成立村（社区）残协组织1317个，镇、村两级选聘残疾人专职委员1277人，形成横向到边、纵向到底的残疾人组织网络。根据全国第二次残疾人抽样调查，全市残疾人发生率5.86%，推算有残疾人23.4万人。至年底，持有残疾人证的残疾人6.93万人，其中视力残疾人5589人，占全市持证残疾人口8.06%；听力残疾人4329人，占6.24%；言语残疾人748人，占1.08%；肢体残疾人3.21万人，占46.32%；智力残疾人7346人，占10.60%；精神残疾人1.45万人，占20.92%；多重残疾人4756人，占6.86%。

【残疾人康复】 2020年，江门市残疾人联合会开展残疾人精准康复服务行动，精准康复平台采集有需求人数9859人，实际康复服务率99.3%；有辅具需求人数1232人，实际辅具适配率100%，分别超额完成省90%和85%的目标任务。联合市卫生健康部门，利用出生缺陷筛查及儿童保健网络，依托市妇幼保健院对3000例0～6岁儿童跟踪开展残疾筛查试点工作，建立残疾儿童筛查信息系统，探索“早预防、早筛查、早转介、早治疗、早康复”的残疾儿童筛查报告工作机制。在此基础上，将试点工作扩大到江海区。开展社会心理服务体系建设，培养残联系统心理服务人员队伍，28名残疾人工作者获“应用心理教练”证书，开展团体辅导、5期社会心理服务专题分享会，为残疾人及其家属、残疾人工作者提供公益心理援助服务。

【残疾人教育】 2020年，江门市完善学段衔接、融合发展的特殊教育，继续落实《残疾人特殊教育提升计划（2017—2020年）》，通过特殊学校、随班就读、送教上门、远程教育等形式，落实“一人一案”，保障残疾儿童受教育权利，残疾儿童入学率97%。加强残疾儿童康复教育机构建设，江门市特殊儿童康复教育中心为208名残疾儿童提供抢救性免费康复服务，儿童康复有效率100%，32名儿童成功转介普通幼儿园、普通小学；新会区特殊儿童康复教育中心完成建设并启用；蓬江区启动特殊儿童康复教育中心建设项目；台山市、开平市、恩平市、鹤山市等基层残疾儿童康复教育机构得到加强。

【残疾人扶贫与社会保障】 2020年，江门市落实残疾人“两项”（生活、护理）补贴提标扩面，全市1.14万名低保、低收入残疾人享受困难残疾人生活补贴（175元/人·月），4.18万名重度残疾人和非重度智力、精神残疾人享受重度残疾人护理补贴（235元/人·月），“两项”补贴发放1.37亿元。为有改造需求并符合条件的494户残疾人家庭完成家庭无障碍改造，超额完成省下达的改造任务。做好新冠肺炎疫情防控期间残疾人和助残服务机构纾困解难工作。开展残联系统服务对象重点防控人员排查登记和生活帮扶。市残联发动广东狮子会江门代表处、湖北商会等组织和企业捐赠防疫物资下发基层残联、残疾人服务机构及残疾群众；为62家盲人按摩机构发放稳就业专项补贴44.4万元，对200名自主创业、就业困难残疾人进行慰问，发放专项补贴10万元。投入资金170.1万元，扶持376户残疾人家庭发展生产和自主就业创业。全市1874户建档立卡残疾人家庭2161名残疾人脱贫。推进东西部残疾人扶贫协作，帮扶广西崇左市、四川康定市和泸定县残疾人共同脱贫奔康，投入资金34.24万元，举办残疾人转移就业招聘会3场，帮扶粤桂残疾人实现转移就业105人；安排资金20万元扶持康定市、泸定县40户困难残疾人家庭发展生产和自主创业。发动社会力量加强兜底保障。市残联与市慈善会设立定向认捐项目“重度残疾人家庭和独居残疾人支援计划”，募集资金35.9万元，为300名残疾人购买护理用品。五邑慈善会连续8年向江门市肢体、言语、听力、视力一级残疾人发放助残补贴500元/人·年，累计发放8311人次，金额415.55万元。在江海区实施商业补充医疗保险试点基础上，新增覆盖蓬江区，市、区两级投入118.8万元，1.23万名持证残疾人受惠。针对意外门诊及一般和重大疾病住院医疗等

2020年12月2日，市残工委、市残联在江门演艺中心水岸厅联合举办“不负韶华，共享芬芳”残疾人朗诵合唱音乐会。图为32名残疾人同台演出

（市残联 供）

3种常规医疗提供保障，撬动社会资本放大保障效应，实现残疾人得实惠、政府减压力的双赢局面。蓬江区建立区直残工委成员单位、镇（街）残联、村（社区）残协专职委员三级定期走访慰问独居（无人照料）残疾人关爱制度，新会区出台《新会区低保重残且成员在读家庭精准帮扶实施方案》，凝聚相关部门、社会各界力量，织密重点残疾人群关爱帮扶网。

【残疾人宣传与文体活动】 2020年，江门市利用报刊、电视台、户外LED屏、网站和微信等媒体媒介做好残疾人事业宣传工作。第三十次“全国助残日”，利用江门市智慧助残信息平台、残联微信公众号、江门电视台、《江门日报》等媒体平台，围绕“助残脱贫决胜小康”主题开展系列线上宣传活动，以视频、图文等形式向残疾人和市民展示江门市各级残联在残疾人精神文明建设、脱贫攻坚和全面奔小康的风采和成绩。各市（区）结合当地实际，开展扶持就业、走访慰问、宣传典型等系列助残活动。开展残疾人文化活动，开展朗诵班、声乐班、读书会等文化活动，朗诵班学员屈双宁获广东省第十届盲人诗歌散文朗诵大赛二等奖；征集优秀残疾人作品参加全省第八届残疾人美术大赛，获2个二等奖、4个三等奖；参加第十届广东省残疾人艺术会演，获2个银奖和1个优秀奖；参加“南粤扶残•艺海友爱志愿服务活动”诗歌散文朗诵、儿童绘画、书法、摄影、象棋、围棋比赛，获2个一等奖、5个二等奖、7个三等奖和1个优秀组织奖。354人享受残疾人文化进家园“五个一”（读一本书、看一次电影、游一次院、参观一次展览、参加一次文化活动）活动服务。国际残疾人日期间，在江门市演艺中心水岸音乐厅举办“不负韶华，共享芬芳”残疾人朗诵合唱音乐会，组织残联系统15个单位200多人参与“文明之歌大家唱”传唱活动。开展残疾人体育活动。参加全省残疾人旱地冰壶锦标赛获肢体组第三名、智力组优胜奖和体育道德风尚奖；参加第十七届全省肢残人坐式排球比赛获冠军。组织残疾人开展篮球、乒乓球等体育训练，储备残疾人运动员苗子。全市新建全民助残健身示范点21个，培养健身指导员223人，为766人提供居家体育训练指导服务。

【残疾人服务标准化体系建设】 2020年，江门市深化残疾人服务标准化体系建设，推动社区康园中心星级评定工作常态化运作。对28家申报评星的社区康园中心进行独立评审；通过开展集中培训、示范机构实训、考察学习等活动，加大对台山市、开平市、恩平市残疾人社区康园中心规范化发展支持力度，以“传帮带”的方式加强标准化建设业务指导、培训等工作，提升托养服务整体发展水平。全市92家康园中心中有58家获评星级（一星20家、二星23家、三星8家、四星7家），运作经费和获评星级挂钩，激发运营主体提升服务质量的内生动力。以蓬江区为试点，通过政府资助引导专业托养机构参与的方式，为大龄心智障碍残疾人提供日间托养服务，填补此类机构空白。

【残疾人组织建设】 2020年，江门市加强各级残联干部职工、助残服务组织、残疾人社会团体对习近平新时代中国特色社会主义思想的学习领悟，贯彻落实党的十九大及系列全会精神，贯彻落实习近平总书记对广东重要讲话和重要指示批示精神。开展残联系统“学习习近平新时代中国特色社会主义思想，听党话、跟党走”活动，围绕实施乡村振兴战略、指导民办残疾儿童康复机构发展、无障碍环境建设等工作，深调研、找差距、抓落实，解决群众最关心、关注的问题。发挥群团作用，通过在江门市演艺中心举办“不负韶华，共享芬芳”残疾人朗诵合唱音乐会，开展“文明之歌大家唱”等活动，展示全面实现小康社会过程中，残疾人昂扬奋进的精神面貌和残联系统的责任担当。落实市、县两级残联改革，市及各市（区）残联改革方案均出台。推进第三代智能残疾人证换发，采取上门评残、集中评残等便民措施，年度新增办证7900人，累计持证残疾人6.93万人，扩大政府助残政策受惠面。新会区加强和改进村（社区）残疾人协会工作，鹤山市推进中国残联基层残联组织专项改革试点工作。落实残疾人事业发展“十三五”规划各项指标任务，经省政府残工委评估考核，完成规划的38项任务，超额完成13项主要发展指标，通过省评估验收。

2020年10月14日，在广州举办2020年广东“众创杯”残疾人公益赛决赛暨颁奖典礼，江门代表团获一银二铜 （市残联 供）

【残疾人就业与职业培训】 2020年，江门市通过开展残疾人就业援助月、专场招聘会、职业技能培训等形式，促进残疾人稳就业，全市2461家用人单位，分散安置残疾人6559人；集中安置残疾人就业企业18家，安置就业1915人；残疾人就业扶贫基地和职业培训基地22个（其中省级就业基地10个和扶贫基地1个），为各类残疾人提供就业和服务906人次；接受免费职业培训残疾人1464人，新增就业残疾人805人，超额完成省任务。探索“政府主导、残联推动、社会承办、企业融入、残疾人参与”辅助性就业模式，市残联依托康园中心，引入爱心企业，在蓬江区设立市、区两级“爱心助残车间”示范点3个，安置130名智力、精神和重度肢体残疾人就业，享受企业员工同等福利待遇。全市建成规范化辅助性就业机构47家，帮助近400名就业难对象实现就业。参加国家、省创业创新大赛等赛事获佳绩，组织42个项目参加2020年“乐业五邑”创业创新大赛残疾人公益赛，在省“众创杯”残疾人公益赛上获银牌1枚、铜牌2枚；参加2020年全国残疾人岗位精英职业技能大赛，获1个第一名、1个第三名，1人获评技术能手。

（张　凤）

江门市红十字会

【红十字会组织概况】 2006年7月，江门市红十字会成立。至2020年年底，江门市红十字会有理事57人，团体会员19个，个人会员187人，市（区）红十字会7个，基层组织134个，红十字志愿者1825人。

【救护培训】 2020年，“红十字+救在身边”应急救护培训工作纳入2020年江门市政府重点工作，制定《2020年“红十字+救在身边”应急救护培训实施方案》。江门市红十字会培训应急救护师资125人，初级急救员6007人，普及应急救护知识33.23万人次，红十字生命安全移动体验馆点击学习10.76万人次。在江门市汽运集团属下公交站场等公共场所配置AED（自动体外除颤器）15台。

【红十字会人道救助】 2020年，江门市红十字会在鹤山市宅梧镇举行2020年江门市红十字会“博爱送万家”活动启动仪式。筹集款物超86万元，为1864户5837名困难群众送去党和政府的温暖。在《江门日报》向社会各界发出《弘扬善举，人间有爱——2020年“一元爱心”活动倡议书》，发动社会各界献爱心，江门市红十字会系统募集“一元爱心”捐款205.46万元,其中市本级募集“一元爱心”捐款28.33万元。救助2名贫困先天性心脏病患者。

【献血、献造血干细胞、献器官工作】 2020年，江门市红十字会参与造血干细胞血样采集宣传和推动工作，推动造血干细胞捐献志愿者采集108人份，成功捐献3例。做好人体器官捐献服务工作。协助省红十字会做好志愿者捐献前解答疑问、捐献前体验、捐献陪同接送、捐献后电话回访等服务。成功捐献遗体1例。推动无偿献血。加大宣传力度，提高市民对无偿献血工作的认知度与参与度。

【红十字会志愿服务】 2020年，江门红十字会组织党员义工参加疫情防控、创文整改提升等活动，开展志愿服务工时310.5小时。市红十字水救志愿服务队的“水上安全教育进校园”项目获“江门市义工服务优秀项目奖”，赵雪梅等11名志愿者获“一星级义工”，梁健荣等18名志愿者获“二星级义工”，叶瑶源获“四星级义工”，黄丽华获“星级义工服务银奖”，张培绚获“先进长者义工奖”，冯杰成获“优秀义工工作管理者”。

【博爱家园项目】 2020年，江门市红十字会将博爱家园项目推进与市政府“乡村振兴”战略相结合。邀请第三方专家对2018—2019年江门市级博爱家园项目进行验收，5个江门市级博爱家园项目按时完成。

（市红十字会）

10月27日，江门市红十字会召开第九次会员代表大会 （市红十字会　供）

外事·侨务·港澳台事务

外　事

【概况】　2020年，中共江门市委外事工作委员会办公室重要外事接待8次，4月28日，全国友协批复同意江门市与斐济劳托卡市缔结友好城市关系。加强对外交流与合作，先后向斐济、所罗门群岛、巴西等友好交往城市捐赠医用外科口罩及防护服、测温仪等防护物资。全年审发办理外国人到华邀请(确认)函85家企业244人次。

【外事接待】　2020年5月19日，中共江门市委外事工作委员会办公室与古巴共和国驻广州总领事馆总领事丹尼斯进行视频通话。6月9日，泰国驻广州总领事馆副总领事兼代总领事康宁熹率团到访江门市。7月23日，法国驻广州总领事馆总领事周丽君率团访问江门，市长刘毅会见访问团一行。8月11日，德国驻广州总领事馆总领事冯马丁一行到江门市进行访问，刘毅会见访问团一行。9月11日，日本驻广州总领事馆总领事石塚英树一行访问江门市，市委常委、统战部部长利为民会见访问团一行。9月17日，瑞士驻广州总领事馆总领事毕扬率团到访江门市。10月12日，委内瑞拉驻广州总领事馆一等总领事车丽·汉·哈布尔·塔诺斯率团到访江门市。11月24—25日，美国驻广州总领事馆副领事葛明凯一行到访江门市。

【友城友协】　2020年4月28日，全国友协批复同意江门市与斐济劳托卡市缔结友好城市关系。10月21日，市委外事工作委员会办公室组织江门市企业代表到广州参加广东省与太平洋岛国使节团交流座谈会。12月9日，江门市与所罗门群岛首都霍尼亚拉市举行友城备忘录视频签约仪式。中国驻所罗门群岛大使李明，江门市委副书记、市长刘毅，市委常委、统战部部长利为民，霍尼亚拉市市长马迈出席仪式。这是中国与所罗门群岛之间建立的第一对友好城市关系。

【对外交流与合作】　2020年，江门市先后向斐济、所罗门群岛、巴西等友好交往城市捐赠医用外科口罩及防护服、测温仪等防护物资。10月29日，市委外事工作委员会办公室参加韩国驻广州总领事馆举办的庆祝大韩民国国庆日活动。11月19日，参加中国法国工商会在广州举办的商务交流活动。12月4日，参加泰国驻广州总领事馆举办的庆祝泰国国庆日活动。

【外国人管理】　2020年，中共江门市委外事工作委员会办公室建立新冠肺炎疫情防控涉外工作机制，开通24小时外事服务热线，制作8个语种“集中或居家健康观察的温馨提示”，在外籍人员健康观察管理期间提供外事“四个一”（一个健康观察全流程图、一份健康观察温馨提示、一次以上沟通关怀、一张慰问卡）服务，落实中外籍人员“一视同仁”健康管理。组建由240多名具有外语基础的志愿者组成的“外事志愿服务队”，实现全市镇、村（社区）外事翻译志愿者服务全覆盖。8—9月，为1名海外输入无症状感染新冠肺炎的俄罗斯籍船员提供外事保障服务。至年底，全市办理外国人到华邀请函85家企业244人。

（市委外事办）

侨　务

【概况】　2020年，江门市侨务局推进依法护侨惠侨，受理重大涉侨信访2件，接访23件，办结21件，达成初步协议按协商计划推进2件。联合市侨商总会、暖侨义工服务队筹集资金近40万元，走访慰问贫困归侨家庭及重点工作对象192户。联合市侨商总会为90户困难归侨和侨眷发放中秋慰问金及中秋月饼、大米等慰问品。做好侨务扶贫工作，开展春节、中秋“归难侨慰问活动”，集资金近15万元，受益归侨家庭近200户。加强侨务联谊，举办2020江门“云上世青会”。加强侨务公共服务体系建设，为归侨、侨眷和海外侨胞提供便民利民的“一站式”诉讼服务和多元解纷机制。

【侨益维护】　2020年，江门市侨务局发挥市涉侨工作跟踪协调落实专责小组的统筹协调作用，开展重点涉侨信访事件处理工作，组织召开小组协调会议3次，督办、协调多部门协办重大涉侨信访2件，接访23件，办结21件，达成初步协议按协商计划推进2件。利用《江门日报》、江门电视台和官方网站、微信公众号等媒体对侨法、侨务强市建设成效等进行报道，加大涉侨法律法规宣传力度；新冠肺炎疫情防控期间协助委内瑞拉侨胞办理居留签证续期，主动联系旅委侨胞社团，与恩平市侨务部门、市外事局、市侨联及市公安局等部门形成合力，协调委内瑞拉全国华侨华人联合总会，与委内瑞拉驻中国大使馆和驻广州领事馆联系沟通，促成委内瑞拉驻广州领事馆到恩平市办理护照签证续期，妥善解决315名恩平旅委侨胞续签问题，恩平市为侨服务的做法在中央统战部刊物《中央统战专刊》推广；8月，市侨务局、市侨联及当地政府帮助56名受疫情影响滞留鹤山市的侨胞子女插班入读当地公办学校，妥善解决疫情防控期间滞留国内的侨胞子女读书问题。

【侨务联谊】 2020年，江门市侨务局与海外侨胞心连心共同抗疫。向海外侨胞发送《致江门五邑籍海外侨胞的倡议书》，得到海外侨胞积极响应，收到捐赠善款折合人民币1339.5万元，捐赠物资价值折合人民币1392.8万元。关注海外新冠疫情状况，了解和帮助海外乡亲应对疫情困境。全市向海外26个国家和地区的127个社团、3个关系密切城市（斐济劳托卡市、巴西坎皮纳斯市、所罗门群岛）捐赠1000盒连花清瘟胶囊、1000盒抗病毒颗粒、158.02万只一次性医用口罩、5000只N95口罩，价值281.17万元。10月15日，首次以网络形式举办2020江门“云上世青会”。活动以“纵横万里皆兄弟，一脉同胞云相约”为主题，以“云直播”形式与世界各地江门青年在“云”上相见。活动分为“云相约”“云商机”“云对话”三大环节，重点围绕经贸合作、文化传承、为侨服务等方面开展。此次活动在江门市区设立主会场，在美国等7个国家和地区及台山市等4个市设立分会场。有75个国家和地区的350个侨团报名参与线上收看，直播观看点击量120万人次。《人民日报》、新华社等20多家中央、省、市主流媒体和港澳媒体现场采访报道，新华网、央视频移动网等新媒体平台同步直播，传播范围遍及全球100多个国家和地区，覆盖人群逾1亿人，收到祝贺视频和图片1000多份。

【侨胞捐赠】 至2020年年底，江门市接受海外侨胞为慈善公益事业捐资赠物历年累计4.83万项次，79.75亿元。其中，2020年994项次，1.21亿元。2020年抗击新冠疫情期间，收到海外侨胞捐赠的款项折合人民币1339.5万元，捐赠物资价值折合人民币1392.8万元。

【侨乡经济服务】 2020年，江门市出台《关于促进江门“侨梦苑”高质量发展的实施意见》，成立由市长任组长的市级“侨梦苑”建设工作领导小组；投入资金1000万元，以专项奖补的形式撬动更多侨资企业在科技研发、人才引进、固定资产投资等方面加大力度。举办“珠中江进出口商品展销会”等商贸展会，吸引兴业银行葡语系国际货币清算中心、“一带一路”国家跨境业务中心、小币种货币结算中心等落户江门。建设银行江门分行、江门融合农商银行等机构设立江门“侨梦苑”专属金融产品，专门为江门“侨梦苑”侨资企业提供融资支持。至年底，江门市外资企业实有4316家，投资总额489.29亿美元。其中江门“侨梦苑”重点侨资企业2522家，规模以上侨资企业630家。

【市侨商总会】 2020年，江门市侨商总会帮助侨资企业解决难题。向市政府和市有关部门反映企业诉求。帮助商会所属侨资企业复工复产。通过市侨务局向政府申请口罩13.84万个，用于支持企业复工复产。新冠肺炎疫情防控期间，市侨商总会会员企业捐资赠物437.73万元，各类助困捐

2020年10月15日，江门首次以“云直播”线上线下互动形式召开的世界江门青年大会——2020江门“云上世青会”，全球75个国家和地区的350个侨团在线观看网络直播
（市委统战部 供）

赠金额32.88万元。

【涉侨行政服务】 2020年，江门市有62名初中毕业生符合“三侨生”（归侨青年、归侨子女、华侨在国内的子女）加分政策；对具有江门市户口的归侨青年、归侨子女、华侨在国内的子女参加江门市高考加5分，有30名高中毕业生符合该政策。全年办理华侨回国定居640份。

【海外华文教育】 至2020年年底，江门市外派至海外教师5人，其中荷属博纳尔华侨会馆学校1人、委内瑞拉华恋社中华会馆中文学校2人、委内瑞拉拉省中华会馆中文学校2人，在外教师工作认真负责，受到海外华文学校和当地华侨华人肯定。

【侨务公共服务体系建设】 2020年，江门市侨务局会同公安、法院、司法、侨联等部门，探索新时代涉侨纠纷多元化解机制建设，普及推广多元涉侨纠纷调解试点经验。新会区在全省首创“新会区检侨联络站”，通过法官、特约调解员、特约律师开展咨询、调解、释法答疑等工作，为归侨、侨眷和海外侨胞提供便民利民的“一站式”诉讼服务和多元解纷机制，开辟维护侨胞权益途径。

（市委统战部）

港澳事务

【概况】 2020年，江门市推进落实《粤港澳大湾区发展规划纲要》，推动江港澳青少年交流合作，举办第八届中国创新创业大赛（广东江门赛区）暨2019年江门市“科技杯”创新创业大赛和2020年江门市第二届“乐业五邑”创业创新大赛港澳青年风采赛。全年接待5批80余人次澳门青年团到江门考察交流，办理因公临时赴港澳182批276人次。

【江港澳合作发展】 2020年，中共江门市委台港澳工作办公室协助澳门江门商会举办第一届汇澳优质生活展——江门站活动。参展企业190家，设展位230个，涉及商业、教育等八大区域。此次活动为江澳两地企业合作共赢提供平台，推动江澳合作向更深层次、更宽领域、更高水平发展。

【因公赴港澳通行证办理】 2020年，中共江门市委台港澳工作办公室规范因公赴台港澳审批办证的监督管理，提高因公赴台港澳审批办证管理服务工作水平和质量。是年，全市办理因公临时赴港澳182批276人次。

【江港澳青少年交流合作】 2020年5—9月，中共江门市委台港澳工作办公室配合市科学技术局、市人力资源和社会保障局举办第八届中国创新创业大赛（广东江门赛区）暨2019年江门市“科技杯”创新创业大赛和2020年江门市第二届“乐业五邑”创业创新大赛港澳青年风采赛，落实港澳青年及团体的发动和赛事宣传推广工作。10月，完成省港澳办交办的“粤港澳大湾区大学生就业实习双选会”学生动员和岗位收集工作，发动4所高校1000多名学生、115家企业提供375个工作岗位参加“双选会”线上招聘活动。促进三地青少年交流与交融，全年接待5批80余人次澳门青年团到江门考察交流。

【涉港澳疫情防控】 2020年，中共江门市委台港澳工作办公室定期向省港澳办报送涉港澳人员疫情防控情况，做好与港澳特区政府的沟通协调。支持港澳资企业复工复产，协助解决广东中集建筑制造有限公司疫情防控期间供应香港特别行政区政府检疫中心建设所需材料和设备遇到的问题。组织港澳议会议员、杰出青年代表和青年社团拍摄《港澳台胞支持祖国抗疫宣传片》，在港澳地区引起反响，该宣传片被“学习强国”平台采用。

（市委台港澳办）

涉台事务

【概况】 2020年，中共江门市委台港澳工作办公室扩大深化江台交流合作，统筹推进疫情防控和经济社会发展。全年开展台资企业走访调研52家次，召开台商代表座谈会135人次。承办国台办2020年度重点对台交流项目“第七届台湾青年岭南行”之“广东世界遗产探寻之旅”江门站活动，开展“江门市台胞台属迎春座谈会”“江门市台胞台属中秋茶话会”。

【涉台疫情防控】 2020年，中共江

2020年12月4日，第一届汇澳优质生活展在广东珠西国际会展中心举行开幕式 （市委台港澳办 供）

门市委台港澳工作办公室跟进在江台商台胞疫情防控，做好防疫宣传和信息报送，有关信息获市领导批示肯定。开展“惠台暖企”行动，推动台资企业复工复产，发布国家、省、市扶持企业优惠政策措施39项，涉及台商台胞超600人，全市台资企业获社保费减免3000多万元。发动台企捐款捐物85万余元。江海国铨半导体公司、新会发达运动用品公司等台资企业在防控疫情方面的工作措施受到央广网、《江门日报》的报道和推广。

【对台宣传】 2020年，中共江门市委台港澳工作办公室开展习近平总书记关于对台工作重要讲话精神的宣传，以“江门台港澳之窗”微信公众号、《江门日报》、江门广播电视台等网络和媒体为平台，使用印制手册、召开座谈会等形式，开展涉台方针政策宣传。

【江台经贸合作】 2020年，江门市各级台港澳部门延伸对接“广、深、莞”周边产能外溢产业，按照江门市产业布局规划，向岛内外台商推介江门市投资环境，寻求合作商机。是年，全市引进台资企业13家，投资总额614.81万美元；台资企业增资扩产1家，投资总额13.39万美元。国民党中常委范成连、中睦控股董事长郭亚陶等台湾知名人士到江门市参访考察营商环境，就江台经贸合作进行洽谈。加强与相关职能部门的联系协调，推动“惠台31条措施”“26条措施”“粤台48条”“江台56条”落细落实。鼓励企业应对中美贸易摩擦，引导台企转型升级，打通服务台商台胞“最后一公里”，推动台资企业高质量发展。全年开展台资企业走访调研52家次，召开台商代表座谈会135人次。

【江台交流交往】 2020年7月17日，“第四届海峡两岸中山论坛”在广东省中山市开幕，在广东省21个地级以上城市和台湾地区分别设分会场。论坛以“弘扬中山精神、共谋民族复兴”为主题，举办“台商一起来融入大湾区”主题活动、中山精神与民族复兴研讨会、两岸青年研习营、“中山杯”大湾区台企慢投垒球邀请赛、孙中山文化史迹游等系列活动，以线上线下相结合的方式进行，海峡两岸及港澳地区2000多名各界人士受邀参加。广东省委书记李希出席开幕式，中央台办、国务院台办主任刘结一通过视频连线在开幕式上致辞。江门市委书记林应武、市领导利为民等在江门分会场收听收看开幕式，并与与会台商代表进行座谈。

【台商台胞台属合法权益维护】 2020年，江门市受理台商台胞投诉求助件31件次，咨询电话45件次，主要涉及疫情防控、证照办理、环保、子女入学、减税减租等，处理率100%。开展“江门市台胞台属迎春座谈会”“江门市台胞台属中秋茶话会”等台胞台属大型联谊及节日走访慰问活动，为定居老台胞发放省、市两级困难补助金等，为台胞台属排忧解难，增进乡亲情谊。

【“广东世界遗产探寻之旅”江门站活动】 2020年12月，中共江门市委台港澳工作办公室承办国台办2020年度重点对台交流项目“第七届台湾青年岭南行”之“广东世界遗产探寻之旅”江门站活动，通过组织100多名台湾青年开展广东世界遗产探寻活动，实地探寻梁启超故居、陈皮村、开平碉楼与村落、五邑华侨华人博物馆等，此届台湾青年岭南行活动以“走到一起来，梦想更精彩”为主题，设计广东世界遗产探寻、粤美乡村考察等精品线路9条。其中，探索世界遗产之旅通过参访交流、拓展体验等形式，探寻岭南文化，传承弘扬中华文化，让两岸青年共同领略广东世界遗产风貌，增强两岸青年对中华民族和中华文化的认同，促进同胞亲情。

（市委台港澳办）

2020年7月17日，江门市参加“第四届海峡两岸中山论坛”开幕式。图为江门代表在江门分会场收看开幕式 （市委台港澳办 供）

法 治

政法委与综治

【概况】 2020年，中共江门市委政法委围绕夺取新冠肺炎疫情防控和经济社会发展双胜利、为经济特区建立40周年庆祝活动营造安全稳定的社会环境工作主线，推进平安江门法治江门建设，全力防风险、护安全、战疫情、保稳定，各项工作取得明显成效，维护全市社会大局安全稳定。5月，被中央政法委批复同意为全国市域社会治理现代化第一期试点市，江门市扫黑除恶知晓率全省排名第二。市委政法委在市直机关单位年度绩效考核被评为“优秀”等次，被评为江门市抗击新冠疫情先进集体。

【安保维稳】 2020年，江门市政法系统紧扣深圳经济特区建立40周年维稳安保工作主题主线，坚持“一盘棋”思想，确保全国“两会”、深圳经济特区建立40周年、党的十九届五中全会等重大活动和节点平稳安全，为江门市疫情防控、乡村振兴、“三大攻坚战”、深化创文整改提升工作、村（社区）“两委”（村党支部委员会、村民委员会）换届选举营造安全稳定的社会环境。防范化解政治和社会领域重大风险，对重点领域矛盾纠纷开展大排查大化解，三级台账化解率99.58%，全年没有发生影响政治安全的重大案事件。成立社会稳定和社区防控组，组建市县两级涉疫情矛盾纠纷排查化解工作专班，妥善化解疫情衍生的各类矛盾纠纷，为疫情防控取得阶段性重要成果作贡献。向省申报蓬江区为第二批全省“维稳工作示范点”创建试点地区，指导蓬江区打造当地特色维稳项目，以点带面推动全市维稳工作迈上新台阶，示范点创建工作得到省委常委、政法委书记张虎肯定。

【扫黑除恶】 2020年，江门市累计打掉涉黑组织14个、恶势力犯罪集团73个、涉恶犯罪团伙486个，起诉涉黑涉恶案件275件，审结一、二审涉黑涉恶案件222件，立案查处涉黑涉恶腐败和“保护伞”问题635人。突出“高”字，坚持高站位部署、高质量落实、高标准推动，组织召开全市大会、推进会、政法部门联席会议等60余次，建立“周调度、月通报、季督导、年考核”制度，加大组织领导力度。突出“尖”字，发挥政法机关破案攻坚和纪检监察机关“打伞破网”尖刀作用，侦破蒋某某涉黑案等精品案件。突出“精”字，精准化推进行业治理和基层党组织建设，推动重点行业领域开展专项行动163个，出台长效性措施247个。突出“全”字，推动全媒体宣传、全方位发动、全社会参与，群众对扫黑除恶满意度持续走在全省前列。

2020年8月28日，江门市在市委市政府小会堂召开扫黑除恶专项斗争“六清”行动工作推进会 （市委政法委 供）

2020年10月10日，江门市心理健康科学普及体验馆举行开馆仪式
（市委政法委　供）

【综治工作】　2020年，江门市将平安建设考评纳入县域经济社会发展考核和市直机关年度绩效考核体系，督促各地各部门贯彻落实平安建设主体责任。对单位、个人评先评优、晋级晋升时，严格审核平安建设工作履职尽责情况，夯实各级领导干部“一岗双责”（一个单位的领导干部应当对这个单位的业务工作和党风廉政建设负双重责任）抓稳定的责任。开展走私活动突出问题整治，成立由市委常委、政法委书记任组长的市整治走私活动突出问题工作小组，制订专项行动方案，推动整治工作深入开展。12月30日，省委政法委解除对江门西江水域走私活动突出问题的挂牌整治。完成“雪亮工程”建设项目一期建设任务，建成市级共享平台，实现全市一类、二类公共安全视频监控资源汇聚调用。协调推进特殊人群服务管理，特别是严重精神障碍患者救治救助工作，全年没有发生肇事肇祸致人死亡事件。江门市被省精神卫生中心评为2019年度广东省严重精神障碍管理治疗项目质控评比第一名，被评为“2019年广东省严重精神障碍管理治疗工作优秀市”。协调配合安全生产、食品药品安全、禁毒、反恐、“扫黄打非”等工作，统筹协调寄递物流和邮件快件安全、危险爆炸物品管理工作，做好国庆安保期间公共安全领域的风险隐患防范管控。

【社会治理】　2020年，江门市被中央政法委确定为全国市域社会治理现代化第一期试点市。市委政法委发挥牵头抓总、统筹协调作用，探索社会治理模式，坚持项目带动，推出第一批60个市域社会治理现代化试点工作示范项目，分为党建引领、平安建设、法治保障、社会服务和智慧支撑等5类，其中国家级项目9个，省级项目6个，市级自创项目45个。加快推进江门市社会治理综合指挥中心建设，全市建成1个市级、7个县级和73个镇级综治中心，以全市1324个村（社区）为基础单元，划分3925个基层平安网格，构建基层综治工作体系。推进村（社区）新冠肺炎疫情防控工作，发挥各级“三人小组”（社区工作人员、医务人员、民警）作用，筑牢疫情防控网，全市排查各类涉疫情线索3.54万条，排查重点人员2.96万人。推进全市社会治理公益创投项目，通过整合政府各部门、各层级资源，吸引社会力量参与，创新基层社会治理模式。公益创投项目覆盖全市57个镇（街），链接社会资金超8200万元，发展社工386人，一线工作人员493人，形成共同参与的良好氛围。以全国社会心理服务体系建设试点为契机，推进社会心理服务体系建设，将社会心理服务纳入疫情防控整体部署，为一线工作人员开展3期6堂心理健康知识讲座，近6000名村（居）干部、网格员等观看，总受益人员1.7万人次。

【法治监督】　2020年，中共江门市委政法委推进政法领域全面深化改革，深化司法体制综合配套改革，各项改革任务完成或取得重大阶段性成果，执法司法制约监督体系完善、司法公信力提高、政法公共服务更加惠民。组织和落实涉法涉诉信访积案化解工作，推动和规范律师参与政法机关涉法涉诉信访案件化解，全市登记涉法涉诉信访积案3000余件，重点督办涉法涉诉信访积案44件，推动化解省交办理的16件涉法涉诉信访积案，化解率100%。开展违规违法办理减刑、假释、暂予监外执行案件专项排查整治工作，深挖细查问题案件线索，为开展政法队伍教育整顿工作打好基础。发挥牵头抓总作用，推动市委全面依法治市委员会司法协调小组任务落实。抓好民主与法治领域改革专项小组各项改革工作落实，印发专项小组改革任务分工实施方案，为江门市融入粤港澳大湾区建设提供司法保障。

（市委政法委）

法治政府建设

【概况】　2020年，江门市人民政府强化法治政府建设。市司法局审核地方法规草案1件，起草审核政府规章3件，审核政府规范性文件21件，审核部门规范性文件67件。办理市人大、省司法厅征求意见文件36件。办理建议提案共21件，其中，人大建议6件（会办6件）；政协提案15件［主办2件（A类2件），会办12件］。审查市（区）报备文件50件，分别向省政府、市人大报备文件28件。清理政府文件590件，其中予以保留405件，宣布废止失效70件，适时修订115件，延期文件0件。全年收到申请行政复议案件1163件，受理989件，不予受理87件，告知87件。办理经复议后起诉的案件154件、直接向法院起诉的案件729件。

【依法治市】 2020年1月，江门市被确定为全省党政主要负责人履行推进法治建设第一责任人职责情况列入年终述职内容试点工作联系点之一，在全省率先举办县级单位党政主要负责人现场述法评议活动。2月，出台《关于做好我市新型冠状病毒肺炎疫情防控期间依法行政工作的指引》，举办依法防控疫情主题征文活动。3月，组织召开市委全面依法治市委员会第三次会议，审议通过《江门市2020年全面依法治市工作要点》，研究部署依法防控疫情和法治江门建设工作任务。6月，邀请省委依法治省办成员、省司法厅一级巡视员张荣辉为江门市“一把手”进行法治专题辅导，实现法治教育培训“一把手”全覆盖。建立市委全面依法治市委员会咨询专家库，确定首批12名学者和专业人士为专家库成员。9月，印发《关于推进全市乡镇街道综合行政执法工作实施方案》，启动镇（街）综合行政执法改革工作。12月，组织召开市委全面依法治市委员会第四次会议，传达学习习近平总书记在中央全面依法治国工作会议上的重要讲话精神和省委依法治省委员会第五次会议精神，谋划推进全面依法治市工作。

【依法行政考评】 2020年，江门市依法行政工作领导小组办公室组织对市直26个机关单位依法行政制度体系、行政决策、行政执法、政务公开、化解社会矛盾纠纷、行政权力监督、法治思维能力、组织保障和普法工作等九大方面工作情况进行考评。

2020年4月22日，江门市在市政务服务数据管理局举行“广东省行政执法信息平台和行政执法网络监督平台”启动仪式。图为代表出席活动并按下启动手印现场 （市司法局 供）

从考评结果看，全市依法行政水平有所提升。市城市管理和综合执法局、市市场监督管理局、市住房和城乡建设局、市发展和改革局、市财政局、市应急管理局等被评为优秀等次。各单位对依法行政的重视程度普遍增强，依法行政配套机制制度逐步健全，重大行政决策履行程序有所改善，行政执法水平提高，群众对政府依法行政工作的认同感提升。“多证合一”“证照分离”改革入选首批全国法治政府建设示范项目，法治政府建设取得首个国字号殊荣，法治政府建设连续2年排全省前三名。推进乡镇（街道）综合行政执法改革和行政执法规范化信息化建设，在全省率先发布市县两级政府关于乡镇（街道）综合行政执法公告，提前一年实现省政府既定2021年底“两平台”（行政执法信息平台、行政执法监督网络平台）全覆盖的目标。

【政府法律顾问服务】 2020年，江门市建成以政府法律顾问室为核心的三级政府法律顾问工作体系，实现合法性审查工作全覆盖，政府法律顾问在全面依法治市中的作用凸显。至年底，全市各级政府及其工作部门聘请法律顾问545人，其中，市政府法律顾问5人、各市（区）政府23人、全市政府部门370人、各镇（街）147人。全市法律顾问办理法律事务1.34万件，涉及标的金额3841亿元，比上年分别增长5%、7%，其中，市政府法律顾问室办件220件、各市（区）政府法律顾问室2987件、全市政府部门7982件、各镇（街）2224件。

【地方立法】 2020年，江门市司法局审查并提请市政府审议地方性法规《江门市文明行为促进条例（草案）》及政府规章《江门市生活垃圾分类管理办法（草案）》《江门市消防水源管理办法（修订草案）》，提请市政府公布政府规章《江门市气象灾害防御规定》。推进基层立法联系点建设，拓展公众参与立法渠道。起草并提请市政府印发《江门市人民政府立法基层联系点工作办法》，报请市政府同意设立首批政府立法基层联系点6个。

【规范性文件管理】 2020年，江门市司法局审核行政规范性文件88件，拟订并组织实施《江门市2020年度政府规范性文件制定计划》；完成审核《江门市政府投资管理办法》《江门市进一步推进户籍制度改革实施方案》等政府规范性文件21件，其中抗疫系列文件7件；审核部门规范性文件67件，其中抗疫系列文件23件；审查各市（区）人民政府报送的规范性文件50件；向省政府和市人大报送备案规范性文件28件；组织实施涉及野生动物保护、优化营商环境、民法典、抗疫系列文件等内容的规范性文件清理工作，梳理行政规范性文件590件，其中废止行政规范性文件70件；印发2019年度行政规范性文件合法性审核情况通报；举办依法行政业务专题培训班，邀请省司法厅专家进行规范性文件管理知识培训。

【市政府行政复议及行政应诉案件办理】 2020年，江门市各级行政机关收到行政复议申请1163宗，立案受理案件989件，全市各级行政机关办理一审行政应诉案件883件；在四市三区镇（街）新设立行政复议案件基层受理点18个，全市累计设立行政复议案件基层受理点20个，将行政复议法律服务辐射至全市范围，打造“群众家门口的维权站”。印发实施《江门市行政复议体制改革实施方案》，通过整合政府与政府部门行政复议职责，健全配套工作机制，确保复议体制改革各项任务落地落实。市司法局联合市中级人民法院出台《关于依法推进我市行政争议实质性化解的实施意见》，推动行政复议与人民调解等多元化解矛盾纠纷机制衔接，创新政府法律顾问等参与行政复议调解工作机制，发挥行政复议作为化解行政争议的主渠道作用。落实行政机关负责人出庭应诉“一案多效”带动作用，将行政机关负责人出庭应诉数量列入相关考核指标，倒逼行政机关负责人出庭应诉逐渐制度化、常态化。市政府副市长郑晓毅带头出庭应诉，发挥行政机关负责人出庭应诉的示范带动作用，全市行政机关负责人一审开庭出庭率83.74%。

【行政执法监督】 2020年，江门市深化综合行政执法改革。推进行政执法职权下沉，将838项县级部门执法职权下放至镇（街）。11月1日，全市73个镇（街）统一开展综合行政执法。出台江门市乡镇（街道）综合行政执法工作制度，为镇（街）综合行政执法改革提供可复制的“江门样本”。深化生态环保、市场监管、文化市场、交通、农业、安全生产领域综合执法。加快行政执法信息化建设。在全省率先完成行政执法“两平台”（行政执法信息平台、行政执法监督网络平台）省市一体化建设、完成本地化部署、实现市县镇三级232个部门应用全覆盖。中央广播电视总台《法治深壹度》栏目到江门市就通过信息化手段落实行政执法“三项制度”（行政执法公示制度、行政执法全过程记录制度、重大执法决定法制审核制度）进行采访。完善市场监管、生态环境、公安、统计、医疗保障、城市管理等领域行政执法自由裁量基准制度206份。厘清282个执法主体和144个受委托组织的执法证办理工作。把民法典列为行政执法人员综合法律资格培训、考试重点内容。全年举办综合法律知识培训10场次、培训执法人员2847人，参加考试2260人、办理执法证3794个。全市持证执法人员7906人。

（市司法局）

公安

【概况】 2020年，江门市公安机关坚决打好疫情防控阻击战，推进扫黑除恶、“飓风2020”、严打盗抢犯罪等重大专项行动，深入实施智慧警务、基础建设、安全防范、深化改革、法治公安等重点工程，推进公安工作现代化和公安队伍革命化正规化专业化职业化建设，做好战疫情、防风险、保安全、护稳定各项工作。是年，全市接报刑事治安警情比上年下降6%、“两抢一盗”（抢劫、抢夺、盗窃）案件下降24.8%、交通事故死亡人数下降8.5%，没有发生政治安全事件、大规模群体性事件、暴恐案和影响恶劣刑事治安案件。

是年，组织开展“五邑民警之星”“110十佳民警”“110十佳接警员”评选活动，深化模范机关创建，全市公安系统有67个集体、169名个人受记功以上奖励，开平市看守所被评为全国公安系统抗击新冠肺炎疫情先进集体、江门市公安局治安支队党支部被评为“广东省先进基层党组织”，3人分别被评为全国公安系统和广东省抗击新冠肺炎疫情先进个人，指挥中心110调度室被授予“广东省三八红旗集体”称号。

2020年1月16日，江门市公安局召开12项改革惠民服务新举措新闻发布会
（市公安局 供）

【专项打击整治行动】 2020年，江门市公安机关围绕庆祝深圳经济特区建立40周年活动维稳安保主题主线，开展“飓风2020”专项行动，严厉打击整治涉命案、涉电信网络诈骗、涉枪涉爆、涉盗抢骗、涉走私等违法犯罪。在刑事基础工作专项行动中，刑警支队牵头发起“128号”“213号”“313号”“345号”“400号”飓风专案进行收网，抓获盗抢犯罪嫌疑人69名，打掉盗抢销犯罪团伙27个，带破系列盗抢案件7串31件；在“护苗”专项行动中，破现行案件179件，破案率100%，破历年积案完成数61件；在命案侦办专项行动中，立现行命案19件，破19件，破案率100%，破积案20件；在打击电信网络诈骗犯罪专项行动中，破案件535件，抓获犯罪嫌疑人438人；在扫黄禁赌专项行动中，涉黄分项破案108件，提请批准逮捕犯罪嫌疑人204人，涉赌分项破案145件，提请批准逮捕犯罪嫌疑人368人；在打击拒不支付劳动报酬犯罪专项行动中，破现案17件，追回欠款1168.7万元；在打击盗版侵权犯罪专项行动中，破案23件，提请批准逮捕犯罪嫌疑人8人；在打击“食品药品环境”违法犯罪专项行动中，破案332件，提请批准逮捕犯罪嫌疑人196人，行政拘留11人；在打击妨害国（边）境管理违法犯罪专项行动中，破获刑事案件23件，提请批准逮捕犯罪嫌疑人39人，查处“三非”（非法入境、非法居留、非法就业）外国人864人，查处非法雇佣外国人案件61件，查处容留藏匿案件17件；在打击走私“国门利剑2020”联合专项行动中，破案68件，提请批准逮捕犯罪嫌疑人85人。在“飓风2020”专项行动中，全市破获刑事案件8259件，刑事拘留犯罪嫌疑人5577人，提请批准逮捕3776人，分别比上年下降24.9%、25.8%和18.8%。

（李铁鹏）

【食品药品与环境领域犯罪打击】 2020年，江门市公安机关食品药品与环境犯罪侦查部门打击各类涉疫情违法犯罪活动，围绕“2020飓风专项行动”，加强对涉食品药品环境类违法犯罪活动的打击，侦破“9·2”生产销售假冒注册商标案、系列非法倾倒固体废物案等大要案，全年全市食品药品环境侦查部门侦破各类涉食品药品环境案件340件（含6件飓风号专案），刑事拘留犯罪嫌疑人247人、提前批准逮捕198人、移送起诉145人。

（朱 燕）

【社会治安管理】 2020年，江门市公安机关治安管理部门严查“黄、赌”违法犯罪，开展“飓风2020”打击整治重点治安问题违法犯罪专项行动，全市涉黄提请批准逮捕犯罪嫌疑人204人、涉赌提请批准逮捕377人，破获涉黄案件109件、破获涉赌案153件。加强重点治安要素管控，做好新冠肺炎疫情防控工作，先后搭建73个疫情分析核查模型，对涉疫群体开展分析研判，向市疫情防控指挥部上报预警研判报告9份，向市（区）推送重点群体人员线索688批次。加强特种行业场所治安管理，督促全市19个医学隔离点安装使用旅馆业治安管理信息系统，做好隔离人员的入住登记和离店退房登记。加强危险爆炸物品安全管理，全市完成电子雷管更替传统雷管任务，开展危险爆炸物品安全督导检查，检查涉危险爆炸企业2938家次，发现并整改安全隐患72处，收缴烟花爆竹966箱。做好重大活动安全保卫，因受新冠肺炎疫情影响，严格限制举办大型活动。强化重点要害部位安全防范，对全市214家重点单位开展检查604次，发现安全隐患518处，现场整改安全隐患395处。

（吴柏林）

【道路交通管理】 2020年，江门市公安交警部门推进道路事故预防“减量控大2020”、高速公路“畅安2020”系列交通秩序集中整治、夏秋季农村公路违法超员和违法载人专项治理、夏季国省道交通秩序专项整治等各类专项行动及全国“两会”、深圳经济特区建立40周年庆祝活动交通安保工作，从重点车辆管理、路面秩序整治、隐患排查治理、重大交通安保等方面着手，以健全完善“六大体系”（交通安全责任监管体系、隐患排查治理体系、专项打击整治体系、农村地区基础保障体系、事故应急处置体系、交通安全宣传教育体系）推动道路交通安全综合治理，提升全市交通安全管理和服务水平。是年，全市发生道路交通事故2339宗，造成死亡379人，受伤2325人，直接经济损失440万元，分别比上年下降4.69%、8.45%、4.79%、13.71%。

（李 彬）

2020年江门市交通事故情况表

表5

单位	事故次数（宗）		死亡人数（人）		受伤人数（人）		财产损失（元）	
	数量	比上年增长（%）	数量	比上年增长（%）	数量	比上年增长（%）	数量	比上年增长（%）
蓬江区	424	-2.75%	34	-10.53%	399	-4.32%	938300	-2.93%
江海区	27	-47.06%	27	-3.57%	17	-63.04%	134700	-65.06%

续表5

单位	事故次数（宗）		死亡人数（人）		受伤人数（人）		财产损失（元）	
	数量	比上年增长（%）	数量	比上年增长（%）	数量	比上年增长（%）	数量	比上年增长（%）
新会区	464	-7.01%	49	-7.55%	484	-5.10%	122159	0.56%
台山市	150	-6.25%	43	-6.52%	146	-5.81%	176250	-0.54%
开平市	272	-30.79%	37	-7.50%	282	-32.37%	655700	-37.32%
鹤山市	190	-2.56%	46	-6.12%	172	-9.47%	95200	-19.87%
恩平市	125	-0.79%	23	-11.54%	127	12.39%	39850	-2.33%
高速一大队	8	60.00%	11	266.67%	5	66.67%	177000	510.34%
高速二大队	2	-60.00%	0	-100.00%	5	-61.54%	60000	-66.67%
高速三大队	9	80.00%	8	60.00%	10	100.00%	865000	8.13%
江门大道大队	16	23.08%	2	-60.00%	17	142.86%	130500	-30.59%
合计	1687	-10.65%	280	-5.41%	1664	-11.30%	3394659	-16.25%

【经济犯罪侦查】 2020年，江门市公安机关经侦部门以护航金融“利剑2020”专项行动工作为抓手，打击各类经济犯罪。在护航金融“利剑2020”专项行动中，侦破会战3号、会战7号及飓风49号、227号、231号、247号、319号、341号、362号、373号专案，获公安部2次、省公安厅3次贺电表扬和省公安厅领导批示表扬3次，在全省经侦部门专项行动考核中被评为优秀等级。在猎狐工作方面，先后从柬埔寨等地劝返7名外逃人员回国投案自首，完成猎狐追逃工作，有1个集体、1名个人分别获评全国公安机关 “猎狐2020” 专项行动成绩突出集体、成绩突出个人。是年，全市公安机关受理经济犯罪案件668件，立案487件，破案324件，抓获犯罪嫌疑人454名，刑事拘留354人，提请批准逮捕183人，移诉276人，立案总涉案金额34.94亿元。

（刘泽翻）

【刑事犯罪侦查】 2020年，江门市公安机关严打突出刑事犯罪和新型违法犯罪。先后发起、参与“飓风128”涉刑事技术专案、“飓风9号”涉疫情诈骗专案、“飓风32号”贩卖银行卡专案、“飓风184号”杀猪盘专案、“飓风287号”网络直播平台诈骗专案、“飓风319号”信用卡诈骗专案等飓风号专案18次，破获周某某盗销电线电缆系列案、“3·14”杜某系列入室盗窃案、“4·7”杜某抢劫案、“8·30”桃源故意杀人案等重特大案件。是年，全市刑事警情1.83万起，立刑事案件2.11万件，破案8259件，刑事拘留犯罪嫌疑人5573名，提请批准逮捕4307人，抓获在逃人员826名。

（周纪策）

【户政管理】 2020年，江门市公安户政部门推进户籍制度改革，7月5日，实施取消参保要求、居住年限、就业年限的“零门槛”落户新政，成为广东省落户门槛最低的地级市，7月5日至12月31日，江门地区外迁入1.29万人，比上年增长40.07%。全市户籍人口城镇化率54.35%，比上年增长1.72%；继续解决无户口人员登记户口问题，推进部级人口信息人像比对系统任务线索核查清理工作，全市为126名不符合收养政策的事实抚养小孩刊登寻亲公告并办理入户；强化流动人员管理服务，核实更新流动人口信息35.96万人，签发流动人口居住证4.44万张，受理港澳居民居住证5394人次；推广门禁视频系统建设工作，全市安装门禁视频覆盖实有房屋1.18万间；继续推动“邑微警”民生服务平台应用，上线户政业务117项，“邑微警”应用平台接受群众进行身份证进度查询37.48万人次，户籍审批查询8.28万人次。

（张敏仪）

【出入境管理】 2020年，江门市公安出入境管理部门推进“数字政府”改革和“智慧警务”应用，统筹推进新冠肺炎疫情防控和经济社会发展工作部署，推出有序恢复公安出入境窗口服务、外国人在华停留居留期限自动延长60日、为参与疫情防控的中外人员提供出入境便利、为中外人员网上申办出入境证件提供便利、优先为复工复产人员申办证照签注、为中外人员提供出入境管理政策调整查询服务等10项便利措施，协助市疫情防控专班和卫健部门做好境外人员健康监测和接转工作，提升服务粤港澳大湾区建设能力水平。是年，全市出入境管理部门为中国公民签发各类证件、签注及签证22.59万件次，签发外国人各类签证证件1.52万件次，查获“三非”

（非法入境、非法居留、非法就业）外国人882人，遣返外国人400人次。

（初贵德）

【公安监所管理】 2020年，江门市公安机关监所监管部门加强监所疫情防控，严格执行监所工作人员封闭管理,落实新收人员集中收押制度,加强监所入出管理制度,抓好筛查管控,落实过渡管理,每天对监区进行全面消毒，加强伙食保障，增强被监管人员抵御疾病能力,严禁外来人员和被监管人员面对面接触。是年，全市公安监管场所被监管人员没有出现确诊或疑似新冠病毒肺炎病例情况。

（花 蕾）

【网络安全管理】 2020年，江门市公安机关网络安全管理部门加大互联网安全监管力度，维护江门网络空间安全稳定。加强网络安全风险隐患排查整改，对全市重要信息系统及网站、互联网接入服务、网吧、LED（发光二极管）屏、WIFI（无线网络）场所行政执法开展安全监督检查1730余家次，监测发现并督促整改各类安全风险、威胁、隐患244个，对存在安全隐患、未依法履行网络安全管理义务的56家重点单位责令限期整改；推进网络安全罩建设和网络安全等保工作，督促全市113个单位234个信息系统完成等保备案、测评工作，市级政府信息中心和蓬江区、江海区、新会区、恩平市、鹤山市、台山市、开平市政府信息中心等16个重点网络单位完成网络安全防护措施建设；加大网络安全执法查处力度，依法查处不履行网络安全管理义务等违法违规企业586家。

（林俊岸）

【警务督察】 2020年，江门市公安机关督察部门开展新冠肺炎疫情防控工作专项督察，督促推动防控工作落实，坚持每周对全市公安机关及13个监管场所进行督导检查,疫情期间，全市督察部门派出督察组354批次，出动警力737次，开展网上督察485个小时，检查公安机关内部单位745个次，检查检疫检查站386个次，检查医院、防疫隔离场所92个次，查纠问题166个次；开展安保维稳工作专项督察，推动公安机关在全国“两会”、庆祝经济特区建立40周年活动、党的十九届五中全会、国庆中秋“双节”等节假日的安保维稳工作落实，在开展安保维稳工作专项督察中，全市督察部门派督察组420个次，出动督察警力992人次，开展网上督察692小时，检查公安机关内部单位759个次，检查社会单位246个次，查纠整改问题185个次，提出建议210条。

（林志权）

【禁毒工作】 2020年，江门市公安机关禁毒部门结合全市吸毒人员戒毒社区康复“8·31”工程、禁毒预防教育“6·27”工程建设，开展全民禁毒工作。侦破公安部目标案件“2020—224”号孔某某制贩毒案、“飓风186号”团伙贩毒等重特大案件，收到省公安厅贺电3次，禁毒支队获“全省全民禁毒工程先进集体”称号。全市破毒品案件315件，刑事拘留毒品犯罪嫌疑人439人，提请批准逮捕毒品犯罪嫌疑人396人,查处吸毒人员2655人，处置强戒1298人，全市社区戒毒社区康复人员执行率99.88%，未发生吸毒人员肇事肇祸案（事）件,查处易制毒化学品行政案件59件，查获吸毒人员3831人，处置强戒2500人。

（吴培周）

【智慧新警务建设】 2020年，江门市公安机关对标广东省公安厅顶层设计，以大数据智能化应用为方向，推进智慧新警务建设。推进警务大数据工程建设，在新一代公安网部署江门公安大数据资源平台，汇聚治理数据432类，近202亿条；推进视频云建设，完成“平安江门”市直二期改造项目和全市“十三五”规划前端建设任务，接入各类视频点1.04万个。

（朱 静）

【社会治安防控体系建设】 2020年，江门市公安机关推进社会治安防控体系建设。在圈层防控建设中，发挥“智慧新巡控”平台在日常工作中的导向作用，6—12月，全市公安机关应用智慧新巡控App，侦查人数达70.80万人，其中，查获有违法犯罪前科的8956人、有吸贩毒前科的8621人、查获在逃人员163人、查获吸毒阳性9人、携带违禁物品451人、现行犯罪1619人，查车16.04万辆，其中被盗抢车辆39辆。

（吴柏林）

【公安法制建设】 2020年,江门市公安机关实施法治公安行动计划,全市公安机关分别建立执法管理委员会并开展实体化运作，落实刑事案件法制部门“两统一”（统一审核、统一出口）工作机制和重大行政决定法制审核要求，应对抗击新冠肺炎疫情和经济特区建立40周年庆祝活动安保工作需要，组建法律服务保障工作执法服务队，服务基层所队。组织开展面向基层办案部门的执法巡查2次，开展全市公安机关执法考评4次，加强检察机关对公安派出所刑事侦查活动监督工作，其中设置常驻侦查监督工作室75个，其他派出所实行巡回监督，覆盖率100%。推进智慧新法制建设，全市公安机关建成智能化办案场所18个。推广移动审批等应用程序，全市公安机关民警使用移动警务终端执法手册App占比率65.5%，使用江门执法办案App在线审批率59.49%。落实“谁执法谁普法”普法责任制，向社会公开普法工作任务清单，开展禁毒、交通安全、网络安全、预防电信网络诈骗等新型犯罪、打击经济犯罪等大型专题宣传活动，履行普法责任。市公安局在2020年度江门市“谁执法谁普法”履职报告评议活动中获第一名。组建江门市公安法制教官团，开展民法典等新法新规专题培训，服务全市公安民警实战大练兵及相关执法培训。

（李华辉）

【走私打击】 2020年，江门市公安机关打私部门统筹协调各级打私职能部门通力协作，先后开展“国门利剑2020”“海啸2020”、挂牌整治西江走私活动突出问题等专项行动，查处各类涉走私案件391件，抓获犯罪嫌疑人377人，查获走私冻品1.54万吨、成品油9476吨、珍稀野生动物829只、象牙和穿山甲鳞片等珍稀动物制品4.5千克、香烟265.25万支、毒品2.11千克，以及奶粉、洋酒、口罩等物品，案值15.32亿元，侦破省督办案件8件，全链条打掉23个“购、运、储、销”走私犯罪团伙。

（郭绍任）

【扫黑除恶专项斗争】 2020年，江门市公安机打击涉网络、农村和民生领域黑恶犯罪，全市打掉涉黑恶犯罪团伙144个，其中涉黑组织3个、恶势力犯罪集团29个，涉黑恶案件立案889件、破案722件。6月29日和11月30日，市公安局分别举办全市公安机关扫黑除恶专项斗争社会治安行业领域整治工作新闻发布会，通报扫黑除恶专项斗争成效；1月10日，台山市公安局开展以“不忘初心110共建共治享安宁”为主题的警营开放日系列活动，通过实物展示、摆设宣传展板、发放宣传资料和宣传小礼品等方式，向群众宣传扫黑除恶知识；5月20日，新会区召开扫黑除恶专项斗争新闻发布会暨打击侵财违法犯罪涉案财物发还大会；5月29日，鹤山市公安局扫黑办到古劳镇雅图仕印刷有限公司开展进厂企大型宣传活动；9月3日，台山市公安局举行扫黑除恶专项斗争涉案财物集中返还仪式，将破获的涉黑恶案件追缴的价值约800万元财物集中返还给事主。

（郭雄格）

检察

【概况】 2020年，江门市检察机关办理各类案件1.16万件，其中，审查逮捕案件2679件，审查起诉案件4111件，刑事诉讼监督案件1335件，民事检察案件498件，行政检察案件599件，公益诉讼案件532件，控告申诉信访案件1856件。是年，16件案件入选国家级、省级典型案例；获18项省级以上个人或集体荣誉，其中检察长郭玉获评“全国优秀女检察官”，新会区人民检察院获评“全国先进基层检察院”。

【刑事检察】 2020年，江门市人民检察院制定案件精细化分类分级标准，倡导繁简分流机制，在轮案基础上探索“大案联办、难案精办、简案快办、认罪认罚案件集中办”模式。与市中级人民法院就认罪从宽制度适用相关问题形成会议纪要。“案件比”1:1.27，居全省第三位；监督立案数居全省第二位、监督撤案数居全省第四位、建议行政执法机关移送刑事案件数居全省第一位，针对公安机关侦查活动违法提出纠正数居全省第五位；二审抗诉率位居全省前列、审判监督程序抗诉件数居全省第三位；全市认罪认罚从宽制度适用率高于全省平均水平。联合市中级人民法院出台《关于加强和规范财产刑执行和监督工作的指导意见（试行）》，办理财产刑执行监督案件350件。联合市公安局出台《关于重大案件侦查终结前开展讯问合法性核查工作实施意见》，办理讯问合法性核查案件26件。与市中级人民法院、市司法局共同推动成立江门市社区矫正委员会，为社区矫正法在江门落地实施打基础。加强对社区矫正交付执行环节监督，办理纠正监外执行罪犯监管违法案件259件。依法监督纠正江门市中级人民法院作出的一起对短期内无生命危险的职务犯罪罪犯暂予监外执行不当的案件。

·链接·

案件比

相当于“检察GDP”，是最高人民检察院提出的全新业务质量评价指标概念，是一个地区刑事案件在各个司法办案环节质量效率效果的直观反映，直接影响到人民群众对检察机关的满意度。“案”与“件”比例关系，是指将案件当事人所经历的所有诉讼阶段统一视为一个“案”，再将该当事人先后经历的审查起诉、退回补查、二审上诉、发回重审、刑事申诉等每一个诉讼阶段都视为各自独立的“件”，即同一当事人的一个“案”与其所经历的多个“件”之间的比例。

【民事行政诉讼监督】 2020年，江门市人民检察院在全省率先出台简化民事诉讼监督案件办理程序规定，结案率比上年增长11.9%。提出、提请民事抗诉47件，发出民事再审、民事审判程序监督、民事虚假诉讼监督、民事执行监督检察建议154件，采纳率92.9%，其中6件案件分别入选全省民事检察审违监督、支持起诉典型案例。审违监督数排全省第一名，虚假诉讼监督数、执行监督数均排全省第二名，提请抗诉数排全省第三名。落实最高人民检察院“二号检察建议”，就多起民事诉讼文书送达监督案件制发检察建议。完善行政非诉执行监督案件管辖制度，与相关单位联签食品药品安全、环境资源保护领域行政检察与行政执法衔接机制文件。发出行政审判程序监督、行政裁判执行监督、行政非诉执行监督检察建议165件，其中行政非诉执行监督检察建议数排全省第一名。采取公开听证、促进和解、监督纠正等方式，依法促成行政争议实质性化解22件。通过公开听证1宗涉古典家具厂环评行政争议的行政裁判执行监督案件，促成案结事了政和。

·链接·

二号检察建议

2018年11月11日，最高人民检察院针对民事公告方式、内容送达不规范问题，向最高人民法院发出“二号检察建议”，建议法院进一步落实司法责任制，严格落实公告送达的相关规定。

【公益诉讼】 2020年，江门市人民检察院发出诉前检察建议286件，回复整改率99.3%。通过诉前磋商、检察建议，推动相关部门向256名涉刑人员追缴违规调整、发放的养老金约162万元。对发出公告和检察建议后公益受损未能解决的，提起公益诉讼63件。行政公益诉讼起诉数排全省第一名，民事公益诉讼起诉数排全省第二名。检察长郭玉在全省率先以地市级检察长身份主持召开全省首例涉国有财产保护领域行政公益诉讼案公开听证会，依法促成1家约700人的企业获7000余万元退税优惠。拓展公益诉讼案件范围，办理个人信息保护、文物和文化遗产保护、国防军事设施保护等领域公益诉讼案件26件。办成全国首宗海上军事设施安全保护行政公益诉讼案件，该案入选国家级典型案例。与相关单位会签涉军公益诉讼协作机制文件，建立生态环境、自然资源、食品药品安全、文化旅游等领域公益诉讼检察与行政执法衔接机制，推动实现“公益诉讼课程进县级党校”。

【未成年人检察】 2020年，江门市人民检察院提前一年完成两级检察院未成年人检察业务统一集中办理改革，起诉侵害未成年人犯罪182人，办理监护侵害监督、监护缺失监督及校园周边烟草销售、母婴食品安全等涉未成年人领域公益诉讼案件19件；在全省率先将未成年在押人员在看守所羁押期间表现纳入社会调查报告；在全省率先开展未成年人社区矫正集中专项检察，纠正6个方面34项问题。落实最高人民检察院“一号检察建议”，制发粤桂两省首份跨区域未成年人事务治理检察建议，在全省率先实现未成年人“一站式”办案区市县两级全覆盖，推动建立侵害未成年人案件强制报告制度。是年，江门市人民检察院作为“法治进校园”巡讲活动表现突出3个单位之一获最高人民检察院通报表扬，未成年人检察部门获广东省“巾帼文明岗”称号。

·链接·

一号检察建议

最高人民检察院经分析近年办理的性侵未成年人案件后，于2018年10月19日向教育部发出“一号检察建议”，针对校园安全管理规定执行不严格、教职工队伍管理不到位，以及儿童和学生法治教育、预防性侵教育缺位等问题提出建议。

【检察机关敏感节点维护】 2020年，江门市人民检察院打好抗疫斗争阻击战。坚持自身防疫与依法抗疫两手抓，办理涉疫、涉复工复产各类案件103件，其中2件案件入选全省检察机关典型案例。向相关部门发出检察建议，推动完善发热病人跟踪、回访、排查工作机制。推出战“疫”法治“一课一信”，覆盖全市500余所中小学校，上线“学习强国”平台展播。打好扫黑除恶专项斗争收官战。2018—2020年，起诉涉黑恶犯罪275件1165人，其中10%的重大涉黑案件由市县两级检察院检察长督办、包办、领办，100%的涉黑案件和重大涉恶案件由两级检察院扫黑专班提前介

2020年5月29日，江门市检察院举行“同舟共济，检护明天”检察开放日活动，启用未成年人“一站式”办案区。图为江门市首个未成年人“一站式”办案区揭牌
（市检察院 供）

入。3年起诉案件总数排全省第四名，2020年，坚持每一件审查起诉案件一个月内审结，全年起诉案件数排全省第一名。立案侦查司法工作人员充当涉黑恶“保护伞”3人。制发行业治理检察建议69份，回复率100%。助力打好脱贫攻坚决胜战。严惩伸向扶贫款物的“黑手”，起诉扶贫领域职务犯罪4人。落实群众来信回复“两个100%”（群众来信7日内程序回复率、3个月内办理过程或结果答复率均为100%），依法清理信访积案，加强释法说理，促进息诉罢访，完成全国“两会”、深圳经济特区成立40周年等期间检察环节信访安保维稳任务。

【司法求助】 2020年，江门市人民检察院推动司法救助工作融入脱贫攻坚大局，向88名司法救助对象发放救助金约118万元，救助人数排全省第五名，其中2件案件分别被评为全省检察机关国家司法救助工作服务脱贫攻坚“精品案件”和“优质案件”。贫困妇女司法救助工作经验获“学习强国”平台推介。

【检察机关服务社会】 2020年，江门市人民检察院加强侨资侨产侨益司法保护，新会区人民检察院出台保障华人华侨和港澳台同胞合法权益14条，联合区委统战部签订服务保障华侨华人和台港澳同胞合法权益合作协议，并建立“检侨联络站”。依法惩治涉侨犯罪，强化涉侨民事行政诉讼监督，全年办理涉侨和涉港澳刑事、民事、行政、控告申诉检察等案件46件。护航粤港澳大湾区航运安全，新会区人民检察院依法起诉盗窃船舶柴油、非法经营盗赃柴油犯罪11人。落实最高人民检察院“三号检察建议”，打击非法吸收公众存款、集资诈骗、传销等涉众型经济犯罪及“套路贷”犯罪，起诉扰乱破坏金融管理秩序犯罪19件49人。江门市人民检察院依法起诉五邑地区首宗洗钱犯罪案件，涉案金额1500多万元。扶持对口扶贫对象鹤山市古劳的生态茶园项目，开展“助农采茶”义工志愿服务活动和扶贫调研，协调争取市政府、市扶贫办扶贫资金15万元，被授予“鹤山市党建引领乡村振兴产业扶贫行动爱心党组织”称号。出资派员协助结对的新会区蓤东社区落实困难职工解困脱困复核、创文复评等工作。抓实驻村“第一书记”、驻村村长助理工作。制定服务“两委”（村党支部委员会、村民委员会）换届选举工作意见，落实挂钩督导任务，开展派驻镇（街）检察室工作专题调研，强化基层法律监督助力构建基层社会治理格局。推进“生态检察”，打赢污染防治攻坚战，批捕破坏环境资源保护类犯罪60件119人，起诉99件163人；办理生态环境和资源保护领域公益诉讼案件388件。依法办理一宗越南籍渔船非法进入中国领海水域实施非法捕捞水产品犯罪案件。

（区水容）

·链接·

三号检察建议

2019年6月27日，最高人民检察院围绕及时发现查处金融违法犯罪活动向中央有关部门制发“三号检察建议”，推动相关部门进一步加强行政监管，强化源头治理，把金融违法犯罪风险和危害消除在萌芽状态或者初始阶段。

法院

【概况】 2020年，江门市法院系统受理案件11.64万件，审结11.23万件，其中市中级人民法院受理案件1.03万件，审结9921件，结案率96.6%。全市法院有8个集体和个人获全国性荣誉，市中级人民法院被评为省文明单位。

【刑事审判】 2020年，江门市法院系统受理刑事案件4616件，审结4490件，结案率97.3%，比上年增长2.2%，其中市中级人民法院受理案件601件，审结571件，结案率95%。两级法院院长履行第一责任人责任，市中级人民法院先后组织召开全市法院专题推进会7次，领导小组会议30次。创新机制实现“案件清结”，全市法院系统审结涉黑恶案件221件，结案率100%。其中，新会区人民法院审结在全国具有重大影响的蒋某某等21人涉黑专案。台山市人民法院通过“云审判”系统审结张某等40人恶势力集团敲诈勒索、诈骗案，该案对分散关押在全市5个看守所的40名被告人，包括59名辩护律师参与实施云庭审，该做法被广东省级人民法院肯定和推广。严把量刑关和法律适用关，全市法院涉黑重刑率71.7%，居全省第三位；狠抓“黑财清底”，涉黑恶资产执行1.86亿元，到位率97%，涉黑恶财产追缴、没收违法所得执行到

2020年9月24日，市中级法院参与最高院党建经验交流推进会。图为作经验介绍现场

（市中级法院 供）

位率100%。发出涉黑恶司法建议371份，案发比178%，反馈率100%，居全省前列。

【民商事审判】 2020年，江门市法院系统受理民事案件5.84万件，审结5.54万件，分别比上年增长10.1%、9.8%，解决标的金额207.9亿元，其中市中级人民法院受理案件5924件，审结5663件，分别增长20.8%、20.3%，解决标的金额51.67亿元。强化基本民生保障，回应就业、教育、医疗、住房等领域民生诉求，审结涉民生领域案件3.94万件，审结鹤山市保利有限公司商品房预售合同纠纷等社会关注度高的案件。推进平等保护各类市场主体合法权益和知识产权保护共建共治共享社会治理格局走在全国前列项目建设，审结周六福珠宝、万达儿童文化公司等重大案件。发挥审判保护、恢复、惩戒及指引功能助力污染防治攻坚战，全市审结环境公益诉讼案件8件，适用生态修复措施案件1件，审结恩平市古楼经济合作社诉中山市韦德有限公司土壤污染责任纠纷案。依法打击职业放贷、“套路贷”等扰乱金融市场秩序行为，审结此类案件34件，涉案总标的额476.8万元。编制《劳动争议法律实务手册》，指导全市审结涉疫劳动纠纷案件8批次144件。探索涉侨纠纷多元化解机制，维护归侨侨眷合法权益，审结涉侨案件8件，审结谭某某等华侨集体经济组织成员权益纠纷案。深化家事审判机制改革，构建家事调查、特邀调解机制，聘任调解员169名，调解家事案件432件，开展家事调查60余次。做好民法典宣传和实施准备，组织干警参加集体培训12场次，选派业务骨干向全市20多个单位宣讲，发布宣传稿件21篇。

【行政审判】 2020年，江门市法院系统受理行政案件1633件，审结1587件，分别比上年增长34.5%、36.6%，其中市中级人民法院受理480件，审结464件。推进行政机关负责人出庭应诉常态化，行政机关负责人出庭应诉989件，比上年增长67.34%，出庭应诉率81.53%，增长17.22%。副市长郑晓毅出庭应诉开平市某村行政复议案，为全市行政负责人出庭应诉做出榜样示范。联合市司法局出台《关于依法推进我市行政争议实质性化解的实施意见》，提升行政争议纠纷化解质效。探索“外嫁女”权益纠纷市域治理现代化路径，该项目被列为全市第一批市域社会治理现代化试点工作示范项目。

【案件执行】 2020年，江门市法院系统受理执行案件4.80万件，结案4.66万件，分别比上年增长23.1%、24.1%，执结率97.1%，其中市中级人民法院受理1308件，结案1253件，执结率95.8%。创新配套机制改革举措，制定《执行实施精细化管理办法》，实现3年以上未结案件清零。惩戒失信行为兑现胜诉权益，发布失信名单1.53万例，限制消费2.83万例，行动拘留56人。提升智慧执行水平，线上查询财产1.4万次，冻结、扣划9670次，和解68件，网上拍卖标的3296个，成交金额14.22亿元，确保疫情期间执行案件无发生拒收、中止或拖延执行。率先创新构建“虚拟账户”执行领款惠民机制，探索执行款划拨“无见面”审批申领。推进“僵尸企业”（已停产、半停产、连年亏损、资不抵债，主要靠政府补贴和银行续贷维持经营的企业）出清，审理破产重整、破产清算等案件654件，受理“僵尸企业”355户，司法助力市国资委完成“僵尸企业”出清任务。

【法院司法为民】 2020年，江门市中级人民法院统筹在全市法院创造性实施破解“送达难”八大系统工程，以破解“人难找、门难进、字难签”为重点，从体系构建、流程再造、渠道拓展、标准认定等方面实施系统工程，出台《江门市中级人民法院关于规范民事送达工作的指引（试行）》，全市法院统一实施地址确认、地址复核、失联修复、分组送达、送达反馈、立案衔接“送达流程六步法”。通过统一送达归口管理，实现送达成功率提升，公告送达率从20%左右压缩至8%以内，提高双方当事人诉讼到庭参与率，降低公告送达率和缺席判决率。打造便民诉讼智能体系，通过诉讼服务大厅、诉讼服务网、移动终端、“12368”诉讼服务热线、粤公正小程序等渠道，为群众提供涵盖诉前调解、查询咨询、登记立案、涉诉信访等线上线下一站式诉讼服务，实现当事人诉讼“零跑腿”，江门市法院信息平台综合分数位于全省前列。运用“立审执衔接系统”，缩短一审、二审案件移送流转周期，通过该平台主动转执行案件1.78万件，1.7万名当事人“少跑了一次”法院。

【法院司法公开】 2020年，江门市中级人民法院推进庭审直播公开，推动庭审直播常态化。全市法院在中国庭审直播公开网直播案件3.01万件，直播量比上年增长86.11%，直播收案比排名全省第一，累计观看量1982万人次。获评2019年度“全国优秀直播法院”称号，法官陈汉锡被评为“2019年度全国优秀直播法官”。加大案例培育力度，全市法院7篇案例获评中国法院2020年度案例，1篇案例被人民法院案例选编收录，2篇案例入选脱贫攻坚和乡村振兴备选指导案例，2篇案例被省高级人民法院“裁判者说”采用。依法接受人大监督，承办代表建议3件，委员提案3件，收集代表委员对法院建议46条，做好建议提案办理工作，建议提案均全部回复。完善院领导结对联络代表委员制度，围绕代表委员关注的重点工作，推进联络工作全覆盖、规范化、常态化、精准化、均衡化，是年，开展人大代表联络工作6次。邀请代表委员观摩案件远程庭审、考察诉讼服务中心、座谈交流等68人次。

落实市人大常委会审议意见建议，6月，向市人大常委会作全市法院刑事审判工作专题汇报，获市人大常委会肯定。

【法院司法改革】 2020年，江门市中级人民法院推行民事审判简易程序改革，构建民事审判快车道，形成多元解纷与繁案精审、分调裁审与简案快审、诉讼服务与破解“送达难”相结合的三大诉讼改革创新板块。对审判团队实行动态调配，两级法院重组79个民事简易程序审判团队。通过优化简案办理流程、推广庭审录音录像记录、扩大简式文书适用范围等改革措施，全市法院以不超过50%的民事审判力量办理80%左右简单案件，简易程序适用率83%，简易案件平均审理周期43天，同比缩短15天左右。建立两级法院共享“解纷资源库”，优选专业调解员302人，常态化运行交通事故、劳动争议、知识产权、涉侨纠纷等调解平台8个，为人民群众提供多元化、菜单式的纠纷解决方案。全市法院50%的民事力量精耕细作20%左右疑难复杂案件，进入多元解纷平台繁案3492件，调撤成功1099件，涉及“代耕农”（20世纪八九十年代产物，农民远离家乡来到珠三角农村替人耕种土地避免耕地荒芜，遗留下来土地合同纠纷、户口、子女入学等问题）、“出嫁女”（发达地区嫁入欠发达地区的女性一般不愿意转移户籍，并强烈要求在户籍地参与集体收入分配，而其户籍所在地的农村集体经济组织成员由于利益驱动，极力抵制迁出人口继续参与集体经济收入分配，双方矛盾十分尖锐激烈，对农村地区的和谐稳定构成较大威胁）等历史性、群体性案件得以妥善化解。恩平法院多元化解“代耕农”纠纷的经验做法被《人民日报》《人民法院报》等媒体报道。健全司法制约监督体系，推进院庭长办案示范机制。全市法院院庭长承办案件6.69万件，结案6.42万件，分别占收结案58.4%、57.2%。

【法院司法宣传】 2020年，江门市中级人民法院制定《意识形态工作责任制实施方案》，明确院党组履行主体责任、党组书记履行第一责任人责任、分管领导履行直接责任人责任、其他班子成员履行“一岗双责”责任，落实意识形态工作报告制度，向市委作专题汇报。深化普法宣传弘扬社会主义核心价值观。挖掘契合社会主义核心价值观元素的典型案例，全年编写新闻稿件512篇，被国家级媒体采用76篇。创新普法模式，提升群众法治素养，恩平市人民法院“1+N”体系化普法模式获评全省优秀普法项目。聚焦司法护航疫情防控宣传，其中《为社区居民筑牢平安之墙》《共同战疫·瞬间》等5篇稿件被《人民法院报》采用，抗疫图谱《在后方》被中国长安网刊载，阅读量70万人次。全年制作、发布抖音短视频16条，浏览总量500万人次，点赞超6万人次。市中级人民法院制作的《在法槌敲下之前》获评“全国法院第七届微电影微视频金法槌奖百优微电影”。推进“两微一端”（微博、微信、今日头条客户端）建设，其中《提醒：借车给亲戚朋友，这几种情况车主要承担法律责任！》《婚姻法常见的15大误区，至今流传！》等涉民生信息被转发，社会效果良好。

（市中级法院）

司法行政

【概况】 2020年，江门市有市级司法局1个，市（区）司法局7个，乡镇（街道）司法所74个，有律师执业机构104个，其中社会律师事务所88个、公职律师事务所8个、法律援助处8个。执业律师1207人，其中社会律师751人（含港澳居民律师3人）、公职律师389人、法律援助律师56人、公司律师11人。全市执业律师担任政府机关、企事业单位常年法律顾问807家；办理各类法律事务14341宗。有公证处8家，办量各类公证7.49万件，比上年下降104.36%。有各级各类人民调解组织1723个，人民调解员9524人，累计调解案件1.12万件，比上年下降24.7%，调解成功1.11万件，成功率99.60%。有司法鉴定机构8个，司法鉴定人85人，办理各类鉴定案件8166件，比上年下降14.73%。

【律师管理】 至2020年年底，江门市有律师执业机构104家，其中社会律师事务所88个、公职律师事务所8个、法律援助处8个。全市有律师1207人，其中专职律师737人，兼职律师11人，公职律师389人，法律援助律师56人，港澳居民律师3人，公司律师11人。全市有律师事务所党支部47个，包括独立党支部39个，联合党支部8个，新成立律师事务所党支部6个，有党员律师612人，其中社会执业党员律师259人，公职法援党员律师353人，党员律师占比律师队伍52%。是年，5个律师事务所党支部被评为“2019—2020年度全省律师行业先进基层党组织”；5名党员律师被评为“2019—2020年度全省律师行业优秀共产党员”；3名律师被评为“2019—2020年度全省律师行业优秀党务工作者”；广东华南律师事务所党支部、江门市直律师事务所联合党支部被评为市新兴领域“双强双优”基层组织党建示范点。全市362名村（社区）法律顾问律师提供法律服务2.72万次，其中提供法律咨询服务1.99万次，出具法律意见书406份，上法制课6056场次，参与法律援助42宗，调处矛盾纠纷93起，其他法律服务事项728件。在《江门日报》推出《法律顾问在身边》专栏14期。

【公证管理】 至2020年年底，江门市有公证机构8家，公证员42人。全年全市办理公证7.49万件。推出涉疫情公证事项绿色通道、容缺受理，承诺减免公证收费，并加大对公证服务企业复工复产举措的宣传力度，助力稳企安民。7月，开平市公证处调整为登记设立事业单位公证机构，成为全省第一家登记设立事业单位公证机构。全市有2家公证处3家法院参与人民法院司法辅助事务试点工作。在全省率先推动全市8家公证机构进驻“粤省事”平台和广东法律服务网，成为全省首个全部公证机构进驻“粤省事”平台和广东法律服务网提供公证在线办理的地级市。全市8家公证处实现电子公证书签发，全年签发电子公证书1.09万张。在全省率先实现基于区块链技术的银行公证业务办理对接，在全省首推“公证＋不动产”政银区块链核验,实现“减证便民”。组织开展2020年全市公证质量检查，全部公证案件档案质量均达到优秀标准。在广东省公证协会成立30周年纪念大会上，江门市公证协会获评行业突出贡献公证协会，台山市公证处、江门市五邑公证处获评先进公证处，五邑公证处主任郝炼获评优秀公证处主任，开平市司法局二级主任科员余松波获评行业特别贡献工作者，新会公证处陈霁获评优秀公证员。

【人民调解】 至2020年年底，江门市建立市、县、镇、村四级调解组织1723个，其中行业性专业性人民调解组织321个，个人品牌调解室19个，市级备案商会协会人民调解委员会14个。成立粤澳（江门）产业合作示范区、深江产业园司前园区调委会，开平市与新兴县边界联合调解室和江中跨界纠纷调解工作室，化解两地边界纠纷矛盾，服务粤港澳大湾区经济发展。建立健全矛盾多元化调解机制，加强诉调对接，人民调解室进驻各市（区）人民法院；建立访调对接机制，公共法律服务中心调解室对接同级信访部门，化解信访矛盾纠纷案件。以台山台城、端芬2个镇（街）为试点，推动各市（区）建立1～2个特色涉侨纠纷调解室。全市司法行政系统和各人民调解组织开展排查矛盾纠纷9560次，调解案件数1.12万件，调解成功1.11万件，成功率99.60%。

【安置帮教】 2020年，江门市司法局在新冠肺炎疫情期间，开展在册安置帮教对象信息核查工作，与公安机关联合开展安置帮教对象信息“双列管”；落实从省外监狱刑满释放人员“一人一事一报”和“必接必送”工作。全市刑满释放人员核查率、重点对象回执率保持100%。新会区司法局妥善安置一名“三假”（假地址、假身份、假姓名）刑满释放对象。加大安置帮教基地建设，蓬江区、开平市、新会区分别新增一处安置帮教基地。

【社区矫正】 2020年2月，江门市两级社区矫正机构开展新冠疫情防控，全市114名社矫对象捐款12.4万元、医用口罩9500个、体温枪5支支援抗疫工作；主动参加社区防疫值守或义工工作累计志愿时数2252小时。全市社区矫正工作人员、社区矫正对象实现“零感染”。5—7月，全市学习宣传贯彻《中华人民共和国社区矫正法》，通过组织学习培训班、拍摄宣传微电影、网上平台直播、公交系统投放公益广告等方式在社会面开展宣传，江门市司法局与恩平市司法局联合推出的《娇娇·正正画说社区矫正法》手绘漫画获市民好评。12月29日，恩平市社区矫正委员会成立，是江门市成立的第一个县区级社区矫正委员会。

【司法鉴定】 至2020年年底，江门市司法鉴定机构8家，司法鉴定人员85人。市司法鉴定行业协会成立，市司法鉴定行政管理与行业管理“两结合”的管理体制确立。开展司法鉴定机构收费专项检查、司法鉴定质量大检查、公职人员违规取得司法鉴定人执业登记专项排查、司法鉴定机构和司法鉴定人清理整顿、司法鉴定行业专项教育整顿等工作。加强司法鉴定机构及队伍建设，完成司法鉴定机构和鉴定人信息更新，引导各司法鉴定机构做好疫情防控工作，有序复工复产。指导广东南天司法鉴定所江门分所成立党支部，组织司法鉴定机构进驻江门市公共法律服务中心值班，推进“交通事故一体化处理平台”建设，依法办理司法鉴定行政许可工作，做好承接司法鉴定管理省级行政职权事项清单相关工作，全市8家司法鉴定机构办理司法鉴定案件8166件，提请省司法厅作出司法鉴定行政处罚1宗。

【国家统一法律职业资格考试】 2020年，国家统一法律职业资格考试江门考区有近1600名考生报名参考，客观题考试和主观题考试分别在五邑大学和江门市第一职业高级中学考点举行，考试期间考场秩序良好，没有出现体温异常情况考生，考试计算机硬件及考试系统运作基本正常，没有启用备用和隔离考场，没有出现断电、断网等突发情况，连续三年实现考试安全、人员安全、考场安全和考务工作零失误目标。

【强制隔离戒毒管理】 2020年，江门市强制隔离戒毒所落实各项新冠肺炎疫情防控措施，场所自1月27日至9月1日调整勤务模式，实行全封闭执勤，确保“三防一安全”（防输入，严把入口关；防扩散，严把内控关；防输出，严把出口关；保安全，严把管理关）。加强隐患排查整治，加强执法规范化建设，实现场所安全稳定。健全完善硬件设施，推进全国统一戒毒模式实体化、一体化、整体化运作，提升教育戒治水平。加强戒毒医疗建设，与市五邑中医院建成远程医疗会诊系统，借助社会力量提升场所医疗戒治水平。统筹推进党建队伍、疫情防控、安全稳定、教育戒治、医疗卫生、智慧戒毒等各项工作，连续18年实现场所安全“六无”（无戒毒人员逃脱、无所内发案、无所内吸毒、无非正常死亡、无重大安全生产事故、无所内疫情）目标。

【基层法律服务】 2020年，江门市基层法律服务所通过解答法律咨询、代写法律文书、担任法律顾问、办理法律见证、协办公证、组织开展法制宣传和协助司法所指导开展人民调解工作，参与民事和经济代理，为当地民营经济体和群众提供法律服务和法律保障。全市基层法律服务所办理各类法律事务4326件，其中代理民事、行政诉讼、仲裁事务37件；代理非诉讼法律事务95件；解答法律询问和代书3636人次；参与公益或免费法律服务558人次。

【法治宣传教育】 2020年，江门市司法局印发《江门市2020年普法依法治理工作要点》，拟订《2020年度江门市人民政府常务会议学法计划》，指导有关部门制订年度普法计划和普法责任清单，打造《以案说法》《法治在线》《法治江门进行时》等媒体法治宣传栏目为全市法治宣传教育提供平台。开展战“疫”精准普法，组织开展“新型冠状病毒肺炎疫情防控法治宣传月活动”和“疫情防控全民公益普法行动”，动员部门和社会力量在全市范围内开展疫情防控法治宣传活动。5月，印发《关于开展民法典普法宣传活动的通知》，组建“民法典普法讲师团”，利用“普法达人”网络平台开展民法典知识有奖竞答活动，开展民法典主题海报设计大赛。7月，组织全市8.55万名国家工作人员通过江门市在线学法考试系统参加全市国家工作人员民法典专题学考暨2020年度在线学法考试，考试成绩优秀率98.73%。7—9月，组织开展“谁执法谁普法”履职报告评议活动，对市公安局、市自然资源局、市文化广电旅游体育局、市卫生健康局、中国移动江门分公司等5家单位普法责任落实情况进行评议，20万名群众参与网络评议活动，超12万名群众进行网络投票，评议活动取得良好社会效果。9月，组织开展全市领导干部和国家工作人员旁听庭审活动，市普法联席会议成员单位现场旁听庭审，市直各单位、中直、省直驻江门单位组织领导干部和国家工作人员同步收看庭审直播。11月29日，市普法办在江海区釜山公园组织“宪法宣传周”启动仪式暨“江门市法治灯光夜”现场集中普法活动。推进基层依法治理工作和各项法治创建活动，蓬江区良溪村、江海区英南村获评第八批“全国民主法治示范村（社区）”称号，全市申报省级法治文化主题公园1个、青少年法治教育实践基地2个、法治文化建设示范企业9个。

2020年11月9日，市司法局、市住房城乡建设局、市政务服务数据管理局联合建设银行江门市分行在建设银行江门市分行举办江门市“政银区块链”上线暨房屋交易云链签全省首发发布会。图为平台开通仪式现场

（市司法局 供）

【法律援助】 2020年，江门市法律援助处做好农民工、未成年人、老年人、残疾人、军人军属等特定人群法律援助工作，推动认罪认罚措施的实施，开展“法援惠民生扶贫奔小康”品牌活动，深化便民利民惠民措施，为困难群众提供覆盖城乡、便捷高效、普惠均等的法律援助服务。从8月起，在全市范围内推行公民申请法律援助全域通办工作，实现法律援助“一次办”，方便群众申请法律援助，降低困难群众异地维权成本，为群众解决涉法涉诉难题。全市受理法律援助案件5436件，其中申请类法律援助1022件（民事996件，刑事9件，行政17件），通知类刑事法律援助案件4414件，安排值班律师提供法律帮助2235次，为军人军属提供法律援助5次，为来访、来电群众解答法律咨询3801人次，安排律师办理认罪认罚3432宗。

【公共法律服务】 2020年，江门市加快建设覆盖城乡、便捷高效、均等普惠的现代公共法律服务体系，全市建成四级公共法律服务实体平台1401个，包括7个公共法律服务中心、74个镇（街）公共法律服务工作站、4个工业园区公共法律服务工作站及1313个村（社区）公共法律服务工作室、3个工业园区公共法律服务工作室，其中有26个示范性乡镇公共法律服务工作站和157个示范性乡村公共法律服务工作室，为群众提供法律咨询1.45万人次，办理公共法律服务事项6657件。新冠肺炎疫情发生后，推出空中公共法律服务方案，公共法律服务投身疫情防控和复工复产。优化升级江门市法治地图，为30分钟公共法律服务圈提供查询和引导。建设市一级公共法律服务中心，选定市总工会位于广新路9号2栋原职校大楼作为新的市公共法律服务中心选址。

（市司法局 黄华京）

军 事

江门军分区

【概况】 2020年，江门军分区党委坚决贯彻军委国防动员部和省军区党委决策部署，按照“举旗铸魂、练兵备战、聚焦主业、强基固本、正风肃纪”的工作思路，广大官兵、文职人员和职工同心协力，奋发进取，推动军分区建设创新发展。深化理论武装，落实党委中心组带机关和团级单位理论学习制度，抓好十九届五中全会、军委训练会议、全军思想政治教育工作会议、抗美援朝出国作战70周年纪念大会等重要会议精神和军委主席习近平最新重要讲话精神学习贯彻，全年军分区、人民武装部两级共组织25次集体学习讨论，5人做交流发言。深化“传承红色基因、担当强军重任”主题教育，参加上级统一组织的“四个专题”教育活动，安排师团职领导讲好大课，指导各级用好中国抗击新冠肺炎疫情的生动教材，用好纪念抗美援朝出国作战70周年丰富教育资源，弘扬伟大抗疫精神和抗美援朝精神。

【党管武装制度落实】 2020年，江门军分区协调市委召开议军会，研究解决部队建设和国防动员中面临的难题；将武装工作考评纳入全市考评体系，组织对市直机关和各市（区）考评工作，推开各市（区）和镇（街）党管武装考评，压实全市各级党管武装责任，提高党管武装工作层次质量；落实人民武装部党委第一书记任职宣布命令，组织市（区）人民武装部党委第一书记和国防动员委员会成员单位负责人进行党管武装工作述职。

【战备工作】 2020年，江门军分区完成军分区、人民武装部作战室高清化改造和值班室视频指挥系统建设，完善战备器材室、战备图库和市直民兵应急营办公场所设施，修订军分区本级和人民武装部国防动员、应急处突、日常战备等各类方案，更新兵要地志和作战数据，启动军警民联合应急处突协同机制。

【民兵训练】 2020年，江门军分区集中组织全市基干民兵在市国防教育训练基地实施集中轮训，确保训练人员、时间、内容、质量“四落实”，组织任务民兵分队专攻精练，协调驻军部队开展联训联演。

【国防动员潜力数据统核】 2020年，江门军分区组织召开全市国防动员潜力业务培训和数据核查会审，统计核对国防动员重点潜力数据，修订整合潜力资源，掌握辖区内国防动员潜力资源，为平时动员准备、战时动员行动提供基础支撑。

【征兵工作】 2020年，江门军分区完成新兵和直招士官征集任务。大学生征集率和大学毕业生征集率比上年提高，超过省征兵办赋予的指导比例，征集兵员总体质量提高。

【基层武装部长集训】 2020年，江门军分区组织7个市（区）的基层镇（街道）、辖区高校武装部部长在江门市国防教育训练基地进行为期一周的封闭式集训，增强基层党管武装部队意识，提升基层武装干部队伍业务水平。

【基层武装工作调研】 2020年，江门军分区到全市基层镇（街道）和村（居）民兵营，组织基层镇（街道）分管领导、专武部干部、民兵营长及退役士兵代表进行座谈交流，回收调查问卷，梳理基层武装工作现状和矛盾问题，为研究解决制约基层武装工作发展的突出问题提供第一手资料。

【部队“四个秩序”建设】 2020年，江门军分区按标准为作战值班室、作战室、战备资料室、文印室、保密室等涉密场所配备手机信号屏蔽柜、无线信号屏蔽器、电脑、文件柜、报警器等设施设备，提升“物防”“技防”水平。制定下发安全管理等规范性文件，建立健全新体制下军分区安全管理工作运行机制，提升军分区正规化建设水平。

【军分区参与地方疫情防控】 2020年，江门军分区组织民兵支援地方政府疫情防控工作，全市出动民兵和车辆57辆次。完成41个路口、90个社区、6个车站、25个隔离点的定点排查任务，对8516户住户进行入户摸排，检查车辆18.95万辆次、人员2.41万人次，发现并转运发热人员3人，运送各类食品10吨、医疗用品6300件（套）、发放传单4.88万张，张贴宣传标语2015条，消杀面积49平方千米。

【军分区助力地方脱贫攻坚】 2020年，江门军分区参与地方脱贫攻坚，继续在困难退役军人中实施帮扶行动三年规划，投入20万元对军分区机关挂钩的100多户家庭实施精准帮扶，并督导各人民武装部对辖区36个村、96户挂钩对象开展帮扶，两级挂钩帮扶的贫困村和贫困户实现脱贫。

武警江门支队

【概况】 2020年，武警江门支队党委以习近平新时代中国特色社会主义思想为指导，深入贯彻习近平强军思想，贯彻武警部队、广东总队党委决策部署，抓落实，打基础，年度工作有力推进，各项任务完成圆满，全面建设稳中有进，官兵精神面貌为之一新，被武警部队表彰为“抓建基层先进支队”。

【部队思想政治建设】 2020年，武警江门支队坚持用习近平新时代中国特色社会主义思想武装头脑，抓好《习近平谈治国理政》《习近平新时代中国特色社会主义思想学习纲要》《习近平强军思想纲要》的学习运用，用好党委中心组理论学习、理论学习日、“学习强国”平台和军职教育等载体，开展“不忘初心、牢记使命”“传承红色基因、担当强军重任”2项主题教育，推进支队所属大（中）队政治环境建设，担负武警广东省总队文化建设试点任务。学习军委主席习近平为武警部队授旗训词，坚决贯彻军委主席负责制。

【军事训练】 2020年，武警江门支队开展执勤法规学习教育，落实查勤管勤制度，推进“智慧磐石”工程建设和目标执勤隐患治理，实现固定目标安全无事故。加强实战化训练，开展群众性练兵比武，提升部队实战能力，完成各项急难险重任务。

【部队后勤保障】 2020年，武警江门支队完善应急保障方案和战备物资储备，组织专业岗位培训和比武竞赛，开展后勤训练演练，增强应急保障能力。投身抗击新冠肺炎疫情阻击战，支队官兵实现零感染目标，配合驻地市委、市府防控任务，为江门驻地人民群众的生命健康保驾护航。开展“清仓归零”整治、装备系统整肃治理和枪弹安全专项整治活动，规范物资采购，严格经费结算，后勤保障依规运行。抓好伙食管理，推进直饮水进班排、基层营房整修、健康体检等暖心工程。

（陈健聪）

人防建设

【人民防空体系建设】 2020年，江门市人防指挥通信网开通运行。根据《珠海、中山、江门三市人防区域协作框架协议》，第二、三、四季度由中山、江门、珠海分别牵头在佛山顺德、佛山高明、湛江3市开展机动指挥所跨区域协同训练。9月，江门市人防指挥部组织四市三区利用建成的高清视频会议系统进行人民防空警报试鸣暨紧急疏散实兵演练。从2020年起，结合“全民国防教育日”开展江门市防空警报试鸣暨珠三角城市群人民防空协同演练。

【人防工程维护管理】 2020年，江门市公共人防工程建设完成并投入使用10项，定期进行安全检查，对影响使用或破损的人防和消防等设备进行更换。委托服务机构对江门市早期坑道式人防工程进行普查，对早期坑道式人防工程图纸进行矢量化处理。查核早期坑道式人防工程，其中2个由于历史资料缺失无法进行核查，9个完全被拆除，个别早期坑道式人防工程局部被拆除。江门市早期坑道式人防工程，按照坑道式人防工程的完整程度和安全程度进行分类维护管理。

（黄梦岚）

退役军人事务

【概况】 2020年，江门市围绕“思想政治工作年”“基层基础基本建设年”“矛盾攻坚化解年”推动全市退役军人工作。全年四级退役军人四级服务保障体系全面建设。全市加强设立退役军人服务中心（含服务站）。是年，江门市成功创建全国双拥模范城，新会区、台山市、开平市成功创建全省双拥模范县。

【退役士兵（官）安置】 2020年，江门市完成接收军转干部任务，安置在机关单位。举办2020年军转干部适应性培训班。完成接收退役士兵（官）任务，其中自主择业退役士兵发放一次性经济补助金；政府安排工作退役士兵安置在事业单位。举办退役士兵适应性培训班。

【退役士兵就业创业】 2020年，江门市退役军人事务局举办退役军人专场招聘活动（线下）。扶持退役军人就业创业，吸纳退役军人的用工企业在就业创业补贴、税收减免、资金等方面给予优惠政策。举办叉车、电工、焊工、安保员、电商、“粤菜师傅”等就业创业技能培训班。全市成立退役军人就业创业孵化基地、教育培训（实训）基地。依托广东南方职业学院建设退役军人服务中心、退役军人教育培训（实训）基地和退役军人就业创业孵化基地。

【军休服务】 2020年，江门市军休所做好军休服务管理工作，落实“两个待遇”（政治待遇、生活待遇），完成年度接收退休士官安置任务，市退役军人事务局协助退休士官办理落户、组织关系、医疗保险等手续。落实军休干部远程视频会议项目，为每户军休干部配备远程平板终端和专用流量卡，军休干部在家中通过平板终端即可参加会议。组织全体工作人员及军休干部爱心捐款助抗疫，捐款2.22万元。加大军休工作宣传力度，宣传党的十九届四中、五中全会精神，归纳总结军休工作新做法、新经验和军休干部“老有所为”先进典型人物，发挥军休干部典型榜样作用。

【双拥工作】 2020年，江门市获第十一届“全国双拥模范城”称号。双拥防疫宣传工作走在全省前列。开创全国首个综合性教育培训机构拥军优抚模式，用于支持现役、退役、预备役军人及双拥成员单位工作人员子女教育。

【优抚保障】 2020年，江门市做好优抚对象抚恤补助工作，各类定恤定补提高，保障优抚对象生活。

【烈士褒扬】 2020年，江门市开展烈士纪念设施改造提质专项工程工作。改造烈士纪念设施14座，投入经费464.8万元，其中江门市英雄山烈士陵园投入经费12.2万元；蓬江区改造设施2座，投入经费4.6万元；江海区改造设施1座，投入经费15万元；新会区改造设施2座，投入经费24万元；台山市改造设施1座，投入经费300万元；开平市改造设施1座，投入经费50万元；鹤山市改造设施6座，投入经费59万元。开展清明节期间烈士祭扫活动和“9•30”烈士公祭活动。全市举办烈士祭扫活动394场，参加烈士祭扫13.3万人次。

【江门市“最美退役军人”宣传】 2020年4月20日至12月30日，中共江门市委宣传部、江门市退役军人事务局、江门军分区政治工作处联合开展江门市“最美退役军人·最美军嫂”先进事迹宣传活动。全市各级开展“最美退役军人”“最美军嫂”“最美双拥先进个人”等先进事迹宣传报告会7场，向全市党员群众宣传江门市最美退役军人、军嫂、双拥集体等先进事迹。市退役军人事务局于8月7日在市工人文化宫举办江门市“最美退役军人·最美军嫂”事迹报告会，7月21日至8月12日举办江门市“最美退役军人·最美军嫂”先进事迹展，接待参观人员2000余人次。8月26日，印发《关于开展向“江门最美退役军人”“江门最美军嫂”学习的通知》，发动全市机关企事业单位开展最美退役军人先进事迹学习。

（市退役军人事务局）

2020年8月7日，在江门市工人文化宫举办江门市2020年度“最美退役军人·最美军嫂”先进事迹报告会

（市退役军人事务局 供）

经济监督管理

发展规划管理

【概况】 2020年，江门市开展“十三五”规划纲要评估工作，梳理总结“十三五”规划纲要实施的效果、存在问题，形成评估报告。完成“十四五”规划纲要编制工作。坚持开门编规划，通过互联网、媒体、意见征询座谈会等形式，征集社会各界意见，把社会期盼、群众智慧、专家意见、基层经验吸收到规划中。《江门市国民经济和社会发展第十四个五年规划和二〇三五年远景目标纲要》获市十五届人大七次会议通过。

【现代产业发展】 2020年，江门市推进供给侧结构性改革，形成以先进制造业为主体、现代服务业为支撑的现代产业体系。经济结构优化，三次产业比重从“十二五”期末的7.5∶46.7∶45.8调整为2020年的8.6∶41.6∶49.8。累计完成工业投资超3400亿元，工业总产值突破5000亿元，新材料、大健康、高端装备、新一代信息技术、新能源汽车及零部件等五大新兴产业产值超2100亿元。制造业发展水平提升，先进制造业、高技术产业占规模以上工业增加值的比重分别达到39.6%、11.7%。德昌电机、优美科长信、得润电子等龙头企业在江门扎根发展。装备制造业增加值占规模以上工业增加值比重约32%，比“十二五”期末提高4个百分点。产业转型升级加快，64家企业被认定为省级企业技术中心，工业技术改造投资总量保持在全省前列。产业载体提质增效，“1+6”（滨江新城、新会银洲湖、鹤山工业城、台山工业新城、开平翠山湖科技产业园、恩平工业园）核心园区纳入国家开发区审核公告目录，“五大万亩园区”纳入省产业园政策扶持范畴，引入1亿元以上项目109个。现代服务业发展提速，占服务业增加值比重提高到62.8%。获批2020年度财政支持深化民营和小微企业金融服务综合改革试点，进驻江门市的银行机构增加，华润银行江门分行、浙商银行江门分行开业。高新区金融中心投入运营。现代农业加快发展，创建国家农产品质量安全市，省级以上现代农业产业园增至8个，新增国家级2家、省级重点农业龙头企业19家。

【重点项目建设】 2020年，江门市重点项目建设完成年度投资计划742.38亿元，比上年增长11.19%。产业类项目完成投资359.18亿元，比上年增长3.43%，占全部项目完成投资40.62%，完成年度投资计划120.47%；城建类项目完成投资323.09亿元，增长19.67%，占全部项目完成投资35.33%，完成年度投资计划138.61%；交通类项目完成投资220.04 亿元，增长13.78%，完成年度投资计划109.52%。各市（区）均超额完成年度投资计划。蓬江区完成投资144.29亿元，完成年度计划130.60%，比上年增长24.46%；新会区完成投资153.17亿元，完成年度计划131.90%，增长14.49%；鹤山市完成投资93.57亿元，完成年度计划125.00%，增长14.23%；江海区完成投资125.55亿元，完成年度计划132.99%，增长9.32%；恩平市完成投资39.13亿元，完成年度计划122.53%，增长4.58%；开平市完成投资76.88亿元，完成年度计划116.69%，增长0.95%；台山市完成投资104.28亿元，完成年度计划126.39%，下降12.56%。

【合作开放扩大】 2020年，江门市参与“一带一路”建设。优化营商环境，加快口岸通关效率，推动跨境电子商务综合试验区建设。加快重大对外通道建设，构建轨道交通及高快速路网，加强统筹协调珠三角港口发展。稳定外贸发展，加强外贸进出口监测分析，加强中欧合作，推进贸易外汇收支便利化试点及人民币跨境结算工作。开展与广州、深圳大湾区核心城市合作对接。签订广州市人民政府江门市人民政府战略合作框架协议，以“优势互补，互利共赢”“政府推动，市场主导”“平等协商，共同推进”“统筹谋划，重点突破”为原则，重点在交通设施互联互通、产业互助协同发展、科教卫生深度对接、干部人才交流合作、文化旅游合作推广、国企合作携手同进、营商服务共建共享等方面开展合作。与深圳市推进基础设施互联互通，深茂铁路深江段于7月2日动工。深南高铁重要组成部分的珠肇高铁江门至珠三角枢纽机场段于12月在江门市鹤山市境内先行动工。中车广东公司与深圳地铁合作进展顺利。推动对深圳产业招商，12月28—29日，与深圳市商业联合会在深圳联合主办2020年第七届全球深商大会，宣传江门投资环境，推动招商引资工作。是年，全市洽谈引进深圳投资超1亿元项目19个，投资额102.9亿元，其中，投资超10亿元项目3个。

【重大领域改革深化】 2020年，江门市深化要素市场化配置改革，发挥市场在资源配置中的决定性作用，江门市“企业开办全程网上办改革试点”“‘数字政府’综合改革试点”“投资项目承诺制改革试点”“社会信用联合奖惩试点”“全国跨部门‘双随机、一公开’联合监管试点”等相关改革成效、经验做法向省推荐。推进市级政府投资管理体制改革，重新修订《江门市政府投资管理办法》，推进承诺制改革工作。至年底，累计有817个项目的相关审批采用承诺制管理（其中2020年452个），972个项目采用容缺审批，项目前期工作平均提速1—2个月。工程建设项目“拿地即开工”逐步常态化，开平建邦杭萧项目探索出“交地即开工”模式，成为全国第二个“交地即开工”项目。推进先进制造业和现代服务业融合发展，参与国家数字经济创新发展试验区建设，健全信用信息归集共享机制，完善信用联合奖惩应用机制，推动联合奖惩事项嵌入部门业务系统，开展破解城乡二元结构的改革探索，推进农村公共基础设施管护体制改革，推进健全统一的应急物资保障体系，深化户籍管理制度改革。

（市发展改革局）

国有资产监督管理

【国有资产概况】 至2020年年底，江门市属国有企业资产总额（含高新工业园）528.9亿元，比上年增长1.81%；负债总额237.49亿元，增长12.61%；净资产291.41亿元，增长3.93%；营业收入33.09亿元，下降30.72%；实现净利润2.97亿元，下降48.01%。

【国有企业经营】 2020年，江门市滨江建设投资有限公司合并营业收入22.06亿元，比上年下降25.46%；实现合并净利润2.26亿元，下降29.88%。市交通建设投资集团有限公司实现营业总收入19.44亿元，比上年下降20.17%；实现净利润1.92亿元，下降21.80%。市企业资产经营有限公司实现主营业务收入4.26亿元，比上年下降22.88%；净利润925.96万元，下降91.76%。金羚集团公司及控股企业实现销售收入8839.22万元，比上年下降20.8%，净利润887.81万元，增长59.9%。是年，江门市市本级国有资本经营预算完成总收入1.05亿元，为年度预算100%，完成总支出1.05亿元，为年度预算100%。

【国有资产审计】 2020年，江门市国资委组织开展国有企业2019年度合并财务报表、预算执行、财务决算和经营业绩考核专项审计，国有企业领导人员经济责任审计，公交专项资金审计，集体企业城镇联社绩效审计，重点投融资及基建项目跟踪审计等，出具审计报告30个，报告如实反映各企业预算指标、经营业绩考核指标等完成情况，反映相关专项资金的使用及绩效情况，披露企业保值增值情况和管理中存在未严格执行会计准则的相关规定等问题并提出意见建议。

【国有企业退休人员社会化管理】 2020年，江门市国资委做好国有企业退休人员社会化管理工作。各镇街（人社所）按照“应接尽接，能简尽简”的原则分别对退休党员组织关系转接、退休人员人事档案接收提供绿色通道，完成2.05万人移交工作。

【“僵尸企业”处置】 2020年，江门市完成748户“僵尸企业”（已停产、半停产、连年亏损、资不抵债，主要靠政府补贴和银行续贷维持经营的企业）处置。其中市直完成438户，蓬江区13户，江海区4户，新会区36户，台山市76户，开平市39户，鹤山市126户，恩平市16户。

【国有企业供给侧结构性改革】 2020年，江门市政府印发《江门市属国有资本布局优化改革实施方案》，按照一体化视角、资源集聚、分类整合和专业化运营的原则对江门市属国有产业进行整合。依托市滨江建设投资有限公司、市交通建设投资集团有限公司，将公益类企业与商业类企业分立，将市属相关资产整合至公益类平台、功能型商业类平台和竞争型商业类平台等3个平台。结合3个平台公司的定位，将国有资本重点布局在十大产业领域。通过改革创新，力争在“十四五”期末实现打造千亿级市属国资平台、百亿级市（区）级国资平台的目标。市国资委起草《江门市国企改革行动方案》，计划通过完善中国特色现代企业制度，推进国有经济布局优化和结构调整，深化混合所有制改革，健全市场化经营机制，完善以管资本为主的国有资产监管体制和加强党的领导和建设等行动措施，以公用事业、城市更新、园区建设等为重点，集中优势资源做大做强市属国有企业，增强国有企业造血机能及在基础设施和公共服务领域的投资运营能力。

【国有企业党的建设】 2020年，江门市国资委完善国有企业党建考核评价长效机制，压实管党治党政治责任。在基层组织建设方面，建立33项党建重点工作任务清单，印发《关于全面加强国有企业党的建设若干意见》，推动全面从严治党向基层延伸；建立完善党委工作制度和前置研究讨论重大经营管理事项清单，推动党建与公司治理融合；新建支部5个，完成支部（总支）换届29个；发展党员47名；举办“头雁”培训班3期，参加培训党务工作者300名；开展“五强五化”（思想引领力强，党的理论武装常态化；推动发展力强，党建与生产经营融合化；组织凝聚力强，基层党的建设规范化；基础保障力强，党建责任落实精细化）示范党组织创建活动，开展“一企一品”特色党建品牌建设；24家市属企业实施基层党组织书记项目，实现党建工作与中心工作同频共振；组织选送的党建研究课题报告获市级二等奖、三等奖和优秀奖各1个。在干部人才队伍建设方面，完善选任机制，出台《江门市市管企业领导人员管理制度（试行）》，印发《关于加强江门市国有企业经营管理人才队伍建设的指导意见》，解决国企领导年龄结构老化和干部梯队建设不合理问题；建立完善市场化薪酬分配和激励机制，实行差异化分类考核，引进高素质专业化人才，在二、三级企业推行市场化选聘职业经理人试点工作。在落实党风廉政责任制方面，做好省委巡视、市委巡察、各类审计反馈事项整改落实工作；强化执纪监督问责，查处违纪案件1件，立案审查1人，党纪政纪处分1人。

【江门市企业资产经营有限公司】 2020年，江门市企业资产经营有限公司被纳入市属国有资产系统考核的10户企业实现营业收入4077万元，净利润474万元，实现资产盘活收入6734万元，其中资产处置收益3700万元，资产招租收入3034万元。向地方财政上缴资产收益268万元。

存量资产盘活 2020年，将江门市化工原料公司白庙坑地块、江门市百事达集团公司凤阳街土地、江门市活力集团公司龙上里地块等交由政府收储。支持资产租户复工复产，对356户符合减免条件的租户减免租金742.87万元，公司房屋（含住宅、商铺）使用率在84%以上，土地利用率在96%以上。

国有企业经营 2020年，江门市广悦电化有限公司实现工业总产值3.61亿元，比上年增长1.5%；营业收入3.86亿元，下降0.8%；利润2600万元，增长7.8%。大部分产品产量或销售量比上年有所提高。江门市东林物业管理公司加快培育具有核心竞争力的物业服务业务，新增江沙示范园生活配套区、江海区双创园等服务项目11个，合同总价617万元，对外签署服务合同金额比上年增长16.3%。江门市物资股份公司整合下属回收网点拆解业务，形成废旧机动车报废拆解“一站式”服务。江门市公诚企业信用评级公司成为江门地区唯一具备企业信用评级资质的机构。

国企改革深化 2020年，累计向街道和社区移交国有企业退休人员1.32万人。以“自行出清”和“司法出清”2种方式完成国有“僵尸企业”（已停产、半停产、连年亏损、资不抵债，主要靠政府补贴和银行续贷维持经营的企业）出清任务，累计完成380户国有“僵尸企业”出清，占江门市出清“僵尸企业”总任务54%，占市直任务89%。

（林立武）

【江门市交通建设投资集团有限公司】 2020年，该公司实现收入4.98亿元（市国资委考核范围，含直接管理企业，不含委托管理企业），比上年增长0.68%。纳入合并报表范围企业实现收入19.44亿元，实现利润总额2.09亿元，实现净利润1.70亿元，分别下降20.19%、32.91%、30.59%。完成“僵尸企业”（已停产、半停产、连年亏损、资不抵债，主要靠政府补贴和银行续贷维持经营的企业）出清；开展闲置资产盘活工作，盘活面积3932.99平方米；做好智能云项目重大风险防控和项目公司重组工作，召开临时股东会、聘请律师起诉等争取获得企业控制权的相关工作；制定境外资产处置方案并获批通过，完成境外资产处置服务机构选定工作；协助市国资委、区国资局入股中铁十六局子公司，协助中铁十八局完成合资公司的组建及中铁十八局资质公司的吸收合并；完成国企退休人员社会化管理工作。数字江门公司推进“数字政府”建设，累计承接政务信息化项目90个，其中年度新增项目30个；规划勘察设计研究院以“江门市老城区（江华社区试点）加装电梯布点规划研究”为“书记项目”，解决老城区民生短板。

项目建设 银洲湖高速公路项目完成投资额8.22亿元，加快开展征地拆迁、用地报批相关工作；江鹤高速公路改扩建工程完成立项；南海至新会高速（原新台高速北延线）项目进入招标准备阶段；江门大道与佛开高速连接线项目推进用地预审、规划选址、社会稳定风险评估报告专项工作。新增教育、医疗设施代建项目6个，累计承接政府投资代建项目8个，总投资40亿元；属下交通工程公司在建项目30个，完工项目26个，累计完成施工产值1.3亿元。与珠海市交通集团合资组建江门市交建融汇供应链管理有限公司，承接业务合同金额1.3亿元，经营收入3088万元。

金融投资 市交通建设投资集团有限公司及市金控公司直接或间接持有基金30.67亿元投资实体经济，实现IPO（首次公开募股）项目5家。各基金所投资排候IPO项目7家。协助制定《江门市支持企业融资专项扶持资金管理暂行办法》；通过共济发展基金投入资金9000万元缓解科恒股份实际控制人资金流动性问题。完成省级珠江西岸先进装备制造业发展专项资金投资额6.5亿元，1.07亿元专项资金投资世电科技项目，带动江门产业经济发展。以2亿元自有资金认购广东道氏技术股份有限公司非公开发行股份，探索通过参与二级市场定增方式支持当地企业发展的道路；与深圳格罗斯共同出资300万元成立金格数科，通过应收账款数字资产化流转，探索解决江门市中小企业融资难融资贵问题。全年完成新一期10亿元中期票据注册发行工作，银洲湖高速公路项目获国家开发银行97亿元银团项目贷款及40亿元1年期项目前期贷款。

运输行业扭亏 市汽运集团拓展

物流板块业务，推动天骏培训、纯电动车充电服务等多元化跨界发展项目，推进公交车电动化、智慧停车泊位接入、新会汽车总站整体搬迁及恩平汽车总站迁建等重点工作。国柜公司调整业务经营策略，第三季度效益开始实现正增长。

土地盘活 白沙天悦文华项目建设进展顺利，项目总销售约540套，总销售金额5.1亿元，住宅销售率95%；东海路及麻园路交界东南侧地块项目确定合作方。篁庄旺天围地块项目缴纳相关税费，办理产权证手续。

（市交通建设投资集团有限公司）

物价管理

【概况】 2020年，江门市居民消费价格总水平（CPI）累计上涨3.1%，实现年初制定物价指数涨幅不超过3.5%的调控目标，保持江门市价格总水平基本稳定。保基本民生，落实社会救助和保障标准与物价上涨挂钩的联动机制，发放低收入群众价格临时补贴，累计补贴62.5万人次，补贴金额7039万元，保障困难群众基本生活不受物价上涨影响。

【价格监测】 2020年，江门市优化完善价格监测品种和网络体系，提升价格监测覆盖面及工作质量。新增开展洗车、家政、理发、房屋租赁行业的价格监测，全市纳入广东省价格监测预警系统监测定点单位127个（其中新增监测点26个），累计向国家和省报送各类价格监测数据45万条。加强疫情防控期间重要商品应急监测及市场巡查，提升市场价格监测分析预警能力。在新冠肺炎疫情防控期间，每日做好市场医药商品及与粮油肉禽蛋奶等群众必需品的市场供应及价格应急监测和开展定期巡查工作。全年开展市场巡查47次，出动巡查人员956人次。通过对市场商品和服务价格的监测数据分析，定期编制《“菜篮子”价格动态》《月度市场主要商品和服务价格监测动态》《重大节假日市场重要商品和服务价格动态》《年度市场重要商品价格监测动态》等分析材料。根据市场价格热点及价格动态情况，分别开展砂石建筑地材价格、房地产市场价格、生猪及饲料价格、大米加工市场价格等专题价格调查，形成相关专题调查报告报相关职能部门及市委、市政府领导参阅。向市委、市政府报送节假日价格材料57篇，向省报送价格监测信息材料341篇（采用33篇）。为省、市级的宏观决策和价格形势分析提供数据支撑和参考依据。强化信息公开，正确引导市场预期。每天通过江门电视台公共频道、政务网站、微信公众号等媒体平台，定时推送发布“菜篮子”价格信息及动态分析，正确引导和稳定市场生产、流通和消费预期。

【价格成本调查】 2020年，江门市开展农产品价格成本调查，助力农村经济发展。组织开展农户购买农资、农户存售粮、早籼稻成本与收益、生猪价格等专项调查。通过深入基层农户，以实地走访、面谈的方式，收集成本数据资料和成本收益情况，听取相关问题和建议，并撰写相关专题调查报告。为各级政府对农户种养殖成本研究分析、走势预测及制定出台相关支农、惠农、强农政策提供数据支撑和依据。开展调定价成本监审，提升价格决策科学性。对列入《定价目录》《成本监审目录》的调定价项目，在成本数据审核过程中，继续通过引入第三方会计师事务所和专业人员参与并协助开展成本数据审核工作，推动成本监审工作提质增效。先后开展医疗废物集中处置、福泉奥林匹克学校教育培养成本和状元山陵园墓地等定价成本监审工作，核减监审对象不合理定价成本870多万元，为合理制定和调整价格提供成本参考依据。

【价格改革】 2020年，江门市推进农业水价改革，制定农业水价综合改革2020年实施计划。推行非居民用水超定额累进加价制度，落实《江门市非居民用水超定额超计划累进加价制度实施方案》，完善非居民用水超定额超计划累进加价制度，以严格用水定额和计划用水管理为依托，以改革完善计价方式为抓手，通过健全制度、完善标准、落实各市区和各部门责任、保障措施等手段，提高用水户节水意识，促进水资源节约集约利用和产业结构调整。保市场主体，先后出台阶段性降低企业用水、用电、用气价格的政策，支持企业复工复产，全年阶段性降低企业用能成本，为企业减负超7亿元。

【收费管理】 2020年，江门市落实降费政策，从1月1日起，摩托车号牌工本费收费标准由每副70元调整为35元。往来台湾通行证（电子）收费标准由每本80元调整为60元；台湾居民往来大陆通行证（补办）收费标准由每本500元调整为200元。3月1日至12月31日，实行政府定价的货物港务费、港口设施保安费2项港口经营服务性收费标准分别降低20%。推进清理规范电网和转供电环节收费，加强清理规范商业综合体、产业园区、物业、写字楼等转供电主体不合理加价行为，确保国家降低一般工商业电价的政策得到贯彻落实，保障降价红利落实到最终用户。

（市发展改革局）

自然资源管理

【概况】 2020年，江门市自然资源局统一行使全民所有自然资源资产所有者职责，统一行使所有国土空间用途管制和生态保护修复职责，助推全市高质量发展，加快推进《江门市国土空间总体规划（2020—2035年）编制，落实用地用海用林用矿审批改革，统筹推进土地指标使用，做好重大项目服务保障，加大耕地保护和国土空间修复力度，推进国土绿化提质增效，强化自然资源执法监督，提升测绘地理信息公共服务能力，推进工程建设项目审批改革，推进不动产登记便民服务，全市颁发不动产权证书39.77万本，不动产登记证明22.16万张。

【自然资源法规宣传教育】 2020年，江门市自然资源局利用门户网站、微信公众号、《江门日报》等，以文字、视频、漫画等形式加强自然资源普法宣传。结合“3•12”植树节、“4•22”地球日、“6•25”土地宣传日、“保护野生动物宣传月”等时段，举办系列主题法治宣传活动。开展专项普法活动。开展扫黑除恶专项斗争宣传活动和加强疫情防控、保护野生动物等法治宣传活动。举办普法下乡活动。在礼乐街道威西村设立自然资源法律咨询服务站，选派普法志愿者开展现场普法，全年举办法律咨询服务活动7期。

【耕地保护】 2020年，江门市落实耕地保护责任，在全省耕地保护考核中获一等奖。省下达任务保障耕地保有量不少于16.67万公顷，基本农田面积不少14.26万公顷，全市实际耕地面积21.02万公顷，实际基本农田面积14.35万公顷，均高于广东省考核要求。垦造水田完成建设313.33公顷。

【土地供应保障和国土空间用途管制】 2020年，江门市承接省下放的土地审批权限，加大用地报批力度，使用新增建设用地指标0.11万公顷，保障黄茅海跨海通道项目、产城融合重点基础设施项目（华盛路西延线、大长江搬迁项目配套道路、滨江新区十路）、大长江搬迁项目（市级重大产业20亿元以上）、信义玻璃搬迁（市级重大外资企业）、新三甲医院（疫情防控项目）、银湖湾滨海新区、五大万亩园区和省级农业产业园等重点项目及重大平台的用地需求。

【自然资源权益与利用】 2020年，江门市加强土地储备管理。纳入全市名录制管理的土地储备机构8家，其中县（市、区）级土地储备机构7家，调控全市土地市场，促进土地资源合理利用。开展自然资源资产核算和清查试点工作。组织自然资源部门开展国有土地资产核算试点项目工作，在台山市开展海洋资源清查试点工作，为全面铺开自然资源资产清查工作探索路径。建立市国有自然资源资产报告制度，做好国有自然资源管理情况年度报告。

【不动产统一登记工作】 2020年，江门市继续实施压缩不动产登记办理时间工作。深化不动产交易缴税登记“一窗受理”，市本级将全类型不动产登记业务纳入“一窗受理”，实现企业和群众办理不动产登记业务只需跑一窗。实施“总对总”模式“不动产登记+金融服务”，企业和个人通过在金融机构设立的不动产登记便民服务窗口，办理抵押权首次登记和抵押权注销登记，实现抵押贷款和抵押登记服务一站式办理。推行“不动产登记+民生服务”，实现不动产登记与供电、电视、网络等立（过）户一并申请的“集中办”服务。在全省率先推行一、二手商品房转移登记“线上+自助”税证联办，实现“一步不用跑”“纸质材料不用交”“审批不见面”。创新实施不动产登记“跨城（境）办”，通过实行“收受分离、网上办理、结果互认”，实现港澳地区跨境办理江门市不动产抵押登记业务（包括抵押设立、注销、变更），以及珠海市跨城异地受理江门市不动产登记业务。全市实现一般登记3个工作日、抵押登记1个工作日内办结。是年，全市颁发不动产权证书39.77万本，不动产登记证明22.16万张。

开展农村“房地一体”不动产登记发证工作，以“总登记”方式对符合登记发证的宅基地使用权及其地上房屋所有权和集体建设用地使用权及其地上建筑物、构筑物所有权进行统一确权登记并颁发不动产权证书。全市宅基地及集体建设用地登记发证93万宗，登记发证率96.87%，超额完成省下达的登记发证率达80%以上的工作任务。

【自然资源统一确权登记工作】 2020年5月，江门市确定台山市作为自然资源统一确权登记试点，探索以湿地（重点是红树林）作为独立的登记单元，结合当地自然资源类型特色选定镇海湾红树林县级自然保护区为试点地区，开展湿地统一确权登记。台山市完成镇海湾红树林统一确权登记试点工作。

2020年8月28日，江门市自然资源局在开平市塘口镇举办以“规范使用地图，一点都不能错”为主题的江门市2020全国测绘法宣传日主场活动

（市自然资源局 供）

【自然资源执法监察】 2020年，江门市在卫片执法中查出违法用地336宗，面积430.8公顷，占用耕地67.33公顷。立案查处违法用地案件206件，拆除违法用地地上建筑物面积5.04万平方米，复耕复绿86.8公顷，恢复土地原状6.6公顷，完善用地手续195.4公顷，收缴罚没款284万元。

【矿产资源管理】 2020年，江门市完成2 个省级绿色矿山建设工作并通过第三方审查验收。加强对矿产资源开发利用的检查监督，落实矿山企业开发利用信息公示并开展抽查检查。公示矿山企业56个，列入异常名录矿山4 个。实施矿山储量动态管理，按月度或季度委托第三方开展矿山开采储量核实。建立矿山矿区范围监测预警体系，强化对重点矿山的监测，全年监控矿山21个。

【地质灾害防治】 2020年，江门市新增隐患点6处，累计在册的地质灾害隐患点64处。通过工程治理，竣工验收核销地质灾害隐患点19处，超额完成省政府下达的9处地质灾害隐患点搬迁的治理任务。汛期期间，江门市落实地质灾害防御各项工作，发布市级地质灾害气象风险2级预警1次、3级预警38次、4级预警39次，发布预警短信8896条；出动地质灾害巡查4598人次，巡查在册地质灾害隐患点64处，在册隐患点未出现异常情况，全市没有发生造成人员伤亡报告的地质灾害。

【测绘与地理信息管理】 2020年，江门市统一使用2000国家大地坐标系，完成江门市自然资源存量数据2000国家大地坐标转换工作。推进《江门市基础测绘“十四五”规划》编制，完成《江门市基础测绘“十四五”规划》前期调研工作。加强地图市场监管，完成地图审核行政许可6宗（含委托审批2宗），组织开展对全市全覆盖地图监管巡查，重点对图书馆、博物馆、重点企业和大型书店等单位开展地图市场巡查，对政府和新闻媒体网站进行互联网地图监管。全市巡查地图场所100多家，检查政府部门及重点企业门户网站186家，排查问题地图35宗，对查出的“问题地图”进行处理整改，规范地图市场秩序。开展测绘法及国家版图意识宣传，8月29日，在开平市塘口镇开展以“规范使用地图，一点都不能错”为主题的测绘法宣传活动，组织全市自然资源主管部门、测绘资质单位和市民群众200余人参加“乡村地图探趣”越野定向赛、《中国地图》拼图比赛和“测绘杯”手机摄影比赛等活动。做好测绘行业管理，受理测绘资质核准行政许可10宗，其中测绘资质变更申请8宗，升级申请1宗，注销申请1宗。对11家丙、丁级测绘资质单位开展测绘质量监督检查及安全生产监督检查。

【自然资源调查监测】 2020年，江门市完成第三次全国国土调查。全市落实国土调查经费8228万元，投入调查人员431人，调查初始库图斑约60万个、统一时点更新调查变化图斑7.4万个，调查面积9535平方千米，重点开展农村土地利用现状调查、城镇村庄内部土地利用现状调查。

开展台山自然资源调查监测全省试点工作。4月，广东省自然资源厅选取台山作为全省2个自然资源统一调查监测试点之一。制订统一的自然资源分类标准、技术方法，以台山第三次全国国土调查数据为基础，集成融合耕地、矿产、森林、湿地、水、海洋等资源调查成果，完成林业不一致图斑外业核查，开展台山市镇海湾湿地公园监测，建立自然资源调查监测数据库。

（市自然资源局）

市场监督管理

【概况】 2020年，江门市加强市场监管体系建设，强化市场监管，规范市场秩序，深化商事制度改革，优化营商环境。江门市在商事制度改革方面走在前列，相关工作先后获国务院督查激励、全国法治政府建设示范项目等国字号表彰，获省委书记李希批示肯定，系列改革激发市场活力，在监管治理方面，建成“五统一、一促进”（统一系统平台、统一管理制度、统一抽查标准、统一结果运用、统一督查考核，促进“最多查一次”）的“双随机、一公开”（随机抽取检查对象、随机选派执法检查人员、抽查情况及查处结果及时向社会公开）监管模式，江门成为全国“双随机、一公开”跨部门联合监管试点市，全年全市没有发生市场监管领域重大安全事故。在服务经济高质量发展方面，江门在2019年度质量工作考核中首次迈进全省质量工作第一方阵，台山市、新会区、江海区获批国家知识产权强县工程试点县区，每万人口发明专利拥有量9.75件，商标有效注册量8.05万件，市委、市政府主要领导先后18次批示肯定市场监管工作，江门市市场监管局连续2年在全市市直机关单位年度绩效考核中获评“优秀”等次。

【市场监管“放管服”改革】 2020年，江门市市场监督管理局深化“放管服”改革。在市场准入制度改革方面，1月，在全省、全国率先推行微信智能办照、银行STM机（智慧柜员机）智能办照的基础上，全国首发执照全自动换发系统，营业执照“秒批”“秒换”“秒领”在银政大厅同步实现。2月，在全国率先上线“智能湾区通”，将微信智能办照延伸至港澳，商事登记实现微信智能办、银行自助办、跨境离岸智能办。江门开办企业由2019年平均需时0.39天压缩至2020年平均需时0.08天，开办企业便利度走在全省前列，微信智能办、“开办企业一天办结”等改革经验被全省复制推广。在市场准营制度改革方面，启动“证照分离”全覆盖试点改革，对275项行政审批事项实施分类改革；深化食品药品许可承诺制改革，5月，开发上线“江门市场监管智能许可”平台，率先在全国实现食品经营许可一网通办、智能审批，其中适用承诺制许可事项实现智能秒批。在综合监管机制改革方面，深化“双随机、一公开”（随机抽取检查对象、随机选派执法检查人员、抽查情况及查处结果及时向社会公开）监管，在全国率先研发跨层级跨部门市县两级160个部门通用的抽查系统，推开跨部门“双随机、一公开”联合抽查，改革经验被全省复制推广，江门成为全国跨部门联合监管试点市。推进市场智慧监管，研发上线特种设备隐患排查治理和安全风险分级防控系统，对全市6.23万台（套）特种设备、2.35万台在用电梯实行智慧监管，并上线运行邑校食安、邑餐食安、产品监督抽检等子平台，实现重点领域智慧监管。

【信用风险监管】 2020年，江门市市场监督管理局做好2019年度企业年报工作。江门市是国家市场监督管理总局确定的2018—2019年连续2个年度企业自主年报广东省唯一试点地区。全市应公示企业8.20万户，公示年报企业7.59万户，年报率92.56%，超过2018年度（86.85%）年报率，其中特种设备生产企业和充装单位等重点行业领域年报率100%，实现年报应报尽报。推进全市政府部门涉企信息统一归集工作。全市206个部门推送、归集的涉企信息31.22万条。落实经营异常名录及严重违法失信企业名单管理制度，通过公示系统对外公示，同时引导违法主体修复信用。是年，全市有5.57万户次企业被列入经营异常名录，1.21万户次企业改正违法行为后申请移出异常名录；5942户企业被列入严重违法失信企业名单。

【“双随机、一公开”监管】 至2020年年底，江门市市县两级160个部门通用江门市“双随机、一公开”（随机抽取检查对象、随机选派执法检查人员、抽查情况及查处结果及时向社会公开）抽查系统。全市各部门应用“双随机一公开”抽查系统下达抽查任务1016次，抽查市场主体1.08万家；144个部门牵头开展跨部门联合抽查，下达291次联合抽查任务，抽查市场主体988家，占总抽查次数28.64%。超出省“跨部门联合抽查次数达到年度总抽查次数10%以上”的目标要求18.64个百分点。全市市场监管系统下达5887家市场主体抽查，其中抽查企业4399家，抽查比例4.93%，超额完成国家市场监督管理总局及省市场监督管理局抽查比例3%的要求。

2020年12月25日，江门市在市委市政府小会堂召开2020年全市质量大会并为2020年度江门市政府质量奖获奖企业颁奖　　（市市场监管局　供）

【食品安全监管】 2020年，江门市市场监督管理局统筹推进疫情防控和食品安全监管工作，全市食品安全形势总体平稳，市场监管环节未发生疫情事件，食品安全监督抽检合格率在98%以上，群众食品安全满意度提升，在省2019年度食品安全工作评议考核中被评为A级，并在2020年10月以94.03分通过省食品安全示范城市验收。牵头开展农贸市场疫情防控工作。对全市275家农贸市场实行专人驻场，在全省率先上线“邑餐食安”阳光市场平台，上传监管数据6.88万条；开展冷链食品环节人员、产品、环境新冠病毒核酸检测12.11万份，检测结果均为阴性；上线使用“冷库通”追溯系统，全年登记食品生产、市场、餐饮环节冷库企业主体数1239个，录入产品信息9094条，全市冷库登录系统覆盖率与数据上传率均达100%。推进省、市民生实事工作。全年完成食品抽检任务3.16万批次，完成率113.25%，问题发现率1.88%，食品抽检量达每千人6批次；完成食用农产品快检任务37.7万批次，完成率107.7%，检出阳性产品4591批次，督促经营者对阳性产品采取下架、销毁9824.43千克；完成1057家学校食堂互联网+“明厨亮灶”建设工作，是全省第三个完成全覆盖的地市。突出重点领域食品安全专项治理，集中开展固体饮料、压片糖果等食品专项整治，全市市场监管系统办结食品案件803件，货值金额130.37万元，罚没款金额743.15万元，移送公安机关69宗。创新监管手段，开展“一监到底”查食品安全活动，采取你点我查、网络投票确定被检查对象，利用网络媒体向市民直播食品安全执法监管全过程，引入人大代表、政协委员监督机制，推动实现食品安全社会共治，打造“互联网＋监管”的成功范例。

【药品安全监管】 至2020年年底，

江门市有药品生产企业22家，药包材企业12家，批发企业28家，零售连锁企业（总部）17家，零售企业1714家；医疗机构1738家。2020年，江门市市场监督管理局以高风险领域、高风险企业、高风险药品等为监管重点，以跟踪检查、书面检查、日常抽查结合专项检查、飞行检查为监管手段，落实各级市场监管部门监管责任，保障公众用药安全有效。加强疫情期间药品生产、流通、使用环节的监督检查，重点加强对疫情防控相关的生物制品、解热镇痛类、抗病毒类等药品的监督检查，发挥零售药店“哨点”监测作用，指导全市1716家零售药店借助“广东智慧食药监系统”登记上报43种退热类药品销售信息80余万条，对疫情做到早发现、早报告、早治疗。推行承诺制和远程审批制度，推进药品生产经营企业诚实守信分级管理制度，做好GMP（药品生产质量管理规范）、GSP（药品经营质量管理规范）跟踪检查，构建事前事中事后监管体系。开展仿制药质量一致性评价投入费用超3亿元，企业甄选一致性药品攻坚重点品种47个，完成研究申报、申请并获国家受理17个，其中特一药业集团有限公司的头孢氨苄胶囊获国家药品监督管理局批准，复方磺胺甲恶唑片通过国家药品监督管理局现场验收核查；广东恒健制药有限公司的头孢氨苄胶囊、头孢拉定胶囊待国家药品监督管理局BE（药品体内等效性试验）现场核查。开展药品安全用药月活动，强化药品法律法规及药品安全宣传。

【产品安全监管】 2020年，江门市市场监督管理局印发2020年江门市重点产品质量监管目录和监督抽查计划，强化产品质量监督抽查，全年对钢铁、水泥、水暖卫浴、机动车、车用燃油、人造板、电线电缆、灯具、危险化学品等84种产品开展质量监督抽查1046批次，加强对不合格产品的处理工作，督促做好企业自查、产品下架、召回整改等工作，对严重不合格的依法立案处理。结合监督抽查发现的产品质量安全问题，把涉及不合格的生产企业作为重点“诊治”对象，组织有关技术机构专家，落实开展“问诊治病”及“清零”行动。开展各类重点产品专项整治，围绕儿童及婴幼儿服装、小家电、儿童和学生用品、电动自行车等与群众生活密切相关产品，开展流通领域来源不明产品专项清查行动；加强危险化学品及其包装物和车载罐体产品质量安全问题排查工作，组织生产许可获证企业开展自查自纠，压实质量安全主体责任，同时加强开展技术性检查，消除质量安全问题；开展蓝天保卫战百日冲刺专项行动，打击生产销售不合格油品行为；组织开展塑料污染治理，与集贸市场、商场、超市等经营主体签订塑料污染治理承诺书，明确经营单位塑料污染治理工作的管理责任。对LED（发光二极管）固定式灯具产品质量开展比对研究，对电动自行车用车轮产品开展质量安全风险监测，通过购买样品、检测比对、标准比对、调研走访等编写工作报告，并加强培训，促进企业提升产品质量。

【特种设备安全监管】 至2020年年底，江门市在用特种设备7.02万台（套），其中电梯2.7万台、起重机械9696台、厂内机动车1.03万台、大型游乐设施52台、客运索道2条、锅炉1170台、压力容器1.87万台，使用单位1.13万家，生产单位73家。2020年，市市场监督管理局开展各类专项隐患排查治理，保障特种设备安全生产形势平稳；开展重点时段特种设备安全检查，保障重大节日或活动期间特种设备安全运行；开展各类特种设备专项整治行动，完成特种设备日常检查计划，落实企业主体责任；举办2020年江门市叉车司机操作技能竞赛，围绕“消除事故隐患，筑牢安全防线”主题，开展2020年全国第19个“安全生产月”活动，保障全市特种设备安全形势总体平稳，全年没有发生特种设备事故。

【公平竞争审查和价格监督】 2020年，江门市市场监督管理局推进公平竞争审查制度建设，调整公平竞争审查工作部门间联席会议成员单位，建立定期报送机制，召开成员单位联席会议，加强宣传培训。开展妨碍统一市场和公平竞争的政策措施清理工作，清理涉及市场主体经济活动的政策措施46件，营造公平竞争的制度环境。委托五邑大学开展公平竞争审查工作评估，评价制度实施成效。强化疫情、创文期间及春节、国庆等重要时段价格监测监管工作，组织开展春运客运票价、头盔市场、殡葬服务等重点行业领域价格检查，确保市场价格秩序稳定。开展口罩、熔喷布等防控物资及口岸、转供电环节等涉企违规收费的专项整治行动，查办价格违法案件46件，督促退还不合理电价收费135万元，罚没金额近3384万元，并分2批向社会公布价格典型案例15件，其中入选全国市场监管典型案例2件，入选全省典型案例2件。

【反不正当竞争执法】 2020年，江门市市场监督管理局强化反不正当竞争宣传培训，协助广东省市场监督管理局在江门市举办“反不正当竞争执法大讲堂”活动。加强商业秘密保护行政指导工作，推动各类市场主体公平参与竞争。组织开展网络交易、“保健”市场等重点领域反不正当竞争执法行动，依法查处不正当竞争行为案件5件，涉及案值24.85万元，罚款金额21.83万元，维护经营者和消费者合法权益。

【网络交易和广告监管】 2020年，江门市市场监督管理局贯彻落实市场监督管理总局、省市场监督管理局关于做好地方“12345”热线与全国“12315”平台数据归集对接的工作要求，于1月在全省率先完成“两线对接”工作，受到省市场监督管理局肯定。结合疫情防控工作，坚持线上线下同步监管，每天在全网范围内对辖区网上销售野生动物进行全范围监测，并对监测结果进行核实和筛选后下发至市（区）监督管理局进行线下跟踪处理，为疫情防控的网上战线提供保障。抗疫期间，重点对影响人民群众切身利益的紧缺商品进行重点监测，发挥江门市网络交易市场监管部门联席会议制度的作用，加大与公安信息部门的信息交流，加快举报投诉线索处理流程，疫情期间移送违法违规线索4宗，立案查处1宗，案值约2万元。开展网络交易专项行动，进行网络关键字监测880次，处理下发线索1条，全市在线检查网站（店）1.37万个次，受理举报投诉755次，查处网络交易类案件5件，罚没款1.49万元。

强化广告监测，将汇声汇色、江门演艺中心、当地网3个当地网站纳入监测范围，全年监测各类广告33.79万条次。加强整治虚假违法广告，通过官网及微信号发布《广告行为告诫书》，依法查处利用疫情炒作的违法广告。开展清理整治含有“软色情”等低俗庸俗媚俗广告、房地产领域社会矛盾专项治理、移动端互联网广告治理、医疗美容执法等专项整治，全年查处广告案件215件。建立江门市整治虚假违法广告联席会议工作制度，召集联席会议成员单位召开季度会议3次和年度会议1次，定期通报各成员单位整治违法广告工作情况，并就发挥江门市整治虚假违法广告联席会议协调联动、协同共治作用进行讨论和研究。

【消费者权益保护】 2020年，江门市各级消费者权益保护委员会受理消费投诉3435宗，调解2405宗，为消费者挽回经济损失321万元。各级“12315”中心受理投诉举报2.76万宗，办理咨询、建议972宗，为消费者挽回经济损失1009万元。举办以“凝聚你我力量让消费更温暖”为主题的2020年江门市“3·15”国际消费者权益日线上宣传教育活动，在新闻媒体发布专栏报道30多篇，阅读量8万多人次，接受专题采访4场次，举办线上互动问答活动1期，1.7万人次参与，发布消费案例、消费提示、消费警示、消费指引等20多条次。组织消费志愿者90人走进企业、工厂开展2场消费体验活动和消费知识讲座。加强与粤港澳大湾区消费者组织合作。联合珠海、中山、横琴等地消费者保护委员会组织开展“新冠疫情对珠海、中山、江门及横琴地区旅游影响的调研”活动，分析疫情对四地旅游消费影响，为促进后疫情时代旅游消费、提振消费者信心建言献策。联合五邑大学开展江门市夜间经济消费环境调研，了解消费者相关消费需求和对消费环境质量的感受；开展流通领域蓝牙耳机商品比较试验活动。开展“广东省放心消费承诺单位”和“广东省线下无理由退货承诺店”创建活动，参与商户1277家，创建“广东省放心消费承诺单位”1139家、“广东省线下无理由退货承诺店”138家。

【市场行政执法】 2020年，江门市市场监督管理局聚焦食品、药品、特种设备、产品质量安全底线，重点针对价格、知识产权等重点领域，组织开展打击食品非法添加、医疗器械“清网”、打击非法制售口罩、防护产品等专项行动，加大执法打击力度，维护正常市场秩序。全市市场监管系统查办各类违法案件2835件，罚没5354.16万元，其中查办的江门市某无纺布公司哄抬价格案罚没3270多万元，成为疫情期间广东省价格监管领域案值最大、罚没金额最多的案件，入选全国典型案例。以“行业清源”和“建章立制”为核心任务，推进扫黑除恶专项斗争，组织行业领域整治行动59个，摸排涉黑涉恶涉乱线索102条。推进行政执法“两平台”（行政执法信息平台、行政执法监督网络平台）应用，全市市场监管系统在行政执法信息平台录入案件4199件，其中行政检查3405件，行政处罚779件，行政强制15件，生成有效文书7110份。完善执法机制建设，先后与市人民检察院建立行政检察与食品药品监管领域行政非诉执行衔接工作机制，与市中级人民法院、市人民检察院、市公安局联合印发《关于促进江门市食品药品监管行政执法与刑事司法有效衔接的意见》，与市烟草专卖局建立烟草市场监管协作机制，促进执法办案制度化、规范化。

【市场监管法治建设】 2020年，江门市市场监督管理局推进法治政府建设，牵头负责的江门市“多证合一”“证照分离”改革成为第一批全国法治政府建设示范项目。梳理行政权力，完成市级赋权事项清理，形成本级权责事项目录1983项，并协同研究下放镇街市场监管执法事项102项。推动落实行政执法“三项制度”（行政执法公示制度、执法全过程记录制度、重大执法决定法制审核制度）、重大行政执法决定审理规则，开展年度执法检查和案卷评查，全省试点推行行政执法“两平台”（行政执法信息平台、行政执法监督网络平台）。开展规范性文件审查和清理。先后保留、修订和废止17件政府和部门规范性文件，并对3件新出台的规范性文件进行合法性审查。制定行政调解工作制度，成立行政调解委员会，加强和规范行政调解工作；做好行政复议和应诉工作。开展普法活动。举办宪法、民法典专题讲座、市监讲堂80期、会前学法10期，对4名科级干部进行任前考法，强化法治培训。利用“3·15”国际消费者权益日、“4·26”世界知识产权日等主题日开展消费维权、知识产权、食品安全等宣传活动，营造良好法治氛围。创新推出“一监到底”网络直播执法活动51期，单位领导分享落实“谁执法谁普法”责任制工作经验。

【质量提升行动】 2020年，江门市实施质量强市战略，开展质量提升行动，推动“全国质量强市示范城市”创建工作，在全省2019年度质量工作考核获评A级。召开2020年江门市质量大会，部署全市质量工作。完善质量激励制度，开展2020年度市政府质量奖评审，表彰9家市政府质量奖获奖单位。宣传“品质侨都，全民共享”的城市质量精神，开展质量安全进企业、进社区、进学校活动，建成全省首个质量文化主题公园。围绕公共教育、公共就业、医疗服务、社会保障、公用事业、生态环境、公共交通、公共安全、公共文化、公共体育、养老服务、政务服务等12个重点领域开展公共服务质量监测，公共服务质量总体满意度81.7%。开展水暖卫浴、声频功率放大器、LED（发光二极管）固定式灯具等产品质量比对提升工作。质量支撑助力复工复产，对防疫物资生产企业及转产口罩生产企业进行精准帮扶，帮扶企业提升产品质量。鼓励推动全市优秀企业履行社会责任，为打赢疫情防控总体战、阻击战做出贡献。

【标准体系建设】 2020年，江门市成立江门市全面实施标准化战略领导小组，领导小组办公室设在市市场监督管理局，负责统筹推进标准化改革，协调解决实施标准化战略过程中的重大问题和事项。全年全市发放标准化战略扶持奖补资金407.19万元，江门市企事业单位参与制定国家标准21项、行业标准7项、市级地方标准4项，发布团体（联盟）标准64项。开展江门深圳农产品质量安全标准比对工作，按照“标准比对+结果互认”的思路，依托“供深食品标准体系”构建江门市农产品质量安全标准体系，选择江门市优势农产品开展供深圳食品基地建设，实施标准化农产品生产，提升食用农产品质量安全水平，通过标准对接实现与深圳市供深圳食品市场无缝对接。是年，完成鸡、猪、马铃薯、南美白对虾、大米5类产品的10个江门深圳农产品质量安全标准的修订。

【质量基础建设】 2020年，江门市市场监督管理局在传统优势产品和重点消费品领域开展产品质量比对研究提升工程。按照“大产业、大品牌、大市场”的发展思路，综合运用计量、标准、检验检测、认证认可等质量基础设施资源、融合质量管理、知识产权保护、品牌培育等服务资源，探索构建“部门联动+协同各界＋因企施策＋分类扶持”模式，打造“一站式”服务平台，形成《江门市水暖卫浴产业集群质量基础设施“一站式”服务平台建设指南》，促进产业集群质量效益提升。对江门市水暖五金、新材料、大健康、高端装备制造等重点产业开展调研，探索摸底江门市质量基础设施建设情况及企业需求。是年，水暖卫浴产品（省试点项目）、声频功率放大器、固定式灯具产品质量比对工程通过验收。继续免费开放广东省质量监督水暖卫浴产品检验站（江门），承诺非商业测试100批次，为超50家企业提供100多批次产品检验检测服务，为产品质量评估提供客观依据，为企业节约检测费用约100万元。实施标准化战略，实施标准化战略专项资金资助项目66个，资助资金236.56万元。开展2020年江门市强制检定计量器具免费检定工作，对84家医疗卫生单位4207台（件）计量器具、289家集贸市场2.49万台（件）计量器具进行检定。

【江门市冷链食品新冠病毒核酸阳性事件应急演练】 2020年12月27日，江门市市场监督管理局举办一期江门市进口冷链食品新冠病毒核酸阳性事件（市级）应急演练。演练模拟蓬江区农贸市场疫情防控工作专班在对进口冷链食品的常规核酸检测中，发现送检的冻虾样品初检阳性，市、区两级宣传、工信、公安、卫健、市场监管、疾控等相关部门按照《江门市进口冷链食品新冠病毒核酸阳性应急预案》规定，落实现场检查、样本复核、产品追溯、防控单元划定、产品和相关人员控制、环境消毒、产品无害化处理、新闻发布等措施，使受污染食品、相关场所、人员得到有效控制，阻止事态进一步扩大。通过演练，检验预案的科学性、合理性、有效性，锻炼和提高农贸市场疫情防控工作专班及相关职能部门在应对进口冷链食品新冠病毒核酸阳性事件的组织指挥、协调配合、快速反应、高效处置、应对舆情能力。

（市市场监督管理局）

2020年12月27日，江门市市场监督管理局在紫茶小学举办一期江门市进口冷链食品新冠肺炎病毒核酸阳性事件（市级）应急演练（市市场监管局 供）

表6

2019—2020年江门市个体工商户情况表

行业代码	项目	2019年	2020年	增减变化情况	
				绝对数	增减
	户数（户）	480427	438928	41499	9.45%
	资金数额（万元）	2667901.90	2346486.09	321415.81	13.70%
	按行业分类（户）				
A	农、林、牧、渔业	438928	480427	41499	22.59%
B	采矿业	3160	3874	714	-3.70%
C	制造业	27	26	-1	2.09%
D	电力、热力、燃气及水生产和供应业	33696	34401	705	-2.70%
E	建筑业	37	36	-1	18.19%
F	批发和零售业	5882	6952	1070	8.90%
G	交通运输、仓储和邮政业	140248	152728	12480	17.34%
H	住宿和餐饮业	8132	9542	1410	11.33%
I	信息传输、软件和信息技术服务业	35122	39101	3979	15.15%
J	金融业	779	897	118	-4.17%
K	房地产业	24	23	-1	7.53%
L	租赁和商务服务业	1116	1200	84	10.42%
M	科学研究和技术服务业	178710	197336	18626	22.25%
N	水利、环境和公共设施管理业	899	1099	200	6.61%
O	居民服务、修理和其他服务业	121	129	8	6.35%
P	教育	27927	29701	1774	18.43%
Q	卫生和社会工作	955	1131	176	5.31%
R	文化、体育和娱乐业	527	555	28	8.33%
	其他	1561	1691	130	0.00%

表7 2019—2020年江门市私营企业情况表

行业代码	项目	2019年	2020年	增减变化情况	
				绝对数	增减
	户数（户）	71507	78233	6726	9.41%
	注册资本（金）（万元）	21229120.10	24774456.22	3545336.12	16.70%

按行业分类（户）

A	农、林、牧、渔业	1520	1405	115	8.19%
B	采矿业	97	107	-10	-9.35%
C	制造业	22694	21943	751	3.42%
D	电力、热力、燃气及水生产和供应业	256	246	10	4.07%
E	建筑业	5760	4638	1122	24.19%
F	批发和零售业	21491	19921	1570	7.88%
G	交通运输、仓储和邮政业	1673	1523	150	9.85%
H	住宿和餐饮业	1382	1324	58	4.38%
I	信息传输、软件和信息技术服务业	1654	1677	-23	-1.37%
J	金融业	527	578	-51	-8.82%
K	房地产业	2933	2677	256	9.56%
L	租赁和商务服务业	8019	7396	623	8.42%
M	科学研究和技术服务业	6320	4662	1658	35.56%
N	水利、环境和公共设施管理业	365	326	39	11.96%
O	居民服务、修理和其他服务业	1668	1577	91	5.77%
P	教育	354	278	76	27.34%
Q	卫生和社会工作	187	129	58	44.96%
R	文化、体育和娱乐业	1309	1071	238	22.22%
	其他	24	29	-5	-17.24%

表8

2019—2020年江门市内资企业情况表

行业代码	项目	2019年	2020年	增减变化情况	
				绝对数	增减
	户数（户）	10243	10937	694	6.78%
	注册资本（金）（万元）	17286998.09	19253934.34	1966936.25	11.38%
	按行业分类（户）				
A	农、林、牧、渔业	238	215	23	10.70%
B	采矿业	9	6	3	50.00%
C	制造业	1175	1097	78	7.11%
D	电力、热力、燃气及水生产和供应业	267	244	23	9.43%
E	建筑业	456	400	56	14.00%
F	批发和零售业	2742	2642	100	3.79%
G	交通运输、仓储和邮政业	480	470	10	2.13%
H	住宿和餐饮业	194	170	24	14.12%
I	信息传输、软件和信息技术服务业	347	365	-18	-4.93%
J	金融业	1132	1139	-7	-0.61%
K	房地产业	1124	1046	78	7.46%
L	租赁和商务服务业	1398	1305	93	7.13%
M	科学研究和技术服务业	703	519	184	35.45%
N	水利、环境和公共设施管理业	143	136	7	5.15%
O	居民服务、修理和其他服务业	280	274	6	2.19%
P	教育	44	33	11	33.33%
Q	卫生和社会工作	51	41	10	24.39%
R	文化、体育和娱乐业	118	105	13	12.38%
	其他	2	2	0	0.00%

表9

2020年江门市外商投资企业情况表

2020年期末实有数		2019年期末实有数		2020年12月与2019年期末实有对比		2020年新发展数		2019年新发展数		2020年与2019年同期新发展数对比	
户数	注册资本（万美元）	户数	注册资本（万美元）	户数增减	注册资本增减	户数	注册资本（万美元）	户数	注册资本（万美元）	户数增减	注册资本增减
4316	2307695.76	5706	2462502.42	-24.36%	-6.29%	204	72546.16	323	81419.01	-36.84%	-10.90%

表10

2020年江门市农民专业合作社情况表

2020年期末实有数		2019年期末实有数		2020年12月与2019年期末实有对比		2020年新发展数		2019年新发展数		2020年与2019年同期新发展数对比	
户数	注册资本（万元）	户数	注册资本（万元）	户数增减	注册资本增减	户数	注册资本（万元）	户数	注册资本（万元）	户数增减	注册资本增减
1868	304424.58	1687	270671.02	10.73%	12.47%	336	36055.4	128	26305.05	162.50%	37.07%

审计

【概况】 2020年，江门市审计机关完成审计（调查）项目180个，查出主要问题金额124.46亿元，其中违规金额5407万元、损失浪费金额128万元、管理不规范金额123.9亿元；审计发现非金额计量问题1022个；损益（收支）不实金额5.92亿元；审计发现侵害人民群众利益613万元；出具审计报告和专项审计调查报告258篇，被批示、采用22篇次。审计处理处罚金额5.19亿元，其中应上缴财政4453万元。移送司法机关、纪检监察机关和有关部门处理事项49件，移送处理金额1.59亿元。审计提出建议584条，被采纳544条；促进被审计单位建立、健全规章制度18项；提交审计信息90篇。向社会公告审计结果17篇。

【重大政策措施贯彻落实跟踪审计】 2020年，江门市审计机关对全市2020年度贯彻落实国家和省重大政策措施情况进行跟踪审计，重点关注江门市2020年落实国家和省东西部扶贫协作政策措施情况；减税降费、减免返还社保费和缓征住房公积金、推动分区分级精准复工复产、推动全面强化稳就业举措、推动切实保障基本民生、推动复工复产复市（稳就业、保市场主体）、促进优化营商环境等方面政策措施落实情况；“粤菜师傅”工程实施情况；江门市现代农业产业园建设推进情况。抽审单位226个，抽审项目53个，发现问题31个，问题涉及金额756.22万元。

【财政审计】 2020年，江门市审计机关继续深化省、市、县（区）三级财政“纵向到底”全覆盖审计，与市本级2019年度财政预算执行审计项目相结合，开展政府投资基金、存量资金、新增政府债券等专题审计。探索大数据审计技术，首次实现全部市直90个一级预算单位的预算执行“横向到边”全覆盖审计，查出预算编制不科学、项目预算执行率方面涉及问题资金10.44亿元，应缴未缴非税收入2144.70万元，违规支出财政资金135.61万元。开展疫情防控资金和捐赠款物专项审计，重点审计财政资金2.18亿元，延伸抽查卫生健康部门和4间医院；开展新增财政资金直达市县基层直接惠企利民情况专项审计，实现全市20亿元抗疫特别国债、直达资金项目的全覆盖。

【经济责任审计】 2020年，江门市审计机关对83名领导干部开展经济责任审计，其中，县处级领导12人，乡科级领导67人，地方企业、金融机构4人。查出违规金额5583万元，审计发现侵害人民群众利益金额613万元，增收节支3636万元，提交建议326条，被采纳建议309条。继续开展镇（街）党政主要领导干部任期经济责任异地同步审计，审计镇（街）9个，领导干部16人。

【固定资产投资审计】 2020年，江门市审计机关对省道70线江门新会虎坑大桥扩建工程进行专项审计，促进公共建设工程提质增效。开展基层建设项目招标及采购执行情况调查，督导基层政府清理“层层加码”等不合规文件，规范政府投资建设项目招标及采购行为。

【企业审计】 2020年，江门市审计机关推进国有企业审计，关注国企经营风险，对江门市交通投资建设集团有限公司2019年财务收支情况和企业主要领导任期履行经济责任情况进行审计，并向市管企业派驻审计专员办事处，配合推进国资国企管理体制改革，揭示和防范经营风险。

【民生审计】 2020年，江门市审计机关对2019年度市本级社会保险基金预算执行情况进行审计，揭示社会保险基金预算编制不完善，机制不够健全等问题。对2019年精准扶贫精准脱贫专项资金进行审计，促进规范专项资金管理。对2019年残疾人事业发展专项资金进行审计，促进提高资金使用效益。

【审计信息化建设】 2020年，江门市审计机关运用大数据审计，推进部门预算审计全覆盖，提高审计效率；推动“金审工程”三期建设，建立数据分析室，搭建数据共享、合作分析平台；完善数据采集和应用机制，推进财政数据标准化采集，对商事登记、不动产、资产管理等数据进行收集和分析。

【内部审计】 2020年，江门市审计机关对全市被审计单位开展内审工作调研，了解有关制度建立、机构设置、人员配备、项目开展等情况。在实施审计项目过程中，监督检查被审计单位的内部审计工作情况，向领导干部和单位财会人员宣传普及内部审计知识和相关法律法规。

【审计项目和组织方式“两统筹”工作】 2020年，江门市审计机关统筹政策落实、经济责任、财政、民生和公共投资审计等8个业务板块，对掌握资金分配权、行政审批权的部分重点部门，同步实施一级预算单位部门预算执行全覆盖审计和筛选1～2项重点专项资金、重点工程审计。优化人力资源配置，统筹协调市、县两级审计机关选派人员101人次参加审计署、省审计厅及市统一组织的审计项目。

（市审计局）

统计

【概况】 2020年，江门市统计局编印并发布《2020江门统计年鉴》《江门统计月报》《2020年江门市国民经济和社会发展统计公报》等统计资料36份，撰写统计分析文章34篇，通过江门统计信息网、微信公众号发布统计信息572条。加强名录库建设和统计法治建设，强化统计业务培训。制定《江门市“四上”企业及投资法人单位统计专员管理办法》，出台《江门市统计局数据监测与核查办法（试行）》，加强对网报数据的实时监测，做好第七次全国人口普查工作。

【名录库建设】 2020年，江门市统计局制定《江门市“四上”企业及投资法人单位统计专员管理办法》，建立“四上”（规模以上工业企业、资质等级建筑业企业、限额以上批零住餐企业、规模以上服务业企业）企业和投资法人单位统计专员制度，落实并发放全市5000多名企业统计专员通信补贴。与行业主管部门联合印发《江门市促进企业上规模专项资金实施细则》，促进企业上规上限、应统尽统。与各职能部门共享企业和项目信息，形成共同推动升规入统的闭环。是年，全市新增“四上”企业入库868家（含投资法人单位）。

【统计法治建设】 2020年，江门市统计局推进“两防”（防弄虚作假、防少报漏报）工作，依法治统能力提升。建立数据监测与核查制度，提升统计数据质量。出台《江门市统计局数据监测与核查办法（试行）》，推广“江门市统计局数据监测与核查系统”应用，压实数据质量主体责任。加强对网报数据的实时监测，严把统计数据质量关，提高统计数据质量。加大统计执法和宣传力度，营造风清气正统计工作氛围。开展依法治市工作，聘请法律顾问，参与全市“宪法宣传周”活动，印制并派发统计普法宣传资料1万多份。开展“双随机”（随机抽取被检查对象、随机选派检查人员）执法检查，全年检查企业105家。

【统计业务培训】 2020年，江门市统计局协助市委宣传部举办以GDP统一核算为主题的市委理论中心组学习，邀请省统计局局长杨新洪作专题报告。与市委组织部联合举办GDP统一核算培训班，并指导各市（区）参照开展，全市参训人员2000多人次。会同相关行业主管部门联合开展统计专题培训班7次，参训人员400多人次。加强对各市（区）统计工作的指导和帮助，全年到基层调研指导统计工作86人次。举办面向市（区）的统计业务培训班18次，参训人员900多人。举办镇（街）统计分管领导和统计人员依法统计培训班，对全市73个镇（街）300多名人员进行培训。建立统计讲堂制度，强化干部职工学习交流，全年开展7次，200多人次参加学习交流。

【第七次全国人口普查】 2020年，江门市成立由市长任组长的江门市第七次全国人口普查领导小组，召开市人口普查领导小组会议9次，召开人口普查办公室会议13次，落实落细各项工作措施。全市各级落实人口普查经费

4773.73万元，人均经费10.31元。完成全省人口行政资料核查专项试点工作，1个案例和3篇文章在全省作经验交流。做好全市近2万名“两员”（普查指导员、普查员）的选聘和培训工作。完成短表登记249.64万户，完成长表登记14.66万户。联合多部门共同做好比对复查工作，处理核查数据1053万条。

（市统计局）

海关

【概况】 2020年，江门海关监管进出口货运量2002.2万吨，比上年下降7.8%；监管进出口货值175.39亿美元，下降9.2%；税款净入库44.35亿元；刑事立案64件，案值15.80亿元；行政立案268件，案值1.92亿元。

表11 2020年江门海关主要业务情况表

项目		单位	数量	比上年增长（%）
监管进出口货运总量（接受申报）		万吨	2002.2	-7.8
进口		万吨	1606.9	-8.3
出口		万吨	395.3	-5.4
监管运输工具（包括来自/去往境内外）		艘/辆/架次	11200	-20.9
实际进境		艘/辆/架次	4226	-26.0
实际出境		艘/辆/架次	4235	-30.1
船舶	进境（含来自境内）	艘次	4527	-24.2
	出境（含去往境内）	艘次	6468	-14.9
汽车	进境（含来自境内）	辆次	197	-46.6
	出境（含去往境内）	辆次	8	-96.2
飞机	进境（含来自境内）	架次		
	出境（含去往境内）	架次		
税收入库		亿元	44.35	0.40
关税		亿元	5.50	-10.49
代征税		亿元	38.85	2.16

【海关监管】 2020年，江门海关推进“国门利剑2020”“蓝天2020”行动，监管固体废物405票、13.88万吨，货值2.06亿元，退运环保生态指标不合格进口货物540.5吨。打击象牙等濒危物种及其制品、野生动物及其制品走私，组织开展寄递渠道野生动物查缉专项行动，查获石珊瑚848克、白燕窝243克、血燕窝939克、野生海参467克等。强化寄递渠道毒品风险防控和查缉工作，严防寄递渠道形成违禁物品走私通道，查获大麻花及大麻油5025克、冰毒23克。

2020年6月17日，江门海关查获“NJ-417”走私象牙等濒危野生动物及其制品系列案 （黄志刚 摄）

【海关优化口岸营商环境】 2020年，江门海关制定压缩整体通关时间针对性措施12条，组建两级整体通关时间专项工作小组，建立压缩整体通关措施工具库，处置报关单异常问题，12月，江门海关进、出口整体通关时间分别压缩95.7%、85.7%，其中进口整体通关时间位居全国海关首位。支持助推高新区公共码头建设，加强协调解决建设中存在的问题，该码头于12月30日举行竣工揭牌仪式。运用关地企“直通车”“手拉手”机制收集解决地方、企业需海关协调解决的问题295个。

【海关科技创新】 2020年12月，江门海关建成江门关区首个体现关区监管特色、贴合业务实际的作业辅助平台，完成模块上线测试。完善口岸业务运行监控指挥体系，加强关区视频监控系统标准化、智能化建设，以网格化视频监控、音频连线提问等方式加强现场作业指挥和督导。建立智能审图有效识别商品评审和先期机检联合研判机制，加强高科技监管设备规划，做好大型监管查验技术设备维护服务保障。

【海关服务地方经济发展】 2020年，江门海关助力地方打造对外开放平台，提出申建综合保税区建议得到地方政府重视并完成可行性研究，推动中国（江门）跨境电商综合试验区获批并开展建设，关区首个保税物流中心（B型）封关运作，推动江门高新港建设并启用，支持阳江港获批扩大开放范围，中欧班列、B2B（企业与企业之间通过专用网络或Internet，进行数据信息的交换、传递，开展交易活动的商业模式）出口业务实现零的突破。支持“双区”（粤港澳大湾区、深圳中国特色社会主义先行示范区）建设取得成效，支持地方融入粤港澳大湾区建设和支持深圳建设中国特色社会主义先行示范区，开展27项对接工作。启动粤港澳大湾区起运港退税业务，25家企业办理退税。支持大湾区“菜篮子”生产基地和优质农产品供应基地建设，监管内地供港澳25.8%的活猪、供港80%的活鸡苗，保持疫情“零发生”，监管全国80%的活日本鳗鱼、50%的富贵竹等特色农产品实现安全出口。深化改革稳步推进，“五项创新”（“两步申报”“两段准入”“两轮驱动”“两类通关”“两区优化”）改革在关区落地实施，“两步申报”（符合条件的进口货物向海关进行简化申报，符合准入要求的，快速提离码头，随后进行正常进口申报）模式应用率24.5%，高于全国海关平均水平，“两段准入”信息化监管实现关区水运口岸全覆盖。落实C类快件纳入货物一体化通关改革、进出境邮递物品监管改革，进出口邮递物品比上年增长102.1%。推动大宗商品检验改革，21批、88.2万吨进口铁矿石不再实施品质检验，对48.8亿元进口大宗商品不再实施重量鉴定。

·链接·

两段准入

海关以进境货物准予提离口岸海关监管作业场所（场地）为界，分段实施“是否允许货物入境”和“是否允许货物进入国内市场销售或使用”两类准入监管（分别简称“第一段监管”和“第二段监管”）

【进出口食品检验监管】 2020年，江门海关落实进出口食品化妆品监督抽检布控，强化检测结果研判和审核管理。严格抽样，确保抽样、送样和检测全过程规范管理。指导企业执行进口国准入要求，降低出口产品的质量安全风险。江门海关进出口食品化妆品抽样检验895批次，检出不合格10批。执行检疫审批“三级审核”管理制度，实施快速检疫审批；严把进口食品准入，查截进口越南火龙果花1批、印度沙姜6批，均不予进口。

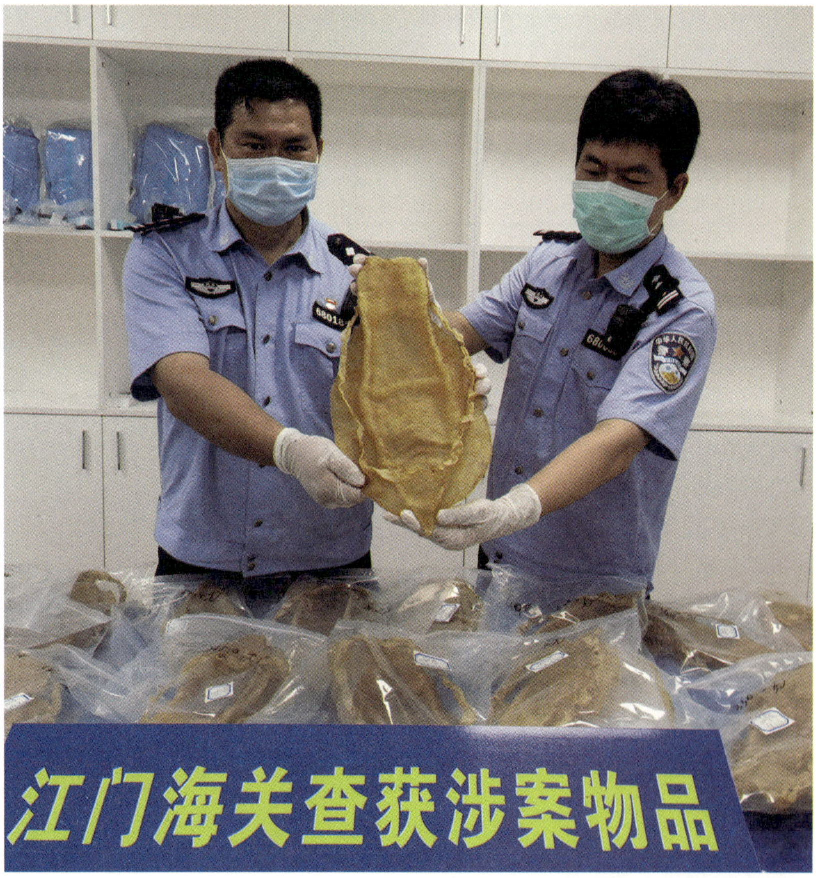

2020年8月2日，江门海关缉私局开展代号“SY730”打击石首鱼鱼肚走私收网行动，现场查扣涉嫌走私的石首鱼鱼肚288条　（吴超　摄）

【进出口商品检验监管】 2020年，江门海关推动大宗商品检验改革，21批、88.2万吨进口铁矿不再实施品质检验，对48.8亿元进口大宗商品不再实施重量鉴定。应对贸易技术壁垒促进特色大宗食品出口，跟踪了解、收集整理相关进口国家（地区）食品安全法律法规、通关制度、准入要求和检验标准，制订应对措施，促进食品走向国际市场。完善进出口商品质量安全风险预警及快速反应机制，创新方式开展大数据风险信息监测，与下游评估中心开展出口摩托车风险信息采集评估初步合作，强化信息采集与输出效能。

【进出口动植物检验检疫】 2020年，江门海关加强“非洲猪瘟”、禽流感等重大动物疫病防控，监测活猪、活禽疫病1.54万份次。压实供港澳活猪注册场防控主体责任，取消出口注册资格2家、暂停出口业务2家，考核合格注册场1家，关区连续第三年保持“零染疫、零事故、零障碍”纪录；非贸渠道查获肉类制品、植物种子等384宗；建成“非洲猪瘟”初筛实验室，禽流感病毒核酸检测等9项动物疫病检测项目通过CNAS（中国合格评定国家认可委员会）认可。加强进境粮食安全管控，联合地方政府建立进境粮食联防联控制度，落实全链条“闭环”管理，强化转基因贸易管控能力，实施“优先审单、优先查验、优先检测”及进境散装粮食“评估+泊岸检疫”简化流程等措施，推进“进境粮食管理系统”应用，全年进境粮食127.5万吨、34.98亿元，分别比上年增长16.7%、18.6%；监管调运进境粮食150.3万吨，增长97.8%。

【国境卫生检疫】 2020年，江门关区检疫进出境人员7.27万人次，发现有症状41人次，检出新冠肺炎确诊病例2例、新冠病毒无症状感染者4例，慢性病毒性肝炎5例；进出境交通工具8357艘次，发现卫生问题33艘次；进出境集装箱53.45万标箱，发现卫生问题194标箱。推动卫生监督纳入“双随机”（在监管过程中随机抽取检查对象、随机选派执法检查人员）管理应用立项建设，捕获病媒生物4.79万只，检出鼠类携带巴尔通体1例。强化废旧物品查验前卫生处理监管，堵塞风险漏洞。

【海关打击走私】 2020年，江门海关研究制定“国门利剑2020”“蓝天2020”“护卫2020”“守卫2020”等行动方案，建立“线索搜集、深度经营、联合查缉、纵深打击”机制。开展“蓝天2020”专项行动，破获走私废塑料大案，查证走私废塑料1.3万吨；破获象牙等濒危物种及其制品走私案，查获象牙等濒危动物制品488.5千克；破获石首鱼鱼肚走私案，案值约2亿元；破获食蟹猴走私案，查证走私食蟹猴2737只。2件案件入选2020年度全国海关打击走私典型案例。开展“国门利剑”行动，刑事立案64件，比上年增长48.84%，案值15.80亿元，增长27.52%；行政立案268件，案值1.92亿元，增长20.75%，13件案件被海关总署列为挂牌督办案件。

【外海海关】 2020年，外海海关监管进出口货物183.19万吨，比上年下降10.8%；货值450.96亿元，下降7.6%；监管进出境船舶2062艘次，下降39.0%。征收关税及进口环节税6.39亿元，比上年减少27.1%；办理行政案件41件，案值2246.44万元，涉税42.4万元。

【高沙海关】 2020年，高沙海关监管进出口货物94.33万吨，比上年下降10.1%；货值212.10亿元，下降8.7%；监管进出境船舶1605艘次，下降12.5%。征收关税及进口环节税3.65亿元，比上年下降9.0%；查获行政案件35件，案值3383.38万元，涉税5.29万元。

【新会海关】 2020年，新会海关监管进出口货物233.7万吨，比上年增长36.5%；货值158.4亿元，增长4.8%；监管进出境船舶1803艘次，下降0.8%。征收关税及进口环节税10.2亿元，增长32.1%；查获行政案件10件，案值718.7万元，涉税83.6万元。

【台山海关】2020年，台山海关监管进出口货物86.11万吨，上年增长41.0%；货值9.76亿美元，增长14.7%；监管进出境船舶904艘次，增长54.0%；征收关税及进口环节税3.41亿元，下降1.1%；查获行政案件10件，案值4322.74万元，涉税约285万元。

【开平海关】 2020年，开平海关监管进出口货物42.5万吨，比上年下降14.9%；货值8.1亿美元，下降7.3%；监管进出境船舶730艘次，增长2.1%；征收关税及进口环节税6897.02万元，下降28.9%；查获行政案件5件，案值2495.82万元，涉税5.92万元。

【鹤山海关】 2020年，鹤山海关监管进出口货物53.4万吨，比上年增长24.1%；货值11.3亿美元，下降17.7%；监管进出境船舶1295艘次，增长0.7%。征收关税及进口环节税2.4亿元，下降11.4%；查获行政案件29件，案值约312万元，涉税73万元。

【恩平海关】 2020年，恩平海关监管进出口货物6.13万吨，比上年增长15.1%；货值17.29亿元，增长12.3%；征收关税及进口环节税0.12亿元。

【阳江海关】 2020年，阳江海关监管进出口货物1302.7万吨，比上年下降14.8%；货值26亿美元，增长18.3%；监管进出境船舶652艘次，下降5.0%；征收关税及进口环节税17.5亿元，增长5.6%；办理行政案件5件，案值107.5万元，涉税2.6万元。

（江门海关）

财政·税务

财　政

【概况】 2020年，江门市一般公共预算收入263.98亿元，比上年增长2.8%。其中：税收收入168.79亿元，比上年下降3.2%（考虑增值税留抵退税省调库因素后下降2.4%），税收收入占一般公共预算收入63.94%；非税收入95.19亿元，增长15.4%，占一般公共预算收入36.06%；全市一般公共预算支出443.25亿元，增长4.5%。

（吴华清）

表12　2020年江门市一般公共预算收支情况表　单位：万元

科目	一般公共预算收入		一般公共预算支出	
单位	累计完成数	比上年增长（%）	累计完成数	比上年增长（%）
全市	2639793	2.8	4432495	4.5
市本级	534318	2.6	739778	10.1
蓬江区	303757	2.6	442313	2.1
江海区	152910	5.3	214881	8.7
新会区	568484	0.2	950665	4.0
台山市	325693	2.9	722037	3.6
开平市	289806	3.7	519207	1.5
鹤山市	337983	5.1	443126	-1.5
恩平市	126842	4.9	400488	9.8

【财政运行】 2020年，江门市做好预算收支管理，确保财政平稳运行。加大政府性资源资产盘活力度，稳住财税基本盘；压减一般性支出，腾出资金保障新冠肺炎疫情防控和“六稳”（稳就业、稳金融、稳外贸、稳外资、稳投资、稳预期工作）、“六保”（保居民就业、保基本民生、保市场主体、保粮食能源安全、保产业链供应链稳定、保基层运转）支出需要。支持落实统筹新冠肺炎疫情防控和经济社会发展的“1＋N”系列政策，做好重大项目、重点领域建设保障。落实积极财政扶持政策，支持复工复产和扶持经济发展，推动社会经济稳定。用好债券资金，为江门市加快融入粤港澳大湾区建设提供支撑。落实省、市十件民生实事，落实过“紧日子”要求，调整优化支出结构，确保基本民生支出只增不减。完善促进区域协调发展的财政政策体系。结合“三区并进”（都市核心区、大广海湾区、生态发展区）区域发展格局，建立推进重大项目、重大平台建设资金统筹机制，统筹资金按照“集中、成熟、急需、放大、协调”的原则，用于支持全局性、战略性、跨区域的城市基础设施重大项目和重大平台建设。加快全面实施预算绩效管理。以绩效指标库建立为基础，健全绩效管理标准体系，提升绩效管理的标准化、规范化水平，推动绩效管理与预算管理融合，提升预算绩效管理，促进财政资金提质增效。

（吴华清）

【财政支持打赢脱贫攻坚战】 2020年，江门市各级财政加大保障力度，投入脱贫攻坚资金5.61亿元，比上年增加1.12亿元，巩固市内脱贫攻坚成果，推进对口支援及东西部扶贫协作工作。加强绩效管理和资金监管。建立健全扶贫资金动态监控管理和直达资金监控工作，抓实抓细日常监管，及时发现问题和督促整改。同时，实施全过程绩效管理，加强事前、事中、事后绩效目标管理，开展扶贫项目专项重点绩效评价，提高扶贫资金使用效益。推动政府采购政策支持消费扶贫。贯彻落实财政部政府采购支持脱贫攻坚的有关政策，至年底，全市完成交易总额1819.47万元。

（徐佩珊）

【财政保障重点项目建设】 2020年，江门市获特殊转移支付资金5.47亿元，获抗疫特别国债资金14.01亿元，保障基础设施建设和抗疫资金需求。扩大新增债券规模，建立跨部门协调机制，完善发债项目，实行定期通报及约谈制度，抓实新增债券支出进度，发挥债券资金效益。全年发行新增债券61.52亿元，比上年增长39.72%，拨付进度和实际支出进度均为100%。落实市本级政府投资项目资金11.75亿元，保障银洲湖高速公路、深茂铁路、黄茅海大桥、珠西综合交通枢纽江门站、五邑路改扩建等重大项目建设，为江门市加快融入粤港澳大湾区建设提供支撑。支持重大平台建设。加强各类资源统筹策划，在增量资金、土地收入、政府债券资金和投融资政策等方面细化财政支持政策，推动银湖湾滨海新区加快发展。加大资金筹措力度，支持推动市中心城区产城融合示范区相关项目建设。加大市级统筹力度。参与市财经工作专班，结合“三区并进”（都市核心区、大广海湾区、生态发展区）区域发展格局，发挥重大项目、重大平台统筹机制作用，统筹资金5亿元，安排用于银湖湾滨海新区启动区、滨江新区产城融合示范区、高新区先进制造业园区3个重大平台和碧道建设工程、珠西综合交通枢纽配套设施工程、国道240线（新会段、台山段）改扩建工程、国道325线（鹤山址山至开平塘口段）改建工程4个跨区域重大基础设施项目建设补助资金，拉动总投资超300亿元，年度投资超50亿元。

（吴华清）

【财政支持实体经济转型升级】 2020年，江门市统筹安排财政资金超10亿元，支持落实统筹疫情防控和经济社会发展的“1＋N”系列政策。设立首期规模1亿元的江门市支持企业融资专项扶持资金，缓解企业“融资难”“融资贵”问题。兑现2.78亿元技术改造专项资金，推动产业转型升级。兑现1.46亿元外经贸发展资金，推动外贸稳定增长和转型发展。统筹安排5670万元发放电子消费券、兑现购置汽车补贴1757.6万元，发挥财政资金对消费拉动作用。发挥政府采购政策导向作用，支持企业特别是中小微企业参与市政府采购活动。实施创新驱动发展战略。全市地方财政科技投入16.73亿元，占一般公共预算支出3.8%，落实高新技术企业培育、科技创新平台建设等科技创新发展措施，支持省科学院江门产业技术研究院建设运营，推动全市高新技术企业存量超1800家、规模以上工业企业研发机构覆盖率61%。落实阶段性减免企业社保费政策，为8.24万家用人单位减免社保费45.99亿元；减免承租行政事业单位和国有企业国有资产经营用房的民营企业和个体工商户租金1.25亿元；发放失业保险稳岗返还2.91亿元，审核发放各类就业创业补贴1.27亿元。落实粤港澳大湾区个人所得税优惠政策，吸引境外人才到当地就业创业。

（彭胜荣）

【财政保障民生】 2020年，江门市民生投入316.28亿元，比上年增长8.1%。保障新冠肺炎疫情防控资金物资。统筹安排防控应急经费5.78亿元（含上级补助），做好市防控工作领导小组物资保障组物资采购、调度、储备等工作，建立政府采购“绿色通道”，保障应急救援设备和防疫物资。保障底线民生项目资金。提高6项底线民生保障水平，从1月起，全市城乡最低生活保障标准统一提高至900元／人·月，特困供养人员基本生活标准按照城乡最低生活保障标准的1.6倍确定，城乡统一标准，提高到1440元／人·月。支持优先发展教育。保障五邑大学加快建设高水平理工科大学需求，安排1.56亿元保障学前教育“5080”（公办园在园学生比例达到50%,普惠幼儿占比达到80%）目标实现。补强公共医疗卫生弱项。统筹资金1.97亿元支持推动市新三甲医院等重点项目建设，健全公共卫生应急管理体系。支持打好污染防治攻坚战。全市投入5.61亿元，支持污染防治和生态环境相关项目建

2020年12月4日，江门市财政局在局12楼大会场举行普法宣传暨宪法宣誓活动
（市财政局　供）

设。推进交通领域民生实事落实。安排“四好农村路”（建好、管好、护好、运营好）市本级补助资金0.59亿元，推动完成省政府下达江门市攻坚任务。支持扫黑除恶专项斗争工作。全市各级财政部门共安排扫黑除恶专项斗争经费8631万元，支持推动“打伞破网”“打财断血”工作。

（梁镇娴）

【财政支持加强党的领导和建设】 2020年，江门市安排1.45亿元解决基层党组织活动场所建设、党员教育培训、党员干部待遇等问题。建立完善村（社区）干部报酬待遇保障机制,对村（社区）“两委”（村党支部委员会、村民委员会）干部及村务监督委员会成员补贴、村（社区）“两委”正职政府奖励津贴继续给予支持，并逐年提高村（社区）“两委”干部及村务监督委员会成员补贴标准。继续安排村（社区）办公经费、村党组织服务群众专项经费和“两新”（经济组织、新社会组织）组织建设经费，实施基层党建“亿元保障计划”，强化基层工作经费投入，增强基层抓党建、为群众服务能力。

（陈一星）

【财政管理改革】 2020年，江门市入选财政支持深化民营和小微企业金融服务综合改革国家级试点城市，获财政部奖励资金3000万元，用于支持金融机构民营和小微企业信贷风险补偿。“数字财政”改革试点工作走在全省前列。实现全市财政数据大集中，为促进财政管理提质增效提供数据和技术支撑。推进预算管理改革。加大财政“放管服”改革力度，推进市级专项资金的细化、分配、执行和审批权限分类，健全完善财政预算管理动态监控系统，促进资金管理使用安全规范有效。加快实施预算绩效管理。以绩效指标库建立为基础，健全绩效管理标准体系，提升绩效管理标准化、规范化水平；以事前控制、事中跟踪、事后评价、结果应用4个环节搭建绩效管理体系，推动绩效管理与预算管理融合，提升财政资金使用效益。建立重大项目、重大平台建设资金统筹机制，将土地出让收入纳入全市统筹范围，推动解决资源碎片化、力量分散化、平台低端化问题。完善涉农资金统筹整合长效机制。探索“大专项+重点项目＋任务清单”管理模式，完善涉农资金管理有关配套制度，规范涉农资金使用，助推乡村振兴战略实施。

（吴华清）

【财政监管】 2020年，江门市加强预算执行监督管理，提高财政资金使用效益。落实财政预算执行进度通报约谈制度，对预算执行未达到序时进度的市（区）和市直业务主管部门实施约谈。同时，采取上门约谈方式，实行“下基层、送服务”，为基层单位提供财政支出业务指导，促进全市一般公共预算支出和中央直达资金支出走在全省前列。加大执业质量检查力度，促进社会经济平稳发展。按照“重点监管”与“随机抽取”相结合的原则，以省财政厅名义依法对江门市英翔会计师事务所有限公司、广东中坤资产评估土地房地产估价咨询有限公司等4家会计和评估机构实施行政检查。加强涉企和个人财政补贴（补助）资金管理，集中公开补贴政策。创建涉企和个人财政补贴（补助）政策“一张清单”公开平台，在政府门户网站集中公开197条惠企利民政策的制订依据、金额、发放标准、申领条件、申领方式、补助期限、监督渠道等信息，便于群众知悉，推动落实中央、省、市政策措施，支持改善民生福祉。完善财政端内控体系建设，防范权力运行风险。开展财政端内部控制制度建设，制定落实《江门市财政端内部控制制度流程手册》，依据相关政策梳理市财政局17个业务模块，303个子流程，各模块制度流程落实到具体岗位，形成市财政局相对完整的财务业务流程，完善财政资金内控建设体系，织密权力运行“监管网”。

（叶苗青）

【公务用车监管】 2020年，江门市规范公务用车管理，保障公务活动，促进党风廉政建设和节约型机关建设。严格执行公务用车编制管理规定，根据车改方案、机构设置、人员编制和工作需要等因素核定公务用车编制。从严管理全市公务用车配备更新，确保行政事业单位按照相关配备标准购置车辆。开展公务用车相关服务资格政府采购工作，为市直单位提供公车租赁、定点维修、定点加油、车辆保险等服务。强化公务用车信息平台管理，规范用车申请、审批、派车等相关手续。建立公务用车使用情况通报机制，加强公务用车使用情况监管，严肃公务用车管理纪律。落实党政机关公务用车使用情况统计报告工作，夯实公务用车管理基础。

（任桂鸿）

税务

【概况】 2020年，江门市税务系统组织税费收入654.55亿元，比上年下降13.3%，其中，国内税收收入461.66亿元，下降3.6%。是年，江门市税务局获上级领导肯定性批示19次，获评“全国文明单位”“2019—2020年节约型公共机构示范单位（国家级）”“全国职工书屋”“江门市抗击新冠肺炎疫情先进集体”等荣誉。

表13

2020年江门市税费收入情况表

单位：万元

项目	2019年	2020年	2020年比2019年增长（%）
税费合计	7551324	6545541	-13.32
一、税收收入合计	5020185	4842181	-3.55
（一）税务部门组织税收收入	4788728	4616635	-3.59
1.国内增值税	2275482	2197496	-3.43
2.国内消费税	70480	61673	-12.50
3.企业所得税	901501	868206	-3.69
4.个人所得税	229173	231052	0.82
5.资源税	13285	15148	14.02
6.城镇土地使用税	150135	124269	-17.23
7.城市维护建设税	150493	136905	-9.03
8.印花税	38266	39463	3.13
9.土地增值税	433201	407507	-5.93
10.房产税	136216	132869	-2.46
11.车船税	24692	27269	10.44
12.车辆购置税	135673	124936	-7.91
13.耕地占用税	38445	20074	-47.79
14.契税	185237	223164	20.47
15.环境保护税	3360	3270	-2.68
16.其他税收（营业税）	3089	3334	7.93
（二）海关代征进口税收	231457	225546	-2.55
二、费金收入合计	2531139	1703360	-32.70
1.社保基金收入	2085729	1423942	-31.73
2.教育费附加	69575	64114	-7.85
3.地方教育附加	46322	42719	-7.78
4.工会经费收入	37365	40081	7.27
5.职业年金	278993	116871	-58.11
6.其他项目	13155	15633	18.84
三、出口退（免）税	-1490583	-1452310	-2.57
1.出口退税	-1026583	-899610	-12.37
2.免抵调库	-464000	-552700	19.12

说明：费金收入中的其他项目的口径为除所列出的项目外的其他费金项目

2020年8月21日，税务人员通过线上直播方式举办外资企业优惠政策宣讲会 （市税务局 供）

【税收征管】 2020年，江门市税务局编制“7+2”税费政策汇编，促进政策红利直达快享。全市累计新增减税降费77.04亿元。依托行业协会推送政策，受到国家税务总局新闻办好评。受惠企业案例首次登上《人民日报》头版以及《焦点访谈》栏目。推广应用产业链智联平台，全市供应商查看寻货需求率92.5%。全省首创利用税收数据建立经济分析指标体系，形成分析报告108篇，被省税务局采用4篇，发挥以税资政作用。依法组织税费收入。全市组织税费收入654.55亿元，比上年下降13.3%，其中，国内税收收入461.66亿元，下降3.6%，实现税费收入与经济社会发展、减税降费相协调。推出26条举措助力地方发展大局。加强税收政策梳理研究，健全政策管理服务机制，发挥税制和税费政策效应。主动服务“金种子”三年行动方案，推出“护苗·启航”服务品牌。支持人才引进战略，落实大湾区个税补贴优惠政策，助力稳住外资外贸基本盘。税收营商环境持续优化。深化“放管服”改革，推进纳税缴费便利化改革。落实“非接触式”办税缴费措施，网上办税率95.7%，其中，车购税“网上办”占比100%。推行预约错峰办税、免费配送发票等服务，办税厅预约率80%，全省排名第二。聚焦重大平台项目，打造“项目全税通”服务机制。

【依法治税】 2020年，江门市税务局推进“三化”（规范化、标准化、一体化）建设。落实省税务局“三化”建设成果，开展本地化事项和文本延伸工作，形成1724项部门职责事项和岗位说明书502份，搭建规范统一的岗责体系。参与省市共建项目，在省税务局前2批54项建设成果中，参与比例30%。落实领导干部学法制度，主要领导带头讲法治课，推进运用法治思维和法治方式做好工作。优化税务执法方式，率先试点推行“三项制度”（行政执法公示制度、执法全过程记录制度、重大执法决定法制审核制度），推进严格规范公正文明执法。实施稽查工作质效提升行动，“双打”行动（打击虚开发票、打击骗取退税违法犯罪2年专项行动）成效明显，涉及金额4.09亿元，挽回税收损失1.14亿元。成立公安派驻税务联络机制办公室，健全税警联络机制，开展收网行动2次，涉案金额28.57亿元。推行纳税人、缴费人分类分级管理，摸清23.5万户与市场监管部门登记状态不一致的市场主体情况。优化完善房地产税收一体化管理平台，获国家税务总局、省税务局肯定。作为全省唯一试点，鹤山顺利上线社保费系统优化升级项目。深化大数据管控，开展税收风险管理，风险任务应对入库税款40.38亿元。参与编写全省增值税发票“1+N”管理制度体系，探索推行信息化督审智慧防控体系，实现发票内部风险联防联控。

【纳税服务】 2020年，江门市税务局纳税人满意度调查取得全省第一名。率先在全国实现一手房登记“线上+自助”税证联办，出口退税时间压缩至5个工作日内。建成纳税服务监控指挥中心，打造智能办税服务厅，推出线上预导税、预填单、预审核、预办理服务，优化办税缴费体验。

（市税务局）

金融业

综　述

【概况】　至2020年年底，江门市有银行机构32家，保险机构63家，证券营业部48家。银行业资产总额6426.61亿元，比上年增长11.50%。年末中外资金融机构本外币存款余额5475.45亿元，比上年末增长10.7%，其中，境内存款余额5250.80亿元，增长10.7%，境内存款中住户存款3394.16亿元，增长10.9%；境外存款余额224.64亿元，增长10.9%；年末中外资金融机构本外币贷款余额4390.98亿元，增长19.7%，其中，境内贷款余额4353.54亿元，增长19.9%，境内贷款中住户贷款1804.55亿元，增长16.4%；境外贷款余额37.43亿元，增长2.2%。年末各类保险公司65家，比上年增加4家。全年保费收入169.55亿元，比上年增长0.7%，其中，人寿保险业务收入130.55亿元，下降0.3%；财产保险业务收入39.00亿元，增长4.1%。共支付各项赔款39.59亿元，增长0.1%，其中，人寿保险业务赔款20.09亿元，增长5.0%；财产保险业务赔款19.49亿元，下降4.8%。

【货币信贷管理】　2020年，中国人民银行江门市中心支行落实结构性货币政策工具，运用宏观审慎评估“指挥棒”，引导金融资源向经济重点领域和薄弱环节倾斜。全年使用结构性货币政策工具106.25亿元，比上年增长62.37%；做好贷款市场报价利率（LPR）推广运用工作，打破贷款利率隐性下限，降低企业融资成本；组织开展金融支持稳企业保就业行动，实施助企纾困。江门市银行机构通过粤信融稳企业保就业平台，完成1539家重点企业对接，发放贷款86.92亿元。年末，全市本外币各项贷款余额4390.98亿元，比年初增长19.72%，提高3.72个百分点。实现普惠小微贷款“增量、降价、提质、扩面”；普惠小微贷款余额增长34.56%，比各项贷款增速高14.84个百分点；普惠小微贷款户数3.09万户，比年初增加5095户；普惠小微贷款加权平均利率5.19%，比年初下降0.63个百分点。运用人民银行再贷款再贴现政策。投放18000亿元再贷款、再贴现政策。通过加强政策宣传、指导创新金融产品、编写产品手册等方式，推动政策落地。全年发放再贷款40.85亿元，支持企业2351家，发放再贴现19.36亿元，支持企业327家。通过加强组织领导、争取财政支持、强化部门联动等方式，推动2项直达实体经济的货币政策工具落地。通过普惠小微企业信用贷款支持计划，投放央行资金5.67亿元，带动地方法人银行投放普惠小微企业信用贷款14.17亿元；通过普惠小微企业贷款延期支持政策，投放央行资金0.24亿元。在前期延期还本付息政策基础上，6—12月，江门市银行机构办理贷款本金延期118亿元，降低企业财务负担。

【金融监管与稳定】　2020年，中国人民银行江门市中心支行完善金融风险监测预警和防范处置机制，提升风险防控的前瞻性、全局性和科学性，维护辖区金融稳定。做好存款保险制度实施工作。组织开展《存款保险条例》颁布五周年专题宣传活动，推动银行机构存款保险标志启用，做好风险差别费率核定、投保手续办理、保费归集等工作。完善应急管理机制。强化金融风险监测和预警，按照“一行一社一策”原则，督导地方法人银行建立健全覆盖风险监测、预警提示、应急处置、流动性支持等环节的应急防控机制，并结合新冠肺炎疫情影响，修订风险应对方案及开展压力测试，完善金融安全防控和风险处置机制。配合地方党委政府推进历史遗留的恩平市20家城乡信用社关闭清算工作。参与整治非法金融乱象。督促辖区各金融机构在疫情防控期间开展排查活动和防范处置非法集资宣传活动，做好风险提示、监测排查和舆论引导工作。是年，江门市没有新发涉嫌非法集资刑事案件，没有发生投资参与人群体上访事件。

【金融服务】　2020年，中国人民银行江门市中心支行提升金融服务实体经济和供给侧结构性改革效能。助力复工复产，开通企业银行账户绿色通道。疫情期间，指导银行机构综合运用科技手段为企业提供开户便利，对疫情防控期间法人代表或注册地经营地在异地的企业暂时采用视频方式核实开户意愿及识别客户身份，优化企业网上银行、手机银行、支付服务App等预约开户电子渠道。全市通过广东省企业银行结算账户备案管理系统办理企业预约开户249笔。助力粤港澳大湾区便利出行，上线江门市“智慧公交”项目。12月1日，江门“智慧公交”项目在全辖所有公交车及部分客运班车上线，除原有的支付方式外，增加手机闪付、银行卡闪付和云闪付二维码扫码支付功能，实现移动支付与公共交通场景无缝对接。助力乡村振兴，建设移动支付示范镇。全市启动建设移动支付示范镇5个，验收移动支付示范镇3个，推动移动支付便民工程向农村地区延伸。提供个人信用报告查询服务17.61万笔、企业信用报告查询服务5471笔，提供个人和企业异议处理服务49笔。增设个人信用报告自助查询代理点。全市布设个人信用报告自助查询代理点16个，实现三区四市全覆盖，其中蓬江区4个，江海区2个，新会区4个，台山市1个，开平市1个，鹤山市2个，恩平市2个。落实疫情防控期间征信权益维护工作。辖内法人金融机构为124名受新冠肺炎疫情影响暂时失去收入来源人员和145家小微企业（含个体工商户）调整还款安排或征信记录，缓解受疫情影响群体的还贷压力。贯彻落实《国家发展改革委员会关于阶段性减免部分征信服务收费的通知》，为企业减免征信查询服务费用70.02万元，其中，减免企业应收账款质押登记费9.32万元，减免企业应收账款变更登记费1645元，减免企业信用报告查询服务费34.97万元，减免个人信用报告查询服务费25.57万元。

是年，加强人民币流通管理，提升江门辖区流通中人民币整洁度，提高现金流通环境和社会满意度。加大对县域农村现金服务点的原封新券定向投放，提高农村地区流通中人民币整洁度；推动银企精准对接，与重点用现金企业、事业单位建立残损人民币定点联系回收机制。

【金融消费权益保护】 2020年，中国人民银行江门市中心支行落实《中国人民银行金融消费者权益保护实施办法》。每季度参加江门市广告监管联席会议，与市市场监督管理局、市委宣传部等部门交流开展广告监管工作情况，解决在工作开展过程中遇到的困难和问题。在“3·15”、6月、9月期间开展专项金融知识普及活动。6月，指导江门农商行结合疫情期间支持实体经济的真实例子，演绎成小品节目。该小品节目在全省各地报送的参与节目中脱颖而出，成功参与人民银行广州分行现场文艺会演直播。提高金融消费者尤其低净值人群对金融风险的认知与防范。

【社会信用体系建设】 2020年，中国人民银行江门市中心支行深化农村信用体系建设。对江门市辖区建档立卡贫困户底数、农村信用体系建设助力脱贫攻坚等情况进行摸排，推动农村信用体系对建档立卡贫困户实现全覆盖。完善农村信用信息共享、信息评价、信用激励约束等基础制度，引导金融机构对信用评价等级较高产业或项目加大支持力度，提高农户申贷获得率。实施特色诚信文化品牌战略，引导辖区金融机构培育评选信用村，以整体增信、授信的方式，授予整个信用村一定的融资额度，支持农户申请贷款用于种、养殖或购置农用机具等生产经营活动。推进省中小微企业信用信息和融资对接平台（以下简称“粤信融”）建设。江门辖区应用“粤信融”开通业务银行网点120家，发布信贷产品159个，签订授信合同企业5473家，融资8425笔，金额343.94亿元，新增注册企业3.12万户。加强征信宣传，结合“3·15”消费者权益日、“6·14”全国信用记录关爱日等特定时点，创新“线下+线上”等多媒体宣传方式，向公众宣传普及征信知识，宣传活动受众近1万人次。

【反洗钱工作】 2020年，中国人民银行江门市中心支行做好金融领域扫黑除恶、打击利用离岸公司和地下钱庄转移赃款、打击非法集资等工作，确保金融运行规范有序。向市扫黑除恶办、公安局、税务局等部门移送线索10条，协助破获案件5件，推动判决洗钱案1件。开展反洗钱宣传，动员辖区金融机构参加反洗钱征文比赛、反洗钱精品案例比赛等专题宣传活动；组织开展反洗钱有奖知识答题、“反洗钱知识进课堂”“影前10分钟”反洗钱视频宣传、公交车车载屏幕反洗钱视频展播活动等，取得良好成效。关注利用新型金融业态从事洗钱犯罪新趋势，研究各类洗钱上游犯罪的新动态、新手法、新规律，编发关于跨境网络赌博的风险提示，指导金融机构提高风险监测、预警和防控能力，防范洗钱犯罪。

【外汇管理】 2020年，中国人民银行江门市中心支行落实金融支持湾区政策。粤港澳大湾区货物贸易外汇收支便利化试点政策落地江门市。11月24日，经外汇管理局广东省分局备案，亚太森博（广东）纸业有限公司成为江门首家开展货物贸易外汇收支便利化试点的企业。

资本项目便利化 推动区块链资本项目收入支付便利化真实性审核应用场景试点工作在江门市落地。全年办理一次性外债登记业务19笔，签约金额72.86亿美元。在银行办理外债注销业务38笔。办理资本项目收入支付便利化业务377笔，金额2394.84万美元。2家企业纳入高新技术企业外债便利化额度试点。

跨境人民币结算便利化 全年有38家企业纳入优质企业名单，其中26家优质企业得到辖区银行提供的跨境人民币结算便利化服务，金额36.86亿元。运用和推广政务服务网上平台和跨境金融区块链服务平台，提升政务服务网上办理工作效率。全年429家次企业通过政务服务网上办理外汇行政审批业务，88家企业利用

区块链平台办理出口贸易融资888笔，融资金额50621.3万美元。

外汇政策绿色通道支持疫情防控 指导辖区银行开辟绿色审批通道，支援江门市防疫物资供应，加大对企业复产复工的金融支持力度。全年指导银行办理疫情相关业务73笔，金额224.88万美元，通过线上渠道为779家次企业办理外汇行政许可业务。

出台跨境人民币和跨境融资奖补措施 推动江门市政府出台《江门市“江澳涟”项目实施方案》。方案对辖区与香港、澳门地区金融机构发生跨境人民币结算及跨境融资的银行实施奖补，受奖补的银行承诺给予企业融资优惠，降低企业跨境融资成本。全年江门辖区通过港澳进行跨境融资总额3.39亿美元，比上年增长53.02%。江门市跨境人民币结算业务发生金额386.65亿元，增长1.16%，占国际收支比例25.42%，增长0.4个百分点。

支持贸易新业态发展 江门市成为全国第五批跨境电子商务综合试验区试点城市之一。参与地方政府《中国（江门）跨境电子商务综合试验区实施方案》制定，开展跨境电商外汇管理政策宣讲，支持江门市跨境电子商务综合试验区建设，促进江门地区贸易新业态的健康快速发展。

支持江门地区首家保税物流中心（B型）建设 经海关、财政、税务局、外汇局4部门联合验收，江门大广海湾保税物流中心（B型）于5月21日通过验收，成为江门地区首家保税物流中心B型封闭式海关监管场所并且具备口岸功能。开展保税中心外汇管理政策宣讲，为保税物流中心营运提供外汇管理服务。

（中国人民银行江门中心支行）

地方金融监管

【概况】 截至2020年年底，江门市有核准在营小额贷款公司13家，注册资本16.95亿元，贷款余额18.69亿元；融资性担保企业6家（含政府性融资担保企业1家），注册资本6.23亿元，融资担保在保余额6.70亿元；典当企业24家（含分支机构2家），典当总额8.52亿元，其中动产1.67亿元，房地产6.17亿元，财产权利0.68亿元，资产总计3.49亿元，典当余额2.62亿元；没有融资租赁公司法人机构，融资租赁公司分支机构23家，其中省外在江门市设立的融资租赁公司分支机构9家，省内在江门市设立的融资租赁公司分支机构14家；江门市没有属地商业保理公司法人机构，有1家分支机构；没有地方资产管理公司。

【小额贷款公司】 至2020年年底，江门市有核准在营小额贷款公司13家，注册资本金16.95亿元，贷款余额18.69亿元。

【融资担保】 至2020年年底，江门市有融资性担保企业6家（含政府性融资担保企业1家），注册资本6.23亿元，融资担保在保余额6.70亿元。

【典当行】 至2020年年底，江门市有典当企业24家（含分支机构2家），典当总额8.52亿元，其中动产1.67亿元，房地产6.17亿元，财产权利0.68亿元，资产总计3.49亿元，典当余额2.62亿元。

【农合机构发展】 2020年，江门市各农商行（含江门、台山、开平、鹤山农商银行）统筹做好疫情防控和经营发展各项工作，实现各项业务平稳发展。至年底，全市农商行资产总额1901.94亿元，比年初增长7.18%，其中江门农商银行资产总额1108.52亿元，占全市农商行资产总额58.28%。全市农商行各项存款余额1494.58亿元，比年初增长8.58%；各项贷款余额989.34亿元，增长14.49%，各农商行贷款增速均超2位数；全年缴纳各项税费10.75亿元，约占全市银行业纳税总额58%。主要监管指标总体持续达标。全市农商行资本充足率16.63%，拨备覆盖率229.92%，不良贷款率1.55%，主要监管指标均好于监管要求，持续达标。江门、鹤山农商银行监管评级为2C，台山、开平农商银行评级保持3A。

【江澳金融合作】 2020年1月，江门市金融工作局联合澳门金融管理局、澳门银行公会共同举办江澳金融合作第二次工作会议系列活动，取得较好成效。有7家银行机构与澳门8家金融机构建立合作关系，合作业务以为企业跨境融资及跨境同业业务为主。全年江澳金融合作总额776.56亿元，其中同业存款752.88亿元，跨境融资23.68亿元，是上年的3倍。至年底，江澳两地金融合作业务量超1900亿元。

（市金融局）

银行业

【概况】 2020年，江门市辖区有银行机构32家，比上年增加2家，其中珠海华润银行于7月进驻开业、浙商银行于8月进驻开业；有营业网点882个，自助银行271个，从业人员1.34万人。银行机构资产总额6426.61亿元，比上年增长11.5%；各项贷款余额4391亿元，增长19.79%；各项存款余额5421.98亿元，增长10.71%；资产总额、各项贷款、各项存款均位居全省第七位（不含深圳市）；不良贷款率0.61%，不良贷款实现“双降”。

【银行存款】 2020年，江门市辖区银行业存款规模稳步增长，各项存款余额5421.98亿元，比年初增长10.7%。

【银行贷款】 2020年，江门市辖区银行业存款规模增长较快，各项贷款余额4391亿元，比年初增长19.8%。

【银行不良贷款】 2020年，江门市辖区银行业不良贷款余额26.86亿元，比年初减少5.06亿元；不良贷款率0.61%，比年初下降0.26个百分点，不良贷款余额、不良贷款率实现“双降”。

【金融服务乡村振兴】 2020年，江门市创新政银合作信贷产品，探索“积分管理+授信”模式，推动小额信用和提前授信方式对村民和农户进行批量授信覆盖，发放贷款12户，贷款金额270万元。推动信用村建设，探索整村授信模式，28个信用村“整村授信”6798万元，发放贷款1243万元。加快“三农”（农业、农村、农民）业务产品创新，其中江门农商行推出46款乡村振兴信贷产品，优化金融供给。至年底，辖区银行机构涉农贷款余额1444.96亿元，比年初增长13.9%；精准扶贫（国标）贷款余额8.43亿元，增长31.8%，累计向278家地市级及以上农业龙头企业发放贷款63.85亿元，帮助就业贫困户1365户。

【银行业服务实体经济】 2020年，江门市辖区银行推出“战疫贷”“复产贷”等专项信贷产品，用好延期还本付息、再贴现再贷款政策精准支持企业复工复产，为6994户中小微企业办理贷款延期还本付息，涉及贷款金额262.05亿元；发放再贴现再贷款60.21亿元，支持企业超2600家。加大对重大工程建设、重点平台项目、重要基础设施、重要社会民生项目、重点产业的资金投放，为142个重点项目建设提供授信金额1196.12亿元，比年初增长47.2%，对95个产业类项目、23个交通类项目、24个城建类项目给予信贷支持。运用外汇分析咨询、跨境融资产品等手段，强化外贸金融支持服务，服务外贸企业1177家，其中为97家提供“首贷”服务。开展“百行进万企”活动，对接企业1.71万家，发放贷款5.35亿元；开展“银税互动”合作业务，惠及小微企业4406家，贷款余额44.90亿元，比年初增长11.8%。至年底，普惠型小微企业贷款余额461.11亿元，比年初增长39.1%，高于各项贷款同期平均增速19.26个百分点；普惠型小微企业贷款平均利率4.8%，下降0.86个百分点。

2020年10月13日，江门银保监分局举办江门银行业保险业清廉金融文化展开幕式（江门银监分局 供）

【银行监管】 2020年，江门银保监分局推动恩平市20家城信社结束清算取得实质性进展，推进8家信托投资机构退出工作。推动辖区试点企业建立联合授信机制，实现授信总额统一管理和风险联合防控，保持企业杠杆率稳定。推动成立信用风险处置工作小组、不良贷款处置专业委员会，全年处置不良贷款30.87亿元，比上年增长32.8%，处置金额比上年新形成不良贷款金额多11.59亿元。加强后疫情形势研判，关注涉嫌利用临时性延期还本付息政策掩盖资产质量行为，防范因疫情引发的风险。开展农合机构“5+N”（以员工行为管理、印章管理、信贷、资金、柜面业务等5个必查项目，押品管理和第三方管理等选查项目）专项治理，开展年度合规述职，加强银行创新业务合规监管，开展治乱象“回头看”，压实金融机构风险化解责任。成立信访投诉举报服务分中心，首创“三位一体”（地方政府、监管部门、保险机构三方联动）新型信访处理工作机制，接听信访举报投诉电话574次，接访103批次，在事项进入流程前解决632件，解决率93%。创新“三位一体”“三进三到位”（通过送保险知识、保险产品、保险服务进万家，实现提升社会公众保险意识和金融素养到位、创新载体确保保险产品获取到位、推动保险服务长效机制构建到位）模式，启动行业首创的“保险进万家”活动。配合开展打击非法金融活动和网络借贷风险整治等工作，年内配合涉黑涉恶查冻扣37宗，线索移交公安机关38次，移交省扫黑办58次。指导辖区保险行业、联动市司法部门开展打击保险黑产黑代工作，侦破开平水口黑产案件，实现全省司法打击恶意投诉黑产工作“零突破”。

【中国农业发展银行江门市分行】 2020年，中国农业发展银行江门市分行有营业网点6个，银行资产总额236.16亿元，在职员工114人。全年累计发放各项贷款40.05亿元。各项贷款余额214.1亿元，比年初增长5.9%。其中，粮油类贷款余额16.27亿元，较年初下降8.18%；中长期项目贷款余额197.12亿元，比年初增长8.77%。各项存款余额35.47亿元，比年初下降36.63%；日均存款余额48.53亿元，下降14.05%。存贷比603.61%，比年初增长242.35%。实现账面利润2.26亿元，比上年增盈32.57万元。无新增不良贷款，保持零不良贷款率。

是年，拓展创新条线业务，丰富业务种类，投放广东省系统内首笔旅游扶贫贷款，首次投放生猪养殖贷款，带动相关产业发展。聚焦农村基础设施建设短板领域，支持省道扩建、江门人才岛开发等项目建设，完善城乡基础设施，支持乡村振兴。守护地方粮食安全，发放粮油收购扶贫贷款1.93亿元、粮油购销贷款7.76亿元，支持企业购进粮油17.41万吨。履行社会责任，助力脱贫攻坚，全年捐款3.93万元，购买扶贫产品21.61万元，带动企业购买21.63万元。疫情期间，组织开展体温检测、无偿献血、抗疫一线家属慰问、抗疫宣传、防疫物资捐赠、捐款等活动，捐赠款项7.1万元。利用人民银行专项再贷款资金支持5个重点领域5家企业复工复产，发放贷款6.58亿元；对企业发放首年利率优惠贷款8.26亿元，惠及企业11家。是年，该行团委被中央金融团工委授予“全国金融系统抗击新冠肺炎疫情青年志愿服务先进集体”称号。

【中国工商银行江门分行】 2020年，中国工商银行江门分行有一级支行11家，营业网点81个，自助银行119个，其中在行式自助银行81个，离行式自助银行38个；产品领取机103台，新款智能终端机183台，自助柜员机286台。银行资产总额806亿元，在职职工1453人。全行实现拨备前利润18亿元，比上年增长7.28%；净利润14亿元，增长7.02%；中间业务收入4亿元，增长8.48%。全部存款余额772亿元，比上年净增65亿元。各项贷款640亿元，其中个人贷款337亿元，比上年净增46亿元。

是年，聚焦基础设施、制造业、优质民营企业和普惠金融创新优化金融服务，推动服务提质增效。设立江港澳跨境金融服务联络处，强化国际化联动，做侨乡国际结算第一银行。开展智慧政务、智慧校园、智慧“三农”、智慧医疗等创新合作，助力智慧城市建设加快推进。推动网点与队伍转型，建设“客户满意银行”。连续11年跻身全国二级分行经营30强，2020年名列第九位，首次跻身总行级重点城市行十强，在80家总行级重点城市行中排第九名。疫情防控期间，合理安排网点营业，开辟绿色通道，保障客户金融需求；落实“春润行动”“春融行动”，落实延期还本付息、展期、续贷等政策，支持“六稳”（稳就业、稳金融、稳外贸、稳外资、稳投资、稳预期工作）、“六保”（保居民就业、保基本民生、保市场主体、保粮食能源安全、保产业链供应链稳定、保基层运转）；开展“春暖行动”“金秋行动”，全年购买贫困地区农产品245万元，帮助销

2020年11月13日，工商银行江门分行江港澳跨境金融服务联络处举行开业揭牌仪式 （工商银行江门分行 供）

售贫困地区农产品1600多万元，助力打赢脱贫攻坚战。

【中国农业银行江门分行】 2020年，中国农业银行江门分行有营业网点90个，自助银行39个。全行自助设备519台，其中在行式自助设备433台，离行式自助设备86台，银行资产总额649.97亿元，在职职工1442人。本外币各项存款余额630.50亿元，比年初增长5.28%；本外币各项贷款余额466.82亿元，比年初增长17.08%；实现中间业务收入3.95亿元，增长3.55%，拨备前利润13.84亿元，增长14.10%。

是年，加大对交通设施、城镇基础设施、农村电网改造、农田水利工程、县域房地产及棚户区“三旧”（旧城镇、旧厂房、旧村庄）改造等项目支持力度，全年投放人民币法人实体贷款122亿元。推进普惠金融体系建设，创新推出“工资贷”“政采通”“税银通”“微捷贷”“纳税e贷”等一系列“低成本、高效率、广覆盖”的特色普惠产品，加大减费让利力度，支持疫情防控企业32户发放贷款6.35亿元，为105户小微企业客户办理贷款展期和调整还款计划，金额7485万元。支持现代农业产业园、龙头企业发展，助力农业转型升级及产业融合，深入推进产业帮扶、结对帮扶、消费扶贫等工作，全年投放“三农”贷款104亿元。加快创新改革步伐，推进数字化转型和网点转型，推广移动支付，作为江门市首批试点银行全面上线“政银通办”服务。

【中国银行江门分行】 2020年，中国银行江门分行有营业网点70个，自助银行99个，其中在行式自助银行70个，离行式自助银行（含自助服务点）29个。全行自助银行设备（含自助通设备）261台，智能柜台175台，现金版智能柜台46台，移动式智能柜台40台。银行资产总额551.79亿元，在职员工1415人。年末本外币一般性存款余额折合人民币520.67亿元，比上年增长11.61%。全口径表内授信资产余额折合人民币503.4亿元，比上年增长8.9%；其中个人贷款余额133.59亿元。国际结算业务量55.35亿美元，市场份额29.46%；结售汇业务量38.23亿美元，市场份额占26.27%；跨境人民币结算量125.34亿元，市场份额占比32.43%。分期付累计投放19.3亿元，比上年增长10.97%，市场份额占20.85%。中间业务净收入4.2亿元，实现拨备前利润11.73亿元。

是年，加大对基建授信项目投放力度，拓展先进制造、电力能源等重点行业，一般公司贷款余额341.37亿元，居四大行之首，当年余额净增21.94亿元，为江门区域内的企业核定授信总额超740亿元。以再贷款业务支持防疫重点企业复工复产，为22家重点企业核定授信额度14.7亿元，向7家重点企业投放再贷款1.96亿元，对前期经营正常、受疫情影响遇到暂时困难的中小微企业提供纾困扶持，全年为255户、合计9.4亿元贷款实施延期还本。创新以“信贷工厂”模式发放贷款2359笔，全年发放贷款45亿元。助力稳住外贸基本盘，在外债便利化试点提款业务、跨境人民币收支便利化业务、区块链平台应用等方面突破多项首发，为江门市优质企业办理跨境人民币收支便利化业务金额超21亿元；跨境人民币业务量125亿元，国际贸易结算业务量57亿美元，国际结算和跨境人民币业务领先。

【中国建设银行江门市分行】 2020年，中国建设银行江门市分行有营业网点71个，自助银行135个，其中轻型网点4个，附行式自助银行70个，离行式自助银行（设备）35个，标准版智慧柜员机141台，综合版智慧柜员机79台，银行资产总额754.22亿元，在职职工1304人。全口径纯存款余额688.10亿元，比年初增加84.16亿元，其中企业存款余额230.45亿元，个人存款余额457.21亿元。各项贷款余额545.59亿元，其中个人类贷款（含卡透支）余额291亿元。中间业务净收入3.39亿元，实现净利润13.01亿元。是年，先后获“全国系统学习型组织先进单位”“全国思想政治工作先进单位”“全国模范职工之家”“广东省先进集体”“2018—2020年度广东省文明单位”等称号。

是年，支持“六稳”（稳就业、稳金融、稳外贸、稳外资、稳投资、稳预期工作）、“六保”（保居民就业、保基本民生、保市场主体、保粮食能源安全、保产业链供应链稳定、保基层运转），疫情期间发布金融支持侨乡企业及个人复工复产十条措施，推进“春晖行动”，投放贷款超200亿元，支持稳企业、保就业。与江门市政府部门签订战略合作协议，助力“数字政府”建设。全年落地项目25个，其中全国首创项目7个、全省首创项目8个、全省首批项目4个、江门区域首创6个，打造“金融+政务服务”江门样板。其中新落地的政银

2020年6月17日，广发银行江门分行与江门市中级人民法院在江门市中级人民法院举行“智慧法院”+“智慧金融”便民服务项目落地仪式

（广发银行江门分行 供）

区块链平台是全省首个区块链基础平台、江门市唯一一个区块链基础设施。助力乡村振兴战略，助推打通金融服务“最后一公里”，派驻骨干作为驻村第一书记服务台山市海晏镇五丰村，助推五丰村获批全国“一村一品”示范村镇。“建行裕农通”服务点实现江门1150多个行政村全覆盖。

【广发银行江门分行】 2020年，广发银行江门分行有营业网点20家，在行式自助银行20个，离行式自助银行0个；自助单点5个；全行自助银行设备143台。银行资产总额249.84亿元。在职职工516人。全年实现营业收入5.69亿元，比上年增长17.18%；实现拨备前利润3.73亿元，增长31.41%；净利润1.11亿元，下降54.79%。年末各项存款余额240.65亿元；各项贷款余额158.68亿元。信用卡累计新增激活客户数2.42万户，任务完成率87.10%。年末不良贷款额3579万元；不良贷款率0.23%。

是年，通过开发“陈皮贷”“果林贷”等专属信贷产品，加大金融服务乡村振兴的信贷支持力度，通过“荔枝园”认养、修建北陡镇那琴农产品市场扶贫摊位、支持北陡镇平山荫村委会村道拓宽项目及村内道路硬底化、支持抗疫防疫、助学慰问等，助力乡村振兴，年内精准扶贫贷款余额2826.04万元。支持地方实体经济发展，年末普惠小微贷款余额15.54亿元，普惠金融领域贷款余额10.56亿元，民营贷款余额43.4亿元，制造业贷款余额11.33亿元，为疫情防控企业提供信贷支持14.82亿元，为受疫情影响的企业及个人贷款客户办理延期还款343笔，金额11.29亿元。

【中国邮政储蓄银行江门市分行】 2020年，中国邮政储蓄银行江门市分行有营业网点115个，全行自助现金设备296台，智慧型柜员机1台。银行资产总额377.34亿元，比上年增长9.43%；全年各项存款余额348.64亿元，比上年增长9.08%；各类贷款余额116.76亿元，增长14.91%。该行内设机构15个，下设县（市）级支行6个，辖内在职职工586人。邮储银行县及县以下农村地区网点占比超70%，乡镇覆盖率100%。至年底，该行绿色信贷结余1.29亿元，比年初增长103.10%，提前完成监管“一增三控”（绿色信贷增速不低于同期各项贷款增速，控制绿色信贷不良率、严控“两高一剩”贷款、严控环境、安全生产违法违规企业贷款）目标，落实绿色金融授信政策。

是年，精准对接建档立卡贫困户，助力全面建成小康社会。发放个人精准扶贫贷款1019万元，带动贫困户就业25人，直接资金支持模式下发放的“惠农易贷”帮助贫困户5人；发放单位精准扶贫贷款4167万元，带动贫困户就业9人。支持企业复工复产，运用专项再贷款及各类小企业贷款产品助力企业复工复产，信贷支持抗疫企业24户，贷款金额9848万元，其中央行名单内客户5户，贷款金额1250万元；降低贷款门槛，发放小微企业续贷贷款近14亿元，涉及企业295户；通过展期、无还本续贷、调整还款计划、还旧借新等方式，为890家贷款企业办理临时性延期还本，涉及金额8.92亿元。

2020年11月9日，江门农村商业银行股份有限公司与新会区睦洲镇人民政府就创新镇级网格化营销服务模式，举行战略合作协议签约仪式

（江门农商行　供）

【江门农村商业银行】 2020年，江门市有市（区）农村商业银行4家，营业网点190个，从业人员2336人。自助银行216个，其中在行式自助银行188个，离行式自助银行（含自助服务点）28个。全行自助银行设备（含自助通设备）626台，智能柜台151台，现金版智能柜台2台，移动式智能柜台0台。银行资产总额1108.36亿元，比年初增长5.4%；其中各项贷款余额560.49亿元。负债总额985.53亿元，比年初增长5.68%；其中各项存款余额851.55亿元。实现经营利润16.14亿元，纳税总额5.39亿元。投资省内8家农商银行，并在广东、河北、山东发起成立7家村镇银行。按一级资本排名，江门农商银行连续

2年被英国《银行家》杂志评为“全球银行1000强”，2020年位列第535位，并首次进入全国银行百强，位列全国农商行第18位。

是年，探索普惠金融服务路径，上线全省农商行首个“台州模式”小微金融服务平台，上线3个月贷款规模突破2亿元。建成信用村14个，在18个村试点网格化营销，推进整村授信、家庭授信工作。发布首款信用卡产品“悦农侨兴卡”，上线首款线上经营性贷款“悦农小微贷”，整合推出三大惠农系列产品46款。与蓬江区、高新区（江海区）政府签订战略合作协议，承诺2020—2025年分别授信300亿元和500亿元支持产城融合。与市属国资企业、医院、学校、商会等建立战略合作关系，中标社会民生项目，主动对接粤港澳大湾区等国家重点战略，完善产品服务，支持地方经济社会发展。

（江门银保监分局）

保险业

【概况】 2020年，江门市辖区有保险机构63家，其中财产险机构27家，人身险机构36家，分支机构351家，从业人员2.9万人；保险专业中介机构57家。保险机构资产总额437.35亿元，比年初增长15.6%。资产总额在全省（不含深圳市）排第六名，比年初上升1位；累计保费收入169.55亿元，比上年增长0.66%，资产总额、保费收入全省排第六名（不含深圳市），与年初持平。

【保险产品创新】 2020年，江门市推动保险机构结合地方特色创新农险产品和服务，全省首推政策性鳗鱼、鹅保险，落地全国首单鹅饲料成本价格指数保险。推进扶贫保险扩面增品提质，推出全市首款商业性扶贫保险产品“防贫保”“脱贫保”；与市农业农村局、市扶贫办、街道办等部门联合建立“政保联办、群体参保、阳光操作”的创新扶贫模式，预防和解决因疾病、意外、失劳致贫返贫问题。至年底，大病保险建档立卡贫困人口覆盖26.33万人次，赔付10.60万人次，累计赔付金额5503万元；贫困人口商业补充医疗保险建档立卡贫困户覆盖0.95万人次，保障金额7.5亿元。

【保险监管】 2020年，江门市采取“自律先行、监管指导、宣传引导、回溯可期”的保障措施，推动车险综合改革落地实施，车险保费价格下降约20%，手续费或佣金下降约25%，综合赔付率增长1.5%，基本实现降价增保的改革目标。参与农险发展规划工作，推进江门辖区政策性农险招标工作，至年底，江门辖内农险保费收入1.63亿元，比上年增长60%，增速超省增速18.17个百分点。以自律停单、监管谈话、行政处罚等方式处置违规展业、扰乱市场秩序的保险机构，创新车险乱象行业互查监督模式，组建“巡查突击队”，对车险市场开展常态化巡查，全市执行停单9家次，谈话51家次，年末车险综合费用率36.55%，比省平均水平低0.49个百分点，综合成本率92.06%，比省平均水平低3.88个百分点。督促寿险机构优化产品结构，辖区普通型寿险保费58.78亿元，比上年增长17.7%，分红型寿险保费45.16亿元，投连险保费0.06亿元，万能险保费0.24亿元，分别下降20.2%、1.2%、0.7%。

【人保财险江门分公司】 2020年，

2020年9月30日，江门银监分局举办江门保险业“保险进万家”主会场启动仪式（江门银监分局 供）

人保财险江门分公司有经营机构67个，保费超12亿元，为客户提供风险保障1.11万亿元；处理索赔案件超11万宗，赔付金额6.74亿元；农业保险承保户16.2万户次，保障金额19.4亿元；开展扶贫保险、农房保险、扶贫干部保险等，提供保障超500亿元；为全市扶贫干部提供团体意外（医疗）保险风险保障5170万元；累计投入农业农村防灾减损资金600万元。

是年，服务实体经济，推动“险资入邑”服务江门市交通基础建设，提供一揽子产业保险，实施风险减量管理，助力先进制造企业转型升级。落实首台（套）新材料、新能源等战略性新兴科技产业的风险补偿机制，构建行政仲裁、法律救济和经济补偿等知识产权保险体系。推动多层次医疗保障体系的完善，丰富医疗保险、疾病保险、意外伤害保险等产品供给。开发各类保障适度、保费低廉的小额保险，兜住困难群体生产生活风险底线。推动农险提标扩面增品，开发价格保险、“保险+期货”、收入保险、气象指数保险等创新农业保险产品；首家实现投标保证保险线上化，为178家建筑企业提供农民工履约保证保险服务，帮助企业释放资金5.8亿元。推进“农业保险+惠民保”、安康险融合发展，发展与公众利益关系密切的环境污染、食品安全、医疗责任、校园安全等领域责任保险,开展财产险、农房、建房意外险和治理方面的责任险。协助落实国际航运保险业务税收优惠政策，发展出口贸易信用险、关税保证保险等。

【平安财险江门中心支公司】 2020年，平安财险江门中心支公司设网点14个，其中中心支公司1个，支公司6个，营销服务部7个，在编员工222人。保费规模10.3亿元,市场份额27.6%,在江门产险市场中排第二名,为地方企业服务客户19.7万家,为客户提供赔款5.06亿元。

是年，创新保险产品，升级保险服务，提升保险服务质效，在客户自助核赔上首推“平安车险信任赔”信任赔服务。升级“平安好车主”App服务体系，新增“开车赚钱”“会员中心”“理赔服务”“活动中心”“保单服务”等功能，“好车主”App覆盖加油、查违章、年审、道路救援、ETC（不停车电子收费系统）、代驾等服务70余种，为客户提供“车保险、车服务、车生活”的“一站式”服务。

【太平洋财险江门中心支公司】 2020年，太平洋财险江门中心支公司在江门市区设立经营机构8个，从业人员近2000人（含营销员）。全险种保费收入3.16亿元，赔付1.51亿元。

是年，保险服务创新发展，险种创新销售、车险理赔20分钟到达现场查勘服务承诺、权限内赔款金额一个工作日赔付的服务承诺。履行社会责任，参与由江门市农业农村局举行的为驻村干部捐赠保险的捐赠仪式，向江门市245名驻村第一书记免费提供传染病救助责任保险；联合江门市交警支队在新会双水镇东凌村交通安全劝导站举办广东省警保合作“一盔一带”安全守护行动暨太平洋产险“幸盔有你”出行无忧活动；与江门市退役军人事务局举办江门市拥军优抚“拥军保”团体人身意外伤害保险签约仪式暨新闻发布会，向全市在服役期间荣立二等功以上退役军人、烈士遗属、因公牺牲军人遗属、病故军人遗属330余名退役军人及优抚对象，提供总保额1000万元的“拥军保”团体人身意外伤害保险。

【中国人寿江门分公司】 2020年，中国人寿保险江门分公司有各类分支机构75个，员工300多人，销售队伍6000多人。自营总保费收入33.80亿元。

是年，开展线上赠险活动，受惠江门地区5万多名群众，风险保障超700亿元；开展清廉金融文化建设和保险进万家活动；承保江门市城乡居民大病保险项目，开拓“关爱·她”女性安康保险、妇女“两癌保险”、银龄安康保险、仁军保、文艺志愿行等民生保险业务，深化保险供给侧改革，将保险保障的社会功能与江门地区民生实际相结合，提供“一篮子”特色金融保险服务，为江门地区群众办好事、办实事，履行国有企业社会责任，推进“健康中国战略”在江门地区落地。

【平安人寿江门中心支公司】 2020年，平安人寿江门中心支公司有各级分支机构11家，从业人员4453人，其中营销员4309人。实现保险保费收入16.77亿元，其中，新单保费收入4.26亿元。人身保险业务保险金额339.26亿元，赔款支出1.83亿元。

是年，组织开展多渠道、线上线下立体化金融消费者权益日系列宣传活动，开展以“保险进万家，保障你我他”为主题的宣传活动，组织进学校、进社区、进机关、进家庭等保险公益活动。参加无偿献血活动，参与人数近200人，献血量超5万毫升。参与扶贫助农工作，向对口地区采购农副产品，采购金额2.9万元。开展“青春情暖”活动，走访慰问30户困难家庭青少年。

【太平人寿江门中心支公司】 2020年，太平人寿江门中心支公司有开设本部营销服务部、鹤山营销服务部、新会营销服务部、台山营销服务部、开平营销服务部、荷塘支公司、恩平营销服务部7家四级机构。全年保险业务收入3.47亿元，从业人员1077人。

（江门银保监分局）

城乡建设

综　述

【概况】　2020年，江门市加强城市品质提升工程建设，完成年度投资53.5亿元。城市更新有序推进，“三旧”（旧城镇、旧厂房、旧村庄）改造超额完成省下达任务，改造经验被住房和城乡建设部总结推广。新建及升级改造综合性公园5个、镇（街）公园4个、村（社区）公园146个、口袋公园23个，江海区“两馆一中心”（图书馆、科技馆、青少年活动中心）和儿童公园投入使用。南山路、江南路西段建成通车，江侨路、双龙大道、今洲路东段等道路完成升级改造，主城区新增小汽车停车位超6万个。万里碧道建设完成投资超13亿元，省、市两级试点段完成建设，江海区城央绿廊碧道项目入选省试点。成为广东省节水型城市。市区餐厨垃圾处理项目建成投入运营，餐厨垃圾资源化处理实现零的突破，江海区全域、蓬江区和新会区的城区实现环卫作业一体化。

是年，江门市住房和城乡建设局被住房城乡建设部评为“全国住房和城乡建设系统抗击新冠肺炎疫情先进集体”。开平市塘口镇祖宅村旅游厕所获2020年度世界景观建筑最佳小建筑奖。

（市住房和城乡建设局）

【江门市滨江建设投资有限公司】
该公司成立于2003年9月，注册资本9.52亿元，是市政府授权市国资委投资设立的国有独资公司。主要从事股权投资和管理、市政基础设施投资建设、房地产开发、交通设施投资和运营，以及物业管理租赁、会议展览、广告经营等综合性业务。公司内设机构5个，即党委和行政办公室、财务和审计部、投资和融资部、项目管理部、企业和资产管理部。管理的企业有公用水务环境股份有限公司、交通房地产开发有限公司、信金资产管理有限公司、资产投资经营有限公司、和盛物业管理有限公司、和兴市场物业管理有限公司、建设监理顾问有限公司、勘测院有限公司、市政工程设计院有限公司、建设工程检测中心有限公司、江门邑网通科技有限公司等11家。

自营房地产开发项目篁庄考场3号地块项目（滨江和院）和滨江新区启动区53号地块项目（滨江名院），投资额分别为9.2亿元和11亿元，其中滨江和院营销中心11月对外开放；育德山庄D25地块项目（育德公馆）总投资1.4亿元，1#楼于12月开售；荷塘龙雾岗地块项目开发前期工作推进。

“三旧”改造和城市更新项目市重点项目胜利新村房屋解危改造项目1#至9#楼完成内部装饰工程，江礼桥以北片区“三旧”(旧城镇、旧厂房、旧村庄)改造项目完成概念性方案设计，并形成《江门市蓬江岛西地段（PJ05-P）控制性详细规划修改》提交江门市自然资源局进行技术审查。

自主代建工程项目承接代建五邑图书馆扩建、华博馆升级改造、江门一职宿舍楼等项目，协助开展江门市五邑中医院新综合大楼和中国侨都华侨华人总部项目前期工作。

市属国资农贸市场升级改造属下和兴市场物业管理有限公司通过“整体承租—升级改造—招商运营”的模式，引入广东菜丁集团，对蓬江、中心、良化、华园、横岭、北街、育德、丰乐等8个市属国资传统农贸市场实施超市化升级改造；方直珑湖湾菜市场升级改造完工。

（市国资委）

国土空间规划

【概况】　2020年，江门市推进《江门市国土空间总体规划（2020—2035年）》编制。完成《江门市主城区停车设施规划》《中心组团立交用地控制研究》等项目的规划研究，为重点地区建设、城市品质提升等工作提供支持。组织召开市城乡规划委员会会议1次，审议事项3项；详细规划专业委员会会议8次，审议事项41项；城市设计专业委员会会议6次，审议事项30项；技术协调会议3次，审议事项36项；办理规划业务案件8245件；核发建设用地预审和选址意见书23项，核发规划条件922项，核发建设用地规划许可证921项，建设工程规划许可证4420项，规划条件核实1959项。

【城乡规划编制】　2020年，江门市推进《江门市国土空间总体规划

（2020—2035年）》编制工作。加强对主城区规划控制，完成《江门市蓬江区荷塘南华东地段（PJ03-G）控制性详细规划》《江门市江海区流沙围地段（JH03-F、JH03-G01）控制性详细规划》等编制。新编控制性详细规划面积4.2平方千米，主城区累计政府批准控制性详细规划（不含修改）99项，面积208.1平方千米。开展新会区睦洲镇、台山市斗山镇、开平市塘口镇3个试点片18个行政村的村庄规划优化提升工作。

【城乡规划实施管理】 2020年，江门市开展重大项目选址研究，加快推进疫情防控硬件设施规划选址，建立疫情防控期间规划审批绿色通道；深化工程建设项目审批制度改革，结合“工程审批制度”改革和“放管服”要求，修订《江门市城乡规划委员会章程》，制定特定项目规划许可的豁免项目清单；加强规划制度建设，印发《江门市市区城乡规划管理制度》《江门市“三旧”改造单元规划工作指引(试行)》《江门市自然资源局关于做好疫情防控期间规划管理服务工作的通知》；强化对市区规划实施管理工作的指导，指导蓬江区、江海区、新会区成立规划协调委员会，定期召开城乡规划技术协调会，解决各区在实施具体的规划管理过程中涉及的突出问题。

（市自然资源局）

城市更新

【概况】 2020年，广东省自然资源厅下达江门市“三旧”（旧城镇、旧厂房、旧村庄）改造工作任务为新增实施改造面积226.67公顷和完成实施改造面积186.67公顷。年内完成新增实施改造面积260.31公顷，完成率114.84%；完成实施改造面积260.31公顷，完成率150.93%。

【城市基础设施建设】 2020年，江门市城市品质提升成效明显，其中，交通水平提升行动安排市政道路建设项目119个，重点围绕新建城市道路、城市道路升级改造、道路堵点整治、完善城市快速路网、完善慢行系统和城市停车设施建设等工作开展。完成江侨路（原北环路江沙路至江门大道段）改造工程、西区工业桥及环市一路、江南路西段（胜利大桥至新中大道）、南山路（江海路—五邑路）、礼乐路（江礼桥—月塘里桥）、新会中心路、今洲路东段、五邑路（主线通车）、台山市敏捷悦府南侧道路、鹤山滨江路等新建、改扩建道路31条；完成滨港御城北门道路、华茵桂语东侧道路（桂香路）、海逸城邦、星汇名庭之间道路等7个道路堵点整治；完成江海云道过街人行交通系统及江海一路北、江翠路（江翠社区）、江海四路步行和自行车交通系统建设；新增公共停车位超2500个。

2020年江海区儿童公园、江海云道、釜山人行天桥二期、旧体育公园横坑村环境综合整治等项目完成工程建设　　（市住房和城乡建设局　供）

【城镇老旧小区改造】 2020年，江门市推动50个老旧小区改造项目开工建设，涉及居民4.5万户。入选省城镇老旧小区改造试点城市，获中央补助资金近8000万元，申报专项债3.1亿元。全年启动实施加装电梯项目192个，比上年增长231%。

【地下综合管廊建设】 至2020年年底，江门市累计建成地下管廊总长度55.6千米。其中，2020年完工项目12个，管廊总长度20.2千米。包括新会区江门大道东甲至茶坑综合管线完成4.8千米，台山市德政路综合管廊工程完成1.09千米，金星大道（陈宜禧路至东环路）综合管廊工程完成1.06千米，陈宜禧路（凤凰大道—金星大道）综合管廊工程完成1.53千米，鹤山市前进南路（鹤山大道—过境路）工程完成1.93千米，新环路至普洛斯物流园道路工程完成1.22千米，恩平市高铁客运站场路新建工程完成5千米。

【海绵城市建设】 2020年，江门市各市城市建成区20%以上面积达到海绵城市建设目标要求。其中，江门市主城区20.8%，台山市22.26%，鹤山市21.5%，开平市20.02%，恩平市20.03%。海绵城市建设示范项目潮连中央潮头公园以自然积存、自然渗透、自然净化为设计特征，运用下凹式绿地、透水铺装路面、雨水花园、植草沟等海绵技术措施，实现雨水资源利用、生物栖息地建构、生态环境保护的建设目标。

（吴少华）

市容市政园林管理

【概况】 2020年，江门市加大城市建设管理力度，补齐市政基础设施短板。投入1.09亿元开展市政设施养护管理专项整治行动。编制《江门市公园城市品质提升规划（2021—2023

年）》，印发《江门市公园分类分级管理指引》，出台《江门市餐厨垃圾管理办法》。江门市市区建成区有公园373个，年内新建改建各类公园78个。至年底，市区建成区总绿地面积6966.95万平方米，建成区绿化覆盖率45.83%，人均公园绿地面积20.16平方米。

【市政建设与管理】 2020年，江门市投入1.09亿元开展市政设施养护管理专项整治行动，修复、改造路面及人行道近16万平方米，修复挡车柱578条，侧石约6700米；桥面修复420平方米；灯杆翻新保养1.7万杆，更换及修复灯具1.82万套，灯饰4200多处，线路改造更新2万多米；清疏下水管、方渠6.8万米，更新雨水、检查井3800多座。完成开平三江桥等4座D级桥梁加固改造，完成恩平飞马大桥拆除重建工作，完成江门大桥等14座桥梁护栏升级改造。开平市固体废物处理中心一期一阶段、市区餐厨垃圾处理厂建成并投入运营，实现生活垃圾焚烧和餐厨垃圾处理零的突破。17个非正规垃圾堆放点完成整治，全市建成建筑垃圾消纳场7个。推进“厕所革命”，完成新建、改造城市公厕37座（新建9座，改造28座）。

（赵　猛　黄韵怡）

【园林绿化建设与管理】 2020年，江门市新建改建各类公园174个。新建改建蓬江区园山湖公园、潮头中央公园，江海区下沙水上人家公园、外海沿江公园和新会区马山公园5个综合性公园；完成开平市赤水镇人民公园、恩平市牛江镇火煤岭公园等4个镇街公园建设及台山市都斛镇园美村委会园美公园、开平市大沙镇大水岭村公园等146个村（居）公园建设；完成蓬江区雅怡口袋公园、江海区永明口袋公园、新会区大云山口袋公园等23个口袋公园建设。完善东湖公园、儿童公园，蓬江区丰乐公园等11个公园路灯、坐凳、厕所等配套设施。至年底，城市建成区绿地率44.09%，建成区绿化覆盖率45.83%，人均公园绿地面积20.16平方米。完成蓬江区丰乐路、东华路、发展大道，江海区沿江路、礼乐路、南山路延长线，新会区今洲路、五显路等道路绿化提升；组织编制《江门市公园城市品质提升规划（2021—2023年）》，提升公园园林景观与服务品质。印发《江门市公园分类分级管理指引》，建立健全统一的公园分级管理标准，实现城市公园分级标准化管理，提升园林绿化管理水平。

（汤培瑾）

【市容环境卫生建设】 2020年，江门市江海区全域、蓬江区、新会区完成环卫一体化改革，整合分散在城管、交通、公安、属地镇街的清扫保洁职责，实施环卫“一把扫”，中心城区环卫保洁水平明显提升。建立“市级统筹、区市负责、镇（街）实施、部门协同、齐抓共管”的工作机制，落实“管行业必须管分类”实现公共机构生活垃圾分类全覆盖。建成分类收集点超2500个，推进“撤桶并点”“定时定点”“桶边督导”；出台《江门市餐厨垃圾管理办法》，完成市区餐厨垃圾收运处置一体化政府采购服务，启动市区餐厨垃圾单独收运处置，峰值达120吨/日；协调做好源头减量、“两网融合”；建有大件垃圾处理车间4个、园林绿化垃圾处理中心1个。将全市14个示范创建镇（街）分3个梯队，建立月度考核评估制度；开展垃圾分类专项执法，督促整改近200次，作出行政处罚10宗。依托广东省垃圾分类培训学院江门分院，实施公众教育“星火计划”，培育志愿讲师，打造万人志愿服务品牌；组织业务骨干到深圳市、广州市、佛山市等开展异地跟班学习，建成东湖科普馆等现场教学基地，组建“市民观察团”，开展垃圾分类能手、讲座、微课堂、市民论坛等宣教活动1000多场，逐步搭建分类投放、分类收集、分类运输、分类处理系统，垃圾分类市民知晓率和参与率提高。

（黄韵怡）

【市容市政行政执法】 2020年，江门市城市管理和综合执法局开展违法建设、泥头车、户外广告、市容环境整治专项执法行动，改善市容环境面貌，取得成效。全市查处违法建设76.72万平方米，占全年治理目标任务153.44%；立案查处施工扬尘类、泥头车违规运输类案件222件，罚款262万元；整治拆除违规户外广告4596个违法户外广告，面积8.4万平方米；拆除高铁安全隐患93处，完成率100%。清理乱拉挂、乱张贴、乱涂写5.5万宗，整治店外占道经营11.41万起，清理小贩摆摊23.27万次。联合公安、交通运输、市场监管等部门开展共享电动自行车整治专项行动，出动执法人员2109人次，执法车辆3482辆次，查扣清退共享电动车1.35万辆。

（梁诗韵）

【城市管理体制改革】 2020年，江门市深化城市管理体制改革。8月4日，中共江门市委机构编制委员会办公室《关于印发江门市园林科学研究所改革实施方案的函》，市园林科学研究所转制为国有独资公司。9月29日，印发《江门市人民政府关于实行综合行政执法乡镇街道名单以及相应职权调整事项目录的公告》，江门市调整由各镇（街）实施城市管理领域综合行政执法职权事项385项。12月15日，江门市人民政府办公室印发《江门市贯彻落实〈关于深化消防执法改革的若干措施实施方案〉的通知》，城市管理综合执法部门加强建设工程领域消防违法行为的行政处罚办理，负责实施《中华人民共和国消防法》第五十八条第一款第（一）、（二）、（三）项和第二款，第五十九条规定的行政处罚行为，同时依法加强对户外广告牌等影响消防安全情况的监管力度并依法清理。

（梁亚虹）

2020年8月7日，市国资委与北控水务集团签署江门市供水一体化整合战略合作框架协议（江门公用水务环境股份有限公司 供）

城市供水

【概况】 2020年，江门市城市供水企业8家，供水能力162.3万吨/日，年度供水量3.78亿立方米，建成供水管道6422.02千米。江门公用水务环境股份有限公司有供水厂6座，供水能力68万立方米/日；污水处理13座厂，污水处理能力56万吨/日，供排水服务范围包括江门五邑地区及四会市，有大型医疗废物处置、生活垃圾及餐厨垃圾处理等固体废物处理设施。是年，自来水供应总量2.02亿立方米，比上年增长2.5%，最高日供水量66万立方米；售水总量1.75亿立方米，增长3%；供水压力合格率100%，供水水质综合合格率100%。污水处理总量1.75亿吨，比上年增长25%，最高日污水处理量54万立方米。

【供排水重点项目建设】 2020年7月，荷塘污水厂(三期)启动建设，项目总投资1.31亿元，新增污水处理规模2.3万吨/日，12月，完成荷塘污水厂(三期)项目主体工程建设任务。推进棠下镇“户户通”供水一体化入户工作，完成三堡、北达等行政村下属65个自然村供水入户工作，解决超5560户、1.9万名村民的饮用水安全问题。完成礼乐威东大草固地块会港大道(巴斯夫—东荣路)供水配套工程、江睦路及东海路给水管改造、水口镇中途加压泵站等供水项目建设，全年新建及改造老旧供水管网总长18千米。开展老旧小区楼宇供水管乱接驳整治工作，完成五福、天龙、良化等12个老旧小区、48幢楼宇、603户居民的表后供水管改造。

【供水服务】 2020年，江门公用水务环境股份有限公司构建供水营商环境信息化共享平台和网上营业厅，实现业务数据与政府“一体化”平台共享对接，用户通过“粤省事”“江门供水服务”网上营业厅等线上途径办理12项用水业务，做到常用业务“零跑趟”，提升市民用水服务的获得感和幸福感；配合政府推进“粤澳跨境电子账单直接缴费业务”，实现澳门居民“足不出澳”即可缴纳水费。

（江门公用水务环境股份有限公司）

【供水建设】 2020年，江门市完善城市供水设施，保障安全优质供水。新建城市供水管网154.55千米，投资8415.7万元；更换水表7.73万个，投资710万元；新增分区计量仪器62个，投资264.4万元；新增在线水质监测仪器7个，投资29万元；新增在线压力监测点40个，投资86.6万元；完成26个老旧小区供水管网改造，407幢楼3265户供水管乱接驳改造。

2020年5月20日，江门供电局与中国电信江门分公司启动江门首个“5G+智慧工地”项目。图为双方签署5G在智能电网领域应用合作协议
（江门供电局 供）

【供水服务】 2020年，江门市依托“互联网+”，推进供水信息化。供水企业建立管网GIS（地理信息）系统，实现管网水压和水质在线监测，增强利用信息化手段的监管、预警和应急能力，做好管网爆管应急抢修工作。完成江门市供水用水一体化服务管理平台建设并与工建系统、“粤省事”等平台进行对接，江门市区（蓬江、江海）可以通过供水企业公众号、“粤省事”及“粤商通”等平台办理用水报装等服务，实现用水服务“网上办”“指尖办”。

（谭兆强）

城乡供电

【概况】 2020年，江门市电力供需基本保持平衡，电量保持稳步增长。完成供电量298.18亿千瓦时，比上年增长4.22%；售电量289.92亿千瓦时，增长4.23%；最高负荷534.42万千瓦，增长6.55%。报装总容量234.2万千伏安。

【电网建设】 2020年，江门市电网建设完成固定资产投资20.87亿元。推进主配网协调发展，形成“四核五环两分区”（4个500千伏变电站、5个220千伏环网结构、2个供电片区）电网格局。投产220千伏泡步输变电等重点工程，110千伏及以上线路“N—1”通过率96.69%，10千伏线路环网率提升至92.5%，可转供电率提升至86.1%。在“1+6”园区（江海国家级高新区、蓬江区产业转移工业园区、新会经济开发区、开平翠山湖科技产业园、台山工业新城、鹤山工业城、恩平市工业园）投资6.8亿元，建设110千伏变电站2座，配网工程184项；在“五大万亩园区”［深圳—江门产业园、粤澳（江门）产业合作示范区、珠西新材料集聚区、开平翠山湖科技产业园拓展区、台山工业新城拓展区］投资3818万元，建设深江产业园、珠西新材料集聚区、台山工业新城拓展区配网工程9项，都市核心区重点园区供电能力。

【供电服务】 2020年，广东电网江门供电局提升用户办电用电体验，实现客户办电“一次都不跑”，用电报装远程“一口受理+上门收资”服务纳入“粤省事”平台，互联网应用比例99.89%，连续12年在政府公共服务满意度排名第一。优化电力营商环境，压缩中、低压业扩报装时限。落实新冠肺炎防疫政策，助力企业复工复产。落实优惠电价政策，主动上门走访企业，结合实际帮助企业最大程度享受政策红利，全年降低客户成本7.6亿元。开辟办电绿色通道，实行“三零”（零上门、零审批、零投资）服务和“让客户办电一次都不跑”，满足新冠肺炎疫情防控新增用电需求。开展全市工商业企业用电量“日周月监控”，组织县（区）供电局摸查企业生产经营情况，为市政府决策提供数据支撑。利用传统节假日及特殊时间节点开展“线上+线下”诚信用电、节约用电、安全用电、电子渠道、充电桩等宣传，提升客户对供电服务品牌认知。

【电力工程投产】 2020年，广东电网江门供电局建成220千伏变电站1座，新增主变容量36万千伏安，新增输电线路218千米，新增10千伏及以下配电线路长489千米，新增10千伏配变容量26万千伏安。江门江海110千伏中电高新区天然气分布式能源站项目接入系统工程、江门台山220千伏牛山(泡步)输变电工程投产。

【电力行业技能竞赛】 2020年，广东电网江门供电局采取线上为主、线下协同的方式，承办江门市电力系统电力大数据分析、无人机巡检、网格化服务等3个工种技能竞赛。16支队伍380余名技能人员参赛，26名选手获江门市总工会表彰。其中无人机巡检技能竞赛是江门市首届，吸引中国电力企业联合会、南方电网公司和广东电网公司等单位关注并受好评。

2020年12月20日，江门台山220千伏泡步输变电工程启动投产。图为江门首个智能变电站 （江门供电局 供）

2020年江门市各行业用电情况表

表14

项目	用户数（个）	用户用电装接容量（千瓦）	用电量（万千瓦时）	比上年增长(%)
全社会用电总计	2693552	36881933.07	3087252.98	4.76
A.全行业用电合计	405849	27483435.1	2673881.54	4.25
第一产业	75598	866742.77	147535.61	12.32
第二产业	60601	20802794.1	2110601.29	4.00
第三产业	269650	5813898.28	415744.65	2.89
B.城乡居民生活用电合计	2287703	9398498.0	413371.44	8.14
城镇居民	1153418	5486791.08	257361.77	7.29
乡村居民	1134285	3911706.9	156009.67	9.56
全行业用电分类	405849	27483435.11	2673881.54	4.25
一、农、林、牧、渔业	91476	1068775.5	163067.09	11.95
1.农业	42175	369174.50	45178.26	13.73
2.林业	1904	19358.3	1512.92	8.10
3.畜牧业	6980	104213.94	15927.64	6.68
4.渔业	24539	373996.0	84916.79	12.77
5.农、林、牧、渔专业及辅助性活动	15878	202032.74	15531.48	8.55
其中：排灌	10802	130626.0	3548.47	10.06
二、工业	52435	20250415.20	2095884.30	4.34
（一）采矿业	320	146085.9	22878.59	-2.58
1.煤炭开采和洗选业	13	883.00	243.55	35.07
2.石油和天然气开采业	3	24.0	1.08	-88.30
3.黑色金属矿采选业	2	84.00	12.04	-7.17
4.有色金属矿采选业	9	5903.0	1272.25	65.53
5.非金属矿采选业	209	119864.20	19201.56	6.05
6.其他采矿业	84	19327.7	2148.11	-51.27
（二）制造业	48316	9184641.52	1943502.69	6.02
1.农副食品加工业	5389	274855.5	44099.32	4.08
2.食品制造业	760	232100.49	42927.41	6.07
3.酒、饮料及精制茶制造业	102	45294.6	6092.38	-4.74
4.烟草制品业	3	314.00	26.48	-43.22
5.纺织业	722	326478.3	103564.56	10.21

续表14

项目	用户数（个）	用户用电装接容量（千瓦）	用电量（万千瓦时）	比上年增长(%)
6. 纺织服装、服饰业	2523	238010.18	45071.55	-9.32
7. 皮革、毛皮、羽毛及其制品和制鞋业	1226	142713.0	22339.3961	-11.66
8. 木材加工和木、竹、藤、棕、草制品业	3719	234325.44	34991.38	-8.38
9. 家具制造业	1141	151215.8	17420.18	20.05
10. 造纸和纸制品业	874	393267.79	168345.95	10.33
11. 印刷和记录媒介复制业	737	126157.9	24844.58	-1.18
12. 文教、工美、体育和娱乐用品制造业	751	52088.20	8229.02	-16.70
其中：体育用品制造	51	9534.5	1695.37	16.48
13. 石油、煤炭及其他燃料加工业	55	14507.80	1995.19	0.76
14. 化学原料和化学制品制造业	2120	306602.35	63534.05	-28.94
其中：氯碱	65	97902.7	23570.00	-32.26
电石	—	0.00	215.19	-93.66
其中：肥料制造	34	3713.00	428.9763	-77.85
15. 医药制造业	70	59866.2	10053.38	74.56
其中：中成药生产	21	12513.50	2129.75	-22.14
生物药品制品制造	7	5775.0	62.53	-6.92
16. 化学纤维制造业	117	187000.77	28426.60	-18.19
17. 橡胶和塑料制品业	2674	566638.6	116812.13	5.09
其中：橡胶制品业	385	86843.24	16583.16	2.12
塑料制品业	2259	471030.3	98421.53	5.50
18. 非金属矿物制品业	755	1039089.06	251353.97	1.24
其中：水泥制造	51	84006.0	25246.41	5.97
玻璃制造	107	198491.50	38849.78	-11.68
陶瓷制品制造	73	462990.0	142849.38	1.52
其中：碳化硅	2	500.00	9.59	-64.79
19. 黑色金属冶炼和压延加工业	192	184063.9	51205.38	111.38
其中：钢铁	124	94808.89	37202.88	85.19
铁合金冶炼	3	349.0	663.21	-82.26
20. 有色金属冶炼和压延加工业	112	104569.10	32678.51	32.70
其中：铝冶炼	6	12730.0	3805.23	2.66
铅锌冶炼	—	0	0.68	-98.40

续表14

项目	用户数（个）	用户用电装接容量（千瓦）	用电量（万千瓦时）	比上年增长(%)
稀有稀土金属冶炼	1	80.0	0.00	#DIV/0!
21.金属制品业	11338	2031282.45	394519.82	16.63
其中：结构性金属制品制造	3130	477042.5	77483.14	3.30
22.通用设备制造业	1637	118627.89	17687.53	9.45
23.专用设备制造业	338	111597.00	23118.11	17.37
其中：医疗仪器设备及器械制造	18	3905.0	353.77	62.02
24.汽车制造业	37	181886.05	25390.27	2.24
其中：新能源车整车制造	—	0	81.28	100.06
25.铁路.船舶.航空航天和其他运输设备制造业	187	217441.75	19753.40	-1.07
其中：铁路运输设备制造	8	38840.0	1649.16	111.76
城市轨道交通设备制造	1	250.00	8.08	1213.56
航空、航天器及设备制造	2	252.0	14.85	-18.70
26.电气机械和器材制造业	1324	420098.92	73020.03	10.03
其中：光伏设备及元器件制造	4	980.0	259.49	-21.33
27.计算机、通信和其他电子设备制造业	1212	719892.60	204139.22	14.34
其中：计算机制造	8	10478.0	2937.58	3.33
通信设备制造	38	37722.00	10720.10	7.38
28.仪器仪表制造业	5	2865.0	371.48	-76.26
29.其他制造业	6506	488186.48	77744.68	4.84
30.废弃资源综合利用业	495	88733.9	11189.79	-68.21
31.金属制品、机械和设备修理业	1195	124870.58	22556.92	14.65
（三）电力、热力、燃气及水生产和供应业	3799	10919687.8	129503.02	-14.85
1.电力、热力生产和供应业	1366	10786175.40	105639.38	-18.60
其中：电厂生产全部耗用电量	1	800.0	16.52	36.08
线路损失电量	—	0.00	81015.13	2.42
抽水蓄能抽水耗用电量	2	20.0	0.13	244.16
2.燃气生产和供应业	84	5520.12	608.67	-2.05
3.水的生产和供应业	2349	127992.3	23254.97	7.24
三、建筑业	9361	677249.44	37273.90	-7.67
1.房屋建筑业	6637	295839.1	16842.82	-1.88
2.土木工程建筑业	1364	184615.04	9951.16	7.63

续表14

项目	用户数（个）	用户用电装接容量（千瓦）	用电量（万千瓦时）	比上年增长(%)
3. 建筑安装业	212	70713.4	3186.94	19.70
4. 建筑装饰、装修和其他建筑业	1148	126081.90	7292.98	-35.44
四、交通运输、仓储和邮政业	10524	563128.6	29521.19	11.55
1. 铁路运输业	28	236521.00	8560.51	9.68
其中：电气化铁路	5	48705.0	2377.86	-54.00
2. 道路运输业	810	97986.10	5657.71	10.97
其中：城市公共交通运输	431	21533.5	2124.82	22.21
3. 水上运输业	39	30330.90	304.06	7.20
其中：港口岸电	4	562.2	26.24	358.66
4. 管道运输业	5	288.2	28.97	37.62
5. 多式联运和运输代理业	15	10346.00	1073.69	8.86
6. 装卸搬运和仓储业	9442	180064.5	12987.98	13.92
7. 邮政业	185	7591.88	908.26	4.34
五、信息传输、软件和信息技术服务业	25372	235336.1	26230.17	10.31
1. 电信、广播电视和卫星传输服务	24475	204076.99	25333.01	9.97
2. 互联网和相关服务	612	24910.9	412.39	40.74
其中：互联网数据服务	72	20153.00	41.85	221.24
3. 软件和信息技术服务业	285	6348.2	484.78	7.71
六、批发和零售业	127475	1645124.21	121147.41	0.31
其中：充换电服务业	2514	91263.2	5248.86	89.14
七、住宿和餐饮业	11718	570446.15	51479.01	-8.03
八、金融业	3028	69114.7	6719.67	-4.50
九、房地产业	2511	249208.87	10772.69	-6.45
十、租赁和商务服务业	6353	390725.5	25967.83	22.28
其中：租赁业	1515	102945.25	6377.42	81.87
十一、公共服务及管理组织	65596	1763910.8	105818.26	2.45
1. 科学研究和技术服务业	193	30841.40	1327.09	68.30
其中:地质勘查	11	263.0	23.07	-3.08
其中：科技推广和应用服务业	47	6431.00	248.08	-5.63
2. 水利、环境和公共设施管理业	35118	691820.3	34570.59	14.00
其中：水利管理业	1487	102046.86	3561.39	13.73

续表14

项目	用户数（个）	用户用电装接容量（千瓦）	用电量（万千瓦时）	比上年增长(%)
其中：公共照明	25920	337554.7	17403.26	13.24
3.居民服务、修理和其他服务业	9174	145161.45	7969.31	-13.51
4.教育、文化、体育和娱乐业	6239	384043.6	23388.48	-13.10
其中：教育	2530	276952.39	17745.71	-14.19
5.卫生和社会工作	2978	171607.8	14316.18	10.43
6.公共管理和社会组织、国际组织	11894	340436.24	24246.61	5.06

（李健玲）

城市供气

【概况】 2020年，江门市有各类城镇燃气经营企业34家，天然气门站4座、液化石油气储配站26座、天然气汽车加气站6座，瓶装液化石油气供应站290个，全市城镇燃气普及率99%。

【天然气管网建设】 2020年，江门市完善城市天然气管网设施建设，新铺设次高压天然气管道27千米，中压天然气管道165千米，累计铺设天然气管道1485千米。

【供气服务】 2020年，江门市推动燃气市政公用基础设施报装接入广东政务服务网。燃气企业牵头开发“微网厅”指尖办事平台，并与政府网上平台“粤商通”App对接。推进旧住宅区管道天然气推广工作，照顾旧区居民用户报装需求，燃气企业建设“旧小区报装平台”，可通过企业微信公众号在网上填报意愿及查询申请进度。

（杜思弘）

村镇建设

【概况】 2020年，江门市村镇建设总投资42亿元，其中村镇住宅建设投资15.49亿元，住宅竣工面积97.07万平方米，年末实有住宅建筑面积7980.87万平方米；公共建筑建设投资3.81亿元，竣工面积21.60万平方米，年末实有公共建筑面积2146.48万平方米；生产建筑建设投资12.01亿元，竣工面积100.97万平方米，年末实有生产建筑面积3496.28万平方米；市政公用设施投资11.76亿元，主要用于村镇供水、燃气、道路桥梁、排水、园林绿化和污水、环境卫生和垃圾处理工程。镇区人均住宅建筑面积50.60平方米，农村人均住宅建筑面积30.9平方米；镇区实有道路1847.69千米，道路面积1345.38万平方米，农村实有道路6908.46千米，道路面积3335.81万平方米；镇区供水普及率95.74%，农村供水普及率93.41%；镇区燃气普及率90.23%，农村燃气普及率81.72%；镇区公园绿地面积248.09公顷，人均公园绿地面积5.13平方米；全市58个建制镇镇区建成区面积1.93万公顷。

【宜居城乡建设】 2020年,江门市推动创建“江门市宜居城镇”“江门市宜居村庄”。12月，开平市塘口镇和恩平市圣堂镇通过验收，获“江门市宜居城镇”称号；蓬江区棠下镇沙富村、杜阮镇杜臂村，江海区外海街道办事处七西村、礼乐街道办事处乌纱村，新会区睦洲镇南安村、三江镇临步村，台山市大江镇石桥村委会、川岛镇甫草村委会，开平市水口镇黎村村委会雁田村、赤水镇冲口村委会和一村，鹤山市沙坪街道杰洲村委会、雅瑶镇昆东村委会，恩平市牛江镇昌梅村委会、良西镇福坪村委会等14个村获“江门市宜居村庄”称号。

【传统村落】 至2020年年底，江门市有12个村被列入中国传统村落名录，并均实行挂牌保护，其中5个村获中央资金支持。台山市台城老城中心区历史文化街区、台城西宁市历史文化街区2个街区被公布为广东省历史文化街区。公布历史建筑219处，其中，市区范围159处，4个县级市60处。

【农村房屋安全管理】 2020年，江门市在2016年完成中央和省交办的农村危房改造任务2427户的基础上，全面排查核对全市5097户建档立卡贫困户的住房情况，确定其中动态新增的100户C、D级危房和无房户列入任务清单，通过采取一系列措施，危房改造项目竣工，无房户得到统筹安置，完成建档立卡贫困户住房安全保障任务。强化农村削坡建房风险整治。全市需完成29处（户）农村削坡建房风险点整治任务，其中蓬江区3处（户）、新会区25处（户）、台山市1处（户）。年末开工29处（户），开工率100%；竣工29处（户），竣工率100%。

（市住房和城乡建设局　肖　冰）

【农村人居环境整治】 2020年，江门市实施“百村示范、千村创建、万村整治”工程，开展“三清一改”（清理垃圾、清理塘沟、清理畜禽养殖粪污等农业生产废弃物、改变影响农村人居环境的不良习惯）村庄清洁行动和“三治理两提升”（环境卫生治理、乱搭乱建治理、违法广告治理，田间看护房整改提升、绿化美化生态景观提升）农村人居环境专项整治，统筹推进“五大美丽”（美丽家园建设、美丽田园建设、美丽河湖建设、美丽园区建设、美丽廊道建设）行动，打造“升级版”村容村貌。全域自然村完成农村人居环境基础整治，“厕所革命”任务完成，农村生活垃圾、污水治理、“四好农村路”（建好、管好、护好、运营好）、自然村集中供水等基础设施加快完善，美丽廊道实现“三整治两提升”，61%的村庄达到省定美丽宜居村标准。建成14条美丽乡村精品线路，108个村开展“四小园”（小菜园、小果园、小花园、小公园）示范创建，新增3个广东特色名村，新增2条广东美丽乡村精品线路，通过国家农村人居环境整治检查。

【名村示范村建设】 2020年，江门市抓好精美农村建设，打造“升级版”生态宜居美丽乡村。实施乡村旅游与休闲观光农业“百镇千村”提质升级和珠三角“五大美丽”（美丽家园建设、美丽田园建设、美丽河湖建设、美丽园区建设、美丽廊道建设）行动，开展美丽乡村“大比武”，推进1个省级示范县、7个省级示范镇、108个省级示范村示范创建，规划打造2个市县共建乡村振兴示范村，串联建设14条美丽乡村精品线路。新增全国乡村旅游重点村3个、广东省文化和旅游特色村7个、广东省旅游风情小镇3个、广东省特色名村3个、广东省美丽乡村精品线路2条，累计创建省级休闲农业与乡村旅游示范镇1个、省级示范点3个，打造侨乡文化遗产游径6个、江门市乡村旅游示范村5个。举办“网红打卡地”、2020年“网红乡村”评选等活动，助力“美丽乡村”，催生“美丽经济”。

【老区和贫困地区扶持】 2020年，江门市推进脱贫攻坚和对口协作工作，全市建档立卡贫困人口5097户1.67万人达到“八有”（有稳固住房、有饮用水、有电用、有路通自然村、有义务教育保障、有医疗保障、有电视看、有收入来源或最低生活保障）标准，实现脱贫退出，实现“两不愁三保障一提升”（不愁吃、不愁穿，即义务教育有保障、基本医疗有保障、住房安全有保障，提升村级公共服务水平）目标，连续4年在全省扶贫考核中获评“好”等次。全市实现建档立卡贫困户基本医疗保障和重大疾病100%保障，累计建成规模以上产业或资产收益扶贫项目215个，登记备案就业扶贫点105个，在江门万达广场搭建超3000平方米消费扶贫展示销售平台。率先在全省开展解决相对贫困长效机制改革试点，初步构建统筹城乡的常态化扶贫长效机制，走在全省前列。与广西壮族自治区崇左市开展扶贫协作，对口帮扶协作的4个贫困县全面脱贫“摘帽”。

（市农业农村局）

2020年1月25日，江门儿童公园向市民开放。图为儿童公园全景 （市住房城乡建设局 供）

生态环境

综　述

【概况】　2020年，江门市大气环境质量良好，市区空气质量达标天数占比88.0%，比上年提高11个百分点。市区和县级集中式饮用水源地水质优良，水质达标率100%。西江干流、西海水道水质优良，符合Ⅱ～Ⅲ类水质标准。江门河水质优良至轻度污染，水质类别为Ⅱ～Ⅳ类，达到水环境功能区要求；潭江干流上游水质优良至轻度污染，水质类别为Ⅱ～Ⅳ类，中游及下游银洲湖段水质优良至轻度污染，潭江入海口水质优良。列入水污染防治行动计划的9个地表水考核监测断面水质均达标，年度水质优良率100%，无劣Ⅴ类断面。城市区域环境噪声平均值56.69分贝，优于国家区域环境噪声2类区昼间标准；道路交通干线两侧昼间噪声质量处于较好水平，等效声级69.7分贝，符合国家4类区昼间标准。是年，省生态环境厅公布第二次全国污染源普查工作验收结果，江门市获优秀等次。开平市被命名为“绿水青山就是金山银山”实践创新基地，成为第四批全省唯一获此殊荣的县（市）。

【环境质量】　*大气环境质量*　2020年，江门市环境质量总体良好。国家直管监测站点二氧化硫年均浓度7微克/立方米，与上年持平；二氧化氮年均浓度26微克/立方米，下降18.8%；可吸入颗粒物（PM_{10}）年均浓度41微克/立方米，下降16.3%；细颗粒物（$PM_{2.5}$）年均浓度21微克/立方米，下降22.2%；一氧化碳日均值第95百分位数浓度（CO—95per）1.1毫克/立方米，下降15.4%；臭氧日最大8小时平均第90百分位数浓度（O3—8h—90per）173微克/立方米，下降12.6%。空气质量优良天数比例88.0%，增长11.0个百分点，全年无重度污染及严重污染天气。降水pH年平均值5.01，酸雨频率46.7%，下降3个百分点。

（黄祖力）

水环境质量　江门市区2个城市集中式饮用水水源地水质优良，保持稳定，水质达标率100%。8个县级以上集中式饮用水水源地（包括台山的北峰山水库群，开平的大沙河水库、龙山水库，鹤山的西江坡山，恩平的锦江水库、江南干渠等）水质优良，达标率100%。西江干流、西海水道水质优良，符合Ⅱ～Ⅲ类水质标准；江门河水质优良至轻度污染，水质类别为Ⅱ～Ⅳ类，符合水环境功能区要求；潭江干流上游水质优良至轻度污染，水质类别为Ⅱ～Ⅳ类，中游及下游银洲湖段水质优良至轻度污染，潭江入海口水质优良。列入水污染防治行动计划的9个地表水考核监测断面（西江下东和布洲，西江虎跳门水道，台城河公义，潭江义兴、新美、牛湾及苍山渡口、江门河上浅口）水质均达标，年度水质优良率100%，无劣Ⅴ类水质断面。西江干流下东、磨刀门水道六沙和布洲3个跨地级市界河流监测断面年度水质优，达到Ⅱ类水环境功能区目标，水质达标率100%。潭江苍山渡口、大隆洞河广发大桥、海宴河花田平台、那扶河镇海湾大桥4个入海河流监测断面年度水质均达到相应水质目标要求。

（江桃明）

声环境质量　江门市区昼间区域环境噪声等效声级平均值56.69分贝，优于国家声环境功能区2类区（居住、商业、工业混杂）昼间标准；道路交通干线两侧昼间噪声质量处于较好水平，等效声级69.7分贝，优于国家声环境功能区4类区昼间标准（城市交通干线两侧区域）。

（江桃明）

环境辐射质量　全市辐射环境质量总体良好，核设施周围环境电离辐射水平总体未见异常，电磁辐射环境水平总体保持稳定。西海水道篁边饮用水源地水质放射性水平未见异常，处于本底水平。

（江桃明）

【环保宣传与教育】　2020年，江门市生态环境局在《江门日报》刊发生态环境新闻稿件193篇，开设《污染防治攻坚战》《守护蓝天白云》等专栏。江门电视台播出生态环境新闻69条。将“江门生态环境”微信公众号打造成省内具有一定影响力的生态环境政务新媒体品牌，全年订阅用户总量超1.7万户，推送信息1007条，总阅读量超41.7万次。深化面向公众环境宣传教育活动，以“6·5”世界环境日为契机，开展系列主题纪念活动，其中市本级开展线上活动5次，线下主题活动2次，参与人数近9700人；

深化环保设施和城市垃圾污水设施公众开放活动，全市开展开放活动10场，覆盖人数超1200人；举办“绿水青山就是金山银山”——江门市生态文明建设书法、摄影展；组织干部职工参加“全国生态环境系统歌咏比赛”。探索和完善以公众监督方式推动各地及有关企业落实环保职责的机制，全年发布环保“红黑榜”17期，曝光黑榜问题58个，转红问题73个，推动解决群众关切的突出环境问题。

（江晓峰）

【建设项目环保审批】 2020年，江门市生态环境局深化环评改革、优化环评服务，创新举措服务经济和重大项目。对纳入环评告知承诺制改革试点的17个大类44个小类行业有关建设项目，推行告知承诺制，加快项目开工建设。对纳入《广东省豁免环境影响评价手续办理的建设项目名录（2020年版）》的30个大类61个小类建设项目豁免办理环评手续。对符合工业园区规划环评要求的入园建设项目降低项目环评类别，简化环评内容，支持重点项目建设。是年，全市环保系统审批建设项目环评文件1931个，实施环评告知承诺制审批建设项目68个，豁免办理环评手续项目765个，简化环评编写内容项目3个。全市2232个项目通过网上备案系统完成登记表备案手续。

（谭颂贤）

【生态环境法治建设】 2020年，江门市生态环境局印发实施《江门市生态环境局2020年度法治政府建设工作要点》，开展全市生态环境系统法治政府建设进展情况专项检查，压实法治建设主体责任，为改善生态环境提供法治保障。出台实施《江门市生态环境局关于生态环境违法行为行政处罚自由裁量权裁量标准规定（试行）》，推进生态环境依法行政。推行行政执法“三项制度”（行政执法公示制度、执法全过程记录制度、重大执法决定法制审核制度），全市生态环境部门作出行政处罚决定352宗，查封扣押案件27件，停产整治案件3件，移送公安行政拘留案件17件，移送涉嫌污染环境犯罪案件14件。开展生态环境损害赔偿制度改革，将各市（区）政府纳入江门市生态环境损害赔偿制度改革工作领导小组成员，压实属地生态环境保护主体责任；完成国家第一批生态环境损害赔偿案件线索梳理。推进“谁执法谁普法”，参与“12·4”宪法宣传周现场活动，派发生态环境法律宣传及科普资料1万余份，接待群众法律咨询超100人次。是年，在江门生态环境公众号、门户网站进行法律法规政策解读9次；推出生态环境普法政策知识有奖问答2期，吸引2.1万人次参与；印制法律法规宣传小册子1000本。

（周芷欣）

【污染防治攻坚战】 2020年，江门市完成《广东省打好污染防治攻坚战三年行动计划（2018—2020年）》下达江门市的重点任务，在2019年全省环境保护责任暨污染防治攻坚战考核中，江门市首次获评“优秀”等次。加强组织领导，市委、市政府主要领导担任市环境保护委员会“双主任”，3月，召开市环境保护委员会全体会议，签发市环境保护委员会2020年1号令，要求全市各级各部门要坚决扛起政治责任，决战决胜污染防治攻坚战。是年，江门市2020年污染防治攻坚战重点工作任务清单93项重点工作任务总体完成，蓝天、碧水、净土保卫战及固体废物、农村污染治理攻坚战各项工作取得明显成效，污染防治攻坚战三年行动计划阶段性目标完成。

（张滢尹）

【国家森林城市建设】 2020年，江门市完成规划中期各项任务。其中新建、改造林荫停车位455个；完成道路绿化建设76千米、森林绿道建设6.8千米；步行径298千米；完成沿海防护林封山育林733公顷，水源涵养林建设2600公顷，商品林基地建设与提升3600公顷。是年，通过国家林草局对江门市国家森林城市监测评价。推进珠三角国家森林城市群建设。重点推进国家森林城市、森林小镇和湿地水网建设。在森林小镇建设方面，对在建森林小镇建设项目开展调研，指导各地做好申报认定工作。6月，收集、审核各单位提交的14个森林小镇申报材料，并上报省林业局。11月15—20日，省林业局第三核验组对江门市各建设镇的森林小镇建设核验。其中蓬江区杜阮镇，新会区双水镇，恩平市良西镇，鹤山市址山镇，台山市广海镇、海宴镇，开平市龙胜镇、金鸡镇等8个镇通过省林业局核查。在湿地水网建设方面，继续推进广东新会小鸟天堂国家湿地公园（试点）、广东开平孔雀湖国家湿地公园（试点）、广东台山镇海湾红树林国家湿地公园（试点）建设工作。

组织开展森林城市系列宣传活动。5—7月，在各市（区）分别组织开展2020年“我为森林小镇添新绿”绿植送市民暨森林城市建设宣传活动，向市民派送绿植6500盆和宣传小册子2.08万份，并收回调查问卷5900份。8月8日，开展2020年“共建森林城市，共享生态文明”主题宣传活动。全市7个市（区）同步开展，其中主会场设在蓬江区龙舟山森林公园，以开展环龙舟山森林公园绿道定向赛的形式助力国家森林城市建设。10月28日，开展“走近红树林，美丽大湾区”征文采风活动，组织30多名作家、摄影家、媒体记者等到台山市镇海湾红树林国家湿地公园开展征文采风活动。

（谈国豪）

环境综合整治

【概况】 2020年，江门市环境空气质量取得较大提升，空气质量综合指

2020年8月起，江门市全面启动餐厨垃圾统一收运处置服务。图为餐厨垃圾处理基地（江门市绿源环保有限公司）
（市城市管理和综合执法局 供）

数3.32，比上年提高15.9%，$PM_{2.5}$降至21微克/立方米以下，优于世界卫生组织第二阶段标准。水环境质量实现突破，国考、省考断面均达到Ⅲ类水体及以上，潭江流域主要支流全面消除劣Ⅴ类断面。土壤生态环境与固废处置能力增强，全市污染地块安全利用率超90%，初步掌握土壤污染状况；全市持危险废物经营许可证单位17家，危险废物总收集处理能力超56万吨/年，固体废物处置能力提升。生态文明示范创建工作创佳绩，开平市创建生态环境部第四批“绿水青山就是金山银山”实践创新基地，为全省唯一获此殊荣的县级市。

（吕婉静）

【环保助推企业高质量发展】 2020年，江门市生态环境局印发实施《关于开展稳投资促增长服务重大项目建设活动工作方案》，对首批62个重点项目实施“六个一”（一个项目、一名责任局领导、一个责任单位、一个工作班子、一个经办人、一份动态清单）的服务模式，成立7个由市生态环境局领导带领的重点项目服务工作专班，建立服务台账，专班负责、专人跟进。建立并完善重大项目库，实施动态清单管理，定期调度项目情况，落实销号制度，确保项目跟进到位。对全市重点项目提供“一对一”服务，协调解决项目推进中遇到的难题，加快推进项目落地建设。实地走访重点项目52次，并通过电话、微信等方式与清单企业保持联系，提前介入提供环评审批服务，跟进项目进度。是年，印发《江门市生态环境局关于开展2020年“服务企业接待日”工作的通知》，由市生态环境局领导挂钩结对联系市（区），分片包干，每季度定期走访对口的重点企业，了解企业诉求，解决企业在建设、环评审批及生产经营过程中遇到的困难和问题，提升服务效能。

（谭颂贤）

【水环境综合整治】 2020年，江门市地表水国家和省考核断面水质优良比例100%，西江水质保持优，潭江水质达到优；全市乡镇及以上城市集中式饮用水水源地水质达标比例保持100%；市区城市建成区黑臭水体消除比例100%。印发实施《江门市2020年水污染防治攻坚实施方案》《潭江牛湾国考断面水质达标2020年攻坚实施方案》，做好潭江牛湾国考断面水质达标攻坚工作，推动潭江流域水质持续改善，全市水质稳步提升。推进工业污染防治，牛湾断面涉及范围内9个重点工业镇工业聚集区建设或配置工业尾水集中处理设施。推动城镇生活污水处理提质增效，全市新增城市污水处理规模2万吨/日，新增县级以上城镇污水管网265.73千米，改造城镇老旧污水管网45.23千米，完成雨污合流管、污水管网检测1186千米，实现建制镇生活污水处理设施全覆盖。做好畜禽养殖废弃物资源化利用，全市规模养殖场粪污处理设施装备配套率98.14%，畜禽粪污资源化利用率87.71%，完成2020年度任务目标。强化城市黑臭水体治理，全面消除列入全国城市黑臭水体整治监管平台的12条黑臭水体。

（刘衡南）

【声环境综合整治】 2020年3月1日起，《江门市声环境功能区划》开始实施。加强交通噪声监管，强化城市道路噪声管控，完成会城大道跨线桥1110米声屏障建设。强化建筑施工噪声监管，督促施工单位执行《建筑施工场界环境噪声排放标准》，依法整治建筑噪声违法行为。推进工业企业厂界噪声污染防治，严格项目环境噪声“三同时”（同时设计、同时施工、同时使用）验收管理。强化部门协作联动，推进社会生活噪声污染防治，受理群众信访举报，加大违法行为查处力度，社会生活噪声投诉按时办结率100%。

（李颖芬）

【核与辐射环境管理】 2020年，江门市加强放射源、射线装置及电磁发射设施的辐射环境管理，推进5年一次的核应急综合演练筹备工作，完善核应急管理体系，加强值班备勤，保障核与辐射安全。强化日常监管，将全市211家核技术利用单位纳入“双随机”（在监管过程中随机抽取检查对象、随机选派执法检查人员）抽查名单。开展国家核技术利用辐射安全管理系统数据清查，对存在问题的122家单位提出整改要求。全市各级生态环境部门办理辐射安全许可审批64宗，核与辐射环评审批8项，完成20枚放射源的转让或废旧放射源收贮。完成2020年台山核电站场外应急疏散专项演习，得到省评估组的较好评价并作为样本推广。对台山核电5千米应急撤离范围内的钦头村核应急基础设施进行强化和完善，建设预警广播系统，创新开发用于人员撤离签到和安置登记的手机APP软件，完善远程无线对讲机、5G视频监控系统，单兵作战系统等核应急保障设备设施，提升核应急保障水平。强化核应急日常监管和值班备勤，在重要时间节点实行24小时核应急值班和“零报告”制度。

（何刚勇）

【大气环境综合整治】 2020年，江门市以臭氧污染防控为核心，以氮氧化物（*NOx*）和挥发性有机物（*VOCs*）减排为重点，推进蓝天保卫战。强化涉*VOCs*排放企业管控，加大综合整治力度，260家重点企业完成“一企一策”综合整治，391家重点企业完成销号式综合整治，企业工艺装备、污染物治理和环境管理水平提升。推进工业锅炉改造和建筑陶瓷“煤改气”，全市90台燃煤锅炉完成超低排放改造或清洁能源改造，91条建筑陶瓷生产线完成“煤改气”，31台成型生物质燃料锅炉完成淘汰或改用清洁能源。推进柴油车污染治理，完成黑烟车禁行区域划定，完善生态环境、公安部门对黑烟车的取证、移交、处罚联合执法机制，完成柴油车用车大户检查全覆盖，检查柴油车1661辆次，排气超标车责令限期维修。加快推广应用新能源汽车，全市新增纯电动公交车94辆，公交车实现100%电动化目标。强化污染天气应对，组织开展蓝天保卫战百日冲刺行动、“百日应急”攻坚，取得明显成效。是年，江门市空气质量优良天数比例比上年增长11个百分点，二氧化硫、二氧化氮、一氧化碳、$PM_{2.5}$、PM_{10}、达到2013年实施新的环境空气质量标准以后的最高水平，$PM_{2.5}$首次优于世界卫生组织第二阶段标准，空气质量在全国168个重点城市排名第22位，比上年上升8位。

（李颖芬）

【土壤污染防治】 2020年，江门市制定实施《江门市2020年土壤污染防治工作方案》，超额完成“土十条”（《土壤污染防治行动计划》）污染地块安全利用率和受污染耕地安全利用率2个约束性指标任务，全市土壤环境安全状况总体稳定。完成41个高关注度企业地块、4个填埋场地块和7个工业园区地块初步采样调查，全国土壤污染状况详查工作完成，掌握全市重点行业企业分布及土壤污染风险。严格建设用地准入，建立完善土壤污染状况调查名录，涉及地块59个，年内新增46个，累计完成51个拟开发利用地块土壤环境质量调查评估和报告评审。实施重点监管单位名录制度，公布27家重点监管企业，年内新增7家，督促相关企业落实自行监测、隐患排查等法定义务。组织完成污水处理厂、固体废物处置设施、土壤污染重点监管企业等61个重点地块周边土壤和地下水监测，建立土壤环境基础数据库。完成对各市（区）土壤污染治理与修复成效评估，公开评估报告主要结论。

（凌 慧）

【固体废物与危险废物安全监督】 2020年，江门市强化固体废物环境监管能力、利用处置能力和风险防范能力。构建固体废物污染防治长效常治工作机制，印发《关于健全和完善固体废物污染防治工作机制的通知》，明确部门、镇街工作职责；开展“清废除患2020”专项行动，开展涉危险废物重点行业专项整治，检查涉固体废物企业2392家次，其中责令改正134家，行政处罚42家，移送公安机关调查9家，拘留4人；加强信息化监管能力，完善“江门市固体废物管理信息平台”功能，全年完成一般工业污泥转移联单2858单，归集月度数据1530份，通过电子联单管理，全年未发生一般工业污泥非法转移倾倒案件。加强警示教育，举办新固体废物污染环境防治法宣讲会3场，发放宣传资料2000多份，惠及企业1200多家。做好涉危险废物环境安全工作，制定《江门市危险废物等安全专项整治三年行动实施方案》，开展危险废物重点单位环境安全隐患排查整治。落实疫情医疗废物安全处置工作，建立新型冠状病毒感染的肺炎疫情医疗废物协同应急处置环境管理机制。全年收集处置医疗废物3229.48吨，其中包括标注新型冠状病毒的感染性医疗废物45.89吨，均按技术要求进行无害化处置，处置率100%，全市未发生一起因医疗废物流失造成二次污染或感染的事件。

（何刚勇）

【农村生活污水治理】 2020年，江门市生态环境局印发实施《江门市农村生活污水治理攻坚实施方案（2019—2022年）》，推进农村生活污水治理攻坚。采用政府直接投资、PPP（政府和社会资本合作）、EPC+0（设计、采购、施工、运营一体化）、专项债及发动社会自筹等形式，通过整县打包、整市推进与镇（街）村先行投入自建相结合，累计投入45.96亿元用于农村生活污水设施建设。印发《关于加快推进农村生活污水治理的通知》及有关技术指引，做到因地制宜、分类施策，实现精准治污、科学治污。印发《关于加强江门市农村生活污水处理设施日常维护管理的通知》，建立日常维护管理制度，保障设施稳定运行和发挥设施处理效能。至年底，江门市1.09万个自然村中8125个完成农村生活污水治理，完成率74.5%，其中984个纳入城镇污水处理厂，4782个通过农村生活污水处理设施处理，2359个采用污水资源化利用（或自然生态消纳）。

（刘衡南）

节能减排

【概况】 2020年，江门市围绕省下达的主要污染物总量减排约束性指标年度任务，推进重点减排项目，总量减排成效明显。全市完成重点减排项目51个，其中工程减排21个，结构关停2个，清洁能源替代7个，城镇生活污水处理厂新建、扩建及提标改造21个。完成省下达的“十三五”主要污染物总量减排目标（化学需氧量、氨氮、二氧化硫和氮氧化物排放量比2015年分别下降10.9%、12. 9%、8.8%、15%）。

（孔祥坤）

【低碳建设】 2020年，江门市加快推进工业锅炉、窑炉燃料清洁低碳化替代。全市70台35蒸吨以下燃煤锅炉完成清洁能源改造或注销关停，91条建筑陶瓷生产线完成清洁能源改造或关停拆除。推广应用新能源汽车，全市新增纯电动公交车94辆，公交车电动化率100%。

（李颖芬）

【工业绿色化循环升级改造】 2020年，江门市推进企业开展清洁生产审核工作，促进企业实现节能、降耗、减污、增效。市生态环境局组织全市清洁生产审核评估验收工作，重点推进涉重金属、涉挥发性有机物（*VOCs*）行业企业清洁生产审核评估验收。2月和4月，联合市工业和信息化局分别印发《2020年清洁生产审核企业名单》《江门市2020年污染防治重点行业清洁化改造实施方案》。对有关实施清洁生产审核的企业开展评估验收工作，24家企业通过评估验收。

（谭颂贤）

表15　2020年江门市区空气主要指标监测情况表

达到二级标准的天数占全年有效天数的比例					
二氧化硫	二氧化氮	可吸入颗粒物	一氧化碳	臭氧最大8小时平均值	细颗粒物
100%	99.7%	100%	100%	88.3%	100%

表16　2020年江门市环境空气质量情况表

达到二级标准天数	全年有效天数	比例
322天	366天	88.0%

表17　2020年江门市建成区区域环境噪声情况表

单位：分贝

区域环境噪声均值	交通干线道路两侧噪声均值
56.69（昼间）	69.7（昼间）

开放型经济

经济贸易

【外贸进出口】 2020年，江门市进出口总值1428.9亿元，比上年增长0.2%，其中，出口1125.9亿元，下降0.9%；进口303亿元，增长4.7%。贸易方式方面，一般贸易进出口1043.2亿元，比上年增长9.5%，占全市进出口总值73%，比重增长6.2个百分点；加工贸易进出口365.5亿元，下降18.3%。市场结构方面，美国、欧盟、东盟和日本依次列江门市进出口贸易伙伴的前四位，进出口额分别为249.6亿元、208.5亿元、156.4亿元和58.8亿元。商品结构方面，江门市出口前三位商品为家电、纺织制品（含纺织纱线、织物及其制品）和摩托车，出口额分别为172.5亿元、65.9亿元和62.2亿元。进口前3位商品为初级形状塑料、纸浆和锯材，进口额分别为37.2亿元、30.3亿元和13.5亿元。

【外资及港澳台资利用】 2020年，江门市新批设立外商直接投资项目354个，比上年下降33.08%；合同外资金额12.10亿美元，下降13.03%；实际利用外资金额8.26亿美元，以商务部人民币口径统计56.62亿元人民币，增长3.81%，规模创“十三五”期间新高。其中，制造业实际利用外资5.94亿美元，比上年增长70.32%。新批（含增资）总投资超1000万美元企业23家，合同外资金额10.34亿美元，其中，超3000万美元项目（含增资）10个，比上年增加3个。

从外资来源看，来自中国香港地区的实际利用外资为5.67亿美元，比上年增长6.54%，占全市实际利用外资总额的64.64%，是江门市实际利用外资第一大来源地；排在第二位、第三位的是新加坡、卢森堡，实际利用外资分别为1.04亿美元和1.01亿美元，分别增长30.46倍和89.62%。

【外贸转型升级基地】 2020年，商务部认定江门市新会区国家外贸转型升级基地（五金不锈钢制品）。江门市国家级外贸转型升级基地增至4个，另外3个分别是：江门市蓬江区国家外贸转型升级基地（摩托车及零部件）、开平市水口国家外贸转型升级基地（水暖卫浴）、鹤山市国家外贸转型升级基地（水暖卫浴）。江门市有蓬江区摩托车基地、恩平恩城麦克风基地和鹤山印刷产业基地3个省级外贸转型升级基地。

【2020江门外贸云推广活动】 2020年6月19—21日，2020年江门市外贸云推广活动在江门万达广场举行。由江门市商务局主办，江门市广播电视台承办，以“出口转内销助力稳外贸”为主题。33家外贸企业参加活动，涵盖摩托车、水暖卫浴、不锈钢餐厨、家电、家居用品等行业。活动采取“线上直播卖货+线下展示销售”模式，以线上直播带货为主。除“主直播间”集中推广江门优质外贸产品外，有17家外贸企业搭建企业直播间。活动现场搭建“江门制造”产品展示区，同步开展线下展示销售。

产业园区

【概况】 2020年，江门市“1+6”（江门国家高新区、江门滨江新城、新会银洲湖、鹤山工业城、台山工业新城、开平翠山湖科技产业园、恩平工业园）园区实现规模以上工业增加值570亿元，占全市规模以上工业增加值53%。五大万亩园区完成全社会固定资产投资127亿元。全市7个省产业园工业增加值、全口径税收增速分别达10%、16%，其中，江门产业园、台山产业园、恩平产业园等3个园区获评为省五星级服务园区；开平翠山湖科技产业园、鹤山产业转移工业园（鹤山工业城）获批为省级高新区。珠西新材料集聚区、江门（鹤山）精细化工产业园通过省对化工园区安全整治的复评验收。荷塘康溪工业园、外海南山工业园、会城孖冲工业区、沙坪朗围工业园等村级工业园升级改造试点工作铺开。提前谋划黄茂海跨海通道，在珠海西部和江门东南部、南部的区域共同规划建设珠海—江门大型产业园区。

（蔡琳俐）

【“1+6”园区建设】 2020年，江

门市“1+6”（江门国家高新区、江门滨江新城、新会银洲湖、鹤山工业城、台山工业新城、开平翠山湖科技产业园、恩平工业园）园区实现工业增加值570亿元，比上年增长3.6%，占全市工业增加值比重53%，开平翠山湖科技产业园、鹤山产业转移工业园（鹤山工业城）获批为省级高新区。

（蔡琳俐）

【五大万亩园区建设】 2020年，江门市五大万亩园区［粤澳（江门）产业合作示范区、珠西新材料集聚区、深江产业园、台山工业新城拓展区、开平翠山湖科技产业园拓展区］引进亿元以上项目42个，其中10亿元以上项目6个。珠西新材料集聚区纳入广东省危险化学品生产企业承接园区名单，通过省对化工园区安全整治的复评验收。

（蔡琳俐）

口岸管理

【概况】 2020年，江门市有一类口岸5个，二类口岸10个，其中，往来中国香港营运中的客运码头2个，因新冠肺炎疫情影响，于1月底起暂停营运；运作中的货运口岸6个。全市口岸设计可使用岸线总长约6000米、泊位74个（其中，集装箱泊位45个），最大可靠泊7万～10万吨货轮（煤船）；仓库面积14.15万平方米，堆场面积70.1万平方米，各类装卸运输机械设备431台（套），最大起重能力50吨。

全市口岸综合货运量747万吨，比上年增长16.4%，其中，进口327.3万吨，增长28%；出口419.7万吨，增长8.6%。进出口集装箱86.6万标箱，比上年下降4.1%，其中，进口42.5万标箱，下降4.5%；出口44.1万标箱，下降3.8%。

江门高新区公共码头（首期项目）先期工程于12月31日竣工，标志广东省内河首个“智慧口岸”建设完成。投资3000余万元的台山公益港口岸，完成智能卡口升级改造，改造扩建3.5万平方米集装箱堆场，口岸辐射拉动作用明显增强。珠西物流中心（无水港）江门北—盐田港出口班列实现运行常态化，纳入全国铁路图定班列计划，江门口岸运输多元化格局逐步形成。

【江门大广海湾保税物流中心（B型）】 2020年7月10日，江门大广海湾保税物流中心（B型）封关运营。该中心由广东新会港国际货运码头有限公司投资建设，占地面积26万平方米，仓库面积10万平方米，堆场面积8万平方米，是连接粤西地区和粤港澳大湾区的重要物流枢纽中心。该中心依托江门新会港天马港区（国家一类口岸）的航运、停泊、装卸、运输配送等交通便利优势，主要开展进口保税仓储业务、“一日游”出口复进口业务、出口退税、全球采购、国际分拨配送、流通性简单加工和增值服务、转口贸易、跨境电商及保税商品展示等业务，为江门及周边地区进出口企业提供一站式报关、清关、仓储及物流配送服务。是年，该中心进出口业务量超4亿元。

【江门港】 江门港是广东江门五邑地区具有百年悠久历史的客运口岸（通航中国香港和中国澳门），是国家一类开放口岸，原位于江门北街，1997年6月迁至西江河段江门外海大桥下游1.5千米处新港（江门市江海区金瓯路1号）。水路距中国香港75海里、距中国澳门38海里。口岸占地面积8万平方米，码头岸线长133米，500吨泊位3个，设计年客运通过能力100万人次。查验综合大楼建筑面积4万平方米，大楼内出入境查验通关大厅、候船厅、免税商场、地下车库等口岸功能设施齐全，港口广场及绿化面积6.5万平方米。该口岸大部分时段保持通航中国澳门，1982年5月扩大开放通航中国香港。江门港原有的唯一船舶“蓬莱湖”于2017年12月29日报废，新船“江门”轮于2018年8月底投入营运，客位199个，与珠海市斗门港挂港联运，日常每天2个航班往返于江门至中国香港，直航单程需2小时50分钟左右，节假日进出境客流高峰时，每天进出航班增开到4个。2019年客运量3.54万人次。2020年，受疫情影响从1月30日起船舶停航。

【外海货运口岸】 2020年，外海货运口岸进出口货物169.99万吨，比上年下降12.9%；水运进出口集装箱37.09万个标箱，下降6.2%。

外海货运口岸专为进出口贸易运输提供仓储、码头作业服务，是二类开放口岸。码头地处珠三角腹地，位于西江下游江门高新技术开发区，水路距中国香港65海里，距中国澳门40海里，距深西55海里，距南沙50海里，设计年吞吐能力近40万标箱。江门外海码头通过引入新技术，更新硬件设备，全面实现网络化，信息化管理，成为江门地区现代化的数码港之一。码头作业区总面积9.25万平方米，码头岸线长360米，泊位数量3个，前沿水深4～6米，仓库面积2.7平方米，集装箱堆场面积11万平方米，集装箱堆存能力1.05万标准箱，危险品储存面积1000平方米。

【高新港】 江门高新港项目规划陆域用地面积62.87公顷，岸线总长1332米，建设11个3000吨级多用途泊位，设计年通过能力为集装箱67.3万标准箱（件）、杂货180.1万吨，项目总投资约25亿元，分期建设。码头水路距中国香港61海里，距中国澳门36海里，距深圳市51海里，距南沙开发区46海里。首期项目先期工程1—3号泊位12月31日落成，建成码头和开发岸线长430米，3个3000DWT多用途泊位，码头前沿停泊水深7.7米，设计年通过能力为集装箱47万标箱（件）、杂货120万吨，完成投资额约12亿元。码头建设投入11台重型无人吊装设备（3台桥式岸吊，2台门机岸吊，6台堆场龙门吊）；堆场面积39万平方米，集装箱堆场面积21万平方米规划集装箱堆位超2万标箱，仓储面积2.7万平方米；场内应用人工智能电子闸口、RMG远程操控、AI视频监控、水上智慧物流系统等技术，提高作业效率，提升无纸化作业水平。

【高沙货运口岸】 2020年，高沙货运口岸进出口货物187.5万吨，比上年增长68.1%；水运进出口集装箱21.26万个标箱，下降9.9%。

江门高沙货运口岸是二类开放口岸，口岸从事经营集装箱和杂货装卸、运输、仓储及提供船代、货代业务，可处理冷冻箱货物。配置各式装卸设备，并采用电脑化管理系统，提高港口生产效率和服务水平。码头面积12万平方米，岸线长623米，泊位12个，水深4～4.5米。码头监管区内仓库面积2500平方米、区外仓库面积2500平方米，可满足客户不同需求，提供一站式的物流仓储、拼拆箱服务，是江门专业散货进出口拼箱基地之一。

【新会口岸】 2020年，新会口岸进出口货物184.11万吨，比上年增长7.6%；水运进出口集装箱12.77万个标箱，增长5.4%。新会口岸是一类开放口岸，是以新会港口岸天马货运港区为主及宜大化工、双水电厂、银湖船舶等专用码头，河口装卸点属下的大鳌集装箱等码头，牛牯岭易燃品专用码头。天马货运港区位于潭江下游的银洲湖左岸，新会今古洲江裕路2号。其航道经崖门出南海，天然水深8～13米，是少有的内河优良建港水域，交通便利，水路距中国香港98海里、距中国澳门47海里，陆路紧靠广东西部沿海高速公路和广珠铁路。2001年12月，天马货运港区一期（2个5000吨级泊位、1个500吨级泊位）通过国家验收并对外开放启用。2019年11月，天马货运港区二期（2个1万吨级泊位）对外开放启用。天马货运港区一、二期有泊位5个，其中，2个1万吨级泊位（兼顾3万吨级功能）、2个5000吨级泊位、1个500吨级泊位。一、二期设计年货物吞吐能力177万吨，其中集装箱19万个标箱。

【台山口岸】 2020年，台山口岸进出境货量82.8万吨，比上年增长37.9%，其中，进口货物40.1万吨，增长245.8%；出口货物42.7万吨，下降11.8%；水运进出口集装箱4.6万个标箱，下降15.3%。

台山口岸的广海港是1985年10月经国家批准对外国籍船舶开放的一类口岸，位于台山市广海湾华侨投资开发试验区，面临南海，原址在台山市广海镇海港码头，距中国澳门52海里、中国香港96海里。客运于1988年8月开通中国香港客运航线，年客运量曾超10万人次，1996年11月该口岸客运迁往公益港，2007年起暂停运行。货运于1996年规划迁建可靠泊万吨级轮船的鱼塘货运港区，港区完成码头泊位、堆场及进港道路等主体工程，续建工程加快建设。广海港口岸开放水域范围增开的国华粤电台山电厂进口煤专用码头，于2012年12月获准正式对外开放，该码头位于台山市

2020年，江门边防检查站执勤四队被全国妇联评为“巾帼文明岗”　（江门边防检查站　供）

广海湾东侧铜鼓湾内，建有2个5万吨级泊位（水工设计为10万吨级），港口接卸能力1300万吨，2020年进口煤28万吨。

【开平口岸】 2020年，开平口岸进出口货物56.05万吨，比上年下降14.42%，其中进口14.88万吨，下降31.44%；出口41.17万吨，下降5.98%；进出口集装箱4.4万标箱，下降13.93%；内贸集装箱装卸区的内贸货物吞吐量259.64万吨，下降4.81%；内贸集装箱吞吐量11.82万个标箱，下降8.54%。

开平口岸包括三埠港客运码头（一类开放口岸）、三埠港货运码头装卸点（二类开放口岸，内设三埠港进出境货运车辆检查场1个）和水口装卸点（二类开放口岸）。其中水口装卸点于1976年8月启用，于2008年1月25日暂停进出口业务。三埠港客运码头（一类开放口岸）和三埠港货运码头装卸点（二类开放口岸）统称为三埠港口岸。三埠港口岸位于开平市三埠街道港口路7号、潭江中下游左岸，距中国香港146海里、中国澳门80海里，于1984年4月建成并开放使用，通航港澳。港区陆域面积5.41万平方米，岸线537.4米，有4个1000吨级泊位。其中三埠港客运码头于1984年4月建成投入使用，港区陆域面积2.03万平方米，岸线232米，有1个1000吨级泊位。2009年6月起，暂停客运业务，2010年7月三埠港客运码头改为内贸集装箱装卸区，并于同年8月开始兼营内贸集装箱装卸业务。三埠港货运码头装卸点于1985年5月建成启用，内设海关监管货运场和来往港澳货运车辆检查场各1个，港区陆域面积3.38万平方米，岸线305米，有3个1000吨级泊位。有三埠一香港，三埠一南沙、蛇口等2条进出口货运航线。

【鹤山口岸】 2020年，鹤山口岸进出口货物6.63万吨，比上年增长55%；水运进出口集装箱6.48万标箱，增长45%。因受疫情影响客运停航。鹤山口岸位于西江下游325国道九江大桥侧的沙坪河口与西江河的汇合口处。港区面积21万多平方米，码头岸线长710米，河面宽约1200米，水深达5米以上，3000吨级泊位3个，主要经营集水陆路运输、码头作业、仓储、报关、报检、进出口车辆检查场等业务。有1个一类客运口岸、1个二类货运口岸和1个货运车检场的综合性多功能口岸。

【恩平口岸】 2020年，恩平口岸进出口货物6.13万吨，比上年增长15.2%。恩平口岸有横板货运码头（二类开放口岸）和进出境货运车辆检查场。

（市商务局）

【边防支队概况】 2020年，江门出入境边防检查站深化“放管服”改革，对接江门市委、市政府及口岸职能部门，定期召开江门片边检协作区联席会议，谋划创新服务粤港澳大湾区建设举措；打造和谐管理大稳定、口岸管控大联防、全警实战大练兵、教育管理大家谈、警地共建大融合“五大精品品牌”。是年，江门出入境边防检查站查验出入境人员5.5万人次，比上年下降74.3%；验放出入境船舶5000艘次，下降超70%。

【出入境边防检查】 2020年，江门出入境边防检查站管辖2个国家一类口岸，5个国家二类口岸的出入境边防检查任务，年均查验出入境人员18万余人次，船舶1.5万艘次；受新冠肺炎疫情影响，江门、鹤山2个旅检出入境口岸于1月30日开始停航，其他货运口岸正常运转。全年查验出入境人员5.5万人次，比上年下降74.3%；查验往来港澳小型船舶5000余艘次，下降超70%；执法执勤零投诉、零事故。

【边检服务大湾区建设】 2020年，江门出入境边防检查站组建高新港边检工作专班，成立江门片边检站服务粤港澳大湾区协作区，加快推动江门市实现“四个走在全国前列”示范城市、打造珠江西岸新的增长极和沿海经济带上的江海门户。

（江门出入境边防检查站）

2020年12月30日，江门高新港竣工落成 （曾方亮 摄）

农业农村·水利

综　述

【概况】　2020年，江门市实现农林牧渔业总产值500.91亿元，全年农林牧渔业总产值500.91亿元，比上年增长4.1%。全年粮食作物播种面积18.54万公顷，比上年增长2.3%；糖蔗种植面积1000公顷，下降44.3%；油料种植面积1.25万公顷，增长1.4%；蔬菜种植面积7.55万公顷，增长2.9%。粮食产量97.9万吨，比上年增长5.0%；糖蔗产量9.7万吨，下降42.1%；油料产量3.3万吨，增长2.8%；蔬菜产量170.6万吨，增长5.0%；水果产量40.8万吨，增长7.2%；全年肉类总产量28.2万吨，下降2.2%。其中，猪肉产量12.0万吨，比上年下降19.1%；禽肉产量16.0万吨，增长16.4%。全年水产品产量80.8万吨，比上年增长2.0%。

是年，全市新增创建省级现代农业产业园2个、省级重点农业龙头企业5家、省级农民专业合作社8家、国家地理标志农产品4个。全市农业科技进步贡献率70%，成果转化率超55%，水稻生产综合机械化水平87.1%。

【农业产业化建设】　2020年，粤港澳大湾区（江门）高质量农业合作发展平台建设推进，全市培训认证36个粤港澳大湾区“菜篮子”生产基地（信誉农场）、15家粤港澳大湾区加工企业。新型农业经营主体档次规模提升，新增培育省级重点农业龙头企业5家、市级32家，全市市级以上重点农业龙头企业增至131家。新增省级农民专业合作社8家、省级示范家庭农场28家，开平市创建省级家庭农场示范县。新增国家地理标志农产品4个，累计15个；全市“三品一标”（无公害农产品、绿色食品、有机农产品、农产品地理标志）农产品数量增至199个。全市农业产业化带动农户32万户，户均增收4800元。

【农业结构调整优化】　2020年，江门市推进农业供给侧结构性改革，坚持“稳粮优经”、结合“一镇一业、一村一品”建设，培育优质水稻和新会柑、茶叶、蔬菜四大农业产业，扩大冬种等农业生产策略，水稻、马铃薯、玉米等粮食作物生产稳中有进，蔬菜、园艺、水果、南药、茶叶等主要经济作物种植面积扩大、产量增加、品质提升。是年，粮食作物播种面积18.54万公顷，比上年增长2.34%；蔬菜种植面积7.55万公顷，增长2.89%；甘蔗种植面积1526.67公顷，下降20%；油料作物种植面积1.25万公顷，增长1.4%；中草药材播种面积2133.33公顷，增长20%。全市新增创建农业农村部畜禽养殖标准化示范场1家、广东省现代化美丽牧场1家，全市有原种及祖代种畜禽场7家，畜禽养殖规模化率97.6%。

【农业科技发展】　2020年，江门市加强与华南农业大学、省农业科学院、五邑大学等高校院所的农业产学研合作，推进院士袁隆平水稻科研所、中国农业科学院和中国热带农业科学院江门基地等项目建设，培育农业新型研发机构。创建广东江门国家农业科技园区等国家级农业科技创新平台4个，累计建设院士工作站3个、农业科技特派员工作站6个、省级现代农业科技创新中心6个、省级工程技术研究中心6个、市级26个，年转化农业科技成果超30项，推动农业科技贡献率70%，成果转化率55%。江门市各级农科所累计建立水稻、蔬果等新品种示范基地75个，示范面积1200公顷，推广面积10.67万公顷，年增加经济效益7.2亿元。全市累计培育农业类国家级高新技术企业18家、省级13家，培育新型农业研发机构2家，省级农业星火技术产业带2个。农业科技企业获授权专利60多项，自主研发推广农业新技术6项，引进技术12项，推广农作物新品种160多个。是年，全市实现涉农高新技术产品产值105亿元。

【农业品牌建设】　2020年，江门市推进标准普及应用，全市稻米、生猪、家禽、蔬菜等主导农产品制定生产操作规程，制订和发布农业地方标准化生产规程59项。打造新会柑、台山大米、马冈鹅、台山鳗鱼等标准化生产示范基地。全市有农业农村部水产健康养殖示范场11家，广东省水产养殖质量安全示范点28个，市级水产健康养殖场105个。在全省率先制定并推行《江门市农业品牌培育奖励办

2020年5月15日，江门市农业农村局在恩平市牛江镇召开江门市早稻生产病虫害统防统治现场推进会。图为农作物病虫害统防统治飞防演示现场

（市农业农村局　供）

法》，奖励资金超800万元。至年底，全市有效期内“三品一标”（无公害农产品、绿色食品、有机农产品、农产品地理标志）产品203个，省“十大名牌”系列农产品9个，“粤字号”农业品牌124个，省“名特优新”农产品89个，全国“名特优新”农产品8个。全市新增农产品地理标志登记保护产品4个，分别是恩平濑粉、恩平大米、鹤山粉葛、台山蚝。

【农产品质量安全监管】　2020年，江门市开展农产品质量安全专项整治“利剑”行动，规范种养殖屠宰行为，加强风险隐患排查，加大监督抽查力度，全年生产环节抽检种植业产品16.9万批次、畜禽产品12.1万批次、水产品1785批次，合格率99%以上。试行食用农产品合格证制度，印发《江门市试行食用农产品合格证制度实施方案》，完成对2415家生产经营主体名单统计。升级农产品质量安全溯源公共服务平台，增设食用农产品合格证功能，组织线上培训12场和线下培训140场，参加培训3490人次，全市开通电子章766家，使用电子合格证标签26.5万张，带证产品3.1万吨。

【农业污染防治】　2020年，江门市推进农业清洁生产，以世界银行贷款农业面源污染治理项目为抓手，实施化肥、农药减量增效行动，累计建设环境友好型种植业示范农田面积1.33万公顷，开展化肥减量增效示范点面积1333.33公顷，开发应用县域测土配方施肥专家咨询系统，推广测土配方施肥技术，推行高效、低毒、低残留农药及生物农药，促进专业化统防统治发展。至年底，全市测土配方施肥技术覆盖率98%，超额完成90%的任务目标；主要农作物农药、化肥使用量实现负增长，利用率40.8%，完成攻坚目标；农膜使用回收率97.75%，统防统治覆盖率提高至42.4%。畜禽养殖废弃物综合利用率、规模场粪污处理设施装备配套率分别达91.36%和

表18　**2020年江门市主要农业机械拥有量情况表**

市、区	农业机械总动力（千瓦）	拖拉机（台）	谷物联合收割机（台）	畜牧机械（台）	水产机械（台）
蓬江区	14.9168	238	10	0	2100
江海区	4.819	182	466	0	2489
新会区	29.71	7305	705	1573	32196
台山市	54.5101	15822	2434	4940	26401
开平市	41.2616	9094	817	2118	6889
鹤山市	18.8	5125	195	2503	16406
恩平市	17.3769	2555	428	1825	3807
合　计	181.3944	40321	5055	12959	90288

99.07%，超额完成任务目标，连续2年通过农业农村部专家组考核，并获2020年国务院督查组肯定。

【农业机械化发展】 2020年，江门市加快农机化新技术新机具推广步伐，采取农机农艺相结合，推动农机社会化服务，实现农业机械化发展。至年底,江门市农机总动力181.39万千瓦，水稻生产综合机械化水平90.2%，其中：机耕率99.7%、机插率69.25%、机收率98.49%。台山市入选全国率先基本实现主要农作物生产全程机械化示范县（市、区），4个市（区）获全省“水稻生产全程机械化先进县”，市农业农村局被授予“整市推进水稻生产全程机械化先进单位”称号。

【农村一、二、三产业融合发展】 2020年，江门市农林牧渔业总产值500.91亿元，农村常住居民可支配收入21229元，连续6年年均增长8.88%，超过城镇居民收入增速。全市农产品加工企业产值150亿元，以农产品加工业为代表的第二产业促进第一产业“接二连三”。推进乡村休闲景区景点建设，乡村休闲游接待游客1500万人次，实现旅游综合收入120亿元，以休闲农业为代表的第三产业促进第一产业“接三带二”。农产品电子商务交易额54.9亿元，以“互联网＋”为代表的新技术加快多业态融合发展。

【农产品加工产业园建设】 2020年，江门市推进广东省农产品加工示范区建设，按“一区三园”（在省农产品加工示范区内建设江门市农产品冷链物流产业园核心区、台山鳗鱼和台山丝苗米省级现代农业产业园加工核心区）模式规划建设，总规划面积858.67公顷。至年底，斗山园区有指标建设用地面积128公顷，广海园区有指标建设用地面积34.4公顷。江门市利用省补助的财政资金5000万元和台山市自筹6412万元作为项目融资资本金，并向农业发展银行融资4.3亿元用于园区各项基础设施建设。台山市引进PPP（政府和社会资本合作）模式，总投资额6.1亿元，采用DBFOT（设计—建设—投融资—运营—移交）运作方式，通过公开招投标确定实施单位，并于2019年9月启动工程建设。

【农业合作交流】 2020年，江门市打造粤港澳大湾区（江门）高质量农业合作发展平台，交流合作力度加大、载体建设推进、项目合作加强。克服新冠肺炎疫情影响，扩大内销、拓展新市场、延长产业链，稳住农产品外贸订单。协同海关部门掌握出口企业的生产情况及出口计划，不定期进行风险信息预警，实时关注疫情期间农产品主要出口目的国的临时性限制措施，通过微信等渠道向企业发布相关风险信息，减少企业经济损失。推行出口业务“网上办、预约办”，实施“检验放行＋监管放行+快速核放”的抽检机制和放行模式，助力农产品出口快速通关；推行“收发货人免于到场”查验模式，畅通海关、企业、实验室“零延时”快速检验放行全过程，提高查验效率，保障疫情期间农产品安全快速出口。

【农产品电子商务发展】 2020年，江门市推动农村电子商务发展，完善农村区域电子商务体系，扩大电子商务交易规模。全市农村区域网络零售额54.9亿元，比上年增长72.47%，其中农产品网络零售额9.8亿元，主要销售当地农产品以陈皮、茶叶、休闲食品、调味品为主。全市通过送教下乡的方式将培训班“开进乡、开进镇”，全年开展各类农村电商培训1369人次，开展农村电商“一村一品”带头人提升培训班11期，培训429人。

【农业信息化建设】 2020年，江门市推进数字农业工作。加速数字农业项目落地，委托省农业科学院农业经济与农村发展研究所对江门数字农业发展现状、存在问题、建设需求等情况进行调研，编制《江门5G智慧农业科创园规划》。推广“短视频＋网红”线上农产品营销模式，探索“网络节＋云展会”模式。组织企业参加鄂粤同心百县村播活动，举办“2020中国广东•江门海鸭蛋云展会暨天猫江门海鸭蛋正宗原产地启动仪式”。与江门移动联合开通江门市“三农”（农业、农村、农民）政策发布云平台，实现短信、视频短信的实时发送。加强网格化监管，向经营主体推介农业政策法规，满足农业生产管理、事务管理、信息服务和项目申报等业务需求。

江门市农业科技创新中心鱼菜共生创业团队获得第22届“广东青年五四奖章”。图为团队3位香港创业青年合照 （市农业农村局 供）

【现代农业产业园创建】 2020年，江门市创建2个省级（江门市农产品冷链物流优势产区产业园、台山市丝苗米产业园）、16个市级现代农业产业园，累计创建1个国家级、7个省级、27个市级现代农业产业园；实现园区总产值年均增速超15%、农民人均可支配收入高出当地平均水平28%以上；其中新会陈皮国家现代农业产业园2020年产值超75亿元，带动农户种植新会柑6666.67公顷，人年均增收2万元，带动全产业链总产值102亿元，“大基地、大加工、大科技、大融合、大服务”的产业园建设经验在全国推广。

【农村土地流转】 2020年，江门市推动开平市整县建设省级土地流转试点，深化“两预两委托”（预整合、预流转，委托统筹经营、委托统一发包公开招标）土地流转典型经验模式。以“龙头企业+合作社+农户”模式试点股份合作，探索放活土地经营权途径。全市10家龙头企业（合作社）试点探索土地经营权入股发展农业产业化经营，入股户数2699户，入股土地面积1051.93公顷。至年底，全市农村承包地总面积16.84万公顷，土地经营权流转总面积9.13万公顷，占承包地总面积54.18%。其中，全市连片流转3.33公顷（50亩）以上2.98万公顷，主要流转用途为粮食、水产养殖等，流转均价803元/亩。是年，江门市、新会区分别获全国农村承包地确权登记颁证工作典型地区，江门市成为全省唯一获此殊荣的地级市。

【农村集体产权制度改革】 2020年，江门市农村集体产权制度改革取得阶段性成效。全市集体经济组织确认成员180万人；3483个集体经济组织（占应股份或份额量化组织数81%）完成农村集体资产量化，量化资产总额141亿元，集体经济组织赋码登记发证率99.5%。其中，鹤山、恩平2个第四批国家试点县完成成员身份确认、资产折股量化、集体经济组织登记赋码等试点改革工作。全省首个地级市全域构建市县镇三级农村产权流转管理服务平台，全市村账、组账100%实现镇级代管，累计通过产权平台交易4.92万宗，总金额180.02亿元，增值29.6%。

【农业综合行政执法】 2020年，江门市开展农资打假、农产品质量安全等专项执法检查行动，重点针对种子、兽药、农药、化肥等农资和生猪屠宰等环节，打击违法犯罪行为，全年办理行政处罚案件51件，罚没款33.02万元，其中办理农产品质量安全案件15件，向公安机关移送案件线索3条。完成创建农资经营示范店30家，擦亮江门农资经营品牌。配合推进江门市乡镇（街道）综合行政执法工作，江门市调整由各镇（街）实施的农业综合行政执法职权事项49项（其中行政检查21项、行政处罚24项、行政强制4项），形成73个镇（街）实施综合行政执法工作格局。3月，江门市农业农村局获农业农村部公布的第一批“全国农业综合行政执法示范单位”。

【农业自然灾害】 2020年，江门市开展汛前隐患排查整治，落实风险防控措施，完善防御工作机制，加强灾害应对能力，开展强降水、台风、寒潮、干旱等自然灾害防御工作，维护人民群众生命财产安全。全年启动防汛Ⅳ级应急响应1次；监测记录台风23个，组织防御对江门市农业农村产生影响的台风10个，其中启动防风Ⅱ级应急响应1次（海高斯）、Ⅲ级应急响应1次（海高斯）、Ⅳ级应急响应2次（海高斯、鹦鹉）；12月29日，江门市农业受寒潮影响，启动防冻Ⅳ级应急响应。是年，全市农业领域没有因自然灾害出现人员伤亡情况，没有发生动物疫情和农作物病虫害。

【农民职业技术培训】 2020年，江门市举办各类型技术农民职业培训班230期，培训2.6万人。其中，举办水稻智能机械化收获、水稻机械化精量穴直播、新型水产养殖机械、新型植保无人机示范推广现场会，设施农业高效栽培技术及绿色防控专题培训班等，培训8140人；开展农机驾驶人安全警示教育学习培训班40期，培训3930人；举办拖拉机驾驶操作培训班80期，培训4360人。

【中国农民丰收节系列活动】 2020年9月22—26日，江门市庆祝2020年中国农民丰收节主会场活动、第七届江门市农业博览会在广东珠西国际会展中心举办。由广东省农业农村厅、江门市人民政府指导，江门市农业农村局主办，江门市广播电视台承办。活动以“庆丰收、迎小康”为主题。将第三个中国农民丰收节与第七届江门市农业博览会合并举办，揭牌成立江门大米、茶叶、家禽、水产等四大产业联盟，设置乡村振兴（脱贫攻坚）成果展示馆，增加“农民进城、市民下乡看变化”相关活动内容，同时推出扶持粮食生产发展、扶持特色优势农业全产业链发展、扶持村级集体经济发展、扶持农村居家养老服务设施运营、开展农业品牌提升行动、提高政策性农业保险的深度和密度、鼓励承包地经营权连片规模流转、加强乡村教育等“十条”惠农政策措施活动。展销面积1.2万平方米，现场设置展销位260多个，参加企业290多家，展销各类“名特优新”农产品5000多种；受疫情影响，5天累计到场参观购物的农民、市民、游客等控制在22.5万人次，现场促成消费2200多万元，拉动线上消费近5600万元。

【乡村振兴推进会】 2020年6月5日，江门市实施乡村振兴战略工作推进会召开。会议以电视电话会议形式开至各市（区）。市委、市政府主要领导，市有关单位、中直、省直驻江门有关单位主要负责人等100多人在市主会场参加会议；各市（区）党委、政府主要负责人、分管负责人，各市（区）有关部门主要负责人，镇（街）党委、政府主要负责人、分管负责人，村级党组织主要负责人，驻村扶贫工作队队员、第一书记、有关企业单位对口帮扶工作人员等在分会场参加会议；会议学习贯彻习近平总书记关于“三农”（农业、农村、农民）工作的重要讲话和重要指示批示精神，落实中央农村工作会议及全省实施乡村振兴战略工作推进会精神，对全市乡村振兴工作进行再研究再部署再落实。会上播放江门市实施乡村振兴战略工作推进情况专题片并就《中共江门市委实施乡村振兴战略领导小组关于加强乡村振兴重点工作决胜全面建成小康社会的实施方案》作说明，台山市大江镇、鹤山市共和镇、恩平市牛江镇有关负责人作交流发言。

（市农业农村局）

种植业

【概况】 2020年，江门市粮食作物播种面积18.54万公顷，比上年增长4%。其中水稻播种面积16.9万公顷，增长1.8%；粮食总产量94.7万吨，增长6.5%。冬种谷物、豆类、薯类等粮食作物7060公顷，产量12.47万吨。

【高标准农田建设】 至2020年年底，江门市建成高标准农田13.84万公顷，占15.53万公顷可耕地面积89%，超额完成省下达的高标准农田建设任务。2020年，江门市在2019年度全省高标农田建设考核中排名第二，获省分配国务院督查激励资金1909万元。在省耕地责任保护考核中，江门市高标准农田建设和耕地质量保护与提升2项共得分排全省第一名。

【良种及新技术推广】 2020年，江门市围绕国家水稻产业技术体系江门综合试验站项目加强水稻良种良法示范推广，探索水稻栽培优新技术，建立示范点55个，种植水稻品种330个次，累计示范面积781.33公顷，主要推广美香占2号、粤禾丝苗、华航52号、莉香占、象牙香占等优质水稻

表19　2020年江门市水果种植情况表

项目	播种面积（公顷）	产量（吨）
柑	5914.87	175889
橘	1017.2	19258
橙	586.73	10335
香（大）蕉	2719.53	117544
菠萝	31.87	506
荔枝	5837.07	24589
龙眼	3941.67	35005
柿子	2.93	18
李子	18.87	36
番石榴	400.27	13869
芒果	120.8	1988
柚子	33.53	347
杨桃	57.13	778
火龙果	725.07	18925
黄皮	109.2	2155
百香果	61.33	509
桃子	49.47	372
青梅	27.13	199
其他杂果	1090.13	36988
合计	22744.8	459310

品种和水稻三控技术、水稻绿色防控综合防治技术、水稻机械侧深施肥等现代高效栽培技术，辐射带动推广面积3.33万公顷。开展蔬菜新品种新技术试验示范推广，完成2020年省级农作物品种试验，试验参试品种104个/次，筛选15个较好的品种在江门地区推广。开展农作物新品种新技术示范推广，配套高效节约型的水肥一体化栽培技术、有机营养液肥使用技术、病虫害绿色防控技术等模式进行示范推广，全年完成农作物新品种（组合）试种与示范580个，筛选墨宝冬瓜、米修斯西兰花、一见钟情甘蓝、改良幸福8号青椒、大胜八号线椒、欧塞尔番茄、青春之歌小番茄、喜兰菜心、粤甜28号玉米、高峰甜玉米、珠玉甜1号玉米等10多个推广前景良好的品种。

畜牧业

【概况】 2020年，江门市畜牧业总产值123.43亿元，比上年下降1.8%；肉类总产量28.23万吨，下降2.25%；禽蛋9.08万吨，增长9.78%；年末生猪存栏126.2万头，增长124.2%，年出栏160.6万头，下降19.2%；家禽存栏3233.6万羽，增长1.45%，年出栏1.13亿羽，增长17.41%；肉牛出栏0.45万头，肉羊出栏2.02万头。是年，生猪价格高，出栏一头肉猪可盈利近3000元。家禽产能过剩，价格低迷。

【重大动物疫病防控】 2020年，江门市落实非洲猪瘟等各项重大动物疫病防控措施，降低疫情发生风险。加强源头监测排查，对辖区内生猪屠宰场、养殖场进行排查，出动排查人员3.49万人次，排查生猪场点1.65万场次，排查猪只数量378.75万只次。检测生猪养殖场132场次，生猪屠宰场14场次，生猪运输车辆62辆次，样品7359份，检测结果均为阴性。开展免疫监测及流行病学调查，发放禽流感疫苗5万瓶，口蹄疫疫苗0.9万瓶，小反刍兽疫疫苗60瓶。全市高致病性禽流感免疫2466.49万羽，猪口蹄疫免疫43万头，牛羊口蹄疫免疫2万头，小反刍兽疫免疫0.6万头，应免免疫密度100%。全市抽检动物疫病监测样品4.86万份次，其中禽流感H5血清样品合格率89.6%，鸡新城疫血清样品合格率87.3%，口蹄疫血清样品合格率92.3%，猪瘟血清样品合格率95.2%，蓝耳病血清样品合格率89.5%，小反刍兽疫抗体合格率100%。重大动物疫病抗体水平合格率均高于农业农村部规定70%以上的要求。

【动物检疫监督】 2020年，江门市严格动物调运监管，落实动物“点对点”及中南六省动物调运政策，产地检疫生猪202万头，牛0.15万头，羊0.84万头，禽类2.06亿只。严格屠宰检疫，屠宰检疫生猪132.82万头，牛羊4.11万头，禽类1801万只，检出并无害化处理生猪1685头。其中市本级屠宰检疫生猪17.48万头，无害化处理死猪619头，病害肉品3.68吨；检疫牛2520头，无害化处理死牛15头，病害肉品541千克，防止病害肉品流向市场，保障市民肉食品安全。全市14个牲畜定点屠宰场开展“瘦肉精”监测工作，检疫样品近40万份次，未发现“瘦肉精”阳性个案。

【饲料生产管理】 2020年，江门市有饲料和饲料添加剂企业80家，生产许可证数87个，其中浓缩饲料5个，单一饲料8个，添加剂预混合饲料3个，饲料添加剂8个。饲料总产量476万吨，产值157亿元，产量比上年增长4.21%，连续2年位居全省首位。在饲料总产量中，配合饲料475万吨，比上年增长4.21%，浓缩饲料0.76万吨，增长0.69%，添加剂预混合饲料0.25万吨，下降28.35%。在配合饲料产量中，猪料45.9万吨、蛋禽料56.26万吨、肉禽料255.5万吨、水产料117.2万吨，分别比上年增长-35.96%、11.8%、11.22%、1.22%。提高饲料产品质量安全水平，饲料产品质量例行监测抽检合格率99.37%，饲料中“瘦肉精”等违禁添加剂“零检出”，生猪养殖环节“瘦肉精”监测合格率100%。

【畜牧产业化发展】 2020年，江门市完成生猪稳产保供目标任务和“菜篮子”考核任务，全年未发生非洲猪瘟等重大动物疫情。创建1家农业农村部畜禽养殖标准化示范场和1家广东省现代化美丽牧场，注册全省第一家家禽种业集团有限公司，推动畜牧、屠宰行业转型升级高质量发展。推进畜禽养殖废弃物资源化利用工作，坚持源头减量、过程控制、末端利用的治理途径，指导养殖场建设粪便收集运输处理和资源化利用设施设备，发展绿色清洁养殖，解决畜禽养殖废弃物污染问题。开展禁养区优化调整工作，取消禁养区面积1975.78平方千米；形成禁养区范围“一张图”的绘制工作。整县推进资源化利用工作，其中开平市、鹤山市分别获6500万元的中央整县推进畜禽废弃物资源化利用项目，整体提升江门市畜禽粪污综合利用水平。率先出台《江门市生猪养殖污染防治技术要点》，重点推广异位发酵床、粪污专业化能源利用、污水肥料化利用及中水回用等零排放养殖模式。

【生猪屠宰管理】 2020年，江门市全市清理整治小型不合格屠宰企业42家，对保留在产的14家定点屠宰企业，严格执行“非洲猪瘟”企业自检、官方兽医派驻“两项制度”。支持屠宰企业转型升级，指导优质企业开展标准化创建工作，全市新增3家屠宰企业通过标准化创建现场验收。加强监督执法，农业、公安、市场监管，交通运输等部门联合开展联合执法，打击违规调运生猪、私屠滥宰、添加“瘦肉精”及注水注药等违法犯罪行为，联合执法期间查处违法案件5件。

（市农业农村局）

渔业

【概况】 2020年，江门市水产品总产量80.8万吨，比上年增长2%；养殖面积5.5万公顷，与上年基本持平。全市拥有在册渔船3135艘，其中海洋2096艘。全市渔业经济总产值首次突破2005 亿元；渔民人均纯收入21229元，比上年增长6.3%。

【渔业生产】 2020年，江门市水产养殖面积5.5万公顷，总产量80.8万吨，比上年增长2%，渔业总产值200亿元，增长16.3%。其中，海水养殖面积1.86万公顷，产量22.5万吨，产值24亿元；淡水养殖面积3.68万公顷，产量48吨，产值160亿元。水产养殖面积在全省排二名，淡水养殖面积在全省排第一名。全市有捕捞生产渔船3135艘，总功率21.2万千瓦，捕捞总产量8.8万吨，捕捞总产值180亿元。其中海洋捕捞生产渔船2096艘，总功率19.5万千瓦，产量7.5万吨，产值13.8亿元；淡水捕捞生产渔船1039艘，总功率1.08万千瓦。

【水生动物防疫检疫】 2020年，江门市完成省下达水生动物疫病监测抽检任务552份，加强对虾白斑病、锦鲤疱疹病毒病、青蟹呼肠孤病毒病等水生动物常见疫病病原的监测检测；开展草鱼出血病、锦鲤浮肿病毒病、淡水鱼类小瓜虫病等飞行监测抽检样品52份；加强与南海水产研究所开展青蟹、牡蛎等农产品地理标志产品的养殖水质监测检测合作，委托监测检测水质样品48份；完成与珠江水产研究所开展开平现代农业示范基地草鱼病害的监测检测合作，委托监测检测样品34份。全市建立水产养殖病害测报点16个，重点对南美白对虾、罗氏沼虾、桂花鱼、草鱼、罗非鱼、石斑鱼、金鲳鱼等养殖品种常见性、多发性病害进行监测预报。

【渔业安全生产监管】 2020年，江门市组织开展“亮剑”系列渔政执法行动，打击各类渔业违法违规行为。至年底，全市农业农村（海洋综合执法）部门查办各类渔业违法案件295件、罚款302.98万元，“两法衔接”（行政执法与刑事司法衔接）移送公安海警部门处理案件13件，涉案人员27人，查扣没收涉渔“三无”（无船名船号、无船舶证书、无船籍港）船舶88艘，清理取缔“绝户网”“滩边罟”等违规网具2475张、2.8万米，维护正常渔业秩序。加强海洋监察执法，维护海洋资源环境，全年立案查处海洋违法案件14件，结案13件，罚款200.6万元。全市各级海洋综合执法队伍开展渔船安全生产执法检查800多次，出动人员3000多人次，检查渔船5000多艘次，排查安全隐患336项，通报属地镇政府跟踪整治53宗，查处违反安全生产规定行为148宗，罚款19万多元。

【渔业增殖放流】 2020年7月14日，江门市在潭江河段举行2020年江门市渔业资源增殖放流活动，保护和改善潭江广东鲂国家级水产种质资源保护区渔业资源。人工投放广东鲂苗种200万尾。潭江广东鲂国家级水产种质资源保护区是农业农村部批准成立，被列为第六批国家级水产种质资源保护区，该保护区位于广东省独立水系潭江，保护区河道总长29.2千米，总面积640平方千米，主要保护对象为广东鲂及其栖息地。

【伏季休渔管理】 2020年，江门市在休渔期间查办各类渔业违法案件199件，罚款137.21万元。完成2241艘应休渔船安全生产培训，出动执法人员2326 人次，查获各类渔业违法案件100件。8月16日，江门市在台山市横山渔港举办2020年南海伏季休渔开渔仪式。江门市农业农村局、市委农办、市扶贫办等领导出席活动并讲话，现场包括船东、渔民等200多人参加活动。

（市农业农村局）

林业

【概况】 2020年，江门市保有林业用地面积42.95万公顷，森林面积42.92万公顷，其中非林地中森林面积4.22万公顷；森林蓄积量2483.84万立方米，森林覆盖率45.14%，林业产业总值416.15亿元。全年办理使用林地手续75宗，面积485.4公顷，使用林地定额388.6公顷。查处各类破坏森林资源案件207件，其中刑事案件111件，行政案件96件，行政罚款120.52万元。

【造林绿化】 2020年，江门市造林总任务2492.87公顷，其中宜林荒山和疏林地造林235.07公顷、退化林分修复面积1411.13公顷、封山育林面积846.67公顷。至年底，全市完成造林面积2492.87公顷，其中宜林荒山和疏林地造林235.07公顷、退化林分修复面积1411.13公顷、封山育林面积846.67公顷，均完成年度建设任务。

【森林资源管理】 2020年，江门市森林采伐量107.4万立方米，生产木材75.4万立方米。办理使用林地手续75宗，面积485.4公顷，使用林地定额388.6公顷。完成黄茅海跨海通道、珠江肇高铁、江门市信义玻璃厂、江门市新三甲医院（市公共卫生临床中心）等省、市重点项目的林地手续申报任务。

【林业执法】 2020年，江门市森林公安机关立涉林刑事和林业行政案件207件，查破195件；其中，立刑事案件111件，破案105件（立破重大案件14件、特大案件10件）；立林业行政案件96件，查处90件，处罚81人次，罚款120.52万元，责令补种43人次；收缴野生动物4707只，涉案价值

1227.24万元。开展"飓风2020"集中打击整治涉野生动物违法犯罪专项行动，侦破"飓风76号专案""胡某非法经营蛇类案""招某等人非法收购、运输、出售珍贵、濒危野生动物案"等涉及面广、社会影响大、群众反映强烈的涉野生动物犯罪大要案。出动公安执法民警1.99万人次，车辆4247辆次，检查野生动物繁育场所、活动区域、酒楼饭店等经营场所1.58万个，其中检查野生动物活动区域387处，检查野生动物人工繁育场所61家，检查餐饮场所1.53万家，收缴野生动物4707只，涉案价值1225.44万元。全市立野生动物刑事案件96件，破案91件，其中重大案件14件、特大案件7件，刑事拘留犯罪嫌疑人49人，提请批准逮捕29人，移送起诉68人。

【林业有害生物检疫与防治】 2020年，江门市林业有害生物主要有马尾松毛虫、松材线虫病、松突圆蚧、湿地松粉蚧、黄脊竹蝗、桉树尺蛾、桉树毒蛾、桉树青枯病、桉树枝瘿姬小蜂以及薇甘菊等。是年，江门市林业有害生物监测面积184.98万公顷（次），防治作业面积8973.33公顷，无公害防治面积8553.33公顷。其中薇甘菊防治面积3326.67公顷，松材线虫病春、秋两季普查面积17.14万公顷（次），防治面积693.33公顷，清理病枯死松树5442株。全市林业有害生物成灾率0.63‰，无公害防治率92.7%，测报准确率90%，种苗产地检疫率100%。全市办理植物检疫行政许可事项1320宗，其中办理植物检疫证书核发1288宗，产地检疫合格证核发32宗。

【林业科技】 2020年，江门市做好林木良种选育、繁殖、推广工作，推进林木良种化建设。依托申报和实施科技项目，开展各类林业科学研究。申请中央林业改革发展资金295万元，用于大沙林场古巴加勒比松国家种子资源库、新会区国家相思良种基地和台山市红岭国家湿地松、杂交松良种基地基础设施建设，开展育种试验研究，培育良种苗木等工作。其中红岭种子园与省林科院合作选育的"湿加松家系EB01、EB02 、Eb03"被广东省林木良种审定委员会审定为良种。台山红岭种子园的"南方主要松树材脂新种质创制及良种产业化关键技术"获2020年广东省科学技术进步一等奖，"湿加松和马尾松等脂材两用松树种质创新及良种产业化关键技术"获2020年度"无限创新"江门科学技术一等奖；江门林科所与广东省林科院合作的"四种特色木本花卉优良品种（系）及培育技术推广"获2019年度广东省农业技术推广奖二等奖，其"杂交相思扦插繁殖育苗技术研究"获2020年度"无限创新"江门科学技术二等奖。

2020年8月8日，江门在全市7个市（区）同步开展以"共建森林城市，共享生态文明"为主题的江门市森林城市建设主题宣传活动

（市自然资源局 供）

【生态公益林建设与管理】 2020年，江门市印发《江门市生态公益林扩面工作方案》，生态公益林扩面任务1.13万公顷，其中新会区800公顷，台山市5933.33公顷，开平市1733.33公顷，鹤山市1000公顷，恩平市1066.34公顷，市属林场800公顷，任务完成率100%。按照《广东省林业局关于开展省级以上生态公益林完善落界工作的通知》要求，江门市于10月到省林业调查规划院审核省级以上生态公益林完善落界成果初稿，并按照省林业局要求对落界成果进行修改。江门市省级以上生态公益林完善落界进入收尾阶段。

【义务植树和群众性绿化活动】 2020年4月1日，江门市四套领导班子成员及其厅级干部与市直机关工作人员和高新区（江海区）代表等300多人，在礼乐河道边（礼乐桥底段）参加全民义务植树活动，种植国庆花、桂花、凤凰木、紫薇、黄花风铃木等苗木1500株。蓬江区、新会区、台山市、鹤山市同时开展义务植树活动。恩平市于3月19—20日、开平市于4月15日开展义务植树活动。三区四市组织发动各镇（街）、村开展义务植树活动。创新义务植树方式，开展认种、认植、认养等义务植树活动和爱绿护绿行动。4月28日，在市狮山林场开展“共植新绿、共抗疫情”为主题的党员义工义务植树活动，种植仪花、红椎、黄花风铃等乡土树种500多株。全年全市参与义务植树活动人数262.64万人次，植树582.27万株（含爱绿护绿行动折算株数）。

【重点林业生态工程建设】 2020年，江门市有814.93公顷建设森林碳汇重点生态工程任务，分布于新会区、台山市和鹤山市。至年底，完成814.93公顷，其中造林（含人工造林、补植套种、更新改造）464.93公顷、封山育林350公顷，任务完成率100%。全年完成88个乡村绿化美化建设任务，占计划任务100%。森林抚育工程由省级以上财政投资建设，重点对碳汇造林成果实施抚育，巩固和提升森林碳汇建设成效。省下达江门市中央森林抚育400公顷。至年底，中央森林抚育任务完成。通过加强组织合作与落实财政经费保障，初步达成解决江门市自然保护地历史遗留问题及矛盾冲突的总体目标与解决路径的共识，市自然生态保护空缺得到较好保护，同时预留发展空间，市自然保护地整合优化前期工作完成并获广东省林业局通报表扬。广东响水龙潭森林公园森林生态综合示范园是广东省林业局首批林业生态重点工程项目（全省选取10个点），总投资2000万元。项目第一期工程（包括道路工程、绿化工程、自然教育系统工程和土建工程等）于7月完工，并在全省2020年省级财政资金重点绩效评价工作初评中位居前列。

【湿地红树林管护】 2020年，江门市组织开展红树林造林恢复适宜地调查核实工作，摸清江门市红树林现状并科学划定红树林营造和修复图斑，完成广东省红树林保护专项行动下达江门市2021—2025年275公顷红树林造林任务、178公顷红树林修复任务、46.7公顷红树林自然保护地内养殖塘清退任务。

粤港澳大湾区水鸟生态廊道示范建设期（2020年）江门段工程规划建设推进。完成2020年度湿地环境修复任务33.8公顷、湿地景观优化任务110.73公顷、自然教育基地建设任务1处、科普宣教活动13次。

是年，开展新会小鸟天堂、台山镇海湾红树林、开平孔雀湖3个国家级湿地公园湿地生态监测、科普宣教、勘界立标等工作，落实粤港澳大湾区水鸟生态廊道项目规划建设，湿地公园生态环境得到保护并优化提升。

【国有林场改革】 2020年，江门市国有林场改革各项任务完成并通过国家验收,保生态保民生目标如期实现。“十三五”期间，通过科学界定林场属性、明确主要职责任务、转变经营方式、创新发展机制、科学设置林场岗位、建立森林资源监管机制等措施，强化经费保障、基础设施和队伍等建设，建立职能定位明确、管理科学规范、政策保障有力的现代国有林场发展机制，提高森林资源总量和质量。推进国有林场发展模式由木材生产为主转变为生态修复和建设为主、由利用森林资源获取经济利益为主转变为保护森林提供生态服务为主，确保国有林场2022年过渡为公益一类事业单位。

【森林保险】 2020年，江门市投保林木面积16.40万公顷，投保农户（单位）15户。阳光农业保险公司支付受灾林木理赔款35.99万元，理赔款支付率100%。

（市自然资源局）

水利

【概况】 2020年，江门市完成水利投资30.95亿元，其中中央投资2.67亿元、省级投资1.37亿元、市级投资0.57亿元、县级投资26.24亿元、乡镇及群众自筹0.1亿元。

是年，潭江河流治理工程为加固潭江干堤恩平堤段、开平堤段、台山堤段和新会堤段等76.89千米的堤防及171座穿堤建筑物的重建、加固改造，工程批复概算8.73亿元。江新联围加固工程加快建设，累计完成投资1.5亿元。中小河流治理（二期）项目11宗，其中台山市6宗、开平市2宗、恩平市3宗，累计完成治理任务148.76千米，完成年度治理任务。7宗病险水闸除险加固工程被列入省五大民生水利工程建设方案，省发展和改革委员会批复5宗，下达投资计划的项目5宗，其中合山水闸竣工验收，恩平市塘洲水闸、江洲水闸、恩城水闸和开平市交流渡水闸完工。3宗大中型水库除险加固工程被列入全国防汛抗旱水利提升工程实施方案，概算投资2.4亿元。其中新会区梅阁水库、台山市桂南水库于10月开工建设，完成投资4532万元，完成年度投资计划。开平市大沙水库完成初步设计审批工作，抓紧编制施工图。35宗小型水库工程被列入全国防汛抗旱水利提升工程实施方案，概算投资1.74亿元。35宗工程均完成初步设计审批工作，开工8宗（鹤山市6宗、新会区2宗），其中鹤山市十字坑水库完工，完成投资1136万元。

【河湖管理】 2020年，江门市开展碧道工程建设和西江、潭江流域重点支流综合治理工作，建成碧道107千米，41条重点支流相关河段启动实施堤防加固、清淤疏浚、污染源治理等系列综合治理措施，其中，江门市将除已实施的碧道项目外的所有碧道和14条跨县重点支流，采用统一打包、统筹推进的EPC＋O（设计、采购、施工、运营一体化）模式，整体推动碧道和重点支流项目建设，项目均于年内开工。开展全市流域面积50平方千米以上河流采砂规划编制工作，完成省下达的72条河流采砂规划编制，推动全市河湖长制工作“有名”“有实”“有能”“有效”。江门市河湖长制工作获国务院2019年河湖长制工作督查激励，在省2019年河长制考核中以排名第一的成绩获评优秀等次。是年，150个自设市级河长制水质监测断面的优良水体比率比上年增长10.1个百分点，达标水体比率增长10.8个百分点。

【非法采沙整治】 2020年，江门市查处水事违法案件16件，其中河湖案15件、水资源案1件；办理群众来信来电9宗，办结率100%。市水政管理支队联合公安、海事等部门及西江和潭江干流沿线各市（区）水政监察大队开展联合执法专项巡查行动18次，检查过往采、运砂船30艘次。市水利局把开展打击河道非法采运沙、打击水土保持违法行为、河湖违法陈年积案“清零”等工作与推动水利系统扫黑除恶专项斗争相结合，坚持打击整治和长效监管并重。至年底，全市水利系统摸排移交扫黑除恶问题线索112条，其中涉黑涉恶线索28条、行业乱象线索84条，移交并配合公安机关立案查处刑事案件9件，涉案刑事拘留18人。

【农田水利工程建设】 2020年，江门市实施台山市大隆洞灌区续建配套节水改造工程第一期、恩平市西坑灌区第一期节水配套改造项目2个，完成主体工程建设，完成渠道改造18千米，恢复和改善灌溉面积7066.67公顷。

【农村饮水安全工程建设】 2020年，江门市将“着力解决群众饮水难问题”工作纳入2020年度市十件民生实事工作任务清单，相关市（区）采取规模集中供水工程扩网、管网安装入户，改造落后制水设置、强化水质监测等措施推进，至年底，全市完成464个自然村2.3万户8.1万人的集中供水覆盖工作。

【水库移民后期扶持】 2020年，广东省下达江门市的中央、省级水库移民后期扶持资金8795.8万元，使用范围包括：1.32万户4.69万人的大中型水库移民600元“直补”资金2814.9万元、1.32万宗（户）大中型水库移民生产经营扶持项目补助资金1585.9万元、1591宗（户）小型水库移民生产经营扶持项目补助资金352.6万元、移民村基础设施项目建设资金3304.3万元80宗、三峡工程后续工作项目资金670万元15宗，后期扶持政策实施工作专项补助等其他资金计划68.1万元。江门市援助重庆市巫山县132万元，支持培石乡产业配套项目。

【水利安全生产】 2020年，江门市水利局出动507人次对在建水利工程建设、已建水利工程运行安全、水工程防汛安全等不同类型的915宗水利工程项目开展安全生产检查，形成检查记录文书254份，发出整改通知书41份，督促整改安全隐患问题939个，实现闭环管理。全年未发生安全生产事故，水利行业安全生产态势平稳向好。

【节约用水和水资源管理】 2020年，江门市水利局联合市发展和改革局印发《江门市节水行动实施方案》。列入广东省第二批县域节水型社会达标建设任务的新会区于6月完成建设任务并通过省水利厅验收。市水利局及市（区）水利局完成水利行业节水机关创建并通过验收。市水利局组织开展“江门市节水IP设计大赛”，评选参赛作品“利利小超人”为江门市节水形象大使。

是年，完成865个河道外取水户用水计划下达管理工作；完成新发（延续）取水许可证的有关工作；全市河道外新发（延续）取水许可证31宗，核发取水量6753.45万立方米，河道内新发（延续）取水许可证21宗，核发取水量3.69亿立方米。加强取水许可管理，成立江门市取用水管理专项整治行动工作专班，制定《广东省江门市取用水管理专项整治行动实施方案》并开展专项整治行动。全市完成登记取水项目854个，其中河道外取水项目659个、河道内取水项目195个；核查登记的取水口数量1132个，其中地表水1072个、地下水60个。

【水旱灾害防御】 2020年，江门市水利局开展汛前防汛检查和水利工程隐患排查，形成市（区）“问题清单”，检查发现112宗问题整改落

2020年10月29日，在开平项目区新桥水开工点举行江门市西江潭江流域跨县重点支流综合治理工程（一期）EPC+O（即勘察设计施工运营总承包）项目开工仪式（市水利局 供）

实。加强水毁水利工程设施修复工作，100%完成中央、省、市投资建设任务。加强山洪、水库、水电站和重点堤围的安全监管，针对721个受山洪灾害威胁的村落、35个重点易涝区及中小河流沿岸地区，利用灾害监测预警系统和群测群防体系，发布洪涝灾害预警2360次，发送信息26万条次，其中山洪灾害预警31次，发送预警短信3万条次。山洪灾害预警信息按要求处置完毕。推进水利信息化建设，投入1500万元，开展江新联围安全监测与信息化系统建设，实现对江新联围全线堤防、控制性水闸、排灌站及围内水系的水、雨、工情实时自动监控，同时依据江新联围水系调度方案，提出防御调度建议指令，对水系内各控制性水闸、排灌站工程实行联动调控，为市、区两级水利部门实施流域水系防御调度提供决策参考。防御14场次强降雨、2次台风天气的袭击。在防御“龙舟水”和西江洪水期间，市锦江水库和恩平市青南角按照水库调度规程、调度运用计划和上级防汛指挥机构的指令，做好调度工作，在确保安全的前提下，主动拦洪错峰，分别拦蓄洪水1.09亿立方米和227万立方米，减轻下游蚬冈镇河段水位涨幅及防洪压力，实现无人员伤亡和无重大水利工程险情发生。

表20

江门市集雨面积100平方千米以上河流基本情况表

河流名称（别称）	上一级河流名称	河流级别	河流岸别	集雨面积（平方千米）	河流长度（千米）	是否跨县	管理级别	所在行政区	所属片区
潭江		干		6026	248	是	市级	江门市	潭江片
莲塘水	潭江	1	左岸	250	44	是	市级	江门市	
蚬冈水	潭江	1	右岸	187	39	是	市级	江门市	
白沙水	潭江	1	右岸	385	49	是	市级	江门市	
镇海水	潭江	1	左岸	1341	70	是	市级	江门市	
双桥水（泗合水）	镇海水	2	右岸	265	30	是	市级	江门市	
侨乡水	双桥水	3	右岸	129	30	是	市级	江门市	
曲水	开平水	3	右岸	103	27	是	市级	江门市	
新昌水	潭江	1	右岸	573	45.4	是	市级	江门市	
新桥水	潭江	1	左岸	146	30	是	市级	江门市	
址山河（石步河）	潭江	1	左岸	216	38	是	市级	江门市	
天沙河	江门水道	2	左岸	291	49	是	市级	江门市	
江门水道	潭江	1	左岸	313	23	是	市级	江门市	
下沙河	潭江	1	右岸	143	24	否	镇级	新会区	
三 合水	新昌水	2	左岸	106	23	否	县级	台山市	
公益水	潭江	1	右岸	130	23	否	县级	台山市	
开平水	镇海水	2	右岸	474	46.37	否	县级	开平市	
朗底水	潭江	1	左岸	149	16.46/27	否	县级	恩平市	
沙坪河	西江干流水道	1	右岸	328	39.68	否	县级	鹤山市	西江片
那扶河		干		685	44	是	市级	江门市	粤西片
深井水	那扶河	1	左岸	208	31.84	是	市级	江门市	
斗山河	大隆洞河	1	左岸	216	27.2	否	县级	台山市	
大隆洞河		干		710	62	否	县级	台山市	
倒流河（那龙河）	漠阳江	1	左岸	193	16.42	否	县级	恩平市	
那吉河	那龙河	2	右岸	148	20.58	否	县级	恩平市	

表21

2020年江门市与广东省、全国水资源量比较表

地区	面积（万平方千米）	年均降水量		河川径流量		地下水资源量		水资源总量	
		（毫米）	产水量(亿立方米)	（毫米）	产水量(亿立方米)	（毫米）	产水量(亿立方米)	（毫米）	产水量(亿立方米)
江门市	0.94	2105.3	197.31	1288.3	120.74	276.9	25.95	1296	121.46
广东省	17.67	1760	3110	1087	1921	264	466.7	1095.6	1936
全国	960	648	61889	284	27115	86.8	8288	295	28124

（市水利局）

海洋产业

【概况】 2020年，江门市海洋经济稳步发展，海洋经济总产值1379.26亿元，比上年增加490.72亿元。形成以滨海旅游、海洋渔业、临港装备制造、滨海电力、海洋船舶、海洋交通运输业为主导的海洋产业体系。

【海域海岛管理】 2020年，江门市完成国家海洋督察整改任务。整改问题12个，落实整改措施46项。重点开展违法养殖用海清理整治工作，全市累计确权养殖用海348宗，面积7572公顷，组织清拆违法养殖用海面积2771公顷，规范养殖用海管理，推动海水养殖业持续健康协调发展。推进阳光用海工程。做好重大项目用海报批指导服务工作，黄茅海跨海通道项目用海获省政府批准，崖门出海航道二期工程取得用海预审意见。制定《江门市自然资源局市管项目用海审批工作细则》《江门市自然资源局海域使用项目审核委员会工作制度》，优化用海审批流程，规范用海审批工作。是年，全市完成用海项目确权登记291宗（养殖用海283宗，航道用海2宗，渔业基础设施、海岸防护工程、旅游基础设施、船舶工业用海各1宗，其他用海2宗），用海面积6574公顷。全市累计确权登记用海项目826宗，用海面积3.09万公顷。加快处理围填海历史遗留问题。确权的7个图斑中，3个图斑（涉及2个项目）获省政府批准继续围填海；未确权的20个图斑，分6个区域完成生态评估报告、生态保护修复方案的编制评审和具体处理方案编制工作，并上报至自然资源部备案。加强海岸线管理工作。完成自然岸线保护考核自查自评，全市大陆自然岸线保有率51.36%，高于省下达指标任务。建立海域海岛监管长效机制。组织开展海域海岛监视监测行动40余次，监视监测重点用海项目28个次、严格保护岸段42段次、无居民海岛36个次，发现疑点疑区5处图斑13个，通报海洋综合执法部门依法处理。配合上级主管部门完成6个疑点疑区核查工作，发现和制止违法用海用岛苗头。

【海洋生态修复】 2020年，江门市利用省下达海岸线生态修复专项资金1000万元，用于江门市海岸线生态现状调查评估、台山市海宴镇青山咀海岸线生态修复、新会区银湖湾海岸线修复和新会区银洲湖海岸线生态修复等项目4个。推进美丽海湾建设，利用省级重点海湾整治专项资金1000万元，开展2020年度江门市镇海湾（北陡）美丽海湾建设。完成川山群岛海岛生态现状调查评估。完成拆旧复垦233.33公顷。

【海洋防灾减灾】 2020年，江门市推进海洋灾害防治工作，通过网站、微信公众号、《江门日报》、江门电视台《侨乡气象》节目等媒体，发布海洋预报信息，保障社会企业生产安全和市民群众出行安全。

【中华白海豚保护】 2020年，广东江门中华白海豚省级自然保护区管理处开展多样化科普宣传，举办“中华白海豚保护宣传日”主题日和“保护海洋生态，关爱中华白海豚”志愿者活动；实现巡航管护常态化，全年出海巡航63船次；救护2头搁浅的活体中华白海豚，参与处理死亡中华白海豚和江豚；加强科研合作，联合山东大学（威海）、中山大学、华南师范大学、中国水产科学研究院南海水产研究所等开展中华白海豚及其栖息地科考调查，夯实基础数据；联合开展“碧海2020”海洋生态环境保护专项执法行动，加强保护区海域环境监控，保护中华白海豚栖息地。

（市自然资源局）

工 业

综 述

【概况】 2020年，江门市实现规模以上工业增加值1068.19亿元，比上年增长2.3%，高于全省平均水平0.8个百分点。全市工业销售产值4235.25亿元，比上年增长0.6%，其中，出口交货值910.21 亿元，占全部工业销售产值21.49%。

（张莉莉）

表22　　2020年江门市工业主要产品产量情况表

产品名称	计量单位	产量	比上年增长（%）
原电池及原电池组（非扣式）	万只	62892.90	-1.6
打印机	万台	278.33	-25.0
印制电路板	万平方米	773.24	-12.4
摩托车	万辆	291.24	-9.9
不锈钢日用制品	万吨	10.03	0.6
金属集装箱	万立方米	550.05	34.0
涂料	万吨	62.15	8.7
塑料制品	万吨	71.11	13.8
水泥	万吨	594.85	10.8
平板玻璃	万重量箱	2879.20	-4.5
化学纤维	万吨	27.84	95.0
布	万米	20120.80	25.2
服装	万件	6824.80	-42.8

【工业企业技术改造】 2020年，江门市完成工业技术改造投资254.69亿元，比上年下降7.4%，投资额排全省第五位，增速排全省第十六位。全年新增技述改造项目585个，投资总额161.1亿元，项目数在全省排六位，投资总额在全省排第五位。

（李淑贞）

【工业产业结构优化调整】 2020年，江门市推动优势传统产业转型升级，组织实施优势产业重点技术改造项目，从机器人应用、设备更新、智能化改造等方面提升传统产业生产效率、信息技术应用水平，优化产业结构。是年，先进制造业实现规模以上工业增加值420.5亿元，比上年增长2.9%；装备制造业实现规模以上工业增加值342亿元，增长4.6%；高技术产业实现规模以上工业增加值126.35亿元，增长11.6%。高技术产业、装备制造业、先进制造业增加值分别比工业整体水平高9.3、2.3、0.6个百分点，占规模以上工业增加值比重分别达到11.8%、32.0%、39.4%。

（张莉莉）

【循环经济发展】 2020年，江门市推动企业清洁生产，全市有102家企业完成清洁生产审核验收；推动绿色制造产业体系建设，广东嘉宝莉科技材料有限公司6个产品、嘉宝莉化工集团股份有限公司4个产品，广东新锦成陶瓷集团有限公司2个产品被认定为国家第五批绿色设计产品。是年，恩平市产业转移工业园被认定为省级循环化改造试点园区，全市累计8个园区获“广东省级循环化改造试点园区”称号。

（叶海林）

【产业创新能力和平台】 2020年，江门市有10家企业技术中心被列入第十九批省级企业技术中心，通过数量在全省排第五位，全市有省级以上企业技术中心74家。

（李淑贞）

【中小企业发展】 2020年，江门市中小微工业企业实现规模以上工业增加值674.07亿元，占全市规模以上工业增加值63.10%。其中，中型企业实现规模以上工业增加值270.36亿元，比上年增长5.8%；小型企业实现规模以上工业增加值393.39亿元，增长2.0%；微型企业实现规模以上工业增加值10.32亿元，增长2.8%。推动270家工业企业完成“小升规”（小微企业规范升级为规模以上企业），17家企业被认定为2020年广东省专精特新中小企业。实施重点企业“倍增计划”，评选215家企业纳入2020年江门市“倍增计划”重点企业培育库培育。“政银保”项目发放贷款5148笔,批复额度61.75亿元，贷款金额放大倍数超50倍，并为181家企业发放保费补贴资金768.52万元，降低企业融资成本。举办第二届“创客广东”江门市中小企业创新创业大赛，有126个项目报名参赛，比上届增长16.67%，参赛对象覆盖江门三区四市并延伸至整个大湾区，项目涉及智能制造、绿色低碳、新一代信息技术、生物医药和新材料等领域。

（梁业旺）

【信息化基础设施建设】 至2020年年底，江门市固定互联网宽带接入端口398.3万个，FTTH/O端口数349.3万个，FTTH/O端口占比87.7%；固定宽带用户170.8万户，家庭宽带接入用户140.7万户，其中100兆以上宽带接入用户占比86.9%。建成移动通信基站3.3万个，5G基站4000个。

（丘锦锋）

【信息化和工业化融合】 2020年，江门市以工业大数据创新应用为抓手，推动新一代信息技术与制造业深度融合，协助制造业企业实施智能化升级改造。江门市工业互联网联盟发展壮大，新增用友畅捷通等会员单位7家，累计72家。成立江门市工业互联网服务中心。开展“上云上平台”政策宣传贯彻活动，全年组织开展政策宣讲11场，惠及企业710余家次。针对受疫情影响带来的工业企业复工复产难、生产管控难、工厂信息化程度低等问题，全年为101家企业兑现第二批1024万元“上云上平台”服务券，开展2020年“上云上平台”服务券申领工作，为44家企业申领第三批“上云上平台”服务券713万元。培育6个江门市2021年工业互联网标杆示范项目，争取省扶持资金800万元，带动约6000万元工业互联网专项投资。培育工业互联网优秀服务商，云科智能在2020年全国工业App和信息消费大赛上获工业App类全国决赛第11名，明道信息技术公司获广东省工业互联网资源池优秀解决案例奖。组织中国移动、云科智能、明道信息技术、新会区不锈钢制品行业协会、工商银行、兴业银行、技师学院等单位组建联合体。共同为五金不锈钢制品产业集群申报广东省特色产业集群数字化转型试点，全省首创引入银行作为金融供应商为产业集群企业提供服务券订单融资服务。

（王 庆）

【节能降耗】 2020年，江门市强化节能双控管理，落实节能审查制度，加强工业、建筑、交通等重点领域节能，推动产业转型升级和能源结构调整，加强节能宣传培训，完成节能降耗各项工作，全市能源消耗水平下降。是年，江门市在广东省2019年度各地级以上市人民政府节能目标责任评价考核中，江门市被评为“完成等级”，省人民政府予以通报表扬。在江门市组织开展的2019年度各市（区）人民政府节能目标责任评价考核中，各市（区）均被评为“完成等级”。2020年，江门市组织全市96家重点用能单位开展“百千万”节能目标责任评价考核，对17家企业开展节能监察，超额完成省下达的节能监察任务。是年，江门市55家机关完成节约型机关创建，占全市需创建党政机关13.5%，超额完成省下达的目标，其中江门市第一中学、国家税务总局江门市税务局创建国家级节约型公共机构示范单位。

（市发展改革局）

【民营经济发展】 2020年，江门市民营企业（含港澳台资企业）8.09万家，比上年增长7.38%，占全市企业总数84.88%，注册资金3418.25亿元，下降12.43%；民营企业注册资本超过1000万元的有7906家、超过5000万元的有1525家、超过1亿元的有609家，分别比上年减少256家、209家、184家。民间投资1232.45亿元，比上年增长8.8%，投资额占全市固定资产投资62.1%，增速比上年提高2.6个百分点。

（梁业旺）

电子工业

【电子信息产品制造业】 2020年，江门市电子信息制造业实现规模以上工业总产值近420亿元；实现规模以上工业增加值约110亿元。电子信息制造业有企业2000多家，其中规模以上企业300多家，主要优势领域为家用电器、电子信息机电产品、电子元件、半导体光电器件（LED）、电子信息材料和计算机外部设备制造等领域。

（王　庆）

【工业互联网】 2020年，江门市以工业大数据创新应用为抓手，推动新一代信息技术与制造业深度融合，协助制造业企业实施智能化升级改造。江门市工业互联网联盟发展壮大，新增用友畅捷通等会员单位7家，累计72家。成立江门市工业互联网服务中心。开展“上云上平台”政策宣传贯彻活动，全年组织开展政策宣讲11场，惠及企业710余家次。为101家企业兑现第二批1024万元“上云上平台”服务券，开展2020年“上云上平台”服务券申领工作，为44家企业申领第三批“上云上平台”服务券713万元。培育6个江门市2021年工业互联网标杆示范项目，争取省扶持资金800万元，带动约6000万元工业互联网专项投资。培育工业互联网优秀服务商，云科智能在2020年全国工业App和信息消费大赛上获工业App类全国决赛第11名，明道信息技术公司获广东省工业互联网资源池优秀解决案例奖。

（王　庆）

化工产业

【概况】 2020年，江门市有规模以上化工企业300多家，实现规模以上工业总产值425.9亿元，产值规模排在全省第11位，初步形成以基础化工、精细化工、化学纤维和新能源电池材料为主的特色化工产业。

（叶海林）

【化学原料及化学制品制造业】 2020年，江门市化学原料及化学制品制造业实现规模以上工业总产值约236亿元，实现规模以上工业增加值约40亿元。江门市谦信化工发展有限公司是全国最大的酯类生产企业之一；江门东洋油墨有限公司生产的印铁、印铝、塑料薄膜及丝网印刷系列油墨，其生产设备、技术水平及产品质量均属国内先进水平。

（叶海林）

【涂料工业】 2020年，江门市涂料、油墨、颜料及类似产品制造业实现规模以上工业总产值约105亿元；实现规模以上工业增加值约23亿元；涂料产量62.15万吨，约占全省产量12.86%。江门市是广东省主要的涂料生产基地，生产规模较大，品种比较齐全，拥有嘉宝莉、雅图高新、四方威凯等知名企业。

（叶海林）

建材产业

【概况】 2020年，江门市建材工业（非金属矿物制品业）实现规模以上工业总产值超274亿元，实现规模以上工业增加值约62亿元。

（叶海林）

【玻璃制造业】 2020年，江门市玻璃制造业完成规模以上工业总产值约30亿元，完成规模以上工业增加值约10亿元。玻璃制品制造业完成规模以上工业总产值约17亿元，实现规模以上工业增加值5.6亿元。

（叶海林）

【水泥制造业】 2020年，江门市水泥、石灰和石膏制造业实现规模以上工业总产值约27亿元，实现规模以上工业增加值8.3亿元。江门市水泥制造业主要集中在恩平市和新会区。代表企业有江门海螺水泥有限公司、华新水泥（恩平）有限公司。恩平市拥有丰富的石灰石和黏土资源，素有“水泥之乡”之称。

（叶海林）

轻工业

【概况】 2020年，江门市轻工业实现规模以上工业增加值475.52亿元，比上年下降2%。

（张莉莉）

【食品制造业】 2020年，江门市食品工业实现规模以上工业总产值超510亿元，实现规模以上工业增加值超160亿元。其中，农副食品加工业实现规模以上工业总产值约210亿元，实现规模以上工业增加值超26亿元；食品制造业实现规模以上工业总产值超285亿元，实现规模以上工业增加值超126亿元；酒、饮料和精制茶制造业实现规模以上工业总产值超19亿元，实现规模以上工业增加值超7亿元。江门市是中国食品工业生产基地（新会区），具备较为雄厚的产业基础，拥有“味事达”酱油和“嘉士利”饼干2个中国驰名商标。

（张莉莉）

【造纸及纸制品业】 2020年，江门市造纸和纸制品业实现规模以上工业总产值约275亿元，实现规模以上工业增加值超50亿元。江门是广东省三大造纸基地之一，拥有规模以上造纸和纸制品企业60家，机制纸及纸板产量约占全省6%、全国1%。主要产品类别有生活用纸、办公用纸、文化用纸、新闻用纸、卷烟用纸、包装用纸、特种纸等。

（张莉莉）

【印刷业】 2020年，江门市印刷和记录媒介复制业完成规模以上工业总产值超62亿元，实现规模以上工业增加值超15亿元。印刷业主要以鹤山雅图仕公司为代表，主要产品包括精装书、儿童益智书、立体书、贺卡、礼盒、纸袋等，产品出口远销欧洲、美洲、澳洲及亚洲等地。

（张莉莉）

【家具制造业】 2020年，江门市家具制造业完成规模以上工业总产值约55亿元，实现规模以上工业增加值约13亿元。除现代家具制造，江门还是传统广作家具发源地之一，至年底，从事传统家具行业的企业约3000家，产业基础雄厚，是中国红木五大产业聚集地之一，有“中国古典家具之都”美誉。

（张莉莉）

【化学纤维制造业】 2020年，江门市化学纤维制造业实现规模以上工业总产值约23亿元；实现规模以上工业增加值5.3亿元；化学纤维产量27.84万吨，比上年增长95%，约占全省产量33.5%。江门市是广东省乃至全国的重点化纤生产基地，也是国内最早开始化纤生产的地区之一，拥有广东新会美达锦纶股份有限公司、广东泰宝聚合物有限公司、广东彩艳股份有限公司等知名企业。

（叶海林）

【纺织服装、服饰业】 2020年，江门市纺织服装、服饰业实现规模以上工业总产值超39亿元；实现规模以上工业增加值超11亿元。开平是广东省重要的牛仔布和牛仔服装生产和出口基地，是全国五大牛仔休闲服装专业生产基地之一。

（张莉莉）

装备制造业

【轨道交通产业】 2020年，江门轨道交通产业实现规模以上工业总产值41.60亿元，比上年增长63.3%。江门轨道交通产业拥有华南地区唯一一家具备和谐号动车组生产资质的中车广东轨道交通车辆有限公司，引进广东南奥、广润轨道、格兰达、国通克诺尔等配套企业落户，形成从制造到研发、人才培育、检验检测的全产业链条。中车广东轨道交通车辆有限公司代表产品CRH6型城际动车组和城市轨道车辆，该系列动车组分为时速200千米、时速160千米和时速140千米3种速度级，均为动力分散、交—直—交传动电动车组，采用轻量化车体、大轴重转向架、变频变压牵引控制、电空复合制动等核心技术，适应大站停及站站停等不同运营模式需求。

（雷路华）

【船舶与海洋工程装备业】 2020年，江门市船舶及相关装置制造业实现规模以上工业总产值约12亿元。全市拥有造船、拆船、修船及配套生产企业，初步形成造船、修船、游艇、配套、拆船5个方面产业集聚发展业态。江门市是中国船舶拆解基地和广东省中小船舶及配套产业基地，在船舶制造、拆船产业等方面优势明显。其中造船方面，生产能力在10万吨以下，在中小型细分船舶市场中具有竞争力。在拆船方面，拥有200万吨的拆解能力，占全国拆船能力50%。

（雷路华）

【汽车制造业】 2020年，江门市汽车制造业实现规模以上工业总产值超125亿元。汽车及零部件产业初步形成以富华集团、中集车辆、德昌电机为核心企业的专用车及零部件产业集聚，主要产品覆盖专用车、车轴及各种零部件，其中半挂车轴、铝合金油罐车、铝制轮毂、等速万向节、车载DVD、转向器、雨刮器等产品在质量和技术含量上均居世界或国内同行业领先地位；培育本土企业地尔汉宇，研发生产新能源汽车高效电机及电控设备。

（雷路华）

电力工业

【概况】 截至2020年年底，江门市有火力发电厂6家、核电发电厂1家、风电场3个、光伏电站3个。全年完成电网建设改造投资15.57亿元。是年，江门市发电量474.66亿千瓦时，比上年增长17.56%。其中，煤电发电量194.96亿千瓦时，比上年增长2.05%；天然气发电量38.09亿千瓦时，增长26.93%；核电发电量231.18亿千瓦时，增长33.82%；水电发电量1.98亿千瓦时，下降36.61%；风电发电量5.06亿千瓦时，增长10.86%；光伏发电量2.43亿千瓦时，增长19.49%；生物质发电量9537万千瓦时，增长318.04%。全社会用电量308.73亿千瓦时，比上年增长4.76%。全市电源装机容量1116.96万千瓦（其中：煤电542万千瓦、气电130.8万千瓦、核电350万千瓦、水电14.1万千瓦、风电25.1万千瓦、光伏48.2万千瓦、生物质发电6.76万千瓦），比上年增长4.20%。全市220千伏及以上输电线路回路长3470千米，比上年增长4.99%；220千伏及以上变电容量1659.4千伏安，增长2.60%。全年基本建设新增(正式投产)发电设备容量为45万千瓦，新增220千伏及以上电网输电线路165千米，比上年增加165千米；变电容量42万千伏安，增加42万千伏安。

（江门供电局）

建筑业·房地产业

建筑业

【概况】 2020年，江门市实施建筑业十条措施，推动建筑业高质量发展。全市纳入监管的房屋建筑和市政基础工程项目3637个，房屋建筑工程总面积5216万平方米，市政基础设施工程总长度48.23万千米。全市建安工程投资额1371.89亿元，比上年增长12.7%；完成建筑业总产值334.6亿元，增长5.8%。有资质以上建筑业企业269家，其中，特级企业1家、一级总承包和专业承包资质企业23家、二级72家、三级及以下173家。

（李达钊 廖秋影）

【建筑工程质量】 2020年，江门市房屋市政工程获国家优质工程奖1项，广东省建设工程优质奖3项，广东省优质工程结构奖5项，广东省建设工程金匠奖2项，广东省房屋市政工程安全生产文明施工示范工地9项。

【建筑施工安全】 2020年，江门市房屋市政工程未发生较大以上质量事故和建筑施工生产安全事故，建筑施工安全形势总体保持稳定可控。全市办理产权登记的塔吊160台，施工升降机190台，物料提升机181台，门式起重机1台。注销塔吊78台，注销施工升降机113台，注销物料提升机13台。

（廖秋影）

【建筑市场管理】 2020年，江门市房屋建筑和市政建设工程招标308项，其中，施工类项目招标202项，工程招标控制价115.99亿元，中标金额110.96亿元，通过招投标节约投资5.03亿元，下浮率4.33%。出台《促进江门市建筑业高质量发展十条措施》等系列扶持政策，实现产业结构优化，平台经济快速发展，提升企业综合竞争实力和工程质量安全水平等目标。

是年，优化建筑业信用管理，实行信用“授权承诺制”，建筑市场秩序持续向好，全年违规失信行为信用扣分99项，比上年下降30%，全市招投标投诉14宗，投诉率保持低位，企业创优项目申报率提高30%。开展“两场联动”（建筑市场、施工现场）检查，打击转包违法分包行为，组织大检查9次，发出整改通知书9

2020年6月22日，江门市举行首场2020年扫黑除恶专项斗争10类重点行业领域整治情况专题新闻发布会，围绕建筑工程领域的行业乱象问题向社会通报该行业领域扫黑除恶专项斗争开展情况和整治成效

（市住房和城乡建设局 供）

份；利用人脸识别结合卫星定位，创新在岗管理人员考勤管理，全市有73个项目、292名管理人员纳入考勤管理。

（李达钊）

【勘察设计】 至2020年年底，江门市有勘察设计企业59家，其中，勘察行业企业18家、建筑行业设计企业20家、市政行业设计企业9家、电力行业设计企业4家、水利行业设计企业4家、公路行业设计企业4家，另有专项设计单位。江门市房建市政项目推广采用数字化审图系统进行施工图审查，全年采用数字平台完成审查项目640个。修订大中型工程初步设计审查专家库，库内专家117人。

【绿色建筑】 2020年，江门市城镇新建民用建筑按照一星级及以上绿色建筑标准设计和建设，年内新增的城镇民用建筑958.02万平方米均为节能建筑，其中城镇新增绿色建筑面积875.09万平方米，占城镇新建民用建筑比例91.34%。全年有29个项目（共348.5万平方米）取得绿色建筑评价标志证书。

【装配式建筑发展】 2020年，江门市印发《江门市装配式建筑发展专项规划（2020—2025年）》，装配式建筑试点项目江门市人才岛玫瑰园住宅项目4号楼按照省标AA级、国标A级标准开工建设。

（潘锦俊）

表23 **2020年江门市建筑业生产情况表** 单位：千元、个

地区	报送信息企业数	建筑业总产值	其中：		按构成分类		
			装饰装修产值	在省外完成的产值	建筑工程产值	安装工程产值	其他产值
蓬江区	101	4796818	194160	38857	3893624	775588	127606
江海区	17	445091	6990	0	292709	59235	93147
新会区	34	2021447	33517	0	1501768	304265	215414
台山市	34	2353038	24591	223148	2207508	139338	6192
开平市	35	19898964	5677	68634	16698216	1493447	1707301
鹤山市	24	2125980	127320	103650	1687343	406639	31998
恩平市	22	1818568	160212	68160	1214662	421104	182802
合　计	267	33459906	552467	502449	27495830	3599616	2364460

（市住房和城乡建设局）

房地产业

【概况】 2020年，江门市出台《关于促进我市房地产市场平稳健康发展的若干措施》，促进房地产市场平稳健康发展。修订《江门市配建房屋管理工作方案》《江门市工业厂房开发经营和分割销售管理的指导意见》，完善房地产市场制度体系。全市房地产开发投资783亿元，比上年增长9.2%；新建商品房批准预售面积794万平方米，下降9.7%；新建商品房销售面积806万平方米，增长8.8%，商品房销售金额632亿元，增长9.4%。其中，商品住房销售面积674万平方米，比上年增长13.3%；销售套数6.10万套，增长13.1%，销售均价8184元/平方米，增长1.5%；二手房销售面积344万平方米，增长0.1%。其中，二手住房销售面积259万平方米，比上年下降10.7%，销售套数2.49万套，下降13.5%；销售均价5769元/平方米，下降0.1%。至年底，全市有房地产开发企业545家，其中壹级资质企业1家、贰级资质企业2家、叁级资质企业23家、肆级资质企业347家、暂定资质企业172家。

【房地产市场监督】 2020年，江门市推进房地产市场秩序专项整治工作和房地产中介（住房租赁中介）机构乱象专项整治行动，结合扫黑除恶专项行动，打击房地产市场违法违规行为。指导房地产中介行业成立协会组织，开展房地产经纪行业现状调查，加强房地产中介行业管理。全市各级住建部门检查各类房地产开发企业、中介机构1748家，出动检查人员3366人次、开展“双随机一公开”（在监管过程中随机抽取检查对象，随机选派执法检查人员，抽查情况及查处结果及时向社会公开）抽查118次，对3家开发企业违法违规行为进行诚信扣分处理，查处并上报省住房和城乡建设厅违法违规典型案例20件。

【房地产管理信息系统建设】 2020

表24　2020年江门市新建商品房、二手房销售面积与销售平均价表

项目	全市	蓬江区	江海区	新会区	鹤山区	台山区	开平区	恩平区
新建商品房销售面积（万平方米）	806	125	79	125	145	164	90	78
新建商品住房销售平均价格（元/平方米）	8184	10933	10187	10319	7597	6801	7100	5652
二手房销售面积（万平方米）	344	86	45	57	41	48	41	26
二手住房销售平均价格（元/平方米）	5769	6870	7642	5793	6475	3575	3425	3595

年，江门市通过运用电子签名（章）、区块链等技术，在全省首创房屋交易“云链签”模式，实现“云共享”房屋交易信息和“指尖查”合同，获第二届（2020年）数字政府特色评选全国50强“用户满意创新”奖和2020年广东省电子政务创新案例。在全省率先实施商品房预售许可证和现售备案书电子证照签发，实现证书“云发证”“云应用”“指尖查”。做好房地产估价机构和分支机构备案事项承接工作，办理备案事项8个。

【问题楼盘化解】　2020年，江门市制定涉“问题楼盘”问题专项治理工作方案，成立涉“问题楼盘”问题专项治理小组，省关注的4个重点问题楼盘处置工作均取得进展，其中蓬江区蓬江玉圭园和开平市恒富广场问题楼盘从省台账撤销，完成“保2争3”化解目标；江会路67号之二、之三历史遗留问题楼盘取得突破，69户业主领取不动产权证。

（何伟明）

【房屋租赁管理】　2020年，江门市完善房屋租赁管理信息系统网上办事功能，手机客户端开发完成并上线试运行，方便群众办事。全年运用租赁系统办理房屋租赁登记备案1640宗。

【物业管理】　2020年，江门市物业管理项目697个，物业管理建筑面积8877万平方米。有物业服务企业450家，物业从业人员1.72万人。

（余策瑶）

【住宅专项维修资金】　2020年，江门市住宅专项维修资金新增缴存19491.05万元，新增缴存7.57万户，提取使用449.33万元，利息收入2280.7万元。年末，住宅专项维修资金账面余额14.53亿元，累计缴存55.76万户。

（梁晓燕）

江门市切实加强物业管理工作，研究解决物业管理行业存在的问题，有效治理物业管理行业乱象，共创和谐生活环境。图为江门市小区一角

（市住房和城乡建设局　供）

交通运输业·邮政业

交通综述

【概况】 2020年，江门市有道路客运企业22家，客运车辆1147辆，客位4.78万个，比上年分别下降9.40%、10.80%；完成客运量4961.97万人，旅客周转量32.79亿人千米，均下降约43%；等级客运站31家，其中一级客运站5家，二级客运站3家，三级客运站4家，四级及以下等级客运站19家。有道路货物运输业户5496家，车辆1.55万辆（包含挂车），运力23.88万吨（不含牵引车）；全年完成货运量1.45亿吨，货物周转量122.90亿吨千米，分别比上年下降0.80%和增长0.93%。有道路危险货物运输业户77家，其中经营性76家、非经营性1家，有危险货物运输车辆1510辆。全市危险运输企业按主要承运危险货物分类，主要包括成品油等运输企业10家，液化石油气运输企业11家，8类腐蚀品运输企业27家，爆炸品运输企业1家，其他29家危险运输企业主要承运危险货物不明显。

【公路工程信用评价管理】 2020年，江门市交通运输局完成2019年度江门市公路工程从业单位信用评价综合评定和结果发布。2018年参评企业50家，其中施工企业29家，监理企业12家，试验检测机构9家，被评为AA级企业6家、A级企业20家、B级企业14家、C级企业10家，无D级企业。

【交通运输安全生产】 2020年，江门市交通运输行业以安全生产专项整治三年行动和安全生产领域六大专项整治为抓手，加强风险管控，深化隐患排查治理，压实企业安全生产主体责任，坚决遏制事故发生，未发生较大以上生产安全事故，全年一般生产安全事故宗数、死亡人数、受伤人数比上年分别下降33%、14%、58%。开展普速铁路安全隐患治理，提前1个月完成隐患整改任务。

2020年12月16日，在黄茅海大桥西塔平台施工现场举行黄茅海跨海通道今冬明春早季大干动员会 （市交通运输局 供）

【交通规划编制】 2020年，江门市完成《江门市综合交通运输体系发展“十四五”规划前期研究》《江门市县道网规划（2020—2030年）》编制；加快《江门港总体规划》修编；开展《江门市综合交通运输体系发展“十四五”规划》编制工作。开展《江门市重大交通项目国土空间规划》编制工作，其中斗门至恩平高速、江肇第二高速江门至珠三角枢纽机场段、镇海湾高速、广东滨海旅游公路江门段等项目国土空间规划编制完成。

【交通重点项目建设】2020年，江门市交通大会战完成投资220亿元，超额完成年度目标任务。珠西综合交通枢纽江门站开通运营，深江铁路、珠江肇高铁江门至珠三角枢纽机场段动工建设，中开高速罗坑互通至凤山互通段和开春高速工程建成通车，开阳高速扩建建成通车，沈海高速江门段实现全线双向八车道贯通。高速公路通车总里程593千米。黄茅海跨海通道和银洲湖高速全线开工，中江高速扩建和崖门出海航道二期工程启动建设。

【交通运输执法】2020年，江门市开展货运行业乱象整治工作，综合开展高速公路路域环境整治工作，创新水路交通执法监管举措，强化科技执法效能。全市查获各类交通运输违法案件1.06万件，罚没金额2064.46万元。处理各类交通执法类投诉419件。

【交通科技执法】 2020年，江门市查处各类非现场案件4535件，其中高速公路治超112件，普通公路治超4152件，运政监管案件271件。构建高速公路治超、国省道及地方公路治超和运政科技监管“三位一体”的科技执法平安天网。全市13条高速公路58个收费站全面铺开科技治超，在国省道30个地方公路重点治超路段、公路桥隧、咽喉要道布控110套不停车称重检测系统实施动态监控，在主城区重点客流集散地及卡口路段51个点安装运政执法监控系统，打击客运违法行为。新会区双水镇、大泽镇建设全省首个镇域农村公路科技治超系统，加强对“四好农村路”（建好、管好、护好、运营好）桥梁、道路的保护。

（市交通运输局）

城市公共交通

【概况】 至2020年年底，江门市公交车1756辆，其中市区公交车1208辆（新能源公交车1202辆），除应急运力外公交车电动化率100%，中心城区每万人拥有公交车辆12.31标台。全市公交线路303条，年内优化和新增公交线路48条，其中配合珠西枢纽江门站的启用，开通23条接驳线路，实现公交与轨道交通无缝衔接。完成江门汽车总站公交站场升级改造，完善标志指引，实现人车分流。深化全国交通一卡通互联互通，实现乘坐公交车银联云闪付，增加乘车支付方式，“五邑通”公交IC卡累计发放128.7万张。巡游出租汽车行业受经营环境变化影响，经营状况不佳，车辆总数下降。至年底，全市有巡游出租汽车经营权1274个，巡游出租汽车企业15家（其中7家歇业），个体巡游出租车经营者9户，其中在营运车辆304辆，占经营权23.86%，其中市区176辆（占巡游出租汽车总数57.89%），鹤山5辆（占1.64%），开平123辆（占比40.46%）。

【网络预约出租车管理】 2020年，江门市获许可的网络预约出租汽车平台有8家，分别为武汉斑马快跑科技有限公司江门分公司、深圳万顺叫车云信息技术有限公司江门分公司、欧拉信息服务有限公司江门分公司、重庆呼我出行网络科技有限公司江门分公司、滴滴出行科技有限公司江门分公司、首约科技（北京）有限公司江门分公司、广州微巴客运有限公司江门分公司和乐山易通天下网络科技有限公司江门分公司。全市累计核发网络预约出租汽车运输证1376张；累计核发网络预约出租汽车驾驶员从业资格证1.62万个。

【《江门市城市公共交通专项规划（2018—2035年）》获批】 2020年12月1日，江门市政府十五届117次常务会议审议并同意实施《江门市城市公共交通专项规划（2018—2035年）》，主要涵盖新型交通、公交场站、公交线网、公交专用道、公交运营管理、智能公交系统等规划，建立以大中运量公交为骨架、基本公交为主体、多元公交为辅助、出租车为补充、慢行系统为延伸的“多模式、高品质、高效率、一体化”的公共交通系统。

（市交通运输局）

港　口

【概况】 2020年，江门市领取港口经营许可证的港口经营企业118家，其中从事危险货物港口作业资质28家，港口公用货运口岸企业7家，港口客运企业3家。装卸货类包括矿建材料、煤炭、粮食和集装箱等。全市拥有生产用码头泊位222个，其中万吨级以上泊位6个，泊位最大靠泊能力5万吨级，泊位总延长18.88千米。全市有5个国家一类货运口岸码头，江门港为地区性重要港口。

【港口物流业】 2020年，江门港货物吞吐量848.39万吨（在全省排名第六），比上年增长21.08%；内贸货物吞吐量9849.82万吨，增长60.65%；集装箱吞吐量166.89万标箱，增长5.45%。

【港口安全监管】 2020年，江门市对辖区港口危险货物企业开展特殊作业专项整治，督促危险货物码头按照“四令三制”［化工行业企业实施动火令、动工令、复工令、停工令、有限空间作业票制、值班室（中控室）24小时值班制、领导带班值班制］要求制定完善各项安全管理制度，依法聘用注册安全工程师参与港口危险货物安全管理。组织专家对全市港口危险货物装卸码头和集装箱码头开展专项检查，督促港口企业建立健全安全风险管控制度，修编港口安全生产风险辨识管控信息表。

（市交通运输局）

海事管理

【概况】 2020年，江门辖区进出港船舶26.23万艘次，比上年增长10%；货物吞吐量2.51亿吨，增长25%；集装箱吞吐量159万标箱，增长8%；旅客运送量687万人次，下降9%。全年辖区发生一般事故6宗，死亡失踪4人，沉船3艘，直接经济损失2795.7万元。

【通航管理】 2020年，江门海事局排查重大问题隐患1项，一般隐患8801项，完成整改8782项，整改率99.8%。做好崖门口通航安全秩序管理，印发《银洲湖崖门口重大安全隐患整改方案》，组织开展崖门口联合执法专项整治行动和非法装卸行动。开展“碧海2020”联合行动。保障崖门出海航道二期、中开高速银洲湖大桥、黄茅海跨海通道水上施工安全。完成南沙港铁路西江大桥施工通航安全保障任务，全年实施封航24次。

（市交通运输局）

【船舶监管】 2020年，江门海事局强化渡运安全监督，加强涉客船舶、危险品船舶、中小海轮等重点船舶安全监管，推进体系内公司和船舶开展体系审核，推进第四批船舶实施NSM规则（中华人民共和国船舶安全营运和防止污染管理规则）。出台5大类17项具体举措助力航运企业复工复产。开辟港澳航行船舶进出口岸“绿色通道”。开展远程危险品集装箱开箱检查、远程公司审核。是年，船舶进出港报告26.23万艘次；港澳航线船舶进出口岸查验7867艘次，国际航线船舶进出口岸查验207艘次，开展船舶安全检查1294艘次，现场监督检查2067艘次。

【海上防污染管理】 2020年，江门海事局落实“江门市防治船舶及其有关作业活动污染水域环境应急能力建设规划”；举办2020年江门市船舶溢油应急综合演习；加强船舶燃油硫含量监督检查，助力打赢蓝天保卫战；落实防治船舶水污染专项整治要求，督促江门籍400总吨以上船舶加装防污染设备；强化危防管理，加强船舶燃油取样检测，全年实施燃油取样检测477艘次，查处船舶使用不合格燃油23艘次。落实船舶污染物接收、转运、处置联单制度；加强溢油应急设备库日常运维，处置辖区溢油应急事故。

【船员管理】 2020年，江门海事局宣传贯彻《2006海事劳工公约》，开展船员履职检查293人次，对6人次记满分并强制培训和考试。建成全国首个“幸福船员小屋”，并相继在辖区推动建设5家“小屋”。推动培训机构开办100总吨以下内河船舶驾驶员培训班，解决小型船舶驾驶员短缺难题。助力华侨城古劳水乡船舶更新改造投入使用。指导江中珠游艇会开展船员培训资质申请。疫情期间启动海事政务窗口疫情防控应急响应，编发海事政务业务远程操作指南，实现业务网上申请及办理。保障国际航行船舶（含港澳航线）船员366人次换班，协助伤病船员上岸治疗11人次。开展疫情期间江门辖区国际航行船舶船员换班难题调研，落实港澳航行船舶船员证书延期办理。全年水路口岸疫情实现零扩散和内部零感染。

【海上搜寻救助】 2020年，江门海事局完成船舶防台水域、船舶遇险应急“冲滩”水域划定，细化辖区临时避风水域和应急响应措施。完成《江门市海上救助应急能力建设“十四五”

2020年9月24日，江门海事局在新会崖门水域举行船舶溢油应急综合演习
（江门海事局　供）

规划》编制。完成防汛、防台工作，成功防抗正面登陆江门的强台风“海高斯”，确保辖区1100多艘防台船舶安全。组织开展台山沿海“粤阳西渔39588”沉船失联人员搜救行动，救起遇险人员12人。全年开展水上搜救29次，遇险人数206人，救助198人，搜救成功率96.12%。

【海事基础建设】 2020年，江门海事局辖区增建19个CCTV（视频监控系统）、3个VHF（甚高频通信）基站、三套坐席系统。完善卡口系统和协同执法平台，实现全辖区“看得见、叫得到、管得住”，提高执法效能和服务能力。完成崖南监管基地码头修缮、睦洲和崖门海巡执法大队办公点修缮、恩平船员值班用房维修、西江篁边溢油应急设备库装修及搬迁等基建工程。新增海巡快艇2艘和无人机4架。

【航海安全保障】 2020年，江门海事局加强砂石船和浮吊船监管。采取“严”打、“严”罚的措施，重点开展“攻砂”行动和船舶安检“飓风”行动。开展防范人员落水、内河船涉海运输、安全生产月、无线电秩序管理、“奋战一百天全年保安全”等专项整治行动。开展“侨乡幸福渡”“舟畅川岛”服务品牌创建，渡船“救生圈行动”、附属艇“救生衣行动”、渡船“一渡一策”等管理。严管渡运和水上客运，确保687万名旅客安全。全年完成巡航里程6万海里，巡航时间9398小时，出动船艇（车辆）2582艘次，执法人员6715人次。

【江门市船舶溢油应急综合演习】 2020年9月24日在新会崖门水域举

表25 2020年江门辖区船舶进出港和查验情况表

项目	总数（艘次）	比上年增长（%）
船舶进出港报告	262338	10
港澳线船舶进出口岸查验	7867	-41.1
国际航行船舶进口岸(含香港籍)查验	207	137.9

表26 2020年江门辖区船舶登记情况表

船舶证书名称	单位	数量
船舶所有权登记	宗	155
国籍登记	宗	240
抵押权登记	宗	24
注销登记	宗	146
最低安全配员证书	份	201

表27 2020年江门辖区船员证书签发情况表

船员证书名称	单位	数量
内河船员证书	宗	1234
技术资格证	宗	8
不参加航行和轮机值班船员适任证	宗	387
服务簿	宗	30
海船船员培训合格证	宗	145
海船适任证	宗	95
游艇驾驶证	宗	202
随有关船员适任证签发的服务簿	宗	127
引航员适任证	宗	1
总　计	宗	2229

行。此次演习由广东省海上搜救中心和江门市人民政府主办，江门市海上搜救中心和江门海事局承办。以“应急油化污染，助力生态江门，保护清洁湾区”为主题。演习模拟一艘满载3000吨柴油的船舶与一艘货船碰撞漏油，造成水域油污污染，并引起火灾，江门市海上搜救中心组织力量进行救援行动，处置溢油事故。整个演习持续150分钟，包含三大项目、8个模拟情景，参演单位17个，出动各类船舶20艘，参演人员156人，无人机2架。

（江门海事局）

航道管理

【概况】 2020年，江门航道事务中心管理辖区航道里程1120.1千米，其中内河航道999千米，沿海航道121.1千米；维护标志937座，其中一线航标377座、代管航标560座。主要航道有西江1、虎跳门水道、崖门水道、崖门出海航道、劳龙虎水道、潭江等，是全国内河航道规划“两横”（长江干线、西江航运干线）和珠江三角洲“三纵三横三线”（三纵：西江下游出海航道、白坭水道—陈村水道—洪奇沥水道、广州港出海航道；三横：东平水道、潭江—劳龙虎水道—莲沙容水道—东江北干流、小榄水道—横门出海航道；三线：崖门水道—崖门出海航道、虎跳门水道、顺德水道）高等级骨干航道网组成部分。是年，江门航道事务中心加强道、标、船的维护管理，确保养护各项指标达到要求；加强航道管理，做好航道行政审批技术审查、核查和管理监督技术服务，保护辖区航道资源。

【航道建设】 2020年，江门航道事务中心推进辖区航道建设。4月8日，投资概算17.31亿元的崖门出海航道二期工程获广东省发展和改革委员会批复立项，该工程是省、市重点建设项目，计划总工期3年半。广东省航道事务中心委托江门航道事务中心负责建设管理，项目于12月10日开工建设，年内，省下达投资任务1.3亿元，实际完成投资1.35亿元，占比103.8%。崖门出海航道二期工程范围由崖门水道和崖门出海航道组成，工程涉及航道是珠三角高等级航道网规划的“三纵三横三线”（三纵：西江下游出海航道、白坭水道—陈村水道—洪奇沥水道、广州港出海航道；三横：东平水道、潭江—劳龙虎水道—莲沙容水道—东江北干流、小榄水道—横门出海航道；三线：崖门水道—崖门出海航道、虎跳门水道、顺德水道）中的“三线”之一，是海船进江、江海直达的核心航道。该工程起点位于双水电厂上游边界处，经崖门水道入黄茅海，终点接入高栏港15万吨级主航道，全长67.5千米，通航标准为1万吨级船舶满载全潮单向通航，兼顾2万吨级散货船、杂货船和集装箱船满载乘潮单向通航。主要工程内容包括疏浚工程、清礁工程、护岸工程、桥梁防撞工程、航标工程等。疏浚工程量4600万立方米，是广东省航道系统建设项目中疏浚工程量最大的项目。

【航道养护】 2020年，江门航道事务中心定期开展航道巡查和现场项目管理，做好水尺、水位站维护，掌握航道水情变化，加强辖区主要航段日常水情报送和网上公布，完成江门水道深吕、甘竹环上浅、睦洲水道九子沙、潭江水道大泽等4 处浅滩及崖门出海航道、西江下游、虎跳门水道、那扶河等航道扫床探测工作，确保航道维护水深保证率100%，辖区航道通航环境良好。

加强航标定期巡查，完成航标大保养1610座次，检测及维修灯器

2020年12月10日，崖门出海航道二期工程开工仪式在江门市新会区崖门围垦海滨大道会场举行

（江门航道事务中心 供）

743盏次，更换器材150座次；恢复被过往船舶碰撞损坏及移位航标103座。做好24座在建桥梁施工河段助航标志设置及养护，推广航标遥测遥控技术，辖区安装遥测遥控终端的航标增至605座（含代管标），处理航标遥测报警280条，更换问题RTU（航标遥测遥控终端）48座次。

落实船舶三级保养管理制度，定期开展船舶技术鉴定和联检，年内完成12米级铝合金快艇“粤标巡1118”建造及验收，做好26米级沿海巡标及应急指挥工作艇选型、7米级柴油快艇艉机技改及报废趸船处置，安排11艘船舶上排检修，加强船舶日常基础管理，按规定填写航行日志和轮机日志，完善船舶档案资料。开展快艇厂家考察工作，甄选优质供应商；年内联合检查鉴定船舶15艘，评出优秀船舶11艘，优秀率73.33%。

【涉航管理服务】 2020年，江门航道事务中心配合省交通运输厅做好辖区与通航有关的航道行政审批技术审查、核查和管理监督技术服务等事务性工作。完成修建跨河、拦河、过河、临河建筑物航道技术意见复函15宗，通航水域水上水下施工作业航道技术意见复函8宗，设置专用航标和搬迁、拆除及调整航标航道技术意见复函10宗，专用航标现场复核检测11宗，发布航道通告31份。年内开展航道巡查803次，累计巡查航道3.66万千米，巡查出动2529人次，现场监管项目41项，核查通航建筑物18次，发现航道行政违章行为5宗，向交通综合执法部门通报违法案件5件。

【航道安全生产】 2020年，江门航道事务中心开展安全生产检查96次，查出安全隐患（问题）84宗，整改79宗。开展安全专项整治，委托有资质的机构对辖区航道、航标、船舶、站房码头等进行安全风险辨识评估，排查基础设施隐患；联合地方相关单位开展6次碍航渔网渔缯集中整治，消除航标遮挡物，维护辖区航道通航安全。抓好安全教育培训和应急演练，修订完善应急预案和应急处置规程；开展“安全生产月”和“安全生产南粤行”活动，增强全员安全意识和安全素养，年内开展安全教育培训5次，培训260人次，组织演练4场，参加演练138人次。

（江门航道事务中心）

公路运输

【概况】 2020年，江门市公路通车里程9766.72千米。其中，国道6条687.11千米，省道25条1805.94千米，县道352.58千米，乡道2435.69千米，村道4485.4千米。按行政等级分，省级以上公路2493.05千米，占总里程25.53%；县级以上公路2845.62千米，占总里程29.14%；乡级以上公路5281.31千米，占总里程54.07%。按技术等级分，等级公路9761.21千米，占总里程99.94%；等外公路5.50千米，占总里程0.06%。等级公路中，高速公路593.45千米，占总里程6.08%；一级公路956.15千米，占总里程9.8%；二级公路943.1千米，占总里程9.66%；三级公路1829.61千米，占总里程18.74%；四级公路5438.90千米，占总里程55.72%。按路面类型分，高级路面9735.16千米，占总里程99.68%；次高级路面31.56千米，占总里程0.32%；村级公路未铺装路面0千米，占总里程0。全市公路密度102.75千米/百平方千米。全市各级公路晴雨通车里程9766.72千米，占总里程100%。全市各级公路可绿化里程9656.22千米，占总里程98.87%；绿化里程7238千米，占总里程74.11%，占可绿化里程75.72%。全市73个乡镇(街道)1056个行政村全部通砼或油路，乡级以上公路高级、次高级路面铺装率99.4%。全市黑色路面里程937.11千米，黑色路面铺装率占总里程9.59%，其中乡级以上公路黑色路面892.99千米，黑色路面铺装率16.91%。江门境内省管高速公路里程453.56千米。全市有各级公路桥梁2762座20.59万延米，其中永久性桥梁2757座，半永久性桥梁2座，临时性桥梁3座。按行政等级分，国家级公路桥梁691座7.52万延米，省级公路桥梁950座9.80万延米，县级公路桥梁107座4778.59延米，乡级公路桥梁521座1.56万延米，村级公路桥梁493座1.23万延米。按跨径分，特大桥31座4.78万延米，大桥289座9.30万延米，中桥582座3.24万延米，小桥1860座3.27万延米。

【公路养护】 至2020年年底，江门市国省道里程1873千米，包括国道3条420.56千米；省道19条1452.44千米。

2020年12月31日，五邑路扩建工程实现主线试通车（市公路事务中心　供）

2020年4月16日，江门市公路局更名为江门市公路事务中心，在江门市公路大厦举行江门市公路事务中心揭牌仪式　　（市公路事务中心　供）

其中，江门市公路事务中心管养总里程968.55千米，包括国道3条367.56千米；省道18条600.99千米。管养公路中，一级公路470.63千米，二级公路402.15千米，三级公路95.78千米。

是年，江门市普通国、省道项目完成投资33.54亿元。省道364线江门五邑路外海大桥至江门大道段扩建工程实现主线试通车。会港大道礼东大桥右幅主桥合龙、右幅主线路基软基处理完成。国道325线恩平塘洲至竹排段改造工程主体工程完成。国道240保台线、省道271乐崖线段路面破碎板挖补维修工程、国道240线水毁修复工程完工。省道275线台山马骝咀至大担段路面改造工程主体工程完成。国道240线罗辣桥加固维修工程完工，那琴桥改造主体工程完成。国、省道道路安全隐患整治投入资金770万元，完成9个隐患路段整治，平安村口建设投入资金82万元，完成24个平安村口升级改造。

（李颖钧）

【公路路政许可】 2020年，江门市交通运输局做好广东省交通运输厅委托、下放路政事项及市公路事务中心划入的路政事项承接工作。印发《江门市交通运输局关于明确所承接路政许可事项权责的通知》，明确与市公路事务中心、各市（区）交通运输局和高速公路路政大队的路政权责划分。根据权责职能，各市（区）交通运输局和市公路事务中心按照权责做好路政行政许可的各项工作。是年，办结省交通运输厅委托的跨市超限运输许可265宗，协助省交通运输厅开展超限勘验135宗，各类涉路施工许可71宗。

【路政管理】 2020年，江门市查处公路路政案件8763件，其中联合治超案件4295件，监督卸货5.96万吨；源头治超案件161件，路产路权案件41件。重点查处中开高速公路建设涉及新台高速违规及南沙港铁路建设涉及广中江高速和江肇高速公路系列案；推进高速公路路域环境整治工作，处置公路建筑控制区内和高速公路桥下空间等涉路违法建筑134处，面积2.13万平方米，解决部分历史遗留路政问题。加强监管关口前移和提前介入，督导拆除违法广告标牌6宗，面积1735平方米，巩固全市高速公路广告标牌专项治理成果。

【机动车维修】 2020年，江门市有机动车维修业户2330家，其中汽车维修企业1752家，一类汽车维修业户34家、二类汽车维修业户178家、三类汽车维修业户1540家；摩托车维修578家，有综合性能检测站20家。

【机动车驾驶员培训】 2020年，江门市有机动车驾驶人培训业户56家，其中一级驾校6家、二级驾校24家，三级驾校26家。有教练员3323人，教练车2643辆；全年培训9.99万人次，培训合格8.68万人次。

水路运输

【概况】 2020年，江门市有水路运输企业41家、营业性运输船舶361艘（其中客船30艘、3388客位）、总载重吨44.88万吨，功率15.65万千瓦。经营航线有港澳航线、沿海航线和内河航线，经营范围涉及普通货船、成品油船、化学品船及高速客船等。水运企业船舶运营范围主要为深圳市、珠海市及珠江三角洲东、西、北江下游各港间普通货物运输及内河各港间成品油、化学品运输，以内河运输为主。全年完成水路货运量3425.69万吨，货物周转量35.29亿吨千米，分别比上年下降12.35%和22.54%；完成水路客运量164.61万人次，旅客周转量3362.2万人千米，分别下降26.96%、31.72%。其中内河货运量3341.66万吨，货物周转量34.39亿吨千米。

【公路水运建设招投标管理】 2020年，江门市交通运输局出台《江门市交通运输局关于公路水运建设工程招标投标管理的细则》，联合市发展和改革局、市住房和城乡建设局、市水利局印发《关于进一步完善我市工程建设领域招投标异议投诉处理机制的工作实施方案》，规范招标文件编制（备案）、评标专家管理及投诉举报处理，建立招标投标活动的监管机制，加强招标投标管理工作。

【水路运政执法】 2020年，江门市查处水路案件101件，其中查处航道执法案件23件，水政案件62件，港口案件16件。加强与海事、航道部门水路交通执法监管联勤互动，推动水路交通行业乱象治理。联合开展临时装卸点违规作业和违规维护管理专用航标等专项行动，督导拆除浮台船、输送带和栈桥式临时装卸点13处，督导整治专用航标违规35处，管控船吊船6处。

（市交通运输局）

邮政

【概况】 2020年，江门市邮政业务总量34.75亿元，比上年增长26.38%；邮政业务收入（不包括邮政储蓄银行直接营业收入）25.14亿元，增长13.99%；其中快递业务量累计完成1.27亿件，增长28.32%，快递业务收入累计完成18.03亿元，增长20.18%。

【邮政行业安全监管】 2020年，江门邮政行业开展实名收寄专项整治，市邮政管理局加强与海关、市烟草专卖局等部门联合监管，打击假烟、野生动物及其制品走私等非法寄递行为，开展反恐和打击枪爆、毒品、危险化学品、非法出版物、侵权假劣产品非法寄递专项活动。推进“双随机、一公开”（在监管过程中随机抽取检查对象，随机选派执法检查人员，抽查情况及查处结果及时向社会公开）监管，依法对邮政营业网点、投递部及快递企业开展行政执法检查，打击行业违法违规行为。

【邮政普遍服务监督检查】 2020年，江门市邮政管理局强化政企沟通和社会监督，推进“委代办局所质量提升”工程；开展乡镇邮政局所专项整治，巩固建制村通邮成果；联合市保密局加强机要通信寄递管理；做好重大题材纪特邮票发行监督检查；建成首个“扫黄打非”工作站，深化邮政营业网点、报刊亭和快递企业“扫黄打非”专项检查，确保经营者落实主体责任，严防非法出版物流入寄递渠道。

【邮政助力疫情防控】 2020年，江门市邮政、顺丰、圆通等企业承担新冠肺炎疫情防控应急物资运输工作，为武汉火神山医院建设送去通风换气和打印设备，为江门企业捐赠的口罩、隔离箱、消毒水、紧急医疗物资配件等提供寄递服务。新冠肺炎疫情期间，中国邮政集团有限公司江门市分公司推出“停课不停学，新书邮政送”的教材专送便民服务，协助全市各学校将春季教材及时分送到学生手中。参与“您家的菜我来送”防疫公益活动，安排专门车辆、人员负责揽收、运输和配送等环节，为江门赴湖北医疗队及一线医护、防控人员家庭免费配送优质“爱心菜”。

【“邮快合作”协议框架签订】 2020年9月22日，中国邮政集团有限公司江门市分公司与台山市快递企业在江门市“邮快合作”推进会上签署“邮快合作”框架协议。双方将以邮政普遍服务网络为基础，以推进农村地区邮政服务与快递服务协同发展为合作内容，利用邮政企业农村服务平台（乡镇邮政普遍服务营业场所、邮乐购站点、村级邮政服务站点），为快递企业提供快件收投业务，助力快递服务延伸到乡镇和建制村。

【“快电合作”助力解决快递末端投递】 2020年11月5日，江门市邮政管理局联合市快递行业协会、中国电信江门分公司及各快递企业举办快电战略合作签约仪式，为快递与电信企业双方开展末端服务整合、网点建设、资源共享和合作共赢奠定基础，推进双方通过共建共享末端服务网点，整合双方有利资源，强化双方业务联动，共同促进服务网点标准化建设，规范运营流程，塑造服务新体验，提升末端服务水平，强化行业安全保障。

【快递专用电动三轮车投入使用】 2020年，江门市快递企业落实《江门市邮政快递专用电动三轮车规范管理工作方案》要求，购置符合国家标准、适用行业配送的指定车型，并对每辆三轮车从外观设计、登记上牌、保险购置及通行管理等方面进行规范化管理，确保每位快递员驾驶三轮车均需持有合法的三轮车驾照。11月，江门市快递专用电动三轮车完成合法上牌并投入使用。

2020年11月5日，江门市邮政管理局联合市快递行业协会、中国电信江门分公司及各品牌快递企业举办快电战略合作签约仪式 （市邮政管理局 供）

【江门首家"快递+电信"合作标杆店投入运营】 2020年11月30日，江门市首家"快递+电信"合作标杆店——电商快递综合服务中心JM0001在台山市广海镇投入运营，该服务中心发挥电信网点健全、网络通达的优势，由快递企业与电信企业坚持互利互惠原则，以协议合作方式，实现末端服务整合、网点建设和资源共享，为群众直接提供收寄、投递等快递末端服务，助力解决快递投递"最后一公里"难题。

【江门快递小哥参与共建文明城市】

2020年12月31日，江门市邮政业参与市委宣传部、市文明办主办的"共建文明城市共享品质生活"——快递小哥文明传"递"行动。活动期间，江门快递小哥带头遵守交通规则，文明上路，履行社会责任，提升快递服务水平和质量，共同推动快递行业健康、规范、可持续发展，为江门文明城市创建贡献行业力量。

（市邮政管理局）

表28 2020年江门市邮政主要发展指标表

项目		单位	实绩	比上年增长（%）
邮政行业总体状况	业务总量	亿元	34.75	26.38
	业务收入	亿元	25.14	13.99
邮政普遍服务业务发展状况	邮政服务业务总量	亿元	8.62	14.11
	函件业务量	万件	470.91	-15.23
	包裹业务量	万件	3.25	-6.34
	机要通信	万件	2.54	9.48
	报纸销量	万件	3790.84	1.25
	杂志销量	万件	174.85	1.70
	汇兑业务量	万笔	0.93	-52.06
快递业务发展状况	业务总量	万件	12678.36	28.32
	国内同城快递业务量	万件	2278.89	17.30
	国内异地快递业务量	万件	10219.20	31.57
	国际及港澳台业务量	万件	180.27	5.87
	业务收入	亿元	18.03	20.18
	国内同城快递收入	亿元	1.64	6.62
	国内异地快递收入	亿元	9.64	19.04
	国际及港澳台快递收入	亿元	3.22	25.17
其他业务收入		亿元	3.53	26.36

信息业

信息化建设

【信息基础设施建设】 2020年，江门市固定互联网宽带接入端口398.3万个，FTTH/O端口数349.3万个，FTTH/O端口占比87.7%；固定宽带用户170.8万户，家庭宽带接入用户140.7万户，其中100兆以上宽带接入用户占比86.9%。累计建成移动通信基站3.3万个，5G基站4000个。

（丘锦锋）

【5G应用发展】 2020年，江门市出台《江门市5G产业发展扶持资金管理实施细则》，对“面向变电站工地的 5G+智慧工地”和“江门智慧停车(一期)”的2个5G应用项目共扶持资金60万元，促进5G网络、技术、产品与应用融合。发动各电信运营商和智能装备及机器人协会合作开展5G融合应用的宣传和推广，形成典型工业应用场景。

（丘锦锋）

【信息产业发展】 2020年，江门市加快各电信运营商、蔚海智谷大数据中心和迪浪大数据产业园等数据中心项目建设，蔚海智谷大数据中心项目建标准机柜成3815个；迪浪大数据产业园主体工程竣工；各电信运营商均建成高标准数据机房，为智慧城市、数字政府、政务云、工业上云等用云场景提供云资源。软件和信息服务纳入省软件协会统计的15家企业实现业务收入10.69亿元，比上年增长15.07%。

（丘锦锋）

数字政府建设

【概况】 2020年，江门市深化“数字政府”改革建设，提升政务服务、数据管理、公共资源交易等工作质量效能，探索商事登记“微信＋智能审批”、不动产登记“税证联办”、政务服务“湾区通办”“政银通办”“房屋交易云链签”等可复制推广的改革经验，被舆论媒体关注和宣传。根据广东数字政府研究院2020年广东省数字政府改革建设工作评估报告，江门市数字政府评估得分居全省第六位。在2020年部分地市政务信息基础设施部署评分中，江门市在全省14个受评地市中排第一名。江门市房屋交易“云链签”获评2020年广东省电子政务创新案例和2020中国“数字政府”特色评选50强，被编入《2020广东省电子政务发展研究报告》。创新推出“政银通办”服务，在全市512个银行网点开设“政银通办”服务专区，改革做法入编省2020年“数字政府”建设优秀案例。全市政务服务一体化水平和政务营商环境优化，为全市统筹推进疫情防控和经济社会发展做出贡献。

【重点信息化项目建设】 2020年，江门市健全数据共建共治共享机制，深化“政务服务无堵点城市”建设，打造“互联网+监管”“湾区通”工程和推进智慧城市综合管理平台建设。全年重点信息化项目建设纳入预算安排175个，重点支持方向有九大类，其中“数字政府”基础建设项目60个，政务服务提升项目18个，营商环境优化项目22个，民生实事项目18个，智慧城市建设项目11个，党务纪检群团建设项目18个，上级重点或部门迫切项目14个，政法公安及扫黑除恶项目10个，乡村振兴和“数字乡村”建设5个。是年，完成重点建设项目有信息技术创新应用项目、工程建设项目审批管理平台、新型智慧城市综合运行管理平台（一期）集约项目、政务服务一体化平台优化升级和行政执法信息平台和行政执法网络监督平台等。完成技术审核项目83个，造价评估项目56个，核减支出2553万元。

【政府治理现代化能力建设】 2020年，江门市统筹建设公安“二标四实”（标准地址、标准作业图、实有人口、实有房屋、实有单位、实有设施）、政法“全科网络”、应急综合管理、卫建“120医学紧急救援”等城市管理平台，实现多部门系统“一朵云”承载，数据“一平台”共享，运行态势“一张图”展现。“云、网、数”智慧城市的基础平台初步搭建。大数据运行监测中心交付使用，完成“城市总览”“经济运行”“产业发展”“态势感知”“社会治理”和“政务服务”等六大板块的“数据

2020年11月24日，江门市参加第五届广东省电子政务与新型智慧城市发展大会暨广东省电子政务年，江门市政务服务数据管理局和市住房城乡建设局联合申报的“江门市房屋交易‘云链签’项目”成功入选2020年广东省电子政务创新案例，编入《2020广东省电子政务发展研究报告》。图为江门代表领奖现场　　（市政务服务数据管理局　供）

云图”设计，梳理云图指标1397个。在疫情期间，全市四级公职人员普及应用“粤政易”移动平台，日活跃率居全省前列，电子公文处理量排全省第一名，助推“掌上政府”建设。推动数据开放创新应用，开放数据资源集352个，接口总量116个，开放数据部门90个。会同深圳市在全省首创与深圳联合举办文化旅游数据应用创意赛，探路湾区数据融合发展。

【公共基础支撑平台建设】 2020年，江门市政务云安全可靠运行。市本级政务云资源物理机157台、逻辑处理器总量3.22万核、内存6.62万吉字节、存储2080.8太字节，承载应用系统523个，开通虚拟机总数1771台。其中省政务云江门节点物理机92台、逻辑处理器总量1.62万核、内存4.14万吉字节、存储1417.15太字节，承载应用系统234个，开通虚拟机总数1058台。实现省市一体化政务云基础设施资源统筹建设管理，实施集约化管理和运维服务，系统上云数量及云资源使用效益居于全省前列。全年江门市电子政务外网运行正常，安全态势整体评价为“良”，未发生造成重大影响的安全事件，在“粤盾”广东数字政府网络安全攻防演练中获“优秀单位”。率先探索基于区块链技术的政务数据共享应用。制定《江门市“数字政府”领域区块链应用行动计划》，会同市住房和城乡建设局、建设银行江门支行完成全市统一区块链基础平台搭建，在全省率先实现区块链技术在住房网签领域的应用。建成全省地级市大数据节点。完成省大数据江门节点门户建设，打通省市两级服务，实现国家和省垂直系统数据及时返回地方。开展数据普查及汇聚工作，初步建成自然人、法人、信用信息、地理空间信息和视频融合基础信息库。电子政务外网IPv6完成改造。完成市政府门户网站（38个部门频道）的IPv6改造，提升骨干网络设备万兆传输能力，实现IPv4/IPv6用户访问政府网站信息系统的功能，同时满足市直部门、四市三区IPv6数据通过江门节点汇聚转发，确保政务外网互联网出口具备IPv6服务能力。公共平台支撑服务优化提升。电子证照、电子印章、统一身份认证等“数字政府”公共支撑落地应用，全市开通电子证照259种，制作电子印章2504个、调用次数超116万次，1437项高频事项实现“免证办”，推进一次办成一件事，“一网通办”指标居全省前列。

【数字抗疫】 2020年，江门市政务服务数据管理局助力精准“数字战疫”。汇聚全市疫情防控相关系统采集的健康申报数据，织牢织密疫情防控数据网络。开发“江门市防疫物资管理信息系统”，实现让急需防疫物资全流程、无纸化在线申请及审批。

利用江门“易办事”本地政务App优势，上线疫情防控、复工复产、口罩预约、国际口罩快递、助农惠农专区，开通消费券登记预约入口，完成口罩预约购买630万只。在“粤商通”平台开通企业诉求响应功能，建立诉求响应机制，接处企业诉求179件，实现“企业有呼、政府必应”。率先在全省推出“粤商通”疫情补贴服务专区。上线“企业包（拼）车补贴”服务，实现补贴“申领—审批—发放”全流程“零距离，不见面，一键通办”。推广应用“粤康码”，保障全民健康通行。在餐饮服务、交通出行、教育培训、商场景点、金融服务、企业公司、政务服务中心、生活小区、民政机构、医疗卫生、建筑工地等重点场所使用“粤康码”服务，实现“一人一码”，保障场所安全。优化线上服务，提升不见面审批能力。对涉及防疫的事项提供免预约优先办理、简化流程和材料、容缺受理、延时办理等简约化、便利化服务。疫情防控期间，江门市为企业群众提供超2000项“全天候”网上可办政务服务事项，网上可办率85%。

（市政数局）

通信业

【概况】 2020年，江门市电信业务总量429.1亿元，比上年增长20.5%；电信业务收入48.6亿元，下降0.2%；固定电话用户92.6万户；移动电话用户522.2万户，其中3/4G用户468万户；固定宽带用户170.8万户；FTTH/O光纤接入用户159.3万户。

（丘锦锋）

【中国电信江门分公司】 2020年，中国电信江门分公司（以下简称江门电信）下辖蓬江区、江海区、新会区、台山、开平、鹤山、恩平7个分公司，在江门五邑地区镇、街设有营销服务中心100个，主营固定电话、4G/5G移动通信、互联网光纤接入及应用、4K天翼高清IPTV、智能组网、数据专线、卫星通信、ICT、物联网、云/大数据、互联网+行业方案/应用等综合信息服务。江门电信实施“云改数转”战略，推动“新型智慧城市”建设。

业务运营　2020年，江门电信开展5G网络部署，在公共服务机构、重点产业园区、重点产业聚集区、交通枢纽、重点商业圈、大专院校、医院、旅游景区等重点区域开展5G场景化应用推广。完成天翼云3.0架构部署，首家通过可信云认证和“等保三级”备案，为江门市“智慧城市”“数字政府”“政务云”“工业上云”等项目建成用云场景。开展光网精准补点、千兆升级和完善相关基础网络配套，完成对全市域20户以上自然村的光网覆盖，推广千兆上网、IPv6、4K高清业务，累计建设光网端口190万线。至年底，全市有固定电话用户65.45万户，宽带用户75.95万户（其中光纤宽带用户突破71.42万户），移动用户116.72万户，天翼高清（IPTV）49.62万户。

网络建设　2020年，江门电信投入2亿元用于“5G+云网融合”基础设施底座建设。在无线网络建设方面，与江门联通开展5G共建共享合作，开通5G基站900个，实现5G网络人口覆盖率70%，市区覆盖率95%、县城覆盖率91%。基本实现江门市主城区5G网络连续覆盖，重点乡镇和部分农村重点区域连续覆盖。加强资源调配，按“市主城区—各市城区—城镇区域—农村重点区域”的次序推进5G网络建设。从云网融合、科技创新、数字化平台建设、生态合作、体制机制改革及网信安全等方面，更新升级数字化产品和服务。“5G+智慧工地”“5G+急救应用”“5G+智慧农业”“5G+工业互联网”应用陆续展开。与江门供电合作的“5G+智慧工地”项目获江门市首批5G产业扶持资金；“5G+智慧农业陈皮大数据”被誉为“广东省数字农业名片”，成为农业农村部全国产业园工作会上的展示项目；结合5G网络建设，探索“5G+工业互联网”场景化应用的推广，联合嘉宝莉集团共同申报的“嘉宝莉5G+工业互联网建设标杆项目”，获广东省工业和信息化厅2020年省级促进经济高质量发展专项资金工业互联网标杆示范项目入库。

（江门电信）

【中国移动江门分公司】 2020年，中国移动广东公司江门分公司（以下简称江门移动）收入完成30.26亿元，比上年增长11.0%，收入份额57.8%，净利润率18.6%，公司整体保持平稳健康发展。

业务运营　2020年，江门移动在个人、家庭、集团三大市场实现均衡发展，通信客户份额70.8%，家庭宽带市场份额56.9%，电视份额53%，集团业务收入份额35.8%。

提速降费实施　针对个人用户，提供套餐升档、视频权益等优惠，降低5G终端、5G套餐资费门槛，5G流量资费下降约32%；针对家庭用户，提供宽带提速、智能组网、看家安防、群组共享等优惠，实现“一个套餐，全家用”，并加快高速宽带普及，300兆宽带普及率超30%；针对企业用户，细分场景推出中小企业信息化产品服务包，提供基础通信、生产管理、协同办公等一体化综合解决方案，帮助企业降本增效。

乡村振兴推进　推进“平安乡村”建设，提高农村信息化治理水平。完善农村网络覆盖，提高农村接入能力，实现行政村100%覆盖。推进农村数字化建设，加快缩短城乡数字鸿沟，为超900个乡村提供宽带及视频监控服务，普及农村宽带超21万个、电视17万个。推动农业信息化发展，推动水库水质监控、易涝区整治、水闸管理、碧道信息化、自动化系统等水利工程项目建设；普及农企专线和监控，推动种植、畜牧、水产养殖和农机等智慧应用落地。

智慧城市建设　推动5G融入百业、服务大众。在政务领域，创新智慧治理应用，通过“粤商通”、智慧新交管、“十三五”视频监控等项目建设，助力提升城市精细化管理水平。在民生领域，对接高品质美丽城市建设要求，推进卫计专网。智慧校园、智慧停车等应用落地，打造高效便捷民生服务体验。在产业领域，发挥以5G为代表的新一代信息技术能力优势，加快先进制造业、能源、文旅等产业转型升级，助力构建具有江门特色的现代产业体系。

网络建设　2020年，江门移动加大5G等新基建投入力度，投入超8亿元。全年完成5G基站配套建设1540个、开通5G站点超1500个，实现城区、百强镇等重点区域连续覆盖；其中，全省第四大高铁枢纽——江门站在投入运营阶段即实现5G网络全覆盖。搭建核心层SPN（加密虚拟网络）框架，SPN端对端承载比例全省第五名。质量方面，在全国SA商用测试评比中，完成10GE(万兆以太网)改造、100兆带宽开通，达到“占得上”“驻留稳”“体验优”全部挑战值，被评选为第二档精品网格城市。“中国第一侨乡五邑文化示范区”达到全国百强评选标准，综合覆盖率99.5%，平均下载速率900Mpbs以上。完善“一张光缆网”建设，新增管道约230管程千米，新增光缆2500皮长千米；加快高品质宽带覆盖，满足住宅小区、工业园区、商业楼宇接入需求，家庭宽带覆盖用户200万户，集团专线用户接入近2万户。

（江门移动）

【中国联通江门分公司】 2020年，中国联通江门分公司（以下简称江门联通）完成业务收入5.4亿元，比上年增长2.7%。全年网络基础设施建设投入资金超2.4亿元，新增4G基站558个、5G基站1158个，全市逻辑基站6838个，移动宽带网络人口覆盖率98%以上。

业务发展　2020年，江门联通围绕“5G化、金融化、融合化”推动移动业务发展，5G成为移动手机增收主要来源。5G引领提升客户价值，用户质效得到改善，高稳定度用户占比同比改善10.9pp（百分比）。构建OMO（智能中台和线上线下一体化）新型渠道体系，自主引流、异业轻触点、二次营销、分众市场等发展占比55.83%。以客户为中心进行运营转型，客户感知明显提升，CES（端到端客户满意度）提升35.85%。数字化转型取得进步，流程数字化能力向一线、生产提速赋能，工单时效25%。政企领域取得突破，连续2年主营收入同比达到双位数增长。签约市公安局平安城市三期项目，助力市级平安城市建设；获取江门新型智慧城市项目，打造DCT（智慧城市智能运行中心）项目标杆；推动县域智慧排水及“二标四实”（标准地址库、标准作业图，实有人口、实有房屋、实有单位、实有设施）项目落地，助力政府推动实施大数据战略，加快建设江门“数字政府”愿景，提升“数字化”城市管理水平；在工业互联网方面联合申报2家大型企业省级示范标杆，与江门市首席信息官协会和江门市工业互联网联盟联合成立江门市工业互联网服务中心，打造“5G+工业互联网”生态圈。

联通网络建设　2020年，江门联通加快千兆网络部署，打造千兆宽带精品网络，新增FTTH端口1.96万个，宽带总端口累计34.7万个；新增接入新国标小区128个，新增覆盖住宅8.68万套；新增覆盖商务楼宇4栋，其中千兆楼宇4栋。开展存量小区千兆升级改造专项行动，建设千兆小区145个，千兆宽带端口4.45万个。5G网络聚焦核心价值区，推进5G规模化部署，协同江门电信推进5G“一张网”建设，累计开通5G基站1208个，实现江门核心城区及发达乡镇5G连片覆盖和5G网络“镇镇通”。实现5G SA(独立组网)全网覆盖，完成MEC（Multi-Access Edge Cloud）边缘云部署，具备切片技术接入应用能力，探索5G应用与商业模式，推进5G在垂直行业的应用推广，在智慧制造、智慧教育、超高清直播、智慧医院等领域场景开展5G行业应用，打造5G行业标杆应用。4G全网开展UL900站点升级，完善相对偏远乡镇如台山市、开平市和恩平市等的4G网络覆盖，覆盖人群增加50万人。

（江门联通）

无线电监管

【概况】 2020年，江门市办理台站执照的无线电台站7.1万个，批准设立公众移动通信基站4005个，业余电台42个。

（曾春桥）

【5G基站与卫星地球站干扰协调】 2020年，江门市工业和信息化局做好5G干扰协调工作，保障5G发展。开展5G频谱专项评估，利用城区智能化监测节点路测设备采集5G频谱常态化监测数据，掌握5G行业专网频谱资源使用状况。统筹组织5G基站与卫星地球站等无线电台（站）干扰协调工作，建立以“两表一单”（5G基站设置、使用进度表，5G干扰协调完成情况进度表，卫星地球站等无线电台站保护清单）为抓手的5G基站干扰协调通报机制，协调解决5G基站与广播电视卫星地球站干扰4起，实现受影响卫星地球站协调率100%；开展视频监控信号干扰5G网络排查工作，协调处置干扰1起。

（曾春桥）

【无线电法规宣传】 2020年，江门市工业和信息化局加强无线电管理宣传工作，利用无线电管理宣传月、考试保障和执法检查等契机，整合宣传资源，开展无线电法规宣传及知识普及活动。在恩平市举办主题为“无线赋能，无限精彩”的2020年江门市无线电应用深入产业集群暨5G应用宣传活动，引导企业率先利用关键核心无线电技术，提升企业自觉遵守无线电法规政策的意识；与市普法办联合在微信平台举办2020年江门市无线电管理法规知识有奖问答活动，参与活动市民5.68万人次。在市区10个户外阅报栏投放1个月无线电管理法规宣传，并通过《江门日报》、市工业和信息化局微信公众号等媒体开展法规宣传。

（曾春桥）

【无线电服务经济发展】 2020年，江门市工业和信息化局做好20项省级无线电管理行政职权事项承接工作，简化审批流程，编制办事指南、工作规范，实现审批服务标准化，提高服务效率便民化程度，全年办理行政许可54宗。完成江门市气象局4个天气雷达站的无线电频率使用许可申请电磁环境测试。排查各类无线电干扰8起。配合公安部门开展电信网络新型违法犯罪打击治理工作，全年辖区内没有发现“伪基站”“黑广播”事件。完成春运、“两会”、汛期、“五一”、端午节、国庆等重要时期无线电安全保障工作，主动开展对民航、铁路、广电、“三防”、公安等重要无线电业务保护性监测。完成珠西综合交通枢纽江门站开通仪式和2020年台山核电站场外应急疏散专项演习等无线电安全保障任务。做好高考、公务员考试等重大考试无线电安全保障工作，防范打击利用无线电设备进行考试作弊行为，全年对53场考试进行无线电安全保障，出动监测车182辆次、监测人员546人次、设备364台次。其中，江门市2020年考试录用公务员笔试监测保障工作获市人事考试考务联席会议办公室发文感谢。

（曾春桥）

【无线电行政执法与监察】 2020年，江门市工业和信息化局开展铁路安全隐患综合治理，抽查27个铁路沿线GSM-R基站，排查无线电干扰隐患点，保障铁路无线电列车调度系统正常运行。配合工信部开展无线电发射设备型号核准随机抽查工作，对江门市晟豪照明有限公司、江门市得实计算机外部设备有限公司等被工信部抽查的无线电发射设备进行随机抽样和监督检查。整治违规销售无线电发射设备、违规使用无线电频率和设置、使用无线电台（站）的行为。全年对15家销售无线电发射设备的商家进行行政检查，其中联合市市场监督管理局对3家销售无线电发射设备的商家进行“双随机”（随机抽取检查对象、随机选派执法检查人员）抽查，未发现有违法行为。开展无线电台（站）数据库数据质量抽查，抽查38座无线电台站，对台站的设置申请和技术参数进行核实。

（曾春桥）

【无线电监测】 2020年，江门市工业和信息化局完成国家、省下达的专项监测任务，做好2020年无线电频谱监测统计报告工作，完成无线电频谱监测统计月报并按要求上报，累计监测时间30.22万小时。推进智能化无线电监测网建设。完成边海防无线电监测系统三期可搬移监测测向站、考试无线电安全保障（三期）、小型监测站升级改造等项目建设，实施广东省无线电监测网能力提升建设项目建设，无线电监测网能力水平提升；深化无线电管理大数据分析平台应用，提升无线电频谱监测数据采集和数据挖掘分析能力，为无线电业务管理创新提供技术支撑。

（曾春桥）

2020年12月16日，中国联通江门分公司与南方电网江门供电局在江门供电大楼签署战略合作协议。图为双方代表合照

（江门供电局　供）

商贸服务业

综　述

【概况】 2020年，江门市进出口总值1428.9亿元，比上年增长0.2%，增速高于全省平均水平1.1个百分点；全市实际利用外资金额8.26亿美元，以商务部人民币口径统计56.62亿元，增长3.81%，规模在全省排第五位，比上年提升2位；全市社会消费品零售总额1162.62亿元，下降3.7%，增速高于全省平均水平2.7个百分点，在全省排第三位。推进“招商引资项目提质年”行动。全市引进投资超亿元项目211个，投资额1247.3亿元，分别比上年增长7.1%和4.2%。抓好防控境外疫情输入工作。市商务局牵头做好市防控新冠肺炎疫情境外输入工作，成立入境人员接转专班和跨境货车司机疫情防控工作专班，建立“全流程闭环管理”防控体系，专班专车专运接转境外人员9000多人；做好重要应急物资和生活必需品稳价保供工作，配合有关部门加强冷库、冷链企业、农贸市场疫情防控工作。完成江门市开放型经济发展“十三五”规划目标。“十三五”时期，全市进出口总额年均增长3%，高出“十三五”规划目标增速0.2个百分点，进出口、出口规模分别突破1400亿元和1000亿元大关，进出口规模排在全省第八位。全市实际利用外资金额稳定在每年8亿美元左右，2017—2020年，实现连续4年增长，分别增长7.27%、72.2%、15%和3.81%。全市社会消费品零售总额突破1100亿元大关，年均增长约7%，增速高于全省平均水平。

【肉菜流通追溯体系建设】 2020年，江门市建设26个肉类蔬菜流通追溯节点，其中屠宰厂3个，蔬菜批发市场1个，农贸市场2个，连锁超市10个，主体企业7家，团体单位3个；利用信息化手段，在肉菜流通的各个环节进行信息记录，实现来源可追溯、去向可查证、责任可追究的肉菜流通追溯体系。全年江门市向省级管理平台报送数据143万余条，全省排名第九位。

【农贸市场升级改造】 2020年，江门市制定《江门市区农贸市场整改提升工作方案》《市区农贸市场改造升级的硬件建设标准》，加快推进农贸市场升级改造，对15个集贸市场进行升级改造。以国资市场为试点，打造智慧农贸市场，对蓬江区8个市属国资农贸市场进行提升改造。

【拍卖业】 至2020年年底，江门市有拍卖企业20家，拍卖企业员工104人，具有拍卖行业专业技术人员（拍卖师）41人。年拍卖会40场次，拍卖成交额2403.69万元。

【招商引资】 2020年，江门市开展“招商引资项目提质年”活动，推动招商引资提质增效。开展产业招商。实施招商引资“三百行动”（开展“百日项目攻坚”行动，推动新的重大产业项目洽谈引进，落地建设，传统优势产业优化升级，培育新的发展动能；开展“百企促投资”行动，推动现有企业进一步扩大投资规模和投资领域；开展“百个项目动工”行动，推动一批超亿元产业项目动工建设），在广州、深圳等地举办“湾区新商机•珠西增长极”系列招商活动，在广州举办企业家座谈会，与深圳市商业联合会联合主办2020年第七届全球大会闭幕式暨深江产业协同发展大会。创新招商方式。疫情期间开展“云招商”，举办“2020江门市‘云招商’推介活动”，建设“云招商平台”。推动重点项目加快落地建设。实施鼓励产业项目加快开工建设扶持措施，建立招商引资项目服务平台，对重点招商引资项目实施全流程跟踪服务。全市洽谈引进投资超1亿元项目211个，投资额1247.3亿元，其中，洽谈引进投资超30亿元项目9个，投资额488.6亿元。碧海银湖文旅项目、广东工业大学华立学院（江门校区）、中铁建湾西总部基地、华鳌合金新材料、塘口冈陵旅游综合体、宏发高新产业城、亚太森博增资等投资超10亿元的重大项目落地并动工建设。

【助企政策】 2020年，江门市出台助企政策，支持企业发展。江门市商务局印发《鼓励产业项目加快开工建设的扶持措施》，鼓励产业项目加快开工建设，扩大投资，早出效益。5月，江门市商务局、江门市财政局联合印发《江门市商务局　江门市财政局应对新冠肺炎疫情扶持外贸进口和参加境外展览资金的实施细则》，支持防控防疫物资进口、为防控防疫物资购买进口信用保险，支持企业开拓境外市场。4月，江门市人民政府办公室印发《江门市促进汽车市场消费升级若干措施》，6月，江门市商务局、江门市公安局、国家税务总局江门市税务局联合印发《江门市鼓励“国六”标准乘用汽车消费实施方案》，鼓励“国六”标准汽车消费，繁荣汽车市场。5月1日至7月31日，消费者（个人、个体工商户、企业等，不含财政供养单位）在江门市注册登记的汽车销售企业(本地法人企业)，购买“国六”标准乘用汽车（不含新能源汽车）的，可凭江门市购车发票申请资金补助。5月，江门市商务局印发《江门市商务局支持会展业发展的若干措施》，对在江门市专业场馆举办的大型展览项目和重点展览项目、外地机构组展参展的项目、会展业宣传推广项目及对江门市社会经济有重大影响的展览项目给予支持。7月，江门市商务局印发《江门市促进电子商务发展的若干措施》，鼓励扶持对象建设电子商务示范项目，促进电子商务规模化、集群化、规范化、标准化发展；奖励电子商务产业园区以一址多照形式引进网上经营户落户；奖励农村电子商务服务体系建设；补贴跨境电商通关物流费用；补贴电子商务人才培训活动；补贴电子商务企业和行业组织参加国家级电商展会，提升江门电商行业知名度。

【商贸流通】 2020年，江门市社会消费品零售总额1162.62亿元，比上年下降3.7%，降幅低于全省平均水平2.7个百分点，增速在全省排第三位。

分地区看，各市（区）实现社会消费品零售总额分别为：蓬江区238.71亿元，比上年下降6.2%；江海区56.8亿元，下降6.2 %；新会区269.15亿元，增长3.1%；台山市203.17亿元，下降4%；开平市165.76亿元，下降6.2%；鹤山市141.94亿元，下降6.0%；恩平市87.09亿元，下降4.8%。

按经营地分，城镇实现零售总额889.52亿元，比上年下降2.9%，乡村实现零售总额273.1亿元，下降6.1%。

【“精彩·夜侨都”消费节】 2020年8月22日至10月28日，江门市举办“精彩•夜侨都”消费节。由省商务厅、市政府指导，市发展夜间经济领导小组主办，市商务局、市文化广电旅游体育局、各市（区）政府承办。其间，举办嘉年华、狂欢购物节、“食在五邑”美食节、车展夜市、魅力游、活力大舞台、“粤夜邑美”短视频及摄影大赛、绿色出行、网红消费地标评选活动等十大主题活动，组织100场促消费活动，组织1000家商家参与，发放价值逾1500万元的“夜侨都”专用消费券。“2020古兜温泉第一届蚝龙盛宴吃货嘉年华”“2020石板沙胥家文化节&毛蟹节”等6项优质活动被商务部列入全国消费促进月活动名录。

【2020江门市“云招商”推介活动】 2020年4月28日，江门市举办“湾区新商机•珠西增长极——2020江门市‘云招商’推介活动”，是江门市首次举办的大型网络招商推介活动，也是省内率先融合“主会场+分会场+视频连线”的“云推介”招商活动。由江门市人民政府指导，江门市商务局主办，各市（区）人民政府、江门市委宣传部、江门市发展和改革局、江门市科技局、江门市工业和信息化局、江门市自然资源局、江门市文化旅游广电体育局协办，以湾区新商机•珠西增长极为主题。江门主会场与全球47个分会场联动，包括市内9个分会场，广东省行业协会联合会、广东省智能制造产业发展促进会、深圳市产学研促进会等商（协）会11个分会场，北京1个分会场，港澳地区2个分会场，美国纽约、日本东京、墨西哥蒂华纳等江门市境外商务交流处4个分会场，以“云推介”“云连线”“云发布”“云签约”等方式展示江门的投资环境，发布超200平方千米的产业招商地图、90个对外招商项目、56项投资促进政策等江门市发展机会清单，面向全球招商。活动推动15个项目“云签约”，投资额超85亿元，其中，投资超10亿元项目4个，投资额56亿元。《人民日报》、新华社、中央人民广播电台、广东电视台、凤凰新闻、《香港商报》、《澳门日报》等近30家媒体参与活动报道，新华社现场云、优酷、直播江门等平台同步直播，逾千家企业关注，点击量超100万人次。

【“乐购侨都约惠江门”消费活动】 2020年4月28日至6月15日，江门市举办“乐购侨都约惠江门”消费活动，由江门市人民政府主办、江门市商务局、蓬江区人民政府、江门万达广场承办。其间，派发4期消费券，发放消费券包总价值7184万元，提升市场人气，促进消费复苏。

【“春夏秋冬”四季促消费活动】 2020年，江门市开展促消费活动，举办夏季“家520”家居购物节、家电下乡、家电惠民进侨都、食在五邑美食节、冬季“12•3”买年货购物节、5G消费促进活动等系列促销活动，搭建“春夏秋冬”四大促消费平台，线上线下融合开展，打造多元化消费场景，拉动汽车、家电家居、餐饮、5G产品等消费增长。2020江门市促消费（夏季）暨“家520”购物节——家电下乡促消费活动由江门市商务局主办，各市（区）商务主管部门、江门市家用电器商会承办，江门农商银行、江门广播电视台协办，以2020江门市促消费（夏季）暨“家520”购物节——家电下乡促消费活动为主题。“食在五邑美食节”由江门市商务局主办，江门五邑餐饮行业协会承办。冬季“12•3”买年货购物节由江门市商务局、江门市市场监督管理局主办，各市（区）商务主管部门承办，以“邑起购年货惠民促消费”为主题。

5G新消费促进活动由江门市商务局联合中国电信股份有限公司江门分公司、中国移动通信集团广东有限公司江门分公司、中国联合网络通信有限公司江门市分公司，以及国美电器、苏宁易购、朝光通信、乔帮主等经销商企业，在全市各地开展5G新消费专题促销活动，打造以5G 赋能新业态新模式带动新型消费的商贸流通格局。

【2020年江门市商业发展合作交流会】 2020年10月28日在江门富力万达嘉华酒店举行。200多家企业高管参加，其中有世界500强、央企、国际知名品牌企业，覆盖大型商业综合体、连锁企业、批发零售、餐饮、文旅、建筑、商业房地产、金融机构、电商平台等领域。交流会集中展示江门商业发展成效及夜间经济成果，成为江门市首个商业领域的高端合作交流平台。会上，举行2020年江门市重点商业项目签约和启动仪式，12个重点商业项目现场签约，总投资超118亿元的8个重点项目集中动工（开业）。活动评选出“夜侨都”TOP100商家，推动夜间经济发展。

（市商务局）

电子商务

【概况】 至2020年年底，江门市在国内主要电子商务平台上开展零售业务的店铺3.5万家，从业人员5.6万人。全年全市网络零售额238.6亿元，比上年增长21%，相当于当年社会消费品零售总额20.5%。从地域分布看，蓬江、江海、新会“三区”零售规模占比超70%，台山、开平、鹤山、恩平“四市”占比不足30%；从产品分类看，家居家装销售额占比52%，医药保健，食品酒水行业增速较大。口罩、护目镜、消毒液、米面油、蔬菜等防护类产品和民生类产品成为热销产品。江门市农村区域网络零售额72.22亿元，全市农产品网络零售额12.75亿元。网上销售的当地农产品以禽蛋、蜜饯果干、茶叶、生鲜、粮油调味品为主。全市有21个村入选“淘宝村”，6个镇入选“淘宝镇”，江门市农村电商开始向集聚化发展。

【中国（江门）跨境电子商务综合试验区】 2020年4月27日，国务院批复同意设立中国（江门）跨境电子商务综合试验区。江门市开展跨境电子商务综合试验区政策宣讲和业务培训活动。市商务局举办综试区政策宣讲活动4 次，参加的企业代表超1000人次；委托行业组织举办大型跨境电商业务培训6场。

（市商务局）

粮油业

【概况】 2020年，江门市粮食总供给564.15万吨（原粮，下同）。其中：粮食产量97.92万吨，从省外购进151.85万吨，进口29.42万吨，省内市外购进284.96万吨。按粮食品种供给划分：稻谷133.15万吨，小麦77.00万吨，玉米225.21万吨，大豆78.29万吨，其他50.50万吨。是年，全市粮食总需求564.51万吨。其中：粮食消费量445.57万吨（城镇人口口粮消费49.34万吨，农村人口口粮消费32.82万吨，饲料用粮317.95万吨，工业用粮44.50万吨，种子用粮0.96万吨），销往省内市外118.88万吨，销往省外600吨。按粮食品种需求划分：稻谷133.38万吨，小麦76.38万吨，玉米226.79万吨，大豆78.40万吨（其中豆饼和豆粕64.74万吨），其他49.56万吨。

【粮油产业】 2020年，江门市粮食产业形成百家企业百亿产值规模，全市纳入粮油工业统计企业125家，粮油工业总产值289亿元，产值规模居全省前列。以“中国优质丝苗米之乡”为依托，打造台山市丝苗米省级现代农业产业园，项目总投资2.88亿元，引领区域产业集聚；创建“江门大米”产业联盟，整合优质粮食产业链各环节龙头企业71家，推动产购销一体化；品牌建设成效明显，全市新增恩平濑粉、恩平大米、台山蚝、鹤山粉葛等4个农产品地理标志，新增新会小农占、飞机洞、大槐侨场、鹤山市花木盘景协会等4个农产品集体商标，恩平马铃薯入选“全国名特优新农产品”名录，全省入选“广东好粮油”产品41个，江门市“侨福”“珍香”“会元”“白菊”4个大米、小麦粉产品名列其中。

【粮食安全监督】 2020年，江门市将“粮食安全”列入江门市县域经济社会发展考核评价体系，设置相应权重，夯实市（区）粮食安全主体责任。制定《全市做好“六稳”工作落实“六保”任务情况“红黑榜”督查通报机制》，对“六稳”（稳就业、稳金融、稳外贸、稳外资、稳投资、稳预期工作）、“六保”（保居民就业、保基本民生、保市场主体、保粮食能源安全、保产业链供应链稳定、保基层运转）任务清单实行红黑榜月度通报制度。全市“省考”与“市考”同部署、同落实，上下联动，确保粮食安全责任制落实落细。是年，江门市以第二名的成绩获2019年年底全省粮食安全责任考核优秀等次，受到省政府通报表扬，新会区、开平市获全市粮食安全责任考核优秀等次，受到市政府通报表扬。加强库存检查。开展春季粮食库存普查，检查地方储备粮承储企业17家，库点40个，仓房281座，检查库存粮食数量占全市地方储备粮总规模96.27%（3.73%处于正常轮空期），全市库存粮食数量真实、质量良好、储存安全。加大抽检力度。2019年库存质量大清查后全市新入库政策性粮食库存32.58万吨（按2020年11月底统计），市县两级抽取库存政策性粮食样品送检123个，样品代表数量高于大清查后新入库政策性粮食库存30%，检验合格率100%。强化监督检查。联合市市场监督管理局对粮食经营企业开展“双随机一公开”（双随机一公开是随机抽取检查对象、随机选派执法检查人员，抽查情况及查处结果及时向社会公开）监督检查；联合江门海关对政策性粮食承储企业超标粮食和进口粮食进行出库、库存和疫情防控检查，严防不合格粮食流入口粮市场或用于食品加工。全市没有发生粮食安全事故。

【粮食应急管理体系建设】 2020年，江门市健全粮食应急保障体系。印发《关于进一步完善粮食应急保障体系的通知》，补齐“米袋子”产品生产加工能力短板，全市有5家稻谷（或小麦）日加工能力200吨（或300吨）以上的原粮应急加工企业。设置粮食应急供应点81个、应急加工点30个、应急配送中心4家、应急储运企业11家。粮食应急日供应能力达到大米5188吨、面粉803吨、食用油351吨。粮食应急日加工能力达到稻谷2061吨、小麦1200吨。粮食应急运输车辆360辆，粮食应急日运输能力1506吨。

【粮食流通基础设施建设】 2020年，江门市加快现代粮食仓储物流基础设施建设，夯实粮食安全保障基础。市本级谋划在市区金岭粮库新扩建仓容16万吨现代化粮库，一期先行建设6万吨，总投资1.92亿元，建成集粮食、救灾物资仓储、物流、加工等功能于一体的粮食物流园区。其他仓容预留择机建设。台山市国有粮食集团有限公司依托台山市丝苗米省级现代农业产业园，引进仓库水冷技术及粮食智能化技术建设仓容2.5万吨。至年底，全市规模以上单位企业粮食仓储设施总仓容126.2万吨，其中中储粮江门直属库总仓容32.3万吨，地方总仓容93.9万吨。推进粮食信息化建设，全市政策性储备粮存储库点实现“省—市—县—粮库”互联互通，库点“视频通”“数据通”覆盖率分别达100%、98%。

【粮食物资储备管理】 2020年，江门市储备粮规模31万吨，其中市区储备粮规模16.5万吨、县级储备粮规模14.5万吨。食用植物油2500吨。粮食风险基金核定规模9666万元。全市地方储备粮储存库点29个，完好仓容54.8万吨，其中承储库点18个(2.5万吨以上库点5个)，代储库点11个(2.5万吨以上库点2个)。全市储备帐篷类、被子类、衣服类、床类、应急灯类等生活类救灾物资15.53万件；储备食盐1234吨、冻猪肉921吨、方便面85万吨、饼干120吨。建立完善储备物资管理机制。加大对储备物资数量和质量监管力度，定期开展储备物资仓库实物库存检查，确保储备物资数量真实、质量优良。健全储备物资应急响应制度。制定储备物资应急动用机制，明确紧急状态下储备物资动用程序、流程监管、事后评估等，做好市级物资储备动用准备；加强经费保障。各级政府将应急物资储备资金纳入本级财政年度预算，并明确用途。

供销合作商业

【概况】 2020年，江门市供销合作社联合社有县（市）联社5家，干部职工158人，社属公司46家，基层供销社58个，行业协会18个，农民专业合作社194个，农村综合服务社373个，经营服务网点1216个。

是年，江门市供销合作社在2019年全省供销合作联社系统综合业绩考核中获一等奖（全省第二名）；在全省系统乡村振兴考核中，新型乡村助农服务示范体系建设考核被评为优秀等级（全省第二名）；台山统防统治经验《广东省台山市冲蒌镇供销合作社构建带农助农为农新模式打造新型标杆基层社》专题报送国务院副总理胡春华、中办国办并得到关注和肯定；《江门市织密冷链物流网络为“侨字号”农业品牌保驾护航》信息被省委办《每日汇报》第143期采用刊发，冷链物流网建设工作得到省委、市委肯定；综合改革、冷链物流等工作分别在全国、全省供销合作联社系统会议作经验发言。

【供销社新型乡村助农服务示范体系建设】 2020年，江门市供销合作联社以改造升级、合作共建的方式建设服务平台（中心），融合农资农技、冷链物流配送、农产品购销加工、农业机械、农村金融保险等服务功能，拓展服务覆盖面。至年底，建成县域助农综合平台7家、镇村助农服务中心67家。

【供销社经营发展】 2020年，江门市供销合作联社系统做好农资、农产品、再生资源、日用消费品等经营业务，通过发展社有企业和开放办社，整

2020年7月22日，江门市供销社与广东省环城绿骑环保科技有限公司在鹤山市新供销再生资源园区有限公司举行战略合作框架协议签约仪式

（市供销社 供）

合资源新建基层社和专业合作社，拉动全系统总体经营额增长。全年销售农资27.7亿元，农副产品105.1亿元，日用消费品35.58亿元，再生资源6.11亿元。

【供销社综合改革】 2020年，江门市供销合作联社制定改革任务清单，抓好“新网工程”及农产品产销对接示范工程项目建设，全年建成农民专业合作社示范社5家、农产品经营旗舰店1家和社区连锁店15家、日用品经营门店和农资经营门店各1家。

【供销社助力精准扶贫和消费扶贫】 2020年，江门市供销合作联社依托广东厨艺技工学校，打造“粤菜师傅”名片，对江门本地及广西崇左市等对口扶贫地区的农村劳动力尤其是精准扶贫对象进行“粤菜师傅”技能培训，提高其就业创业能力。同时，依托线上线下渠道，开展消费扶贫进社区、进机关、进食堂活动，用以销代买的方式带动甘孜、湖北等地区的农特产品销售，助力脱贫增收。全市供销系统设立消费扶贫专柜7个，帮助销售对口扶贫农产品72万元；由市供销合作联社直属公司代运营广东东西部扶贫协作产品交易市场江门馆，推动东西部扶贫协作地区农副产品双向流通。

【供销社助推农业污染控制】 2020年，江门市供销合作联社通过村社合作、社有企业带动、社会能人参与等方式，探索推进统防统治农业社会化服务，指导台山市社推进农业面源治理示范体系建设，在当地17个镇（街）中挑选9个镇作为重点示范推广，从示范镇中挑选78个重点村实施整村推进，服务面积2.95万公顷。

专项贸易

【烟草专卖】 2020年，江门市烟草专卖局（公司）下辖新会、台山、开平、鹤山、恩平等5个县（区）级烟草专卖局（分公司）。辖区内有卷烟零售户21915家，比上年增加2296家。其中，城镇零售户15561家，农村零售户6354家。

全年查处案件568件，查获各类违法卷烟5190.99万支，查获假冒卷烟商标及封签纸4603.5万张、滤嘴棒4203.15万支、制假烟丝10370公斤及其他原辅材料，案值4447.06万元；配合有关职能部门拘留40人，提请批准逮捕30人，判刑17人；成功申报3宗符合国家烟草专卖局标准和1宗符合省烟草专卖局标准的网络案件。推动“20支”烟草全零售现代网络建设，建成直营店8家，合作店、加盟店28家。改善卷烟零售户服务模式，零售户经营毛利率在12%以上，零售户满意度提升至96.57%。推进文明吸烟环境建设，建成室内吸烟室、室外吸烟亭16个，铺设吸烟柱1015个。

（市烟草专卖局）

【石油销售】 2020年，中国石化销售股份有限公司广东江门石油分公司有加油站161座和便利店160个，提供成品油批发、零售，饮料、食品、粮油、百货、烟酒等便利店名优商品销售，以及汽车服务、餐饮、粤通卡、保险、银行ATM等综合服务。

是年，中国石化销售股份有限公司广东江门石油分公司销售成品油总量58.4万吨，比上年下降10.4%；非油品营业额6.81亿元，下降32%。支持地方绿色发展，加油站完成油罐防渗改造33座，新建成投入经营油站2座，“他有我营”油站3座。升级改造加油站与便利店网点，增加充电桩、自动洗车、无感支付等智慧元素。拓展“易捷”便利店和“广东石油”App品牌，与建行、兴业、广发、邮储等银行和平安、人保、太平洋、太平等保险及电信、联通、供电等企业开展跨界合作，整合资源共同打造线上线下综合服务商业平台。在江门职业技术学院引进首座校园易捷便利店。门店销售额1.87亿元，App线上营业额5222万元。推进人才强企工程，连续3年与江门职业技术学院联合举办易捷店长班，年内招收学生9人，累计招收学生42人。举办“情暖驿站满爱回家”大型公益活动，为春节“返乡摩骑”提供“1+10+X”免费服务，获“热心公益服务社群”牌匾等公益称号。

（谢慧婷）

【食盐专卖】 2020年，广东省盐业集团江门有限公司盐产品销售7.10万吨，比上年增长15.88%。其中，食品加工用盐外部销售2.57万吨，比上年增长2.97%；加碘小包装食盐外部销售1.39万吨，下降3.74%。全年主营销售收入9112万元。年纳税总额364万元。盐产品企业年度库存8253吨，比上年增长16.53%。省级政府食盐储备2573吨；江门市级政府食盐储备1455吨，完成政府食盐应急储备量任务。

（田海燕）

2020年4月24日，江门市烟草专卖局（公司）在一楼大会议室举办正确政绩观大家谈演讲比赛。图为参赛选手获奖现场　（市烟草专卖局　供）

旅游业

综　述

【概况】 2020年，江门市旅游总收入103.34亿元，接待游客989.91万人次，根据可比口径，同比恢复79.63%和70.36%。至年底，全市有1个国家全域旅游示范区，1个广东省全域旅游示范区，24个国家A级旅游景区，2个省级旅游度假区，4个全国乡村旅游重点村，11个广东省文化和旅游特色村，4个广东省旅游风情小镇，6条乡村旅游精品线路，27个市级乡村旅游示范镇，52个市级乡村旅游示范村，88家旅行社，32家备案登记旅游民宿，11家星级饭店。

【旅游信息化建设】 2020年，江门市文化广电旅游体育局贯彻《广东省加快构建现代公共文化服务体系实施意见》，汇聚包括文化馆，图书馆，博物馆，美术馆，体育场馆，旅游景点等各类别公共文化旅游服务资源的江门市公共文化云平台，同时通过数据信息整合的方式，组建成公共文化数据资源库集群，形成江门市公共文化云数字资源库平台。文化云平台进行版本升级，增加旅游和体育模块，增加页面的交互性。对后台进行升级改造，对接微信进行消息提醒。推进"一部手机游江门"智慧旅游项目，通过移动终端为游客提供包括吃、住、行、游、购、娱、休闲等智能服务。全市完成旅游厕所电子地图标注233座，标注率96.28%。

2020年4月15日，在台山市举办2020年江门市全域旅游工作现场会。图为全域旅游扶持资金发放仪式　（市文化广电旅游体育局　供）

【文化旅游体育融合发展】 2020年3月，江门市发布《江门市侨乡文化遗产游径总体规划及游径设计》，对接粤港澳大湾区游径建设。6月，结合开平碉楼与村落申遗成功纪念日，举办"免费游江门"活动,活动当天吸引来自广州、深圳、佛山、东莞、珠海、中山、肇庆、湛江、茂名、梅州等市的游客近2万人到江门市A级景区旅游。10月，江门市获国际饭店与餐馆协会授予的"世界名厨之乡"称号。仓东遗产教育基地入选由粤港澳青少年内地游学联盟评选的2020年度"港澳青少年内地游学推荐产品"名单。台山市华侨文化博物馆、伍炳亮黄花梨艺博馆等文化场馆成功创建国家AAA级旅游景区。

【全线旅游工作现场会】 2020年4月15日，2020年江门市全域旅游工作现场会在台山市举办。现场会以实地考察+工作会议方式召开，考察台山市大江镇公益埠、雷洁琼祖居、伍炳亮黄花梨艺术博物馆和台山市水步镇草坪村，并在伍炳亮黄花梨艺术博物馆举行工作会议，对全面推进江门市2020年全域旅游各项工作作动员部署。开平市创建第二批广东省全域旅游示范区，新会区、鹤山市、恩平市入选第三批广东省全域旅游示范区创建名单。

旅游开发建设

【概况】 2020年，江门市成立由分管市领导担任指挥长、各相关部门作为成员单位的市旅游重大项目建设指挥部。赤坎古镇华侨文化展示旅游项目、华侨城古劳水乡文旅项目、滨海新区碧海银湖项目、佳源帝都温泉山庄、北陡镇海豚湾滨海旅游项目等文旅项目完成投资额31亿元，年度投资额完成率260.71%。华侨城古劳水乡文旅项目一期首开区于国庆节迎客。台山市政府与万旅集团签订项目合作协议，计划投资60亿元建设台山川岛浪漫海岸项目。蓬江区棠下镇良溪村、江海区礼乐街道英南村、新会区睦洲镇石板沙村、台山市端芬镇海口埠、开平市大沙镇大塘面村、鹤山市古劳镇上升村、恩平市牛江镇昌梅村等7个村获评第二批广东省文化和旅游特色村。

【旅游规划编制与实施】 2020年3月，江门市发布《江门市侨乡文化遗产游径总体规划及游径设计》，在全省率先完成游径规划编制，计划侨乡世界文化遗产游径、海上丝绸之路游径、白沙游径、白沙游径、古劳水乡游径、温泉之乡游径和侨乡红色文化游径等6条游径，对接粤港澳大湾区游径建设。完成长堤历史街区段、釜山公园—城央绿廊段、启超游径段、古劳水乡段、恩平冯如段共5个侨乡文化遗产游径精华示范段建设。

旅游市场开拓

【概况】 2020年，江门市加强区域合作联动，以组织参加旅游展览、开展专题推介活动和编制江门旅游宣传资料、制作有本土特色的文创小礼品等，开拓省内省外旅游市场。旅游目的地营销创新发展。在形象宣传片播放、歌舞表演、上台推介、互动抽奖等推介会常规项目之外，加强具生活味、趣味、人情味的现场互动环节，抓住重大节日、黄金周、假期等时机，创新应用马蜂窝、携程等新媒体开展旅游营销，推广旅游资源，宣传推广“中国侨都诗邑江门”文旅品牌形象。

【旅游宣传营销】 2020年3月31日，江门市举办“陌上花开缓缓归”江门市旅游线路发布会，向市民推广踏青赏花、网红打卡、乡村风貌、侨乡文化、海岛风情、温泉养生等六大板块30条户外自驾旅游路线。4月22日，举办江门文旅品牌发布暨文旅政策宣介会，推出江门文旅“门”字LOGO（商标）和“中国侨都诗邑江门”口号，启动“广东人游江门、江门人游五邑”等活动，联合马蜂窝推出5条旅游精品线路。市文化广电旅游体育局联合市商务局、市国资委、市市场监管局和市（区）人民政府在全市范围内，围绕旅游、购物、餐饮、文化、住宿等板块抱团让利保本促销，从6月2日起开展“惠民消费·夏日缤纷100天活动”。包括“20城联动·千团游江门”“6·28免费游江门日”“线上文附录旅消费券”3项活动。全市近40家旅行社参与“20城联动·千团游江门”活动，围绕江门“侨、楼、泉、海”等元素，设计旅游线路，推出“江门一天游”“两天一夜游”系列精品线路近100条，发动全省超200家旅行社及分支组织来自深圳、广州、珠海、佛山、中山、肇庆、东莞、惠州等20个城市4.4万名游客游览江门市各旅游景区点。

【旅游区域合作】 2020年8月19—21日，江门市文化广电旅游体育局联合广州市、中山市旅游主管部门赴兰州市、昆明市举办“魅力大湾区秀美广中江”2020广中江旅游联盟旅游推介会，两地文化广电和旅游局领导、旅游企业代表、媒体记者共200余人出席推介会。9月25—27日，联合珠海市、中山市、阳江市旅游主管部门赴厦门市、桂林市开展以“魅力广东·最美珠江西岸游”为主题的旅游推介活

2020年4月22日，江门市在江门市龙溪湖阅读中心举行江门文旅品牌发布会暨文旅政策宣介会，发布“中国侨都诗邑江门”文旅品牌口号及“门”字文旅LOGO
（市文化广电旅游体育局 供）

动，推介江门旅游形象，宣传江门旅游系列产品。

【2020年江门市旅游推介会】 2020年8月4—5日，江门市市长刘毅带队到成都市、贵阳市分别举办“双都相约•川流不息”江门—成都文旅推介交流会和“山海联动·贵客临门”江门—贵阳文旅推介交流会，会上两地文旅部门、旅游行业协会达成共同做大双方旅游客源市场、互相推动旅行社组团旅游等共识，8月14日、16日贵阳、成都两地游江门首发团分别抵达江门旅游。

【2条乡村旅游线路入选第二批广东乡村游精品线路名单】 2020年，江门市新会陈皮健康生态自驾游、开平碉楼侨乡文化之旅获评第二批广东省乡村旅游精品线路。分别是新会陈皮健康生态自驾游和开平碉楼侨乡文化之旅。新会陈皮健康生态自驾游包括圭峰山风景名胜区、石板沙疍家风情岛、新会陈皮村、陈皮古道、东风生态园、桃荫别墅等景点，开平碉楼侨乡文化之旅包括强亚村美丽乡村示范村、自力村碉楼与村落景区、祖宅“如也”民宿、塘口旧墟粮仓、华侨园林立园景区、南屏“十石村”等景点。至年底，全市入选省乡村旅游精品线路6条。

旅游行业管理

【概况】 2020年，江门市文化广电旅游体育局落实《关于江门市促进文旅产业复苏和发展若干措施》，开展暂退部分旅游服务质量保证金、发放导游人员稳岗补贴和旅游民宿扶持资金等工作，稳定旅游企业和旅游人才队伍发展，做好旅游行业管理；将疫情防控纳入日常安全生产巡查监管，落实常态化疫情防控措施。开展旅游企业专项整治检查，加强对旅游企业各项业务进行事前事中事后监管，提升旅游企业服务质量。

【旅游安全管理】 2020年，江门市文化广电旅游体育局在旅游景区、星级饭店和旅行社加强旅游安全生产宣传，督促落实A级景区、星级酒店、高危险性体育经营单位安全生产主体责任，并抓好节假日等重点时段旅游安全工作，保障重点时段和重点环节旅游安全，全年无旅游安全事故发生；落实常态化疫情防控措施，督促旅游企业执行疫情防控规定，制定防控工作制度和应急预案，实行戴口罩、扫描“健康码”、检测登记等制度，执行人员限流限量措施，实行预约消费、错峰入场等措施，做好密闭娱乐场所人流量监测预警相关工作，防范聚集性风险。

【旅游质量监管】 2020年，江门市打击“不合理低价游”、强迫消费等突出问题，规范导游执业行为。市文化广电旅游体育局开展“不合理低价游”及非法经营旅行社业务专项整治行动，加大对旅行社低价揽客、不签订旅游合同及导游擅自增加购物和另行付费项目、强迫或变相强迫、诈骗游客消费等行为的查处力度；针对投诉多、问题多的热点，加大执法检查力度，打击“不合理”低价游、诱骗引导游客购物、甩团滞留等违法违规行为。监督指导江门市旅游星级饭店评定委员会开展旅游行业质量提升工作，提升规范化、专业化和个性化服务水平。江门市旅游星级饭店评定委员会针对星级饭店开展评定性复核工作。是年，1家四星级旅游饭店和1家三星级旅游饭店通过评定性复核。

【旅游人才培训】 2020年，江门市加强导游队伍建设。举办6期地接导游质量提升培训班，通过邀请省内外旅游先进地区优秀导游人员和景区讲解员，以课堂讲授、沙龙座谈、实地模拟讲解等形式，理论结合实际，提升全市地接导游、景区讲解员和乡村讲解员带团讲解接待水平。10—11月，市文化广电旅游体育局与江门开放大学合作举办6期全国导游人员资格考试考前培训班，邀请市旅游院校专业教师授课，通过现场答题、模拟测试、边改边练等方式方法，提高考生应试答题能力。在全市旅行社、景区点、旅游院校中挖掘优秀导游人员进入优秀导游人才库，有针对性地进行重点培训。对优秀导游人才，加大政策倾斜和奖励力度。加强合作交流，与珠海市导游协会、佛山市导游协会进行交流、讨论、学习，并就推进粤港澳大湾区新型导游人才培养、加强江港澳三地导游协会合作、提高导游人员整体服务质量与讲解水平、导游带团经验分享、导游自由执业、政务导游培养等方面进行探讨；组织江门市旅行社在职导游参与江门珠西综合交通枢纽江门站学习，到佛山南山十二院学习等活动。

【旅游标准化建设】 2020年，江门市文化广电旅游体育局开展2020年度旅游星级饭店评定及复核相关工作。新会龙泉度假酒店和台山下川新帝苑别墅度假邨分别通过四星级旅游饭店和三星级旅游饭店评定性复核；对依法建设且符合相关规模要求的，办理商事注册登记的民宿经营单位予以备案登记；落实全市旅行社及其分支机构的设立、备案、变更、注销等旅行社资质业务和导游证换发业务纳入全国旅游监管服务平台办理。至年底，全市有国家A级旅游景区24个，包括1个AAAAA级景区、9个AAAA级景区、13个AAA级景区、1个AA级景区，其中2020年新增开平碉楼文化旅游区1个AAAAA级旅游景区，新增江门恒大泉都旅游度假区、台山市华侨文化博物馆、台山颐和温泉养生度假区、伍炳亮黄花梨艺博馆、台山喜运来温泉度假区、长廊生态园6个AAA级旅游景区。

（市文广旅体局）

教　育

综　述

【概况】　2020年，江门市有基础教育学校1131所，在校生76.46万人，教职工6.35万人。其中，幼儿园635所，在园幼儿14.94万人，教职工1.89万人；小学325所，在校生35.46万人，教职工2.11万人；中学148所，在校生22.79万人，教职工2.11万人；特殊教育学校7所，在校生1078人，教职工265人；中职学校16所，在校生3.17万人，教职工2149人。

是年，江门市教育系统加强思想政治教育创新能力建设，打造思政课“江门经验”和“江门样本”。率先完成“5080”（公办园在园学生比例达到50%，普惠幼儿占比达到80%）工作任务，成为全省5个率先初步达标的地级以上市之一。推进集团化办学，新增教育集团7个，累计54个，覆盖从学前教育、义务教育、普通高中及职业教育全阶段。推进“强师工程”，全市有在职在岗正高级教师31名，省特级教师58名，省新一轮“百千万人才培养工程”的培养对象20人。

是年，市教育局被省委、省政府授予“广东省爱国拥军模范单位”称号。创建2所“全国文明校园”、1个“全国家庭教育创新实践基地”、13所“全国青少年校园篮球体育传统特色学校”、11所“全国青少年校园排球体育传统特色学校”；创建2所省文明校园、5个省级研学教育基地、3个省级校园生活垃圾分类教育基地、3所省中华优秀文化传承学校、13所省艺术特色学校、14所省篮球推广学校、20所省排球推广学校。

表29

2020年江门市学校基本情况表

类别	学校数（所）	班数（个）	招生人数（人）	在校生人数（人）	毕业生人数（人）	教职员工（人）		校园面积（平方米）	
						合计	专任教师	占地面积	建筑面积
幼儿园	635	4859	54992	149419	50185	18973	9844	2017078	1402806
小学	325	8336	57646	354628	50756	21089	17705	7988856	3407277
初中	100	3161	50618	145913	44494	17751	10614	7958400	3477562
高中	48	1648	29331	82032	24297	9277	6208	3220318	1902062
普通中学	148	4809	79949	227945	68791	21140	16822		
特殊教育	7	85	214	1078	153	265	245	79259	45851
中职学校	16	726	10941	31736	10652	2149	1906	1091250	633867

说明：此表为江门市幼儿园、中小学、特殊教育、中等职业学校等统计数据整理而成，其中“普通中学”栏目数据为初中、高中两相同栏目数值之和

【教育信息化建设】　2020年，江门市基础教育系统继续落实《教育信息化“十三五”规划》《教育信息化2.0行动计划》，推进“互联网＋教育”发展，促进教育信息化与教育教学融合创新。组织线上教育，实现停课不停教不停学。全市于2月10日开通线上高中课程，2月17日开通线上小学、初中课程。各学段各学科共推出教学视频3800多个，相关教学资源近2万件。培育推广创新示范，搭建“江门智慧教育平台”。推进国家课程数字教材应用全覆盖、信息化中心学校、教育信息化融合创新项目、教育信息化应用融合创新示范课题、基

础教育信息化应用典型案例、“5G+教育”试点等项目实施，推动“江门智慧教育平台”（三期）建设。启动提升工程2.0，实现“三提升一全面”（校长信息化领导力、培训团队信息化指导能力、教师信息化教学能力显著提升，全面促进信息技术与教育教学融合创新发展）。制定《江门市中小学教师信息技术应用能力提升工程2.0实施方案》，启动2个试点县和56个试点校的示范建设，以点带面，探索建立以校为本、基于课堂、应用驱动、注重创新、精准测评的教师信息素养发展机制，建立“整校推进”混合式校本研修模式。坚持“做好教学保障，全面排查风险，及时发现预警，强化科学处置”原则，抓实防攻击、防病毒、防篡改、防瘫痪、防泄密工作重点，严防发生重大网络安全事故，完成IPv6升级改造工作，确保教育网络安全和稳定。

【师资队伍建设】 2020年，江门市教育局落实“县管校聘”综合改革工作，出台《江门市公办中小学临聘教师管理暂行办法》《江门市中小学教师退出岗位实施办法》。开展优秀教师表彰评选活动，评选“江门市优秀教师”60人，于2020年教师节文艺晚会表彰12名“江门市优秀教师”代表和12名30年教龄的教师代表。推动教师支教和交流，派出43名教师赴新疆、西藏、甘孜藏族自治州、广西、梅州市支教，其中新疆24人，西藏3人，甘孜藏族自治州1人，广西9人，梅州市15人，派出5名教师出国支教。接收四川甘孜藏族自治州骨干教师到江门市挂职学习教师4人，接收广西崇左市到江门市挂职学习5人。市内主城区优质学校选派8名骨干教师到台山市、开平市、恩平市农村学校支教，市内主城区优质学校接收台山市、开平市、恩平市农村学校跟岗学习教师17人。加强师德师风建设，在全市教育系统开展以“淬炼师德师能，践行育人使命”为主题的师德建设主题教育月活动。

【教育教学研究】 2020年，江门市参加全国中学生五大学科竞赛获奖数量和质量稳步提升，其中获全国一、二、三等奖115人，比上年增加38人，获奖等次和人数均创新高。在2020年全国生物学联赛中，获奖40人（全国一等奖4人，二等奖14人，三等奖22人），其中江门一中获一等奖4人，居全省获一等奖学校第三位。落实《江门市中小学兼职教研员管理办法（试行）》，10月，完成首批88名兼职教研员第三次年度工作考核，12月，完成第二批160名兼职教研员遴选聘任工作。成立江门市普通高中学科核心教研组，聘请97位成员组成学科组9个。推进“协同高效课堂”探索改革，组织开展初中和高中集体备课优秀成果征集评选活动，收到参评成果410项，比上年增加54项。疫情防控期间，组织全市“空中课堂”课程资源征集、初高中毕业年级“邑起共练”和高一高二上教育中期质量诊断等活动16轮次。推出教学视频3000多个，其他相关教学资源1.8万件，丰富线上教育资源；全市学生登录测试共练超145万人次，形成数据分析报告64份。印发《江门市教育局关于印发江门市深化中小学课堂教学改革行动计划的通知》，公布江门市深化中小学课堂教学改革行动计划第一批实验项目173项，推进全市课堂教学改革。24个项目入选“广东省教育科学‘十三五’规划2020年度研究项目”，并获省财政资助38万元。组织评选2019年江门市普通教育教学成果奖一等奖9项，二等奖20项。开展江门市2020年度基础教育优秀教学论文评选活动，评选优秀论文930篇。组织参加第二届广东省中小学青年教师教学能力大赛决赛，获奖48人，其中一等奖6人，二等奖18人，并获优秀组织奖。全市2020年中小学教师教学基本功培训及比赛活动参赛人数1.3万人，比上年翻一倍。全学年举行中小学三个学段18个学科优质课例比赛，近1000名教师参加初赛和决赛，并创新开展说播课比赛。“一师一优课、一课一名师”活动中，全市晒课教师数占本区域教师数比例72.54%，名列全省第一位；晒课总数3.22万节，名列全省第四位；省级优课数92节，名列全省第四位。组织新课标、新教材全员培训，举办培训19场，参加学习4000人。组织高中语文教师参加第二届粤港澳大湾区高考作文“下水作文”大赛，取得优异成绩，其中，获特等奖1名，一等奖3名，居全省前列。发挥名师示范、

2020年6月29日，江门市农林小学参加江门市小学生讲抗疫故事比赛参赛选手

（市教育局 供）

引领和辐射作用，从2012年起，先后组织江门市学科“名师大讲堂”系列活动49场，邀请本地区省市名师上示范课、说课和讲座，1.35万名教师现场聆听分享，收到良好效果。高考再创佳绩，本科入围人数1.58万人，比上年净增197人，增幅高于全省平均水平。普高本科入围61.03%，再创历史新高，增长0.73个百分点，高出全省平均水平20多个百分点。

【扶贫助学】 2020年，江门市各学段贫困学生享受国家政策资助人数12.5万人次，资助金总额1.54亿元，没有因贫失学或因学致贫情况发生。其中，资助家庭经济困难学前儿童、孤儿和残疾儿童5638人次，发放资助资金281.9万元；资助义务教育阶段学生2.76万人次，发放生活费补助资金991.71万元。开展义务教育农村学校营养改善计划，台山市作为试点，全年享受学生4504人次，投入资金171.34万元。继续落实中等职业学校免学费政策和国家助学金制度，中等职业学校享受免学费政策学生5.9万人次，补助资金9780.87万元，国家助学金资助中等职业学校学生4666人次，发放433.92万元。资助普通高中在校生中家庭经济困难学生8179人次，发放国家助学金818.2万元。2019—2020学年，资助普通高中家庭经济困难学生和高中阶段学校困难转复退军人子女（江门市政策）91人，补助资金7.27万元。2018—2019学年在江门学校就读的省建档立卡等家庭经济困难（含非建档立卡残疾、农村低保家庭、农村特困救助供养）普通高中学生免除学费2305人，免学费329.63万元。2019—2020学年，为市建档立卡等家庭经济困难学生（义务教育阶段、高中阶段、大专学生、本科和研究生）6333人发放生活补助费1840.37万元；为普通高中和大专、本科和研究生市建档立卡等家庭经济困难学生1482人免除学费582.12万元。资助大学家庭经济困难新生758人，补助资金437.42万元。全市办理生源地助学贷款2691人，发放贷款2162.87万元。是年，五邑慈善高考助学、江门慈善“蒲公英关爱行动”高考助学、江门农商银行2020年奖优助学、广东骏贤集团有限公司高考奖优助学、明德慈善教育基金会奖励资助高考成绩优秀及家庭困难学生437人，发放资金138.3万元。

【教育督导】 2020年，江门市成立新一届江门市人民政府督导委员会。市教育局牵头制定江门市校外托管机构管理联席会议制度。做好开展新冠肺炎疫情防控督导检查工作。完成迎接省对江门市人民政府2019年履行教育职责评价工作的各项准备工作，对市（区）开展履行教育职责评价，组织160多所学校数万名师生、学生学长，1万多名社会人士参加对市政府履行教育职责评价公众满意度网上问卷调查。在全市范围内完成对开展义务教育阶段学生思想品德、科学科目的质量监测。开展规范化幼儿园认定和义务教育标准化学校达标验收工作。

【新疆高中班开办】 2020年，江门市培英高级中学承接新疆高中班学生170人，开设新疆高中班16个，在校学生639人。是年，新疆高中班毕业生154人参加高考取得优异成绩，本科入围率81.2%，祖米来提同学被中国科学院大学录取。疫情期间，通过“空中课堂”给新疆学生进行网络云教学，实现“停课不停学”。新疆部主任严红丽被评为“江门市抗疫先进个人”。

表30 **2019—2020年江门市生均一般公共预算教育事业费支出增长情况表**

普通小学（元）			普通初中（元）			普通高中（元）		
2019年	2020年	2020年比2019年增长（%）	2019年	2020年	2020年比2019年增长（%）	2019年	2020年	2020年比2019年增长（%）
11355.65	11697.20	3.01	16640.23	16725.11	0.51	15539.96	15816.83	1.78

表31 **2019—2020年江门市生均一般公共预算公用经费支出增长情况表**

普通小学（元）			普通初中（元）			普通高中（元）		
2019年	2020年	2020年比2019年增长（%）	2019年	2020年	2020年比2019年增长（%）	2019年	2020年	2020年比2019年增长（%）
1758.32	1810.96	2.99	2641.78	2684.35	1.61	1488.74	1832.56	23.09

（市教育局）

基础教育

【概况】 学前教育 2020年，江门市有幼儿园630所，在园幼儿14.94万人，适龄幼儿学前三年毛入园率107.06%。制定《江门市学前教育“5080”攻坚行动实施方案》。至年底，全市公办幼儿园在园人数占比52.94%；公办和普惠性民办幼儿园在园人数占比85.46%。

义务教育 2020年，江门市有义务教育阶段学校505所，其中小学325所、九年一贯制学校49所、初中100所、完全中学28所、十二年一贯制学校3所；其中民办学校37所。全市义务教育阶段学校在校学生50.05万人，其中，小学35.46万人、初中14.59万人。民办学校在校生5.79万人。小学学龄儿童入学率100%，小学五年巩固率99.03%；小学毕业生升学率100%。初中阶段教育毛入学率114.1%，初中三年保留率97.42%，初中毕业生升学率99.22%。小学辍学率为零，初中辍学率为零。

普通高中教育 2020年，江门市有普通高中学校48所，其中完全中学28所，高级中学17所，十二年一贯制学校3所，在校学生8.20万人。全市高中阶段教育毛入学率98.82%。

特殊教育 2020年，江门市有特殊教育学校7所，义务教育阶段适龄残疾儿童少年在校学生2070人，保障适龄残疾儿童少年受教育权利，做好开展未入学残疾儿童少年核查和安置工作，“三残”（智残、体残、肢残)儿童入学率119.4%。

民办教育 2020年，江门市有各级各类民办学校371所。其中，大专院校1所，中等职业学校1所，普通高中2所，完全中学2所，十二年一贯制学校3所，九年一贯制学校23所，初中4所，小学5所，幼儿园330所。民办中职学校在校生1415人，普通高中在校生5153人，初中在校生2.27万人，小学在校生3.52万人，幼儿园在园幼儿7.2万人。民办教育覆盖学前教育、义务教育、高中阶段教育及高等教育等各个阶段。

【学校基础设施建设】 2020年，江门市投入各级各类学校基本建设资金18.63亿元，完成投入资金19.51万元，完成率104.70%。施工建筑面积73.48万平方米，竣工建筑面积40.30万平方米。完成教学及辅助用房建筑面积23.53万平方米，其中，教室面积11.49万平方米，图书馆面积9043平方米，实验室及实习场所面积2.04万平方米，体育馆面积4.18万平方米，其他面积4.91万平方米；行政办公用房建筑面积9470平方米，生活服务用房建筑面积13.73万平方米，其中，学生宿舍面积9.36万平方米，教工宿舍面积9109平方米，食堂面积2.56万平方米，其他面积9064平方米。完成其他用房建筑面积2.09万平方米。是年，新开工建筑面积54.38万平方米，新增土地面积16.84万平方米，新增固定资产9.37亿元。

【教师继续教育】 2020年，江门市级教师发展中心和7所县级教师发展中心建成并运行。开展继续教育远程培训，全年开展线上培训1.13万人次，开展线下培训约2000人次，先后开展针对骨干教师培养的“青蓝计划”（青年教师成长项目、教育管理干部培养、乡村骨干教师培养、学科组长培养），针对卓越教师培养的“翱翔计划”（高中校长领导能力提升项目、基础教育后备人才培训），针对教育家型教师培养的“教育家计划”（领雁教师培养、第五批名师名校长培养项目），打造高素质专业化创新型教育人才队伍。

【名师工程】 至2020年年底，江门市有省名师、名校（园）长、名班主任工作室主持人19名，省特级教师58名，新一轮“百千万人才培养工程”培养对象20名；具有正高级在职在岗教师23名；地市级名校长22名，名教师50名，名班主任27名，江门教育专家29名，市“名师名医名家”58名；有市专家工作室主持人4名，市名校长工作室主持人2名，名教师工作室主持人9名。是年，开展第五批名师名校长培养计划，培养名师队伍后备人才；开展名师大讲堂活动，发挥31个省、市级名师（名校长）和专家工作室传、帮、带作用；开展市级工作室终期考核，有5个工作室考核优秀、10个工作室考核合格。推荐29人参加省级工作室遴选，38人参加省“百千万”培养工程遴选，6人参加省级工作室顾问遴选。

【学校德育工作】 2020年，中共江门市委教育工作领导小组推动成立江门市思想政治教育联盟，市教育局成立江门市中小学德育工作指导委员会，加强对德育重点热点难点的工作研究和指导，加强德育工作队伍和思政教育工作，形成全员全过程全方位育人局面。是年，江门市统筹推进大中小幼思政课建设一体化发展，推动思想政治理论课改革创新。学校党组织书记、校长带头上“思政第一课”，组织60多万名大中小学师生观看话剧《铁骨丹心林基路》，举办红色精神在传承——江门市红故事（中小学生组）宣讲赛等系列活动。以弘扬伟大抗疫精神为主题，组织全市中小学生70多万人观看防疫教育纪录片，开展“复学第一课”等系列教育活动，加强全市大中小学生爱党爱国爱人民的情感，帮助学生“扣好人生的第一粒扣子”，形成全员全过程全方位育人的“大思政”工作格局。推动劳动教育普及和特色发展。把劳动教育纳入人才培养全过程，融入江门传统特色，因地制宜组织学生开展家务劳动、校园劳动、校外劳动、志愿服务等劳动实践活动。选树36所市劳动教育示范学校，涵盖小学、初中、高中、职中、特教等各个学段。建立6个劳动综合实践教育基地，组织开展江门市中小学校劳动教育成果展活动。

【体卫艺教育】 2020年，江门市教育局组织开展全市学校体育与健康优秀论文和校园足球科研课题的科研评选，发挥科研促教作用。加大学生体质健康标准监测力度和推行阳光一小时体育大课间活动，提升学生体质健康监测工作成效，开展体育竞赛，组织举办排球、网球、足球、篮球、游泳、乒乓球、田径、篮球和羽毛球等体育项目比赛。参加广东省“省长杯”校园足球比赛获中职组第五名。鹤山市沙坪中学学生吴卓彬再度入选全国总营的最佳阵容。台山市第一中学代表广东省参加全国中学生男子沙滩排球比赛。

做好学校卫生、心理健康教育。联合市卫生健康局为全市1172所中小学（幼儿园）配备卫生健康副校长，确保每所学校（幼儿园）在复学前2周有医疗机构派驻的卫生健康驻守。联合市卫生健康局开展2020年江门市爱眼月健康宣教暨中小学学生近视干预活动。举办“江门市学生心理危机干预技能培训班”“中小学心理健康教育培训初级和高级培训班”，培训教师1000人次。

加强美育工作，成立江门市中小学美育工作指导委员会，指导美育工作开展和省、市艺术特色学校创建工作。至2020年年底，创建江门市中小学艺术特色学校54所，广东省中小学艺术教育特色学校36所，获评为“国家及广东省中小学中华优秀传统文化传承学校”学校16所。参加全省中小学音乐交流展示活动成绩优异，选送作品《以葵为契，促进学生全面发展》参加第三届粤港澳大湾区学校美术作品展暨第五届广东省高校美术作品学院奖双年展获一等奖；在广东省中小学校高水平艺术团队创建交流展示活动中江门市培英小学管乐团、江海区银泉小学合唱团及江门市培英高级中学舞蹈团均获二等奖。开展主题绘画比赛、家庭亲子阅读手抄报征集活动、师生书法作品比赛，举办2020年江门市中小学生民乐合奏比赛及美育工作成果展活动等。

【校园安全教育】 2020年，江门市基础教育系统坚持疫情防控和校园安全防范两手抓，加强校园安全管控，防止校园安全事故发生。推进“平安校园”创建，60所“广东省安全文明校园”学校100%通过省专家组复检；市教育局在2020年全市食品安全工作评议考核等级为A级；全市取得食品经营许可且正常供餐的学校（幼儿园）食堂食品安全量化分级100%达到B级以上。市教育局组织参加省首届学校食品安全管理员技能大赛获三等奖；先后2次在全省会议上作防范学生溺水工作经验交流，得到省教育厅领导肯定；参加广东省“守护平安·警民同行”主题作品征集活动，获“优秀组织单位”奖；市教育局安全保卫科科长被评为广东省抗击新冠肺炎疫情先进个人；学生非正常死亡人数比上年下降，全年没有发生校方责任安全事故，没有发生师生群体事件。

【江门一中】 2020年，江门一中获评“第二届全国文明校园”“2019—2020年节约型公共机构示范单位”“2020年度广东省空军招飞工作先进单位”，获“江门市2020年高中阶段教育质量管理奖（普通高中教育质量先进学校一等奖）”，被授予“江门市人文社会科学普及基地”“首批江门市中小学劳动教育示范学校”。继续帮扶江门一中附属实验学校发展，完成学校楼宇建设、硬件设施装备、初一学生入学工作。扩容增效工程加快建设，11月，2栋科学教学楼封顶。成立江门一中教育集团，首批4所学校实现抱团共建。注册成立江门一中校友会，举办90周年校庆。学生参加德育体艺比赛获省市一等奖51人次，获省市二、三等奖163人次。深化教学改革，教师教育教学论文发表19篇，获省市一等奖17篇，获省市二、三等奖52篇。2项市级课题和13项校级课题研究结题，2项省级课题和14项校级课题立项。学生竞赛获省市一等奖46人次，其中生物学联赛获广东赛区全国一等奖4人、二等奖7人、三等奖12人。空军招飞4人，全省并列第一名。高考总成绩600分以上133人，上高分优先投档线761人，本科线以上1208人。

职业教育与成人教育

【职业教育】 2020年，江门市全市中职学校共（不含技工，以下相同）16所，其中民办中职学校1所、体育运动学校2所，在校生3.17万人。国家级重点中职学校9所、国家中职教育改革发展示范学校9所，省级示范性中职学校4所、省级重点中职学校2所；承担全国制造业和服务业技能型紧缺人才培养培训工程任务的学校2所；全国重点建设专业1个，全国数控技术职业教育实训基地1个；省级以上重点建设专业（点）22个，广东省中等职业教育“双精准”示范专业19个；学生基本技能和专业水平持续提高，毕业生就业率94.43%。打造了计算机软件、数控技术应用、模具制造技术、电子技术应用、汽车运用与维修、机电技术应用、中餐烹饪与营养膳食、护理、药剂、等一批省级品牌专业。

【中职招生】 2020年，市中职学校招生计划数为11370人，实际招生人数为11755人，招生完成率为103.4%，超额完成省定招生任务。

【职业技能竞赛获佳绩】 每年举办学生技能大赛，以赛促学、以赛促教。市通过每年举办中职学校学生专业技能大赛，引导学生注重内化职业素养，培养学生创新意识和创新能力，使学生从“模仿”到“真会”。大赛对职业教育教学改革和专业建设起引领作用，促进人才培养与产业发展的紧密结合，提高人才培养质量。近年来，市中职学生通过市技能大赛选拔出优秀选手参加省级技能大赛取得优良成绩，2020—2021年度共获一等奖11项、二等奖21项、三等奖67项，与上一年度相比，一等奖获奖数增比22%，获奖总数增比36%。

【职业教育交流合作】 加强粤港澳高职院校交流合作，促进融合发展。一是江门职业技术学院与澳门旅游学院签署合作协议，探索共建粤港澳大湾区旅游行业资格标准，共同促进旅游人才培养。与澳门旅游学院共同牵头，成立粤港澳大湾区旅游职业教育联盟，学院为联盟副主席单位。二是广东江门中医药职业学院与香港职业教育培训机构积极合作交流。近年来，学院与香港职业发展服务处联合申办香港资助的“香港—内地青年交流项目”，双方交流紧密，就专业知识及高校教学实务技巧等方面进行培训。三是广东南方职业学院与香港城市大学签署合作协议，开展教学活动，加入粤港澳大湾区职业教育产教联盟；与澳门大学、澳门科技大学交流合作，派出501名学生共117个项目参加第四届中国“互联网+”大学生创新创业大赛广东省分赛，成果丰硕。

高等教育

【五邑大学】 2020年，五邑大学有19个教学机构，81个本科专业（方向），涉及工、理、经、管、文、法、艺术等7个学科门类，理工类专业（方向）占比65%；有10个省级重点学科，7个一级学科硕士学位授权点和3个二级学科硕士学位授权点和5种硕士专业学位授权类别，硕士授权点覆盖学校理工科专业；有各类在籍学生2.4万人，其中全日制本科生近2万人，研究生800余人；有专任教师1100余人，专任教师高级职称占比近50%，博士学位占比51%；有国家级高层次人才30人（其中包括院士5人、国家“杰出青年”4人、海外“杰出青年”1人、国家“优秀青年”2人、中科院“百人计划”特聘教授1人等），省级高层次人才19人，海外优秀人才近60人。

人才培养　学校推进以“马克思主义理论教育为基础、通识教育为理论拓展、课程思政为理论应用、实践教育为理论体验”的“四位一体”思政教育体系建设。思政理论课改革深化，完善思政课程群建设，将“四史”（中共党史、新中国史、改革开放史、社会主义发展史）教育纳入思政课选修课；加快“广东省高校思政课区域协同创新中心（珠中江）”平台建设，推动构建思政课区域协同发展格局。新设美育教育中心，强化通识教育阵地；举办高端讲座7场次，参加师生近1万人次；情景教学话剧《木棉花开》教育效果凸显，获省大学生艺术节戏剧二等奖和最佳创作奖，并参加全国展演。举办课程思政专题辅导，设立“课程思政”教改项目建设示范课程30门。构建集专业实习、志愿服务、科技创新、社会实践等于一体的实践教育体系。原创舞蹈《大江之门传奇》入选教育部“高校原创文化精品推广行动计划”，获评“全国优秀实践团队”1个，与海军某部队共建共育项目入选“灯塔工程”广东青年大学生思想引领精品项目。师生参与“三支一扶”（支农、支教、支医，扶贫）、脱贫攻坚，8名学生入选2020—2021年度广东大学生志愿服务西部（山区）计划。学校思政教育特色经验在“学习强国”平台及中国教育报等媒体上宣传报道76次。开展专业教育体系建设。有26个专业人才培养方案和课程教学大纲通过专家论证，进入实施和改进阶段；获省级一流本科专业建设点5个、一流本科课程7门；机械工程专业完成工程教育认证专家组进校考查任务，数学与应用数学专业认证申请获受理，土木工程等3个专业提出认证申请。获批教育部新工科项目2个。加强创新创业教育体系建设。现代工业生产技术综合训练中心投入使用，蓝盾集团、深圳乾延药物等校外创新创业教育平台建设推进。全年学生参加省级以上学科竞赛获奖339项，获奖987人次，其中，国际级1项、国家级102项、省级187项。完善管评分离的质量治理体系，成立人才培养质量管理办公室和教学质量保障专家队伍；对影响人才培养目标达成的6要素32个质量控制点实施全员、全过程、全方位的质量管理与监控；建立标准要求形成标准体系，制定“专业质量提升工程”建设标准等；构建校、院二级质量保障运行机制，制定二级教学质量保障体系建设意见。

学科建设　学校聚焦生物医药、新材料、智能制造等重点领域，加大学科建设力度。药学、材料科学与工程、机械工程等“冲补强”重点学科建设取得成效，学科师资力量加强，博士学位占比平均88%；组建科研创新团队，其中院士领衔的科研团队5个。本科生考研人数上升，研究生在*Advanced Materials*等著名刊物发表高水平论文，学生攻读美国罗格斯大学、上海交通大学等知名高校博士学位。以重点学科为依托的“数字光芯片联合实验室”等科研平台取得成果。

科学研究　学校加快建设“粤港澳大湾区人类重大疾病大动物模型联合创新基地”，以此为依托申报建设的“广东省再生医学大动物模型重点实验室”进入答辩。共建“江门市海洋创新发展研究中心”等服务海洋经济高质量发展平台。与广东天物新材料科技有限公司合作成立“柔性传感技术联合实验室”，获经费支持2000万元。是年，学校获市厅级以上科研立项198项。其中，国家级19项、省部级50项、市厅级129项。SCIE（科学引文索引扩展版）收录379篇，比上年增长22.65%；中科院分区一二区论文251篇，占SCIE收录总量66.23%，增长39.44%；EI（全球范围内的一个数据库）收录321篇。在《*Nature*》子刊、*Advanced Materials*等国际权威刊物发表高水平论文。服务创新发展取得成效。“数字光芯片联合实验室”主导研发的4800万像素硅基液晶数字光场芯片获2020中国国际服务贸易交易会“科技创新示范案例”，成为中国首颗工业数字光场芯片，创造硅基液晶芯片分辨率世界纪录；“超低能耗空调系统实践与科研平台研发”项目获评达到国际先进水平，具有推广应用价值，并获全国暖通空调设计大赛第二名。“柔性传感材料与器件”研究团队所发明的一种基于碳纤维材料的柔性触觉传感技术，将日本最高端的阵列式传感器技术分辨率提高2.5倍，获企业经费投入2000万元。中德人工智能研究院（江门）在机器视觉、三维数字化技术方面取得进展，引进德国工业4.0技术示范实验室落户江门，在智慧城市和文化旅游方面得到应用，承担中宣部首批100个红色教育基地数字建模项目。全年申请专利717件，其中发明专利614件［含PCT（专利合作协定）国际发明专利109件，海外发明专利51件］。授权专利1071件，其中，发明专利70件（含首次授权国外专利4件），比上年增长180%。学校首次获广东省专利优秀奖1项。

服务“双区”建设联合主办中国侨联专项活动之一“侨批文化与华侨精神研讨会”，成立“华侨华人文化研究院”，建设侨文化展示馆。巩固纺织新材料粤港联合实验室等平台建设，与香港理工大学、澳门土木工程实验室等联合新建“轨道交通智能运维联合实验室”“粤港澳大湾区五邑大学与澳门土木工程实验室联合实验室”等平台。发挥粤港澳大湾区西岸科教联盟平台优势，开展质量保障一体化建设，举办“粤港澳大湾区人才培养质量保障体系建设学术论坛”并联合开展省规划项目研究。启动“环五邑大学粤港澳青年创新创业走廊”建设，利用江门市相关政策和学校资源，吸引港澳青年到江门开展创新创业。与深圳乾延药物研发科技有限公司共建海洋高端服务平台和海洋科技创新体系，参加南海7国“基于海洋天然产物的新药研发联盟”，推动高端生物医药产业的发展。与深圳信息职业技术学院在通信工程专业开展专插本人才培养试点合作，满足示范区建设对应用型人才需求。联合深圳大学参与“香港岭南大学—五邑大学居家养老联合研究创新中心”和“智能居家养老粤港联合实验室”建设，为深圳“构建高水平养老和家政服务体系”做贡献。

2020年8月18日，在五邑大学举行江门市海洋创新发展研究中心揭牌仪式 （五邑大学 供）

表32 2020年五邑大学基本情况表

教职工（人）	建筑面积（平方米）	教学设备价值（万元）	图书（万册）	实验室（间）
1577	620218.79	41576.037	195	518

表33

2020年五邑大学在校学生情况表

本科学生及专业设置情况					硕士研究生及学位授权点情况			
层次	在校学生（人）	招生（人）	毕业生（人）	专业设置（个）	在校学生（人）	招生（人）	毕业生（人）	硕士学位授权点（授权领域）（个）
普通本科生	19318	5139	4157	50	817	404	165	1. 硕士学位授权一级学科点7个 2. 硕士学位授权二级学科点（不含一级学科覆盖点）3个
成人学生	3656	1130	1068	3				
留学生	1	1	0					

（五邑大学）

【江门职业技术学院】 江门职业技术学院是2004年3月经广东省人民政府批准、教育部备案的公办全日制普通高等学校。学校由原江门教育学院（创建于1984年）、原江门财贸学校（创建于1984年）和原江门市工业中等专业学校（创建于1991年）合并组建。2004年7月，江门职业技术学院挂牌。2006年9月，新校区建成并投入使用。2009年6月，学校通过教育部高等职业院校人才培养工作评估。2018年，建设成为广东省示范性高等职业院校。现为广东省示范性高等职业院校、全国职业院校“魅力校园”、广东省“一带一路”职业教育联盟副理事长单位、广东省学前教育教师发展联盟副理事长单位、江门市职业教育联合会牵头单位。2020年6月，电子与信息技术系更名为信息工程学院，经济管理系更名为经济管理学院。学校设有信息工程学院、经济管理学院、机电技术系、教育与教育技术系、外语系、艺术设计系、材料技术系和马克思主义学院等教学院系8个。开设应用化工技术、复合材料工程技术、工程造价、机械设计与制造、数控技术、模具设计与制造、机电一体化技术、电气自动化技术、汽车检测与维修技术、汽车营销与服务、计算机应用技术、计算机网络技术、大数据技术与应用、汽车运用与维修技术等专业52个。有全日制在校生1.49万人，教职员工718人，其中专任教师626人（含高级职称154人）。学校先后获“广东省文明单位”“广东省安全文明校园”“江门市文明单位”“江门市先进集体”“广东省红旗团委”“广东省普通高校毕业生就业工作先进集体”“广东省语言文字规范化示范校”“广东省践行社会主义核心价值观示范点”“广东省首批法治文化建设示范点”“全国职业院校魅力校园”“广东高校校园文化建设优秀成果特等奖”等荣誉。

重点项目建设 推动“创新强校工程”建设，首次按照A类考核，取得全省排第26名。入选第一批省高水平专业群建设项目3个，立项数居全省高职院校并列第18名。推进学校“十四五”规划编制。完成2020年全国高等职业院校适应社会需求能力第三轮评估工作。

体制机制改革 出台二级学院改革办法，遴选信息工程学院、经济管理学院为二级学院试点单位，释放办学活力。修订《职称评审办法》《绩效工资改革方案》，增设部门绩效考核，激发内生动力。

2020年6月9日，江门市政协与江门职业技术学院在江门职业技术学院礼堂举行江门市政协委员学院揭牌仪式　　（江门职业技术学院　供）

竞赛获奖　全年学校获职业院校技能大赛省赛奖项59个，其中一等奖8个，获奖总数排全省第三名。获省大学生“攀登计划”科技创新培育项目14个，比上年增长40%。获第十二届“挑战杯”广东大学生创业大赛金奖1项、银奖2项、铜奖12项，首次获优胜杯。学校被评为中国国际“互联网+”大学生创新创业大赛广东分赛区优秀组织奖。深化“双创”教育，第三批入驻项目团队11个。

师资队伍建设　全年新增副高及以上职称教师8人、优秀教学团队3个、专业领军人才5人、高层次技能型兼职教师7人、技能大师工作室3个，入选广东省中青年教师国内访问学者项目4人。推进思政课教师、辅导员队伍建设，配备岗位编制，按期完成年度引进计划，单列进行职称评审。学校获评广东省首批“双师型”教师培训基地。

招生就业　拓展招生类型，首次通过自主招生等方式，录取3名省级技能大赛一等奖获得者、2名国家级排球运动员；专本衔接协同育人试点专业增加至3个；现代学徒制试点专业增加至6个。完成各类招生计划5275人，报到率超90%。制定“促进就业创业八条”，跑好“百日冲刺”。244名同学通过广东省专插本考试，占比6.16%。学生就业率99.07%，专业对口率88.09%，平均薪酬3685元，创业率1.82%。毕业生就业服务满意度提升至94.01%。报到率、就业率、创业率等指标位居全省高职院校前列。

科研工作　新增省部级项目13个，获市厅级立项135个。承接企事业单位横向课题200项，比上年增长58.7%。申请专利112件，比上年增长53.4%。全年科研到账经费660多万元。学报更名为论丛，发表核心期刊论文（作品）37篇。校企合作成果亮相第22届中国国际高交会。

服务社会　推进与西昌民族幼高专、七台河职院结对帮扶。选派第一驻村书记扎根农村，43名农村科技特派员送教下乡、科技兴农。全校教职员工“以购代捐”助力精准扶贫。

“政校园企侨”协同发展　与市政协合作成立市政协委员学院，举办校企对接座谈会，助力复工复产。成立“江门职业教育集团”，促进优质资源开放共享。与华为公司合作，打造广东省首个华为5G移动通信技能型人才实训基地。与中石化广东公司共建朝阳学院，开设全国首家校园易捷便利店。

交流合作　发挥粤港澳大湾区旅游职业教育联盟合力，推进澳门职业技能认可基准（MORS）落地，助力湾区旅游专业人才培养。与大湾区企业合作打造香港新向阳实习实训基地。推进“一带一路”职业教育发展，与马来西亚城市大学签订合作协议。

表34　　2020年江门职业技术学院基本情况表

教职工（人）	在校学生（人）	招生（人）	毕业生（人）	建筑面积（万平方米）	教学设备（万元）	图书（万册）	实验室（间）	专业设置（个）
718	14888	6618	3970	27.04279	14025.14	91.6016	223	52

（江职院）

【广东南方职业学院】　2020年，广东南方职业学院占地面积93.33公顷，建筑面积30.2万平方米；有专任教师543人，其中副高以上教师149人，江门市高层次人才69人；学院设立智能制造学院、人工智能学院、华为云学院、信息学院、建设工程学院、财经学院、管理学院、医药学院、交通学院、马克思主义学院、继续教育学院、创新创业学院、国际学院等二级学院13个；学院设置专业47个，以人工智能、智能制造、工业机器人、智能数控、新工科发展为特色，形成工、经、管、文、医等学科全面发展的专业格局；在校生1.02万人，毕业生就业率99%。

2020年11月10日，校办企业南大机器人有限公司总经理出席博鳌论坛

（广东南方职业学院　供）

办学特色与成效　学院形成“产教一体，双轮驱动，融合发展”办学模式。依托工业机器人技术、智能控制技术、数控技术、模具设计与制造、机电一体化、电子商务等专业开办学校控股的“校中厂”广东南大机器人有限公司、广东智工机床设备有限公司、广东新偲投资有限公司、中国邮政南职院校园电商平台蜂创产业园等企业。通过专业教育资源和企业生产资源的有机融合，相互支撑相互促进，共同推动学校建设与发展。探索“产教一体，共享互动，协同育人”的人才培养模式。利用专业与产业融合发展的独特优势和有利条件，深化产教融合、校企合作，探索工学结合、知行合一。实现专业教学资源与企业生产资源共享，即专业的师资队伍与企业的技术人员、专业的实训设备与企业的生产设备、专业的教学课程与企业的生产案例等资源的共享。实现专业的教学过程与企业的生产过程互动，技术人员参与专业教学过程，师生参与企业的生产过程。

教学改革　加大专业群建设力度，依托优势专业资源，立项校级重点专业群建设。专业群建设以重点专业为龙头，允许选择跨学科专业，发挥群内各专业的优势与特点，实现专业间相互支撑、相互渗透、共同发展。选定立项建设“工业机器人技术”“大数据技术与应用”“电子商务”“建设工程管理”“旅游管理”“护理”6个高水平专业群，覆盖全校21个专业。其中工业机器人专业群被广东省立项为省级高水平专业群。落实《关于在院校实施“学历证书+若干职业技能等级证书”制度试点方案》，8月，向广东省教育厅提交网店运营推广、工业机器人操作与运维、工业机器人应用编程、财务数字应用、业财信息一体化等5个职业技能等级证书的“1＋X”证书试点院校申请并获批准。学校培训中心与二级学院建立上下联动的试点工作机制，按照统一要求、分级负责的原则组织开展试点工作。培训中心负责全校试点工作的组织实施，并指导二级学院工作。

科研工作获省级科研项目立项14个，市级科研项目立项6个；首次获市科技局重点项目立项1个，获财政资助经费5万元。公开发表科研和教研论文250篇，被国内各类核心期刊数据库检索19篇，获国家专利授权14件，软件著作权授权1件(实用型专利13件）。负责省级大学科技园的申报工作并获批省级大学科技园。是广东省唯一一家在民办高职类高校建立的省级大学科技园。校办企业广东南大机器人有限公司入选“广东省第一批产教融合型企业”。

师资队伍建设　实施人才引育工程。全年引进各类人才86人，其中高层次人才12人。加大师德师风、职业道德、技术技能、教育培训力度，全年培训227人次，其中校内各类专业技能培训109人次；校外、国家级、省级培训115人次，选派访学研修3人。培育专业带头人33人，中青年骨干教师217人，评选优秀教师28人；晋升专业技术职称43人，其中高级13人、中级22人、初级8人，优化人才队伍结构。深化人事制度改革，制定《双师型教师认定与管理办法（修订）》《关于提高校内兼课人员课酬标准的通知》《教学工作量计算与超课时奖励管理办法》等激励与约束并存的规章制度17项，调动教职工工作积极性和创造性。

（官飞鸿）

表35　　2020年广东南方职业学院基本情况表

教职工（人）	在校学生（人）	招生（人）	毕业生（人）	建筑面积（万平方米）	教学设备（万元）	图书（万册）	专业设置（个）
646	10173	4388	3761	30.2	10387.92	118.48	47

（江门市职业技术学院）

【广东江门中医药职业学院】　2020年，广东江门中医药职业学院在校学生9109人，专任教师495人；首届专科毕业生总人数824人，初次就业率90.66%。学校设马克思主义学院、中医学院、南药学院、医学技术学院、基础医学院、护理临床学院6个二级学院31个专业，其中中医学、针灸推拿、临床医学、预防医学等4个专业为国控专业。组建中药学专业群、中医康复技术专业群、医学影像技术专业群、药学专业群、家政服务与管理等5个行业高水平专业群，其中中药学专业群被认定为省级高水平专业群，中药学为省二类品牌建设专业。学校建有实训中心20个，与省内100多家医疗机构、企业共建实习、实训基地。学校建成馆藏1600多种中药标本的中医药展览馆，拥有种植450多种中草药的岭南药用植物园，建成“广东省科普教育基地”“江门市中医药科普示范基地”“江门市人文社会科学普及基地”。学校获批为“广东省博士工作站”，二期建设工程建筑面积4.45万平方米竣工并投入使用，三期建设工程完成规划设计，5G信息化智慧校园建设全面推进。

教育教学　开展师德建设主题教育月活动，由学校党委、教务部、二级学院分别主持完成不同的教育内容，开展师德师风网络问卷调查及“师德师风建设成效”师生访谈，二级学院、教研室等结合专业教学落实师德师风建设，组织开展12场次师德师风先进人物典型案例学习。参加4个国家级教学资源库8门课程建设，建成准国家级信息化教学平台中医康复技术教学资源库，注册用户数1万余人，资源点击率超1000万人，推广至全国300余所中、高职院校应用，资源应用面覆盖全国。新增老年保健与管理和家政服务与管理2个招生专业，新申报的临床医学和预防医学2个国控专业通过教育部审批，国控专业4个。牵头成立中高职贯通培养联合领导小组，与中职学校召开中高职贯通培养三二分段人才培养研讨会，就教学内容整合、分配课时计划、课程教材设计、人才培养方案修订、学长制下学生动力的保持问题、教学团队建设等方面进行探索与交流。优化专业人才培养方案，新增人才培养方案10个，修订人才培养方案22个，完成2018级、2019级、2020级20个招生专业和2个专业方向人才培养方案的制定（修订）。提高人才培育质量，将创新创业教育、劳动教育、国家安全教育纳入必修课，将双创训练营课程、美育课程纳入限选课。加强校企共建共设小专科方向，与中心医院合办麻醉护理方向班、心血管护理方向班，与五邑中医院合办中医学肛肠专科方向班，与新会护理学会合办老年护理方向班，校企人才互通实施“双导师”制育人。承担的广东省医药卫生类中药学专业《实训教学标准》和《实训室建设标准》通过验收，课题成果将在全省同类专业中推广实施。新冠肺炎疫情防控期间“停课不停教”“停课不停学”，学校为3976名学生快递教材，建成线上教学资源库，新建网课1776门，编制测试题8786份，制作微课4.91万份、音视频7.8万份，编制课后作业题2.31万份。

学生发展　学校招录学生3370人，实际报到3078人，报到率91.34%。开展“青年大学习”“学习寄语精神展现青春担当”等系列主题教育活动7万余人次，培训优秀青马学员105人。全年资助学生2077人，资助金额469.53万元。学生义工注册率90%以上，累计志愿服务时数超10万小时。培育学生社团35个，为社团“一对一”配置专业指导教师提升社团活力，学生社团参与校内外青春健康宣传、中医药文化传播、急救知识推广等社会公益服务。护理学院学生苏芷萱获评广东省学联2019—2020年度“广东省优秀学生干部”，2 名学生获“江门市优秀共青团员”称号。在广东省攀登计划专项申报中获批立项项目5 个；在第六届中国国际“互联网+”大学生创新创业大赛广东省分赛中获银奖1枚、铜奖1枚；在第十二届“挑战杯” 广东大学生创业大赛大学生创业计划竞赛中获银奖3枚、铜奖3枚；在第三届广州“职教杯”大学生创新创业大赛中获一等奖1项、三等奖1项、优秀指导老师奖1项；在第七届广州“青创杯”青年创新创业大赛中获“最具市场潜力奖”1项；在广州参加第九届“赢在广州”暨粤港澳大湾区大学生创业大赛中获优胜奖1项、项目创新奖2项、高校组织奖1项、伯乐奖1项。

师资队伍　在校生总数9109人，校内专任教师495人，其中博士、硕士以上学历教师122人，具有正高职称41人，副高以上职称133人，“双师型”专业课专任教师257人，学校生师比14.4:1，累计137名专任教师参加省级以上教师培训和到企业实践锻炼，占校内专任教师总数27.68%。全年教师获各类省市级奖项39项86人次。其中，何珊、杨冬平、明爱红、梁若婷等教师获广东省职业院校技能大赛教师教学能力比赛一等奖。李拥军、姚鸿洲、周敏瑜获“SGS杯”第五届全国高职院校食品营养与安全检测大赛金奖。欧阳若水、吴丹教师指导学生参加广东省职业院校学生专业技能大赛中药传统技能赛项获一等奖。教师谭业胜被评为“优秀援疆干部人才”称号；教师袁颖获江门市“优秀教师”称号。

科研服务　学校主持省市各级各类教科研课题68项，省级以上立项经费153.72万元，全年投入科研经费671.96万元，比上年增长21.57%，其中，新增科研设备506.1万元，获广东省教育厅高校重点平台及科研项目等各类项目立项经费投入153.72万元。启动2个重点实验室及动物研究所建设，推进高水平科研平台建设。教师公开发表论文122篇，其中收录中文核心期刊2篇，科技核心期刊5篇；教材与著作34本，其中主编11人，副主编21人。教师程文海的《基于校企合作的药剂专业“一平台两系统”教学改革与实践》获江门市基础教育教学成果奖，教师吴波的《制备人间充质干细胞源细胞外微囊条件探索》发表在中文核心期刊《中国实验血液学杂志》，教师瞿良琴的《广东省珠三角地区基层医院糖尿病病人足部危险因素及风险等级的现状调查》发表在中文核心期刊《护理研究》上，米健国等4名教师分别在科技核心期刊发表《温针灸联合五行音乐疗法治疗抑郁症疗效观察及对脑电图波的影响》等4篇科技核心期刊论文。推进科研成果转化，获横向服务款额390.9万元，为江门市卫生健康事业发展做贡献。承担江门市人民政府的《“健康江门2030”规划》《健康江门行动（2020—2030 年）方案》印发。

产教融合　推进校企双向“双精准”对接，中医学、康复治疗技术、医学美容技术、针灸推拿、药学、中药学、药品质量与安全、药品经营与管理、中药生产与加工、食品质量与安全、老年保健与管理、家政服务与管理等12个专业与企业开展订单培养合作项目，企业订单学生占15.07%。学校获批为教育部第三批“1+X职业技能等级证书”，可开展老年照护（中级）、幼儿照护（中级）、失智老年人照护（中级）、母婴护理（中级）、运动营养咨询与指导（中级）、人身保险理赔（初级）6个类别的职业技能等级证书的培训业务，全年有265名在校生获职业技能等级证书。学校被认定为广东省第一批卫生健康行业职业技能鉴定站、江门市第四十三职业技能鉴定所、第一批社会培训评价组织和职业技能等级认定评价机构、医学考试报考中心等。与制药公司、药品销售企业等合办现代学徒制，联合国药控股国大药房江门有限公司设立“江门国大药房雏鹰展翅奖学金”，推行“校中店”人才培养模式，建成国大药房中医学校店实训基地。聚焦校企双方智力优势，联合开发编写岗位适用教材，与中国人民解放军南部战区医院合作编写出版《外科护理》教材；与江门市中心医院联合编著麻醉护理专科方向使用的《麻醉护理学基础》，填补该方向无专用教材的空白；与五邑中医院岗位专家联合编写《中医实践技能操作手册》；与江门市中心医院、广州中医药大学第一附属医院岗位专家联合编写《康复实践技能操作手册》。推进“南粤家政”工程，完成广东省职业技能服务指导中心委托的“老年人照护需求评估”专项职业能力培训标准。

服务社会　申报广东省科普教育基地、江门市人文社会科学普及基地、江门市科普教育基地，开展江门市第二届科普嘉年华暨2020年全国科普日和全省科技进步月江门系列活动暨广东江门中医药职业学院第三届医药科技文化节系列活动，社会各界近3800余人参加。到紫茶小学、南园社区、霞路村开展中医药文化“六进”（进机关、进乡村、进社区、进学校、进企业、进单位）活动，“中医药文化进校园”活动通过设计图谱彩绘、标本制作等适合学生参与特点的“中草药兴趣班”，在教学过程中讲授系列中医药文化故事，培养小学生学习传统中医药文化知识兴趣。开展社会培训43项，承办27个省、市级继续医学教育项目，承担医学卫生类别考试、培训等1.32万人次，开展技能鉴定3188人次，落实“筑网底、强基层”医改深化政策，承担定向培养中医人才180人的任务，为江门基层全科中医师转岗学员及基层医生205人提供培训。

合作交流　实施中德职业技能人才交流项目，开展中德护理交流合作，输送6人到德国，学习德国医院或养老机构工作经验和管理经验。加入由广东省人力资源和社会保障厅牵头的国际介护人才平台，引进日本等国家先进介护人才培养理念，设立国际班为健康养老领域培养人才。与澳门镜湖护理学院共同探讨江澳两地护理专业人才培养合作空间，在联合开展课题研究、谋划筹建老年病护理研究中心、师生互访交流、教学资源信息交流与互助等方面达成合作意向。

（江门中医药职业学院）

【江门幼儿师范学校】　2020年，江门幼儿师范学校在校生2882人，2020届毕业生1241人，就业率100%，招生录取470人。广东江门幼儿师范高等专科学校在校生3450人（含高职扩招），招生录取1559人，录取率95.88%。

江门幼儿师范学校是广东省唯一一所承办西藏班中职学前教育班的职业院校，在校学生129人，其中男学生1 人，女学生128人。是年，该校为西藏培养71名毕业生，毕业生返回西藏7个地区从事幼教工作。

广东江门幼儿师范高等专科学校是粤港澳大湾区唯一一所幼儿师范高等专科学校。6月，召开第一届党员大会，产生第一届党委会和纪律检查委员会。7月，举行中共广东江门幼儿师范高等专科学校委员会党校成立挂牌仪式暨第一期入党积极分子培训开班仪式。举行“第十六期海外华文幼师培训班结业典礼暨汇报演出”，协同广州幼师首次采用网络线上形式结业。12月4—5日，该校与中职幼儿保育专业人才培养方案研制小组合作举办广东省首期中等职业学校幼儿保育专业培训班。12月9日，学校音乐厅首次启用，举办2020“中国梦·我心中的歌”音乐教育系声乐教师专场音乐会。12月30日，该校实验第一幼儿园（位于恒大御景半岛花园）挂牌成立，属于江海区与学校合作办学的一所公办幼儿园。12月，设立学前教育党支部、艺术教育党支部、基础教学党支部、机关党支部、学生党支部、离退休党支部等6个党支部；同月，成立广东江门幼儿师范高等专科学校工会第一届委员会，召开第一届第一次会员大会；召开第一次团代会，成立学校团委。

是年，广东江门幼儿师范高等专科学校学前教育专业群入选广东省第一批省级高水平专业建设项目。在教育培训方面，10月23日至11月5日，策划与承办2020年清远市民办幼儿园（园长）教师师德师风及专业素养培训项目，12月，承办2020年恩平市幼儿园园长任职资格证培训班。

表36　2020年江门幼儿师范学校基本情况表

教职工（人）				招生（人）			在校学生（人）	毕业生（人）	培训（人次）		
合计	高级职称	中级职称	其他	合计	校本部	分教点			合计	幼儿园长培训	其他培训
146	52	70	24	470	470	0	2882	1241	521	0	521

表37

2020年广东江门幼儿师范高等专科学校基本情况表

教职工（人）				招生（人）			在校学生（人）（含高职扩招）	毕业生（人）	培训（人次）		
合计	高级职称	中级职称	其他	合计	校本部	分教点			合计	幼儿园长培训	其他培训
43	6	3	34	1559	1559	0	3450	0	568	374	194

（陈慧丹）

成人教育

【概况】 2020年，江门市70个乡镇（街道）有67个乡镇（街道）设立乡镇（街道）成人文化技术学校，建立乡镇成人文化技术学校的乡镇（街道）占全市乡镇（街道）数95.71%。其中，40所乡镇成人文化技术学校评为江门市级示范性乡镇成人文化技术学校，全年参加培训人数近39.95万人次。全市有开放大学6所（社区大学1所，社区大学教学点2个，社区学院7所），开展社区教育县（市、区）有台山、开平等7个，年培训4.24万人次。

【成人高考】 2020年，江门市成人高考报考人数1.333万人，其中专升本4508人、高起专8822人；全市成人高考录取1.1163万人，其中，专升本3735人、高起专7428人，总录取率83.74%，其中，专升本33.46%、高起专66.54%。

【自学考试】 2020年，江门市开考1月、4月和10月三次自学考试，全年报考人数2.21万人。6月和9月审核办理自学考试毕业证书2批，毕业生人数688人。

（市教育局）

【江门开放大学】 2020年，江门开放大学重新整合内设机构功能，设置党政办公室、后勤保卫部、计划财务部、开放教育部、职业教育部、招生合作部、信息技术部、社区教育部（江门市社区教育指导服务中心）8个部室。学校开设开放教育16个本科专业，33个大专专业，中职教育有14个中专专业。全年开放教育招生8954人。其中，国家开放大学360人，广东开放大学8407人，奥鹏网络教育187人；在校生1.1422万人，其中校本部3016人，教学点8406人。学校有教职工78人，其中专任教师40人，高级职称7人，中级职称30人。五邑地区开放大学系统有教职工270人，其中专任教师189人，高级职称42人，中级职称125人。下属工贸学校搬迁到西校区，文经部、基础部、综艺部及5个职能部门完成搬迁工作。

教学质量新冠疫情期间，学校将面授模式转变为直播课堂，通过腾讯课堂、国家开放大学学习网、广东开放大学教学平台、江门开放大学学习平台及QQ群等平台开展线上教学。开放教育开设课程576门，其中网上授课338门（国家开放大学264门，广东开放大学74门），非面授课程238门（国家开放大学29门，广东开放大学209门）。71名教师参与网上教学，学生线上参与率100%。中职学生返校后，通过实行分批上学、放学，食堂错峰就餐，封闭管理，因病缺勤追踪、晨检、午检、零报告制度等措施，做好疫情防控常态化工作。

社区教育 2020年，江门开放大学重点建设丰雅、范罗岗2个老年教育基地和篁庄社区文化传承基地，开设舞蹈、钢琴、太极等课程11门，服务近5000人次，推进社区老年教育和文化传承工作。继续开展“送教进社区”项目，整合社区资源和结合居民需求开展40多场“送教进社区”项目。新冠肺炎疫情期间，通过线上方式推动社区教育，开展16次线上公益送教活动，推送12门线上课程、108个微课，为居民提供网上教学资源。

教育教学研究 2020年，江门开放大学举行江门市终身教育研究学会2020年年会暨第三十一次研讨会，收到论文及资源作品140篇（个），发表论文及资源作品14篇（个）。其中，陈嘉敏、吴柳、戴仕恒、卢永锐《声乐演唱气息课程（1）》获微课资源一等奖，廖悦喜《“老有所学，老有所乐”长者学苑项目》获社区教育典型案例一等奖。

（冯淑婷）

2020年12月4日，在新会东区学校举行江门市2020年全民终身学习活动周开幕式

（江门开放大学 供）

科学技术

综　述

【概况】 2020年，江门市实施创新驱动发展战略,参与粤港澳大湾区国际科技创新中心建设，对接广深港澳科技创新走廊，推进国家创新型城市和珠三角（江门）国家自主创新示范区建设，科技创新工作成效明显。全市财政科技投入16.73亿元，高新技术企业1845家，建成国家级研发机构6家、省级研发机构478家、市级研发机构1677家，全市规模以上工业企业研发机构覆盖率61%。

【科技企业融资环境】 2020年，江门市科技支行26家、科技小额贷款公司2家、科技金融综合服务中心2个，服务科技型企业的专业金融机构数量和质量均位居全省前列。开展科技金融扶持资金贷款贴息，降低科技企业融资成本，全年收到申请项目419个，比上年增长15%，通过备案申请234项，结算201项，涉及贷款655笔，贷款总额17.7亿元，安排扶持资金超1657万元。设立省市联动风险准备金池，并联合市场监督管理局，扩大资金池规模，财政资金投入2610万元（其中市科技资金1000万元，市场监督管理局资金1110万元，省财政出资500万元），利用财政资金杠杆效应，放大30倍，将带动金融机构向江门市科技型小微企业提供科技贷款近8亿元。以“科技杯”大赛决赛为契机，邀请12家投融资机构进行现场对接，达成意向投融资金额11.4亿元。以地方财政设立的创业引导基金8支，额度9.49亿元，其中财政资金4.85亿元。各基金包括润华基金2.53亿元，粤科泓润基金9000万元，粤科新鹤基金1.26亿元，启迪之星基金2000万元，江门市创业创新基金2亿元，江门市先进装备制造产业基金2亿元，新会区江门中科孵化创业投资基金到位2000万元，高新区组建的毅达汇邑创业投资基金到位资金4000万元。

【科技创新创业环境】 2020年，江门市举办“科技杯”创新创业大赛，并创新开展挑战赛，大赛为参赛企业提供约1000万元的扶持资金和引导对接超10亿元的风险投资基金。大赛整合15项支持政策，加大对企业的扶持，包括：争取省资金300万元，将扶持资金提升至1000万元；整合“邑科贷”政策，获奖企业可获最多500万元科技贷款；整合贷款贴息政策，参赛企业贴息扶持最高可达50万元；整合人才奖励政策；整合孵化载体的减租免租优惠；整合上市辅导和融资担保等政策支持。

完善孵化育成体系建设。新认定市级孵化器1家、省级孵化器1家、省级众创空间2家、省级大学科技园1家。至年底，全市累计有孵化器37家、众创空间35家，其中国家级孵化器2家、省级孵化器4家、粤港澳孵化器1家、国际化孵化器1家；国家备案众创空间3家、省级众创空间6家；省级大学科技园1家，孵化载体总数位于全省第七位。在2020年参与广东省孵化载体运营评价中，获评A等级孵化器、众创空间各2家，B等级孵化器、众创空间各3家。在参与科技部国家级孵化器运营评价中，获A等级孵化器1家。

【科技项目申报与管理】 2020年，江门市推动科技创新平台高质量发展，广东新会美达锦纶股份有限公司建设的“广东省新型聚酰胺6功能纤维材料研究与应用企业重点实验室”获批广东省重点实验室（企业类），并获省市300万元资金扶持；嘉宝莉化工集团股份有限公司“广东省环境友好涂料技术重点实验室”成为全省10家获优秀等次企业重点实验室之一，并获省100万元资金扶持；江门市恒通无纺布有限公司、江门市江海区铁金刚机械有限公司获2020年第一批支持疫情防控省级工程技术研究中心认定。是年，对55家省级研发机构予以资助，资助资金2730万元。强化科技对疫情防控和公共卫生体系的支撑，开展新冠肺炎防治技术和产品遴选工作，增设190万元专项资金支持13个疫情防控技术攻关项目。组织开展2020年度市级医疗卫生领域科技计划项目，受理项目申报617项，比上年增长23%；项目立项427项，增长25%。

【产学研结合】 2020年，江门市加强与院士团队合作。江门大健康国际创新研究院引进中科院院士陈小明建立“江门市先进功能材料院士工作站”。全市建成院士工作站11家，中科健康创新生物产业园等院士项目加快建设。重点推动与院士余艾冰的合作，11月15—16日，邀请余艾冰及其团队到江门考察调研。11月28—30日，副市长郑晓毅带队拜访余艾冰商洽具体合作事宜，双方在高层次人才培养及建设高端科技创新平台等方面达成合作共识，探讨在江门人才岛共建高水平科创平台，谋划建设“院士科创小镇”。推动五邑大学高水平理工科大学建设。支持五邑大学“粤港澳大湾区人类重大疾病大动物模型联合创新基地”申报2021年度“广东省医学大动物模型重点实验室”；支持中德（江门）人工智能研究院研发三维数字化建模设备；推动五邑大学与中科院半导体研究所建设“数字光芯片联合实验室”，参与研发中国首颗4800万像素硅基液晶数字光场芯片；支持五邑大学与香港理工大学、广东中车公司等联合申报2020年度“粤港轨道交通智能运维联合实验室”；推动五邑大学与香港理工大学以“纺织材料粤港联合实验室”申报粤港联合科研项目。拓展与高校及科研院所的合作。与香港理工大学、澳门大学、新加坡国立大学、中科院广州能源研究所、华南理工大学高校及科研院所实施产学研合作项目22个，建立科技特派员工作站7家，引进36名科技特派员到企业。30家企业与高校及科研机构开展技术合作，交易总额超2000万元。

省科学院江门产研院落地江门。7月16日，市政府与省科学院签订共建广东省科学院江门产业技术研究院（以下简称“江门产研院”）协议。8月13日，江门产研院注册落户江门人才岛。建立一支15人的运营团队（博士4人、硕士5人），与粤港澳大湾区战略研究院在江门市共建江门分院，与江门人才岛共建“广科蓬江产业创新园”，引进6家高技术企业在江门市注册落地，有机硅、生物肽等10个科创项目加快引进。与省科学院各自成立江门产研院建设工作领导小组，江门产研院制定并实施人事、财务、行政等10多项规章制度。打造江门产研院成为产业技术创新与公共服务平台、对接港澳的新型政产学研创新基地、专业科技孵化器和高端科技智库。

【技术转移体系建设】 2020年，江门市推进珠三角国家科技成果转移转化示范区建设，优化科技成果认定登记流程，全市设立9个技术合同认定二级登记点，技术合同认定登记实现线上一窗受理，限期办结。全年认定登记技术合同350项，合同成交额5.63亿元，其中技术交易额5.37亿元。举办技术经理人业务培训班，组织技术合同认定登记点工作人员参加全国、全省业务培训，科技成果转移转化服务水平明显提升。

【孵化育成体系建设】 2020年，江门市孵化器使用总面积49.2万平方米，在孵企业1152家，年总收入超23亿元，研究与试验发展（R&D）经费支出超1亿元，拥有有效知识产权超2300件。年内孵化培育高新技术企业35家，累计毕业企业600家。引入创业导师59人，吸纳就业人数1.03万人，其中大专以上7438人，海外留学人员35人。众创空间使用总面积6.7万平方米，服务创业团队441个，初创企业435家，其中新注册141家，常驻团队和初创企业拥有有效知识产权数596项。培育大学生创业团队和企业258个，留学归国人员创业团队和企业24个，带动就业人员2800人。

【社会民生科技攻关】 2020年，江门市支持各类科研机构、企事业单位围绕新冠肺炎疫情防控、医疗卫生等民生领域开展科技攻关，增强民生领域科技支撑。发挥新冠肺炎疫情防控科技支撑作用，出台5项科技惠企措施，增设190万元专项资金组织实施科研项目13个。引导科技企业孵化载体在疫情期间为承租的中小科技型企业减免租金400万元。推进“科技战疫贷”科技金融服务，发放科技战疫贷21户，授信金额7939万元。盈丰智能等6家高新技术企业受国务院应对新冠肺炎疫情联防联控机制（医疗物资保障组）表扬。盈丰智能和铁金刚机械2家企业获“科技助力经济2020”重点专项项目立项，分别获扶持资金100万元、50万元。

【科技服务乡村振兴战略】 2020年，江门市支持台山市创新型县（市）建设，指导台山市开展科技抗疫——先进技术推广应用“百城百园行动”，以“台山市科技技术创新服务平台建设”项目向科技部申报科技投资资金1亿元，3家单位获2021年度中央引导资金300万元，1家单位获省科技厅扶持资金100万元。推动农业科技园区建设。鹤山畜禽农业园区认定为第六批广东省农业科技园区。推进台山市鳗鱼省级农业科技园区加快建设，成立建设领导工作小组并印发建设规划和实施方案。支持乡村振兴发展。支持企业引进高校和科研院所技术骨干，以科技特派员形式进驻农业企业和合作社，开展农业技术对接、科技攻关服务。组建省、市、县（市）三级农村科技特派员队伍，引进来自华南农业大学、五邑大学、市农作物病虫测报中心站等农村科技特派员137人。五邑大学和台山市组建省农村科技特派员队伍，获省资助170万元。台山市润峰水产养殖有限公司获省第四批“星创天地”认定，全市建成省“星创天地”6家。12个农业科技项目获2020年省“大专项+任务清单”项目立项支持资金200万元。

【科技培训】 2020年7月30日，江门市举办2020年江门市创新驱动发展专题培训班，市政府副市长郑晓毅出席开班动员仪式并作讲话；各市（区）政府、市直相关部门、高校的分管领导，各市（区）科技主管部门和有关园区主要负责人，市科技局领导班子成员和业务科室负责人共50多人参加。培训班通过专题授课和现场教学相结合的方式进行，帮助领导干部拓宽国际视野，了解世界政治经济科技发展形势，掌握江门创新驱动发展现状。

12月24—31日，举办2020年全市科技统计培训和科技政策宣讲活动，各市（区）科技主管部门业务负责人、2000多家企业相关业务人员参加会议。培训会邀请江门市高层次人才、注册会计师、注册税务师、总经理曹敏重点讲解研究开发费用税收优惠政策及企业账务处理。五邑大学教授、硕士生导师，中国计算机学会高级会员、中国人工智能学会专委会委员、教授吴明芬解读江门市《关于进一步促进科技创新推动高质量发展工作措施》等9项科技创新配套政策。市科技局有关负责人分别就科技活动统计调查表填报要点和2020年度火炬统计的工作部署与企业填报要点进行授课。

【科技成果与应用】 2020年，江门市获2020年广东省科学技术奖一等奖2项、二等奖2项。组织14项优秀科技成果参加2020年高交会，34个项目参加2020年全国发明展。

表38

2020年广东省科学技术奖项目名录（江门市）一览表

项目名称	获奖等级	主要完成人/主要完成单位	提名单位	专业评审组
南方主要松树材脂两用新种质创制及产业化关键技术	科技进步一等奖	广东省林业科学研究院 华南农业大学 台山市红岭种子园 广东科茂林产化工股份有限公司 台山市威利邦木业有限公司 信宜市林业科学研究所 英德市林业科学研究所 乐昌市龙山林场 广东大唐农林科技有限公司 阳江市国有阳江林场	广东省林业局	J012林业
牛乳源生物转化新型活性肽的发掘及其共性关键技术产业化	科技进步一等奖	华南农业大学 广州绿萃生物科技有限公司 无限极（中国）有限公司 高培（广州）乳业有限公司 内蒙古伊利实业集团股份有限公司	广东省教育厅	J03轻工纺织与食品
高性能氧化锌透明电极制备关键技术及LED芯片应用	科技进步二等奖	佛山科学技术学院 中山大学 佛山市中山大学研究院 深圳市瑞丰光电子股份有限公司 广东德力光电有限公司 深圳市捷佳伟创新能源装备股份有限公司	佛山市科学技术局	J10材料
高端金属板带精密高效剪切加工关键技术及装备	技术发明二等奖	阎秋生（广东工业大学） 李忠荣（广州日宝钢材制备制造有限公司） 黄健明（广东科盈智能装备制造有限公司） 路家斌（广东工业大学） 谢昭派（广州日宝钢材制备制造有限公司） 潘继生（广东工业大学） 黄超明（广东科盈智能装备制造有限公司） 高伟强（广东工业大学） 朱奕玮（广东工业大学） 罗伟坚（广州日宝钢材制备制造有限公司）	广东省教育厅	F08机械与动力组

【科技人才队伍建设】 2020年，江门市继续实施高层次人才团队创业启动资助，对16个高层次人才团队发放创业启动资金650万元。利用主流媒体开设专栏对高层次人才创新创业故事进行系列报道，通过典型案例宣传江门市创新创业优惠政策，营造良好的创新创业氛围。高端人才项目申报。推荐江门市智尊科技电子有限公司获科技部国家高端外国专家项目立项，获资助金额30万元。推荐五邑大学获科技部外国青年学者研究基金项目立项，获资助金额10万元。组织开展省科技特派员项目申报工作，发动64家用人单位申请入库为发榜企业、67名科研人员申请入库为科技特派员、5家单位申请入库为派出单位，其中22家用人单位获资助资金330万元，项目入库率和立项率均排全省前列。组织开展“银龄专项”项目申报工作，向省推荐项目5个，其中3个项目获省级资金资助60万元。推荐省海外名师1人并获立项资助。

继续深化“联络五邑”海（境）外服务工作站建设和管理，制定《江门市“联络五邑”海（境）外服务工作站建设管理实施细则》，联合市人力资源和社会保障局开发海（境）外服务工作站信息收集电子系统，完善海（境）外服务工作站管理机制。发挥“联络五邑”海（境）外服务工作站引才纳智的桥梁和纽带功能，引进高端人才和项目落地江门。海（境）外工作站推荐近100名海（境）外高层次人才到江门创新创业，引进海（境）外高层次人才和项目落地江门。

【“科技杯”创新创业大赛】 2020年7月13日，第九届中国创新创业大赛（广东·江门赛区）暨2020年江门市“科技杯”创新创业大赛启动仪式在“直播江门”直播间举行。大赛由市科学技术局、市台港澳事务局、市金融工作局、市总工会、团市委、市妇联、江门高新区管委会、新会区人民政府等联合主办，对接第九届中国创新创业大赛、第九届中国创新创业大赛（广东赛区）暨第八届“珠江天使杯”科技创新创业大赛、第五届中国创新挑战赛（广东）暨2020广东创新挑战赛、第九届中国创新创业大赛（广东赛区）港澳台赛，大赛赛事体系由“1+2”的创新模式开展，即企业赛+挑战赛、港澳台赛。大赛各阶段分别安排不同领域专家评审，大赛通过以赛代评、并行立项等举措降低行政成本，集聚科技资源，整合15项扶持政策，包括整合市创新资金项目、省大专项项目，将大赛获奖项目增加8项，将扶持资金总额提升至1000万元；整合“邑科贷”政策，获奖企业可获最多500万元科技贷款；整合贷款贴息政策，参赛企业贴息扶持最高可达50万元；整合人才奖励、上市辅导和融资担保等政策，大赛组织特色宣传，设置网上创新成果展、科普一日游、微信投票和抽奖等群众性活动，超10万人次参与和互动。赛事通过20多家媒体及10多个视频网站报道和传播，累计点击量超100万人次，覆盖人数超400万人。推出“科技江门”栏目，通过“直播江门”APP对大赛全程视频及图文直播，决赛当天网上观众超44万人次。创新服务打造一站式对接平台，以珠西科技产业服务中心搭建科技型中小企业双创服务综合平台，深入与行业协会、金融机构、中介机构等对接，组织封闭式培训和“邑企学”活动21场，组织大赛企业到高交会、世界5G大会等布展和参观。

表39　2020年度江门市“科技杯”创新创业大赛项目资金明细表

单位名称	奖项名称	安排资金			
		总扶持金额（万元）	技术创新资金（万元）		
			省	市直	属地
鹤山市厚积工程机械有限公司	成长组特等奖	100	50	25	25
江门市荣炭电子材料有限公司	成长组一等奖	50	20	15	15
江门市润宇传感器科技有限公司	成长组二等奖	40	20	10	10
江门市澳保生物科技有限公司	成长组二等奖	40	20	10	10
江门市国彬机器人有限公司	成长组三等奖	30	0	15	15
江门市久冠松高分子材料有限公司	成长组三等奖	30	0	15	15
广东今科机床有限公司	成长组三等奖	30	0	15	15
派洛奇科技（广东）有限公司	成长组三等奖	30	0	15	15
江门市君顺实业有限公司	成长组三等奖	30	0	15	15
江门市佰分云教育科技有限公司	成长组三等奖	30	0	15	15
江门市华彩立方科技有限公司	成长组三等奖	30	0	15	15

续表39

单位名称	奖项名称	安排资金			
		总扶持金额（万元）	技术创新资金（万元）		
			省	市直	属地
江门云科智能装备有限公司	成长组三等奖	30	0	15	15
江门市蓬江区慧邦涂料有限公司	成长组三等奖	30	0	15	15
江门市华龙膜材股份有限公司	成长组三等奖	30	0	15	15
江门市金信恒科技有限公司	成长组三等奖	30	0	15	15
恩平市捷威创新材料有限公司	成长组三等奖	30	0	15	15
江门市蓬江区茵豪电器有限公司	成长组三等奖	30	0	15	15
广东唯是晶圆科技有限公司	成长组三等奖	30	0	15	15
江门市华讯方舟科技有限公司	成长组三等奖	30	0	15	15
江门市泰林精密机械有限公司	成长组三等奖	30	0	15	15
广东人和照明实业有限公司	成长组三等奖	30	0	15	15
华工（江门）机电有限公司	成长组三等奖	30	0	15	15
江门市依潺环保科技有限公司	成长组三等奖	30	0	15	15
台山市赛科农业技术有限公司	成长组三等奖	30	0	15	15
江门市佐敦环保科技有限公司	成长组三等奖	30	0	15	15
江门市东有科技有限公司	初创组一等奖	40	40	0	0
江门市龙瀛科技发展有限公司	初创组二等奖	20	20	0	0
江门市新构思环保科技有限公司	初创组二等奖	20	20	0	0
江门乐博科技有限公司	初创组三等奖	10	10	0	0
广东纯态数字化信息科技有限公司	初创组三等奖	10	10	0	0
江门市荣炭电子材料有限公司	入围国赛补贴	1	0	0.5	0.5
江门市久冠松高分子材料有限公司	入围国赛补贴	1	0	0.5	0.5
江门市润宇传感器科技有限公司	入围国赛补贴	1	0	0.5	0.5
科技服务中心	创新基金及大赛专项工作经费	10	0	10	0
合计		973	210	386.5	376.5

（市科技局）

专利与知识产权

【概况】 2020年，江门市专利授权量1.69万件，比上年增长27%，其中发明专利授权量624件。PCT（专利合作协定）专利申请量212件，比上年增长104%。商标申请量2.29万件。全市发明专利拥有量4571件，商标有效注册量8.05万件，其中驰名商标27件，集体商标22件，地理标志证明商标5件。

是年，江门市市场监督管理局加强指导创新主体申报国家、省知识产权奖励和项目，调动发明人的积极性和创造性。江门市获第七届广东专利奖优秀奖2项，分别是五邑大学“一种基于锂离子三维运动的电致变色器件及其应用”、维达纸业（中国）有限公司“生活用纸的生产工艺”。广东新会中集特种运输设备有限公司等10家企业被认定为2020年广东省知识产权示范企业。出台《江门市科学技术局江门市市场监督管理局关于江门市科技型企业“邑科贷”管理办法》，通过发挥财政资金的引导和杠杆效应，鼓励银行加大对科技信贷、知识产权质押融资的支持力度和服务，完善知识产权质押融资风险补偿机制。全市专利权质押融资金额10.16亿元，比上年增长129%，商标质押融资金额1.18亿元。

【知识产权保护】 2020年，江门市

市场监督管理局通过强化宣传培训、开展专项行动、健全维权机制，推进知识产权保护工作。4月20—23日，围绕知识产权宣传周“知识产权与健康中国”活动主题，开展打击侵犯知识产权和制售假冒伪劣商品专项检查行动、专利检索网络直播培训班、知识产权保护网络直播专题直播培训班等系列活动。新冠肺炎疫情期间，加大对恶意申请与疫情防控相关商标行为监管，查处恶意申请注册“火神山”“雷神山”商标案件1件。加大专项整治力度，开展元旦、春节期间知识产权保护，“铁拳”行动、排查整治重点领域知识产权侵权行为等知识产权执法专项行动，全市查处假冒商标及商标侵权案105件，案值90.27万元，全市专利侵权纠纷案件立案20件。与江门海关合作，为4个产业（LED、卫浴、家电、摩托车）和15家重点行业的出口企业提供专利预警分析和商标海外布局服务，助力企业参与全球化竞争。探索建立“维权+保险”机制，通过专利执行保险、商标被侵权损失保险等保险形式，帮助中小微企业降低知识产权维权成本。设立省知识产权保护中心维权援助江海服务工作站，设立台山、开平、鹤山、恩平、新会知识产权纠纷行政调解中心和高新区（江海区）知识产权纠纷诉调对接工作室，组建6个知识产权纠纷行政调解专家组，新会区成立市内第一个知识产权纠纷人民调解委员会，提升知识产权行政调解能力，健全知识产权维权援助机制。

（市市场监督管理局）

表40

2020年江门市专利创造情况表

市区	授权数										PCT申请			有效发明		
	发明	发明授权考核全年目标数	完成进度	上年同期发明	发明增长	实用新型	外观设计	小计	上年同期小计	同比增长	完成数	全年目标数	完成进度	完成数	全年目标数	完成进度
市　直	88	32	275.00%	34	158.82%	263	628	979	807	21.31%	121	25	484.00%	180	115	156.52%
蓬江区	90	122	73.77%	127	-29.13%	2123	1295	3508	2738	28.12%	22	20	110.00%	936	915	102.30%
江海区	127	138	92.03%	157	-19.11%	1865	1086	3078	2603	18.25%	21	20	105.00%	1048	984	106.50%
新会区	109	166	65.66%	114	-4.39%	1454	1013	2576	2183	18.00%	18	15	120.00%	932	915	101.86%
台山市	63	68	92.65%	83	-24.10%	700	399	1162	872	33.26%	4	4	100.00%	393	358	109.78%
开平市	29	65	44.62%	45	-35.56%	883	1330	2242	1713	30.88%	14	12	116.67%	405	395	102.53%
鹤山市	96	75	128.00%	74	29.73%	1037	874	2007	1423	41.04%	12	10	120.00%	555	500	111.00%
恩平市	22	14	157.14%	13	69.23%	377	940	1339	943	41.99%	0	4	0.00%	122	108	112.96%
合　计	624	680	91.76%	647	-3.55%	8702	7565	16891	13282	27.17%	212	110	192.73%	4571	4290	106.55%

气象事业

【概况】 2020年，江门市气象局下设气象台6个，国家基准气候站1个，国家基本气象站1个，国家气象观测站4个，全市气象探测设施主要包括相控阵天气雷达5部、风廓线雷达1部，自动气象观测站180个（其中海岛站3个）、回南天6个、生物舒适度6个、现代农业示范区生物预警和气象综合监测站1个、农田小气候站3个，能见度自动监测站7个，闪电定位监测站恩平1个，农业、土壤水分自动站1个，气溶胶质量浓度观测系统2套，可视化会商系统7套，GPS/MET水汽遥感探测系统3套。

2020年4月30日，江门市气象局、市司法局联合召开《江门市气象灾害防御规定》实施新闻发布会

（市气象局　供）

是年，江门市气象局获全省气象部门综合考评“特别优秀”（第一名）。获评2018—2020年度“广东省文明单位”。获评2020年度“全国气象部门创建模范机关先进单位”。“‘党建+’气象服务三大品牌”入选中国气象局党建业务融合发展典型优秀案例。至年底，市、县6个气象局通过广东省气象现代化“新型台站”评审。

2020年11月10日，广东省气象局与江门市人民政府召开局市合作联席会议暨创建广东气象防灾减灾第一道防线先行示范市动员会，并签订新一轮局市合作备忘录　（市气象局　供）

【气象特征】 2020年，江门市气温高，降水少且时空分布不均，强对流早发多发，夏季干旱凸显，秋季台风异常活跃。

【主要气候事件】 2020年，江门市出现14次强降水过程、8次强对流天气（包括3次冰雹、2次龙卷风）和5个影响台风过程。2月13日，台山市出现冰雹天气，为历史纪录第二早。“龙舟水”首日（5月21日）上川岛出现局地特大暴雨，最大1小时降水量161.0毫米、3小时降水量322.9毫米，均打破该站最大雨量纪录。7月，出现罕见气象干旱；8月19日，台风“海高斯”带来狂风骤雨。

【气象服务】 2020年，江门市气象台发布74次预警信号（包括台风8次，暴雨19次，雷雨大风23次，冰雹1次、高温9次、森林火险9次、大雾4次、寒冷1次）。报送决策服务材料539份，其中“重大气象信息快报”34份、“重大气象信息专报”7份、“江门市自然灾害预测预警预报信息报送”14份、“天气实况报告”351份、“热带气旋专报38份”，“专题预测”95份；发布决策短信112条。针对龙舟水期间、台风等强天气过程，做好监测预报预警，并提供决策材料，得到市领导批示，为政府部署防灾减灾工作提供支撑。是年，开发恩平市生态旅游气象服务平台和微信门户。推动开平市大沙镇通过全省首个“城市天然氧吧”评审。气象服务客户超50家，覆盖能源、交通、建筑、农业等行业10个。保障黄茅海大桥合龙仪式、江门农民丰收节和江门珠西枢纽站开通仪式等重要活动举办。建成新会气象防灾减灾科普馆。

【气象重点项目建设】 2020年，江门市气象局实现地面观测自动化。在鹤山市、开平市和恩平市建成3部X波段双极化相控阵天气雷达，进一步增强监测捕捉历时短、致灾性强的灾害天气能力。在全省率先实施江门“平安海洋”气象保障工程，启动上川岛国家天气雷达建设。

表41　**2020年江门市平均气温、降水量、日照情况表**

站点	平均气温（℃）	降水量（毫米）	日照时数（小时）
鹤山	23.3	1347.8	1720.3
开平	23.5	1322.8	1555.2
新会	23.8	1259.2	1676.5
恩平	22.9	1926.7	1633.1
台山	23.7	1584.6	1838.6
上川岛	23.8	2349.1	1864.9
全市平均	23.5	1631.7	1714.8

表42

2020年影响江门市的台风简况表

台风名称	生成		登陆		登陆最大风力（级）	本地极大风力（级）	本地最大日雨量（20-20）（毫米）
	时间	地点	时间	地点			
2002“鹦鹉”	6月12日	南海	6月14日	广东阳江	9	12	65
2003“森拉克”	8月1日	南海	8月2日	越南清化	8	9	115
2007“海高斯”	8月18日	南海	8月19日	广东珠海	12	13	275
2011“红霞”	9月16日	南海	9月18日	越南东部	10	8	147
2016“浪卡”	10月12日	南海	10月13日	海南琼海	10	9	106
			10月14日	越南清化	8		

表43

2020年江门市防雷业务情况表

雷电防护装置设计审核（宗）	雷电防护装置竣工验收（宗）	检测市场主体（个）	检测项目数（宗）	监督检查（人次）
21	10	19	3814	164

（市气象局）

防震减灾

【概况】 2020年，江门市坚持以习近平新时代中国特色社会主义思想为指导，深入贯彻落实习近平总书记关于防灾减灾救灾的重要论述，全面推进防震减灾现代化试点省建设，着力提升地震应急救援能力，不断推进新时代防震减灾事业发展。

【地震设防烈度】 2020年，江门市大力开展地震易发区房屋设施加固工程，市应急管理局及时转发了国家、省关于地震易发区房屋设施加固工程总体工作方案，明确了11项加固工程相关牵头责任单位，对各项加固工程提出了具体要求；下半年，市应急、住建、教育三个部门组成调查组，对城区近30所大中小学校、幼儿园上百栋房屋设施开展了实地抗震性能调查，对每栋房屋抗震性能情况进行了详细登记，提出了处置意见，为下一步全面开展房屋加固，提升城市抗震设防能力提供了数据基础。

【应急演练】 2020年，江门市以“防震减灾千场科普讲座”为活动平台，深入全市中小学校，开展防震减灾科普宣传及地震应急疏散应急演练活动，广泛宣传防震减灾科普知识，提高在校师生防震避险、自救互救能力，为培养学生的安全意识和自救能力，2020年先后到蓬江区农林双朗小学、鹤山共和中学、台山新宁中学开展防震减灾知识科普讲座，指导开展地震应急疏散演练，累计参加人数上万人。

【防震减灾助理员队伍建设】 2020年，江门市不断完善群防群策网络建设，构建市、区、镇、村四级防震减灾助理员体系，市应急管理局在各镇街机构改革后，及时更新各基层防震减灾助理员名册，实现防震减灾助理员动态管理，同时及时下发上级最新防震减灾助理员文件要求及相关培训材料，不断提升助理员专业知识，为做好全市地震群测群防工作提供有力保证。

【地震监测台站建设与管理】 2020年，江门市积极配合省地震局推进“国家地震烈度速报与预警工程”项目。目前，在市辖区属新建任务的3座基准站和12座基本站已全部完成土建工程，属改建任务的3座基准站和3座基本站已基本完成土建装修，市项目总体进度较快，处于全省领先位置。

【防震减灾知识宣传普及】 2020年，江门市防震减灾科普宣传工作向纵深推进，市民群众防震减灾意识不断提高。2020年，市应急管理局结合疫情防控形势，创新防震减灾宣传活动载体，采取“线上宣传为主，线下活动为辅”的方式，开展“走讲地震科普馆”线上网络直播活动，借助广东省地震局专业优势，邀请省地震局专家录制防震减灾科普知识讲座视频。同时，向部分防震减灾科普示范学校开展“送书进学校”工作，深入结对社区开展设置防灾减灾科普宣传点，派发宣传册子、家庭应急包。

【防震减灾示范工程建设】 2020年，江门市继续推进防震减灾科普示范工程创建工作，以防震减灾科普示范学校为主阵地，全面提升市中小学生的防震减灾意识和防震避震能力。2020年新创建8所江门市防震减灾科普示范学校，目前，全市共创建市级防震减灾科普示范学校40所，省级防震减灾科普示范学校4所，示范学校数量位列全省第四，通过创建一批防震减灾示范学校，为全市中小学校防震减灾工作起到了良好的示范作用。

文 化

综 述

【概况】 2020年，江门市地方财政文化旅游体育与传媒支出11.63亿元，比上年增长0.6%。年末全市拥有群众文化艺术馆8间，文化站73个。拥有公共图书馆8间，公共图书馆藏书量435.4万册，图书馆流通人数207.1万人次，图书外借140.88万册次，图书馆阅览室座席3775个。拥有博物馆7个，博物馆文物藏品7.14万件，其中一级藏品6件。拥有广播电视台6个，广播电台节目7套。广播人口综合覆盖率100%，电视人口综合覆盖率100%。

是年，江门市文化设施建设成效明显。蓬江区博物馆、江海区龙溪湖市民阅读中心、台山市华侨文化博物馆等建成免费开放。华博馆、市图书馆、江海区图书馆、蓬江区文化中心、恩平市图书馆和博物馆等加快推进。建成13家自助图书馆，完成全国文化馆评估定级。完成73个镇（街）综合文化站评估定级，其中有32个镇（街）综合文化站达到省特级站标准，特级站占比43%。开展文化扶企惠民活动和文艺演出送戏下乡，高雅艺术进社区、进学校、进农村、进军营活动，推动公共文化设施在节假日延长开放和夜间开放。

【文化市场管理】 至2020年年底，江门市有各类文化经营场所344家，其中互联网上网服务营业场所130家，歌舞娱乐经营场所184家，游戏游艺经营场所27家，演出经营场所3家。开展文化经营场所安全生产集中整治，确保文化市场领域安全与稳定；新冠肺炎疫情期间，加大对网吧、星级饭店、娱乐等场所的排查整治力度，做到隐患排查全覆盖。全年出动执法人员2408人次，检查各类文化经营单位602家次，办理行政处罚案件12件，没收非法出版物323本，罚款1.01万元，维护文化和旅游市场稳定。9月，推广和使用“两平台”（广东省行政执法信息、行政执法监督网络平台），利用“两平台”开展执法检查172次。

【对外文化交流】 2020年10月26—30日，江门市组团参加第十六届中国（深圳）国际文化产业博览交易会，并获“优秀组织奖”。11月6—8日，组织各市、区文化广电旅游体育局、江门市旅游行业协会及各旅游企业参加第八届澳门国际旅游（产业）博览会。11月20—22日，组织旅游行业协会和旅游企业到深圳市参加第七届中国（深圳）国际旅游博览会。

【群众文化】 2020年，江门市推动基层群众文化活动开展，助推文化名城和文化强市建设。以“十分钟文化圈”为抓手，依托社区文化广场、演出舞台等载体，开展“文化下乡”等系列活动。1月6日，举办2019年度江门市群众文艺作品评选。收到参评作品107件，评出一等奖作品8件、二等奖12件、三等奖20件、优秀组织奖2个。获奖作品上报广东省文化和旅游厅，参加全省群众文艺作品评选，获二等奖1件、三等奖4件。9月5—6日，举办2020江门市群众艺术花会（音乐舞蹈）。设音乐专场和舞蹈

2020年10月，江门市在市美术馆举行华侨华人文化交流合作活动月启动仪式暨“海外艺音——华侨华人美术作品展”开幕式

（市文化广电旅游体育局 供）

专场，26支来自五邑地区的业余表演团队、逾300名演员携带26个节目亮相。经专家评委现场打分，评出奖项26件，其中音乐作品金奖3件、银奖5件、铜奖7件，舞蹈作品金奖2件、银奖3件、铜奖6件。5件作品入围2020广东省群众艺术花会决赛，获金奖2件、铜奖3件。9月4日、7日，举办2020年江门市重点群文作者（音乐舞蹈）研讨班。活动邀请作曲家、星海音乐学院作曲系主任、民族声乐系主任、教授、硕士研究生导师严冬和舞蹈编导家、舞蹈艺术家、中央民族歌舞团国家一级导演、中国视协电视舞台艺术委员会副主席邓林授课，全市近200名音乐、舞蹈创作、编导骨干参加学习。

【文化产业】2020年，江门演艺中心入选2020年度省级文化产业示范园区创建资格名单。该中心将完善园区管理体系和公共服务设施，吸引优质企业入驻，加强演艺作品创新研发，打造高品质文化产业，推动江门市文化产业高质量发展。

【公共文化服务体系建设】 2020年，江门市13项重点文化设施建设项目完成7项。市美术馆、市文化馆、台山华侨博物馆、江海区博物馆、江海区图书馆和龙溪湖阅读中心、鹤山铁夫美术馆等重点文化设施完成升级改造对外开放，市图书馆、市博物馆、市档案中心、蓬江区文化中心、恩平市图书馆和博物馆建设加快推进。至年底，全市有8个公共文化馆（全部为国家一级馆，市县级文化馆一级达标率为100%）、8个公共图书馆（其中国家一级馆7个）、8个公共博物馆、4个公共美术馆、73个乡镇（街道）文化站、省特级站32个，一级站41个，是全省7个镇（街）文化站全部达一级站以上标准的地市之一；1324个行政村（社区）综合性文化服务中心。自助图书馆59个，其中包括蓬江区杜阮镇、新会区大泽镇、鹤山市鹤城镇、恩平市东成镇等乡镇自助图书馆；市（区）全部建成图书馆、文化馆总分馆制。依托公共文化服务体系，全市节庆期间文艺活动、少儿暑期公益培训、文艺公益培训、非遗传习活动、粤剧下乡、电影下乡、展览下乡、体育比赛等常态举行，市（区）至少形成1个以上品牌活动或特色服务项目。开平水口镇（泮村灯会）被命名为“中国民间文化艺术之乡（2018—2020年度）”。蓬江区文化馆入选广东省群众文艺作品试排试演（创排）基地，台山市台城街道入选“广东省民间文化艺术之乡（2018—2020年度）”。江门市入选广东省首批“戏曲进农村”全覆盖试点，江门市图书馆案例《面向中小微企业的五邑数字参考咨询联盟服务》入选广东省文化和旅游厅2019年公共文化服务优秀案例。

【艺术创作】 2020年2月，江门市文化广电旅游体育局印发《关于鼓励创作“抗击新型肺炎疫情”文艺作品加强社会舆论正面宣传引导的通知》，收到抗疫文艺作品2500多件，其中不少主题歌曲被《人民日报》、CCTV·央视频、中宣部“学习强国”等国家级平台推送。江门市报送作品参与“声·动人心，爱·在一起”广东省群众抗疫原创歌曲评选，江门市有4首作品获奖，其中《我们不散》《因为有你》获“十佳优秀歌曲”，《天使妹妹》《你的眼，你的脸》获“优秀推广歌曲”。11月，举办全市群众文化重点作者五邑地区创作采风工作活动。参加人员是江门市2018—2020年在省级以上获奖的作者70人，活动分3次进行。

【文化活动获奖】 2020年，江门市参加第十四届广东省艺术节，话剧小品《城市的灯光》入围小型舞台艺术作品展演，话剧《大道无疆》获大型舞台艺术作品三等奖。第十四届广东省艺术节美术作品评选，江门市获银奖2件，铜奖1件，入围作品5件。银奖作品为林佩佩的版画作品《逐梦系列》，严宾连的综合媒体作品《唐赋》；铜奖为胡世超的书法作品《一池万木》。2019年度全省群众文艺作品评选江门市获二等奖1件、三等奖4件。南音说唱（曲艺类）《歌赞老英雄张富清》获二等奖；《打火醮》、歌曲（音乐类）《匠心筑梦》，小品（戏曲类）《村口有家特产店》，快板（曲艺类）《乡村建设进行时》获三等奖。2020广东省群众艺术花会江门市获金奖2件、铜奖3件。舞蹈类金奖《赶海的女人》《纱龙飞天》，铜奖《珠水茗韵》；音乐类铜奖《古寨倩影》《寻木》。

（市文广旅体局）

文学艺术

【文学】 至2020年年底，江门市有作家协会会员331人，其中国家级作家协会会员10人、省级会员93人。

精品创作队伍建设　会员尹继红、郭卫东、张启雄、熊正红、梁小恩的纪实文学《万里赴戎机——五邑华侨抗战实录》获第十届广东省鲁迅文学奖。尹继红的《乡图》、商河的《仙客》分别获省作协主办的“大沥杯”长篇小说奖、短篇小说奖。长篇小说《我的校园我的梦》出版。谭月韶的电视剧本《河东河西》获华策克顿创作大赛三等奖。凤群的短篇小说《徽州二题》入选《2019年中国文学年鉴》。张碧云的长篇小说《远方有炊烟》入选庆祝中华人民共和国成立70周年丛书。商河的短篇小说《看海》发表在《花城》杂志粤港澳大湾区文学特刊。尹继红的话剧《大道无疆》在广州友谊剧院、江门演艺中心公演。邓荣宗的话剧《县令丁积》在江门演艺中心公演。张启雄、尹继红、张碧云、黎彩娟的长篇小说和长篇报告文学相继获广东省文艺创作精品或重点题材扶持项目。骆力言短篇小说获第九届“包商银行杯”全国高校征文比赛优秀奖。

青年作家骨干创作队伍建设 江门市作协建立一支20多人的青年作家创作骨干队伍。张志伟的诗歌在《人民文学》上发表；宋玥在《作品》杂志发表的短篇小说有特色；骆力言的短篇小说获第九届“包商银行杯”全国高校征文比赛优秀奖，短篇小说《黑裙子》《回到家》在《中国青年报》上发表；钟秋苹儿童文学作品在省级刊物《少男少女》发表，儿童文学作品《抽屉里的玫瑰花》获省作协“小作家杯”全国校园文学奖小说类优秀奖。粤港澳大湾区文学青年作家专辑（江门卷）纳入江门文艺精品扶持项目。

儿童文学创作队伍建设 成立江门市作协儿童文学创作委员会，建立江门市儿童文学创作群。有成员20多人，江门市儿童文学创作委员会向广东省小作家协会推荐，在省级儿童文学杂志《少男少女》上刊发江门市10篇中小学生优秀文学作品。

【戏剧】 至2020年年底，江门市戏剧家协会有会员246人，其中国家级戏剧家协会会员13人、省级会员54人。是年，向省戏剧家协会推荐10名符合条件的市级会员加入省剧协。

抗疫作品创作与排演 创作作品16个，分别是：高原的《出征》《我知道，你很美》《她的城市》，廖欣的朗诵作品《相信春天》，邓荣宗作词的歌曲《守夜人》《我在默默陪着你》、小品《小哥，谢谢你》，陈建清创作的《这个冬天，我们在一天》《携手伴征途》《防疫知识记心上》，陈春霞创作的《祝福江城》《同心抗疫情》，何瑞芳创作的《好儿女上战场》，汤础山创作的《齐心抗疫》，廖卫民创作的《三婆找村长》，胡沃明创作的《钟老一声笑》。2020年，白沙戏剧社喜戏工作坊人员根据武汉一线医务工作者的事迹，创作微型广播剧《出征》。3月初，高原创作广播剧《“她”的城市》。6月6日，推出线上读剧会《朱莉小姐》；6月，喜戏工作坊人员组织创排由中共江门市委宣传部出品的原创话剧《最美逆行》，并邀请48位援鄂医护人员共同参演。8月17日，江门市戏剧家协会在江门市文馆举办“决胜小康社会、决战扶贫攻坚”剧本研讨会，收到会员小戏、小品原创作品15个。其中《一袋金子》获省文联举办的小戏小品征集二等奖，《谁是小芳》《守》获省文联举办的小戏小品征集优秀奖。12月，《一袋金子》《谁是小芳》参加全省展演。8月23日，朗诵家协会在江门市文化宫举办“七夕之约”朗诵音乐会。9月9日，喜戏工作坊九月读剧会《喜剧之王》在江门市蓬江区文化馆开读。9月28日，朗诵家协会在新会区东区学校报告厅举办“月是故乡明”小秋诗会。10月，白沙剧社白话组参加8场蓬江区文化馆“全民扫黑除恶助力全面小康”送戏下乡演出。12月12日，白沙剧社喜戏工作访读剧会《收信快乐》在江门市蓬江区文化馆开读。12月26日，朗诵家协会在江海区龙溪湖阅读中心举办“你好，2021”江门市迎新年诗歌朗诵会。12月27日，

2020年7月23日，江门原创抗疫主题话剧《最美逆行》在江门市文化馆首演　　（市文联　供）

白沙剧社在东湖广场举办“迎新春文艺会演”。

会员作品获奖　邓荣宗创作的《村口有家特产店》获广东省群众文艺年度作品选评三等奖；《母亲与蜜蜂》获江门市群众文艺年度作品选评一等奖；《黄岩岛上红旗红》获江门市群众文艺年度作品选评三等奖；《扶贫记》获江门市群众文艺年度作品选评三等奖；《侨乡“粤菜师傅”架起产业融合“彩虹”桥》获优秀项目创作作品奖，《用心呵护每“邑”人》获省政法委主办的创新大赛三等奖。高原创作的小品《阳光多明亮》荣获第十届全省残疾人艺术会演银奖。陈建清、余智敏、吕达锋共同创作的小品《一袋金子》获广东省戏剧家协会主办的“精准扶贫奔小康”主题小戏小品剧目征集二等奖。周晓棠创作的小品《守护》获广东省戏剧家协会主办的“精准扶贫奔小康”主题小戏小品剧目征集优秀奖。张碧云创作的《谁是小芳》获广东省戏剧家协会主办的“精准扶贫奔小康”主题小戏小品剧目征集优秀奖。

【音乐】　至2020年年底，江门市音乐家协会有会员434人，其中国家级音乐家协会会员20人、省级会员154人。是年，江门市音乐家协会被省音乐家协会授予“2020年度广东省文艺志愿服务先进集体”，被市文联授予“抗疫主题先进集体”，协会李扬、李高泽、赖华林、朱映瑜等4人获“2020年度广东省优秀音乐家奖”。2020年，江门市音乐家协会围绕“抗击新冠疫情”“决胜全面小康”“寻找侨乡最美之歌”“创建文明城市”等主题开展创作。在“抗击新冠疫情” 主题创作方面，创作《你要平安归来》《因为有你》《最坚定的逆行》《洒向大地都是爱》《送你一支玫瑰花》《我们不散》《守夜人》《武汉念想》《天使妹妹》《美丽的背影》《百姓的心间》《大爱中国》《响起大喇叭》《防疫拍手歌》《谁最累，谁最美》等音乐作品100多首。在“决胜全面小康”主题创作方面，创作《又是勾起乡愁的时候》《家乡圆了幸福梦》《渔家儿女》《走出家门口》《咏鹅》《起大樑》《小康人家》《金山银山梦成真》等原创歌曲。在“寻找侨乡最美之歌”主题创作方面，市音乐家协会开展“侨乡风情美，大湾时代歌，我和我的祖国”原创音乐作品征集、评选和展播系列活动。选出《匠心筑梦》《火龙传奇》《中国风采》等10首“侨乡最美之歌”。在“创建文明城市”主题创作方面，创作《平凡的平凡》，该原创歌曲被省音乐家协会评选为创作人才培训扶持作品，在《岭南音乐》上刊载，被制作成音乐MV在央视网、新华网、抖音短视频各大平台上线播放。

【舞蹈】　至2020年年底，江门市舞蹈家协会有会员255人，其中国家级舞蹈家协会会员5人、省级会员25人。是年，发展江门市级会员61名，推荐1名会员加入中国舞蹈家协会。

江门市舞蹈家协会组织文艺家创作抗疫主题舞蹈作品22件，其中5件作品登上“学习强国”平台。5月15日，中国文联和中国舞蹈家协会主办“‘5·15’一起舞”群众舞蹈网络展演活动，市舞协组织全市舞蹈人参与，2件作品登上省舞协微博平台展示。7月9日，市舞协召开江门市舞蹈家协会舞蹈培训专业委员会成立大会，全市54家会员单位加入专委会。江门市舞蹈家协会舞蹈培训专业会员会是市舞协的二级分会。12月7日，市舞协支持成立中国蹈家协会街舞委员会广东街舞联盟五邑街舞联盟。

12月18—20日，市舞协在广州、江门两地承办“舞蹈美育与铸牢中华民族共同体意识暨戴爱莲舞蹈美育思想学术研讨会”。会上，成立“戴爱莲舞蹈教育学术研究中心”。12月19日，市舞协承办2020“戴爱莲杯”人人跳全国群众舞蹈展演（广东省）选拔活动，来自广东省8个城市的18支展演队伍近400名舞蹈爱好者参与活动。其中，江门市选送节目《鱼恋蓬江》《夺冠》获“魅力之星”称号，并被省舞协推荐参加2021第三届“戴爱莲杯”人人跳全国群众舞蹈展演。选送的《红灯笼》《闲庭云映》《豆娘》获“风采之星”称号。

【美术】　至2020年年底，江门市美术家协会有会员466人，其中国家级美术家协会会员18人、省级会员102人。是年，江门市美术家协会开展江门市抗疫美术作品创作活动。创作抗疫题材作品80多幅。5月，由广东省美术家协会主办的《抗疫美术作品展》，江门市有26幅作品入选。开展各类美术展览交流活动。1月18日，在江门良溪古村举办“我们的中国梦，文化进万家——走进江门良溪古村”春联活动。6月26—27日，主办“水彩写生与创作”研修班在南村艺术部落举办。7月，组织参加“永远跟党走——恩平市庆‘七一’红色书画摄影比赛”。9月30日，广东当代名家中国画作品展在台山市美术馆举办；“艺联三地·花开湾区——二〇二〇年新会香港澳门三地书画摄影联展”。12月1日，2020年“追寻江门印记，携手走向小康”美术作品展暨江门市文联艺术作品展览月启动仪式在江门市工人文化宫林锵雲美术馆举行，展出作品136件。12月8日，“‘世遗明珠，大美开平’——决胜小康社会系列活动多彩侨乡乡村美术写生展”在开平市美术馆开幕。12月18日，举办《艺林双子——李金明·李智华父子油画作品展在鹤山铁夫美术馆。12月23日，“美丽蓬江——从良溪古村到滨江新区《广东省‘罗贵奖’美术展》”在江门市工人文化宫展出。12月29日，《2020第二届粤港澳写生文化节美术作品展》暨《江门市美术作品年展》在江门美术馆联合举办。组织会员参加各级展览。2020年，市美协会员作品在具有入会资格的国家、省级展览中取得较好成绩。其中，国展入选、省展获奖10幅，省展入选36幅。

【书法】至2020年年底，江门市书法家协会有会员523人，其中国家级书法家协会会员20人、省级会员185人。是年，江门市书法家协会联合中信银行江门分行邀请全市书法名家和创作骨干，以“致敬医护工作者”诗词征文优秀作品为创作主题，创作书法作品，在中信银行江门分行展出，所有作品均以一定价格公开拍卖，所得善款捐给有关部门作抗疫工作之用。市书协组织书法家应《江门文艺》杂志之邀，以本土作家的抗疫题材诗词作品为内容进行创作，在《江门文艺》上专题刊登。举办第一届“梁启超奖”江门市书法展。征集稿件250多件，评选优秀作品10件，入选作品68件，特邀16位书法家的作品于国庆期间在新会学宫展出。举办“绿水青山就是金山银山——江门市生态文明建设书法、摄影展”。展出书法作品84件、摄影作品100件。举办“世遗明珠•大美开平——翰墨华章”诗书作品展。收到作品250多件，评出优秀奖作品10件、入展作品60件，特邀作品18件展出并编入展览作品集。举办“追寻江门印记，携手走向小康”江门市书法作品展。开展“送文化”“送温暖”活动，为群众义务书些春联20余场，参与会员100多人次，义务赠联超2000副。

【摄影】　至2020年年底，江门市摄影家协会有会员689人，其中国家级摄影家协会会员76人、省级会员364人。是年，加入中国摄影家协会会员8人，加入省摄影家协会会员23人，加入江门市摄影家协会会员65人。举办主题作品征集、影展、影赛，完成江门市第四次全国经济普查摄影作品征集评选工作；与广东省摄影家协会、江门市文联合办的“多彩江门”广东摄影季赛活动完成第二、第三、四季的作品评选活动。新冠肺炎疫情发生后，用镜头记录抗击疫情的人民战争，在摄协微信公众号中举办“‘艺’起战‘疫’”、复工复产等9期网上微展览。6月，联合举办“抗疫显英豪——江门市抗击新冠肺炎专题摄影作品展览”，并出版同名画册。8月15日，举办“初心•瞻望——许和发摄影速写作品展览”暨《初心•瞻望——许和发摄影速写作品集》活。9月28日，举办广东省“美丽蓬江——从良溪古村到滨江新区”摄影大赛、广东省“罗贵奖”美术系列活动启动仪式。同时举办中国摄影金像奖得主——钟国华的“行走的影像”——钟国华藏地摄影作品分享会。9月，联合举办首届“不负韶华记使命砥砺奋进十五载”慈善摄影大赛；联合举办老照片征集活动。10月，联合举办江门市2020年“奋进新时代　共圆小康梦”艺术作品展览月，并由江门文艺杂志社出版《江门文艺》“奋进新时代　共圆小康梦”专刊；举办2020“爱•江门”摄影、短视频大赛；开展2020“精彩•夜侨都”摄影比赛活动。11月，举办广东省“美丽蓬江——从良溪古村到滨江新区”摄影大赛。联合举办“镜头下的文明城”主题摄影大赛。12月19日，举办《2020年“奋进新时代共圆小康梦”　江门市第33届摄影作品展》。

【曲艺】　至2020年年底，江门市曲艺家协会有会员250人，其中国家级曲艺家协会会员10人、省级会员43人。是年，发展市曲协会员10名。江海区曲协、鹤山市曲协完成换届，选举产生新一届理事会。11月28日，鹤山市戏曲协会在北湖公园的沁园楼完成挂牌，成为江门市首个有自己独立、固定活动场所的戏曲协会。

2020年，江门市曲艺承协会用作品温暖人心，投身战“疫”。市曲协创作的《宅家也是多奉献》、蓬江区粤曲小曲《万众抗疫保安康》、新会戏曲协会创作的《举国同心除疫染》、开平曲协创作的民歌《众志成城抗疫情》、恩平曲协创作的民歌《众志成城，抗击疫情》、鹤山曲协创作的快板《群防群控战疫魔》、市曲协创作的《致敬白衣战士》、鹤山的群口锣鼓词《感谢有您——鹤山人民的好儿女》等30多份抗疫作品，在大街小巷传唱。2020年，市曲协开展民惠民活动。10月，鹤山市戏曲协会策划“沙坪街道文明实践——2020年戏曲进农村”系列演出活动，演出15场。新会区戏曲协会开展“我们的中国梦”文化进万家和新时代文明实践活动。蓬江区曲协坚持文艺进基层巡演近30场。11月20日，由市文联和市曲艺家协会主办，四市三区曲艺家协会协办的“2020江门市金秋曲艺专场欣赏晚会”在东湖广场文艺舞台举行。

打造曲艺精品。粤曲表演唱《总理足迹遍葵乡》获第二届广东省（中国）曲艺之乡精品展演银奖，开平市曲协粤曲《精准脱贫》获四级扶持资金奖励；新会区戏曲协会对口相声《吹牛》获第十四届广东省青少年曲艺“明日之星”选拔赛三等奖，新会区戏剧曲艺协会还荣获组织奖；江海曲协的《心心相印》获江门市群众文艺作品评选三等奖；新会戏曲协会的粤剧小戏《肉霸覆没记》、恩平曲协的小品《闹圩场》获江门市扫黑除恶专项斗争民间优秀文艺节目会演特等奖，开平市曲协相声《扫黑除恶齐参与》，“乡音徵羽”民歌演唱组开平民歌《扫黑除恶助振兴》，恩平曲协木鱼《扫黑除恶颂升平》获一等奖，江海曲协的快板《扫黑除恶多正气，打造城市新文明》，蓬江区曲协音乐快板《扫黑除恶在行动》获二等奖；开平民歌《种茶走上致富路》获“老乡讲小康——2020年江门市百姓宣讲大赛总决赛”曲艺类三等奖。

“戏曲进校园”成效明显。创建江海区礼乐中心小学、鹤山市沙坪第一小学、实验中学、古劳中学、沙坪第六小学、沙坪第七小学6个青少年戏曲培训基地，以开设粤剧粤曲第二课堂、开设寒暑假期培训班等形式，开展校园戏曲培训、民乐培训、专场演出、专题讲座等，传承戏曲文化精髓，艺术润心田。

【民间文艺】 至2020年年底，江门市民间文艺家协会有会员318人，其中国家级民间文艺家协会会员11人、省级会员34人。是年,江门市民间文艺家协会有1人被推荐批准加入中国民间文艺家协会，2人被批准加入广东省民间文艺家协会，3人被评为正高级工艺美术师，5人被评为工艺美术师。

推荐作品参加广东省文联、民协在梅州市举办的广东省第九届花灯展、广东省第三届农民画展，江门民协分别获“优秀组织奖”，茅龙笔、东艺宫灯获选在央视（江门分会场）展示。创作30多幅反映抗疫故事的民间艺术作品。1月，江门市民间文艺家协会组织新会鱼灯、生公狸鱼灯、荷花灯、茅龙笔灯等民间花灯参加在梅州市举办的《广东省第八届花灯展》，其中张菀莹的鱼灯获银奖，张瑞亨的茅龙笔灯系列获优秀奖，徐嘉玲的荷花灯获优秀奖。2月，在石涧公园茅龙笔堂举办刻字、石雕艺术展，展出刻字艺术作品30件，台山石雕艺术作品23件。在冈州画院展览厅举办江门市、佛山市、清远市、韶关市、中山市展纸艺术巡展。9月，举办抗疫作品展览，展出作品95件并进行评奖活动。11月，组织部分文艺家到中山参加中国民间艺术节，及广东省第三届农民画展，江门市民协有4幅作品入选；同月，举办剪纸艺术进校园活动，到壮子教育集团6所幼儿园巡展。12月，在东仓里美术馆举办《江门市民间工艺精品展》，展出作品300件。与江门非遗中心文化馆合办《茅龙张笔下的大红柑》小品画展，展出作品200多幅。12月28日，举办庆祝元旦《江门市第九届剪纸艺术展》，展出作品120件，并邀请清远市民协部分剪纸作品展出交流。全年举办各种民间文艺、公益讲座等10场次。

【文艺评论】 至2020年年底，江门市文艺评论家协会有会员70人。是年，江门市文艺评论家协会组织会员开展新冠肺炎疫情防控文艺创作活动。创作包括散文、诗歌、评论、短视频、歌曲作词、朗诵稿、新闻报道等文艺作品15篇。7月23日,组织协会部分会员参加由江门市文联组织创作的抗疫话剧《最美逆行》观评活动。8月,组织协会成员参加江门市文联组织的红色采风活动。开展文艺批评交流活动。12月26日，举办“大湾区评协工作经验交流会”，评协参会人员与来自广州的文艺评论家及珠海评协的成员共同对大湾区文艺评论工作进行讨论，并互相交流经验。

【合唱】 至2020年年底，江门市合唱协会有会员235人，其中国家级合唱协会会员6人、省级会员8人。3月，江门市合唱协会齐心齐唱抗“疫”歌曲，录制合唱《世界需要热心肠》，并制作成MV。12月23日，江门市合唱协会侨乡爱乐婆婆合唱团举行“二十芳华岁月如歌”20周年团庆音乐会。12月，组织20多名会员进行《文明在哪里》传唱录制拍摄，用歌声传播文明城市力量。

【影视】 至2020年年底，江门市电影电视协会有会员65人，其中国家级电影电视协会会员0人、省级会员4人。全年会员创作或参与拍摄、制作影视作品近100部。开展抗疫主题影视文艺创作，宣传感人事迹和英雄人物。完成主题视频作品15部，在国家、省、市级媒体发表。《最坚定的逆行》《武汉念想》《天使妹妹》《胜利的那一天》《送你一支玫瑰花》《最美逆行》等音乐影视作品，表达对奋战在疫情防控一线的逆行者的密切关注和崇高敬意。《最坚定的逆行》《武汉念想》《天使妹妹》等在“CCTV·央视频”、人民网、中宣部“学习强国”等平台推出。抗疫作品《最美逆行》在“2020中国力量战‘疫’短视频影像展映周”中获纪录片单元二等奖。1月成立编剧专业委员会、演艺培训专业委员会、表演艺术专业委员会、影视制作专业委员会、导演艺术专业委员会5个专业委员会。全年监制、导演、拍摄、制作优秀微电影。新导传媒创作的《河豚鱼鲜美不可“冒死”尝》《滥用抗生素的危害》获第20届IAI国际广告奖；《锦鲤》《大美江门》获2020年“唤醒生活春潮依旧”春季摄影大赛入围作品奖；《白云汉莎》获万众一心战胜疫情暨第五届中国梦青年影像盛典短片单元三等奖。开平市影视文化协会拍16部影片。《义路有你》获中国脱贫攻坚全国微电影盛典三等奖、第十三届青年影像节铜奖。《一块界碑的见证》获中国第三届“我与宪法”短视频大赛三等奖。

（市文联）

社会科学

【社科联组织概况】 2020年，江门市社科联内设办公室、社科普及部（与学术规划部合署办公）2个部室。是年，新增市级社科普及基地5个，累计有社科普及基地64个，其中，国家级基地1个，省级基地10个，市级基地53个。至年底，在市民政局登记注册、市社科联指导联系的市级社科类社会组织30个。

【社科理论研讨交流】 2020年，江门市社会科学界联合会推进对习近平新时代中国特色社会主义思想的深入研究和阐释,组织召开系列理论研讨会。围绕习近平新时代中国特色社会主义思想和党最新理论开展学习研讨，推动新思想在江门大地落地生根。围绕《习近平谈治国理政》第三卷、习近平总书记出席深圳经济特区建立40周年庆祝大会和视察广东重要讲话重要指示精神、党的十九届五中全会精神等3个专题，组织省社会科学院江门分院所属社科研究机构负责人、部分研究人员和市有关社科专家学者170余人次召开理论研讨会。与会专家学者围绕会议主题，结合自身工作实际，畅谈学习体会，提出落实对策，撰写《学好新教材贯彻新思想》《铸创新利器为高质量发展开路》《办好思想政治理论课是治国理政的重要内容》《既要“知其事”又要“究其道”》《学习〈习近平谈治国理政〉的4个维度》《“高质量”挂帅 “大将军”带头》《坚持以社会主义核心价值观引领侨乡文化建设》《紧扣三个“新”学习领会党的十九届五中全会精神》《加快形成与经济高质量发展相匹配的区域发展新格局》《江门新跨越需要永葆“闯”的精神》《奋力打造传统后发城市高质量发展的“江门模式”》《只争朝夕真抓实干加快高质量发展步伐》《进一步解放思想推动侨乡高质量发展》《从“道”与“器”两个维度推进城市治理现代化》等14篇理论学习文章，《江门日报》开辟3次专版刊登、江门发布微信公众号专栏发布3次。10月13日，召开江门市第十届加强未成年人思想道德建设理论研讨会。面向全市征集论文442篇，由专家组评出21篇论文被收录进《铸魂育人》论文集。11月26日，召开建设江门中心城区产城融合示范区理论研讨会，邀请五邑大学校长助理、经济管理学院院长、暨南大学经济学院博导教授王鹏，江门职业技术学院副校长蔡勇作专题报告，编制《彩笔共写新篇章——建设江门中心城区产城融合示范区理论研讨会优秀论文集》。

【社科课题研讨】 2020年，江门市社会科学界联合会组织专家学者开展《新经济形势下江门市印刷业发展对策研究》《江门生产性服务业：现状、趋势及发展路径选择》《人文湾区视野下塑造江门侨文化高端品牌路径探研》《江门市2019年施政满意度调查研究》《江门市医疗保险政策满意度调查》《打造江门中心城区产城融合示范区路径研究》《白沙故事集》《我市人才岛人才集聚策略研究》《江门市居家养老市场化调查研究》《产业融合推进乡村振兴：新会陈皮国家现代农业产业园案研究》等10个重点课题研究。其中，《新经济形势下江门市印刷业发展对策研究》获市政府主要领导肯定；《开展江门人才岛人才集聚策略研究》等2项课题被纳入市宣传文化重点工作和创新项目，《打造江门中心城区产城融合示范区路径研究》被纳入全市重点课题。

推进优秀研究成果转化。《我市实施乡村振兴战略的难点与对策建议》《江门市关于广东构建“双循环”新发展格局的建议意见》等6篇被市委办采纳；《新发展格局下高质量推进江门“三区并进”的对策建议》《关于江门学习深圳经济特区改革创新经验的对策建议》《2020阳明心学大会参会报告》《当前我市经济面临的挑战与对策》《关于加快推进“三线”整治构建常态长效机制的报告》等分别获市委主要领导和市委分

2020年8月20日，江门市在江门丽宫酒店召开江门市社会科学界联合会第八次代表大会 （市社科联 供）

管领导肯定性批示。

【社科普及】 2020年8月29—30日，江门市社会科学界联合会围绕“倡导现代文明生活新方式决胜全面建成小康社会”主题，与市委宣传部共同举办江门市第十六届社科普及周主题日活动，活动期间的展览包括《习近平谈治国理政》第三卷、江门乡村振兴之路、陈白沙生平事迹、梁启超生平及思想，以及书画、古玩、集邮、陈皮展等；现场开展陈皮闻香活动、书画家免费为市民挥毫、白沙古琴演奏、白沙诗文朗诵等活动。联合广东省东仓里美术馆、台山市文联、鹤山市博物馆、梁启超思想研究中心等14个单位，举办《白沙遗迹与陈白沙的故事》《家国情怀颂党恩》《鹤山市宗祠（群）典型案例建筑特色分析及保护与利用探究》《爱国爱家爱事业——梁启超家风的现代启示》等17场五邑文化讲坛，受众人数2900余人次。10月23日，与市梁启超研究会联合召开“梁启超与传统文化研究”座谈会，来自五邑大学、江门职业技术院等院校的专家学者围绕梁启超在儒家思想、语言文字、词学思想等传统文化领域方面的研究进行探讨。会前编印《梁启超与传统文化研究》论文集。11月12日至12月11日，与珠海市社科联、珠海容闳与留美幼童研究会、金地集团珠中江地产公司共同举办“国士无双——伍连德博士生平图片展”，展览通过61组展板、200多张史料照片展现祖籍江门台山市的博士伍连德生平及为中国医学事业做出的贡献。与会龙社区等单位共同举办“翰墨迎春金鼠纳福”2020年社科普及宣传暨新春游园活动，开展社科团体义务咨询、书画家免费为市民挥春、舞蹈、合唱等活动。创建江门市第一中学、广东江门中医药职业学院、江门市陈白沙中学、江门市青少年宫、周文雍陈铁军烈士陵园管理处5个市级人文社会科学普及基地。累计社科普及基地64个，其中，国家级基地1个，省级基地10个，市级基地53个。与市委宣传部共同制定并发布《江门市人文社会科学普及基地建设与管理制度》。以市级社科普及基地为载体和抓手，推动各市（区）社科普及“五进”（进机关、进企业、进社区、进学校、进农村）活动，推进基层社科普及工作常态化，全年全市开展社科普及“五进”宣传活动234场，受众42.27万人次。11月，江门五邑华侨华人博物馆和五邑大学教授李旭被广东省社科联分别评为2020年广东省优秀社科普及基地和广东省优秀社科普及专家。

【社科社团管理】 2020年，江门市社会科学界联合会支持市直各社科团体举办社科普及活动。参与江门市第十六届社科普及周活动，期间市党的建设研究会、市终身教育学会、市老年学学会、市对外经济贸易会计学会等社科团体举办“永远跟党走——江门市庆‘七一’红色书画摄影展”“弘扬红色革命传统和社会主义核心价值观”主题社科教育活动、“积极应对人口老龄化”研讨会、“战疫情促发展帮扶外贸外企企业纾困行动”助力江门外资外贸企业复工达产税收政策宣讲会等，通过线上直播等传播方式，受众5.9万人次。划拨财政专项经费支持梁启超研究会召开“梁启超与传统文化”座谈会、编印论文集，以及江门五邑炎黄文化研究会编印《炎黄天地》刊物、开展相关学会活动等。围绕社科团体建设、发展和管理等问题，到市新会陈皮收藏研究协会、市陈白沙思想研究会、市对外经济贸易会计学会、五邑炎黄文化研究会等社科团体开展调研，了解社科团体基本状况、面临困难和发展方向，听取对社科联工作的意见建议，并结合具体情况提供相应支持。

【社科规划】 2020年，江门市社会科学界联合会完成市社科规划2019年课题立项及评审工作。对《粤港澳大湾区建设背景下江门乡村振兴实施路径研究》《江门市主要海洋产业发展现状分析及发展对策研究》《邑商精神与邑商企业管理案例研究》《鹤山碉楼调查及研究报告》《粤港澳大湾区视域下五邑侨乡建设华侨华人文化交流合作平台研究》等87项课题进行立项；对2012—2019年度《构建“四梁八柱”推动江门经济稳健发展》等122项课题结项。《粤港澳大湾区背景下旅游屏蔽区突围研究——以江门市为例》《梁启超、梁思庄父女图书馆学思想研究》《戴爱莲艺术思想与五邑地区“非遗”舞蹈的发展性传承与创新》等46项社会科学成果公开发表在《当代旅游》《传媒论坛》《新丝路》等省级以上报刊。

（市社科联）

文博工作

【概况】 至2020年年底，江门市有不可移动文物1768处，包括231处文保单位，其中全国重点文物保护单位5处，省级文物保护单位46处，市级文物保护单位180处。全市有博物馆8座，分别是江门市博物馆（江门五邑华侨华人博物馆）、蓬江区博物馆、江海区博物馆、新会区博物馆、台山市博物馆、开平市博物馆、恩平市博物馆、鹤山市博物馆。其中，江门市博物馆（江门五邑华侨华人博物馆）为国家二级博物馆，新会区博物馆、台山市博物馆、鹤山市博物馆为国家三级博物馆。江门市有各级非物质文化遗产名录项目169个，其中国家级项目7个，省级项目29个，市级项目91个，县（区）级项目169个；有非遗项目代表性传承人153人，其中国家级传承人3人，省级传承人29人，市级传承人61人，县（区）级传承人153人；新会葵艺代表性传承人廖惠林、白沙茅龙笔代表性传承人张瑞亨、台山广东音乐代表性传承人刘英翘获广东省优秀传承人称号。全市有新会葵艺、广东音乐、开平民歌、蔡李佛拳、白沙茅龙笔制作技艺5个广东省非物质文化遗产传承基地，新宝堂陈皮有限公司（新会陈皮制作技艺）、江门市新会区建宇古典家具有限公司[广式硬木家具制作技艺（新会古典家具制作技艺）]、恩平市恩州奇石实业有限公司（茶坑石雕刻技艺）3个广东省“非遗”生产性保护示范基地，五邑大学广东侨乡文化研究中心、江门职业技术学院2个广东省非遗研究基地。

【文物保护】 2020年，江门市江门川岛海丝文化游径、江门侨乡世界遗产历史文化游径、江门侨乡红色基因历史文化游径3条游径入选广东省历史文化游径（第一批）公布名单；江门广海贸易遗址游径、江门开平碉楼与村落世遗游径、江门台山侨墟与洋楼游径、江门广海卫烽火游径被公布为广东省粤港澳大湾区文化遗产游径（第一批）。江门市博物馆在白沙祠内开展的文化遗产日活动——《我在江博修文物》获央视频直播。广东省文物局在江门市博物馆挂牌设立珠江西岸文物考古工作站，江门市博物馆为工作站站长单位，珠江西岸文物考古工作站揭牌仪式暨首批队员培训班于7月在江门市陈白沙祠举行。蓬江区博物馆依托中山纪念堂建设而成并正式对外开放。司徒美堂故居被公布为全国重点文物保护单位革命文物。组织开展第八批江门市文物保护单位专家评审会，龚昌荣故居、南胜里门楼、康王庙、沙坪黄家祠、田金革命烈士纪念碑等5处文保单位入选江门市第八批市级文物保护单位推荐名单。选定20个项目启动江门市“历史文化博物馆”群建设扶持工作，其中7个项目完成建设并正式对外开放，13个项目按进度完成。

【文物安全】 2020年，江门市文化广电旅游体育局和市消防救援部门组织实施文博单位消防安全专项督查工作，每季度组织全市各级文物部门博物馆和文物建筑消防安全检查工作，全年全市各级检查不可移动文物1675家次，发现安全隐患84家次，整改安全隐患84家次；检查文物收藏单位23家次，发现安全隐患20家次，整改安全隐患20家次。市文化广电旅游体育局和市消防救援部门联合制定《江门市博物馆和文物建筑全国“两会”期间消防安全检查实施方案》，并按照通知要求推进全国“两会”期间江门市博物馆和文物建筑消防安全检查工作；举办江门市文博单位消防安全达标活动动员部署会；制定《江门市文博单位消防安全达标工程实施方案》印发到各市区，各文博单位贯彻执行。

【非物质文化遗产保护】 2020年，江门市狮舞（狮艺）黄永安、小冈香制作技艺戴铁锚、海晏冬蓉制作技艺谭正俊、庙会（洪圣庙会）卢国超4名传承人入选广东省第六批省级非物质文化遗产代表性项目代表性传承人。市文化广电旅游体育局公布江门市第六批市级“非遗”传承人名单。市政府同意江门非物质文化遗产综合展示馆选址方案，江门非物质文化遗产综合展示馆建设与华博馆改扩建项目同步推进。省文化和旅游厅公示14个非物质文化遗产代表性项目优秀实践案例，江门市的国家级项目“新会葵艺”入选。文化和旅游部公示第五批国家级非物质文化遗产代表性项目名录推荐项目名单，江门市新会陈皮炮制技艺作为国家级非物质文化遗产代表性项目名录传统医药（中药炮制技艺）的扩展项入选。省文化和旅游厅、省教育厅、共青团广东省委员会公布“非遗少年说”评选结果，江门市获少年达人•小主播2名，优秀奖17名；市非遗中心获优秀组织奖。

【非物质文化遗产交流】 2020年，中央广播电视总台“2020春节戏曲晚会”分会场在江门录制，其中江门市的蔡李佛拳、咏春拳、鹤山狮艺、荷塘纱龙、茅龙笔制作技艺、东艺宫灯制作技艺、新会陈皮、新会鱼灯、司前木版年画等非物质文化遗产项目在舞会上展示。组织江门市国家级非物质文化遗产代表性项目“白沙茅龙笔制作技艺”和市级代表性项目“玉石花制作技艺”到东莞市横沥镇参加“2020粤港澳非遗墟市暨横沥镇百年牛墟风情节”；组织白沙茅龙笔参展第25届秋季广州国际艺术博览会广东文化展区文创产品；白沙茅龙笔制作技艺、东艺宫灯、新会陈皮3个项目参加“第九届金湾航空艺术节珠三角非遗技艺展活动”；组织省级项目“罗氏柑普茶制作技艺”和市级项目“玉石花制作技艺”参加东莞墟市粤港澳城际联盟并参加中国文化馆年会活动。

【第八批省、市级非物质文化遗产名录公布】 2020年，江门市文化广电旅游体育局组织开展江门市第八批非遗代表性项目的评选工作，并对江门市第八批非遗代表性项目进行公布，传统体育、游艺与杂技4项，传统技艺15项，民俗3项。

（市文广旅体局）

表44 江门市第八批市级非物质文化遗产代表性项目名录一览表

项目类别	项目名称	申报地区或单位
传统体育、游艺与杂技	开平民间杂技	开平市赤坎镇国峰民间技艺馆
	址山龙湾龙舟	鹤山市址山镇昆中村民委员会
	蔡李佛拳术雄胜蔡李佛拳（蓬江）	蓬江区环市街道文体服务中心

续表44

项目类别	项目名称	申报地区或单位
传统技艺	江门蛋雕制作技艺	蓬江区环市街道文体服务中心
	外海生恭鲤鱼手工艺品	外海街道办事处
	台山玉石雕刻技艺	江门市台山玉石协会 台山市台山玉协会
	明式圈椅制作技艺	江门市新会豪盛红木家具有限公司
	广海咸鱼制作技艺	台山市水产品加工流通协会
	传统铸剑技艺	台山市文化馆
	台山米酒酿制技艺	台山市龙涛酒厂
	塘口家糍制作技艺	开平市塘口乡村旅游发展有限公司
	马冈竹器	开平市马冈镇文体服务中心
	金漆彩石镶嵌传统制作技艺	开平市金漆镶嵌文化发展有限公司
	开平豆家菜制作技艺	开平市长沙开发贸易公司
	开平豆家双晒鲮鱼干制作技艺	开平市长沙开发贸易公司
	簕菜茶制作技艺	恩平市雪荘茶厂
	古劳鱼皮角	鹤山市文化馆
	黄洞米点	鹤山市文化馆
	护龙村舞火龙传统活动	开平市赤坎镇护龙村民委员会
	楼冈网墟	开平市长沙街道办事处文体服务中心
	鹤城花炮会习俗	鹤山市文化馆

新闻出版

【概况】 2020年，江门市作品著作权登记1454件，比上年增长26%；全市查办版权案件12件。9月，在市政府小会堂举办“江门市政府机关软件正版化工作培训班”“江门市企业软件正版化工作培训班”，参加培训班的机关单位及国有企业、民营企业300多家。

至2020年年底，全市有正常经营的印刷企业1392家，其中出版物印刷企业18家，其他为包装装潢和其他类印刷企业，从业人员4.1万人。印刷业总产值175亿元，规模以上企业57家。有7家新闻单位，分别为江门日报社、江门市广播电视台、新会区广播电视台、台山市广播电视台、开平市广播电视台、鹤山市广播电视台、恩平市广播电视台。出版单位84家，分别为江门日报社、五邑大学报社及82家侨刊乡讯编辑部。3家外地媒体驻江门记者站，分别是南方报业传媒集团、《羊城晚报》《广州日报》驻江门记者站。有44家电影院，电影院从业人数642人；票房收入6284万元，全省排第八名。

是年，江门市办理“扫黄打非”相关案件44件，其中刑事案件10件，行政案件30件。全市“扫黄打非”进基层标准化规范化建设100%。

【出版物市场管理】 2020年6月，江门市有出版物发行单位458家，其中批发企业9家，零售单位449家；网上书店38家，外资企业6家。从业人员5252人，发行网点数量550个，营业收入为23亿元，出版物销售总额1.7亿元，利润总额3.8亿元，全市较大规模书店分别为江门市新华书店、江门市一牧书城、江门市文化书店、新会区新华书店、新会清华书城、新会环球书局等。是年，市委宣传部开展出版物市场检查40余次，出动执法人员约500人次，检查书店约200家。

（市委宣传部）

【江门日报社】 2020年，江门日报社开展正面舆论引导，做好重大活动、会议、主题报道，创新体制机制，推进媒体融合，占领新闻舆论主阵地。是年，被中国报业协会党报分会评为“全国城市党媒抗击疫情新闻宣传先进单位”；在全国地市新媒体创新发展峰会上获“全国地市新媒体抗疫新闻奖”一等奖；连续5年被评为“全国报纸自办发行先进集体”。

报道创新　2020年，江门日报社做强重大主题报道。宣传报道学习习近平新时代中国特色社会主义思想、十九届四中全会精神、十九届五中全会精神，习近平总书记出席深圳经济特区建立40周年庆祝大会和视察广东重要讲话、重要指示精神及中央、省、市全会、“两会”等报道。做大抗疫宣传和“六稳（稳就业、稳金融、稳外贸、稳外资、稳投资、稳预期工作）、六保”（保居民就业、保基本民生、保市场主体、保粮食能源安全、保产业链供应链稳定、保基层运转）报道。全年刊发防控疫情稿件5000多篇，本地评论20余篇，推出《战疫情暖侨乡》《“六稳”“六保”一线见闻》《夜经济》等10多个栏目，助力江门市经济复苏。在江门“战疫”100天之际，在全省地市报中率先出版88个版的《江门战疫录》特刊。“两微一端一网“（官方微博、微信、新闻客户端和门户网站）（含江门发布微信公众号）发布各类文图、音视频、H5等作品逾6000条，总浏览量（播放量）超2亿次。做细文明城市创建工作报道。创文栏目常态化，宣传社会主义核心价值观，40多个专栏200多篇稿件。做好动态新闻报道。如全城亮灯致敬10位江门“最美逆行者”“垃圾分类就是新时尚”；做好公益广告刊登。做优民生和文化报道。宣传报道“邑警反电诈”“新春圆梦”“寻访民间艺人”等。其中，“寻访民间艺人”推出52期，每期均拍摄视频，在报纸上配发二维码，在《江门日报》微信上推送。

全媒体建设　2020年3月12日，江门日报社融媒体中心投入使用，总投资400多万元，建筑面积近900平方米。与市政协合作打造全媒体运营品牌“众人议事厅”，全年推出4期10个专版25篇稿件。“云招商”、全国两会、陈垣诞辰140周年、珠西综合交通枢纽江门站售票通车等全媒体报道，形成围绕一个主题事件，全方位立体轰炸式传播模式。江门站售票通车的全媒体报道受到市委书记林应武和常委陈冀表扬。做好创建全国文明城市网上宣传工作，12月，《江门日报》“两微一端一网一抖”（官方微博、微信、新闻客户端、门户网站、抖音）等新媒体平台累计发布相关图文、视频560多篇次，点击量逾800万次，其中《江门无人机交警上岗》短视频成爆款，全网点击率（播放率）逾100万次，收集网友互动评论400多条。至年底，“江门日报微博”粉丝超122万人，“江门日报微信”粉丝逾47万人；直播江门App总安装量超44万人次，开展文图视频直播135场；江门新闻网日均IP量2.12万人；“江门日报抖音号”粉丝4.2万人，总点赞量近80万人，总播放量逾1亿人次。代运营江门发布微信号，粉丝逾61万人。

报社经营　2020年，江门日报社及属下公司实现利润扭亏为盈。全媒体经营中心各项业务受新冠肺炎疫情影响，基本稳住房地产、金融、健康、旅游、车展等行业市场份额。报纸发行公司营收和利润均超额完成，《江门日报》征订工作实现逆势九连增，融媒体事业部积极招商，江门“战疫”、江门站开通、基层党建和“十三五”“十四五”等特刊，为报社经营创收带来新动能。教育事业部经营到账、利润均超额完成报社下达的目标任务。青苹果校园专刊发行创新高，成功举办第二届江门市小学生现场写作大会。新时空公司双线超额完成年度任务，被广东省商务厅评为“广东省百强会展企业”。报社印刷生产成本得到控制，业务利润率比上年增长48%。东湖影剧院主体出租给市粤剧传习所，大停车场收费项目收入倍增，首次实现扭亏为盈。各地方站通过报纸宣传、微信推广、线上活动、视频直播等形式，实现社会和经济效益双赢。

（江门日报社）

广播·电视·电影

【概况】　至2020年年底，江门市有广播电视台6个，广播电台节目7套。广播人口综合覆盖率100%，电视人口综合覆盖率100%。全市有电影院44家，电影院从业人员624人；票房收入6284万元。

是年，江门市做好学习贯彻党的十九届五中全会等重大主题报道。加强重要节点和重大主题的宣传管理，部署全市各级广播电视播出机构制定宣传方案，通过全媒体平台做好学习贯彻党的十九届五中全会精神、习近平总书记出席深圳经济特区建立40周年庆祝大会和视察广东重要讲话、重要指示精神等重大主题报道。持续打响新冠肺炎疫情宣传战。部署全市各级广播电视播出机构开展疫情防控知识宣传，为全市坚决打赢疫情攻坚战提供战斗动员、精神动力和舆论支持。强化政治意识，做好广播电视安全播出、网络安全和设施保护工作，围绕疫情防控、“两会”、纪念抗战胜利75周年、71周年国庆节、深圳经济特区建立40周年庆祝大会、十九届五中全会等重要保障期、防台风等开展各项工作，全年无安全事故发生，完成2020年广播电视设施安全保障工作任务。

【江门市广播电视台】　2020年，江门市广播电视台办有2套广播频率、3个电视频道。坚守新闻宣传阵地、开启项目（活动）“云上”“线上”模式，完成播出端高清化改造，经营创收逆势突破，超额完成年初制定的目标任务。坚持正确导向，聚焦主题主线开展宣传。围绕学习贯彻党的十九届五中全会精神及抗疫复产、脱贫攻坚、创建文明城市等重大主题开展宣传策划，推出“五中全会精神在基层”“牢记嘱托再出发”等一系列重大主题报道，战疫作品获国家级奖项。全年央视平台采用江门台稿件37条次，其中3条稿件登上央视《新闻联播》，1期专题报道被央视《焦点访谈》采用，800多篇报道登录“学习强国”“央视频”等国家级新媒体平台。坚持守正创新，推进媒体融合发展。发力短视频制作，江门广电全媒体矩阵增加“视频号”，全年台官方抖音号发布短视频800多条次；探索直播带货，全年举办各类直播带货活动超120场；加快媒体融合发展，升级官网和App平台，全年执行网络直播超300场，入围“2020年全国城市广电融媒力10强”和“2020传媒中国年度十大综合传播力城市广播/频道（台）”。

（江门市广播电视台）

地方志工作

【概况】 2020年，江门市人民政府地方志办公室做好地方综合年鉴编纂工作；完成地方志资料年报工作，收集年报资料文字60万字，图片452张。开展地方志资源开发利用工作，编辑《资政参考·战疫特辑》（共六期）和资政参考文章《关于江门市应对公共卫生突发性事件的思考与建议——以2003年江门市抗击“非典”疫情为例》。举办“抗疫显英豪——江门市抗击新冠肺炎专题摄影作品展”，完成《最美逆行者画册》《抗疫显英豪——江门市抗击新冠肺炎专题摄影作品集》发行。启动陈皮影像志拍摄工作，与广东电视台合作拍摄《陈皮产业赋能乡村振兴》。加快地方志信息化建设。

【地方志资料年报】 2020年，江门市人民政府地方志办公室组织完成地方志资料年报工作年度任务。收集年报资料文字60万字，图片452张。加强对全市75个承报单位的资料报送工作进行分类指导，并审核验收，为第三轮修志奠定基础。

【年鉴编纂】 2020年，江门市完成年鉴编纂工作目标任务。市政府地方志办加强年鉴编纂规范化建设，策划《江门年鉴·2020》增设特色条目，指导各市、区落实地方综合年鉴实行“一年一鉴、公开出版”的工作要求。组织中山、湛江、云南等市年鉴编纂专家对《江门年鉴·2020》开展评议工作。至年底，《蓬江年鉴·2020》《江海年鉴·2020》《新会年鉴·2020》《台山年鉴·2020》《鹤山年鉴·2020》《开平年鉴·2020》《恩平年鉴·2020》出版。

【2020年粤港澳大湾区城市群年鉴编纂规范化培训班在江门举行】 2020年12月10—11日，2020年粤港澳大湾区城市群年鉴编纂规范化培训班在江门举行。粤港澳大湾区中9个城市（因新冠肺炎疫情防控原因，香港、澳门特别行政区不参会）的编纂工作领导、专家学者和地方志工作者40多人参加，共同研讨《粤港澳大湾区城市群年鉴》（以下简称《大湾区年鉴》）（2020年卷）篇目大纲、对《〈大湾区年鉴〉编纂工作实施意见》稿征求意见，探索建立健全编纂规范化机制体制等事宜。

【《江门年鉴·2020》出版】 2020年12月，江门市年鉴编纂委员会主办，市人民政府地方志办公室承办，中央和省驻江门有关单位，市、区，市直等129个单位参与供稿的大型资料性年刊《江门年鉴·2020》公开出版发行。《江门年鉴·2020》由卷首、百科、卷尾3个部分组成，设33个类目，189分目，1284条目。全面、系统、翔实地记述2019年度江门市政治、经济、文化、社会等各方面的重要时事、文献和统计资料。《江门年鉴·2020》由方志出版社出版，全书约85万字。

【地方志资政参考】 2020年，江门市人民政府地方志办公室助力新冠肺炎疫情防控工作，编辑《资政参考·战疫特辑》（共六期）和资政参考文章《关于江门市应对公共卫生突发性事件的思考与建议——以2003年江门市抗击“非典”疫情为例》，呈市疫情防控指挥部及其成员单位和专家，为全力防控新冠肺炎疫情提供历史借鉴参考资料。

【地方志资源编研开发】 2020年，江门市人民政府地方志办公室通过当地媒体、网站、微信公众号等方式发布“抗击新冠肺炎疫情档案资料征集启事”，举办“抗疫显英豪——江门市抗击新冠肺炎专题摄影作品展”，完成《最美逆行者画册》《抗疫显英豪——江门市抗击新冠肺炎专题摄影作品集》发行，引起社会反响；助力广东省省丝绸之路申遗工作。挖掘地方方言与海洋文化资源，出版《江门市海上丝绸之路方言与文化调查研究》《五邑华侨义冢与跨洋迁葬》《珠江西岸历史中的粤港澳大湾区——中山、江门开发图像简史》。围绕广东省申遗工作，寻求方言与文化的特殊角度突破申遗瓶颈。出版信息在省情网站上刊登，“南方＋”进行深度报道。

【陈皮影像志启动拍摄】 2020年，江门市人民政府地方志办公室启动陈皮影像志拍摄工作，与广东电视台合作拍摄《陈皮产业赋能乡村振兴》。《新会陈皮影像志》主要分为6个系列专题片，每个系列时长3分钟左右。内容有新会陈皮历史与现状概况，新会柑种植与产地分布与保护，新会陈皮制皮工艺、价值功用、陈皮文化、陈皮鉴别和贮藏陈化，以及陈皮产业与社会组织等，全面、系统地讲述新会陈皮的历史与现状。

【地方志信息化建设】 2020年，江门市人民政府地方志办公室落实《粤港澳大湾区发展规划纲要》，6月17日，与广州尚恩科技股份有限公司达成战略合作，共同开发“侨都根源——族谱数据智能分析利用系统”，建设内容包括数据库转化，以及征集平台、村情平台、智能分析系统、在线编修平台建设，网络铺设到全市自然村落一级，利用大数据技术、AI神经网络技术和区块链技术构建面向社会群众的族谱数据服务。并借此开发蕴藏在五邑家谱族谱中的中华优秀传统文化和华侨文化资源，打通五邑籍海外华侨华人寻根问祖、返乡创业的道路，推动粤港澳大湾区华侨华人重大文化交流平台建设。推动自然村落历史人文普查成果转化，开发“醉美侨都”“五邑侨胞、回报桑梓”“沧海遗珠、古村风韵”微视频等轻量化产品，在“方志广东”“广东省情网”等省媒体平台发布推介；开平市对传统建筑与纪念建筑、自然环境、城市风貌、墟集等开展微视频拍摄工作，完成181个拍摄点181组照片，20组视频。服务“数字政府”试点工作。是年，江门地情网网站栏目建设获省地方志办认可，在全省地方志数字化工作通报（第二期）位列珠三角地区优秀档次第三。参与省情内容建设。以江门地情网站为依托，通过更新数据，实现史志与社会资料共享，为宣传江门，促进江门经济发展发挥作用，全年江门地情网开设栏目11个，发布地情信息114条。

（市地方志办）

档案工作

【概况】 2020年，江门市档案馆保存档案全宗155个，档案17.56万卷、44.51万件，照片档案2.44万张，录音带、录像带、光盘档案86盘，实物档案1876件，资料1.96万册；电子档案10.17万卷、17.27万件。馆藏档案最早形成时间为清同治四年(1865)，档案资料有清同治四年（1865）功牌，清光绪二十三年（1897）江门关租约等。

【档案利用与服务】 2020年，江门市档案馆接待机关事业单位、市民群众查阅利用档案、现行文件和政府信息公开452人次，调阅档案1194卷、4991件，资料159册，档案数字化副本查阅2.13万页，目录查阅数8817条，复印2647页，档案数字化副本拷贝3728张，为各有关单位、群众提供有参考价值的档案材料；新冠肺炎疫情期间，开展远程查阅利用服务，以公布查询电话、关注微信公众号、馆网站留言、QQ等服务模式，安全有效地提供档案查阅利用服务。

【档案安全建设】 2020年，江门市档案局开展每季度一次档案安全专项检查，实现对全市综合档案馆、专业档案馆的检查全覆盖，落实档案安全有关工作，严防发生档案损毁、泄密等安全事故，全年各级档案馆无发生馆藏档案受损、泄密等情况；完成所有清朝及民国档案的档案盒更换工作，确保盒内档案安全；调整档案排架，优化库房结构，扩大容纳档案空间；更新资料库示意图和标志，全面规范整理并更新馆藏资料的电子和纸质目录。

【档案资源建设】 2020年，江门市档案馆接收市直有关单位的文书档案311卷、2.79万件，荣誉实物档案77件；接收市新冠肺炎疫情防控指挥部档案1155件；完成114箱甘化厂工业遗产档案的抢救保护工作；江门市数字档案馆（室）信息系统推广试点成效良好，完善档案管理系统电子档案在线接收和馆藏数据查阅利用功能，依托管理系统开展在线或离线接收市直立档单位的电子档案进馆数据符合标准。新采用一套档案近线备份系统，保障档案数据安全性、兼容性和稳定性。

【档案图片展览】 2020年，江门市档案馆结合“6·9”国际档案日宣传活动，举办“江门记忆”馆藏珍品展，助力党员学习教育；市直机关党组织第一片组16个单位开展主题党日活动集体参观展览；市有关单位、兄弟档案馆、市民学生观展。

（市档案馆）

2020年6月9日，江门市档案馆在馆办公楼三楼举办“江门记忆——江门市档案馆馆藏珍品展” （市档案馆 供）

卫生健康·体育

卫生健康

【概况】 2020年，江门市有卫生机构1712个，其中医院类机构59个、基层医疗机构1627个；有床位2.49万张，其中医院类机构床位1.96万张、基层医疗机构床位5092张，全市每千常住人口床位数5.39张；卫生机构有在岗职工3.96万人，其中卫生技术人员3.35万人，含执业（助理）医师1.17万人、注册护士1.55万人，全市每千常住人口拥有执业（助理）医师、注册护士分别为2.53人、3.36人。全市三级甲等医院4个，其中三级甲等中医院1个。全市医疗机构完成总诊疗量3624.56万人次，出院病人65.91万人。全市出生人口3.84万人，出生人口性别比107.76，出生率8.38‰，自然增长率2.29‰。

【医药卫生体制改革】 2020年，江门市组织开展2019年度市级深化医改考核工作，将考核结果予以通报，同时通过以奖代补的方式对考核排前3名的市（区）予以经费补助；建立定期通报督办机制，按季度对全市医改重点工作进行通报；落实医改宣传联络员制度，推动与中央媒体、省媒体和新媒体等开展合作宣传，印发《江门市重要医改政策舆情收集研判和处置工作机制》，做好舆情回应。统筹推进强基建设项目，受疫情影响，江门市各强基建设项目于2月底复工，并对标省目标要求加快建设进度，台山市人民医院、台山市第二人民医院、恩平市妇幼保健院升级建设项目投入使用并形成服务能力。实现医联体网格化布局全覆盖，制定并以市府办名义印发《江门市深入推进医联体网格化布局全覆盖建设工作实施方案》，明确蓬江区、江海区由市直三甲医院牵头建设城市医疗集团，新会区、台山市、开平市、鹤山市、恩平市在辖区内建设紧密型县域医共体，实现医联体网格化布局全覆盖。江门市中心医院与蓬江分院完成法定代表人统一工作，分院主要负责人由总院任命；江门市人民医院与蓬江区杜阮、棠下、潮连、荷塘等镇（街）医疗单位签订协议，在管理、技术、服务等方面融合，逐步实现“六统一”（实行行政、人员、财务、质量、药械、信息系统六个方面统一管理）。新会区、台山市、开平市、鹤山市、恩平市先后以政府名义出台辖区紧密型医共体建设方案，成立医管委并落实挂牌运作，台山市作为江门市医共体建设标杆县，在全省深化医改专题培训班上作经验交流。

2020年8月27日，江门市卫生健康局在鹤山碧桂园酒店举行江门市基层特色专科授仪式牌。图为授牌仪式现场 （市卫生健康局 供）

【疾病预防控制】 2020年，江门市累计创建国家级慢病示范区1个（鹤山市），省级慢病示范区2个（蓬江区、新会区）。全人群死因监测覆盖率100%，获中国疾控中心慢病中心评为“2004—2019年中国死因登记报告先进集体”“2004—2019年中国死因登记报告突出贡献先进个人”等奖项；肿瘤登记人口覆盖率100%，获国家癌症中心颁发“2020年度肿瘤登记工作优秀奖”。完成年度心脑血管事件报告、心血管病高危人群早期筛查和综合干预等工作。免疫规划疫苗接种率95%，全市连续保持28年无脊髓灰质炎状态、连续32年无白喉病例报告。购置检测仪器设备，提升食品安全风险监测能力。全市传染病疫情平稳，新冠肺炎疫情总体可控，加强艾滋病、结核病等重大传染病及慢性病防控；遏制艾滋病疫情快速上升势头，结核病检测技术提升。全年全市法定传染病报告发病率558.69/10万，死亡率1.53/10万；发病率比上年下降42.51%，死亡率下降34.10%；甲乙类传染病报告发病率355.40/10万，死亡率1.53/10万；发病率下降13.66%，死亡率下降34.10%。甲乙类法定传染病报告发病数居前5位的病种依次是乙肝、肺结核、梅毒、丙肝和淋病。推进江门市精神卫生工作。被评为全国社会心理服务体系建设试点城市，推进试点工作并得到国家调研组肯定。

【卫生应急】 2020年，江门市完善卫生应急体系建设，提升卫生应急能力，完成新冠肺炎疫情应急处置和突发事件医疗卫生紧急救援各项工作任务。江门市卫生健康局制（修）订《江门市突发公共卫生事件应急预案》及操作手册、《江门市新冠肺炎突发聚集性疫情事件应急处置工作预案（试行）》《江门市卫生健康局新型冠状病毒感染的肺炎医疗救治工作应急预案（试行）》《江门市新冠肺炎医疗救治能力建设应急预案（试行）》《江门市新型冠状病毒肺炎境外输入人员隔离预案》《江门市秋冬季新冠肺炎疫情防控工作方案》。制定《江门市新冠肺炎突发聚集性疫情事件应急处置工作预案》，建立健全部门联动快速应急响应“四个一”（指定一个电话号码、健全一套队伍、制定一套流程、建立一套机制）工作机制，建立完善各市（区）疫情应急处置小组，强化卫生健康、公安等专业力量联合开展流行病学调查机制，接到疫情报告同时到现场、同时开展调查、同时进行处置。从2月19日起，江门市卫生健康局每周组织专家对各市（区）防控等级进行分区分级评估，不定期组织专家召开专题风险研判会议，研究部门联防联控应急处置境外输入疫情、确诊病例临床诊疗方法、疫情信息报送等内容，加强对疫情的动态研判，为江门市指挥部决策提供参考。做好普通高考、公务员考试录用、中国农民丰收节（第七届江门市农业博览会）等超120场次大型活动和会议的医疗卫生保障工作。做好国庆、中秋节、春运、“五一”等重大节日的值班值守工作，做好应对自然灾害、事故灾害、社会安全等突发事件卫生应急准备工作，组织开展突发事件紧急医学救援和重大疫情卫生应急处置工作。

【卫生健康综合监督】 2020年，江门市出动卫生监督执法人员1.39万人次，监督各类疫情防控重点单位1.96万间次，其中公共场所9643间次，生活饮用水359间次，医疗机构5348间次，学校1120间次，消毒产品生产等各类企业512间次，巡查社区、隔离点、客运站、高铁站2616间次。

做好新冠肺炎疫情防控和常态化防控工作，加大对医疗机构院感的监督检查，1月中旬对市直医院和二级以上综合医院进行监督检查；加大疫情期间对公共场所、学校卫生、生活饮用水、医疗卫生及传染病防控工作开展专项监督检查，重点对综合医院、社区卫生服务中心（卫生院）、车站和集中隔离酒店、复工复产企业、密闭通风不良场所疫情防控工作落实情况进行监督并提出整改指导意见692条。

完成“双随机一公开”（随机抽取检查对象，随机选派执法检查人员，抽查情况及查处结果及时向社会公开）监督抽查，国家卫生健康监督信息报告系统江门市抽查任务1438间，11月13日，完成对国家卫生健康监督信息报告系统的数据交换工作，比国家要求时间提前17天完成。市卫生健康局在市“双随机”系统中先后联合市人力资源和社会保障局、市医疗保障局、市生态环境局等部门开展对消毒产品和职业卫生联合抽查，抽查19宗。全年案件数523宗，罚款166.83万元，没收违法所得12.27万元。落实信用体系建设工作，各级卫生健康部门和卫生监督机构联合公安、市场监督管理等部门开展一系列联合执法行动，查处违法违规行为并将查处结果进行公示。查“保健”类店铺67个，检查旅游景区、农村场

2020年9月30日，江门市在广东江门中医药职业学院体育馆举行秋冬季新冠肺炎疫情应急处置联合演练 （市卫生健康局 供）

镇、农村集市、城乡接合部等重点区域9个，开展行政指导、行政约谈36次，开展宣传活动1次，开展协作执法（处理群众投诉或部门转交线索）2宗，立案查处“保健”店未取得有效卫生许可证经营沐足项目1宗。

【职业健康管理】2020年，江门市以粉尘危害为重点组织开展全市职业病危害基本情况调查，摸清全市职业病危害用人单位、危害岗位、作业场所及接害人数、行业分布等基础数据。开展尘肺病防治攻坚行动，在矿山、冶金、建材和宝石加工等重点行业领域开展专项治理工作，全市有重点行业企业75家，完成尘肺病防治攻坚相关目标任务要求。制订江门市重点职业病监测项目和尘肺病回访工作方案，开展重点职业病监测工作。开展工作场所现状调查，深入企业开展培训、指导和数据录入工作，完成3847间。开展“双随机”（随机抽取检查对象，随机选派执法检查人员）职业健康执法工作，加大定向检查和“双随机”抽查力度及检查频次，重点对职业病危害严重的重点行业、重点人群企业开展监督执法。组织开展职业病防治法宣传周活动，全市宣传受众人数1.44万人，印发宣传资料2.5万份，现场出动宣传人员528人次，开展职业卫生防治知识线上培训236场次，培训2.36万人次。开展试行职业卫生分类分级工作，试行职业卫生分类分级监管，落实用人单位分类分级评定工作，加大对用人单位监管工作力度，提高监管效能，实施差异化监管。依法加强放射卫生日常监督管理，全市有179间医疗机构取得放射诊疗许可证，持证率100%，放射卫生技术服务机构（乙级）资质服务机构2家。组织开展放射诊疗专项整治活动，组织放射类省级专家到市（区）开展督查指导工作。

【卫生信息化建设】 2020年，江门市建设基于居民健康档案江门市区域卫生信息平台，建设江门市统一的基本公卫系统和家庭医生系统，建档居民健康档案418万多份，推进基层医疗机构院内信息系统上线建设，实现医防融合，公共卫生和医疗信息数据互联互通。推动江门市三甲医院开展互联网医院建设，提供慢病复诊、健康咨询等服务，提供新冠肺炎病毒免费咨询门诊、慢病续方快递到家等服务。推进远程医疗项目建设，台山市、开平市、鹤山市、恩平市的人民医院、中医院、妇幼保健院和65家镇级卫生院均接入省远程医疗平台，医疗机构之间开展远程医疗业务。

【爱国卫生运动】 2020年4月，江门市组织开展以“防疫有我，爱卫同行”为主题的第32个爱国卫生月活动。全市全年开展环境卫生综合整治行动7361次，清理积存垃圾26.79万吨，清理卫生死角9.72万处，清理大中型病媒孳生地2.08万处，灭蚊消杀面积4.38万平方米。开展国家（省）卫生城市、国家（省）卫生镇、省（市）卫生村等卫生创建（巩固）活动，至年底，江门市成功创建国家卫生城市1个，省卫生城市4 个，国家卫生镇13个，省卫生镇33个，省卫生村2989个，市卫生镇9个，市卫生村3165个，省、市卫生村创建惠及农村人口215万人。以健康企业（单位）、健康社区（村居）、健康学校、健康医院、健康家庭等“健康细胞”试点建设为重点，解决城乡环境“脏乱差”问题。全市建成省级健康社区试点3个，市级健康镇试点3个，市级健康村试点15个，健康村67个，健康社区119个，健康细胞中健康医院59个，健康学校80个，健康企业85个，健康家庭3675个。印发《江门市公共场所禁止吸烟的暂行规定》《江门市创建广东省无烟单位活动方案》，将控烟工作列入爱国卫生、城乡卫生创建和卫生单位考核的重要内容。全市创建省级无烟单位1146家，无烟医疗机构覆盖率100%，全市设立戒烟门诊的医院4家，设置戒烟咨询热线4条。

【基层卫生健康】 至2020年年底，江门市有基层医疗卫生机构1627家，其中卫生院63个，社区卫生服务机构27个，门诊部（所）646个，村卫生室891个；基层医疗机构实有床位5092张，在岗职工1.27万人，其中卫生技术人员占86.49%。2020年，全市基层医疗卫生机构总诊疗1834.77万人次，占全市总诊疗人次50.62%。

基层医疗卫生体系建设 2020年，江门市完成村卫生室规范化建设101间，累计完成665间。安排90万元为蓬江区杜阮镇卫生院、新会区罗坑镇中心卫生院、会城街道社区卫生服务中心、台山市广海镇中心卫生院解决紧缺医疗设备。落实对基层医疗机构“公益一类财政供给、公益二类事业单位管理”，全年投入4.99亿元用于保障基层医疗机构人员基础性经费。台山市台城街道卫生院、广海镇中心卫生院、汶村镇中心卫生院、鹤山市址山镇卫生院达到“优质服务基层行”推荐标准并获国家卫生健康委员会通报表扬。

基层医疗卫生能力提升 2020年，江门市培育和创建“江门市基层特色专科”10个，市级财政下拨90万元支持专科发展。市级财政拨付260万元支持26家基层医疗机构聘请上级医院专家开展技术帮扶。继续实施国家基本公共卫生服务，基本公共卫生服务项目财政补助经费标准提高到每人每年74元，市实际核拨到位的人均基本公共卫生服务经费补助75.52元。至年底，全市建立居民电子健康档案419.68万份，电子建档率91.27%；提升0～6岁儿童、孕产妇、65岁以上老年人、慢性病患者等重点人群健康管理水平，医防融合度深化。全市推进家庭医生签约服务提质增效，县（市、区）及镇（街）均开展家庭医生签约服务，组建家庭医生签约服务团队740个。选派16名家庭医生骨干学员赴省级基地开展“滚雪

球”培训，并组织培训管理人员82人、护理人员123人、乡村医生450人，基层医疗机构60名临床医生到上级医院进修。

【妇幼健康服务】 至2020年年底，江门市有妇幼保健院6间，助产机构84间，婚前医学检查机构12间，产前诊断机构2间，产科床位数1663张，儿科床位数1328张。全市取得母婴保健技术服务资质1996人，妇产科执业医生827人，儿科执业医生629人。全年全市户籍活产数3.39万人，其中男1.76万人，女1.63万人，孕产妇死亡率5.89/10万，婴儿死亡率1.44‰，5岁以下儿童死亡率1.86‰。全市孕产妇系统管理率95.02%，产妇产后访视率97.80%，新生儿访视率98.27%，3岁以下儿童系统管理率91.71%，7岁以下儿童健康管理率98.32%，0～6岁儿童眼保健和视力检查覆盖率95.20%。做好妇幼公共卫生服务项目，全市为1.59万名计划怀孕夫妇提供免费孕前优生健康检查，目标人群覆盖率99.4%；为2.9万名农村和流动人口妇女免费增补叶酸，预防神经管缺陷发生；为全市适龄城乡妇女免费筛查宫颈癌6.18万例、乳腺癌6.09万例；预防艾滋病、梅毒、乙肝母婴传播工作推进，全市孕产妇艾滋病、梅毒、乙肝检测率均为99.9%以上；推进出生缺陷综合防控，免费地中海贫血血常规初筛5.71万例，产前唐氏筛查2.86万人，产前胎儿结构畸形筛查2.62万人，新生儿遗传代谢病筛查4.16万人，新生儿听力筛查4.15万人，减少严重致死致残出生缺陷发生。

【医政管理】 *新冠肺炎疫情医疗救治* 2020年，江门市卫生健康局建立诊疗工作机制，落实广东省“四早”（早发现、早报告、早隔离、早治疗）、“四集中”（集中患者、集中专家、集中资源、集中救治）救治原则，制定《江门市新冠肺炎疑似和确诊病例诊疗流程工作指引》，理顺全市新冠肺炎医疗救治工作流程。统筹优质治疗资源,加大各级财政资金投入，通过对医疗机构改造升级、配备相应医疗设备，加强新冠肺炎定点救治医院建设,做好定点救治医院相关物资准备。至年底，全市有新冠肺炎定点救治医院9家，总床位数8800张。选定广东珠西国际会展中心作为地市级方舱医院备用场所，新会体育馆、台山新宁体育馆、开平市体育馆、色色环球影城、恩平市体育馆作为方舱医院市（区）级备用场所，做好临时性扩充收治床位准备。打造最强救治团队，由江门市卫生健康局牵头，联合呼吸科、ICU（重症加强护理病房）、感染科、检验科、放射科等专业专家，组建成立江门市新型冠状病毒感染肺炎临床专家组、重症救治专家组。制定《江门市应对秋冬季新冠肺炎疫情医疗救治工作方案》，组建2支各70人的市级医疗救治队伍，细化江门市新冠肺炎医疗救治各项措施，以应对可能出现的秋冬季新冠肺炎疫情。先后向湖北派出48名医护人员，分别在武汉市和荆州市开展救治任务；向香港派出10名检验技术人员支援开展社区普及筛查计划。

疫情防控工作 加强核酸检测能力建设，通过实验室改造扩建、仪器设备配备、检测人员配置和培训等措施，加强开展核酸检测临床基因扩增检验实验室检测能力。全市有27家机构可提供核酸检测服务，其中21家综合医院，6家疾控中心，全市单日核酸检测量4万份；全市紧急状态下最大日检测通过量9万份。加强检测、采样人员队伍建设，利用省级、市级培训平台，加强标本采集、核酸提取、试剂使用、荧光定量等检测方法培训。全市培训合格并持证上岗检测技术人员430人。加大采样人员培训力度，11月，组织全市公立医疗机构护理人员新冠病毒核酸采样技术培训，1.34万人培训合格。完成发热门诊和诊室规范化建设任务。市卫生健康局完成77家发热诊室、18家发热门诊规范化建设，完工率100%。优化发热门诊转诊流程。理顺发热患者就诊流程，健全运行机制，发挥门诊部、诊所疫情防控的“哨点”检测作用，确保发热可疑患者“早发现、早报告”。加强医院感染常态化防控。落实预检分诊、全员询问流行病学史和医护患三签名制度，过滤高风险人员。推动非急诊预约、线上预检分诊，引导患者分时段就诊，减少人群聚集，降低交叉感染风险。规范住院病区管理。执行住院患者、陪护人员、探视人员管理制度。定期开展院感督导，建立督导整改台账，对发现的问题事项逐一销账管理。成立市新冠肺炎医疗机构感染预防与控制工作专班，由市政府领导负责，卫生健康行政部门统筹，明确三级责任清单。建立院感防控分片包干联系机制。市卫生健康局组织4200人次参加12期院感防控系列专题培训，提高医务人员院感管理水平和防控能力。

护理服务质量提升 市卫生健康局推动“互联网＋护理服务”模式。市中心医院、市人民医院、市残联康复医院、市新会区会城街道办事处社区卫生服务中心开展线上出诊服务。江门市蓬江区杜阮镇卫生院、台山市广海镇中心卫生进入从业护士岗前培训和考核阶段，制定并完善相关工作制度，为提供“互联网＋护理服务”做好相关工作准备。

医师资格考试 7月10—23日，江门市医师资格实践技能考试（仅含临床类别、中医类别）在江门市实践技能考试基地举行，应参加实践技能考试1522人，实际参加考试1420人；8月21—23日举行综合笔试（第一试），应参加考试3275人，实际参加考试3251人次；考试通过率48.85%。从2019年起，广东考区开展医师资格考试医学综合笔试“一年两试”试点工作，综合笔试“一年两试”第二试于2020年11月14—15日举行，江门考点应参加考试1380人次，实际参加考试1350人次；考试通过率31.25%。

2020年11月18日，江门市在市委市政府小会堂召开全市中医药大会，推进中医药传承创新发展、加快建设中医药强市全面部署

（市卫生健康局 供）

【医疗卫生对口支援】 2020年，江门市派遣30名卫生专业技术人员到广西崇左市进行技术帮扶；选派5人参加广东省第九批援疆医疗队；选派5名卫生专业技术人员到图木舒克市四十五团医院进行技术帮扶；选派1名卫生专业技术人员到西藏进行技术帮扶。江门市卫生健康局划拨20万元至新疆第三师四十五团医院，用于购买新冠肺炎防疫用品。

【药政管理】 2020年，江门市卫生健康局印发《关于做好医疗机构药事管理工作的通知》，明确药事管理各项重点工作，推动药事改革发展，保障用药安全。推进基本药物制度实施，组织专家开展专项调研，确保各市（区）基层医疗机构实施基本药物制度全覆盖；强化考核监测，落实月报和季报制度，动态掌握实施情况，提高医疗机构基本药物使用占比。强化药品使用管理，开展麻醉药品、第一类精神药品购用印鉴卡集中换卡，严格现场检查并针对存在问题落实整改；加强抗菌药物临床应用管理，动态监测抗菌药物使用情况，提高医疗质量，保障合理用药。落实药品供应保障，加强新冠肺炎防治重点药品的使用管理、紧急调配和统计监测，联合市发展和改革局等8部门印发《江门市短缺药品供应保障工作联动会商机制工作规则》；配合医保部门推进药品耗材集中采购改革，落实国家组织药品集中采购和使用试点扩围工作，开展新冠病毒检测试剂集中采购。是年，江门市药政管理工作获省卫生健康委员会肯定，在2020年全省药政工作现场会议上作经验交流。

【中医药管理】 截至2020年年底，江门市中医类医疗机构952间，其中三级甲等中医院1家、二级甲等中医院5家、中西医结合医院1家。全市中医类医疗机构床位4791张，比上年增长8.57%；全市中医类医疗机构门诊服务1249.40万人次，占全市总诊疗量34.47%，出院12.356万人次，占全市总出院41.33%。全市中医类别执业（助理）医师2060人。全市有国家级中医重点专科3个，国家级中医特色专科4个，省级中医重点专科16个，省级中医特色专科11个。2020年，全市新增省级传承工作室项目3个，累计有国家级、省级名老中医药专家或名中医传承工作室12个。全市65岁以上老年人与0～36个月儿童中医药健康管理率分别达到65%和63%。与广东江门中医药职业学院合作，签约培养定向生67人。实施《中医诊所备案管理暂行办法》办理中医备案诊所，全市办理中医备案诊所47家，其中蓬江区24家、江海区2家、新会区7家、台山市6家、开平市1家、鹤山市5家、恩平市2家。开展全国基层中医药工作先进单位评审，恩平市于2015年成为广东省创建全国基层中医药工作先进单位项目单位，2019年通过省级审核，并在2020年9月国家专家组评审中获专家组肯定。全市县级中医药适宜技术推广基地开展培训讲课72次，培训基层医疗机构人员6988人，培训课程包括中医药防治儿童流感、精准柱整复手法治疗神经根型颈椎病、糖尿病现代及中医特色疗法、基层脑卒中康复治疗、新冠肺炎疫情中医防控内容。发挥中医药在疫病防治中的优势，成立中医药防治专家组，坚持中西医结合，印发中医药防控工作方案和预防救治方案，派出3批48人中西医团队驰援湖北。市五邑中医院为全省唯一一家收治新冠肺炎患者的三级甲等中医医院。中医药全过程100%参与治疗，症状改善率100%，实现患者零死亡，医护人员零感染。11月18日，江门市召开中医药大会，对推进江门市中医药传承创新发展、加快建设中医药强市进行部署。成立江门市中医药传承创新发展工作领导小组，并印发《江门市促进中医药传承创新发展实施方案（2020—2025年）》。

【民营医院建设】 2020年，江门市卫生健康局鼓励支持优质社会资本有序进入医疗服务市场；主动对接粤港澳医疗合作，引进“江门宗医馆中医门诊部”和大型民营医院银葵医院；

发展多元化办医格局，满足不同层次就医需求。是年，全市有民营非政府办医疗机构650家，占比全市医疗机构38%，设有床位2524张，占全市床位10.1%；二级以上3家，占全市31家二级以上医疗机构9.7%。

【无偿献血】 2020年，江门市卫生健康局探索部门间协作机制和发展无偿献血长效机制，开展无偿献血、志愿者服务及临床合理用血培训；建立临床用血考核评价体系，加强全市血液安全督导工作。开展血液核酸检测工作和开展人类嗜T淋巴细胞病毒（HTLV）监测项目，确保临床用血安全。1—11月，全市完成4.59万份献血者血液标本的血清学检测，4.49万份献血者血液标本的HBV DNA（乙肝病毒脱氧核糖核酸）、HCV RNA（丙型肝炎病毒）、HIV RNA（艾滋病病毒）病毒核酸检测。血液检验合格率97.54%。血液检测质量目标完成情况良好，血清学检测结果符合率100%；ABO血型鉴定正确率100%；病毒核酸检测结果符合率100%；检验报告及时率100%。无输血质量事件发生。

【卫生健康行政审批服务】 2020年，江门市卫生健康局推进政务服务改革优化营商环境，采取便民服务措施为群众提供服务，政务服务效率提升。实施行政许可事项70项（其中市级管辖权限事项49项，省委托实施事项21项），全部纳入《政务服务事项通用目录》并进驻广东省网上办事大厅。是年，行政许可申请总数1367宗，予以许可1363宗。其中：本单位实施的、以本单位名义作出1265宗，予以许可1261宗；受委托实施的、以委托单位名义作出102宗，予以许可102宗。均按规定流程办理，按时办结率100%。推进“互联网+政务服务”，通过“一网通办”、信息共享、协同协作，聚焦解决企业和群众反映突出的办事难、办事慢、多头跑、来回跑等问题，审批服务实现“数据多跑路、群众少跑腿”。全年市卫生健康局政务服务即办率92.86%，时间压缩率93.07%，减跑动100%，综合受理率100%，跨区通办100%，就近办100%，预约办100%，自助办100%，网上好评率99.49%。在抗击新冠肺炎疫情期间，简化疫情防控相关事项的审批环节，优化审批流程、压缩审批时限，对疫情防控相关事项采取告知承诺制审批模式，对申报要件中的核心材料严格把关，非核心材料进行告知承诺，先行容缺核准发证。针对疫情期间消毒产品使用量激增的情况，优化消毒产品生产企业卫生许可证办理流程，提供指导服务，助力企业“早持证、早投产、早达效”，确保企业在最短的时间内申请生产合格的消毒剂投放市场，助力打赢疫情防控阻击战。

【卫生科技与教育】 2020年，江门市继续加大卫生技术人才培养和科研工作力度。做好订单定向培养医学卫生人才，印发《转发广东省卫生健康委等七部门关于进一步做好订单定向医学毕业生就业及使用管理工作的通知》《转发广东省卫生健康委等四部门关于做好2020年订单定向培养农村卫生人才工作的通知》，要求责任单位落实做好辖区订单定向培养工作任务，台山市、开平市、恩平市与67名学员签订协议。推进全科医生培训。全市200多名学员进行全科医生报名和培训。开展住院医师规范化培训，招录住院医师规范化培训学员201人，其中，市中心医院109人，市五邑中医院92名。开展江门市卫生健康系统科研项目和新技术新项目推广应用项目申报工作，受理科研立项申请306项、新技术新项目191项，经专家评审，其中下达科研立项226项、达到市级领先水平的新技术新项目141项。开展科研立项课题结题验收工作，受理申请市科技局结题项目120多项。推荐上报2021年度广东省中医药局科研课题，其中面上项目20项，专项研究项目1项。

【卫生人才队伍建设】 2020年，江门市卫生技术人员3.35万人，其中正高职称883人，副高职称2472人，中级职称5491人；执业（助理）医师1.17万人，注册护士1.55万人。

人才工作机制　江门市卫生健康局成立卫生健康人才工作领导小组，制定卫生健康人才发展规划，实施卫生健康人才强市战略。重点推进建设高水平科研平台，围绕重点专科建设和重大疾病防治需求，加强与国内外著名院校和研究机构交流合作，深化医教协同，探索共建临床医学院、研究生培养基地、博士后培养基地。人才工作领导小组成员单位制定本单位医疗卫生人才引进和培养工作计划，统筹推进卫生健康人才队伍建设。

人才发展平台　引进高端卫生人才，市卫生健康局联合人力资源社会保障部门，组织各单位到中国医科大学、南方医科大学等高校引进重点高校优秀毕业生或紧缺专业人才。全市医疗卫生单位有博士研究生92人、硕士研究生1098人。加大高层次人才柔性引进力度，江门市中心医院聘请国内外专家教授10人；江门市五邑中医院聘请省内高水平专家教授25人。建设发展平台，江门市中心医院新设南方医科大学博士后创新实践基地、暨南大学博士后创新实践基地；江门市五邑中医院与暨南大学、湖南中医药大学合作共同培养医学人才。江门市中心医院、江门市五邑中医院、开平市中心医院获批准设立广东省博士工作站。市直医疗机构在站博士后23人，其中，江门市中心医院在站博士后18人，江门市五邑中医院在站博士后3人、江门市人民医院2人。江门市中心医院、江门市五邑中医院博士后创新实践基地获广东省100个博士后创新平台称号。开展名医、名中医评审活动，在全市范围内推动市“名医、名中医”培育工作，开展名医、名中医及名医工作室评选，对获评对象给予特殊津贴及工作室建设经费。做好高层次人才医疗保障工作，开设绿色健康服务通道，落实全市高层次人才每年体检工作，高层次人才及其父母、配偶、子女优先开展家庭医生签约服务，并享受有关医疗服务。

人才培育体系 依托江门市中心医院和江门市五邑中医院2个国家住院医师规范化培训基地，形成政府部门、主基地、基层实践基地三级联动格局，支撑江门市中端卫生健康人才培养体系。市五邑中医院建立1000多平方米的中医医师规范化培训临床技能培训中心，投入300多万元购置教学模拟设备，建立包括内、外、妇、儿、中医操作等在内的17间实训室，为学员提供实践操作机会，推动医教研一体化发展。是年，招收住院医师规范化培训学员906人，江门市中心医院招收484人，江门市五邑中医院招收422人。扶植江门特色中医药防疫人才传承发展，依托江门市五邑中医院感染病科，通过加强业务培训、名老中医药师承、开展继续教育项目等方式，培养中医药防疫专业人才。建设市五邑中医院中医药传染病防治大楼，提升中医药救治感染性疾病能力、健全中医院感染性疾病治疗服务体系。

基层卫生人才队伍增量提质 江门市卫生健康局联合市财政局、市人力资源和社会保障局、市编办出台《江门市关于加强基层医疗卫生人才队伍建设的实施方案》。开展卫生首席专家下基层工作，为台山市、开平市、恩平市3家升级建设中心卫生院在全国范围内公开选聘6名具有副高职称以上的退休卫生专业技术人员作为卫生首席专家。实施高校毕业生下基层上岗退费计划，对录用到台山市、开平市、恩平市乡镇卫生院的医学本科毕业生实施退补学杂费计划。实施卫生人才智力帮扶基层工作，市、县级以上医疗卫生机构中选派中级以上职称卫生技术人员到辖区内乡镇卫生院开展帮扶，选派医务人员帮扶基层超800人次。开展全科医生特设岗位招聘工作，在台山市、开平市、恩平市59家乡镇卫生院招聘118名特岗全科医生。做好订单定向培养医学卫生人才，依托高等院校为台山市、开平市、恩平市实行订单定向医学大学生招生培养。在广东江门中医药职业学院实施中医人才定向培养计划，培养本地中医人才。是年，省订单定向医学生招录142人，中医定向培养医学生57人。

基层医疗卫生机构保障机制 江门市卫生健康局、市财政局、市人力资源和社会保障局、市医疗保障局联合出台《关于建立健全基层医疗卫生机构保障机制的实施意见》，落实基层医疗机构“公益一类财政供给”，足额保障人员经费投入。基层医疗机构实行“二类管理”。提高家庭医生签约服务团队绩效，继续实行村医补助。

【老龄工作】 2020年，江门市推进医养结合试点工作，全市101家养老机构通过不同形式配备医疗服务，其中兼具医疗卫生与养老服务的医养结合机构17家。9月21—25日，举办江门市第二期医养结合人才培训班，来自全市医养结合机构的35名医疗护理人员参加培训。10月21—22日，2020年全省医养结合工作现场会在江门市召开，江门市卫生健康局作经验交流发言。

继续实施“银龄安康行动”，全年全市老年人意外伤害综合保险参保108.9万人次，覆盖率100%，保费总额2780万元。开展2020年“敬老月”活动，庆祝全国第八个法定老年节，全市各级党政领导、老龄工作委员会成员单位带头开展走访慰问活动，给老年人送上慰问金和慰问品，帮助解决实际困难，为老年人办好事实事。是年，江门市江海区乐翔社会工作服务社，台山市端芬镇卫生院医养融合中心，鹤山市沙坪街道卫生院养老中心等3个集体获“全国敬老文明号”称号。廖松光、吴日红、罗世文、林开利、陈婉明、李丽珍、张建雄7人获全国“敬老爱老助老模范人物”称号。

【卫生健康宣传】 2020年，江门市卫生健康局以防疫宣传为核心，开展防控知识宣传，组建公共卫生和医疗专家团队把握舆论导向，利用电台、电视台、报纸、微信公众号、村（社区）知识栏、读报栏、墙报栏、手机运营商、公交车候车亭、车内宣传广告位、户外电子阅报栏等媒体媒介进行新冠肺炎疫情防控科普宣传，组织专家录制《专家话防疫》《健康江门》等电视栏目33期，新闻报道1509篇，网站信息2921篇，微信微博推送1.26万条，电视节目1769次，电台栏目2333次，发放海报折页193.5万份，发送手机信息推送1.6亿条。策划宣传医务工作者先进事迹弘扬抗疫精神，卫生健康系统有1509篇战疫事迹获国家、省、市各大主流媒体引用转载，协助江门市委宣传部以江门援鄂医疗队员为原型制作抗疫主题话剧《最美逆行》，制作抗疫宣传纪录片《邑心·疫战》，记录江门卫生健康人抗疫事迹等活动。江门卫生健康事业工作亮点信息均在《人民日报》、新华网、《南方日报》、触电新闻、凤凰新闻、《江门日报》等国家、省、市主流媒体获宣传报道。全市卫生健康系统6个市（区）单位及6名个人获中国人口报社先进单位和先进个人称号。做好网络意识形态工作，提高舆论引导水平，通过报刊报道、“两微”（微信、微博）推送、电视广播等方式，展示江门市医务工作者抗疫形象。举办全市健康教育技能竞赛，对知识竞赛和小品比赛进行现场决赛并全程直播，吸引近10万人次观看，组成市级代表队参加第三届全省居民健康素养知识竞赛，获团队优秀奖。举办全市健康教育培训班，对全市医疗卫生系统200多名健康教育从业人员开展健康教育技能专项培训。

【计划生育服务】 2020年，江门市加强计生家庭综合保障，全市育龄群众和计生家庭35.2万人次购买计生综合保险，保费830.9万元（含失独险），比上年增长5.4%，其中财政投入208.3万元，对符合条件的830户1325人“失独家庭”赠送综合保险，投保金额13.78万元。特殊计生家庭优质服务全覆盖，建立镇（街）、村(居)计生特殊家庭联系人队伍，帮助计生家庭排忧解难，全市2155名计生特殊家庭成员完成家庭医生签约，签约率100%，落实计生特殊家庭就医绿色通道，市直确定江门市人民医院为市本级定点医疗机构，全市各级公立医疗机构开通计生特殊家庭医疗服务绿色通道，享受优先挂号、交费、检查、取药、住院等服务。落实陪产假制度，贯彻执行《广东省人口与计划生育条例》规定，全市行政机关、企事业单位全面落实妇女生育产假、配偶陪产假等政策，在规定假期内照发工资，不影响福利待遇和全勤评奖。抓好计生家庭疫情防控，新冠肺炎疫情期间，实施市（区）、镇（街）、村（居）三级联动机制，指导计生家庭做好防疫措施，向计生特殊家庭送上慰问金和慰问品，开展心理抚慰和情绪疏导工作，计生特殊家庭未发生疫情感染情况。开展春风送温暖及生育关怀等系列行动，全市“一元爱心”捐助活动募集爱心捐款19万元，全部用于慰问困难计生特殊家庭和因伤病致贫的计生困难家庭380户。实施“全面两孩”政策，引导群众按政策生育，施行生育登记服务制度，优化生育登记流程，推行首接责任制、一次性告知、限时办结、委托代办、承诺制等制度，推行生育服务网上办事，实现生育审批、登记等网上一站式办理，加强再生育咨询指导，落实计划生育奖励假制度，推进生育政策。推进医疗卫生机构等公共场所的母婴设施建设，按照标准要求，规范建设，注重实用功能，母婴室对照标准，做好改造完善工作，因地制宜设置母婴等候厅（区）、母婴专座等，为孕期、哺乳期及携带婴幼儿的妇女提供绿色服务通道或便利服务。

【计划生育奖扶】 2020年，江门市指导市（区）做好计划生育奖扶工作，全面兑现计划生育各项奖励扶助金。是年，全市计生“四项奖扶”（省奖、节育奖、城镇独生子女、特别扶助）对象10.71万人，市财政投入奖扶补助资金1.55亿元，按时足额发放到奖扶对象账户。

【医疗保健】 2020年，江门市做好在高龄期和高发病期的市直离休干部和市直易地安置离休干部医疗待遇落实工作，创建老干部工作品牌。市卫生健康局联合江门市中心医院、五邑中医院和人民医院等医疗机构，把党和政府对市直离休干部的关怀落到实处，做好医疗服务保障工作。采用客服中心和信息化系统双结合手段，在医疗机构的信息化系统中建立离休老干部健康管理档案，为离休老干部提供医疗服务。

【江澳医疗卫生合作交流】 2020年，江门市卫生健康局与澳门特别行政区政府卫生局共同推进医疗卫生交流合作项目。项目申报并入选第三届粤港澳大湾区卫生健康合作大会合作项目。5月，江门市第三人民医院与澳门镜湖护理学院开展科研合作项目《粤港澳大湾区护士对护理人文关怀认知的混合研究》；7月30日，澳门镜湖护理学院老师到江门市第三人民医院进行线下面谈回访。澳门镜湖护理学院开展《护理临床带教老师培训基础课程》，为江门市第三人民医院提供3个免费学习名额，10月，3名参训人员完成线上培训及考核。

【医疗重点项目】 2020年6月，江门市人民政府办公室印发《江门市提升公共卫生服务能力项目建设方案》，明确市直7个新医疗重点项目：江门市新三甲医院(江门市公共卫生临床中心)、江门市中心医院新院区、江门市五邑中医院新综合大楼、江门市人民医院综合大楼、江门市疾病预防控制中心整体搬迁、江门市妇幼保健院儿童健康大楼、江门市第三人民医院门诊医技综合大楼，项目总投资77亿元，新增床位5350张，总建筑面积83万平方米。

2020年7月15日，江门市新三甲医院（市公共卫生临床中心）项目完成项目立项，10月30日，签订征地协议，11月6日，完成土地资料移交。11月15日，进行全面施工，确定代建单位、招标代理单位，完成第一标段设计施工总承包招标工作。完成主体工程全过程咨询服务招标工作。完成第一标段建设工程规划许可证申领。

2020年7月15日，江门市发展和改革局批复江门市中心医院新院区项目立项。

江门市疾病预防控制中心整体搬迁项目用地落实，支付土地补偿款1900万元至蓬江区。

江门市五邑中医院新综合大楼项目建设期为2020年到2025年，项目进入前期准备工作。

2020年7月15日，江门市人民医院综合大楼项目完成项目立项，完成规划审批工作，10月26日，取得建设工程规划许可证。

2020年7月，江门市妇幼保健院儿童健康大楼项目完成项目立项及可研报告批复；确定代建单位、招标代理单位，完成全过程工程咨询服务招标，完成岩土勘察（初勘），完成工程监理招标。

江门市第三人民医院门诊医技综合大楼项目建设期限为2020年至2022年，完成项目立项；完成招标代理、监理、全过程造价咨询招标；落实代建单位并开展相关工作，确定初步设计招标、初步方案设计、确认和审批；完成扩建用地不动产证办理；容缺领取建设工程规划许可证、设计施工一体化（EPC）招标等工作；扩建用地上临时辅助用房（临时病房）拆除完成。

2020年江门市卫生事业基本情况表

表45

项目 区域	卫生机构人员数（人）		卫生机构床位（张）		卫生技术人员（人）		
	合计	医院	合计	医院	合计	执业（助理）医师	注册护士
全市	39597	22100	24953	18399	33506	11732	15546
市直	9240	7506	6601	6144	7688	2507	3970
蓬江区	2946	826	2060	1300	2613	1035	1106
江海区	1266	629	617	501	1113	409	525
新会区	7060	4187	4910	3643	5845	2048	2699
台山市	6836	2798	4352	2175	6055	2062	2741
开平市	5058	3199	2802	2326	4117	1333	1849
鹤山市	3896	1562	2018	1172	3432	1375	1459
恩平市	3295	1393	1593	1138	2643	963	1197

（市卫健局）

体育

【概况】 至2020年年底，江门市有体育场馆31个，市级体育协会（俱乐部）51家，有国家级社会体育指导员19人，一级社会体育指导员344人，二级社会体育指导员2028人，三级社会体育指导员15124人。全市体育彩票年销售总额4.31亿元。江门籍体育健儿在国内赛事中，获冠军8项，季军4项；在省级比赛中获金牌17枚、银牌26枚、铜牌42枚。有体育场地1.53万个，总面积1236.99万平方米，人均体育场地面积2.69平方米。是年，新建社会体育足球场地22块，其中11人制场4块、7人制场10块、5人制场8块。

【群众体育】 2020年，江门市加强全民健身公共服务能力建设，提高人民群众身体素质和健康水平服务，建立县（区、市）国民体质与健康监测数据库，开展全市国民体质监测工作。指导江门市体育场馆免费、低收费对市民开放和元保山体育公园日常管理的监督相关工作。开展体育舞蹈、传统武术、轮滑等项目的社会体育指导员培训，培训450余人。全年举办群众体育活动7项：2020年粤港澳大湾区摩托车越野大奖赛（新会崖门镇）；第七届“珠中江澳”网球团体邀请赛；2020年恩平温泉嘉年华暨粤港澳大湾区大河马赛车文化节；2020年第九届“珠中江”老年人体育交流比赛活动；2020年江门市篮球联赛；江门市第八届“中国体育彩票杯”元老足球赛；江门市第十六届农民运动会。承办省级赛事活动3项：广东省第十三届毽球锦标赛；广东省首届《演武大会》暨《中国武术段位制》段位技术考评（江门赛区）；2020年粤港澳大湾区赛车模拟器大奖赛。

【体育产业】 2020年，江门市有体育彩票投注站460个，比上年减少3个；体育彩票销售额4.31亿元，下降19.59%；筹集市、县体彩公益金3340.81万元，下降15.83%；为国家创税收385.41万元。是年，打造以排球为重点的江门市体育品牌。通过2020年恩平温泉嘉年华暨粤港澳大湾区大河马赛车文化周，推动体育旅游产业发展，加快推进文旅融合。

【竞技体育】 2020年，江门市承办东京奥运会亚洲男排资格赛、2020年全国女排锦标赛、2020—2021中国女排超级联赛、2020年中国男子手球超级联赛、2020年广东省田径、竞走和排球青少年锦标赛等1项国际级、3项国家级、3项省级体育赛事，国家体育总局排球运动管理中心授予市文化广电旅游体育局“2020年全国女排锦标赛特别贡献奖”“2020—2021中国女排超级联赛特别贡献奖”称号。江门体育中心挂牌“中国排球协会排球训练基地”。组织开展2020年江门市青少年田径、游泳等锦标赛20项、2020年江门市青少年阳光体育活动、2020年全国亲子体育活动“线上亲子运动会”（广东•江门站）活动，完成2020年江门市中小学生足球比赛暨“映美杯”足球四级联赛冠军赛工作。组织824名运动员参加2020年广东省青少年各项目锦标赛、2020年“省长杯”足球比赛和粤港澳大湾区棒球比赛等赛事。江门籍体育运动员在国家级比赛中获冠军8项，季军4项，第五名2项，第7名2项；在省级比赛上，获金牌17枚、银牌26枚、铜牌42枚。

【省运会备战】 2020年，江门市启动2022年广东省第十六届运动会备战工作，新注册运动员815人，新增现代五项、武术散打、武术套路、棒球、手球、攀岩、速度轮滑、滑板、水球等项目。开展网球、乒乓球、羽毛球、健身气功、体育舞蹈、太极拳、门球、龙狮、棋类（围棋、象棋）公开选拔赛，为备战省第十六届运动会提供人才保障。

【江门市第十六届农民运动会】 2020年12月8日，江门市第十六届农民运动会在新会区崖门镇京梅村举办，由江门市文化广电旅游体育局、江门市农业农村局主办，新会区崖门镇承办，新会区文化广电旅游体育局协办。四市三区29支队伍300多人参加运动会。运动会设男女子组定向插秧、多向拔河等12项个人比赛和男女子挑粮食比赛、分粮大作战、抗旱保苗、运球接力赛等4项团体比赛。以上各项赛事均竞出前八名。

【东京奥运会亚洲男子资格赛】 2020年1月7日至12日，东京奥运会亚洲男排资格赛在江门体育中心体育馆举办，由亚洲排球联合会主办，中国排球协会、江门市人民政府承办，江门市文化广电旅游体育局、江门市蓬江区人民政府协办，江门保利华体体育会展中心有限公司运营。中国、韩国、卡塔尔、伊朗、澳大利亚、哈萨克斯坦、中国台北等8支球队参赛。最终伊朗队夺冠，获得参加东京奥运会资格。

【2020年全国女排锦标赛】 2020年9月23日至10月3日，2020年全国女子排球锦标赛在江门体育中心体育馆举行，赛事由国家体育总局排球运动管理中心主办，江门市文化广电旅游体育局协办，江门保利华体体育会展中心有限公司运营。来自全国各省（市）的13支队伍，运动员、教练员、裁判员350多人参赛。天津、山东、江苏队分获冠、亚、季军，广东队获第九名。赛事采取线下线上相结合的模式，吸引超1000万人次观看直播。

【2020—2021中国女排超级联赛】 2020年11月8日至12月19日，2020—2021中国女排超级联赛在江门体育中心举行，赛事由国家体育总局排球管理中心主办，广东省体育局、江门市文化广电旅游体育局、江门保利华体体育会展中心有限公司承办，来自全国各省（市）13支队伍运动员、教练员、裁判员350人参赛。天津、江苏、上海队分获冠、亚、季军，广东队获第四名。

【2020年中国男子手球超级联赛】 2020年12月22—30日，2020年中国男子手球超级联赛在江门体育中心举行，由中国手球协会主办，广东省黄村体育训练中心承办，江门市文化广电旅游体育局、江门市蓬江区人民政府、江门保利华体体育会展中心有限公司协办。华体国奥、北京、山东、江苏、安徽和广东6支队伍，运动员、教练员、裁判员等约200人参赛。江苏、华体国奥、山东队分获冠、亚、季军，广东队获第六名。

【2020年广东省田径、竞走和排球青少年锦标赛】 2020年广东省“中国体育彩票”青少年竞走锦标赛、田径锦标赛分别于10月18—19日、10月22—26日在江门体育中心举办。由广东省体育局主办，广东省青少年训练竞赛中心、广东省田径协会、江门市文化广电旅游体育局、江门市蓬江区人民政府承办，广东省体育彩票中心、江门市蓬江区文化广电旅游体育局协办、江门保利华体体育会展中心有限公司运营。来自广东省的9支队伍，运动员、教练员、裁判员约300人参加竞走锦标赛。来自广东省的27支队伍，运动员、教练员、裁判员等约1400人参加田径锦标赛。江门队参加了甲、乙、丙组比赛，获得甲组第6名、乙组第9名、丙组第14名，团体总分第八名的成绩，并荣获“体育道德风尚奖运动队”称号。8月11—19日，广东省青少年排球锦标赛在台山市举行，来自广州等12个地市400多名运动员参加，由广东省体育局主办，广东省青少年训练竞赛中心、江门市文化广电旅游体育局、台山市文化广电旅游体育局承办，广州珠江体育文化发展股份有限公司台山分公司执行。江门市参加了男子、女子甲乙组比赛，获得男子乙组冠军、男子甲组亚军、女子乙组第五名、女子甲组第七名的成绩。

【2020年江门市青少年阳光体育活动】 2020年5—12月，江门市举办2020年江门市青少年阳光体育活动，因受新冠肺炎疫情影响，该活动通过举办线上体育活动和线下体育赛事相结合的方式进行，参与人数超10万人次。

【2020年全国亲子体育活动“线上亲子运动会”（广东·江门站）活动】 2020年5月23日至6月15日，2020年全国亲子体育活动“线上亲子运动会”（广东·江门站）活动在江门市三区四市举办。由国家体育总局青少年体育司指导，广东省体育局主办，江门市文化广电旅游体育局承办，各市（区）文化广电旅游体育局、江门市青少年体育联合会、全市各体育组织机构协办。含线上亲子活动、侨乡景点体育运动打卡、云课堂等板块。1600多组家庭参与活动，打卡五邑侨景运动点36处，线上活动浏览量56万余次，作品点赞10.5万次，9个云课堂3.6万人次观看、80所学校和社会组织参与。

（市文广旅体局）

社会民生

人事·人才

【概况】 2020年，江门市出台《江门市关于加快人力资源服务业发展实施意见》，推动人力资源服务业高质量发展。实施“湾区人才”工程，编制《江门市急需紧缺人才目录（2020年度）》，新建3所人才供给基地。出台《关于江门市高层次人才认定评定和举荐办法》《关于印发人才举荐类补贴申请指南的通知》。举办“百日千万网络招聘专项行动”国有企业网络视频专场招聘活动等人才网络招聘活动20多场。开展高校毕业生就业攻坚行动和急需紧缺人才公益招聘12场，发布岗位1500多个。全市通过专业技术人员职称评审4105人，其中高级1668人、中级1048人、初级1389人；通过职称认定2178人，其中中级137人、初级2041人。截至2020年年底，全市在广东省专业技术人员继续教育管理系统注册学习的专业技术人员10.21万人。

【人才引进】 2020年，江门市新建博士后科研工作站2家、博士后创新实践基地7家、广东省博士工作站15家，新增在站博士后22人，兑现博士博士后政策性补贴近4000万元。新增高层次人才3076人，发放各类人才补贴2300万元。实施“湾区人才”工程，编制《江门市急需紧缺人才目录（2020年度）》，新建3所人才供给基地。出台《关于江门市高层次人才认定评定和举荐办法》《关于印发〈人才举荐类补贴申请指南〉的通知》，创新高层次人才评价机制，鼓励知名人士、杰出人才等社会力量举荐高层次人才。

【人力资源管理】 2020年，江门市出台《江门市关于加快人力资源服务业发展实施意见》，推动人力资源服务业高质量发展。高标准运营江门人力资源服务产业园，引进优质人力资源服务机构41家，园区年均营收3亿元，税收500万元，开展“红色加速 智汇江门”人力资源对接活动20余场，为4.15万家企业提供服务，引进和服务对象118.58万人。

【人才服务】 2020年，江门市依托高层次人才“一站式”服务窗口，提升人才服务效能。率先建立“政府+企业”人才服务专员制度。规范优化“人才绿卡”发放和管理。加快建设江门市人才安居乐业生态园信息系统，开通线上申请人才相关补贴事项41项。

【专业技术人才管理】 2020年，《江门市专业技术人才职称“牵引”工程实施方案》出台，江门市实施职称“牵引”工程。江门市技师学院吴恩来获评“享受政府特殊津贴专家”称号。全市通过专业技术人员职称评审4105人，其中高级1668人、中级1048人、初级1389人；通过职称认定2178人，其中中级137人、初级2041人。开通科技型企业家职称评审绿色通道，支持符合条件的4名科技型企业家直接申报高级职称评审。落实医务防疫人员职称评审激励政策，22名医务防疫人员取得高级职称。首开“双通道”职称政策宣讲，参与人员近

2020年2月26日，江门参与广东省和云南省首次开展滇粤劳务协作联合以地级市命名“滇粤劳务协作返岗专列江门号”专列行动，接送557名云南籍务工人员返江返岗。图为江门市各级人社部门安排20余辆大巴在广州南站等候对接
（市人力资源社会保障局　供）

6000人次。选派17人参加省专业技术人才知识更新工程高级研修班。全市在广东省专业技术人员继续教育管理系统注册学习的专业技术人员10.21万人。

【事业单位人事管理】 2020年，江门市人力资源和社会保障局排查登记机关事业单位新冠疫情重点防控人员1058人。落实防控一线医务人员激励措施，考察招聘疫情防控一线编外医务人员75人，其中驰援湖北医疗队编外医务人员10人；审核发放疫情防控一线医务人员临时性工作补助900余人次，253.52万元；鼓励承担重点防控任务的医院在开展岗位晋升时向一线医务人员倾斜，2名一线医务人员获优先晋级。发动事业单位推出岗位面向高校应届毕业生开展公开招聘，计划招聘1512人，完成程序到岗聘用408人。

【“三支一扶”工作】 2020年，江门市人力资源和社会保障局首次将台山市纳入“三支一扶”（支农、支教、支医、扶贫）计划，全市招募“三支一扶”人员140人，比上年增长133%。依时足额为246名在岗服务“三支一扶”计划人员发放补贴532万元。引导和鼓励高校毕业生到基层工作的长效机制，制定江门市“三支一扶”工作管理服务和“帮扶能手”推荐评定办法。印发《关于“三支一扶”服务计划高校毕业生参加我市事业单位公开招聘实施加分政策的通知》，将原先实行的事业单位定向招聘单一优惠政策，优化为加分和定向招聘双重优惠政策。开设“红色加速营”培训班，首创“红色加速道”开展乡村振兴论道，提升“三支一扶”人员专业服务能力。

【人事考试】 2020年，江门市完成中央机关及其直属机构2021年度考试录用公务员江门分考区笔试、广东省2020年考试录用公务员江门考区笔试及面试、广东省2020年专业技术人员职业资格考试、广东省事业单位2020年集中公开招聘高校应届毕业生笔试及面试、江门市直机关普通雇员公开招聘笔试及面试等人事考试工作，报名人数4.65万人次。排查风险隐患，提高考试安全系数，加强疫情防控常态化下人事考试规范化管理，建立可追溯的责任倒查机制和纪律约束机制。

【留学归国人员创新创业项目评审】 2020年，江门市组织开展留学归国人员创新创业项目资助评审工作，择优资助6个项目，资助总额120万元。1名留学人员创业项目入选人力资源和社会保障部2020年中国留学人员回国创业启动支持计划。

【人才招聘】 2020年，江门市举办“百日千万网络招聘专项行动”国有企业网络视频专场招聘活动等人才网络招聘活动20多场。动员48家人力资源服务机构组成五邑企业“复工战”HR先锋队，为681家企业开展“云”招聘服务，发布岗位7395个，通过“云直播”访谈直播方式开展高端人才网络对接，促成“人才+项目”落地。围绕企业单位人才需求，建立产业人才招聘市区联动机制，组织50家重点企业到广州市、昆明市、株洲市、沈阳市等地引才，提供岗位678个。开展高校毕业生就业攻坚行动和急需紧缺人才公益招聘12场，发布岗位1500多个。

（市人力资源和社会保障局）

劳动就业

【概况】 2020年，江门市城镇新增就业4.59万人，城镇失业人员再就业3.19万人，就业困难人员实现就业2549人；城镇登记失业率2.36%，控制在3.0%以内；发放各项就业创业补贴1.27亿元，惠及企业6300多家、劳动者4.94万人。完善就业优先政策体系，出台《关于印发江门市进一步做好稳定和促进就业工作实施方案的通知》并制定配套政策，疫情期间出台“援企减负12条”“引导务工人员返岗5条”等政策，印发《江门市推进粤港澳大湾区建设港澳居附录民就业创业专项实施方案》，出台全市首份面向港澳居民专项扶持政策——《江门市人力资源和社会保障局关于支持港澳居民到江门市就业创业的若干措施》。

【重大项目就业服务】 2020年，江门市落实阶段性减免社会保险费政策，直接减免8.17万家用人单位社保费44.49亿元，为7000多家企业发放失业保险稳岗返还资金2.93亿元，《人民日报》头版报道江门市援企稳岗工作成效。通过组织专车、高铁专列等方式为1074家次企业组织559批次专列专车，接送1.27万名外来务工人员（含124名湖北籍员工）返江返岗。探索实施“共享用工”调剂模式，推动企业间用工调剂410多人，发放补贴7万元。落实就业服务专员制度，为865家重点企业提供“一对一”就业跟踪服务，并针对27家防疫重点物资生产企业建立24小时用工调度保障机制，解决1498名用工需求。

【就业失业监测】 2020年，江门市加强就业形势监测分析，每月定期统筹做好全市650家就业失业监测企业的数据收集分析，其中，涉及制造业企业483家（占74.3%）、批发和零售业企业45家（占6.92%）、住宿和餐饮业企业38家（占5.84%）。每季度对外发布《江门市人力资源市场供求状况分析报告》。

【劳动关系协调】 2020年，江门市组织开展2019年度江门市企业劳动保障信用评级工作，评定并向社会公布劳动保障守法诚信等级为A级的企业2419家。依托江门市人力资源社会保障网上服务平台，探索建立具有江门特色的劳动合同信息化管理服务机制。完善全市协调劳动关系三方工作机制，稳定疫情期间劳动关系。强化劳资纠纷风险排查，落实三级劳动保障举报投诉来电来访值班和“首问首办”工作制度。

【劳动工资】 2020年，江门市对631户企业的人工成本情况和13.66万名从业人员工资报酬情况进行调查，形成并发布工资指导价位及行业人工成本信息。按6个职业大类划分，单位主要负责人平均工资21.53万元/年、中层负责人10.03万元/年。除单位负责人外，专业技术人员平均工资最高7.67万元/年，其次依次为商业、服务业及后勤人员（6.29万元/年）、行政办事人员（5.44万元/年）和生产运输工人（5.56万元/年），平均工资相对较低的为农林牧渔水利业生产工人，4.554万元/年。全行业整体人均人工成本9.18万元/年，人均人工成本水平较高的行业依次为金融业（18.47万元/年），电力、热力、燃气及水生产和供应业（13.99万元/年），建筑业（10.81万元/年）；水平较低的行业为住宿和餐饮业（6.24万元/年）及教育行业（6.06万元/年）。

【全民创业带动就业】 2020年，江门市推广“乐业五邑贷”创业担保贷款项目，发放创业担保贷款295笔1.5亿元，贴息支出423.45万元，其中，小微企业贷款金额8052.61万元，占比53.4%。举办第二届“乐业五邑”创业创新大赛，评选项目38个，发放奖金296万元。资助60名有发展潜力和带头示范作用突出的创业者到高校参加创客素质提升班。创业项目在广东“众创杯”创业创新大赛中获金牌1枚、银牌3枚、铜牌3枚、优胜奖3个。

【就业创业服务平台建设】 2020年，江门市建立市、市（区）、镇（街）、村（居）四级公共就业服务体系，依托304个公共就业服务机构〔包括1个市级人力资源市场、7个县（区）级公共就业服务机构及75个镇（街）、221个社区基层公共就业服务机构〕，为服务对象分类提供政策解读、岗位推荐、职业指导、培训指引、专场招聘、补贴办理指引、跟踪回访等公共就业创业服务。依托江门市港澳青年创业创新服务中心，为在江门工作的港澳青年提供咨询服务。联合香港优才及专才协会、澳门江门青年会分别在香港和澳门设立港澳青年（江门）创新创业服务站，为港澳居民提供个性化公共就业服务。

【招聘就业】 2020年，江门市举办线下、线上招聘会251场次，促进11.6万家次企业与23.09万人次求职者进行对接，促成2.23万人就业。举办南粤春暖、春风行动、就业援助月、民营企业招聘月、金秋招聘月、校园公益招聘会等专项招聘活动。每月18日在市人力资源市场举办公益招聘会。依托“五邑人社”“江门e就业”微信公众号及“江门市人力资源和社会保障网上服务平台”，为企业提供网络招聘会、网络视频面试等全天候线上用工对接服务。做好高校毕业生就业服务，组织188家次企业参加8场省内外高校现场招聘会，1069名高校毕业生现场达成就业意向。加强省际劳务合作对接，向广西崇左市、湖南衡阳市、贵州黔东南州发送58家次企业招聘岗位142个，需求人数2996人。

2020年7—9月，江门市举办第二届“乐业五邑”创业创新大赛。图为9月23日企业组金奖获奖代表

（市人力资源社会保障局 供）

【困难群体就业】 2020年，江门市依托就业实名制系统，为大龄失业人员、就业困难人员、建档立卡贫困人员等困难群体提供“一对一”就业帮扶，建立“一人一档”，动态记录和更新其就业意愿、就业状态、培训需求、创业意愿、享受服务和政策情况等信息。全市为3.84万人提供“一对一”就业帮扶14.25万次，经帮扶实现就业1.08万人次。开发公益性岗位139个，安置困难人员124人；至年底，公益性岗位总数436个，在岗安置250人。向建档立卡贫困人员、吸纳建档立卡贫困人员的企业发放就业创业补贴848.72万元，惠及建档立卡贫困人员3745人。建成扶贫车间、扶贫工作坊和就业安置基地123个，安置建档立卡贫困劳动力893人。江门荣盛实业有限公司获评省级示范性就业扶贫基地，鹤山雅图仕印刷有限公司获评市级示范性就业扶贫基地。开展职业指导下基层活动44场，服务各类劳动者7633人次，服务用人单位133家。

【创业孵化基地建设】 至2020年年底，江门市有创业带动就业孵化基地20个，孵化场所面积27.2万平方米，可容纳创业实体超1475个，累计入驻创业实体1577个，成功孵化1275个，孵化成功率80.85%，累计带动就业8692人。完成珠西先进产业优秀人才创业创新园二期、开平市文旅创业孵化基地工程建设，启动大广海湾（台山）人力资源生态园建设。珠西先进产业优秀人才创业创新园累计入驻项目43个，带动就业311人。江门市硕士研究生创业基地累计孵化项目77个，带动就业385人。6月，江门市大学生创业孵化基地被评为“广东省级创业孵化示范基地”，累计入驻创业企业（团队）276个，带动就业2049人。新认定返乡创业孵化基地2家。

【劳动保障监察】 2020年，江门市人力资源和社会保障系统办理劳动保障监察案件113件，其中，办理欠薪案件96件，为3748名劳动者追回工资等待遇5459.19万元。办理移送涉嫌拒不支付劳动报酬罪案件16件，涉及劳动者993人，涉及金额2412.68万元。落实重大劳资案件处理社会公开和拖欠农民工工资“黑名单”制度，全年集中向社会公布存在重大劳动保障违法行为的用人单位信息2家，对2家拖欠农民工工资用人单位进行认定并列入“黑名单”，对违法用人单位实施多部门联合惩戒，形成打击恶意欠薪等违法行为的高压态势。

【劳动人事争议仲裁】2020年，江门市劳动人事争议仲裁机构立案6154件，结案6370件（含余案441件），仲裁结案率96.59%，调解成功率76.29%。设立江门市及蓬江区、新会区、开平市、鹤山市、恩平市劳动人事争议调解中心，探索引入社会力量开展劳动人事争议调解工作。推广使用“粤省事”调解仲裁小程序，增开在线调解申请事项，实现线上、线下服务对接，累计处理线上调解申请746宗。

【劳动力技能培训教育】 2020年，江门市依托省级高技能人才公共实训基地，创建“敬业江门·工匠讲堂”培训课程服务体系，服务企业及院校1819家次，培训2.56万人次。开放公共实训资源服务企业、院校34家次，提升2158人次产业工人职业能力；全年资讯服务6820人，开展15期公益培训班，培训482人；建成全市五邑面点公共实训平台，提升重点帮扶群体就业能力251人次，推广10期五邑特色面点制作工艺传承培训425人。实施“五邑农村电商三年行动计划”，开展农村电商培训1369人，提升农村电商“一村一品”带头人技能429人，建成江门市首个农村电商产业园。全省首创“粤菜师傅”彩虹计划餐饮创业项目，48家创业店开业经营；全省首个地市出版发行具有地方特色的《五邑风味菜制作工艺》丛书；开展2期创业培训师资班，新增培养创业培训师资56人。以“敬业江门•匠造产业”为主题，筹办37场“三项工程”（粤菜师傅、南粤家政、广东技工）系列技能竞赛，参赛人数近2000人，晋升高技能人才475人。实施技工教育“青苗计划”，2名选手晋级第46届世界技能大赛广东省集训队。江门市参赛选手在第三届粤港澳大湾区“粤菜师傅”技能大赛暨粤菜文化交流活动中取得优异成绩，冯高翔获

2020年4月29日，第46届世界技能大赛江门市选拔赛正式开赛。图为选手在赛区进行激烈角逐现场 （市人力资源社会保障局 供）

中式面点师新星组一等奖，梁香莲获中式面点师工匠组三等奖，张振鸿获中式烹调师新星组三等奖，廖雄胜获中式面点师工匠组优胜奖；江门市获颁“优秀组织奖”。参赛选手王浩培、黄泽基获第九届全国数控技能大赛广东省选拔赛数控系统与工业软件应用技术（学生组）第一名，代表广东省参加在无锡市举行的第九届全国数控技能大赛数控系统与工业软件应用技术项目比赛。

【职业技能鉴定】 2020年，江门市技能人才评价1.35万人，获证书8882人，其中，国家职业资格评价1.18万人，获证7336人；专项职业能力考核1545人，获证1426人；职业技能等级认定132人，获证120人。组织编写11项课程培训标准，包括恩平簕菜茶制作、新会柑普茶制作等6个“乡村工匠”类课程培训标准，公布老年患者护理、家庭保洁等12个“南粤家政”类课程培训标准。汇编江门市可开展培训的58项课程培训标准供培训机构使用，包括引用省直部门课程培训标准20项，引用外市课程培训标准27项及自主开发的11项课程培训标准。开展职业技能等级认定，鹤山雅图仕印刷有限公司、台山核电合营有限公司为省级技能等级认定试点企业，江门市技师学院、新会技师学院为省级技能等级认定试点院校。围绕特色产业发展需求，发布《江门市职业技能培训课程标准汇编》。推动职业技能证书“一试两证”（考生通过一次鉴定考核可同时获国家职业资格证书及国际权威资格证书）鉴定模式，26名澳门学员获育婴员（五级）职业资格证书和澳门职业技能证明书，5名澳门学员获茶艺师职业资格证书和澳门职业技能证明书。

【人社法治建设】 2020年，江门市制定《普法守初心，民生强保障——千村万企三年普法行动方案》，计划从2020年起，3年内累计为1000个行政村、1万家企业开展普法活动，加大人社领域法律法规和惠民政策宣传力度。制定《江门市人力资源和社会保障局应用行政执法信息平台和行政执法监督网络平台实施方案》，在全市人社系统全面铺开“两平台”（行政执法信息平台、行政执法监督网络平台），成为“两平台”本地化部署后首个提出全系统上线应用的单位。

【人社“放管服”改革】 2020年，江门市人力资源和社会保障局梳理优化权责清单至91项；229项人力资源和社会保障行政许可和公共服务事项实现零跑动或最多跑1次，占总数98%；精简证明材料155份，精简率70%。开展“人社服务快办行动”，推行10个“一件事”打包办理，群众跑动部门减少率75%，办理时限压缩率50%，申请材料精简率31%，10个以上高频服务事项在规定办理时限基础上提速50%。开展人社窗口单位业务技能练兵比武活动，举办全市赛及全省分片赛，获“广东省人社系统窗口单位业务技能练兵比武优秀组织奖”。全国率先设立江门市人力资源和社会保障澳门服务点，为澳门同胞提供“线上办、跨境办、自助办”人社服务。全省率先推出社保卡制卡“立等可取”、电子社保卡双兼容扫码支付等创新举措。

2020年12月17日，江门在市东湖广场举行2020年“粤菜师傅带你吃宵夜”启动暨五邑宵夜美点技能大赛 （市人力资源社会保障局 供）

【“粤菜师傅”工程】 2020年，江门市培训“粤菜师傅”5041人次（含在校生）。全省首创策划“粤菜师傅”工程彩虹计划餐饮创业项目，40家创业店备案经营，带动创业就业300多人。新增2家省级“粤菜师傅”培训基地和2家省级“粤菜师傅”技能大师工作室；江门市“粤菜师傅”研修院增聘3名客座教授、18名特聘专家。建立“粤菜师傅＋电商”“粤菜师傅+旅游”“粤菜师傅+农业”联盟，举办杜阮凉瓜节、恩平粽子节等系列活动，上线“粤菜师傅•邑菜飘香”电子美食地图。全省首个地市出版发行具有地方特色117道菜式的《五邑风味菜制作工艺》丛书。签署江门・甘孜三项工程培训合作框架协议，培训广西崇左、四川甘孜487名帮扶对象。参加广东厨艺技工学校免费培训的广西大新县贫困户卢金花的创业经历，入选人力资源和社会保障部扶贫优秀成果典型案例。

【“广东技工”工程】 2020年，江门市筹划江门市技师学院新校区建设，台山市技工学校与广东厨艺技工学校实现联合办学，新会技师学院揭牌。公布3批次160多个线上培训平台，开展以工代训“百日行动”。开展十项重点群体职业技能提升行动，全市开展职业技能补贴性培训24.78万人次（含以工代训），新增持证技能人才7456人，发放各类培训补贴3.85亿元。推广“企校双制、工学一体”新型学徒制培训。新增新型学徒培训备案企业46家次，备案1577人次。以“敬业江门•匠造产业”为主题筹办37场“三项工程”（粤菜师傅、南粤家政、广东技工）系列技能竞赛。实施技工教育“青苗计划”，2名选手晋级第46届世界技能大赛广东省集训队。依托江门市省级高技能人才公共实训基地，组织2909人次参加“托底技能帮扶培训”和“工匠讲堂”公益培训班。组织4家企（行）业开展生产岗位技能人才自主评价，155名职工获技能等级提升。推进“乡村工匠”工程，组织开发6个培训课标，相关工种发证399人，推动开平市塘口镇建设广东省乡村振兴工匠培训基地。实施“农村电商”工程，开展农村电商培训1369人，带动电商就业创业338人；农村电商“一村一品”带头人提升培训429人；开平市建成江门市首个省级农村电商产业园。

【“南粤家政”工程】 2020年，江门市培训家政服务类技能人才9234人次。建成全省首家“南粤家政”产业园，入驻家政项目30个。依托广东省（江门市）高技能人才公共实训基地，建设“南粤家政”（江门）培训综合基地，打造“南粤家政”（江门）产业学院。推动成立江门市家政服务协会。建设“互联网+”家政供需超市，建成“南粤家政”数字化信息平台，有48家家政企业入驻。打造劳务输出品牌，依托江门市对外劳动服务有限公司向境外输出在岗家政劳务人员162人，服务港澳家政、养老护理行业的雇主21家。探索“一试两证”（考生通过一次鉴定考核可同时获国家职业资格证书及国际权威资格证书）鉴定模式，组织26名澳门学员到江门参加育婴员“一试两证”考核并获育婴员（五级）职业资格证书和澳门劳工局核发的澳门职业技能证明书。在江海区银泉社区建设首个“社会治理、社区服务、社工成长”联动的家政示范社区试点。举办江门市“安心家政节”和南粤家政社区行、乡村行活动，打造“安心家政”品牌。贝佳人力资源有限公司被评为2020年度“南粤家政”省级家政服务诚信示范企业。

（市人力资源社会保障局）

社会保险

【概况】 至2020年年底，江门市参加基本养老保险305.63万人，其中，城镇职工基本养老保险（含离退休人数）153.35万人，城乡居民基本养老保险（含长期领取待遇人数）152.28万人，失业保险94.02万人，工伤保险103.12万人。2020年，全市城镇单位在岗职工月平均工资6694元。全市4项社会保险基金总收入120.61亿元，总支出121.19亿元，当期赤字0.58亿

江门市人力资源和社会保障系统落实关于江门市进一步推进“南粤家政”工程促进就业工作实施方案。图为南粤家政(育婴员)培训现场

（市人力资源社会保障局 供）

元，滚存结余114.75亿元，结余基金均按规定存放于各银行专户。2020年，全市社会保险业务管理系统服务1076万人次，“3512333”社保电话咨询服务2.9万人次，通过“江门社保”微信号发布信息784条。开通网上服务社保业务79项。全市社会保险经办机构8个，其中市级1个，县（区）级7个。全市建立基层劳动就业和社会保障服务平台的乡镇65个，占全部乡镇100%；建立劳动保障工作机构的街道216个，占全部街道100%。基层农村社会保障金融合作服务点953个，占全部农村91.9%。

【城镇职工基本养老保险】 至2020年年底，江门市参加城镇职工基本养老保险（含离退休人数）153.35万人，2020年社保年度(2020年7月至2021年6月)全市城镇职工基本养老保险缴费上限20268元，缴费下限3376元，2020年7月至2020年12月单位缴费比例13%，2021年1月至2021年6月单位缴费比例14%，个人缴费比例8%；企业职工基本养老保险基金总收入101.22亿元，其中，征缴收入52.89亿元、利息收入1.80亿元、转移收入0.58亿元；基金总支出98.94亿元，其中，待遇支出97.67亿元、转移支出1.24亿元；当期结余2.28亿元，滚存结余77.06亿元。至年底，全市参加城镇职工基本养老保险的离退休人员35.98万人，比上年增加1.38万人，抚养比2.72∶1；1月1日起调整企业退休人员基本养老金，基本养老金人均增加134.97元（不含高龄人员加发部分），调整后企业退休人员月人均基本养老金2214.53元；全年平均养老金2238.95元/人·月（含暂停人员和高龄津贴），平均替代率33.45%。是年，全市企业职工基本养老保险个人账户记账利率6.04%。企业职工基本养老保险视同缴费账户记账利率12.09%。全市办理企业职工基本养老保险转移接续1.53万人次，转移金额1.30亿元，其中办理转入5522人次，转入金额1710.80万元，转出9811人次，转出金额1.13亿元。全市办理企业职工基本养老保险与城乡居民养老保险制度衔接16人次，转移金额12.2万元。办理军人基本养老保险与职工养老保险制度衔接595人次，转移金额2401.65万元。

【城乡居民基本养老保险】 至2020年年底，江门市参加城乡居民基本养老保险（含长期领取待遇人数）152.28万人，城乡居民基本养老保险缴费筹资标准210～4860元/人·年，其中，个人缴费180～4800元、低缴费档次（180～360元）各级财政补助30元（蓬江区、江海区、新会区、鹤山市120元）、高缴费档次（600～4800元）各级财政补助60元（蓬江区、江海区、新会区、鹤山市150元）。城乡居民基本养老保险基金总收入14.84亿元，其中，征缴收入1.78亿元、财政补助收入12.36亿元、利息收入0.35亿元；基金总支出12.94亿元，当期结余1.90亿元，滚存结余23.42亿元。城乡居民基本养老保险符合领取长期待遇条件的人员57.59万人，比上年增加7.73万人；7月起调整城乡居民基础养老金最低标准，从170元/月增加到180元/月；蓬江区、江海区、新会区、鹤山市基础养老金标准195元/人·月；台山市、开平市、恩平市基础养老金标准180元/人·月。全年平均养老金224.03元/人·月。城乡居民基本养老保险个人账户利率1.5%。

【失业保险】 至2020年年底，江门市参加失业保险94.02万人，2020年社保年度（2020年7月至2021年6月），全市用人单位以参加失业保险职工的缴费工资之和、职工以本人工资为基数缴纳失业保险费，缴费上限17565元，缴费下限1550元，用人单位基准缴费费率0.8%，用人单位在江门市依法参加失业保险满五年及以上的用人单位缴费费率分3档：一档0.48%，二档0.64%，三档0.8%，全年用人单位在江门市依法参加失业保险满五年及以上的用人单位缴费费率调整为一档0.32%，二档0.48%，三档0.8%。个人缴费费率0.2%。在江门市依法参加失业保险未满五年的用人单位缴费费率0.48%。失业保险基金收入1.69亿元，其中，征缴收入0.91亿元，利息收入0.66亿元；基金总支出5.00亿元；当期赤字3.31亿元，滚存结余11.46亿元。全市领取失业保险金人员1.72万人，失业保险金标准1395元/月；领取一次性失业保险金人员5592人，人均2838.21元；失业保险基金为失业人员缴纳职工基本医疗保险费8.83万人次，人均缴纳医疗保险费262.88元/月。办理失业保险转移接续7909人次，其中办理转入3805人次，转出4104人次。办理医疗保险转移接续9917人次，转移金额244.71万元，其中办理转入5055人次，转入金额244.71万元；转出4862人次，转出金额零元。

【工伤保险】 至2020年年底，江门市参加工伤保险103.12万人。2020年社保年度（2020年7月至2021年6月）全市用人单位按照本单位职工工资总额为基数缴纳工伤保险费，缴费下限1550元，缴费费率按用人单位的行业风险类别分为八类，一类至八类行业的基准费率由低到高分别为各用人单位职工工资总额0.2%、0.4%、0.7%、0.9%、1.0%、1.2%、1.3%、1.4%。全年全市各参保单位工伤保险费率按江门市人力资源和社会保障局江门市财政局江门市地方税务局《关于印发江门市工伤保险费率浮动管理办法的通知》执行浮动费率的基础上，统一阶段性下调50%。工伤保险基金总收入2.86亿元，其中，征缴收入0.46亿元，利息收入0.20亿元；基金总支出4.31亿元，其中工伤预防费支出0.02亿元；当期赤字1.45亿元，滚存结余2.81亿元。2020年，全市享受工伤保险待遇6431人，享受伤残待遇5685人(其中，1～4级伤残142人，

5～6级伤残47人，7～10级2132人，未达到伤残等级人数3364人），因工死亡93人，供养亲属653人。平均一次性伤残补助金4.29万元/人、伤残津贴3798.84元/人次、生活护理费3504.56元/人次、供养亲属抚恤金1580.68元/人次、一次性工亡补助金标准84.72万元/人，工伤保险基金先行支付待遇27人次，费用133万元。至年底，全市签订工伤保险、工伤医疗服务协议机构105家，工伤保险康复服务协议机构1家，工伤保险辅助器具配置服务协议机构4家。

【企业退休人员社会化管理】 至2020年年底，江门市纳入社区管理的企业退休人员34.82万人，占企业退休人员总数95.8%，比上年增长0.94%。2020年，全市企业离退休人员养老金社会化发放率100%。开展异地联网待遇资格认证业务9480笔，比上年增长9%。

【社会保障卡发放与应用】 至2020年年底，江门市社会保障卡常住人口发卡数446.7万张，常住人口发卡率96.5%。社会保障卡在人社业务项目计划应用个数102项，实际应用个数94项，应用率92%。

（邓　勇）

表46

2020年江门市卫生事业基本情况表

单位：人

项 目	企业职工基本养老保险基金	城乡居民基本养老保险基金	机关事业单位基本养老保险基金	职工基本医疗保险（含生育保险）基金	城乡居民基本医疗保险基金	工伤保险基金	失业保险基金
参保人数	1389743	1522775	138848	1471799	2484259	1031174	940246
缴费人数	981402	652902	90758	1353782	2484259	999764	940246

说明：表中数据为2020年度决算报表期末数

表47

2020年市社会保险基金收支决算总表

单位：万元

项 目	合计	企业职工基本养老保险基金	城乡居民基本养老保险基金	机关事业单位基本养老保险基金	职工基本医疗保险（含生育保险）基金	城乡居民基本医疗保险基金	工伤保险基金	失业保险基金
一、收入	2241082.90	1009157.45	147912.80	362961.85	454664.43	220906.58	28613.60	16866.19
其中：1.社会保险费收入	1338568.35	528861.68	17758.16	252410.65	442514.39	83297.22	4599.82	9126.43
2.财政补贴收入	358552.92		123623.61	99150.78		135778.53		
3.利息收入	44353.25	17972.25	3467.05	806.30	11691.91	1830.83	2025.06	6559.85
4.委托投资收益	13169.74	10174.17	2995.57					
5.转移收入	11621.82	5823.66	46.33	5494.12	253.57			4.14
6.其他收入	2537.92	2274.70	20.02	0.00	204.55		11.88	26.77
二、支出	2213661.72	989431.46	129200.03	367509.91	446177.79	188250.15	43113.80	49978.57
其中：1.社会保险待遇支出	2108058.20	976707.97	128420.55	359688.94	422057.19	175589.28	27024.96	18569.32
2.转移支出	13559.33	12363.28	27.28	1130.48				38.29
3.其他支出	48975.40	360.21	752.21		24120.60			23742.38
三、本年收支结余	27421.18	19725.99	18712.77	-4548.06	8486.64	32656.43	-14500.20	-33112.38
四、年末滚存结余	1827204.20	770607.03	234159.31	73884.04	396062.40	209815.85	28111.83	114563.73

医疗保障

【概况】 2020年，江门市基本医疗保险基金运行平稳。其中，职工基本医疗保险（含生育保险）基金收入45.47亿元，支出44.62亿元，当期结余0.85亿元，历年累计结余39.61亿元；城乡居民基本医疗保险基金收入22.09亿元，支出18.82亿元，当期结余3.27亿元，历年累计结余20.98亿元。

【基本医疗保险】 至2020年年底，江门市基本医疗保险参保人数395.61万人，参保覆盖率99.66%，基本实现全民医保。全市城乡居民参加医保一档财政补助标准提高到520元，个人缴费标准为每人336元，与上年持平。同步调增医保待遇水平，基本医疗保险（一档）住院报销比例在三级、二级、一级医院分别达到65%、80%、85%，大病保险实际支付比例不低于60%，城乡居民和职工基本医疗保险最高支付限额分别达到54万元和64万元，向困难群体倾斜，对建档立卡的贫困人员、最低生活保障对象和特困供养人员不设最高赔付限额。

【医疗救助】 2020年，江门市出台《江门市医疗救助办法》，按照医疗救助待遇就高原则统一全市待遇水平，实现“同城同待遇”，逐步做实医疗救助市级统筹管理。最低生活保障家庭成员救助比例90%，年度最高救助限额10万元；特困供养人员医疗救助比例100%，年度最高救助限额12万元；低收入家庭成员医疗救助比例80%，因病致贫家庭重病患者和县级以上人民政府规定的其他特殊困难人员的医疗救助比例70%，年度最高救助限额8万元；对经救助后医疗费用个人负担仍较重的，给予自负医疗费用80%的二次救助，二次医疗救助年度最高救助限额3万元。

【医保支付方式改革】 2020年，江门市实行基本医疗保险住院医疗费用支付以按病种分值付费为主的多元复合式医保支付方式。遵循“以收定支、收支平衡、略有结余”和“总额控制、病种赋值、月预结算、年度清算”的原则，通过确定年度总额预算控制指标，设定医疗机构系数，编制病种分值，建立考核指标体系，签订医疗服务协议等措施，实现住院医疗费用由按平均定额付费（人头付费）向按病种分值付费过渡。结合医疗机构实际和需求，建立医保支付制度评议组织，坚持动态调整病种收付费政策，逐步建立和完善本地病种库及其分值库，至年底，病种总量6137个、治疗方式5864个、日间手术21个、周期性结算分值3个，设立783个基层病种组并实施同病种同分值支付。病种分值付费精细化管理成效明显，为全省提供“江门经验”。

【药品和医用耗材招标采购】 2020年，江门市探索建立公立医院药品跨区域联合集中采购机制，依托深圳市确定的第三方药品集团采购组织，组织全市公立医院和政府办基层医疗卫生机构参与跨区域联合集中采购，同时鼓励其他医疗机构参与。至年底，采购金额17.08亿元，占线上药品采购金额52.81%。推进落实国家组织药品集中采购工作，全市采购第一批中选药品完成年度目标采购量282.20%。第二批中选药品完成目标采购量153.72%。第三批中选药品完成目标采购量33.34%。11月，开展医用耗材集团采购工作，组织全市公立医疗机构参加省耗材联盟采购，全市参与医疗机构71家，合同总金额1.25亿元，医用耗材比上年下降13.25%。

【医保信息化标准化建设】 2020年，江门市做好国家医保信息平台上线准备工作。同时依托国家医保App、“粤省事”、微信、支付宝等平台，推广应用医保电子凭证，全市1300多家定点医药机构实现医保电子凭证应用场景，120多万名参保人激活医保电子凭证。贯彻落实国家“统一分类、统一维护、统一编码、统一发布、统一管理”总体要求，组织对全市医保部门及其“两定医药机构”等15项编码进行维护。全市各级医保系统及其相关工作人员和“两定医药机构”编码维护率达到100%，医保医师、医保护士和医保药师的维护率均达到99%以上。

2020年12月18日，国家医保局到江门调研医保信息化标准化工作
（市医疗保障局　供）

【医保基金监管】 2020年，江门市开展医疗保障基金监管专项治理、医保定点医疗机构规范使用医保基金行为专项治理等行动，会同卫健、社保等部门分类推进医保违法违规行为专项治理，加大对欺诈骗保行为的打击力度，规范医保经办和医疗服务行为。完善以行政监管、经办管理、社会监督“三位一体”的多元化综合监管体系，建立由医保、卫健、药监、税务、财政、审计、公安、社保等相关部门参与的联席会议制度，加强部门间联动协调。全市医保领域各项基金运行平稳。

【医保精准扶贫】 2020年，江门市对精准扶贫对象发生的住院和特定病种门诊医疗费用，经基本医疗保险基金、大病保险资金、医疗救助资金按政策规定报销后，余下费用由城乡居民医疗保障精准扶贫资金给予全额资助，打消精准扶贫重点帮扶对象看病就医的后顾之忧，助力全面打赢脱贫攻坚战。是年，全市困难群体享受大病保险待遇3.42万人次，报销医疗费用1.12亿元；全市支出医疗救助总金额8264.57万元，救助困难群众22.54万人次；全市精准扶贫对象享受精准扶贫医疗保障待遇2.14万人次，报销医疗费用3424.02万元。

【疫情防控医疗保障】 2020年，江门市医疗保障局向定点医疗机构增拨医保预付款1650万元。落实阶段性减半征收基本医疗保险费和延期缴纳免收滞纳金2项政策要求，减半征收期间为全市企业减负4.41亿元，近400万人次享受延期缴费免收滞纳金政策。在全省率先临时一次性增拨预付款9928.83万元，促进各级医疗机构恢复正常医疗服务。疫情防控由应急状态转为常态化后，按要求做好确诊和疑似确诊病例救治费用结算，并按省规定做好“应检尽检”核酸检测医疗费用医保结算政策指导和落实工作。

（市医保局）

社会救助

【概况】 2020年，江门市提高低保和特困人员供养标准，做好农村低保专项治理工作，落实《广东省最低生活保障家庭经济状况核对和生活状况评估认定办法》，全市保障低保对象1.66万户3.13万人，发放低保金2.42亿元。全年发放临时救助金629.33万元。开展流浪乞讨人员救助，全年全市救助生活无着流浪乞讨人员2030人次，为162名流浪乞讨人员提供医疗救助，护送无能力自行返乡人员154人返乡。

【低保和特困人员供养标准提高】 2020年，江门市城乡低保标准统一提高到900元/人·月，低保月人均补差水平城镇不低于低保标准75%（675元）；农村不低于低保标准60%（540元）。特困人员基本生活标准按城乡低保标准的1.6倍确定，提高到17280元/人·年。

【农村低保专项治理】 2020年，江门市民政局印发《江门市民政局关于2020年农村低保和残疾人两项补贴专项治理行动工作要点》，健全死亡救助对象核查处理机制，加强救助申请对象家庭情况信息化核对，实现救助网上申请和审核，规范救助审批管理程序，强化动态管理。是年，全市新增城乡低保对象2299户4534人，退出低保1889户3891人，清退死亡救助对象194人，杜绝死亡人员多领救助金问题。

【城乡居民最低生活保障】 2020

2020年6月30日，在市委市政府小会堂举行江门市2020年“广东扶贫济困日”暨十周年活动 （市民政局 供）

年，江门市落实《广东省最低生活保障家庭经济状况核对和生活状况评估认定办法》，对未成年人和学生、残疾人、重病患者、老年人等特殊困难家庭，通过减除评估收入审核低保，加强市分类施保政策与省评估收入减除政策衔接。全市保障低保对象1.66万户3.13万人，发放低保金2.42亿元，实发低保月人均补差城镇775元，农村644元，城乡差距缩小，做到应保尽保。

【特困供养人员照料护理】 2020年，江门市供养特困人员9464人，发放基本生活金1.69亿元。2月1日起施行《江门市民政局江门市财政局关于特困人员照料护理工作实施办法》，实现特困人员自理能力评估、发放护理金、按意愿安排集中供养3个100%，全市发放特困人员照料护理金1268.87万元。

【临时救助】 2020年，江门市应对突发新冠肺炎疫情，合理扩大救助范围，对受疫情影响失业且无失业保险，未能纳入低保的对象给予临时救助。建立镇（街）临时救助备用金制度，提高救助审批发放效率。全年救助急难个案1759户次，发放临时救助金629.33万元，平均救助3577.77元/户·次，发挥临时救助兜底保障作用。

【流浪乞讨人员救助】 2020年，江门市通过加大队伍业务培训，完善救助管理设施，加强值守和管理服务，落实疫情防控措施，开展“寒冬送温暖”专项救助行动，实现全市救助管理机构新冠肺炎零院感。全年全市救助生活无着流浪乞讨人员2030人次，为162名流浪乞讨人员提供医疗救助，护送无能力自行返乡人员154人返乡。开平市救助管理站搬迁改造工程动工。

【寻亲服务】 2020年，江门市民政局通过指纹、体貌特征、人脸识别等线索比对快速查询机制，利用电视、报纸、省救助管理信息系统、全国救助寻亲网、“今日头条”“宝贝回家”公益平台等开展寻亲服务，联合公安部门形成身份查询长效机制，推进寻亲送返工作。全年全市为43名滞留人员成功寻亲。

【流浪乞讨人员救助管理】 2020年，江门市民政局印发《江门市生活无着的流浪乞讨人员救助管理服务质量大提升专项行动方案》，指导各市（区）会同有关部门组织开展救助管理和托养机构安全隐患排查和滞留人员落户安置工作。协同公安部门在市救助管理站设置集体户口，支持蓬江区滞留3个月以上的流浪乞讨人员办理落户登记。至2020年9月，新会区、恩平市完成长期滞留流浪乞讨人员落户，纳入特困人员供养。

（贾兴溥）

2020年11月24日，江门代表在广州参加“南粤大爱·网结同心”2020广东网络公益宣传推广活动总结会，江门慈善网被评为“广东十佳网络公益传播典型”

（市民政局 供）

社会福利

【概况】 2020年，江门市推进未成年人救助保护体系建设，全市建有未成年人救助保护机构8家，实现未成年人救助保护机构建设覆盖率100%。开展“福彩圆梦·孤儿助学工程”。出台《江门市推进康养服务发展若干措施》，打造具有江门特色的康养服务体系。全市登记备案运营的养老机构103家，养老机构床位1.68万张；建有居家社区养老服务站点581个。完成残疾人“两项”（生活、护理）补贴提标扩面工作，提标后实现全市困难残疾人生活补贴2100元/人·年、重度残疾人护理补贴2820元/人·年。办理收养登记15宗，其中市本级办理收养登记2宗。全市办理解除收养登记1宗。全年销售福利彩票6.35亿元，筹集福彩公益金6966万多元。

【儿童福利】 2020年，江门市孤儿集中供养标准提高至2200元/人·月、分散供养标准提高至1800元/人·月，分别高于省定最低标准380元/人·月和690元/人·月。推进未成年人救助保护体系建设，全市建有未成年人救助保护机构8家，实现未成年人救助保护机构建设覆盖率100%。开展“福彩圆梦·孤儿助学工程”，为年满18周岁后在有关院校就读的孤儿提供每人每年助学金1万元，实现孤儿就学保障。链接慈善资源开展困境儿童家庭家居改善“慈善筑迹”项目，开展社会组织走近留守困境儿童“牵手行动”等活动，支持帮扶困境、留守儿童健康成长。

（张燕红）

【老年人福利】 2020年，江门市发放高龄津贴5567万元，其中向80～89周岁老年人发放津贴3386.7万元，向90～99周岁老年人发放津贴2051.1万元，向100周岁以上老人发放津贴129.2万元。落实养老机构疫情防控措施，守住养老机构不发生疫情底线。构建居家社区机构相协调、医养康养相结合的养老服务体系，出台《江门市推进康养服务发展若干措施》，打造具有江门特色的康养服务体系。完成民生实事养老项目，建成7家区域性养老服务中心、7个居家社区养老服务示范站，设计“颐康苑”机构养老标志和“杏龄居养”居家社区养老标志；全市新增长者食堂15家，累计建成60家。实施养老院服务质量建设专项行动、特困人员供养服务设施（敬老院）改造提升计划、养老机构消防安全专项整治行动和养老机构消防安全达标工程，养老服务质量提升，新增1家省五星级养老机构，累计25家养老机构获评省星级养老机构。全市新增养老机构6家。至年底，全市登记备案运营的养老机构103家，养老机构床位1.68万张；建有居家社区养老服务站点581个。

（徐国华）

【残疾人福利】 2020年，江门市完成残疾人“两项”（生活、护理）补贴提标扩面工作，提标后实现全市困难残疾人生活补贴2100元/人·年、重度残疾人护理补贴2820元/人·年，10月，将低收入家庭残疾人纳入困难残疾人生活补贴范围，提高残疾人生活水平，扩大政策覆盖率。全年向全市1.14万名困难残疾人、4.18万名重度残疾人和非重度（三、四级）智力、精神残疾人发放“两项”补贴1.37亿元。

（李嘉华）

【福利彩票】 2020年，江门市销售福利彩票6.35亿元，完成省销售目标122.2%，总销量位列全省第七位。全市总体市场份额59.6%，比上年增长2.9%。筹集福彩公益金6966万多元，代缴中奖个人偶然所得税近597万元。

（路运通）

慈善事业

【概况】 2020年，江门市动员海内外慈善力量，依法依规募集疫情防控款物，有序有效参与抗击疫情。在“广东扶贫济困日”“中华慈善日期间”开展全市性慈善活动。全市募集慈善款物折合人民币2.9亿元，其中用于新冠疫情防控超9800万元。

【江门慈善网被评为“广东十佳网络公益传播典型”】 2020年11月24日，“南粤大爱·网结同心”2020广东网络公益宣传推广活动总结会在广州举行。由省委网信办、省文明办、共青团广东省委员会主办。江门慈善网在206个项目参评项目中脱颖而出，被评为“广东十佳网络公益传播典型”。

（凌仕麒）

住房保障

【概况】 2020年，江门市完成棚户区住房改造779套，完成率100%，投入资金7323.33万元；完成发放城镇住房保障家庭租赁补贴任务461户，完成率384%，投入资金64.56万元。江门市区管辖公房经营收入3948.88万元（其中保障性住房收入1165.53万元），比上年下降17.24%。江门市缴存住房公积金58.85亿元，新开户单位764家，新开户职工6.70万人。新冠肺炎疫情期间，落实公房商铺减租、住房公积金缓缴等举措，减轻企业资金压力，助力企业复工复产，减免租金713.54万元，公积金缓缴金额约452万元。

【住房保障管理】 2020年，广东省政府下达江门市政府住房保障工作目标：棚户区住房改造基本建成779套，发放城镇住房保障家庭租赁补贴120户。至年底，江门市完成棚户区改造779套，完成率100%，投入资金

7323.33万元；完成发放城镇住房保障家庭租赁补贴任务461户，完成率384%，投入资金64.56万元。组织15批次公租房集中分配，527户轮候家庭入住公租房。是年，全市公租房保障2.25万户，累计保障3.53万户。落实住房保障政策惠及低保、低收入、特困、重度残疾人家庭，协助63户低保特困家庭申请公租房，基本实现应保尽保。

【公租房管理】 2020年，江门市在全国率先上线新版公租房管理信息系统。江门市被选为新版公租房贯标系统上线全国试点城市，4月，在新版公租房管理信息系统办理全国首笔业务；6月，在全国首批实现与民政、不动产等部门的数据对接；11月，率先上线智能核查功能，实现保障对象资格部门联动审核及动态管理。至年底，通过系统办理公租房新申请业务492单、资格年审业务2045 单、家庭信息变更业务129单。在全省率先上线粤省事。9月，公租房申请和查询服务全省率先在“粤省事”小程序上线；12月，率先上线“粤省事”资格自评功能。开展智慧小区建设。在江门市润泽园、福泽园等4个小区试点公租房智慧小区建设，通过“人脸识别+梯控设备”，对违法租户实现信息提醒、限制电梯使用，协助解决欠租、转租等难题，促进公租房管理提质增效。

（黄天丽）

【公房管理】 2020年，江门市区管辖公房经营收入3948.88万元（其中保障性住房收入1165.53万元），比上年下降17.24%。新冠肺炎疫情期间落实市政府支持企业复工复产决策，对承租公房非住宅的民营企业和个体工商户给予租金减免优惠，减免租金713.54万元，惠及899户。实施对各类符合优惠政策规定的225户住宅租户减免租金34.11万元（其中保障性住房的退役军人减免118户，金额21.90万元）。公房修缮工程投入维修资金138.30万元，维修房屋2041间次。

（梁晓燕）

【住房公积金管理】 2020年，江门市缴存住房公积金58.85亿元，新开户单位764家,新开户职工6.70万人。全年有17.17万人提取住房公积金49.43亿元，发放个人住房贷款0.86万笔、28.70亿元，实现住房公积金增值收益1.74亿元。

【住房公积金贷款自主核算系统上线运行】 2020年10月，江门市住房公积金贷款自主核算系统上线运行，住房公积金贷款从委托银行款转变为自主放款和核算。

【住房公积金政策普惠】 2020年3月16日，江门市调整住房公积金个人住房贷款最高贷款额度。首套房一个职工申请从25万元调整为30万元，2个及以上职工共同申请从50万元调整为60万元；第二套房一个职工申请从20万元调整为25万元，2个及以上职工共同申请从40万元调整为50万元。

【住房公积金使用政策调整】 2020年4月1日，江门市调整住房公积金个人住房贷款额度计算公式为：职工申请贷时的住房公积金账户缴存余额×8+职工申请贷款时的住房公积金月缴存额×到退休年龄月数。计算职工住房公积金账户缴存余额时，不包含最近6个月的补缴金额（异地转入补缴金额除外）。职工的住房公积金个人住房贷款额度计算结果高于江门市最高贷款额度的，按最高贷款额度核定。2个及以上职工购买同一住房的，贷款额度为每个职工贷款额度之和，但不得高于江门市最高贷款额度。

【住房公积金信息化服务】 2020年，江门市构建“粤省事”“广东住房公积金”微信小程序、广东政务服务网、“江门易办事”App、“侨都之窗”自助服务终端、银行柜员机等自助办理服务渠道，27项业务实现网上办理。全年职工“自助办”业务1.65万笔，自助预约5.29万人次。自7月27日起，缴存职工可到江门市任一承办公积金缴存、提取业务的银行网点办理公积金提取和打印个人缴存证明业务，缴存单位可到江门市任一承办公积金缴存、提取业务的银行网点办理单位汇缴、个人账户设立、封存、启封、补缴、年度缴存调整、单位销户、单位账户信息变更、个人账户信息变更、同城转移、异地转移及账户合并等业务，开通网上业务，绑定付款账号登记。

（高雅芝）

【江门市住房补贴管理平台上线运行】 2020年6月，江门市住房补贴管理平台上线运行，该平台实现全流程网上办，企事业单位及群众“零跑动”，单位或群众办理住房补贴业务无需到行政审批窗口和银行业务窗口，即可实现一次办结，住房补贴资金实时到账。

（黄天丽）

【江门市发出首张电子印章签发的工程竣工联合验收意见书】 2020年8月3日，江门市通过江门市工程建设项目审批管理平台发出第一张使用电子印章签发的房屋建筑和市政基础设施工程竣工联合验收意见书。

【江门“云链签”上线】 2020年11月9日，江门市政务服务数据管理局、江门市住房和城乡建设局、江门市司法局携手中国建设银行江门市分行共同举办江门市“政银区块链”上线暨房屋交易云链签全省首发发布会。标志着区块链技术在江门市“数字政府”领域开始应用。

（黄玲珍）

婚姻登记

【概况】 2020年，江门市有县级婚姻登记机关7个。全年办理婚姻登记29474对58948人，其中结婚登记21501对43002人、离婚登记7973对15946人。

【婚姻登记】 2020年，江门市办理内地居民婚姻登记28900对57800人，其中内地居民结婚登记21009对42018人，内地居民离婚登记7891对15782人。

【涉外、华侨和港澳台婚姻登记】 2020年，江门市办理涉外、华侨和港澳台婚姻登记574对1148人，其中涉外、华侨和港澳台结婚登记492对984人，涉外、华侨和港澳台离婚登记82对164人。

（李嘉华）

殡葬

【概况】 2020年，江门市有殡仪馆（火葬场）6个、公益性生态墓园37个、骨灰楼（堂）98个。全市火葬区遗体火化率保持100%，户籍人口死亡数28897人，火化遗体30349具。台山市的上川岛、下川岛土葬改革区土葬遗体262具。全年免除城乡户籍居民殡葬基本服务费2.74万宗，金额2821万元。

【殡葬服务设施建设】 2020年，江门市印发《江门市各殡仪馆火化机尾气排放治理工作方案》，明确殡仪馆需要科学配置火化机及尾气净化设备，实施老旧火化机及尾气净化设备更新升级，完善火化机尾气排放监测基础设施建设，建立健全火化机尾气监测长效机制。是年，开平市在龙胜镇和大沙镇各建造一座骨灰楼，全市实现平均每个镇超2个骨灰存放设施的目标。

【殡葬殡仪服务】 2020年，江门市做好清明节期间群众祭祀管理工作。受疫情影响，制定疫情防控期间暂停清明祭扫的通告。清明祭扫活动管控总体平稳有序，没有发生重大突发事件，没有发生疫情，实现平安清明，文明祭祀。在全省率先举办清明鲜花代祭公益活动得到省民政厅肯定，被中央电视台和《人民日报》等主流媒体关注报道。

【殡葬领域问题专项整治】 2020年，江门市开展殡葬领域损害群众利益突出问题专项整治。各责任单位发挥其各自职能，开展全面摸排，同时各市、区民政局联系其他单位开展联合执法工作。整治期间，全市排查问题6个，均完成整治。

（周　权）

民族宗教事务

【概况】 2020年，江门市民族宗教局开展民族团结进步创建工作，通过举办会议培训、制作宣传横幅和宣传栏、网络或纸媒报刊发稿、印制纸质宣传品、“民族团结活动月”等形式，在党员干部、各族群众、青少年学生群体中宣传党的民族路线、方针、政策，城市民族团结一家亲氛围浓厚；我国坚持宗教中国化方向，开展平安寺观教堂创建、“四进”（中华人民共和国国旗、宪法和法律法规、社会主义核心价值观、中华优秀传统文化）、“宗教政策法规学习月”、全市性宗教团体工作例会等主题教育活动，引导宗教与社会主义社会相适应，全市宗教领域安全和谐稳定；推进民族宗教领域疫情防控工作，全年出动工作人员2782人次，滚动排查场所2135次，全市宗教活动场所和民间信仰场所未发生感染病例，教职人员没有感染；引导宗教界参与共同抗击新冠肺炎的公益慈善，捐出善款25.93万元、医用手套4万套、医用口罩1.5万个及价值6000元的各类生活物资；做好行政执法事项电子平台公示，编制市级检查事项实施清单，相关事项100%完成，涉民族宗教依申请服务事项100%进驻广东政务服务网，100%实行网上全流程办理，全年收到行政许可申请3宗，受理3宗，按照要求办理并公示。是年，江门市民族宗教局被授予“广东省民族团结进步模范集体”称号。

【民族事务】 2020年4月1日，中共江门市委统一战线工作领导小组办公室制定印发《江门市关于全面深入持久开展民族团结进步创建工作铸牢中华民族共同体意识的实施方案》，加强各民族交往交流交融，推动江门市民族团结进步事业创新发展。9月13日至10月28日，江门市民族宗教局举办4期少数民族务工经商人员语言文化政策培训班，包含维吾尔族、哈萨克族、柯尔克孜族、塔吉克族、回族等少数民族在内的新疆籍进城务工人员160人参加培训，提高少数民族流动人口的综合素质和融入能力，提升城市民族工作水平，推动民族团结进步。在11月25日举行的广东省民族团结进步表彰大会上，江门市培英高级中学被国务院表彰为“全国民族团结进步模范集体”；江门市民族宗教局被授予“广东省民族团结进步模范集体”称号；开平市依利安达有限公司陈小伟、新会冠华针织有限公司王常平被授予“广东省民族团结进步模范个人”称号。

【宗教事务】 2020年1月10日，江门市基督教三自爱国会、江门市基督教协会完成换届，选出新一届领导班子。1月27日，市委常委、统战部部长利为民率队到宗教活动场所对防范处置新冠肺炎疫情工作进行督导检查。6月11日和11月5日，江门市民族宗教局召开全市性宗教团体工作会议，全市性宗教团体领导班子成员及江门市、相关市（区）民族宗教局干部参加活动。组织宗教界人士到江门市工业企业、爱国主义教育基地参观学习。7月，开展“宗教政策法规学习月”系列活动。通过学习会、座谈会、培训班等形式组织江门市领导干部、宗教工作干部、宗教界人士学习全国“两会”会议精神、《中华人民共和国民法典》《宗教团体管理办法》和新修订的《广东省宗教事务条例》，“学习月”期间，全市宗教界1000多人次参加各类政策法规学习。9月22—24日，江门市民族宗教局组织江门市民族宗教干部赴湛江市学习交流民族宗教工作、民间信仰规范化管理经验，提升江门市民族宗教工作能力水平。

【民族团结宣传活动】 2020年9月，江门市民族宗教局开展“民族团结进步宣传月”系列活动。在《江门日报》开辟主题为“民族团结看侨乡”的专栏，专题报道江门市民族团结进步创建活动中的成效、亮点和先进事迹；通过手机短信、宣传标语、宣传栏等传统方式加强对民族团结宣传活动月的宣传，发送宣传短信5万多条；与江门日报社合作，利用市委统战部的微信平台“五邑同心”举办“2020年江门市民族团结进步宣传月之统战知识有奖问答”，活动期间，注册用户6855户和参与答题44596人次。

（市委统战部）

安全生产监督管理

【安全生产概况】 2020年，江门市发生生产安全事故105起，比上年下降32.7%；死亡77人，下降15.4%；受伤72人，下降29.4%；直接经济损失2661.46万元，增长17.2%；发生较大事故2起，分别死亡4人和7人。危险化学品、非煤矿山、烟花爆竹等高危行业领域保持“零”事故。

【安全生产责任落实】 2020年，江门市落实2020年度安全生产责任书签订工作，明确各级安全生产工作责任及主要目标任务；开展全市2020年度安全生产责任制和消防工作考核，对各市（区）及28个市有关职责部门开展考核工作；发挥应急管理部门综合监管职能作用和安全生产委员会办公室平台作用，健全安全生产专责小组制度，市人民政府办公室下发《关于明确部分行业领域安全生产监管职责的通知》，理顺、明确部分监管空白点；调整安全生产委员会成员单位，建立与行业部门间的走访交流和定期会商制度，推动构建齐抓共管局面；开展企业安全承诺公告制度，实现危险化学品和国资企业等重点行业领域主体责任承诺“全覆盖”；推进安全生产专项整治三年行动和“奋战一百天，全年保平安”攻坚行动，压实行业部门监管责任和企业主体责任，加强隐患排查治理，从源头上消除各类事故。在全省2019年度安全生产责任制及消防工作考核中，江门市获评“优秀”等次。

【安全生产专项整治】 2020年，江门市安全生产委员会办公室组织开展安全生产领域六大专项整治、安全生产专项整治三年行动（2020—2022年）和“奋战一百天，全年保平安”安全生产攻坚行动，在元旦、清明、“五一”、安全生产活动月及国庆中秋“双节”、秋冬季、岁末年初等重点时期对各重点行业领域组织8轮安全生产综合检查督查。全市排查隐患5.79万处，开展督导检查4210次，行政处罚9348次，责令停产整顿249家次。

危险化学品整治　印发《江门市禁止、限制和控制危险化学品目录》，组织编制《江门市化工行业安全发展规划》，推动城镇人口密集场所危险化学品企业搬迁改造，完成重点危险化学企业的关闭退出任务。开展化工园区安全整治，抓好危险化学品安全整治提升和风险辨识管控，打击危险化学品行业领域安全生产非法违法行为，推动“散乱差”企业升级改造或关闭退出。各部门强化联动，形成对危险废物处置环节及重大危险源企业的监管合力。

2020年4月27日，市中心城区森林消防大队26名队员参加“使命2020”森林火灾综合实战演练

（市应急管理局　供）

道路交通整治 组织开展危险运输车辆违法挂靠行为整治和危险货物运输企业安全评估工作，组织对“两客一危一货”（从事旅游的包车、三类以上班线客车和运输危险化学品、烟花爆竹、民用爆炸物品的道路专用车辆）重点车辆和企业进行信息采集和“企业画像”；推动全市危险运输车辆安装智能视频监控报警装置，加强对危险运输车辆实时远程监控；在重点时段，按照“一堵一方案”要求，疏导交通堵点，减少各类道路交通事故发生。

建筑施工整治 开展建筑施工质量安全生产大检查、建筑工地消防安全检查、建筑施工安全生产综合督查和“危大工程”（房屋建筑和市政基础设施工程在施工过程中，容易导致人员群死群伤或者造成重大经济损失的分部分项工程）安全管理检查等专项执法行动，推进城市桥梁升级和城市危桥加固改造，强化全市房屋市政工程建筑起重机械监管，开展交通在建工程安全检查，做好养护施工作业面路段安全检查，杜绝施工、养护作业过程生产安全事故发生。

消防安全整治 对典型火灾事故开展延伸调查，找准高风险区域和场所，提请政府挂牌督办7个区域、24家重大火灾隐患单位，启动村级工业园专项整治工作；创新“X＋消防”双边联合监管模式，建立“城管+消防”“住建＋消防”“交警＋消防”联合执法机制，形成执法震慑力。

水上交通和渔业船舶整治 强化水上交通安全管理。以船舶船员、重点水域、航运公司为重点，加大对水上交通秩序的执法检查和工作提醒，查处各类型水上交通安全违法行为。制定《江门市开展“不安全、不出海”专项行动实施方案》《涉渔乡镇船舶安全管理工作指引》《江门市清理整治涉渔“三无”船舶专项行动方案》《江门市涉渔乡镇自用船舶安全管理指导意见》，规范渔船管理尤其是“三无”(无船名船号、无船舶证书、无船籍港)船舶的安全管理。

工矿商贸整治 将非煤矿山、金属冶炼及工贸行业有限空间、粉尘防爆、液氨制冷使用为监管执法重点，开展工贸企业“双随机一公开”（在监管过程中随机抽取检查对象，随机选派执法检查人员，抽查情况及查处结果及时向社会公开）联合检查工作。出台《江门市工贸企业有限空间作业安全监管工作指南（试行）》《江门市工贸企业有限空间辨识参考目录（2020）》。

【安全生产执法监察】 2020年，江门市应急管理局制定安全生产执法“双随机一公开”（在监管过程中随机抽取检查对象，随机选派执法检查人员，抽查情况及查处结果及时向社会公开）监管年度抽查计划和随机抽查事项清单，按照抽查计划完成各项抽查工作：部门抽查执行作业35起，联合抽查参与作业22起，完成数、公示率和及时率均为100%。依法依规开展执法检查,未受理抽查结果异议申请；通过江门市政务信息资源共享交换平台（双公示）系统录入行政处罚及行政许可信息8692条。对辖区内危险化学品、化工医药、烟花爆竹、非煤矿山、冶金和涉及粉尘涉爆、有限空间、涉氨制冷等重点行业领域及规模以上企业开展企业主要负责人履行安全生产职责等专项执法检查行动；开展对管辖范围内的钢铁、铝加工行业企业开展安全生产执法检查，打击违法违规行为，履行安全监察职责；结合落实广东省安全生产专项整治三年行动实施计划要求，全市开展企业主要负责人履行安全生产职责等专项执法行动对企业进行现场执法检查，推广安装激活“广东应急一键通”，督导企业主要负责人安装使用“广东应急一键通”；全市推广运用安全生产执法信息系统，将使用执法信息系统情况作为年度考核重要指标，规范使用执法信息系统开展检查执法工作，推动运用信息化手段提升安全生产监管执法能力水平；至年底，全市监督检查各类生产经营单位8583个，监督检查生产经营单位1.23万次，应整改隐患1.18万项，整改隐患1.12万项,整改率94.87%，全市未发现重大隐患；行政处罚94次，经济处罚94次，经济处罚金额384.31万元。

【安全风险管控】 2020年，江门市应急管理局落实《江门市安全风险分级管控办法实施细则》，实施重大隐患建档管理和挂牌督办整改。全市排查录入安全风险点落实监管部门、责任单位、责任人和监管措施。依托广东省城市风险点危险源排查管控信息系统，抓好全市风险点更新工作，做好动态管理，做好安全风险监管。根据省级对口部门公布的本行业领域重大风险，督促市、县两级监管部门定期对各类单位管控重大风险情况实施抽查，确保重大风险管控措施落实到位。出台针对有限空间、危险化学品等重点行业的辨识和管控目录及监管指南，购买专家服务对部分重点危险化学品企业开展风险分级辨识管控工作，提高企业安全风险管控能力。

自然灾害和防灾减灾救灾

【概况】 2020年，江门市加大防灾减灾救灾综合统筹力度，形成全市“一盘棋”应急响应机制和共建共治共享的自然灾害防治格局，最大限度减少灾害损失，没有发生群死群防的自然灾害。统筹抓好防汛防台工作。是年第7号台风“海高斯”于8月19日6时在珠海金湾区登陆，登陆后其中心先后经过江门市新会区、台山市、开平市、鹤山市，于12时许移出江门市境内。其间，全市受灾人员1.38万人，紧急转移安置人员9709人，无人员伤亡和倒损房屋报告。全市农作物受灾面积7998.13公顷，林地受灾面积1497.2公顷，水产养殖受灾面积866.67公顷；受损公路6.11千米，受损水利工程9宗，受损堤围长0.14千米，受损电力线路长1.4千米，通信基站故障42个。全市直接经济损失9811.96万元，其中农林牧渔业损失5303.7万元，工矿商贸业损失175.65万元，基础设施损失4156.82万元，公共服务损失175.79万元。

【防灾减灾救灾应急预案编制】 2020年，江门市应急管理局统筹全市应急预案体系建设，组织编制市总体应急预案和安全生产类、自然灾害类专项预案并负责各类应急预案衔接协调。对接省总体预案，起草《江门市突发事件总体应急预案》并完成第一轮征求意见。组织各部门开展市级专项预案和各部门预案的修订，对照《江门市突发事件应急预案修订工作任务表》要求，健全完善全灾种应急预案，加强各项应急预案的对接和配套。组织、协调、指导相关单位编制或修编安全生产类、自然灾害类专项预案。《江门市防汛防旱防风防冻应急预案》《江门市江新联围防汛抢险应急预案》《江门市自然灾害救助应急预案》《江门市石油供应中断应急预案》《江门市天然气供应突发事件应急预案》《江门市突发环境事件应急预案》《江门市突发火灾事故应急救援预案》《江门市危险化学品生产安全事故应急预案》8个市级专项预案完成修订，并由市政府审定印发。

【汛旱风冻灾害防御】 2020年，江门市出现13次强降水过程、8次强对流天气，平均降水量1629.4毫米，有5个台风影响江门市，台风“海高斯”先后经过江门市的新会、台山、鹤山境内。在防御台风“海高斯”期间，启动防风Ⅱ级应急响应，全市无人员伤亡，无重大财产损失。5月，市三防指挥部举办全市三级三防指挥机构2170多人参加三防减灾培训班。7月，市三防办调拨专项抗旱资金，协调市气象局在受干旱影响较大的台山市、开平市、恩平市进行人工增雨作业，缓解干旱影响。在“龙舟水”强降水、台风“鹦鹉”“海高斯”影响江门市期间，全市转移、妥善安置群众3.52万人。全年启动防台风应急响应2次、防汛应急响应1次、防冻应急响应1次，会商研判158次，发送预警提示短信3600万条。

【“三防”隐患排查治理】 2020年，江门市三防办公室出台《江门市防汛防旱防风防冻应急预案》《江门市人民政府防汛防旱防风指挥部工作规则》。在汛前和汛中组织7次综合检查，在“龙舟水”、节假日前等重要时间段结合新冠肺炎疫情防控、森林防灭火、安全生产等综合检查防汛防风落实情况，重点查找防汛防风工作中存在问题和薄弱环节，对检查出的问题登记造册，现场督促责任单位落实隐患整改措施，确保全市安全度汛。江门市应急管理局联合市自然资源局、市住房和城乡建设局开展全市范围内地质灾害隐患点及削坡建房专项排查工作。全市消除地质灾害隐患点19处，治理比例32.8%；全市整治削坡建房安全隐患点开工数29处（户），开工率100%；竣工数29处（户），竣工率100%，至年底，全市有在册地质灾害隐患点45处，削坡建房风险点18处（户）。

【防灾减灾救灾能力建设】 2020年，江门市应急管理局制定《2020年市级生活类救灾物资储备和调拨计划》，调拨生活类救灾物资前置到应急物资储备紧缺的相关市（区）；推动各地与辖区内的矿山企业签订应急救援物资储备协议，提升救灾物资储备能力。各地与17家矿山企业签订协议；推广应急资源管理平台使用，完成生活类救灾物资、“三防”物资、森林防火物资库存数据录入工作；推动全国减灾示范社区创建工作，全市有7个社区获全国综合减灾示范社区称号，累计创建全国减灾示范社区94个；推进防震减灾科普示范工程创建工作，创建江门市防震减灾科普示范学校8所，累计创建市级防震减灾科普示范学校40所，省级防震减灾科普示范学校4所，示范学校数量位列全省第四位；配合省地震局推进“国家地震烈度速报与预警工程”项目，新建3座基准站和12座基本站完成土建工程，改建3座基准站和3座基本站完成土建装修。

【森林防灭火】 2020年，江门市发生森林火灾4宗，其中：4月12日鹤山市雅瑶镇陈山村，受害面积2.13公顷；5月5日新会区罗坑镇亨头村，受害面积33.21公顷；7月29日蓬江区棠下镇虎岭村，受害面积18公顷；12月5日开平市龙胜镇官渡村，受害面积0.67公顷。总受害森林面积54.01公顷，森林受害率0.13‰，低于1‰的控制指标，无人员伤亡，森林防灭火形势平稳。与佛山、珠海、中山、肇庆、清远、云浮等市急管理部门共同签署森林火灾应急救援联动合作协议，加强5市林火信息、应急救援资源、应急处置及应急演练方面的合作；与市消防救援部门联合印发《江门市应急管理部门与消防救援部门扑救森林火灾协同工作机制的通知》，加强2个部门之间的信息互通、资源共享、协助配合和应急处置的协作联动，明确相互间工作职责，提升森林火灾应急救援能力；印发《江门市森林火险气象趋势分析预报会商制度的通知》，强化应急管理、林业、气象等部门合作。加强森林防灭火从业人员和森林消防队伍培训演练工作，提高火灾扑救能力。是年，各市（区）自主开展防火演练培训71场次，参加人员3470人次。江门市中心城区森林消防大队在广东省首届森林消防业务技能大比武活动中获团体总分第三名。

应急救援与管理

【应急救援力量优化】 2020年，江门市应急管理局制定《关于应急管理类民办非企业单位登记审查与管理的暂行办法》，协助江门市侨都应急救援中心作为应急管理类民办非企业单位在民政部门完成登记注册；更新全市应急救援队伍信息，推广应急资源管理平台、广东省应急管理厅应急预案和应急资源管理系统的使用，完成社会应急力量、专业救援队伍等数据录入工作；推进多领域应急管理专家队伍建设，组建有200多名专家的专家库，成立437支社会志愿者救援力量。动态掌握辖区范围内各类应急救援力量和应急志愿者队伍资源整体情况，建立沟通交流渠道，加快健全政府部门救援力量、社会专业救援力量、应急志愿者队伍的联动互补机制，并引导促进其发展壮大，整合政府、民间救援力量。

【跨区域应急联动机制建立】 2020年，江门市应急管理局与佛山市、肇庆市、清远市、云浮市签署“珠江西岸森林火灾扑救应急联动合作协议书”，并就珠海、中山、江门森林火灾扑救应急联动机制进行一次实战演练；加快推进市应急指挥中心与省中心、市内各地各有关单位应急指挥中心、现场应急指挥中心互联互通，建立健全应急指挥机制；推进应急指挥平台与城市管理平台融合，完善集城市管理、应急管理于一体的城市运行指挥平台。督促各市（区）推进应急指挥中心建设，改造和完善基础设施，并逐步推动镇级应急管理综合服务站建设。

【应急演练】 2020年，江门市应急管理局做好应急预案演练，夯实应急救援管理工作基础。组织防灾综合应急演练和危险化学品、“三防”等各类专项演练。全市应急救援队伍强化备勤训练，严格装备物资维护保养，应对各种急难险情。5月20日，市应急管理局联合市消防救援支队、市发展和改革局、市城市管理和综合执法局等部门，开展2020年江门市减灾综合应急救援演练，参加演练人数300多人。演练分废墟搜救、缆车停摆救援、森林火灾扑救、水下救援、管道工人被困救援、绳索救援技术展示、物资集结等项目7个。是年，全市组织开展各类生产安全应急演练活动2478场，参与人数16.47万人。其中：蓬江区430场、2.1万人次；江海区115场、3100人次；新会区625场、3.26万人次；台山市500场、4.24万人次；开平市418场、3万人次；恩平市300场、2.7万人次；鹤山市90场、8600人次。

2020年6月23日，江门市应急管理局与江门市广播电视台举行江门市应急宣传签约仪式。图为江门应急广播100.2揭牌仪式现场 （市应急管理局 供）

【应急值班值守】 2020年，江门市应急管理局修订印发《江门市应急管理局应急值班工作制度》，明确值班岗位及职责，在特别防护期、汛期、响应期、法定节假日等特殊期间强化值班值守要求，执行24小时领导在岗带班、专人值班制度，做到人员到位、工作到位、报送到位。确保突发事件信息得到及时、准确上报和妥善处置；定期组织全局干部开展规范突发事件信息报送工作培训，以“如何做好突发事件信息报送工作”为主题组织一期“应急管理大讲堂”培训活动，加强和规范突发事件信息报送工作，提高应急管理系统值班值守和突发事件信息报告工作水平。是年，江门市应急管理局接报各领域突发事件82宗，编报突发事件信息112期。

【安全生产培训与宣传教育】 2020年，江门市应急管理局印发《2020年全市应急管理培训教育工作方案》，举办业务能力主体培训班7期，培训2848人次，开展“江门市应急管理大讲堂”3期，培训245人次，组织各类思想政治、纪律作风教育活动7次，培训545人次；采取“线上”+“线下”开展宣传教育活动，推广宣传教育短视频，开通“江门应急广播”项目，“江门应急管理”微信公众号粉丝从5000多人增长7万多人，创建首个“江门市应急科普文化长廊”和“江门市应急科普文化公园”，在市区主要区域的公交车候车厅和入住率高的小区电梯投放应急宣传海报，把应急科普普及到千家万户；与移动、联通、电信三大运营商合作，三大运营商免费向全市四市三区发送应急管理公益宣传和预警短信，打通应急宣传“最后一公里”；采取“直播+应急”、H5、有奖问答、微视频等形式线上线下结合举办“5·12”防灾减灾宣传活动和“安全生产月”系列活动，公众参与度创新高，活动成效明显。

（林丽群）

消防管理

【概况】 2020年，江门市设市消防救援支队1个，县（市、区）消防救援大队7个，特勤站2个、消防救援站11个，全市国家综合性消防救援队伍指战员307人，直管城市政府专职消防队员646人。有消防车111辆、冲锋舟6艘、橡皮艇14艘、无人飞行器8架、器材装备3.02万件（套）。是年，江门市消防救援支队接警出动5717起，出动车辆8965辆次，出动警力5.12万人次。全市发生火灾1507起，受伤1人，直接财产损失4954.53万元，比上年增长91.2%。

【消防基础设施建设】 2020年，江门市新建市政消火栓838个，其中蓬江区新建149个，江海区新建109个，新会区新建156个，开平市新建125个，恩平市新建127个，台山市新建92个，鹤山市新建80个。是年，全市投入1495.69万元用于购买装备器材1.42万件（套）；投入1870万元购买消防车7辆；投入1200万元，建成北街消防救援站。

【消防制度建设】 2020年，江门市消防救援支队提请市政府出台《江门市消防水源管理办法》《江门市消防安全责任制规定》，规范全市消防水源，明确全市各级各部门消防安全责任。

【消防隐患整治】 2020年，江门市消防救援支队开展消防安全专项整治三年行动，采取“项目清单化，清单责任化”工作方法，细化28个部门152项具体任务。通过火灾研判教训，对典型火灾开展延伸调查，找准火灾高风险区域和场所，提前政府挂牌督办7个区域、24家重大火灾隐患单位，启动村级工业园消防安全专项整治工作。推动消防工作纳入全市市域治理体系，纳入“全科网格”建设范畴，建立健全网格员消防培训、履职激励和监督问责机制。结合文明城市建设、村级工业园升级、老旧小区和城中村改造工程，实施消防安全综合治理。创新“X＋消防”双边联合监管模式，建立“城管+消防”“住建+消防”“交警＋消防”联合执法机制。部署开展火灾风险隐患“自知、自查、自改”活动，指导13.7万家单位开展线上消防安全承诺，全市火灾形势稳定，全年未发生亡人火灾事故。

2020年7月29日，江门市蓬江区棠下镇虎岭村附近发生山火，过火面积为13.2公顷。图为江门市消防救援支队扑火现场 （江门市消防救援支队 供）

【消防宣传】 2020年，江门市消防救援支队率先成立支队级全媒体工作中心，制作推出宣传作品，《魔音说消防》系列原创短视频作品获全国一等奖，海报系列作品《我想对你说》获全国三等奖及首届应急管理新媒体作品年度优秀图片类作品，《安全的守护者》获首届应急管理新媒体作品年度优秀视频类作品。联合共青团江门市委员会、江门市五邑义工联合会联合开展“青春你我他、消防进万家”三年行动，联合农业农村部门，针对老幼病残等群体开展“脱贫攻坚、安全护航”消防公益行动，联合阿里巴巴组建“蓝骑士”快递小哥消防服务队，印发10万份消防宣传资料送到千家万户，全市组建15支消防志愿者服务队进行公益消防宣传，提高群众消防意识。

【消防队伍建设】 2020年，江门市消防救援支队举办从严治队培训班，以“七化”（工作秩序条令化、督导检查常态化、安全管理精细化、营区建设规范化、内务设置标准化、库室布置人性化、文化熏陶多元化）、“四个秩序规范”（执勤秩序、训练秩序、工作秩序、生活秩序）为牵引全面提升正规化建设水平，确保新体制下管理工作运行循于法、秩序统于法、忙乱止于法。创新开展“务实争先、提质强能”督导考评，构建“季度考评、月度督导、每周督察、专项督察”四位一体模式，推动“明责、履责、问责”一体化运作，实现日常工作由管面向管点、管事向管人、管阶段向管日常的转变。实施“三全”（火灾防控“全过程”、网上服务“全天候”、安全警示“全方位”）管理，筑牢“三线”（守住安全底线、不踩纪律红线、不碰法律高压线）理念，深化“五无”（无亡人责任事故、无刑事案件、无自杀事件、无酒驾、无严重违纪）创建、安全工作“八查八防”[查队伍管理安全，防范风险隐患积存；查执勤战备安全，防范作战训练伤亡；查车辆安全管理，防范车辆交通事故；查器材装备管理，防范装备安全问题、查纪律作风养成，防范违法违纪案（事）件；查营区安全管理，防范重点部位疏漏；查卫生防疫工作，防范发生新冠疫情；查保密安全管理，防范失泄密和网络舆情事件]专项活动，突出“管人、控车、禁酒、治网、保密”五大重点环节，织密安全责任、教育、监督“三张网络”，确保队伍安全稳定。把“两个至上”（人民至上、生命至上）理念贯穿队伍建设全过程、各方面，紧盯作战训练安全这一重要领域，一体化推进作战训练安全专项整治、指挥能力训练考评、作战训练安全专项培训，确保队伍自身绝对安全。

【消防智能指挥信息化建设】 2020年，江门市消防救援支队推进“智慧消防”建设，将支队智慧消防创新工程纳入江门市新型智慧城市一期重点建设项目清单，投入1500万元，打造“一个平台、四大系统”（智慧消防大数据平台、智能预警系统、智能接处警系统、智能辅助救援系统、消防档案管理系统）。完善应急响应程序，将有资质的社会力量纳入调度指挥体系，推进与省森林消防应急指挥调度平台、市森林防火地理信息系统和市危化企业监控系统实现智能联动互通，对接融合，实现信息资源互通共享。全年投入557万元，对全市通信装备进行升级改造。支队指挥中心在总队排名考核中位居全省第二名，全年实现会议保障零通报，接警调度零投诉。

2020年5月12日，江门市消防救援支队在西环路特勤站举行广东省跨区域地震救援演练
（江门市消防救援支队　供）

区（市）

蓬江区

【蓬江区概况】 蓬江区位于江门市东北部。2020年辖3个街道3个镇，村民委员会55个、社区居民委员会77个。全区土地面积321.97平方千米，耕地面积2100公顷，粮食播种面积400公顷，林地面积7800公顷。年末户籍人口52.72万人，常住人口77.27万人。全区有43个民族；其中少数民族42个2.59万人，少数民族户籍人口5342人，流动人口2.06万人，人数较多的依次为壮族、土家族、苗族、瑶族、彝族、侗族、布依族、满族、回族、蒙古族。港澳台同胞17.15万人，其中香港14万人、澳门3万人、台湾1500人。蓬江区籍华侨华人8万人，华侨主要分布在亚洲的马来西亚、新加坡、泰国、印度尼西亚、越南等国，北美洲的美国和加拿大，大洋洲的澳大利亚和新西兰，欧洲和非洲共34个国家和地区。

重要矿产资源有石矿和石英砂，石矿多产于西部，石英砂储藏于东北侧的西江河床，含泥量较高。资源丰富，有蕨类、裸子植物和被子植物3大类，108科、413种，主要品种有南洋杉、银杏、竹柏、阴香、紫薇、乌梅、垂盘草、宝巾等。野生动物主要有斑鸠、白头翁、钓鱼郎、猫头鹰、麻雀、黄灵等。江河常见鲫、鲤、鳙、鳟、鲶、生鱼、塘虱、泥鳅、鳖、龟等。主要旅游资源有陈白沙纪念馆、长堤风貌街、墟顶老街、钓台故址、东湖公园、陈白沙书院、新宁铁路北街火车站旧址、江门海关旧址、元宝山体育公园、星光公园、江门五邑华侨华人博物馆、卢氏宗祠、洪圣公园、良溪古村、罗氏大宗祠、陈垣故居、启明里、席帽山森林公园、兰石公园、叱石风景区、园山湖公园、东珠西国际会展中心、杜阮凉瓜田园综合体、潮头中央公园；主要土特产有荷塘冲菜、杜阮凉瓜、罗氏柑普茶、荷塘鱼饼。是“诗词中国”创作基地、广东省群众文艺作品（舞蹈）创排基地、戴爱莲舞蹈传承基地、广东中华诗词之乡。

【经济发展】 2020年，蓬江区实现地区生产总值724.45亿元，比上年增长2.2%。其中：第一产业增加值5.42亿元，比上年增长1.9%；第二产业增加值234.62亿元，下降0.3%（工业增加值206.69亿元，下降0.5%）；第三产业增加值484.41亿元，增长3.4%；三次产业结构比重0.8:32.4:66.8。人均地区生产总值92754元，增长2.3%；固定资产投资增长10.5%；社会消费品零售总额238.71亿元，下降6.2%；外贸出口额396.9亿元，增长3.4%；实际利用外商直接投资0.91亿美元，下降44.02%；地方一般公共预算收入28.3亿元，增长2.8%；地方一般公共预算支出44.23亿元，增长2.6%；全体居民人均可支配收入49961元，增长4.3%。

是年，蓬江区引进项目26个，计划总投资225亿元，比上年增长158.04%；其中超50亿元项目1个，超20亿元项目3个，超10亿元项目2个；超5亿元项目2个。全区列入市重点项目76个，计划总投资711.96亿元，年度计划投资110.48亿元，比上年增长5.5%，累计完成投资144.29亿元，完成年度投资计划130.6%。

农业　2020年，蓬江区实现农业总产值11.28亿元，比上年增长7.6%。其中，种植业产值3.23亿元，比上年增长7.8%；林业产值0.14亿元，下降4.6%；牧业产值1.66亿元，下降3.5%；渔业产值4.34亿元，增长9.5%；农林牧渔服务业产值1.9亿元，增长18.6%。全年粮食产量1953吨，比上年增长3.7%；甘蔗产量681吨，下降1.7%；油料产量230吨，下降2.5%；蔬菜产量7.48万吨，增长8.7%；水果产量3194吨，下降1.8%。水产品产量1.91万吨，比上年增长1.6%；肉类产量5077吨，下降12.9%。农村集体经济总收入14.22亿元，其中，集体收入超1000万元的村30个，占总村数40%；超500万元的57个，占总村数76%；超250万元70个，占总村数93%。村集体拥有物业面积518.2万平方米，出租收入5.22亿元，比上年增长1.95%。全区有市级以上龙头企业18家，其中省级以上龙头企业6家。新增市级以上示范性家庭农场5家，其中省级示范性家庭农场3家、市级示范性家庭农场2家；新增广东汇海农牧科技集团有限公司生产的551膨化罗非料等“粤字号”农业品牌6个。以棠下镇、杜阮镇2个市级乡村振兴试点示范镇（街）创建为载体，探索形成棠下五洞牛肉“网红”一条街、杜阮凉瓜小镇田园综合体等典型经验。其中，杜阮凉瓜小镇田园综合体项目总投资6601.5万元，分一、二期实施，一期工程建设完成。是年，蓬江区被省政府办公厅列入广东省城乡融合发展省级试点地区。

工业 2020年，蓬江区完成规模以上工业增加值198.51亿元，比上年下降0.7%。分注册类型看，国有及国有控股企业比上年下降4.2%，外商及港澳台投资企业增长0.7%，股份制企业下降1.1%，集体企业下降58.8%；分轻重工业看，轻工业下降5.5%，重工业增长2.4%；分企业规模看，大型企业下降0.5%，中型企业增长4.1%，小型企业下降3.4%，微型企业下降25.2%。加快产业转型升级，新增技改项目69个，总投资超11亿元。全年新增规模以上工业企业45家，新增市总部企业1家。全区建有省专精特新中小企业3家、省中小企业公共服务示范平台2个、省民营企业创新产业化示范基地1个、省中小企业创新产业化示范基地1个。蓬江产业转移工业园参加国家示范基地发展质量评价，并由“三星级”升为“四星级”；园区有企业51家，其中投产企业33家，在建企业13家，筹建5家；重点发展电子智能制造、健康食品、机械制造（摩托车及零配件）等主导产业，园内吸纳海信家电、康师傅食品、天地壹号饮料、滨崎食品、香港美心食品、华电能源等企业，落户产业项目计划投资总额超200亿元。是年，嘉宝莉化工集团股份有限公司入选“国家工业产品绿色设计示范企业（第二批公示名录）”；广东海信电子有限公司“高清数字电视产品数据互联式智能制造项目”被列入广东省智能制造试点示范项目。

第三产业 2020年，蓬江区批发和零售业增加值59.05亿元，比上年下降14.4%；住宿和餐饮业增加值15.3亿元，下降16.3%；金融业增加值110.8亿元，增长8%；房地产业增加值76.79亿元，增长11.9%；交通运输、仓储和邮政业增加值21.43亿元，增长4.7%；营利性服务业增加值94.95亿元，增长2.8%；非营利性服务业增加值104.75亿元，增长8.2%；限上批发和零售业零售额106.76亿元，下降10.5%；限上住宿和餐饮业零售额7.38亿元，下降14.08%；在限额以上批发和零售业商品零售额中，粮油、食品、饮料、烟酒类下降14.37%，服装、鞋帽、针纺织品类下降51.22%，化妆品类下降9.07%，金银珠宝类下降35.62%，日用品类下降10.88%，体育、娱乐用品类增长9.1%，电子出版物及音像制品类下降64.18%，书报杂志类下降28.91%，家用电器和音像器材类下降36.93%，中西药品类增长18.64%，文化办公用品类下降45.21%，通信器材类下降8.01%，石油及制品类下降23.21%，家具类下降44.69%，汽车类下降7.57%，建筑及装潢材料类下降13.89%。全区体育彩票销量1.37亿元，人均体育彩票消费支出185.14元，在线销售网点数123个。旅游收入25.93亿元，其中国内旅游收入25.56亿元，外汇旅游收入559.9万美元。江门五邑华侨华人博物馆创建蓬江区首家国家AAA级旅游景区，蓬江区棠下镇良溪村获评为第二批广东省文化和旅游特色村。全年地方财政科学技术支出1.81亿元，比上年增长1.6%。规模以上工业企业设立研发机构比例60.25%，市级新型研发机构9家，省级工程技术研究中心74家，市级工程技术研究中心320家，国家高新技术企业399家。组织企业申报省级科技项目36个，申报市级科技项目375个。年末有效发明专利拥有量936件，专利授权量3508件，其中发明专利90件。

表48

2020年蓬江区国民经济主要指标情况表

指标	计量单位	绝对值	比上年增长（%）
地区生产总值	亿元	724.45	2.2
第一产业增加值	亿元	5.42	1.9
第二产业增加值	亿元	234.62	-0.3
工业增加值	亿元	206.69	-0.5
第三产业增加值	亿元	484.41	3.4
人均地区生产总值	元	92754	2.3
规模以上工业总产值	亿元	198.51	-0.7
固定资产投资	亿元	—	10.5
社会消费品零售总额	亿元	238.71	-6.2
外贸进口总额	亿元	60.1	4.2
外贸出口总额	亿元	336.8	3.3
实际利用外资直接投资	亿元	0.91	-44.02
地方一般公共预算收入	亿元	28.30	2.8
地方一般公共预算支出	亿元	44.23	2.6
常住居民人均可支配收入	元	49961	4.3%（名义增速）

【社会事业】 社会保障 2020年，蓬江区财政民生投入30.71亿元，比上年增长4.72%，占全区一般公共预算支出69.37%。全区社会保险基金收入43.04亿元，其中企业养老保险24.88亿元，基本医疗保险11.91亿元。城镇职工基本养老保险参保人数28.3万人，城乡居民基本医疗保险参保人数21.03万人，基本医疗保险参保人39.49万人，失业保险参保人数26.76万人，工伤保险参保人数28.28万人，生育保险参保人数27.79万人。年末领取养老金的离休、退休人数8.53万人，养老、失业、医疗、工伤、生育保险基金支出44.23亿元。年末城乡最低生活保障对象702人；全年发放低保救济金700万元，比上年增长31%；发放医疗救助8818人次，下降2.74%；发放救助金274.52万元，增长19.67%；全区特困供养199人，增加7人；落实供养经费331.7万元，增长5%；发放高龄津贴649.13万元；发放扶贫对象就业创业补贴156.6万元，惠及扶贫对象411人次。推广“粤菜师傅+电商”模式，组织镇（街）“一村一品”相关产业从业人员和精准扶贫对象、有志于电商创业的村民参加农村电商、“粤菜师傅”培训班，举办“粤菜师傅”培训班1080人次。率先建设全市首家大龄心智障碍残疾人托养服务机构，为430名残疾人提供日间社区托养服务，为30名重度残疾人提供寄宿型托养服务，为72名重度残疾人提供居家托养服务。

教育 2020年，蓬江区有中小学74所（公办中小学65所,民办学校9所），包括普通高级中学1所、十二年一贯制学校1所、职业技术学校2所、初级中学15所、九年一贯制学校7所、小学47所、特殊教育学校1所。幼儿园103所（区直公办园2所，镇街村办园1所，民办园56所），在校中小学生9.24万人（公办学校7.89万人，民办学校1.35万人），其中高中4202人、职中212人、初中2.41万人、小学6.39万人、特殊教育学生34人。全区幼儿园在园幼儿2.26万人。中小学专任教师5708人，其中特殊教育学校15人、职业学校60人、高中337人、初中1820人、小学3476人，幼儿园专任教师1701人。小学适龄儿童净入学率100%，小学适龄儿童毛入学率102.38%，小学毕业生升学率100%；初中学龄少年净入学率100%，初中学龄少年毛入学率108.41%，初中户籍生三年保留率98.31%，高中阶段毛入学率108.30%。全区教育总投入17.14亿元，其中国家财政性教育经费投入13.69亿元。是年，全区获各级各类称号教师420人，其中，国家级13人、省级45人、市级68人、区级294人。各级各类名师工作室43个，其中省级工作室5个、市级工作室6个、区级工作室32个。

卫生 2020年，蓬江区有医疗机构209所，其中：综合性医院1所，即江门市第二人民医院（二级甲等综合医院）；中西医结合医院1所，即白石正骨医院（二级骨科专科医院）；镇卫生院3所，社区卫生服务中心6所，综合性门诊部16所，其他182所（村卫生室35所、社区卫生服务站1所）。医疗卫生机构实有床位2660张，其中医院床位1200张。全区卫生技术人员2613人，其中执业医师855人、执业助理医师180人、执业护士1106人、药剂人员165人、检验人员70人，其他人员237人。全区医疗机构收入4.03亿元，比上年增加2558.1万元。总诊疗275万人次。做好新冠肺炎疫情防控工作，及时报告新冠肺炎确诊病例，所有密切接触者解除医学观察，在“学习强国”学习平台、《南方日报》、网易江门、《江门日报》、“蓬江发布”等媒体发表稿件154篇，印发16万张防控宣传单、1300张防控宣传海报及制作200条横幅。成立蓬江区疾病预防控制中心，健全中心城区重大疾病防控和突发公共卫生事件应急体系。创建省级慢性病综合防控示范区，建立口腔指导中心、中医服务区，开展高血压和糖尿病等慢性病筛查，组建672个慢病自我管理小组，建设142个自助式健康检测点；基本公共卫生服务人均补助标准74元。加强医联体建设，定期派驻专家开展坐诊、查房、会诊等，满足基层医疗机构技术帮扶需求，提高基层医疗服务能力。全年对23类重点行业领域的生产企业进行重点监管，对企业职业健康管理情况、职业健康监护情况进行检查，检查企业439家，下达执法文书5份，检查记录439份，作出行政处罚43宗，罚款63.39万元，没收非法所得4.93万元。是年，棠下镇被命名为国家卫生镇。

文化 2020年，蓬江区建成区图书馆、区文化馆、区博物馆和15间陈垣书屋（自助图书馆），陈垣励耘书屋2间，粤书吧1间。下辖6个镇（街）设立综合文化站，全区133个行政村（社区）均建成综合性文化服务中心，100%达到省建设标准。出台《江门市蓬江区关于加强非物质文化遗产保护和传承的工作方案》，推进文化遗产传承保护、人才培养等工作，全年新增区级“非遗”代表性项目4个，省级代表性项目传承人1人，区级“非遗”代表性项目传承人8人。全区文艺精品创作获省级奖项2项、市级奖项4项、区级奖项1项，其中舞蹈《纱龙飞天》获2020广东省音乐舞蹈花会舞蹈类金奖，在2020广东省群众艺术花会（音乐舞蹈）闭幕式颁奖晚会上演；舞蹈《禾雀花开》入选2019年香港回归庆祝活动，促进粤港澳大湾区文化交流。全区开展文艺活动93场，受惠观众10万人次。是年，蓬江区文化馆获评为广东省群众文艺作品舞蹈创排基地。

体育 2020年，蓬江区有体育社会组织9个，镇（街）社会体育指导员服务站7个。指导承办7次省级以上大型体育赛事活动和组织开展3～4项大型群众体育比赛与展演活动，参与人数超25万人次。“2020年东京奥运会亚洲男排资格赛”在江门体育中心举办，参赛国家8个，吸引现场观赛1.1万人；中央电视台进行直播，累计播出时长超4200分钟，观看人数超2亿人次。是年，广东省内首个“中国排球协会排球训练基地”落户江门体育中心。国家体育总局排球运动管理中心授予蓬江区人民政府“2020年全国女子排球锦标赛突出贡献奖”“2020—2021中国女子排球超级联赛突出贡献奖”称号。

表49 2019—2020年蓬江区社会事业主要指标情况表

指标	计量单位	2019年	2020年
中等职业学校和技工学校	所	2	2
中等职业学校和技工学校在校学生	人	241	212
普通中学	所	23	24
普通中学在校学生	人	26407	28322
小学	所	47	47
小学在校学生	人	63267	63918
幼儿园	所	101	103
在园幼儿	人	21052	22633
医院、卫生院	家	2	2
医院、卫生院床位	张	2006	2660
公共图书馆	个	1	1
博物馆	个	0	1
国家档案馆	个	0	0
体育馆	个	2	2

【城乡建设】 2020年，蓬江区推进各项品质提升项目31个，计划投资11.2亿元，完成投资额15.8亿元，占年度投资计划141%。其中炮台南路配套改造项目、蓬江区道路微改造、蓬江区白沙沙富里片区易涝点改造及沙富泵房重建工程、江门市蓬江区城区亮化工程（二期）等16个项目完工并投入使用。推进绿地优化改造，完成对丰乐路、东华路、发展大道等3条主干道路绿化进行升级改造工作，完成雅怡口袋公园、丰乐路蓝石里口袋公园、东港街口袋公园、怡居苑口袋公园的建设工作。推进老旧社区改造项目，完成启明里（一期）、西园、花园和育德等老旧小区改造项目，改造社区道路7000平方米、社区公园13个、翻新楼宇外墙20幢、增加停车位100个、补种社区内绿化1200平方米及其他基础设施。加快污水管网系统改造升级和排水信息化建设，完成排水管网检测超420千米，污水管网修复改造36千米。人才岛建设取得进展，完成投资35.3亿元，建成国际人才数据中心、城市运营指挥中心和城市级物联网平台、城市级中台，人才岛智慧城市展厅等板块实现对外开放展示，科技产业园（一期）投入运营；完成道路建设超20千米，建成潮头中央公园等公园9个，全岛新增绿地面积0.9平方千米。

【生态环境建设】 2020年，蓬江区生态环境建设总投资22.6亿元，年度计划投资7亿元，累计完成投资15亿元，完成投资率214.3%。全区空气质量综合指数3.43，比上年改善14.9%，二氧化硫、二氧化氮、PM10、一氧化碳、PM2.5五项污染物浓度均达到《环境空气质量标准》（GB3095-2012）二级标准要求。西江篁边集中式饮用水源地水质达标率均为100%，蓬江区列入省考核的水污染防治行动计划上浅口水质现状良好，现状为Ⅱ类。蓬江区环境监测站取得广东省市场监督管理局颁发的资质认定计量认证证书，有36个项目通过检验检测机构资质认定。强化危险废物"物联网"管理，优化电子转移联单动态跟踪管理，至年底，在广东省固体废物平台完成危险废物申报登记企业1259家。率先完成固定污染源排污许可清理整顿任务，推进排污证发证工作"全覆盖"，发证登记完成率100%。投入资金33亿元，启动江门市蓬江区水环境综合治理项目（一、二期），对辖区全流域黑臭水水体进行综合治理，实现全区348个自然村实现污水管网全覆盖、全收集、全处理；投入资金17.2亿元，完成排口截污468处，渠箱清污分流4.5千米，新建污水管网330千米，一体化污水提升泵站28座，完成9条河道内源治理，治理河长22千米，清理淤泥量8.9万立方米。丹灶河、木朗排灌渠、龙榜排灌渠3条黑臭水体消除黑臭现象，5条黑臭河段均申报"长制久清"，并通过省住房和城乡建设厅、省生态环境厅组织的黑臭水体检查。是年，蓬江区政府被评为省大气污染防治攻关攻坚工作表现突出集体，16人被评为国家、省、市生态环境系统先进个人。

【中国铁建湾西总部基地项目奠基仪

式在滨江新区举行】 2020年7月16日，中国铁建湾西总部基地项目奠基仪式在江门滨江新区举行。湾西总部基地项目计划投资超57亿元，打造成集总部办公、商业、居住为一体的总部经济项目。项目位于滨江新区，总占地面积16.87公顷。

【蓬江区入选广东省城乡融合发展省级试点地区】 2020年11月，广东省人民政府办公厅印发广东省城乡融合发展省级试点地区名单，包括7个市县试点和39个中心镇试点地区。其中，江门市中心城区产城融合示范区入选市县试点，作为全省7个市县试点之一，江门市中心城区产城融合示范区试点范围为蓬江区、江海区全域及新会区会城街道、司前镇、大泽镇，鹤山市沙坪街道、雅瑶镇、共和镇，总面积约930平方千米。试点任务为建立美丽小城镇发展机制、建立农村集体经营性建设用地入市制度、搭建城乡产业协同发展平台、建立生态产品价值实现机制、建立城乡基本公共服务均等化发展机制。

（刘少玲）

江海区

【江海区概况】 江海区位于江门市东南部，与江门高新区合署办公。2020年，下辖外海、礼乐和江南3个街道，设有社区居民委员会26个、村民委员会36个，土地面积109.16平方千米。户籍人口18.05万人；常住人口36.66万人。人口出生率12.6‰，死亡率6.6‰，自然增长率6.0‰。海外华侨、华人、港澳台同胞8.8万人。华侨、华人主要分布在美国、加拿大等31个国家和地区。有港澳社团4个，无海外社团。

江海区地方特产有外海面、外海花生饼、礼乐腊味等，主要旅游景点有白水带风景名胜区、陈少白故居、外海陈氏五大祠、釜山公园等。拥有珠三角（江门）国家自主创新示范区核心区、全国小微企业创业创新基地示范城市核心区、国家创新型特色园区、中国（江门）“侨梦苑”华侨华人创新产业聚集区、全国博士后创新（江门）示范中心、国家知识产权保护试点园区6个国家级产业创新发展平台。

【经济发展】 2020年，江海区实现地区生产总值249.03亿元，比上年增长3.5%；人均地区生产总值69493元，下降1.3%。其中：第一产业增加值5.35亿元，比上年增长2.8%；第二产业增加值131.70亿元，增长3.6%（工业增加值123.66亿元，增长3.6%）；第三产业增加值111.98亿元，增长3.4%；三次产业结构2.1:52.9:45.0；全年地方一般公共预算收入15.29亿元，增长5.3%；其中税收收入12.85亿元，增长2.8%；地方一般公共预算支出21.49亿元，增长9.1%。其中，教育支出3.90亿元，比上年增长2.3%；卫生健康支出1.72亿元，增长6.9%；社会保障和就业支出3.15亿元，增长19.4%。实际利用外资2.59亿美元，比上年增长11.84%。全区列入省重点项目4个，总投资额109.6亿元，年度计划投资7.5亿元，投资完成率300%。市重点项目80个，总投资额523.57亿元，年度计划投资94.41亿元，投资完成率133%，全市排名第一。区重点项目100个，总投资705.78亿元，年度计划投资124.77亿元，投资完成率94.81%。103个重点项目集中动工，总投资212亿元。全年固定资产投资比上年增长12.1%。

农业 全区农林牧渔业总产值9.17亿元，比上年增长0.8%。粮食作物播种面积58.87公顷，比上年增长11.6%；甘蔗种植面积547.8公顷，增长0.2%；蔬菜种植面积2124.8公顷，增长5.0%；粮食产量297吨，增长53.9%；果蔗产量4.59万吨，增长1.5%；蔬菜产量4.58万吨，增长5.5%；肉类总产量383吨，增长3.0%。水产品产量2.78万吨，增长3.7%。新增江门市级特色种养标准示范项目1个，为南美白对虾养殖标准示范园。建设江海区都市农业生态公园，位于礼乐街道会港大道以南，占地面积233.33公顷，设有农业科普长廊、荷香园、菜香园、果香园、鱼香园，配套共享厨房、浅水湾农庄等功能区域，其中荷香园为广东省最大的连片荷花主题公园。

工业 全区工业投资完成54.92亿元，比上年增长10.6%；技术改造投资完成44亿元，增长超6%；规模以上工业增加值113.5亿元，增长5.1%，高于省、市水平；实际利用外资完成2.59亿美元，增长11.84%，超额完成市下达任务129.31%。分行业看，计算机、通信和其他电子设备制造业、电气机械及器材制造业、非金属矿物制品业、化学原料和化学制品制造业、金属制品业等增加值排列前五位的行业比上年分别下降1.4%、增长8.4%、下降9.6%、增长30.5%、增长9.1%。规模以上高技术产业增加值增长2.3%，占规模以上工业增加值比重36.7%；规模以上先进制造业增加值增长1.9%，占规模以上工业增加值比重69.2%。

第三产业 全区社会消费品零售总额56.80亿元，比上年下降6.2%。分行业看，限额以上批发零售业实现零售额24.96亿元，比上年下降5.1%；限额以上住宿餐饮业实现零售额1.39亿元，下降23.2%。分商品类别看，在限额以上批发零售业零售额中，粮油和食品类比上年增长20.7%，文化办公用品类下降17.6%，汽车类下降5.9%，其他类增长3.4%。全区批发和零售业增加值11.54亿元，比上年下降3.0%；住宿和餐饮业增加值3.66亿元，下降22.7%；金融业增加值8.67亿元，增长7.7%；房地产增加值36.41亿元，增长11.5%；交通运输、仓储和邮政业增加值5.51亿元，下降2.1%；营利性服务业增加值24.50亿元，增长0.2%；非营利性服务业增加值21.62亿元，增长4.6%。全年规模以上服务业

企业实现营业收入10.48亿元，比上年增长17.5%；利润总额0.74亿元，增长4.6%。全年旅游总收入15.48亿元，接待游客147万人次。其中，接待一日游游客69万人次；接待过夜游客78万人次。礼乐街道英南村获评为第二批广东省文化和旅游特色村；长廊生态园创建为国家AAA级旅游景区。

表50

2020年江海区国民经济主要指标情况表

指标	计量单位	绝对值	比上年增长（%）
地区生产总值	亿元	249.03	3.5
第一产业增加值	亿元	5.35	2.8
第二产业增加值	亿元	131.7	3.6
第三产业增加值	亿元	111.98	3.4
固定资产投资	亿元	191.29	12.1
社会消费品零售总额	亿元	56.8	-6.2
外贸进口总额	亿元	58.2	-4.6
外贸出口总额	亿元	186.8	-1.4
实际利用外资	亿美元	2.59	11.8
地方一般公共预算收入	亿元	15.29	5.3
地方一般公共预算支出	亿元	21.49	9.1
常住居民人均可支配收入	元	45190	3

【社会事业】 社会保障 2020年，江海区居民人均可支配收入45190元，比上年增长3.0%，扣除价格因素实际下降0.1%。全区参加城镇职工基本养老保险（含离退休）16.22万人，比上年增长4.8%；参加城镇职工基本医疗保险16.38万人，增长6.7%；参加工伤保险11.78万人，增长1.9%；参加生育保险11.58万人，增长10.7%；参加失业保险11.21万人，增长9.1%；参加城乡居民社会养老保险4.20万人，下降3.3%；参加城乡居民基本医疗保险7.52万人，增长1.8%。全区有社会福利院1家，床位1000张，收寄养人数706人；儿童福利院1家，床位500张，收养人数110人。养老院2家，床位375张，收寄养人数263人。社区服务中心覆盖率100%，社区服务设施65个。全区城镇最低生活保障户数121户，人数161人，全年城镇最低生活保障金支出172.71万元；农村最低生活保障户数206户，人数311人，全年农村最低生活保障金支出289.41万元。全区建档立卡贫困户133户446人，其中201人通过企业吸纳、灵活就业和自主创业方式就业。开展公益性岗位招录工作，录用5人，其中建档立卡户3人，就业困难人员2人。

教育 全年地方一般公共预算教育支出3.90亿元，比上年增长2.3%。全区有幼儿园51所，小学20所，中学15所。普通高中招生2285人，在校生6842人，毕业生2153人。初中招生3274人，在校生8953人，毕业生2755人。小学招生5028人，在校生2.89万人，毕业生3733人。幼儿园入园儿童4067人，在园幼儿1.03万人。小学学龄儿童入学率100%，初中适龄少年入学率100%，初中升学率100%，高中升学率98.8%。高考本科上线399人，本科上线率38.84%；中考上江门一中分数线学生141人。推进学校建设和升级改造工程，投入6亿元，高标准新建江门一中附属实验学校、景贤初中和江门一中附属小学等3所学校。年内招生入学新增学位4600多个。完成学校升级改造15所，新建5所学校的综合楼、教学楼、宿舍楼，改造10所学校的厕所、外墙或塑胶运动场等。推进学前教育建设工程，新建公办和公办性质幼儿园21所，认定普惠性幼儿园16所。公办幼儿园在园幼儿人数占52.9%，公办和普惠性民办幼儿园在园幼儿人数占81.7%。开展教育资助，落实扶困助学政策，资助大中小学学生和幼儿园幼儿1566人，发放助学金107万多元。

卫生 全区有各类医疗卫生机构100家，其中综合医院2家、中西医结合医院1家、社区卫生服务机构6家；门诊部12家，诊所、医务室等79家。各类卫生技术人员1113人，其中执业（助理）医师409人，注册护士525人，药师84人，床位525张。新冠肺炎疫情防控做到有效控制，实现疫情未蔓延、患者零死亡、医务人员零感染。6月，江门市中心医院新院区落户江海区。12月30日，江海区疾病预防控制中心揭牌成立，同时外海、礼乐、江南3个街道社区卫生服务中心分别加挂街道疾病预防控制中心牌子，加强疾病预防控制职能。区卫生健康局与江海区天健社会工作综合服务中心签订协议，引入社工团队，以“社工+家庭医生”的专业服务模式，让群众在家中享受三甲医院服务。建成礼乐中心中医馆和江海区中西医结合医院的治未病中心，5月，启动医院与中心联合建立的16个特色专科门诊，坚持中西医结合方式，为基层群众解决看病难问题。联合《江门日报》推出健康教育相关新闻或科普文章39篇，推出“健康素养大讲堂”直播5期，并在“江门直播”APP和江门新闻网播放基本公卫项目公益广告片。

文化　全区有基层综合性文体服务中心62个，街道文体服务中心3个，文化馆1个，文化分馆3个,图书馆1个，24小时自助图书馆3个，图书总藏量34.3万册。广播人口综合覆盖率和电视人口综合覆盖率均达100%。依托“文体超市”平台，举办各类文体活动300余场，受惠群众10万人次。举办文化艺术节、江门圩日、金秋灯会节、葡萄音乐节等江海特色系列文化活动。打造舞蹈《腾龙》、情景表演《长堤晚风》等文艺精品22件。组织文艺家创作抗疫主题文艺作品345件，其中12件作品14次登上“学习强国”学习平台；区文化馆选送的原创歌曲《起大梁》在“2020江门市群众艺术花会（音乐舞蹈）”比赛和“老乡讲小康——2020年江门市百姓宣讲大赛总决赛”曲艺类分别获金奖和二等奖。推动“外海生恭鲤鱼手工艺品”和“台山玉石雕刻技艺”申报列入江门市第八批非物质文化遗产代表性项目名录。非遗项目“礼乐传统木雕制作技艺”传承人梁群英入选为江门市第六批非物质文化遗产项目代表性传承人。

体育　全区有体育公园13个，文体广场66个，其中全民健身广场13个，文体小广场53个。新增及升级灯光围网篮球场6个。公共体育场所总面积78.40万平方米。实施下沙公园、江南路沿江路胜利大桥至下沙人行天桥段工程，新建体育健身步道2千米，累计总长11千米。建成龙溪湖时尚运动中心1个，占地面积5.6万平方米；骁龙·双鱼乒乓球运动体验中心1个，占地面积1500平方米，设有专业乒乓球桌26张。新建礼乐街道新华村600平方米文体小广场。举办江海区龙狮文化节，邀请各地龙狮精英队伍进行表演和比赛。成立网球协会和武术协会，新增三级社会体育指导员200人。举办第二届市民运动会，新增竞技项目11个。首次举办江海区生态体育节，增加水上摩托艇、水上飞人等特色体育项目。组队参加2020年江门市青少年锦标赛足球、羽毛球比赛获3个第一名。参加“广东省第十六届运动会乒乓球江门地区选拔赛”，获男子团体第一名；参加“广东省第十六届运动会健身气功江门地区选拔赛”，获团体4个第一名，单项3个第一名；代表江门市参加广东省健身气功舞大赛，分别获青少年组和成年组团体第二名。举办“体彩杯”趣味运动会、足球赛、电竞赛、武术大赛、跆拳道大赛、老年人门球、残疾人活动、2000人国民体质监测、广场大明星、功夫少年、轮滑、校园足球赛、篮球大赛、乒乓球赛和体育进校园免费培训等活动。

表51　2019—2020年江海区社会事业主要指标情况表

指标	计量单位	2019年	2020年
普通中学	所	13	15
普通中学在校学生	人	13898	15795
小学	所	19	20
小学在校学生	人	27069	28867
幼儿园	所	48	51
在园幼儿	人	8657	10327
医院、卫生院	家	3	3
医院、卫生院床位	张	485	525
公共图书馆	个	1	1
博物馆	个	1	1
国家档案馆	个	1	1

【城乡建设】　2020年，江海区城市品质提升工作项目77个，年度完成投资65.75亿元，投资完成率139.79%，年度开工项目72个，其中完工项目61个。区重点项目累计完成投资6.07亿元，累计投资完成率101.84%。

推进城市公园建设，先后建成开放儿童公园、下沙公园、富田口袋公园、永明口袋公园等；推进城市主次干道建设，优化城市交通出行条件，先后建成江南路西段、乐祥路东延线、乐祥路、威东路、东荣路等；投入财政资金6500万元，完成10个老旧小区改造任务，完成“三旧”（旧城镇、旧厂房、旧村庄）改造面积66.67公顷，提升老旧城区周边城市配套设施。制定并推行江海区农村公路“路长制”，管养江海区地方公路里程212.54千米，首次取用EPC（工程总承包）招投标模式投入3500万元建设10个“四好农村路”（建好、管好、护好、运营好）项目5.87千米。连海路、礼东路、礼乐路等辖区主干道路完工，完成“四好农村路”年度建设任务。推进下沙水上人家片区、油湾片区改造。投入25万元，改造全区主干道17个公交站点的旧站牌（铁牌）。加快高新产业新城产城融合区发展，完善龙溪湖公园、市民阅读中心配套设施建设；保障“两馆一中心”（科技馆、图书馆、青少年活动中心）文化综合体建成并投入使用；开拓产业新城建设，包括江海区地标文化建筑、医疗综合服务中心、教育学校等；统筹推进城央绿廊建设，年度计划投资6.43亿元，年内完成下沙水上人家公园、城央绿廊江南路西段“四道贯通”，启动江门纸厂征地拆迁、下沙人行天桥建设；启动马鬃沙碧道建设，总投资约8000万元，全长7千米，年内完成首期建设，实施长度2千米。全年商品房施工面积522.05万平方米，比上年下降9.7%；商品房竣工面积27.40万平方米，下降54.0%；商品房网签销售面积78.13万平方米，增长44.13%，其中住宅网签销售面积60.07万平方米，增长45.72%；住宅网签销售均价10194.06元/平方米，下降1.57%。

【生态环境建设】 2020年，江海区推进生物质燃料锅炉整治，淘汰注销不符合特种设备管理要求生物质锅炉，7台生物质燃料锅炉淘汰或改燃清洁能源完成。推动谦信化工完成就地改造，推动建滔化工完成关闭退出，仕春公司经协商自行关停退出。强化涉固体废物污染环境监管，出动执法人员864人次，检查企业355家，发现安全隐患57家，责令整改57次，行政处罚2家，处罚金额13万元。加强机动车维修行业固体废物排查清查，联合出动检查人员281人次，检查机动车维修企业120家次，发现问题经营单位57家（存在安全隐患162处），发现危险废物隐患问题企业34家。259个自然村完成生活污水处理设施全覆盖，完成率100%，其中248个自然村纳入城镇污水处理厂，11个通过农村生活污水处理设施处理。全区有污水处理厂3座，污水管网182千米，污水处理能力34吨/日，城镇生活污水处理率97.5%。镇级生活垃圾转运站43座，城镇生活垃圾无害化处理率100%。全区大气环境质量良好，空气质量达标天数占比88.0%。饮用水源水质达标率100%。城市区域环境噪声平均值56.69分贝，优于国家区域环境噪声2类区昼间标准；道路交通干线两侧昼间噪声质量处于较好水平，等效声级69.7分贝，符合国家4类区昼间标准。新建乡村绿化美化示范点6个，组织全区参加义务植树总人数13万人，义务植树18万株，开展农田林网修复、火烧迹地复绿抚育工程10.67公顷。

【江门儿童公园开园】 2020年6月1日，江门儿童公园开园。公园位于江海区江海一路釜山公园对面。占地面积10.8公顷，总投资1.3亿元，于2019年10月动工建设。儿童公园整体分两大主题区：“梦”主题游乐区，建设用地面积约5万平方米；“沙”主题游乐区，建设用地面积5.8万平方米。

【江海区生态体育节】 2020年8月8日，2020年江海区生态体育节在长廊生态园启动。生态体育节由江海区文化广电旅游体育局主办，江门长廊生态园承办，时间为8月8—9日、15—16日。采用“体育+旅游”模式，引进水上摩托艇、水上飞人等特色体育项目到长廊生态园进行表演。

【江海区“两馆一中心”开放】 2020年10月6日，江海区科技馆、图书馆、青少年活动中心和位于江门高新产业新城的龙溪湖时尚运动中心对外开放。“两馆一中心”位于江门高新区(江海区)高新创智城内。其中科技馆、图书馆、青少年活动中心总投资2.5亿元，总建筑面积1.8万平方米。龙溪湖时尚运动中心占地面积5.6万平方米，是江门市首个全维度城市运动生活体验中心，包括极限运动区、篮球场、足球场等。

【第二届市民运动会】 2020年11月17日，2020年江海区“体彩杯”第二届市民运动会暨“华润银行杯”篮球大赛开幕式在白水带篮球场举行。本届市民运动会由江海区宣传部、江海区文化广电旅游体育局主办，江海区社会体育指导员协会承办，赛期从11月11日持续到年底。包括篮球大赛、传统武术、啦啦操、趣味运动（气垫投篮、气垫射球、气垫保龄球、气垫持球跑、气垫射箭）、足球、电子竞技、跆拳道、轮滑、体育舞蹈、击剑、平衡车等11个项目，有3000多名市民报名参加各项赛事。

【江门高新港竣工落成】 2020年12月30日，江门高新区（江海区）举办江门高新港竣工落成活动。江门高新港项目是广东省、江门市重点工程项目，首期项目总投资12亿元，于2015年12月动工建设。项目占地面积40万平方米，岸线732米，年吞吐量120万标箱，使全市外贸船运吞吐量增长一倍，是华南地区最大的内河智慧港口。

（黎家宁）

新会区

【新会区概况】 新会区位于江门市东南部。2020年辖镇10个和街道办事处1个、派出机构4个，代管江门市银湖湾滨海新区管理委员会。全区土地面积1354.74平方千米，其中耕地2.96万公顷。户籍人口76.59万人，常住人口90.93万人；以汉族为主，有壮族、瑶族、土家族、苗族、蒙古族等少数民族35个。各镇均有少数民族人口，境内无少数民族人口相对聚居点。全区华侨华人、港澳台同胞约65万人。其中，华侨、华人约26万人，港澳台同胞约39万人。华侨、华人主要分布在世界70个国家和地区。全区耕地面积2.96万公顷，粮食播种面积2.91万公顷，粮食产量14.03万吨。林地面积4.11万公顷，森林覆盖率29.9%，活立木总蓄积量196万立方米。重要矿产资源有锡、钨、独居石、褐钇钶矿等有色金属和稀土金属、玻璃砂、建筑用岗岩、泥炭、铸型用砂、高岭土（陶瓷土）等非金属矿产；海洋资源有海域面积94.5平方千米，大陆海岸线长87.56千米，海岛2个。主要土特产有新会陈皮、崖门镇甜水萝卜、大鳌茨菇、罗坑芒果、大泽脐橙、古井甘蔗、三江玉米、司前马蹄等。主要旅游景点有圭峰山风景名胜区、古兜温泉小镇、新会古典家具城、宝骏小冈香业城、石板沙疍家风情岛、小鸟天堂、新会陈皮村、梁启超故居纪念馆、宋元崖门海战文化旅游区等。是国家外贸转型升级基地（五金不锈钢）、中国（新会）不锈钢制品生产基地、中国（新会）船舶拆解基地、国家火炬计划江门纺织化纤产业基地、中国化纤产业名城、中国食品工业生产基地、中国古典家具之都、中国香业产业基地、中国陈皮之乡、中国和药文化示范基地、中国陈皮道地药材产业之乡、中国曲艺之乡、中国楹联文化之乡。2020年，入选中国特色农产品优势区，获全国农产品质量安全县称号，被评为省健康促进区和慢性病综合防控示范区。

【经济发展】 2020年，新会区实现地区生产总值812.24亿元，比上年增长2.8%；规模以上工业增加值295.4亿元，增长4.7%；固定资产投资457.27亿元，增长6.6%；社会消费品零售总额269.15亿元，增长3.1%；进出口总额322.6亿元，增长4%，是江门市唯一一个主要经济指标全部实现正增长的市（区）。全区地方一般公共预算收入完成56.85亿元，比上年增长0.2%。全区地方一般公共预算支出94.09亿元（含上级补助和结转支出），增长4%。组织税费收入156.99亿元，比上年下降14.8%，其中：海关代征收入8.95亿元，增长28.4%；国内税收收入112.88亿元，下降5%；组织费金收入35.16亿元，下降39.9%；全年办理出口退税15.44亿元，下降17.1%。贯彻落实减税降费政策，新增减税降费15.4亿元。全区银行类金融机构20家，存款余额1120亿元，比上年增长13.9%，贷款余额815亿元，增长33.4%，存贷比72.7%。广发证券、华林证券、光大证券、中信证券、安信证券、方正证券6家证券公司A股和基金交易额2934亿元；中国人寿、中国人保、平安财险、太平洋保险、阳光农业保险5家保险公司保费收入10.86亿元。小额贷款公司2家，贷款余额5.02亿元；融资性担保公司2家，在保余额2.52亿元。农村住房保险续保参保农户11.94万户，覆盖率100%；政策性水稻保险早造承包面积4333.33公顷，晚造承包面积4213.33公顷。全区完成投资457.27亿元，比上年增长6.6%；第二产业完成投资158.84亿元，增长2.9%，其中装备制造业完成投资42.77亿元，增长1.2%；第三产业完成投资298.11亿元，增长9.8%；房地产完成投资162.67亿元，其中房地产新开工面积202.97万平方米，竣工面积60.36万平方米，商品房销售面积（一手）123万平方米。全区个体工商户24.41万户，比上年增长7.3%；资金数额17.14亿元，增长7.9%；私营企业1.36万户，增长4.5%，注册资本（金）34.69亿元，增长18.2%。全区建筑业总产值20.21亿元。在建工程建筑面积885.33万平方米，工程造价215.36亿元，竣工面积236.89万平方米。

农业　全区实现农林牧渔业产值93.36亿元，比上年增长4.7%。其中：农业（种植业）产值26.53亿元，比上年增长7.8%；牧业产值21.61亿元，下降2.1%；渔业产值40.98亿元，增长4.0%；林业和农林牧渔服务业产值分别为0.70亿元和3.53亿元，分别下降20.5%、增长40.7%。农作物总播种面积3.83万公顷，其中，粮食播种面积2.91万公顷，总产量14.03万吨；蔬菜播种面积7666.67公顷，产量18.57万吨。生猪出栏量13.79万头，存栏量9.49万头。家禽上市量2518.97万羽，提高存栏量524.95万羽。农业机械化水平，农业机械总动力29.71万千瓦，农作物耕种收综合机械化水平63.9%。水稻耕种收综合机械化水平87.2%，其中水稻机耕率99%，机插率60.5%，机收率98%。农业品牌建设取得成效，新会区入选中国特色农产品优势区（新会陈皮），新会陈皮以96.34的影响力指数获评中国区域农业产业品牌——中药材产业第一位，炮制技艺入选国家非遗公示名录，全产业链实现产值102亿元。“新会小农占”集体商标注册，大鳌南美白对虾纳入全国名特优新农产品名录。

工业　实施工业立区战略，出台《新会区应对新冠肺炎疫情支持企业复工复产的若干措施》，修订《新会区促进招商引资支持经济转型发展办法（2020年修订版）》（新会“黄金十条”），兑付奖励超5000万元，推动规模以上工业企业3月底复工复产。全区规模以上工业产值1120.01亿元，比上年增长2.7%。其中，先进制造业、装备制造业、高技术制造业规模以上工业增加值分别为104.63亿元、64.34亿元、9.54亿元，分别占全区规模以上工业增加值35.4%、21.8%、3.2%。规模以上工业销售产值1067.06亿元，比上年增长0.8%，产品销售率95.3%；利润总额71.89亿元，增长12.0%。规模上企业增至556家，增长3.9%。年产值超亿元的工业企业158家，比上年减少2家；税收超亿元工业企业6家。全年工业用电量56.79亿千瓦时，比上年增长8.9%。亚太森博、维达纸业、美达锦纶、芳源环保入选2020年全省制造业500强。

第三产业　全区社会消费品零售总额269.15亿元，比上年增长3.1%。其中，限额以上社会消费品零售总额101.34亿元，比上年增长11.1%；限额以上零售业总额58.19亿元，增长13.9%，限额以上餐饮业总额4.01亿元，下降9.2%。举办2020年新会区促消费（夏季）活动暨惠民汽车展和第十七届全国百强汽车巡展（新会站），汽车等大宗商品销售额提升明显。组织开展消费促进月活动，4个项目入选2020年全国消费促进月活动目录，包括美吉特广场“玩转黄金周”“古兜温泉第一届蚝龙盛宴”“2020石板沙疍家文化节暨毛蟹节”“第二届新会柑香文化节”。全年接待游客230.05万人，恢复至2019年的76.3%；实现旅游收入24.94亿元。举办“新心相会”——新会区文化旅游嘉年华等系列特色群众节庆活动30场次，组织开展2020年美丽乡村博鳌峰会作新会旅游专场推介，举办首届云上香博会。古井镇获“2020年全国百佳旅游目的地”，崖门镇获评“广东省旅游风情小镇”，崖门镇京梅村获评“中国十大最美乡村”“广东文化旅游名村”；会城茶坑村获评“广东特色产业名村”，睦洲镇石板沙村获评“中国美丽休闲乡村”“广东省文化和旅游特色村”；古兜温泉酒店获“中国五星温泉”酒店；宝骏小冈香业城、古典家具城入选广东省绿色能源康美之旅重要景点。全区进出口总值322.6亿元，比上年增长4.0%。其中，出口219.0亿元，比上年增长0.9%；进口103.6亿元，增长10.92%。300多家企业获各级补贴、奖励资金550万元。组织230家企业参加第28届广州博览会综合展、2020粤澳名优商品展览会及第127届、128届线上广交会等20多场。大广海湾保税物流中心（B型）封关运作，“一日游”、跨境电商等新业态加快发展，货物通关最快10分钟办结。国家级外贸转型升级基地（五金不锈钢制品）获商务部认定。全区邮政业务（含邮政企业、邮储银行和速递物流）总收入1.84亿元，邮政业务量（含邮政企业、速递物流）分别为函件36.04万件、包件141.53万件、特快专递58.74件。邮政营业网点23个，一星级投递部6个、四星级投递部1个。邮路（含寄递事业部）总长度7604千米，乡村通邮率100%，其中农村投递道段46条4137千米、城市投递道段65条3467千米。设有福农站6个、村邮站98个。全区新建光缆皮长2784.01千米，累计3.22万千米；新增光纤接入用户5.77万户，累计32.35万户。新建公众移动通信基站689个（其中5G公众移动通信基站644个），固定电话用户12.46万户。

表52

2020年新会区国民经济主要指标情况表

指标	计量单位	绝对值	比上年增长（%）
地区生产总值	亿元	812.24	2.8
第一产业增加值	亿元	50.91	2.9
第二产业增加值	亿元	400.89	4.1
工业增加值	亿元	369.92	3.2
第三产业增加值	亿元	360.44	1.3
人均地区生产总值	元	90657	6.1
规模以上工业总产值	亿元	1120.01	2.7
固定资产投资	亿元	457.27	6.6
社会消费品零售总额	亿元	269.15	3.1
外贸进口总额	亿元	103.6	10.92
外贸出口总额	亿元	219.0	0.97
实际利用外资	亿元	14.2	138.4
地方一般公共预算收入	亿元	56.85	0.21
地方一般公共预算支出	亿元	94.09	3.95
城乡居民人均可支配收入	元	35988	5.7

【工业园（区）建设】 2020年，新会区工业园区实现规模以上工业增加值30.16亿元，比上年增长6%，完成工业固定资产投资29.04亿元，增长8.6%。深江产业园、珠西新材料集聚区基础设施建设加快推进，完成基础设施投资超10亿元，司前园区迎宾南路和珠西园区EPC一标段道路建成通车，道路两旁绿化及景观施工完工；大泽和司前园区污水处理厂污水处理部分完成主体工程，珠西园区污水处理厂完成前期准备工作。供水、供电、能源站等16个项目动工建设。累计引进工业项目49个，计划总投资271.8亿元，其中新引进工业项目31个，计划总投资163.6亿元，万洋众创城、芳源环保、道氏新能源等16个重点项目建设加快，中南高科、星辉2个项目建成。

【重点建设项目】 2020年，新会区14个省重点项目完成投资50.55亿元，完成年度投资计划148%；92个市重点项目完成投资153.17亿元，完成年度投资计划131.9%；132个区重点项目完成投资255.48亿元，完成年度投资计划129.5%。松下新厂房项目、恒达管桩等27个项目竣工（投产）。

【社会事业】 社会保障 全区民生支出66.5亿元，比上年增长5.7%。落实“促进就业九条”2.0版，发放就业创业补贴1992万元。推进“粤菜师傅”“广东技工”“南粤家政”三项工程，培训5.07万人次，承办全市首届“安心家政节”。城镇登记失业率2.1%，新增就业7226人，失业人员再就业5730人。低保、特困人员、孤儿、残疾人保障水平提升。脱贫攻坚战取得全面胜利，建档立卡819户2494人全部脱贫退出，对口帮扶广西宁明、四川康定实现脱贫摘帽。城乡居民基本养老保险基础养老金最低标准提高至每人每月195元。城乡医保财政补助标准提高至年人均550元；低收入群体医疗保障实现全覆盖。19家定点医疗机构实现异地就医结算，“一站式”救助覆盖全区24家定点医院。全区新增养老床位890张，23家长者食堂、132家居家养老服务站（农村幸福院）覆盖所有镇（街）。特殊儿童康复教育中心运作。

社会保险 全区城镇职工基本养老保险参保人数（含离退休）31.59万人，城乡居民社会养老保险参保人数28.01万人。城（乡）镇基本医疗保险参保人数75.61万人，其中城镇职工医疗保险参保人数32.48万人，城乡居民医疗保险参保人数43.13万人。工伤保险参保人数20.81万人，生育保险参保人数19.62万人，失业保险参保人数19.36万人。全年社保基金总收入46.54亿元，总支出46.51亿元，历年累计结余23.16亿元。

教育 全区有全日制中小学校109所（含特殊教育学校1所），在校学生12.77万人，教职工8243人。其中小学64所，在校学生6.96万人；初级中学（含九年一贯制学校）30所，在校学生2.94万人；普通高中（含高级中学和完全中学）12所，在校学生1.95万人；中职学校（含技校）2所，在校学生9113人；特殊教育学校1所，在校学生109人。幼儿园143所，在园幼儿2.53万人，教职工3485人。开放大学、老干部大学各1所。全区各级各类学校（幼儿园）专任教师9517人，其中，小学3466人，初级中学2356人，普通高中1433人，中职学校（含技校）458人，幼儿园1776人，特殊教育学校28人。全区本科上线人数、高分优先投档入围人数位居全市第一名。中考总平均分522.71分，770分以上学生61人，位居全市首位。新增全国青少年校园篮球特色学校4所、全国青少年校园足球特色学校14所、广东省青少年校园篮球特色学校3所、广东省青少年校园排球特色学校1所。新会第一中学获“广东省文明校园”称号，新会实验小学获“广东省中小学心理健康教育特色学校”称号。

科技 全区科技研发（R&D）投入17.72亿元，占GDP比重2.2%。创新动能加快积蓄，建成省级科技企业孵化器1个，市级科技孵化器6个，市级众创客空间3个，中集智库、新会中科创新广场、江门未沃科、扬航电商科技产业园等汇聚新会创新走廊，进驻企业220家。新增省级以上创新平台7个。高新技术企业存量增至425家，居全市首位。评价入库科技型中小企业307家，新增科技型小微企业254家。技术合同成交13项，合同成交金额1.7亿元。举办新会区第六届创新创业大赛。全年新增、引进博士21人；引进硕士82人。有博士后工作站（基地）20家，在站博士后14人。技能人才队伍总量7.5万人，其中高技能人才2.58万人。

卫生 至2020年年底，全区有医疗卫生机构302家，床位4976张，卫生技术人员6007人，全科医生335人，每万人口全科医生3.68人。常住人口政策生育率92.1%，一孩、二孩生育登记8927对，再生育审批397对。90周岁以上高龄老人实行免费医疗，惠及7.19万人次，享受免费医疗金额1446.71万元。紧密型县域医疗卫生共同体初步建成，组建以区人民医院、中医院为牵头单位，乡镇卫生院和社区卫生服务中心、村卫生站为成员单位的医共体2个，建立以健康为中心、防治结合的区、镇（街）、村三级整合型医疗卫生服务体系。完成区疾控预防控制中心冷库建设及冷藏车采购、12个预防接种门诊标准化建设改造。基本公共卫生服务水平提高，基本公共卫生服务人均经费补助标准由69元提高至74元。建立居民健康档案79.3万份，建档率90.7%。组建家庭医生服务团队165个，常住人口签约44.6万人，签约率51.0%；重点人群签约24.39万人，签约率80.9%。区人民医院成为广东省第一批市县级癌症防治中心，被省卫健委确定为全省第二批、市内唯一的“广东省胸痛中心（标准版）示范基地”。罗坑镇中心卫生院成为广东省首批社区医院试点单位和全市首个开展血液透析项目的基层医疗卫生机构。会城社区卫生服务中心获中国社区卫生协会全国通报表扬。是年，新会区被授予“2018—2020年全国计划生育优质服务先进单位”“广东省健康促进区”“广东省慢性病综合防控示范区”“广东省肝吸虫防控示范区”称号，连续8年被评为“广东省严重精神障碍管理治疗工作优秀县区”，4个镇获国家卫生镇称号。

文化　全区创作抗疫主题文艺作品2274件，作品数量及质量均居全市前列。开展“送戏下乡”活动34场、文化进万家巡演暨扫黑除恶决胜小康专题文艺晚会11场。举办粤港澳大湾区书画作品联展，以及各类文艺展出和文化惠民活动超80场次，惠及全区11个镇（街）群众近30万人次。蔡李佛文化中心建成使用，新会学宫、大新路—仁寿路片区纳入省历史文化街区。落实做好省级公共文化服务体系示范区复检工作和各镇（街、区）文化站评估定级迎检工作，各镇（街、区）文化站通过省文化和旅游厅评估定级验收。

体育　举办新会区第十三届运动会、粤港澳大湾区摩托车越野大奖赛，新会籍运动员获全国赛奖牌2枚。有区体质测定与运动健身指导站1个、体育社会组织23个、社会体育指导员服务站11个，成立区现代五项运动协会、航空运动协会、大成羽毛球俱乐部等组织。

表53　2019—2020年新会区社会事业主要指标情况表

指标	计量单位	2019年	2020年
中等职业学校和技工学校	所	3	2
中等职业学校和技工学校在校学生	人	8868	9113
普通中学	所	42	42
普通中学在校学生	人	46904	48959
小学	所	66	64
小学在校学生	人	68251	69565
幼儿园	所	145	143
在园幼儿	人	24936	25271
医院、卫生院	家	302	302
医院、卫生院床位	张	4916	4976
公共图书馆	个	12	12
博物馆	个	1	1
国家档案馆	个	1	1

【城乡建设】　2020年，新会区投入78.57亿元开展城市品质提升工程59项。新（改）建城区道路3条、口袋公园10个，升级改造老旧小区5个，古冈、濠桥市场等成为首批超市式集贸市场。中心园林区提档升级，马山公园完成改造。试点开展“智慧停车”，路边泊位周转率提高3倍。主城区环卫实现一体化运作，建成垃圾分类科普馆和示范点26个。推进既有住宅加装电梯和补贴申请“全程代办”服务，全年获批建设27座。深化小城镇扩容提质，投入10.09亿元，新增建设面积55.5万平方米。创建省级示范村6个，100%的村（社区）达到干净整洁村标准，66%的村（社区）达到美丽宜居村标准；打造“葵乡美丽廊道”276千米。新（改）建农村公厕113座、农村污水处理设施221个，村庄保洁覆盖率和垃圾无害化处理率均100%。珠西综合交通枢纽江门站开通运营，成为广东第四大综合交通枢纽。至年底，全区轨道通车里程数65千米；公路通车里程1543.8千米，公路密度每百平方千米114千米；其中高速公路57.25千米，一级公路235.90千米，二级公路131.27千米，三级公路547.02千米，四级公路572.35千米；公路桥梁314座2.76万延米，其中大桥及以上33座2.15万延米；经营性码头泊位121个，其中万吨级泊位4个。全年交通行业公路运输完成客运量1553.9万人次，旅客周转量2.81亿人千米，分别比上年下降33%和39%；公路、水路货物运输量2991万吨，货物周转量24.62亿吨千

米，分别下降6.9%和25.7%；港口货物吞吐量6734万吨，增长84.5%；集装箱吞吐量58.83万标箱，增长6.1%。有公共汽车291辆，实现公交车电动化率100%。有公交线路93条，日均客流量4.18万人次。全年交通基础设施完成投资38.7亿元，江门大道南（东）线左幅试通车，江门大道南（西）线梅冈立交通车，中开高速罗坑互通至凤山互通段通车，银洲湖高速公路全线动工建设。是年，新增“四好农村路”（建好、管好、护好、运营好）20千米，获评2020年“四好农村路”省级示范县。

【环境保护】 2020年，新会区空气质量优良天数329天，西江水系基本保持Ⅱ—Ⅲ类水质，潭江干流总体达到Ⅲ类水质，城市集中式饮用水源地水质保持优良。完成“千吨万人”镇级水源地整治工作，落实7个土壤污染重点地块周边土壤环境监测工作。完成1233家“散乱污”工业企业（场所）“回头看”、51家企业VOCs（挥发性有机物）综合整治、34台锅炉完成清洁能源改造或超低排放改造，9条建筑陶瓷生产线清洁能源改造。加强环境监管执法，检查企业3317家次，处理群众信访案件4790件，发出责令整改通知书144份，作出行政处罚决定45件，处罚总金额679万元；申请法院强制执行10件，移送涉嫌污染环境犯罪案件2件，办理行政处罚听证5件，办理行政复议答复案件2件和行政诉讼案件1件。

【新会区居世界、亚洲、全国、全省、全市之最】 2020年，新会区位居全国城市市辖区高质量发展百强区第47位，比上年晋升2位。新会陈皮获评中国区域农业产业品牌中药材产业第一位，全产业产值102亿元。3月，新会区知名企业广东新会美达锦纶股份有限公司联合华南理工大学共建的“广东省新型聚酰胺6功能纤维材料研究与应用企业重点实验室”获批2020年广东省重点实验室（企业类），是江门市近4年来唯一一家通过批准的省级重点实验室。6月，新会区富华集团11号集装箱角件车间试生产，是世界首条采用潮模砂自动化生产角件的生产线，为世界最先进的集装箱箱角生产线。7月，新会区双水镇文发农场种植的袁隆平“Y两优902”杂交水稻在2019年晚造和2020年早造两季全年总产量达到1404公斤，比2019年袁隆平团队“湖南双季稻周年绿色优质丰产增效技术集成与示范”项目的1365公斤全国最高纪录高出39公斤，刷新双季稻全国粮食高产纪录。11月2日，全国农村承包地确权登记颁证工作总结暨表彰电视电话会议在北京召开。新会区获全国农村承包地确权登记颁证工作典型地区，区农业农村局获全国农村承包地确权登记颁证工作先进集体，是江门市唯一获此殊荣的区（市）。11月，广东省制造业协会、广东省发展和改革研究院联合发布《2020年广东制造业500强企业研究报告》，新会区的亚太森博、维达纸业、美达锦纶、芳源环保4家企业入选500强榜单，是江门市入选企业数量最多的市区。12月，新会区五金不锈钢制品基地成功申报为国家外贸转型升级基地，成为新会区首个国家外贸转型升级基地。

【重大项目集中开工暨“两看两比”活动】 2020年，新会区开展重大项目集中开工暨“两看两比”（看增量、看新量、比进度、比差距）活动4次，展示项目55个，总投资超390亿元，其中总投资60亿元的万洋众创城实现“当月签约、当月供地、当月动工”。

【珠西综合交通枢纽江门站开通运营】 2020年11月16日，珠西综合交通枢纽江门站开通运营。项目总投资约40亿元，于2018年6月开始动工建设，总建筑面积25.45万平方米，设有8个站台20条轨道交通线，是省内仅次于广州南站、深圳北站、佛山西站的第四大轨道交通枢纽。

【大广海湾保税物流中心（B型）揭牌】 2020年7月10日，江门市首个保税物流中心——江门大广海湾保税物流中心（B型）揭牌。该中心建有仓库9座，查验平台1座和综合办公大楼1栋，将依托国家一类口岸新会天马港，开展进口保税仓储、出口退税、跨境电商等业务，推动新会区外向型经济高质量发展。

【第五届中国（新会）香博会】 2020年11月20日，第五届中国（新会）香文化博览会在双水镇小冈香业城开幕。由双水镇小冈香业联合会主办，中国日用杂品工业协会香业分会、广东省沉香协会、新会区旅游协会协办，双水镇小冈香业城承办。以“香遇小冈·云通世界”为主题，首次采用“线上直播+线下实体”方式举行，吸引实体企业近270家、线上企业350家参加，新增订单超5000万元。

【第六届创新创业大赛】 2020年12月4日，新会区第六届创新创业大赛举行，由新会区科工商务局主办，新会区委组织部、新会区委宣传部、新会区人力资源和社会保障局、新会区科技服务中心、新会广播电视台协办，大赛主题为“创新凝聚力量、创业放飞梦想”，吸引60多个企业项目报名，涵盖先进制造、节能环保、生物医药和互联网技术等行业领域，评选出8家优秀企业，奖励180万元。

【新会文化旅游嘉年华活动】 2020年8月14日—12月31日，新会区举办“新心相会”——2020年新会文化旅游嘉年华系列活动。由新会区文化广电旅游体育局主办，新会区文明办、新会区文化馆、新会区音乐协会、新会区舞蹈协会，新会区戏剧曲艺协会、江门市国昊会展策划有限公司、新会区圭峰旅游发展有限公司、新会古兜温泉小镇、新会古典家具城、新会宝骏小冈香业城、新会陈皮村、新会龙泉度假酒店、新会万达广场、新会美吉达广场、新会区各旅行社、新会区餐饮协会协办，新会区旅游协会承办，活动主题为“新心相会”。推出了疍家风情乡村美食之旅、陈皮飘香健康生态自驾游、产业体验游等特色旅游线路，举办了葵乡原创音乐会、陈皮文化旅游美食节、红木文化展览会、古井烧鹅节、崖门古兜甜水萝卜养生文化节、石板沙旅游文化节暨毛蟹节体验活动等文化旅游嘉年华系列文旅活动30场。

【亚太森博200亿元增资项目落户新会】 2020年7月6日，江门市与新加坡金鹰集团旗下亚太森博（广东）纸业有限公司签署战略合作框架协议，广东省省长马兴瑞等省领导出席并见证签约。12月，投资26亿元的年产45万吨高档文化纸项目先行动工建设。

【新会技师学院揭牌】 2020年9月24日，新会技师学院揭牌暨广东省粤菜师傅培训基地启用仪式在新会技师学院冈州校区举行，并启用广东省粤菜师傅培训基地暨“新会陈皮风味菜”研发中心和新会陈皮智库中心。

【新会区第十三届运动会】 2020年7—8月，新会区举行第十三届运动会。由新会区人民政府主办，新会区文化广电旅游体育局协办，新会区体育总会承办，以“举办特色区运、建设魅力新会、共享美好生活”为主题，有19个代表团3000多人参与少年组9大项和成年组6大项比赛，决出金牌449枚，其中3人7次打破省、市、区女子举重各级组别纪录，3名运动员被选送省队集训，2名运动员成为富力足球学校特招免费培养对象。

【粤港澳大湾区摩托车越野大奖赛】

2020年11月27—29日，“江门农商银行杯”粤港澳大湾区摩托车越野大奖赛（新会崖门站）在新会区崖门镇丹凤朝阳赛场举行。由广东汽车摩托车运动联合会、崖门镇人民政府、广东省社会体育中心主办，江门市文化广电旅游体育局、新会区文化广电旅游体育局、江门农村商业银行股份有限公司作为支持单位，江门市星际旅游文化传播有限公司、广东创星汇体育文化发展有限公司承办。来自国内31支顶级车队、145名选手在国产A组、进口A组、国产B组、进口B组、进口C组五个组别中展开竞赛，各组比赛结果如下：其中国产A组冠军为华洋赛车队胡博淋，亚军为新贵尊车队谢秀山，季军为卒马石头赛车队乌日嘎，团体前三名为卒马石头赛车队、华洋赛车队、新贵尊车队；进口A组冠军为云南巨人集团克维思赛车队许健豪，亚军为凯越车队蒲阳，季军为MX-727小哥控车培训车队邓连松，团体前三名为云南巨人集团克维思赛车队、MX-727小哥控车培训车队、凯越车队；国产B组冠军为力帆KP赛车队兰世川，亚军为MX-727小哥控车培训车队梁波宇，季军为力帆KP赛车队陈兴云，团体前三名为力帆KP赛车队、MX-727小哥控车培训车队、湖北乐速车品波速尔赛车队；进口B组冠军为欧能港源赛车队李夏乐，亚军为广西赵超华体育文化传播有限公司黄重博，季军为欧能港源赛车队文金贵，团体前三名为欧能港源赛车队、广西赵超华体育文化传播有限公司、湖北乐速车品波速尔赛车队；进口C组冠军为力帆KP赛车队Danilo Sole，亚军为美式马天涯车队郑伟强，季军为美式马天涯车队余光耀，团队前三名为美式马天涯车队、江门M2越野车队、力帆KP赛车队。

表54

2020年新会区全国系统表彰先进单位、荣誉称号情况表

荣誉名称	获奖单位	获奖时间	颁奖单位
全国粮食和物资储备系统先进集体	中新粮食储备库	1月	人力资源和社会保障局、国家粮食和物资储备局
全国人力资源社会保障系统2017—2019年度优质服务窗口	新会区人力资源和社会保障局	2月	人力资源和社会保障部
全国五四红旗团支部	会城街道北门社区团支部	4月	共青团中央
中国品牌价值医药健康组第2位	无限极（中国）有限公司	5月	中国品牌建设促进会联合中国资产评估协会
全国青少年校园篮球特色学校	新会区会城南宁小学、新会区平山小学、新会尚雅学校、新会第四中学	5月	教育部
国家卫生镇	双水镇、大泽镇、古井镇、崖门镇	7月	全国爱国卫生运动委员会

续表54

荣誉名称	获奖单位	获奖时间	颁奖单位
全国关心下一代工作先进集体	江门市新会区关心下一代工作委员会	8月	中国关心下一代工作委员会、中央精神文明建设指导委员会办公室
全国农产品质量安全县	新会区	9月	农业农村部
2020年中国美丽休闲乡村	睦洲镇石板沙村	9月	农业农村部办公厅
新冠肺炎疫情社区防控工作表现突出	新会区会城街道办事处社区卫生服务中心	9月	中国社区卫生协会
中国美食特色小镇	古井镇	9月	美丽乡村博鳌国际峰会组委会
全国名特优新农产品名录	南美白对虾	9月	农业农村部、农产品质量安全中心
中国“淘宝镇”	大泽镇、双水镇、司前镇	9月	阿里研究院
全国农村承包地确权登记颁证工作典型地区	新会区	11月	农业农村部
全国农村承包地确权登记颁证工作先进集体	新会区农业农村局	11月	农业农村部
全国县域数字农业农村发展先进县	新会区	11月	农业农村部
全国“一村一品”示范村镇	大鳌镇	11月	农业农村部
全国百佳旅游目的地	古井镇	11月	2020年美丽乡村博鳌国际峰会
全国粮食安全宣传教育基地	江门市新会区中新粮食储备库	11月	国家粮食和物资储备局、农业农村部、教育部、科技部、全国妇联
五星级温泉	古兜皇家SPA酒店	11月	全国温泉旅游企业星级评定委员会
第四批“中国特色农产品优势区”	新会陈皮	12月	农业农村部、国家林业和草原局、国家发展和改革委员会、财政部、科技部、自然资源部、水利部
第六届全国文明村镇	司前镇新建村	12月	中央文明办
2020年度中国十大最美乡村	崖门镇京梅村	12月	2020美丽乡村博鳌国际峰会
乡村振兴·优秀示范单位	睦洲镇	12月	美丽乡村博鳌国际峰会组委会
乡村振兴·优秀示范单位	三江镇	12月	美丽乡村博鳌国际峰会组委会
国家优质工程奖	新会东区学校项目	12月	中国施工企业管理协会
2020年度全国供销合作社城乡优选服务	新会陈皮国家现代农业产业园智慧农业大数据平台	12月	中华合作时报、中华全国供销合作总社信息中心、中华全国供销合作总社声像中心
金扁担改革贡献奖	新会区供销社	12月	中华合作时报、中华全国供销合作总社信息中心、中华全国供销合作总社声像中心
中国名优农产品示范基地	大鳌镇	12月	美丽乡村博鳌国际峰会组委会
中国集装箱行业抗疫先锋队	中集模块化建筑投资有限公司	12月	中国集装箱行业协会
中国集装箱行业复工复产突出贡献集体	中集模块化建筑投资有限公司	12月	中国集装箱行业协会

表55

2020年新会区全国系统表彰先进个人名录一览表

荣誉名称	获奖个人	性别	所在单位及职务	获奖时间	颁奖单位
全国优秀共青团干部	谭哲斌	男	圭峰团工委、会城团工委书记	4月	共青团中央
全国劳动模范	李海全	男	江门市润宇传感器科技有限公司总经理、技术总工，高级工程师	11月	中共中央国务院
全国航天特色学校“优秀科技教师”	梁华来	男	江门市新会梁启超纪念中学教师	11月	中国航天学会
2020全国县域数字农业农村发展水平评价工作先进个人	林家晖	男	新会区农业农村综合服务中心职员	11月	农业农村部信息中心
第六届全国人才工作新闻摄影暨短视频比赛三等奖	李丽贞	女	新会区人才办人才管家	11月	中国人才杂志社
全国优秀少先队辅导员	陈彩云	女	江门市新会东区学校政教处副主任	12月	共青团中央、教育部、全国少工委
中国集装箱行业抗疫勇士	朱伟东	男	中集模块化建筑投资有限公司	12月	中国集装箱行业协会

台山市

【台山市概况】 台山市位于江门市西南部，南濒南海，北靠潭江，东北与江门市的新会区相连，西北与江门市的开平市为邻，西南部与阳江市、江门市的恩平市毗邻，东南面的大襟岛与珠海市隔海相望。2020年，辖街道1个、镇16个，有行政村（社区）313个。全市土地面积3287.80平方千米，其中耕地面积5.68万公顷。户籍人口96.56万人；少数民族32个，人口最多的少数民族是壮族，有9787人，其次是瑶族1118人，土家族311人。据2016年侨情统计数据，台山市籍旅外华侨、华人110多万人，港澳台同胞50多万人，有侨团组织249个，纳入台山市侨界发展顾问团6人。

台山市重要矿产资源有金属矿和非金属矿。重要海洋资源有滨海砂矿资源、旅游资源和潮汐能、波浪能、风能等海洋再生资源。土特产有台山大米、台山鸡爪芋、台山黑（乌）豆、台山黑皮冬瓜、台山（椰）菜花、台山萝卜、台山莲藕、台山茨菰、台山芥兰、台山西洋菜、台山白云茶、台山荔枝、台山鳗鱼、台山青蟹、台山蚝（牡蛎）、台山咸鱼、台山虾膏（酱）、台山紫菜等。主要旅游景点有川山群岛旅游区、那琴半岛、浪琴湾、黑沙湾、海角城、海豚湾、月亮湾、康桥温泉、颐和温泉、喜运来温泉、神灶温泉、富丽湾温泉、台山中国农业公园、美国芦荟庄园、上川岛省级猕猴保护区、北峰山国家森林公园、大隆洞千岛湖湿地公园、镇海湾红树林湿地公园、浮月村、浮石村、海口埠、梅家大院（汀江圩华侨建筑群）、台城历史文化街区、公益埠、海侨东南亚风情村、“海丝”申遗遗产点、“南海Ⅰ号”沉船点(台山川岛水域)、广海卫城遗址等。是全国第一侨乡、排球之乡、中国曲艺之乡、飘色艺术之乡、全国粮食生产先进县、全国农技推广示范县、国家万亩水稻示范区、中国电能源产业基地、国家全域旅游示范区、国家级农村职业教育和成人教育示范县、中国优质丝苗米之乡。

【经济发展】 2020年，台山市实现地区生产总值（GDP）457.6亿元，比上年增长2.5%；其中，第一产业增加值102.84亿元，增长4.6%；第二产业增加值174.26亿元，增长2.2%；第三产业增加值180.5亿元，增长2%；地方一般公共预算收入32.57亿元，增长2.9%；社会消费品零售总额203.16亿元，下降4%；外贸进口总额29.7亿元，增长113.9%；外贸出口总额84.9亿元，下降1.1%。

全年引进1亿元以上项目33个，投资金额152.75亿元，主要有巨高机床项目投资20亿元、穗通冷链物流项目投资16亿元、合兴集团南方总部基地投资项目投资10亿元、华领5G通信设备产业项目投资5亿元。固定资产投资比上年增长4.2%。其中，第一产业投资比上年增长504.7%；第二产业投资下降18.8%，其中工业投资下降18.7%，制造业投资下降22.4%；第三产业投资增长22.6%。

农业　全年农林牧渔业总产值180.5亿元，比上年增长4.4%。粮食作物播种面积7.31万公顷，比上年增长3.5%；蔬菜种植面积2.44万公顷，增长4.6%；粮食产量40.2万吨，增长5.2%；蔬菜产量51.57吨，增长4.7%；水果产量8.88万吨，增长8.4%；肉类总产量4.53万吨，增长1.6%；水产品产量

40.32万吨，增长1.07%。全省首家农产品加工示范区选址台山市斗山镇和广海镇，总规划面积858.67公顷。全省首批省级优势产区现代农业产业园——江门市农产品冷链物流产业园核心区计划投入超10亿元，建设冷库库容11万吨，打造粤港澳大湾区农产品冷链物流合作发展平台。引进企业6家。丝苗米产业园入选广东省2020年第一批省级现代农业产业园建设名单。全市建成高标准农田面积3240公顷，完成拆旧复垦面积13.33公顷、垦造水田面积120公顷、补充耕地面积246.67公顷。入选国家第五批率先基本实现主要农作物生产全程机械化示范市。实现全市2.93万公顷水稻统防统治全覆盖，获中华全国供销合作总社肯定并推广经验。北陡镇耐盐碱水稻试验基地挂牌成立。

工业 全年实现规模以上工业增加值1438253元（数据需要等统计局提供，大概10月左右才能补上），比上年增长2.9%。其中，规模以上先进制造业增加值比上年增长2.2%，规模以上高技术制造业增加值增长0.8%，规模以上优势传统产业增加值下降1.6%；六大高耗能行业增加值增长2.9%。出台“支持复工复产33条”等政策，推动全市1060家工业企业于3月复工复产。全年为企业减税降费6.9亿元，发放再贷款资金4.86亿元，拨付各类企业扶持政策资金1.1亿元。实施推动制造业高质量发展行动，信息技术、电能源和新材料产业等重要支柱产业产值分别比上年增长49.81%、8.75%、7.84%，获评为制造业发展较好县。盘活闲置用地面积157.33公顷，完成技改投资35亿元，新增科技型小微企业63家，入选科技部“百城百园”行动、首批农业科技金融服务试点单位、第五批省农业科技园区建设名单。成立全国博士后创新示范中心台山分中心，创建首家国家博士后科研工作站。

第三产业 全年实现建筑业增加值14.66亿元，比上年下降8.4%；全市具有资质等级的总承包和专业承包建筑企业34个，增加6个；实现建筑业总产值23.5亿元，下降5.5%。全年批发和零售业增加值23.91亿元，比上年下降1.0%；住宿和餐饮业增加值8.16亿元，下降23.3%；金融业增加值26.47亿元，增长4.1%；房地产业增加值34.61亿元，增长9.5%；交通运输、仓储和邮政业增加值3.59亿元，增长2.1%；营利性服务业增加值33.11亿元，与上年持平；非营利性服务业增加值49.35亿元，增长5.2%。在江门地区率先出台推动夜间经济发展实施方案，做好“乐购侨都约惠江门”消费活动，组织各类促消费活动20多场，11家经营主体入选江门市“夜侨都”TOP100项目。承办第二届国家考古遗址公园文化艺术周，北陡海豚湾、汶村神灶温泉二期等文旅项目动工。引导外贸企业以“云参展”的方式参加网上广交会、中国进出口博览会等，外贸进出口总额增速排名江门市第一。全年旅游总收入69.61亿元，比上年下降45.2%；接待游客773.11万人次，下降46.9%，其中，一日游游客466.11万人次，过夜游客307万人次。海宴镇五丰村、水步镇草坪村入选全国乡村旅游重点村，端芬镇海口埠获评省文化和旅游特色村。

表56

2020年台山市国民经济主要指标情况表

指标	计量单位	绝对值	比上年增长（%）
地区生产总值	亿元	457.60	2.5
第一产业增加值	亿元	102.84	4.6
第二产业增加值	亿元	174.26	2.2
工业增加值	亿元	159.99	3.0
第三产业增加值	亿元	180.50	2.0
人均地区生产总值	元	47984	2.5
规模以上工业总产值	亿元	648.33	0.7
固定资产投资	亿元	320.64	4.2
社会消费品零售总额	亿元	203.16	-4.0
外贸进口总额	亿元	84.9	-1.1
外贸出口总额	亿元	29.7	113.9
实际利用外资	万美元	4542	70.1
地方一般公共预算收入	亿元	32.57	2.9
地方一般公共预算支出	亿元	27.17	3.5
常住居民人均可支配收入	元	24886	3.2

【社会事业】 社会保障 2020年，台山市财政民生投入57.88亿元，比上年增长19.83%，占全市一般公共预算支出80.2%。全市社保基金总收入29.08亿元，总支出28.61亿元。各项社会保险待遇均按时足额社会化发放，其中：职工养老保险基金支出13.98亿元、基本医疗保险基金支出4.48亿元、失业保险基金支出8321万元、工伤保险基金支出4839万元、城乡居民养老保险基金支出3.67亿元、城乡居民医疗保险基金支出5.17亿元、机关养老保险基金支出7.24亿元。推进“粤菜师傅”建设。开展“粤菜师傅·侨乡巧厨娘”特色糕点“云端”培训班9期；举办“粤菜师傅”公益培训班、“粤菜师傅”技能帮扶提高班。实施机构康复、居家康复、白内障复明、精神残疾人免费取药住院、辅具适配等残疾人个性化康复服务1960人次。全市残疾人精准康复服务率100%。

教育 台山市在江门地区率先开通“电视课堂”，录播开发网课4789节，开发微课2183个。以“智慧课堂”教学模式的研究与应用为抓手，推进“智慧之校”建设。组织义务教育阶段7所学校开展“智慧课堂”教改实验；组织8所初中学校开展“纸屏同步智能板”应用研究。新增公益普惠性学前教育学位5000个。通过广东省三类城市语言文字规范暨普通话基本普及县验收。完成“厕所革命”提升改造计划学校15所。

文化 台山市文化馆数字馆建成并投入使用，建成自助图书馆1个。举办大型文化活动7场、展览10多场、送戏下乡40场、送书下乡活动6场。海宴冬蓉制作技艺项目代表性传承人谭正俊入选第六批省级非物质文化遗产项目代表性传承人名单。台山市华侨文化博物馆向公众开放。11月16—22日，举办第二届国家考古遗址公园文化艺术周暨第十届国家考古遗址公园联盟联席会议、首届台山海丝史迹考古遗址公园文化艺术周。

卫生 开展新冠肺炎疫情防控常态化，累计投入防控经费3.7亿元，建成规范化发热门诊3间，自主核酸检测机构4个，单日最大检测能力超1800份，建成口罩生产线60条，制定定点救治医院分级启动方案、方舱医院建设应急预案，设有定点救治医院1家，常态化传染病床位70张。选派10名医护人员援鄂、10名支穗、2名赴港参与新冠肺炎疫情防控与救治。11月，台山市人民医院通过国家级胸痛中心认证，获评为中国胸痛中心。台山市中医院创建“三级中医医院”，台山市妇幼保健院创建“二级甲等妇幼保健院”。开展农村妇女“两癌”（宫颈癌、乳腺癌）筛查2.32万人。产前地贫筛查6296人，初筛率100%，新生儿筛查1.23万人次。

体育 台山市完成15个村全民健身设施、路径、公园、绿道、健身广场等公共场地体育器材设备维修和建设。参加2020年广东省第十六届运动会（群众体育组）乒乓球等8个项目选拔赛、2020年广东省“恒佳杯”全运会气排球选拔赛。完成台山市国民体质测定1500人。

表57　　2019—2020年台山市社会事业主要指标情况表

指标	计量单位	2019年	2020年
中等职业学校和技工学校	所	4	3
中等职业学校和技工学校在校学生	人	7112	7659
普通中学	所	37	37
普通中学在校学生	人	36877	38756
小学	所	54	54
小学在校学生	人	53558	53868
幼儿园	所	85	84
在园幼儿	人	23230	24202
医院、卫生院	家	429	441
医院、卫生院床位	张	4170	4412
公共图书馆	个	1	1
博物馆	个	1	2
国家档案馆	个	1	1

【城乡建设】 2020年，台山市完成年度投资9.2亿元，华侨文化博物馆、新档案馆对外开放，万达商业综合体建成开业。新（改）建星衢路、石岭路、沙岗湖路，完成凤凰大道西延线一期主体工程。实施旧村“微改造”，完成“三旧”（旧城镇、旧厂房、旧村庄）改造面积30.51公顷。新建城镇污水管网4.95千米，修复改造老旧污水管网4千米。建成城市综合管廊5.4千米。实现城区环卫作业市场化，推行垃圾分类收集改革，新增垃圾分类投放点1000多个。解决农村2.33万人安全饮水问题，覆盖146个自然村集中供水。3759个自然村实现雨污分流、污水排放暗渠化，自然村生活污水治理率95.6%。创建乡村振兴示范镇1个、美丽乡村旅游精品线路3条，打造生态宜居美丽乡村示范村31个。台山市入围全国县城新型城镇化建设示范名单，台城老城中心区历史文化街区、台城西宁市历史文化街区入选省级历史文化街区。

【生态环境建设】 2020年，台山市投入2.12亿元，建成碧道20千米，国考牛湾断面、省考公义断面平均水质达Ⅲ类考核目标，江门市考5个断面平均水质全部达标。空气环境优良天数比例95.4%，空气质量综合指数2.79，比上年增长15.5%。第二次全国污染源普查工作获评为优秀等次。完成国家海洋督察整改，依法清拆违法养殖用海面积2600公顷，确权办证740公顷。

【台山市入选国家第五批率先基本实现主要农作物生产全程机械化示范县】 2020年12月22日，农业农村部办公厅印发《关于公布全国第五批率先基本实现主要农作物生产全程机械化示范县（市、区）名单的通知》，台山市名列其中。2020年，台山市组织1万多台次农业机械设备投入农业生产，全市农机总动力54.3万千瓦，农作物综合机械化水平69%，其中水稻机耕率100%，机插率90.2%，机收率100%，水稻综合机械化水平97.06%。

【第二届国家考古遗址公园文化艺术周暨第十届国家考古遗址公园联盟联席会议、首届台山海丝史迹考古遗址公园文化艺术周】 2020年11月20日在台山市举行。由国家考古遗址公园联盟秘书处、中国文化遗产研究院、深圳市腾讯计算机有限公司联合主办，台山市人民政府承办。以“海丝系文脉侨乡联梧州”为主题。国家文物局、中国文化遗产研究院、广东省文物局及全国103家国家考古遗址公园代表等200多人参加。大会为2019—2020年度国家考古遗址公园联盟十大杰出贡献人物及6个“国家考古遗址公园联盟年度优秀奖”颁奖，并启动文化艺术周友好城市联盟创立工作。台山市成为首批国家考古遗址公园文化艺术周友好城市联盟单位。

【台山市入围全国县城新型城镇化建设示范名单】 2020年5月29日，国家发展和改革委员会印发《关于加快开展县城城镇化补短板强弱项工作的通知》，公布全国县城新型城镇化建设示范名单，台山市名列其中。成为江门地区唯一入选的县（市）。9月，《台山市县城新型城镇化示范方案》印发，围绕推进公共服务设施提标达面、环境卫生提级扩能、市政公用设施提档升级、产业配套设施提质增效四大领域17项建设任务，收集整理补短板强弱项项目84个，总投资252.8亿元。

【全省首家农产品加工示范区选址台山市斗山镇和广海镇】 2020年，广东省首个农产品加工示范区选址台山市斗山镇和广海镇，按“一区两园”模式规划建设，总规划面积858.67公顷，其中斗山园区规划面积227.87公顷，广海园区面积630.8公顷，将建成“广海前沿外向型加工”和“斗山纵深综合性加工”两大组团。

【海宴镇五丰村、水步镇草坪村入选全国乡村旅游重点村】 2020年8月26日，文化和旅游部与国家发展和改革委员会联合印发《文化和旅游部国家发展改革委员会关于公布第二批全国乡村旅游重点村名单的通知》，海宴镇和水步镇名列其中。五丰村位于台山西南部，建于1962年，总面积1.9平方千米，原属东南亚撤侨安置村，村里居住印度尼西亚、新加坡等东南亚13个国家和地区的归侨，具有独特的东南亚文化风情，有“小小联合国”之称。草坪村始建于清代道光年间，侨乡文化浓厚、资源丰富。通过引入文旅策划公司，首开“村民股份制”先河，推进草坪村活化改造项目，将田园风光、有机农业、特色餐饮、华侨文化和时尚民宿整合，打造乡村文旅项目的示范标杆。

开平市

【开平市概况】 开平市位于江门市中部。2020年，辖街道2个、镇13个，有社区42个、行政村226个。全市土地面积1656.94平方千米，其中耕地面积3.11万公顷。户籍人口68.67万人，常住人口74.96万人，以汉族为主体，占95.55%；少数民族15个，其中有壮族、土家族、苗族、瑶族、布依族等。据2016年侨情统计数据，开平市籍旅居美国华侨华人23万多人、加拿大华侨华人13万人，其他海外乡亲16万多人。港澳同胞26万多人。分布于世界79个国家和地区。开平海外社团组织40个，香港社团12个，澳门社团4个。

开平市重要矿产资源有铁、锰、铜、锡、金、铀等33种。土特产有马冈鹅、大沙茶、广合腐乳、潭碧冬瓜、金山火蒜等。主要旅游景点有立园、自力村、马降龙村落群等。开平市是中国纺织产业基地市、中国（水口）水龙头生产基地、国家电子信息产业基地，是全国著名的华侨之乡、建筑之乡、碉楼之乡、文化艺术之乡和世界名厨之乡。2020年，开平市入选全国第四批“绿水青山就是金山银山”实践创新基地。开平碉楼文化旅游区被评为江门市首个国家AAAAA级旅游景区。举办2020年世界文化遗产嘉年华系列活动、华侨华人文化交流合作活动月·开平碉楼文化旅游周系列活动，获“中国房车美食自驾游城市”称号。

【经济发展】 2020年，开平市实现地区生产总值391.15亿元，比上年增长1.8%。其中：第一产业增加值47.87亿元，比上年增长4.4%；第二产业增加值167.05亿元，增长2.9%；第三产业增加值176.23亿元，增长0.2%。第一、二、三产业增加值比重12.24∶42.71∶45.05；人均地区生产总值52383元，下降2.3%；固定资产投资增长2.4%；社会消费品零售总额165.76亿元，下降6.2%；全市累计引进投资超1亿元项目28个，投资总额170亿元；外贸出口总值115.7亿元，下降10.2%；实际吸收外商金额8019万美元，增长57.4%；全年地方一般公共财政预算收入28.98亿元，增长3.7%；城镇居民人均可支配收入31540元，增长2.6%；农村居民人均可支配收入20746元，增长0.2%。住户储蓄存款余额514.0亿元，增长9.13%；全市（不含外资企业）各类市场经营主体4.98万户，增长9.11%。

农业　2020年，开平市农作物播种面积6.92万公顷，粮食收获面积4.32万公顷，总产量22.47万吨。水稻收获面积3.97万公顷，总产量20.97万吨。蔬菜收获面积1.74万公顷，总产量38.01万吨；水果总产量5.97万吨。畜牧业肉类总产量9.8万吨，比上年增长3.9%；生猪出栏量45.8万头，下降24.9%；家禽出栏量4349.6万只，增长27.4%；禽蛋总产量1.18万吨，增加0.08万吨。淡水渔业养殖面积6814.26公顷，其中精养池塘面积4419.15公顷。水产品总产量5.52万吨，比上年增长4.15%。农机总动力41.26万千瓦。拖拉机拥有量9094台，联合收割机817台，插秧机683台。全市有23家烘干中心121台烘干机，烘干能力2700吨。水稻机耕面积3.98万公顷，机耕率99.86%；水稻机收面积3.95万公顷，机收率99.46%；水稻机插面积2.39万公顷，机插率60.21%；水稻机耕、机收基本实现全覆盖，水稻综合机械化水平87.84%，农作物综合机械化水平68.21%。600公顷高标准农田建设项目完成主体工程。新增江门市级农业龙头企业10家、广东省级农业龙头企业2家，新增江门市级示范合作社2家，广东省级示范合作社5家；新认定江门市级家庭农场9家，广东省级家庭农场4家。重点打造开平市家禽省级现代农业产业园，涵盖马冈镇、长沙街道，金鸡镇、苍城镇、月山镇5个镇（街道），区域国土总面积405平方千米。园区有“三品一标”（无公害农产品、绿色食品、有机农产品，农产品地理标志）认证产品10个、省级名牌产品3个，特产马冈鹅获国家农产品地理标志认证；圣迪乐村公司的“圣迪乐村”商标被国家工商总局认定为“中国驰名商标”，旭日蛋品公司咸蛋产品获评为“广东省名牌产品”及“广东十大名蛋”称号；“参皇戒指鸡”先后获“江门市名特优新农产品”“广东省无公害农产品”“国家无公害农产品”等称号，绿皇农牧“绿皇肉鸡”“活肉鸡”获评为“广东省名牌产品”，“开平马冈鹅”“开平皮蛋”入选首批广东省特色农产品优势区名单，“开平马冈鹅”被农业农村部农产品质量安全中心认证为“全国名特优新农产品”。

落实动物疫病防控措施，没有发生重大动物疫病情况。组织发放高致病性禽流感疫苗2032万毫升，猪口蹄疫疫苗12.5万毫升，牛口蹄疫疫苗2.95万毫升，狂犬病疫苗2.7万头份，消毒药水7.69吨。对化肥、农药、农机、兽药、饲料及种子经营门市进行执法排查，发现问题产品依法、依规处理。出动执法人员2492人次，检查农资生产经营单位750户次；调解农资纠纷3件，责令整改单位（个人）5家，立案查处案件3件，挽回经济损失8万多元。

拓展旅游驱动型乡村振兴发展模式，创建省级生态宜居美丽乡村示范县。广东乡村振兴工匠培训基地加快建设。推行“粤菜师傅+食材供应链”模式，新增省“粤菜师傅”培训基地1个、江门市“粤菜师傅”技能大师工作室2家。月山镇钱岗村获评为省“粤菜师傅”名村，大沙镇山水茶乡生态旅游美丽乡村精品线路获评为省美丽乡村精品线路。

加强农村集体“三资”（资金、资产、资源）监管和产权流转管理，全市进入平台成功交易的集体资产资源7722件，交易资产标底总价30.24万元，实际成交总价37.56亿元，实际成交总价比标底总价提高7.31万元，增值率24.17%。推进农业“政银保”合作贷款，其中：第三轮开平市农业“政银保”合作贷款项目实施完成，发放贷款85笔，贷款金额1.49亿元，引导社会资金超10亿元投入现代农业示范区建设。农业“政银保”贷款贴息项目补助金额300万元、应对新冠肺炎疫情农业贷款贴息项目补助金额50万元；12月，第四轮农业“政银保”合作贷款项目启动实施，发放贷款22笔，贷款金额3000余万元。开展耕地地力保护补贴数据动态调整，完成2020年耕地地力保护补贴面积登记及更新工作。至10月31日，发放耕地地力保护补贴资金2868.6万元。政策性水稻保险实现全覆盖，完成水稻参保面积3.1万公顷，财政保费补贴总额1665万元，其中镇级52万元、县级440万元，免收农户负担保费333万元，为水稻生产提供4.16亿元灾害风险保障。

工业　2020年，开平市规模以上

工业企业329家，规模以上工业增加值114.3亿元，比上年增长2.9%；工业总产值下降8.0%；工业总产值中，按轻重工分：轻工业下降8.1%，重工业下降7.8%；按企业经济类型分：外商及港澳台商投资企业下降15.5%；股份制企业增长2.1%；其他经济类型下降7.8%。

第三产业　2020年，开平市累计完成社会消费品零售总额165.76亿元，比上年下降6.23%。其中，批发业93.07亿元，比上年下降6.5%；零售业91.45亿元，下降7.8%；住宿业2.13亿元，下降17.7%；餐饮业18.59亿元，下降15.2%。全年开平市接待海内外游客392.71万人次，旅游收入33.16亿元。开平碉楼文化旅游区获评为江门首个国家AAAAA级旅游景区，被确定为广东省旅游资源普查试点市；入选第二批广东省全域旅游示范区名单；被评为“中国房车美食自驾游城市”；获评2020中国县域旅游综合竞争力百强县市。开平市博物馆被认定为广东省第二批文化文物单位文化创意产品开发试点单位。塘口镇强亚村入选第二批全国乡村旅游重点村；大沙大塘面村入选第二批广东省文化和旅游特色村。塘口镇宅群村综合性文化服务中心入选广东省首批基层综合性文化服务中心与旅游服务中心融合发展试点。立园云眉粤书吧、塘口旧礼堂咖啡&自助图书馆粤书吧、百合时光文化园粤书吧等3家书吧入选广东省首批文旅融合“粤书吧”试点。推动开平市大沙山水茶乡生态旅游美丽乡村精品线路入选第二届“广东美丽乡村精品线路”；大沙镇森林生态旅游精品线路、塘口森林小镇旅游特色线路入选广东省森林旅游特色线路100条。举办2020年世界文化遗产嘉年华暨艺道游学·中国南粤古驿道第四届少儿绘画大赛；“设计激活世遗”国际文创大赛；2020中国粤菜美食文化节暨开平家宴美食嘉年华；中国房车休闲度假大会；“艺道游学·中国南粤古驿道第四届少儿绘画大赛”全省总决赛（广东·开平）；“世界的开平”摄影旅游自媒体峰会暨第二届沙飞摄影周等大型活动。接到旅游投诉49宗，受理办结49宗，结案率100%，满意率100%。有旅行社5家，旅游购物场所8家。

表58

2020年开平市国民经济主要指标情况表

指标	计量单位	绝对值	比上年增长（%）
地区生产总值	亿元	391.15	1.8
第一产业增加值	亿元	47.87	4.4
第二产业增加值	亿元	167.05	2.9
工业增加值	亿元	115.14	3.5
第三产业增加值	亿元	176.23	0.2
人均地区生产总值	元	52383	-2.33
规模以上工业总产值	亿元	114.3	2.9
固定资产投资	亿元	277.73	2.4
社会消费品零售总额	亿元	165.76	-6.2
外贸进口总额	亿元	15.9	-32.9
外贸出口总额	亿元	115.7	-10.2
实际利用外资	亿元	0.8.	57.4
地方一般公共预算收入	亿元	28.98	3.7
地方一般公共预算支出	亿元	51.92	1.0
城镇居民人均可支配收入	元	31540	2.6
农村居民人均可支配收入	元	20746	0.2

【社会事业】　社会保障　2020年，开平市财政民生投入41.2669亿元，比上年增长37.97%，占公共财政支出79.48%。全市城镇基本养老保险、失业保险、工伤保险、城乡居民养老保险参保人数分别为17.57万人、10.09万人、10.98万人、30.62万人。各项社保待遇均依时足额发放，全市离退休人员5.47万人，享受城乡

居保待遇10.79万人，领取失业保险金1.08万人次，享受工伤保险待遇579人，支付各项社保待遇19.96亿元，其中养老保险金19.35亿元（含城乡居保养老金2.51亿元），失业保险待遇2848.43万元，工伤保险待遇3253.44万元。各项社会保险基金总收入20.53亿元，其中：城镇职工基本养老保险17.11亿元、失业保险1357.36万元、工伤保险3443.39万元、城乡居民基本养老保险2.94亿元。各项社保基金结余11.13亿元。全市基本医疗保险、生育保险参保人数分别为62.07万人、10.33万人,其中职工医保累计参保人数14.92万人，城乡医保累计参保人数47.15万人。全市享受生育保险待遇3.25万人次，办理基本医疗住院报销7.44万人次，特定病种门诊结算53.2万人次，普通门诊结算55.41万人次。支付各项医保待遇9.19亿元，其中基本医疗保险待遇(含生育保险待遇）8.67亿元，公务员医疗补助5146.13万元。各项医疗保险基金总收入9.83亿元，其中：基本医疗保险（含生育保险）9.22亿元、公务员医疗补助6093.68万元。各项医保基金累计结余10.50亿元。

教育　2020年，开平市有幼儿园99所，在园幼儿2.59万人；中小学校93所，在校生9.89万人；高等院校（开平开放大学）1所；特殊教育学校1所，在校生145人。有公办教职工6388人，专任教师学历达标率100%，高等院校与高级中学教师研究生学历或硕士学位占比17.8%。完成长沙街道幕村小学北教学楼工程、三埠街道迳头小学扩建工程；完成机电学校优化提升项目；超额完成祥龙学校一期工程建设、长沙街道侨园路小学扩建工程建设2020年度任务，改善办学条件，推进教育事业优质均衡发展。深化中小学教师“县管校聘”管理改革工作。推进第二批“三名”培养工程。有30人成为名校（园）长、名班主任、名教师工作室主持人，有220人成为名校长、名班主任和名教师培养对象。招聘研究生、优秀本科教师68人，在职教师攻读硕士学位、本科29人。华侨、港澳台同胞及社会热心团体和人士捐资近8000万元，并开设“开平市奖教金”等奖教奖学助学金300多万元。

科技　2020年，开平市做好科技计划项目和科技成果组织申报，组织科技型小微企业申报科技创新券、科技金融扶持资金贷款贴息等项目。组织企业申报“无限创新”江门科学技术奖项目12个。其中，广东敞开电气有限公司、开平市中心医院、开平市世界遗产管理中心与五邑大学共同合作的3个项目均获2020年度“无限创新”江门科学技术奖一等奖。是年，新认定高新技术企业75家，累计163家。科技型中小企业入库登记数111家。新增科技型小微企业75家，累计395家。组织11家企业申报江门市级工程技术研究中心，通过认定6家，累计190家。广东省工程技术研究中心存量数44家。有江门市科技企业孵化器3家，总面积2.38万平方米；有江门市众创空间3家，总面积6500平方米。12月25日，广东省人民政府发函批复，同意认定开平翠山湖科技产业园为省级高新技术产业开发区，定名为江门翠山湖高新技术产业开发区。

卫生　2020年，开平市有各类医疗卫生健康机构278家，其中政府举办的医疗卫生机构25家，包括综合医院3家、中医医院1家、专科医院3家、公共卫生机构4家、社区卫生服务中心2家、镇级卫生院12家；民营医疗机构58家（含民营医院3家，开平市沙冈张立群医院、开平东华老年病康复医院、开平侨乡医院）；公建村卫生站211家。按照医院等级划分有三级甲等综合医院1家、二级甲等中医院1家、二级甲等综合医院1家、二级乙等综合医院1家、一级甲等医院14家。全市各医疗卫生机构有执业医师1374人（其中全科医生269人），注册护士2102人，医生与护士比例1:1.53，每千人口拥有医生数1.92人、拥有护士数2.93人；全市开放病床2952张，每千人口拥有病床4.11张，其中民营医院开放病床418张，占全市总数14.16%。全市设置公建村卫生站211家，农村群众卫生服务可及性及覆盖率100%。印发《开平市加强紧密型县域医疗卫生共同体建设实施方案》，建立健全现代医院管理制度。全年总院下沉医疗专家450人次，下转病人1100人次；分院上派医生200人次到总院进修，上送病人1500人次。县域医共体内基层住院人数占比8.87%，县域基层医疗卫生机构诊疗人次占比42.95%，县域内就诊率86.9%。深化医疗、医保和医药“三医”核心制度改革，优化医疗卫生资源配置和使用效率，“15分钟医疗圈”基本形成，全年减轻群众医药费用负担4710.77万元。开展新冠肺炎疫情防控工作，加强境外及中高风险地区到开返开人员管理服务，闭环设防境外输入，开展“冷链食品”疫情风险监测，落实医疗救治、密切接触者排查、返开人员管理、防疫物资保障等，全链条设防、全方位管控。

加强卫生专业技术人才队伍建设，订单定向培养本科医学生35人；签约省定向生24人，其中本科以上学生12人；面向社会招聘医务人员90人，引进高层次人才7人，新晋高级职称专业人员73人，招聘特设岗位全科医生9人；通过全科医生转岗和岗位理论培训考试56人，省下发全科医生资格证书118人，每万人口拥有全科医生3.47人。18名卫生专业技术人才提拔任用。

开平市人均基本公共卫生服务经费74元，建立居民健康电子档案64.98万份，建档率90.83%，健康档案使用率80%。家庭医生签约服务32.36万人，签约率45.23%，重点人群签约率78.73%。全年无甲类传染病病例，乙类病例发病人数1972例，丙类传染病发病1022例（以发病日期统计），计划免疫“九苗”接种率99%。完成农村妇女“两癌”（宫颈癌、乳腺癌）免费筛查工作6757例。严重精神障碍患者报告患病率和管理率提升。在开展H7N9人感染禽流感、登革热、寨卡病毒病防控的同时，加强对重点人群进行艾滋病预防干预和监测工作。是年，金鸡镇被评为江门市卫生镇，龙胜镇通过国家卫生镇技术评估。完成90个省级卫生村、151个江门市卫生村创建工作。做好病媒生物防制工作，马冈镇完成病媒生物防制验收工作。开展全国第32个爱国卫生月活动，活动期间先后出动3800余人参加集中整治活动。创广东省健康促进示范单位137个（机关26个、社区54个、学校39个、企业9个、医院9个）。有9595人次参与无偿献血191.9万毫升。全市出生6076人，符合政策生育率93.19%，出生率8.63‰，自然增长率1.73‰，出生人口性别比108.51。免费为2478对新婚夫妇开展孕前优生健康检查，覆盖率100%。有6967人享受农村部分计划生育家庭奖励，发放奖励金1215.66万元；享受农村部分计划生育家庭节育奖5002人，发放奖励金302.04万元；享受城镇部分独生子女父母奖9500人，发放奖励金1311.47万元；领取广东省计划生育家庭特别扶助金226人，发放补助金239.58万元。

加强职业卫生监督管理，出动人员360人次，出车121辆次，检查企业121家次，发出卫生监督意见书111份，作出行政处罚23宗。组织重点企业负责人及职业卫生管理人员培训2场。开展职业病防治周宣传20场，派发宣传小册子2万余份。有重点行业企业（十类重点行业）59家（不含停产企业），重点行业职业病危害项目申报率100%；职业病危害因素定期检测率98%。

文化　2020年，开平市举办文艺活动近130场次。2020开平市“文明开平•幸福侨乡”文化惠民送戏下乡系列活动28场次，培训、讲座、传习活动14场次，戏曲进校园11场次。举办线上非遗展32期，联合创作文艺作品30件次。其中，以传统节日为契机，组织“我们的节日”文化活动4场次。10月19—26日，分别在人民会堂、城市南广场举办2020年开平市粤剧节暨第十七届“金秋曲艺敬老活动周”启动仪式晚会及优秀节目展演活动。举办“非遗”进校园8场次，在2020年“文化与自然遗产日”，举办“非遗传承健康生活”2020年开平市“文化和自然遗产日”系列活动启动仪式暨开平市首届粤剧民歌节启动仪式。2020《开平民歌②》CD专辑发布。“玉石花盆景传统制作技艺”代表性传承人周平辉和“开平卖鸡调”代表性传承人梁淑苗入选为江门市第六批市级“非遗”代表性项目代表性传承人。开平市县级“非遗”项目33项。在2020江门市群众艺术花会上，开平市文化馆选送的节目获银奖2个、铜奖2个，文化馆获优秀组织奖。由魏巍编导的舞蹈《珠水茗韵》获2020广东省群众艺术花会（音乐舞蹈）铜奖。

2020年11月29日，红线女故居等10处文物公布为第五批开平市文物保护单位。开平学宫保护修缮工程施工，总投资1000万元；赤坎旧镇近代建设群保护修缮工程开工维修；开展开平碉楼与村落世界文化遗产周期性监测和评估；开平市博物馆接待观众约5万人次，该馆搜集以民国时期为主的信札、报刊、图纸、收据、木器等，收购40件（套）。接受捐赠文物及资料1902件（套），举办4个专题陈列展览、6个图片展和2个交流展览，公众号推出“文物故事”13篇，“云看展”12个，送展览“进校园”10场次，举办活动8场次。开平碉楼列入广东省文物保护利用示范区试点单位；开平市被国家文物局列为《革命文物保护利用片区分县名单（第二批）》；周文雍故居等17处入选广东省文物局公布革命文物名单，《开平碉楼背后的故事》被广东省文物局评为“广东省弘扬社会主义核心价值观主题展览”；开平市博物馆被广东省文化和旅游厅列为“广东省第二批文化文物单位文化创意产品开发试点单位”。

体育　2020年，开平市开展群众性体育活动30多次。先后举办庆“8•8”全民健身活动日暨“第二十一届体育节”的活动，在祥龙体育中心举办5项广东省省级赛事活动，其中有广东省晋升一级排球、气排球裁判员培训班，广东省“恒佳杯”全运会气排球选拔赛、广东省小学生排球锦标赛、广东省大学生排球联赛、广东省大湾区柔道比赛,实现“季季有主题，月月有活动”。7月25日至11月15日，开平市代表团参加2020年江门市青少年锦标赛获金牌87枚、银牌67枚、铜牌41枚。9月，开平市运动员李颖君、张鹏英、周甜甜、吴凯茵参加2020年广东省青少年柔道项目锦标赛获金牌1枚、银牌3枚、铜牌1枚；10月22—23日，开平市运动员关迪妮参加2020年全国现代五项锦标赛取得成年女子团体赛第一名；11月，开平市运动员梁丽霞、梁沃材、侯红鑫参加2020年广东省青少年举重项目锦标赛获金牌2枚、银牌1枚；12月，开平市运动员李颖君参加“达衣岩”2020年全国青少年柔道锦标赛取得第三名；开平市运动员梁展豪参加2020年全国U系列曲棍球锦标赛取得男子U18组第一名。9月，江门市代表团开平市手球队成立，在开平市风采华侨中学组队并开始训练。

表59　　2020年开平市社会事业主要指标情况表

指标	计量单位	2019年	2020年
普通高校	所	1	1
普通高校在校学生	人	1133	1466
中等职业学校和技工学校	所	2	2
中等职业学校和技工学校在校学生	人	3758	3803
普通中学	所	31	31
普通中学在校学生	人	39750	39507
小学	所	58	58
小学在校学生	人	55337	55210
幼儿园	所	99	99
在园幼儿	人	25063	25857
医院、卫生院	所	35	35
医院、卫生院床位	张	2901	2901
公共图书馆	个	1	1
博物馆	个	1	1
国家档案馆	个	1	1

【城乡建设】 2020年，开平市开展城市管理提升专项行动，从市容秩序、环境卫生、市政设施、污水治理、园林绿化等方面固强补弱，改善城区市容市貌。全市城市品质提升项目28个，完成投资12.95亿元。其中，水口中都卫浴城门前辅道工程、开平市中心医院西门外地块停车场项目、新昌中新路改造工程、祥龙北路道路升级改造工程完成工程建设并投入使用；天然气利用项目工程建设超额完成任务；光明路113号周边小区内街小巷改造工程、商业新邨、新安里小区改造工程等3个老旧小区改造样板工程及其他年度创文工作完成建设；冲澄桥扩建工程项目完成；祥龙区祥龙桥、荻龙桥、滘龙桥加固改造工程完成并投入使用；城区创文主次干道及楼宇间维修和完善工程项目完成年内建设任务；三江片区新建道路工程（A线、B线）项目完成路基和排水分项工序；开平市循环经济生态园二期项目完成主体工程，开平市建筑垃圾消纳场完成工程建设，并接收建筑垃圾进行处理；人民公园广场公厕和城市北广场公厕升级改造工程完成并开放使用；农村污水处理设施建设项目完成981个村落任务，完成村数量和覆盖率均居江门地区首位；拆除违法建设8.51万平方米，违章户外广告732个，超额完成2020年拆除目标；开展国家园林城市建设工作，抓好城区树木补种，对城区枯萎或死亡的树木进行清理，并因地制宜补种树木。新增生态公益林1733.33公顷。改造建成村（居）公园35个、镇级森林公园1个（长沙东乐森林公园）、镇街公园1个（赤水镇人民公园）、绿美古树乡村1个（龙胜镇白村村委会大迳村）。完成101个革命老区村集中供水管网建设，受益人口1.25万人。

开展农村人居环境整治行动，开平市以创建省级生态宜居美丽乡村示范县为抓手，抓好“三清三拆三整治”（清理村巷道及生产工具、建筑材料乱堆乱放，清理房前屋后和村巷道杂草杂物、积存垃圾，清理沟渠池塘溪河淤泥、漂浮物和障碍物，拆除旧房危房、废弃猪牛栏及露天厕所，拆除乱搭乱建、违章建筑，拆除非法违规广告、招牌等，整治垃圾、生活污水、水体污染）、厕所革命、污水治理、廊道整治和“四小园”（小菜园、小果园、小花园、小公园）建设等工作，全域推进农村人居环境整治。累计投入资金1.6亿元，完成清理农村生活垃圾2.8万处3.5万吨，100%行政村完成农村生活垃圾处理，100%乡镇建立农村生活垃圾集运处置体系，完成“廊道”环境整治409千米，“廊道”绿化美化提升148处162.5千米，全市行政村村内主要道路实施绿化率与硬化率均为100%，村庄建成干净整洁村，65%以上村庄达到美丽宜居村标准。建成“四小园” 示范村157个，打造省级美丽乡村精品线路1条、示范村23个。马冈镇北湖村获评为全国文明村镇。赤坎镇成为省城乡融合发展省级中心镇试点。塘口镇获评为省乡村治理示范镇，并纳入自然资源部全域土地综合整治试点名单，祖宅旅游厕所获世界景观建筑奖最佳小建筑奖。

【生态环境建设】 2020年，开平市审批环评项目473个，比上年增加239个，审批效率提升102.1%。加大“放管服”力度，实施环评告知承诺制审批事项17个，豁免办理环评手续项目超100个；有587个项目进行网上备案，实现即时办理。推进固定污染源排污许可“全覆盖”，发证397家，发放限期整改77家，完成排污许可登记2659家。强化日常环境监督管理，采取“日常巡查+双随机抽查+交叉执法”模式，整治环境违法行为。全年实施行政处罚案件78件，下发行政处罚决定书78份，送达责令改正违法行为决定书58份，罚没金额880.73万元，实施行政拘留5件，向公安机关移送涉嫌环境犯罪案件2件。抓好潭江流域综合整治，潭江国考牛湾、省考新美断面水质平均达到III类，水质优良；四大支流之中新桥水、白沙水、蚬冈水年均达标，镇海水水质持续改善。做好大气污染防治，打好打赢蓝天保卫战，开平市环境空气达标率93.2%，比上年提高5.8%，综合指数排名江门市第一。是年，开平市入选国家“绿水青山就是金山银山”实践创新基地，成为第四批广东省唯一一个获此殊荣的县（市）。

【工业园（区）建设】 2020年12月，开平翠山湖工业园获省人民政府批复，认定为省级高新技术产业开发区，定名为江门翠山湖高新技术产业开发区，实行现行省级高新区政策。全年地方一般公共预算收入9230万元，比上年增长8.11%；规模以上工业增加值12.69亿元，增长8.7%；全社会固定资产投资41.83亿元，增长4.04%；社会消费品零售总额2.02亿元。引进高精尖项目12个，投资总额149.59亿元。在建项目40个，完成16个。完成基建投资1.69亿元，累计投入38.3亿元，完成实验学校一期配套、职教中心二期、翠山东路、环翠东路、峯景生态园、怡翠华庭一期、物流园二期7个项目（累计建成大型配套项目28个）。推进万亩园区开发建设，更新制作“一园四区”（翠山湖科技产业园、水口国际卫浴创新中心、沙塘大健康产业园、苍城新型包装材料园区、月山精细化工协同创新联盟）总体规划图，完善各类专项规划，加快万亩园区用地预征地工作。先后举办网络招聘会、焊工培训班、校企供需见面会，为企业提供人力资源。推进“生产、消防、食品”三大安全专项工作。完善翠山湖污水处理厂全委托运营，完善环保巡查队职能，倒逼企业守法排污、转型升级。做好污水收集管网开挖修复工程。

【开平市入选全国第四批“绿水青山就是金山银山”实践创新基地】 2020年10月9日，生态环境部公布第四批“绿水青山就是金山银山”实践创新基地，决定命名北京市密云区等35个地区为第四批“绿水青山就是金山银山”实践创新基地，开平市名列其中。开平市科学处理水源地保护与绿色产业关系，以保障饮用水源地饮用水安全为前提，走出“茶香果甜景色美·山清水秀大沙美”的“生态优先，绿色发展”之路；推动世界文化遗产保护与乡村振兴协调发展，塘口镇强亚村入选第二批全国乡村旅游重点村；推进污染防治攻坚与绿水青山保护齐头并进，大沙镇获“岭南生态气候标志城市天然氧吧”称号。

【开平碉楼文化旅游区成为江门市首个国家AAAAA级旅游景区】 2020年12月29日，文化和旅游部公布开平碉楼文化旅游区为国家AAAAA级旅游景区。开平市增强华侨文化氛围营造。优化交通，增设旅游公交、旅游专线、骑行线路，将华侨文化内涵植入沿线道路景观。提升配套服务水平。实施厕所革命，对三大游客服务中心、游客服务站、游客服务点进行升级改造，提升游览舒适度；借力“互联网+”，建设智慧旅游景区，提升旅游服务质量和水平。促进景区多元发展。对立园、自力村、马降龙等三大片区进行差异化定位，丰富产品内涵，提升游客参与性与体验性，擦亮“广东旅游看碉楼”金字招牌。

【开平市“四好农村路”示范路获评为全国“2020民生示范工程”】 2020年12月22日，第八届中国民生发展论坛暨第十四届中国国际公益慈善论坛在北京举行，以“决胜全面建成小康社会”为主题。论坛发布“2020民生示范工程”和“2020最美全面小康建设者”，65个项目获“2020民生示范工程”。开平市“四好农村路”示范路建设项目名列其中。开平市投入约1170万元建设“四好农村路”（建好、管好、护好、运营好）示范路项目。该项目由赤马线、交四线、交锅线、锅塘线、强亚村道等路段构成，共22千米，分为生态悠闲线、致富旅游线、美丽宜居乡村线、侨乡人文线4个主题线路。

【大沙镇成为全省首个获评为“岭南生态气候标志·城市天然氧吧”乡镇】 2020年12月17日，开平市大沙镇获评为“岭南生态气候标志·城市天然氧吧”称号，成为广东省2020年度唯一一个获此殊荣的镇区。大沙镇具备长达162日的“舒适”期、年均2320个/立方厘米的负氧离子、达标率为90%的空气质量指数AQI、65.48%的森林覆盖率和完善的旅游交通服务配套设施等条件，是粤港澳大湾区高质量天然氧吧旅游胜地。开平市制定发布一系列生态保护、生态发展、生态旅游相关的方案和规划，将大沙镇定位为以高山流水为特色，以自然生态为依托，重点发展现代特色农业、清洁能源和生态旅游业的养生小镇。坚持做“山水文章”，吃“生态饭”，促进一、二、三产有机融合。

【塘口镇祖宅旅游厕所获评为2020年度世界景观建筑奖最佳小建筑奖】 2020年，开平市塘口镇作为省级设计下乡试点镇，围绕乡村振兴、设计先行的理念，将旧公厕清拆的旧材料进行重新利用，同时，将卫生间部分功能区藏在一个供村民日常休闲娱乐、举办活动的大台阶之下，解决公共厕所便利性与隐蔽性的矛盾关系，打造塘口祖宅旅游厕所这一精品项目，成功获2020年世界景观建筑奖最佳小建筑奖。

表60

2020年开平市全国系统表彰先进单位、荣誉称号情况表

荣誉名称	获奖单位	获奖时间	颁奖单位
双拥模范市	开平市	2020年10月	中共广东省委 广东省人民政府 广东省军区
2020民生示范工程	开平市交通运输局	2020年12月	中国民生发展论坛组委会
2020—2024年“广东省科普教育基地”称号	开平市气象局	2020年1月	广东省科学技术协会、广东省科学技术厅

表61

2020年开平市全国系统表彰先进个人名录一览表

荣誉名称	获奖个人	性别	所在单位及职务	获奖时间	颁奖单位
全国劳动模范	梁庆宁	男	海鸿电气有限公司技术中心负责人	2020年11月	中国共产党中央委员会、中华人民共和国国务院
广东省先进女职工	宋丹菊	女	海鸿电气有限公司技术设计员	2020年3月	广东省总工会
广东省工会女职工工作先进工作者	黄萍	女	罗赛洛（广东）明胶有限公司化验室主任、工会女职委主任	2020年11月	广东省总工会

鹤山市

【鹤山市概况】 鹤山市位于江门市西北部，2020年辖沙坪街道和雅瑶、龙口、古劳、桃源、共和、址山、鹤城、宅梧、双合9个镇，26个社区居民委员会，112个村民委员会，10个三峡库区移民村。全市总面积1082.73平方千米；全市常住人口53.07万人，其中居住在城镇人口33.44万人，占63.02%；居住在乡村人口19.63万人，占36.98%。户籍人口总户数11.85万户，年末户籍总人口38.66万人。全市人口以汉族为主，有壮族、瑶族、苗族、回族等21个少数民族。鹤山市是中国著名侨乡之一。有旅居海外的华侨、华人和港澳台同胞36.5万人，分布于51个国家和地区。

重要矿产资源有铁、铅、锌、稀土、磷、硫铁矿、钾长石、饰面石材等；土特产有红茶、红烟、粉葛、花生、腐竹、花生、豆豉、酱油、西瓜、龙眼等；重要旅游景点有大雁山风景区、古劳水乡、龙潭山风景区、霄南鲜卑古村落等。

【经济发展】 2020年，鹤山市实现地区生产总值374.76亿元。规模以上工业总产值588.20亿元。农业总产值58.59亿元。全市地方一般公共预算收入33.80亿元。外贸进出口总值186.9亿元，实际利用外资金额1.04亿美元。社会消费品零售总额141.94亿元。全市累计组织国内税收58.11亿元。全市金融机构本外币存款余额515.69亿元，比上年增长7.7%，其中人民币存款余额505.6亿元。全市完成交通基础设施投资13.2亿元。全年新建、改建、扩建地方公路34千米，公路通车里程1313.9千米。完成“四好农村路”（建好、管好、护好、运营好）建设31.38千米。公路运输客运量467.35万人，旅客周转量1.49亿人千米，货运量223.85万吨，货物周转量1.34亿吨千米。水路运输货运量102.33万吨，货物周转量1.33亿吨千米。

工业　2020年，全市规模以上工业企业441家，其中亿元产值企业128家，比上年增加10家，年产值超10亿元企业8家，年产值超20亿元企业4家。规模以上工业增加值154.44亿元，比上年增长6.8%。其中，国有控股企业增加值比上年下降23.2%，外商及港澳台商投资企业增加值下降2.8%，股份制企业增加值增长13.6%，装备制造业增加值增长13.4%，高技术产业增加值增长19.9%。规模以上工业总产588.20亿元，比上年增长8.4%。按轻重工业分，轻工业产值比上年下降0.9%，重工业产值增长21.5%。按经济类型分，股份制企业产值比上年增长15.8%，外商及港澳台商投资企业产值下降2.7%，其他经济类型下降9.3%。按相关指标分，工业销售产值比上年增长8.5%；规模以上工业实现利润总额27.27亿元，增长15.1%。鹤山工业城加快产城融合步伐，启动总投资14亿元的园区扩容基础设施建设，江门（鹤山）精细化工产业园完成首期扩园征地面积133.33公顷。加强与新会区司前镇、大泽镇和蓬江区杜阮镇等专业镇协作，重点发展电子信息、新能源汽车、新材料等先进制造业，引进华鳌合金、荣阳铝业、创维显示等超20亿元项目。万洋众创城、联东U谷等制造业集聚平台（产业园区）落户鹤山，打造"集聚效应"。推进镇村工业园区"工改工"，实施"腾笼换鸟"，出台工业用地、工业厂房升级改造有关实施意见和奖励办法，启动沙坪朗围、共和新连、桃源长江等村级工业园区升级改造。加快传统产业转型升级步伐，推动印刷、水暖卫浴、男鞋等行业国字号品牌基地转型升级，促进制伞、食品等传统产业优化转型升级，增强传统支柱产业市场竞争力。

农业　2020年，全市农林牧渔业总产值58.59亿元，比上年增长2.0%。粮食播种面积1.12万公顷，总产量6.37万吨。蔬菜复种面积1.31公顷，总产量30.16万吨。花生种植面积0.12万公顷，总产量0.27万吨。水果产量1.99万吨。水产养殖面积4438公顷，水产品产量6.69万吨,比上年增长4.2%。肉类产量4.47万吨，比上年下降23.1%。生猪饲养量45.35万头。家禽饲养量1942.51万羽。实施乡村振兴战略，推进现代特色农业高质量发展。"鹤山粉葛"获国家农产品地理标志产品登记认证。全市认证省级"菜篮子"基地企业6家。推进现代农业产业园建设，支持茶叶、花卉、果蔬产业园建设项目10个。培育新型农业经营主体，加快农村产业发展，新增重点农业龙头企业10家、农民专业合作社54家、示范家庭农场7家。全市有重点农业龙头企业47家，农民专业合作社250家，本级以上示范家庭农场32家。完成高标准农田建设面积0.31万公顷。加强农产品质量安全监管，新增"二品一标"（绿色食品、有机农产品、农产品地理标志）认证产品3个，新建农产品标准化示范场1个。

第三产业　2020年，全市社会消费品零售总额141.94亿元，比上年下降6.0%；批发业商品销售额225.16亿元，下降6.8%；零售业商品销售额83.65亿元，下降5.4%；住宿业营业额1.44亿元，下降12.9%；餐饮业营业额26.93亿元，下降13.5%。全年外贸进出口总值186.9亿元，比上年下降1.8%。其中，出口156.2亿元，比上年增长0.7%；进口30.7亿元，下降12.7%；实际利用外资金额1.04亿美元，增长20.4%。全年旅游接待人数456.96万人次，旅游总收入42.91亿元。编制《鹤山市全域旅游发展规划纲要（2021—2025年）》和鹤山美食地图，启动创建广东省全域旅游示范区，打造沿古崖公路、沿滨江路生态文旅产业带，推进优质全域旅游发展。华侨城古劳水乡大型文旅项目一期首开区开放。建成3条美丽乡村精品线路，古劳水乡自然人文风情精品线路入选广东美丽乡村精品线路，带动西江画廊发展格局。香草小镇项目加快建设，宅梧镇获评为广东省旅游风情小镇。加快建设江门市文化遗产游径精华段——古劳水乡段和岭南传统文化遗产游径的珠玑先民段雅瑶部分（陈山村、隔朗村、昆东村），广东人民抗日解放军司令部旧址作为江门侨乡红色基因历史文化游径入选广东省历史文化游径（第一批）名单。组织文旅企业参加2020年广东国际旅游产业博览会、第十六届中国（深圳）国际文化产业博览交易会（云上文博会）、第七届中国（深圳）国际旅游博览会、广中江旅游联盟推介会、成都贵阳文旅推介交流会等活动，推广鹤山文化旅游线路和文旅项目，助推鹤山文旅行业和消费市场复苏。是年，全市有星级饭店2家，星级饭店客房总数344间。名胜风景区4个。

表62

2020年鹤山市国民经济主要指标情况表

指标	计量单位	绝对值	比上年增长（%）
地区生产总值	亿元	374.76	3.2
第一产业增加值	亿元	31.07	-2.9
第二产业增加值	亿元	175.39	5.8
工业增加值	亿元	155.16	5.0
第三产业增加值	亿元	168.3	1.2
人均地区生产总值	万元	7.0904	2.1
规模以上工业总产值	亿元	588.20	8.4

续表62

指标	计量单位	绝对值	比上年增长（%）
固定资产投资	亿元	253.76	8.1
社会消费品零售总额	亿元	141.94	-6
外贸进口总额	亿元	30.7	-12.7
外贸出口总额	亿元	156.2	0.7
实际利用外资	亿美元	1.04	20.4
地方一般公共预算收入	亿元	33.80	5.1
地方一般公共预算支出	亿元	44.31	3.5%
常住居民人均可支配收入	元	30395	3.3

【社会事业】 社会保障 2020年，鹤山市提高城乡五项底线民生保障水平，城乡最低生活标准提高至900元/人•月，城乡特困人员基本生活标准提高到17280元/人•年，供养孤儿标准提高到2200元/人•月，困难残疾人生活补贴标准提高至175元/人•月，城乡居民养老保险缴费补助标准同步提高，特困人员照料护理协议签订率100%。精准扶贫对象、低保、重残等特殊群体实现应保尽保。全市发放失业补助金517万元。在江门地区率先通过政府购买服务，为本级及10个镇（街）配备22名社会救助服务经办专职人员，补齐基层经办服务能力不足的短板。构建多层次养老服务体系，建成居家养老服务站、农村幸福院和日间照料中心57家，覆盖全市范围。推进“医养结合”养老模式，全市14家养老机构实现医养结合100%全覆盖。完善康养服务体系，5家长者食堂投入使用，幸福寿星安老之家成为江门市首家获广东省五星级养老机构称号的民办养老机构。放宽公租房准入标准，新安排入住公共租赁住房106户，住房保障基本实现应保尽保。完成省未成年人救助保护机构能力建设试点工作。全市参加城镇职工基本养老保险17.44万人，失业保险11.62万人，基本医疗保险职工17.19万人，工伤保险职工13.70万人，生育保险职工12.95万人。城乡居民基本养老保险15.05万人。城乡居民基本医疗保险23.49万人。至年底，全市有敬老院10家，社会福利院1家，有床位数939张，供养人数468人，散居供养人数645人。城乡居民最低生活保障对象1909户3168人，特困供养人数809人。社区服务设施228个。

人民生活 2020年，鹤山市对民生重点领域投入36亿元，占一般公共预算支出81.25%，支持教育、医疗卫生、社会保障体系、生态环境治理、公共文化等民生领域发展，确保各项基本民生保障到位，提高人民群众的获得感和幸福感。统筹安排防疫应急专项经费1.07亿元，保障全市抗击新冠肺炎疫情工作需求。加大就业服务力度稳就业，城镇新增就业人数6305人，登记失业率2.43%。加大重点群体帮扶稳就业和精准式就业扶贫力度，应届高校毕业生就业率92.02%，为842人次扶贫对象发放就业创业扶持补贴169万元。“粤菜师傅”“广东技师”“南粤家政”三项民生工程成效明显，鹤山雅图仕有限公司及江门雅图仕职业技术学校分别成为江门首家省级技能等级认定试点企业和民办省级“粤菜师傅”培训基地。创建2家省一级残疾人就业基地。736户建档立卡扶贫对象实现稳定脱贫，决胜全面建成小康社会实现程度达98.7%。推动粤桂扶贫对口帮扶广西龙州县各项工作，助力龙州县通过国家东西部扶贫协作工作成效考核，巩固脱贫成果。全年居民人均可支配收入30395元，比上年增长3.3%。其中城镇居民人均可支配收入36196元，比上年增长2.3%；农村居民人均可支配收入20419元，比上年增长5.7%。

教育 2020年，鹤山市教育支出8.05亿元。教育基建竣工项目12个，在建项目8个，推进项目11个。全面实施九年免费义务教育，投入义务教育补助资金1.03亿元。完成学前教育“5080”（公办园在园学生比例达到50%，普惠幼儿占比达到80%）攻坚任务，新增学前教育学位1400多个，城区公办幼儿园首次实行电脑派位招生。扩大中小学优质学位供给，新址山小学建成并投入使用，扩建鹤城第一小学、共和镇中心小学、共和中学，新增学位2900个。引进华南师范大学、湖南师范大学优质资源兴办2所高端民办学校。雅瑶翰林学校（民办）开办招生，沙坪街道文德学校（民办）进入筹建阶段。鹤山市职教园区在鹤山工业城园区动工建设，暨南大学教育学院江门分院在古劳镇挂牌成立。投入1000万元推进鹤山一中高（职）考场建设暨信息化提升工程建设。投入2851万元完善体育美育设备设施建设，完成鹤山一中、龙口中学、连南小学、沙坪一小等学校运动场改造。沙坪一小创建成为“全国校园篮球特色学校”，沙坪四小创建成为“全国校园排球特色学校”。全面启动幼儿园责任督学挂牌督导工作，全市7所幼儿园通过鹤山市一级幼儿园评估。推进义务教育优质均衡发展，昆仑学校、沙坪中学、鹤山实验中学获初中阶段教育质量先进学校一等奖。推动高中教育优质特色发展，开展高中新课程课堂教学改革，创新人才培养模式。鹤山一中打造“导学案＋小组合作”课堂教学模式，鹤华中学打造“精讲精练”高效课堂模式，纪元中学打造“六环节”高效课堂教学模式，鹤山二中推行“三分教学”，因材施教。2020年普高类高考考生全部入围，鹤山一中获江门市高中阶段教育质量先进学校一等奖。推进城乡教育一体化建设，6个镇（街）通过省教育强镇复评。推行生本教育理念，提升教师队伍整体素质，推动教育教学质量高位发展，政府履行教育职责考核成绩排在江门前列，被广东省推荐率先申报“国家县域义务教育优质均衡县”。

科技　2020年，鹤山市新增高新技术企业41家、科技型中小企业25家、江门市高层次人才185人、高级专业技术人员126人，3家企业获批设立省博士工作站和博士后创新实践基地。全市有国家级高新技术企业215家、科技型中小企业145家、省级以上创新平台48个和高级专业技术人员1298人。科技园区建设取得突破，鹤山产业转移工业园（鹤山工业城）被认定为省级高新区，鹤山市绿湖农庄有限公司、广东墟岗黄家禽种业集团有限公司成为江门市创建的第二个广东省农业科技园区。出台《鹤山市关于进一步促进科技创新推动经济高质量发展的奖励办法》，自主创新能力获提升。广东科盈智能装备制造有限公司获2020年国家高质量发展科技创新示范企业和2020年中国科学技术优秀发明成果奖，鹤山市厚积工程机械有限公司获2020年江门市“科技杯”创新创业大赛成长企业组特等奖。厚积工程等12家企业申报省第十九批省级企业技术中心认定。组织企业参加2020年“创客广东”江门市中小企业创新创业大赛、第十届“省长杯”工业设计大赛（江门赛区）暨2020“市长杯”工业设计大赛，获“市长杯”银奖1项、优秀奖2项，2名设计师获“江门市十佳设计师”称号。推动“一个产业对接一个科研院所”，鹤山世运电路科技有限公司与广东省科学院共建江门市首个“广东省科学院企业工作站”，并设立合资公司共同研发5G通信线路板新技术；鹤山市恒保防火玻璃厂有限公司与中国建筑材料科学研究总院共同承担国家重大研发项目；鹤山市绿湖农庄有限公司对接中科院广州能源所和广东省农科院创新农业绿色生产模式。

文化　2020年，鹤山市开展第五次全国文化馆评估定级和省文化和旅游厅全省乡镇(街道)综合文化站评估定级迎检工作，重点推进市文化馆非遗传习厅及数字体验馆项目、数字平台及智慧场馆项目建设，市博物馆通过国家三级博物馆评审。推动市文化馆、市图书馆总分馆建设，加快桃源镇新文化站建设进度，规划建设龙口镇新站舍等，提升基层公共文化服务水平。举办12场为文明一起加油——鹤山市2020年家门口的新时代文明实践活动。文艺精品创佳绩，创作抗击疫情文艺作品262件，包括音乐类作品6件、美术作品40件、戏曲类作品3件、舞蹈类作品3件、书法类作品5件、摄影作品205件。舞蹈《赶海的女人》获2020年广东省群众（音乐舞蹈）艺术花会舞蹈类金奖。歌曲《胜利的那一天》在全国各大媒体推送展播，刊登在《人民日报》、人民视频、新华网客户端，新华网客户端点击量超200万人次。文化遗产保护取得实效，市咏春、狮艺演出队伍参与的央视戏曲春晚江门分会场开场录制节目在国家级媒体平台上展示市优秀传统文化，冯家辉等7人列入鹤山市第四批非遗项目代表性传承人，举行鹤山市非遗项目代表性传承人授牌仪式暨鹤山市非遗保护成就图片巡展。完成《鹤山市非物质文化遗产名录图典》文字及图片等项目资料收集。加强各镇街文物保护工作，雅瑶昆东文物资源调查登记72处古民居，7处古祠堂、7处古井及11处其他文物资源，推进共青团鹤山县特别支部旧址（雅瑶三端冯氏宗祠）、德明祖祠、张怀楼等文物维修工程，实施宋氏大宗祠党建及爱国主义教育基地升级项目，推动关帝庙、城隍庙、中共鹤山西北区工委旧址等整体环境提升工程，完成雅瑶陈山村古村落二期升级改造工程。启动市博物馆群建设，支持雅瑶镇李铁夫纪念馆、宋怡庆堂（宋尔卫祖居）及宅梧镇广东人民抗日解放军司令部旧址纪念馆等博物馆群项目建设开放工作。完成鹤山市第六批文物保护单位和第三批非物质文化遗产申报和评审。

卫生　2020年，鹤山市加快公立医院医药卫生体制改革，全市紧密型“医共体”各分院在江门市率先挂牌运行，14家养老机构实现医养结合全覆盖。落实国家药品集中采购和使用试点扩围工作，集采药品价格平均下降52%。加强与上级三甲医院技术合作，提升县域医疗服务能力，市人民医院13项重点医疗新技术实现“零”突破。全市167家医疗机构提供中医药服务，11个基层卫生院设立“中医馆”。市人民医院新院区主体工程封顶，市第三人民医院动工建设，市国际胃肠医学健康中心项目按进度建设。推动省级卫生城市复审工作。市妇幼保健院被评定为二级甲等妇幼保健院。全市基本医疗保险参保率98.3%。新冠肺炎疫情防控取得阶段性成效。在江门地区率先研发应用健康自查申报、鹤山健康通行码、重点出入口联防联控、出租屋管理系统，构建数字化防疫体系。完成江门市第一批医疗队援鄂任务和支援海关疫情防控工作任务。市疾病预防控制中心获广东省抗击新冠肺炎疫情先进集体称号。

体育　2020年，鹤山市全民健身人数10.4万人次。新建或升级改造35个全民健身场地。做好国民体质测定与运动健身指导工作，全年完成体质监测2200人。举办各类运动会11次，参加人员2200人次。全市有市级体育协会（俱乐部）23家，三级社会体育指导员1376名，二级社会体育指导员200名。推进体育服务，组织体育指导员社会服务与考级学习。推进武术传承与推广，举办2020年鹤山市中小学传统体育（咏春拳）展示活动、线上武术活动，推动武术进校园及武术段位考级，完成万人段位考评复查工作。加强业余体校建设，发掘和培养体育后备人才，联合江门市体校组成选材小组，对10个镇（街）近30所小学进行选材，为新周期竞技体育做好人才储备。参加各类体育比赛，提高竞技体育水平。鹤山市运动员苏海航获2020年全国现代五项锦标赛暨全运会资格赛成年男子接力赛金牌、男子个人赛铜牌、男子团体赛铜牌。75名鹤山籍运动员代表江门市参加广东省青少年锦标赛，获4枚金牌、6枚银牌、8枚铜牌。市组队参加江门市青少年16项锦标赛，取得第一名68人次、第二名92人次、第三名107人次。

表63　　2019—2020年鹤山市社会事业主要指标情况表

指标	计量单位	2019年	2020年
中等职业学校和技工学校	所	1	1
中等职业学校和技工学校在校学生	人	2737	2912
普通中学	所	17	18
普通中学在校学生	人	24233	24793
小学	所	46	47
小学在校学生	人	40107	41541
幼儿园	所	99	85
在园幼儿	人	20311	20595
医院、卫生院	家	15	15
医院、卫生院床位	张	2026	2018
公共图书馆	个	1	1
博物馆	个	1	1
国家档案馆	个	1	1

【城乡建设】 2020年，鹤山市完善城镇配套设施建设，提升城镇品质内涵。加强“创文”常态长效管理，增拨7137万元实施创文“十大提升行动”，投入15.4亿元开展城市品质提升行动，336个小城镇提质增效项目通过终期考评，鹤山市入围第六届全国文明城市参评公示名单。新增“三旧”（旧城镇、旧厂房、旧村庄）改造面积61公顷，完成6条市政道路、5个口袋公园、10个老旧社区、25处水浸黑点改造。推进农污三期、雨水分流管网建设，完成沙坪城区排水改造工程和沙坪河整治二期。修编全市供水规划，加快供水管网建设，桃源镇居民饮上西江水，启动共和与大泽供水管网连通工程，完成址山至水口应急供水工程和凤凰水厂取水工程。开展马山生活垃圾填埋场减量化PPP（政府和社会资本合作）项目，提升城市生活垃圾处理能力，公共机构实行垃圾分类覆盖比例100%；实现城乡环境卫生“一把扫”，建设和改造环卫基础设施。鹤山市文化中心数字文化馆和非遗展厅项目动工建设。实施乡村振兴战略，加快美丽宜居乡村建设，共和镇来苏村获评为“全国文明村镇”。全域推进农村人居环境整治，整治道路722千米、田间看护房1441间、泥砖房668间。建成“四小园”（小菜园、小果园、小花园、小公园）956个、农村户厕1278户，实现镇（街）、村（居）公园全覆盖。农村生活垃圾治理、污水管网铺设成效明显，完成农村户厕改造1278户，累计完成6.49万户，农村无害化卫生户厕普及率100%。建成355个自然村生活污水处理设施、0.31万公顷高标准农田、31.38千米“四好农村路”（建好、管好、护好、运营好）和19千米碧道。完成210个生态宜居美丽乡村建设项目，创建116个干净整洁村及94个美丽宜居村，全市100%村（居）达到干净整洁村标准，80%村（居）达到美丽宜居村标准，2个镇、8个村委被评为广东省乡村治理示范镇村。建成3条美丽乡村精品线路，古劳水乡自然人文风情精品线路

被评为广东美丽乡村精品线路。全年投入2442万元，在江门地区率先改革创新农村基础设施长效管护机制。

【环境保护】 2020年，《鹤山市2020年污染防治攻坚战重点工作任务清单》《鹤山市潭江牛湾国考断面水质达标2020年攻坚实施方案》《鹤山市2020年环境空气质量达标攻坚实施方案》出台，统筹推进污染防治攻坚工作。加强工业污染综合整治，8座C级工业炉窑完成转型升级，4台10—35蒸吨燃煤锅炉完成清洁能源改造或注销，58家VOCs（挥发性有机物）重点监管企业完成“一企一方案”综合整治，86家重点监管企业完成销号式综合整治。推进蓝天保卫战百日冲刺行动，其间全市AQI超标天数20天，比上年同期减少28天，下降58.3%。全市空气质量优良天数比例88.5%，创“十三五”时期最高水平。细颗粒物（$PM_{2.5}$）年平均浓度24微克/立方米，比上年下降22.6%，$PM_{2.5}$浓度优于世卫组织第二阶段标准。推进牛湾断面流域水环境综合治理，实施《鹤山市潭江牛湾国考断面水质达标2020年攻坚实施方案》，建立牛湾断面流域镇级环保巡查队伍，处理流域内工业直排偷排、农业和生活污水直排等环境问题。推进水源地环境保护专项整治，完成“千吨万人”乡镇及以下集中式饮用水水源地环境问题整改，完成西江饮用水水源保护区标志牌设置工程和镇级饮用水源保护区标志牌、围栏更新工程。推进各镇（街）入河排污口排查与整治，排查河段115.18千米，现场核实275个入河排污口，建立规范的入河排污口监管体系。开展饮用水水源地保护区范围划定和标志牌设置工作，启动西江饮用水水源保护区标志牌设置工程和镇级饮用水源保护区标志牌、围栏更新工程。全市有污水处理厂11座，污水处理能力11.61万吨/天。城区生活污水排放量2178.40万吨，城区生活污水处理率96.2%。推进土壤污染防治工作。加强疑似污染地块和污染地块风险管控，16个地块完成污染状况调查评审并移出疑似污染地块名录。强化土壤污染源头防控，全市4家企业按要求落实重点监管企业土壤污染防治义务。强化涉土壤污染企业监管，完成对17家重点监管企业周边土壤环境监测工作。开展环保专项整治行动，完成中央环境保护督察及回头看和固体废物专项督察涉及鹤山27项整改任务，省级环境保护督察涉及鹤山14项整改任务。开展危险废物环境安全和规范化管理专项工作，对56家产废企业开展危险废物规范化管理考核。开展“清废除患2020”专项行动，检查涉固体废物企业92家，责令改正8家、行政处罚8家。开展挥发性有机物重点监管企业销号式综合整治工作，对86家有机物重点监管企业逐一核对企业落实《广东省挥发性有机物重点行业帮扶执法手册》要点情况。开展固定污染源排污许可清理整顿和2020年排污许可发证登记工作，发出440个排污许可证、31份排污限期整改通知书，完成4254个排污登记。做好生态环境领域的疫情防控工作，强化对鹤山市人民医院及其传染科（雅瑶卫生院）、定点隔离场所（明逸时尚酒店、丽呈和一酒店、维也纳酒店等）的环境监管，加强对医疗废物规范化贮存和处置的监管。强化对国控、省控和重点污染源企业在线监控设施的运行管理，66家企业完成在线监控设备安装并接入平台。完成第二次污染源普查，查清全市工业污染源、农业污染源、生活污染源、集中式污染治理设施和移动源五大类污染源的基本情况、产排污信息、污染治理情况等，建立全市污染源数据信息库和重点污染源档案。

【重点建设项目】 2020年，鹤山市有59个项目被列入江门市重点建设项目，总投资542亿元，年度计划投资74.85亿元，全年完成投资93.57亿元。其中江鹤一级公路（S270）支线（老围）至县道大圣线（X561）(宋屋）连接线工程（一期）工程项目、江门得润汽车零部件及配件生产基地建设项目、江门广东富华工程装备制造有限公司生产高端装载机项目、江门广东隆鑫高端机车全球制造基地项目、江门广东江晟铝业有限公司生产铝合金型材项目、创维光电科技（深圳）有限公司创维集团显示项目、鹤山市东古调味食品有限改扩建项目和江门华侨城投资发展有限公司华侨城古劳水乡生态旅游度假区项目等8项列入省重点建设项目，累计完成投资16.33亿元，重点项目占固定资产投资比例51%。全市连续四个季度举办重大项目集中动工（投产）仪式，集中动工项目59个，新动工项目30个，新投产企业39家。

【鹤山工业城（园区）】 2020年，鹤山业成（园区）加快园区交通主干道和公共服务设施建设。投入2.25亿元新建和顺南路、鹤鸣路、龙腾路等9条道路。址山龙湾园区污水处理厂加快建设，污水管网工程完成总工程量91%；S270污水管网工程完成。工业城第一幼儿园、共和小学综合楼、共和镇客运站、工业城客运枢纽站、共和生态体育公园、笔架山公园改造工程建成使用。鹤山职教园区、工业城第一小学、创新中心空间楼加快施工，推进碧桂园、国瑞地产、宝丰新城、时代地产春树里人才公寓等生活配套设施建设项目。是年，鹤山工业城创建省级高新区，引进双创类企业。辖区内企业研发经费支出4.42亿元，高新技术产品产值占规模以上工业总产值比重55.8%。鹤山工业城规模以上工业企业95家，实现规模以上工业总产值165.8亿元，比上年增长24.7%；规模以上工业增加值40.1亿元，增长20.9%；固定资产投资55.4亿元，其中工业投资52.6亿元，占固定资产投资94.9%；外贸进出口57亿元，增长31.2%；财政累计收入4.11亿元，增长12.3%。

【重大项目集中动工】 2020年2月24日，鹤山市在址山龙湾产业园举行2020年首批重大项目集中动工仪式。项目分别为万洋众创城、智诚科技、上元产业港、天山支架4个项目，总投资161亿元，涵盖新型产业集聚平台、装备制造、自动化智能设备等领域。鹤山万洋众创城项目主要开发建设制造业集聚平台，将项目打造成为集制造研发、电子商务、仓储物流、生产生活配套、金融服务和智慧园区管理为一体的新型产业园区。项目总投资约140亿元，主要分为鹤山工业城址山龙湾园项目和古劳镇三连工业区鞋城改造项目。址山龙湾园项目打造龙湾金属制品产业园，项目计划总投资120亿元。智诚科技项目总投资约10亿元，主要生产户外烤炉。鹤山上元产业港项目计划投资10亿元，主要从事自动化智能设备、工业机器人和机械手、数控机床、新型通用机械、电器设备、精密零部件、机动车配件、通信器材及配件、灯饰及配件的研发、生产、加工、销售、安装及维修。鹤山天山抗震支吊架项目计划总投资1.14亿元，主要为中海地产集团内部建材产品配套。

【滨江路建成通车】 2020年1月20日，鹤山市举行滨江路工程通车仪式。滨江路工程全长2.9千米，双向6车道，项目总投资7.2亿元，为全国第三批政府和社会资本合作示范项目。

（鹤山市档案馆）

恩平市

【恩平市概况】 恩平市位于江门市西南部，2020年辖街道1个、镇10个，有行政村（社区）174个、自然村1598个。全市土地面积1693.60平方千米，其中耕地面积3.49万公顷。户籍人口50.33万人，常住人口51.70万人，以汉族为主体，占96.73%；少数民族25个，人口最多的少数民族是壮族，有2414人，其次瑶族254人，苗族112人。据2015年侨情统计数据，恩平市籍旅外华侨、华人48.4万人，分布在38个国家和地区，其中旅居委内瑞拉的华侨（华人）18.1万人，占全市旅外华侨、华人总数37.40%，港澳台地区11.2万人，占23.14%；有侨团组织76个，纳入恩平市“侨智库”重点侨领133人。

重要矿产资源有建筑用花岗岩、水泥用石灰岩、陶瓷土、页岩、地热和矿泉水等。重要海洋资源有连片的红树林。土特产有恩平烧饼、恩平裹粽、恩州奇石、恩平濑粉、恩平腊鸭、恩平簕菜茶、沙湖米等。主要旅游景点有响水龙潭森林公园、鳌峰山森林公园、泉林黄金小镇、花海欢乐世界、恒大泉都、锦江温泉、帝都温泉、山泉湾温泉等。是全国粮食生产先进县、全国农技推广示范县、国家万亩水稻示范区、国家级万亩马铃薯高产创建示范基地、全国农田保护先进单位、全国巾帼现代农业科技示范基地、地热国家地质公园、中国麦克风行业产业基地。是中国首个航空育种院士工作站、全国首个中国温泉之乡、全国首个中国演艺装备产业基地和首个中国避寒宜居地。

【经济发展】 2020年，恩平市实现地区生产总值（GDP）191.73亿元，比上年增长1.0%；其中，第一产业增加值31.03亿元，增长5.4%；第二产业增加值49.31亿元，增长0.3%；第三产业增加值111.38亿元，增长0.5%；地方一般公共预算收入12.68亿元，增长4.9%；社会消费品零售总额87.09亿元，下降4.8%；一般公共预算收入完成12.68亿元，增长4.9%，其中，税收收入8.51亿元，增长1.9%，非税收入4.17亿元，增长11.5%；一般公共预算支出40.05亿元，增长9.9%；争取上级转移支付补助资金27.38亿元，增长14.45%；完成外贸进出口总值31.1亿元，下降18.8%。其中，出口额26.4亿元，下降21.8%；进口额4.7亿元，增长3.7%。全市金融机构本外币存款余额308.9亿元，增长4.53%，其中住户存款余额、非金融企业存款余额分别为235.96亿元和29.83亿元，分别增长10.1%和下降23.3%；金融机构本外币贷款余额165.88亿元，增长23.52%，其中住户贷款余额106.47亿元，非金融企业及机关团体贷款余额57.29亿元，分别增长18%和35.8%。

全年签约引进项目23个，计划投资168.85亿元，其中引进海德堡精酿啤酒生产项目和海德堡啤酒小镇项目，计划投资110亿元。重点项目建设目标和任务项目70个，计划投资58亿元，完成投资66.67亿元，投资完成率114.88%。恩平市列入江门市重点项目计划的项目47个，计划投资31.93亿元，完成投资39.13亿元，投资完成率122.53%，办理立项项目319个，总投资额97.48亿元。固定资产投资比上年增长10.2%，高于年度计划目标（10.0%）0.2个百分点。其中，房地产开发投资比上年下降5.3%，占固投总额38.4%；工业投资下降6.7%，占固投总额27.4%，其中工业技术改造投资下降16.9%；装备制造业投资增长20.6%；基础设施投资增长55.1%，占固投总额34.7%。

农业 全市农作物播种总面积4.2万公顷，包括粮食作物2.89万公顷、蔬菜6800公顷、经济作物6400公顷、水果4133.33公顷、其他733.33公顷；其中，全市水稻种植面积2.69万公顷，产量14.29万吨，机械化综合水平83.22%，其中机耕99.23%，机播50.70%，机收94.39%；春收马铃薯面积2066.67公顷，产量6.6万吨。落实水稻扩种任务447.27公顷，省级丝苗米现代农业产业园春耕秋收工作、马铃薯现代农业产业园冬种工作被中央电视台报道。建设高标准农田886.67公顷。新增国家地理标志农产品2个，全国名特优新农产品1个，省级重点农业龙头企业1家，“一村一品、一镇一业”农业特色产业项目8个，“一村一品、一镇一业”专业村6个，“全程机械化+综合农事”服务联合体1个，“菜篮子”基地1个，示范家庭农场1家，江门市级现代农业产业园3个，重点农业龙头企业3家，示范性家庭农场4家，与省农科院共建产学研合作示范基地1个，培训新型职业农民（高素质农民）202人；获评省水稻生产全程机械化先进县（市、区）。参与江门市冷链物流产业园建设，获产业园扶持资金800多万元，用于高标准冷库和农产品冷链配送建设。举办2020年中国农民丰收节和恩平大米、恩平濑粉“12221”（“12221”行动是广东省促进农产品销售而进行的举措。“1”即一个大数据，以大数据指导生产指导销售提供量化判断依据。“2”即“拓展销区市场，完善产区市场”2个市场。“2”即成立销售联盟，组织销区采购商队伍、培养产区经纪人队伍2支队伍。“2”即“采购商走进产地”“产品走进大市场”2场活动。“1”即实现一揽子目标）市场营销系列活动，组织各类农产品展销签订购销协议600多万元。巩固国家农产品质量安全市（县）创建成果，推行食用农产品合格证制度，市农产品质量监督检验测试中心通过CMA（中国计量认证/认可）和CATL（农产品质量安全检测机构考核合格标志）资质“二合一”认证。做好非洲猪瘟防控工作，保障猪肉供应安全稳定，生猪等畜禽统计监测工作获农业农村部畜牧兽医局表扬。完成水利建设投资3.4亿元，完成中小河流治理54千米，建成碧道长度13.6千米；完成渠道治理6.7千米，改善灌溉面积3333.33公顷；实现革命老区村集中供水全覆盖，储备水利重点项目14个，完成历年完工项目验收结算73件。

工业 全年规模以上工业企业实现增加值35.29亿元，比上年下降1.9%；规模以上工业增加值35.29亿元；固定资产投资173.54亿元，增长10.2%；外贸进出口总额31.1亿元，下降18.8%；有规模以上工业企业125家，产值超1亿元企业36家，纳税超1000万元企业37家。

第三产业 全市社会消费品零售总额87.09亿元，比上年下降4.8%，其中，限额以上单位消费品零售额17.56亿元，占社会消费品零售总额比重20.2%，下降10.1%；限额以上企业（单位）商品零售类值累计8.15亿元，下降10.6%，在全市16个限额以上批发和零售业类值商品零售额中，中西药品类增长15.9%，汽车类增长13.0%，机电产品及设备类下降15.9%，饮料类下降17.9%，石油及制品类下降18.9%，文化办公用品类下降21.8%，家用电器和音像器材类下降23.0%，家具类下降28.1%，体育、娱乐用品类下降33.4%，五金、电料类下降36.0%，烟酒类下降38.2%，服装、鞋帽、针纺织品类下降41.2%，粮油、食品类下降42.8%，化妆品类下降49.5%，日用品类下降82.5%。举办“云赏恩平簕享其中”簕菜美食文化节和2020年恩平温泉嘉年华暨粤港澳大湾区大河马赛车文化周活动。启动“广东省全域旅游示范区”创建。泉林黄金小镇、恒大泉都申报创建国家AAAA级、AAA级旅游景区。恒大泉都五国温泉小镇、恒大酒店开业。佳源帝都温泉升级改造、博物馆图书馆新馆建设推进。完善旅游基础配套设施，建成旅游公路，列入2020年建设任务的旅游厕所按进度完成。牛江镇莲塘村被评为2020年江门市乡村旅游示范村。全年接待游客442.7万人次，比上年恢复56.02%；实现旅游收入44.9亿元，比上年恢复54.62%。

表64

2020年恩平市国民经济主要指标情况表

指标	计量单位	绝对值	比上年增长（%）
地区生产总值	亿元	191.73	1.0
第一产业增加值	亿元	31.03	5.4
第二产业增加值	亿元	49.31	0.3
工业增加值	亿元	37.46	-1.0
第三产业增加值	亿元	111.38	0.5
人均地区生产总值	元	39621	1.1
规模以上工业总产值	亿元	161.00	-1.6
固定资产投资	亿元	173.54	10.2
社会消费品零售总额	亿元	87.09	-4.8
外贸进口总额	亿元	4.7	3.7
外贸出口总额	亿元	26.4	-21.8
实际利用外资直接投资	亿元	3.00	11.9

续表64

指标	计量单位	绝对值	比上年增长（%）
地方一般公共预算收入	亿元	12.68	4.9
地方一般公共预算支出	亿元	40.05	9.9
常住居民人均可支配收入	元	22299	4.8

【社会事业】 社会保障 全年市财政民生投入32.57亿元，比上年增长16.48%，占全市一般公共预算支出70.41%。全市社保基金总收入20.91亿元，总支出20.42亿元，收支结余4882万元，累计结余5.19亿元。各项社会保险待遇均按时足额社会化发放，其中：职工养老保险基金支出8.47亿元、基本医疗保险基金支出2.56亿元、失业保险基金支出1151万元、工伤保险基金支出1803万元、城乡居民养老保险基金支出1.45亿元、城乡居民医疗保险基金支出2.91亿元、机关养老保险基金支出2.76亿元。推进“粤菜师傅”“广东技工”“南粤家政”三项工程建设。组织4家餐饮企业参与“粤菜师傅”彩虹计划；举办江门市“粤菜师傅＋农业”联盟启动仪式暨恩平“粽子产业”系列活动、粤菜师傅“全濑有你”技能竞赛；开展“粤菜师傅”公益性培训，培养193名粤菜师傅；发动企业和职工参加互联网线上适岗培训，向111家企业发放企业职工适岗培训补贴1265.79万元；推进以工代训工作，向222家企业发放补贴资金1269.35万元；打造恩平“安心家政”品牌，实施重点就业群体免费职业技能培训计划，对在恩平市生活、工作的建档立卡贫困人员等11类就业重点群体人员574人开展免费职业技能培训。全年投入16万元扶持8户残疾人家庭发展生产脱贫。恩平市首家以精准扶贫为主题的爱心茶餐厅开业。实施机构康复、居家康复、白内障复明、精神残疾人免费取药住院、辅具适配等残疾人个性化康复服务1889人次。全市残疾人精准康复服务率94.17%。

教育 2020年，恩平市解决教育民生热点问题，提升学校午托服务能力，9月，全市小学开设午托服务，自愿参加学校午托服务的小学生近2万人；统筹公办学前教育资源，提高公办幼儿园和普惠性民办幼儿园占比，完成省下达的“5080”（在园学生比例达到50%，普惠幼儿占比达到80%）目标任务；落实《恩平市2018—2025年中小学校布局规划》，抓好平东中学、东安中学升级改造。鼓励和支持优质民办学校发展。华南师范大学与奥园集团合作办学项目奠基。恩平黄冈实验中学新建综合楼和宿舍楼各1栋。深化校园“厕所革命”。15所学校“厕所革命”建设完工，完成新增面积850.25平方米，投资金额258.23万元。加强城乡教学交流研讨，探索开展校际间学科“同课异构”，建立由教师发展中心，学校班子、教导处、年级组、班级5级组成的高考备考管理体系，深化校企合作，做好“1＋X”证书有机衔接工作，提高办学质量，培养全面发展的人。

卫生 加强新冠肺炎疫情防控工作，开展中高风险地区人员摸底排查、隔离医学观察、社区“三人小组”（村居干部、基层民警、医务人员）防控、发热门诊哨点监测、定点医疗救治，组建援鄂医疗队和支援白云机场口岸现场采样工作队支援一线疫情防控，对冷链食品以及重点机构场所的人员、环境、产品开展核酸检测，对重点人群开展新冠疫苗接种等工作，控制疫情传播。推进医疗卫生重点项目建设。市妇幼保健院新院于12月28日投入使用。启动医共体建设。举行医共体揭牌授牌仪式，印发工作实施方案，成立心电图诊断中心、医学检验中心等机构。做好发热门诊改造、医疗卫生机构污水处理系统整改、院感防控、PCR（基因扩增）实验室建设等工作。开展中医药工作。疫情期间加强中医药预防保健宣传教育，指导群众科学开展新冠肺炎中医药防控，召开全市中医药大会。开展区域卫生信息平台建设，15家医疗卫生单位建设江门市区域卫生信息平台，省远程医疗平台项目投入使用。加强卫生人才培养。组织到市内、外各重点院校宣传恩平市卫生人才培养和引进政策，发动约40人报读医学专业，其中本科14人。建成社会心理服务中心11间，心理咨询室254间，疫情防控期间加强重点人群心理健康服务工作，上门服务900多人次。开展预防接种标准化建设和尘肺病防治攻坚行动。开展卫生城乡创建工作。全市8个镇通过省级病媒生物防制技术评估。推进省级健康促进县建设工作。全市创建健康促进场所136个。开展妇女儿童和老年人保健工作。推进农村妇女增补叶酸、农村妇女“两癌”（乳腺癌、宫颈癌）检查、地中海贫血防控等服务项目，开展医养结合试点和“银龄安康行动”。

文化 推进公共文化设施建设。“两馆”（图书馆、博物馆）建设按计划推进；建成拉美华侨华人文化展览馆、“文旅之窗”并对外开放。建成镇（村）级公共文化设施32项。其中，自助图书馆建设成效明显，镇级自助图书馆实现全覆盖。实施文化惠民工程。开展各类主题文化活动472场（线下活动269场，线上活动103场）。组织创作各类主题作品200多件，其中，2首歌曲入选“侨乡最美之歌”；小品《闹圩场》参加江门市扫黑除恶专项斗争民间优秀文艺会演获特等奖。推进文化遗产保护工作。完成博物馆新馆陈列布展大纲编写工作。申报江门市非遗项目代表性传承人2人。完成朗底圩司令部旧址励英学校和郑锦波故居完成升级工程。申报恩平市（县）级非遗项目。牛江镇中国华侨国际文化交流基地揭牌。

体育　完成75个村（单位）23副篮球架、35张室外乒乓球台、35套健身路径的配送及安装工作。完善乡镇"15分钟健身圈"格局。市羽毛球协会、乒乓球协会、太极拳协会代表恩平市参加"江门市备战2022年广东省第十六届运动会（群众体育组）选拔赛"创佳绩。完成广东省第五次国民体质监测工作（328人）和恩平市体质测定与运动健身指导站监测工作（1500人）。

表65　2019—2020年恩平市社会事业主要指标情况表

指标	计量单位	2019年	2020年
中等职业学校和技工学校	所	2	2
中等职业学校和技工学校在校学生	人	1755	1896
普通中学	所	24	24
普通中学在校学生	人	21019	22324
小学	所	40	40
小学在校学生	人	38743	40001
幼儿园	所	48	49
在园幼儿	人	13924	14593
医院、卫生院	家	18	18
医院、卫生院床位	张	1842	1962
公共图书馆	个	1	1
博物馆	个	1	1
国家档案馆	个	1	1

【城乡建设】　2020年，恩平市建成各级各类公园202个。其中，完成22个村（居）公园建设和新建改建2个镇级公园，全市174个村（居）委会公园达到全覆盖。推进新飞马大桥及沿江路改建PPP（政府和社会资本合作）项目的验收工作和恩平中心城区环境提升综合整治工程西门大桥改建，推进恩平市城区生活污水处理厂三期PPP项目、恩平中心城区御锦珑湾至绵湖大桥段雨污管道及环境整治和城市天然气输送工程建设。完善恩平中心城区配套排水、燃气管网。完成农村无害化卫生户厕改造4.57万户，无害化卫生户厕普及率100%。打造恩平"美丽廊道"，提升"廊道"372处，长度378.70千米。加快美丽乡村建设，落实美丽乡村建设奖补机制，全市100%行政村（居）达到干净整洁村标准，60%行政村达到美丽宜居村标准，连线连片建成牛江镇、圣堂镇2条美丽乡村精品线路。良西镇申报2020年广东省乡村治理示范镇，牛江镇昌梅村等9个村申报2020年广东省乡村治理示范村。全年完成城乡建设项目投资7.78亿元，建成项目8个，结建项目18个。加快老旧小区设施改造，确定恩城街道西门小区为老旧小区改造试点项目并实施，制订《恩平市城镇老旧小区2021—2025年改造规划》。完成市图书馆、博物馆主体工程建设，完成投资8020万元。建设农村污水处理设施387个。推进农村房屋安全隐患排查工作。创建宜居镇1个、宜居村2个。

【生态环境建设】　2020年，恩平市推进蓝天保卫战。深化工业挥发性有机物治理，完成7家VOCs（挥发性有机物）重点监管企业整治。推进工业锅（窑）炉整治，15台10—35蒸吨燃煤锅炉完成清洁能源改造，3台35蒸吨及以上燃煤锅炉完成超低排放改造，56条陶瓷生产线完成"煤改气"改造工作。是年，恩平市空气优良天数比例达97.3%。深化水环境治理。完成"千吨万人"乡镇级及以下饮用水水源地环境问题清理整治。完成411个入河排污口整治。强化恩平市污水处理厂一、二期专项检查，跟进医疗废水处理情况。推进恩平市相关医疗机构医疗废水处理升级改造。督促企业落实减排措施，确保工业废水排水保持逐步下降趋势。推进净土保卫战。组织对纳入全国污染地块系统的地块开展土壤污染状况详查，配合相关部门完成土地出让审核工作。协助江门市生态环境局完成重点行业企业用地调查，完成相关企业踏勘、现场布点及采样工作。打好农村污染治理攻坚战。加强农村生态环境监管，实行鱼塘、池塘换排水申报制度。联合水利、农业部门及各镇（街）开展农村黑臭水体排查工作，未发现有农村黑臭水体。加大农村人居环境综合整治，全市雨污分流改造任务完成。开展森林小镇建设，成功创建省森林小镇4个。响水龙潭森林公园、鳌峰山森林公园成功创建省级森林公园。完成更新造林9353.33公顷，新增生态公益林1.33万公顷，森林覆盖率49.48%。

【2020中国（恩平）国际演艺装备展览会】 2020年11月18日在恩平市开幕。此届中国（恩平）国际演艺装备展览会得到中国演艺设备技术协会、中国舞台美术学会、中国电子音响工业协会等行业协会指导。由恩平市电声行业协会主办，恩平市凝创信息科技有限公司承办，以“世界舞台·恩平演艺”为主题。展览会面积2万多平方米，参展企有230多家，展品涵盖麦克风、会议系统、调音台、功放机、处理器、娱乐设备、直播设备、专业音箱、电声配件等类别。本次展会采取线上线下结合方式，实现了“商家与厂家精准对接”，达成意向成交3.5亿元，推广恩平演艺装备行业优质产品，扩大行业影响力，为恩平市实现由“中国麦克风行业产业基地”“中国麦克风出口基地”向“中国演艺装备产业基地”的升级、促进电声行业高质量发展，增添浓墨重彩的一笔。

【2020恩平投资推介会】 2020年11月23日在恩平市举行，由恩平市人民政府主办，深圳市机械行业协会、东莞市机械行业协会、恩平市机械行业协会协办，以“新产业 启协同 强制造”为主题，力求对接大型央企、知名民企、行业领军龙头企业，聚焦重点产业、重点领域实施精准招商。江门市政府副秘书长麦敏杰，恩平市委副书记、市长刘兵，市人大常委会主任李健忠，市政协主席禤缵灵等领导，凯伦拜尔格（中国）有限公司、深圳市宝鸿科技实业有限公司、广东艾普升智能装备有限公司等企业代表出席活动。投资推介会签约项目18个，总投资额约150亿元。其中，现场签约项目12个，包括1个超100亿元投资额的项目。

【“云赏恩平簕享其中”簕菜美食文化节】 2020年5月25—30日，恩平市文广旅体局、人社局、农业农村局以线上办节的形式，在恩平市联合举办主题为“云赏恩平簕享其中”的第六届恩平簕菜美食文化节。活动首次以电商直播形式，在线展示和推介侨乡恩平的独特魅力及文化底蕴，旨在加强簕菜品牌宣传，推进“粤菜师傅”工程，活跃恩平自由行旅游市场，加快擦亮全国首个“中国避寒宜居地”城市名片。直播特邀粤菜大厨介绍全簕菜宴，现场手把手教大家日常烹饪簕菜美食，恩平市文广旅体局负责人与文旅大咖在直播间化身“好物推荐官”，让观众足不出户，就可以领略恩平美食特产，并“云”游恩平。

【2020年恩平温泉嘉年华暨粤港澳大湾区大河马赛车文化周活动】 2020年12月4日在泉林黄金小镇举行开幕式，活动由广东省气象局、广东省社会体育中心、江门市文化广电旅游体育局指导，恩平市人民政府、广东省汽车摩托车运动联合会主办，恩平市文化广电旅游体育局、牛江镇人民政府、大田镇人民政府、那吉镇人民政府、广东大河体育管理发展有限公司、恩平市各温泉旅游企业承办，恩平市旅游协会、恩平市电声行业协会、广东省汽车摩托车运动联合会房车专业委员会、广东马帮协办，以“宜居恩平泉民同乐”为主题。活动主会场在泉林黄金小镇，分会场分别设置在牛江镇、大田镇、那吉镇及各温泉旅游企业。当天分别举行2020年恩平温泉嘉年华各旅游企业系列主题活动、2020年恩平温泉嘉年华各镇旅游主题活动、“中国避寒宜居地•广东恩平”服务平台上线等启动仪式。在随后一个月时间里，开展冯如文化暨濑粉美食节、山泉湾星空荷活荧光音乐派对、大田第四届菜心展销会、粤港澳大湾区大河马赛车文化周等系列活动。

【恩平市牛江镇被评为“中国华侨国际文化交流基地”】 2020年10月27日，冯如故里牛江镇中国华侨国际文化交流基地揭牌暨恩平拉美华侨华人展览馆开馆仪式在恩平市牛江镇举行。中国侨联文化交流部部长刘奇，广东省侨联二级巡视员曹堪宏，恩平市市长刘兵，江门市侨联党组书记、主席林春晖等出席活动，为交流基地揭牌并致辞。冯如故里——恩平市牛江镇是经中国侨联审定并确认的全国第七批“中国华侨国际文化交流基地”之一。全国有65个机构和单位被评为第七批“中国华侨国际文化交流基地”，其中恩平市牛江镇是江门市唯一入选镇（街），继五邑大学，江门五邑华侨人博物馆后江门市第3个“中国华侨国际文化交流基地”。

人 物

全国劳动模范

【李海全】 1978年3月生，九三学社社员，江门市润宇传感器科技有限公司技术总工，电子技术高级工程师职称，硕士学位。江门市润宇传感器科技有限公司常务副总经理。李海全立足基础技术和基型产品研究，设计开发的磁致伸缩线性位移传感器实现国产化，技术和质量达到国际先进水平，摆脱国际巨头的技术垄断，经营规模在国内市场占有率超60%，成为国内单项独打冠军。他负责的高新科技产品技术开发项目超40项；带领技术团队研发的SSI输出磁致伸缩线性位移传感器采样频率达2.5千赫兹，产品技术达到国际先进水平，同时该产品填补国内空白；设计开发的双位置测量磁致伸缩线性位移传感器在中国塑协举办的评选活动中获“最佳独特优秀设计产品奖”，申报实用新型专利8项，软件著作权5项，在国家行业级的杂志上发表3篇论文学术著作，获市级、区级科学技术奖。2012年成立以李海全名字命名的江门市首个劳模创新工作室——李海全劳模创新工作室。2016年创新工作室被评为广东省示范性劳模创新工作室，为集团公司培养输送超30名高层次职工人才。2017年，李海全入选江门市新会区第五批优秀中青年专家。自2018年起连续2年担任广东省职业院校学生专业技能大赛评审专家。2012年被评为广东省劳动模范，2016年被评为“全国五一劳动奖章”。2020年被评为全国劳动模范。

【梁庆宁】 1977年9月生，中共党员，海鸿电气有限公司技术中心负责人。梁庆宁带领的团队于2007年研制国际领先的S13新型节能型立体三角形卷铁心油浸式变压器，此产品获国家火炬计划项目和国家重点新产品，同时被列入2008年第六批资源节约和环境保护中央预算投资项目，2011年获国家能源科技进步奖。先后获广东省机械工业科学技术奖一等奖，广东省科学技术奖三等奖，广东省机械工业科学技术奖三等奖，江门市科学技术奖一等奖等。先后获全国劳动模范、全国机械工业劳动模范、广东省“五一劳动奖章”、江门市优秀青年科技标兵、开平市青年科技标兵、开平市优秀中青年拔尖人才、2018年江门市创新创业领军人才等称号。2012年，他研发世界首台非晶合金立体卷铁心油浸式变压器，2016年获第十八届中国专利优秀奖。2014年研制新一代敞开式立体卷铁心干式变压器，获第五届绿色制造科学技术进步奖二等奖。同年，研发110千伏电压等级4万千伏安容量产品，节能效果良好，填补国内国际空白。主导的多个技术实现突破，核心立体卷铁心技术获国内外超200件专利，其中57件为发明专利。参与国家、行业标准制定，公布实施标准超20项，其中梁庆宁有12项标准是主要起草人。发表多篇论文，其中《立体卷铁心有载调容配电变压器的技术特点和设计要点》获2017年全国变压器行业新技术开发成果三等奖。2020年被评为全国劳动模范。

【冯新源】 1981年10月生，中共党员，鹤山雅图仕印刷有限公司印刷技术主任。2001年12月入职鹤山雅图仕印刷有限公司，从一名印刷学徒起步，历任副手、机长、副科长、科长、技术主任。作为印刷部核心技能人员，除负责印刷技术的提升改良和创新研发外，发挥印刷技术的示范和传承作用，被省、市、公司评为先进工作者和先进个人，2019年获“全国五一劳动奖章”。技术上专注改造与研发，提高生产效能，适应绿色环保产品多元化需求。为解决新物料特性、产能低、质量不稳定局面，他对新物料反得进行热风测试，分析数据，运用测量仪器准确计算出墨层厚度/叠印率等印刷色彩数据，配合新型水油上光印刷，稳定新型水油上质量及提升印刷效率，使机台产能由30%提升到95%，丰富公司产品种类，提高产品市场占有率。以“师傅带徒弟”方式指导其他同事，构建符合国家级技能等级认证的技能体系，为公司培训技术骨干人员100余人。冯新源协助并带领公司申报并率先成为全江门第一批企业技能人才自主评价试点单位。2020年被评为全国劳动模范。

全国先进工作者

【左万里】 1963年11月生，中共党员，江门市五邑中医院院长，国务院特殊津贴专家，江门市首席医学专家、江门市名医。左万里潜心于呼吸内科疾病的临床和研究工作。30多年来从未离开过临床呼吸系统疾病的专业研究。他凭着精湛的医术救死扶伤、开展的新技术和新项目填补五邑地区空白，达到省内先进水平，主持省级科研课题并获省自然科学资金和省科技进步三等奖。2003年的“非典”战疫，他站在防疫救治第一线，担任江门市“非典”救治专家组组长，为江门战胜“非典”疫情作出贡献，被省委、省政府授予“一等功”。2020年1月，出任江门市新型冠状病毒感染肺炎临床专家组组长，成为疫情中的“最美逆行者”。他先后获中组部授予的“全国防治非典型肺炎工作优秀共产党员”称号、卫生部授予的“全国卫生系统抗击非典先进个人”称号、“全国防治非典型肺炎优秀科技工作者”、广东省委省政府记一等功，广东省“五一劳动奖章”、广东省“优秀共产党员”、广东省“职业道德建设和精神文明创建活动先进个人”广东“医师奖”等称号。2020年被评为全国先进工作者。

2020年12月10日，市委市政府在市委市政府会堂召开2020年全国、省劳动模范（先进工作者）和先进集体代表座谈会。图为获奖代表领奖现场，前排从左至右分别是：梁庆宁、左万里、李海全、冯新源 （市总工会 供）

附 录

2020年江门市国民经济和社会发展统计公报

江门市统计局 国家统计局江门调查队

2021年3月22日

2020年，面对新冠肺炎疫情带来的严峻考验和复杂多变的国内外环境，我市坚持以习近平新时代中国特色社会主义思想为指导，全面贯彻党的十九大和十九届二中、三中、四中全会精神，认真落实省委“1+1+9”工作部署，坚持稳中求进工作总基调，抢抓“双区驱动”机遇，统筹推进疫情防控和经济社会发展工作，扎实做好“六稳”工作、全面落实“六保”政策，经济逐季恢复向上，社会事业逐步推进，为经济社会秩序全面恢复提供有力保障，为“十四五”规划良好开局奠定坚实基础。

一、综合

经广东省统计局统一核算，2020年江门实现地区生产总值（初步核算数）3200.95亿元，比上年增长2.2%。其中，第一产业增加值274.48亿元，增长3.2%；第二产业增加值1333.23亿元，增长2.3%；第三产业增加值1593.24亿元，增长1.9%。三次产业结构比重为8.6:41.6:49.8。

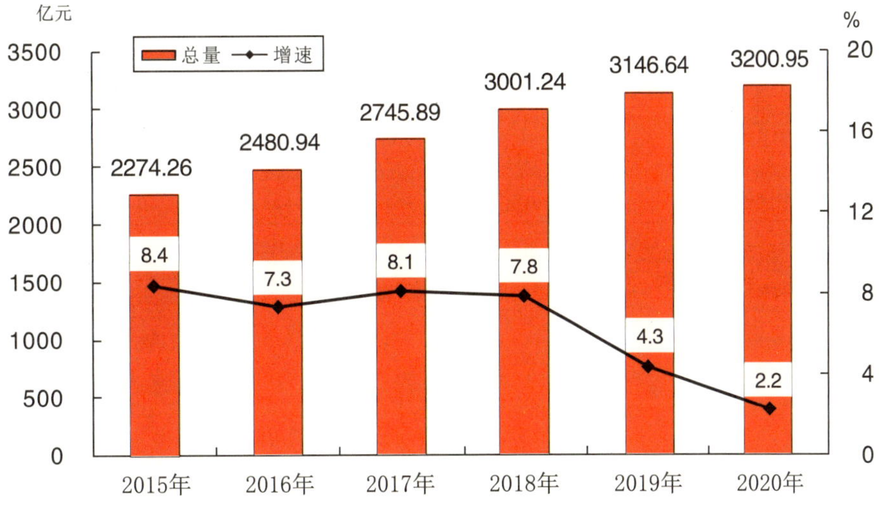

图1　2015—2020年地区生产总值及其增长速度

全市年末户籍总人口401.59万人。

全年居民消费价格比上年上涨3.1%。分类别看，食品烟酒类价格上涨10.3%，衣着类价格上涨1.0%，居住类价格下降1.2%，生活用品及服务类价格下降0.4%交通和通信类价格下降3.5%，教育文化和娱乐类价格上涨0.4%，医疗保健类价格上涨0.8%，其他用品和服务类价格上涨6.1%。工业生产者出厂价格下降1.3%，商品零售价格上涨1.7%。

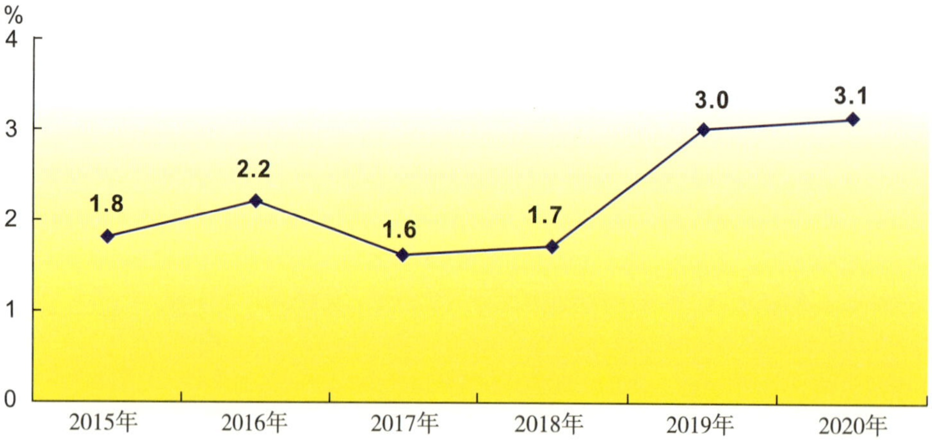

图2 2015—2020年居民消费价格涨跌幅度

附表1

2020年居民消费价格指数表

指标名称	价格指数（上年=100）	涨跌幅度（%）
居民消费价格	103.1	3.1
一、食品烟酒类	110.3	10.3
粮　食	100.8	0.8
鲜　菜	104.5	4.5
畜　肉	153.6	53.6
水产品	101.5	1.5
蛋　类	92.7	-7.3
鲜瓜果	85.3	-14.7
二、衣着类	101.0	1.0
三、居住类	98.8	-1.2
四、生活用品及服务类	99.6	-0.4
五、交通和通信类	96.5	-3.5
六、教育文化和娱乐类	100.4	0.4
七、医疗保健类	100.8	0.8
八、其他用品和服务类	106.1	6.1

全年城镇新增就业45945人，城镇失业人员再就业31864人。城镇登记失业率2.36%，比上年末上升0.24个百分点。促进创业人数5102人。

年末私营企业7.82万户，注册资金2477.45亿元，从业人数48.50万人，分别比上年增长9.4%、16.9%和1.3%；个体工商户48.04万户，注册资金266.79亿元，从业人数75.55万人，分别比上年增长9.5%、13.7%和5.3%。

全年税收收入484.22亿元，比上年下降3.5%。其中，工业收入233.31亿元，下降2.3%；房地产业收入94.89亿元，下降2.9%；批发零售业收入34.35亿元，下降11.7%；金融业收入27.20亿元，下降1.4%；租赁和商务服务业收入10.14亿元，下降8.5%。

全年地方一般公共预算收入263.98亿元，比上年增长2.8%。其中，税收收入168.79亿元，下降3.2%。全市地方一般公共预算支出443.25亿元，比上年增长4.5%。其中，教育支出87.36亿元，增长3.2%；卫生健康支出51.05亿元，增长6.9%；社会保障和就业支出73.67亿元，增长7.8%。

二、农业

全年农林牧渔业总产值500.91亿元，比上年增长4.1%。

全年粮食作物播种面积278.1万亩，比上年增长2.3%；糖蔗种植面积1.5万亩，下降44.3%；油料种植面积18.8万亩，增长1.4%；蔬菜种植面积113.2万亩，增长2.9%。

全年粮食产量97.9万吨，比上年增长5.0%。糖蔗产量9.7万吨，下降42.1%；油料产量3.3万吨，增长2.8%；蔬菜产量170.6万吨，增长5.0%；水果产量40.8万吨，增长7.2%。

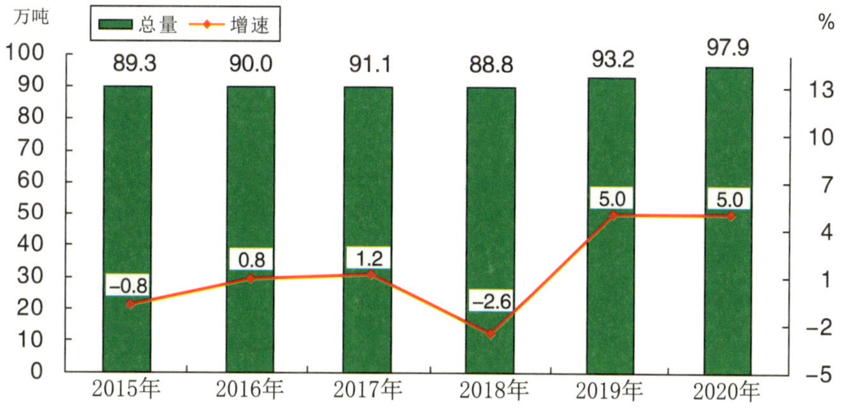

图3 2015—2019年粮食产量及其增长速度

全年肉类总产量28.2万吨，下降2.2%。其中，猪肉产量12.0万吨，下降19.1%；禽肉产量16.0万吨，增长16.4%。全年水产品产量80.8万吨，增长2.0%。

三、工业和建筑业

全年规模以上工业增加值比上年增长2.3%。分注册类型看，国有及国有控股企业增长4.8%，外商及港澳台投资企业增长0.3%，股份制企业增长4.4%，集体企业下降33.8%。分轻重工业看，轻工业下降2.0%，重工业增长6.0%。分企业规模看，大型企业增长0.2%，中型企业增长5.8%，小型企业增长2.0%，微型企业增长2.8%。

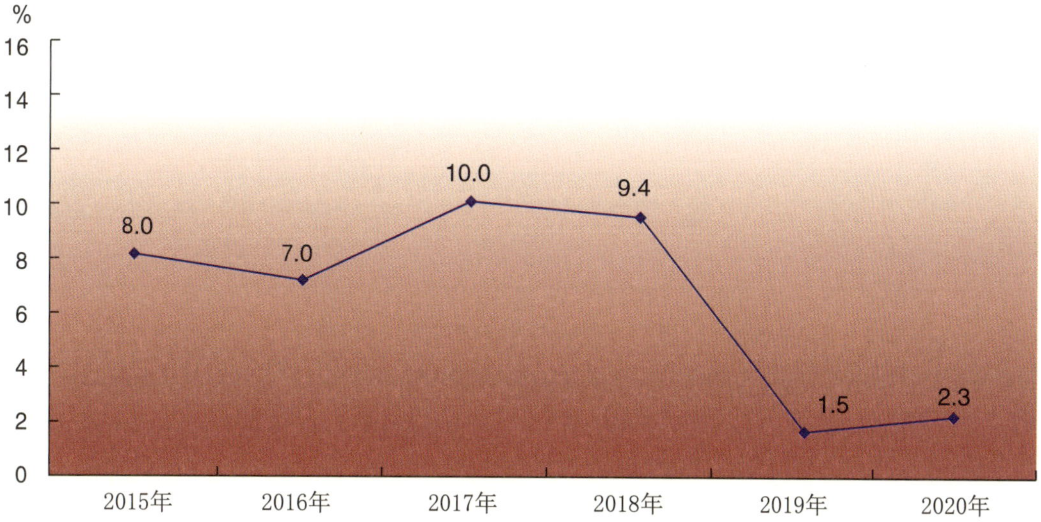

图4 2015—2019年规模以上工业增加值增长速度

规模以上先进制造业增加值比上年增长2.9%，占规模以上工业增加值的比重为39.4%。其中，高端电子信息制造业增长11.7%，先进装备制造业增长0.3%，石油化工产业下降18.6%，先进轻纺制造业下降0.4%，新材料制造业增长24.4%，生物医药及高性能医疗器械增长4.9%。

规模以上高技术制造业增加值比上年增长11.6%，占规模以上工业增加值的比重为11.8%，比上年提高0.8个百分点。其中，电子及通信设备制造业增长12.6%，计算机及办公设备制造业下降10.4%，医药制造业与上年持平，医疗仪器设备及仪器仪表制造业增长53.7%。

规模以上优势传统产业增加值比上年下降0.6%。其中，纺织服装业增长0.5%，食品饮料业增长4.2%，家具制造业下降14.8%，建筑材料业下降1.4%，金属制品业下降8.2%，家用电力器具制造业增长5.8%。

六大高耗能行业增加值比上年增长2.3%，其中，电力、热力生产和供应业增长2.8%，石油、煤炭及其他燃料加工业增长17.0%，化学原料和化学制品制造业下降18.3%，有色金属冶炼及压延加工业增长34.1%，黑色金属冶炼及压延加工业增长454.6%，非金属矿物制品业增长0.4%。

规模以上工业企业资产负债率57.74%，流动资产周转率1.81次，成本费用利润率5.5%，产品销售率96.67%，全员劳动生产率23.21万元/人。实现利润总额220.07亿元，同比下降2.8%。企业亏损额24.6亿元，比上年增长39%。企业亏损面21.0%，比上年上升3.84个百分点。全年规模以上工业企业每百元营业收入中的营业成本为83.07元，比上年上升0.09元。

附表2

2020年主要工业产品产量情况表

产品名称	计量单位	产量	增长（%）
饲料	万吨	377.51	5.5
布	万米	20120.80	25.2
服装	万件	6824.80	-42.8
家具	万件	1080.94	-18.8
机制纸及纸板	万吨	237.92	3.9
涂料	万吨	62.15	8.7
化学纤维	万吨	27.84	95.0
塑料制品	万吨	71.11	13.8
水泥	万吨	594.85	10.8
平板玻璃	万重量箱	2879.20	-4.5
铝材	万吨	24.53	272.6
金属集装箱	万立方米	550.05	34.0
日用不锈钢制品	万吨	10.03	0.6
摩托车	万辆	291.24	-9.9
原电池及原电池组	万只	62892.90	-1.6
房间空气调节器	万台	496.32	3.6
家用电风扇	万台	2664.41	10.4
家用洗衣机	万台	182.33	-1.3
打印机	万台	278.33	-25.0
印制电路板	万平方米	773.24	-12.4
灯具及照明装置	万只	20702.63	4.0

全年全社会建筑业增加值166.55亿元，比上年增长2.8%。全年具有资质等级的总承包和专业承包建筑企业269个，比上年增加40个；实现建筑业总产值334.60亿元，增长5.8%。

四、服务业

全年批发和零售业增加值175.57亿元，比上年下降9.8%；住宿和餐饮业增加值53.81亿元，下降21.1%；金融业增加值243.66亿元，增长7.1%；房地产业增加值272.98亿元，增长6.8%；交通运输、仓储和邮政业增加值90.62亿元，增长1.5%；营利性服务业增加值372.38亿元，增长2.3%；非营利性服务业增加值375.54亿元，增长6.0%。现代服务业增加值1000.49亿元，增长5.8%，占服务业增加值比重62.8%。生产性服务业增加值598.98亿元，增长2.7%，占服务业增加值比重37.6%。

全年规模以上服务业企业实现营业收入196.46亿元，比上年下降6.3%；利润总额22.31亿元，下降15.9%。分行业看，信息传输、软件和信息技术服务业营业收入增长1.6%，水利、环境和公共设施管理业下降29.9%，科学研究和技术服务业增长7.7%，卫生和社会工作增长3.2%，租赁和商务服务业下降1.5%，居民服务、修理和其他服务业增长2.1%。

全年水陆货运量17921万吨，比上年下降3.2%；货运周转量158.20亿吨公里，下降5.5%。水陆客运量5127万人，下降42.6%；客运周转量33.12亿人公里，下降43.3%。港口货物吞吐量10698万吨，增长56.6%。全年邮政业务总量30.67亿元（2010年不变价），可比增长24.0%；通信业务总量389.09亿元（2015年不变价），可比增长19.1%。年末移动电话用户740.33万户，比上年下降14.4%。

年末公路通车里程9767公里，其中高速公路593公里，一级公路956公里。公路密度103公里/百平方公里。年末机动车拥有量239.33万辆，比上年末增长3.7%，其中，民用汽车保有量96.25万辆，增长9.1%，其中轿车60.52万辆，增长9.7%；摩托车保有量142.40万辆，增长0.3%；挂车6853辆，增长26.7%。年末拥有民用运输机动船364艘，比上年末增加14艘。

五、固定资产投资

全年固定资产投资比上年增长6.9%。分投资主体看，国有投资增长1.4%；民间投资增长8.8%；港澳台及外商投资下降9.3%。分产业看，第一产业投资增长44.4%；第二产业投资下降

2.9%，其中工业投资下降2.9%，制造业投资下降0.4%；第三产业投资增长12.0%。民间投资占固定资产投资的比重为62.1%。基础设施投资增长12.9%，水利、环境和公共设施管理投资增长28.3%，交通运输类项目投资增长14.0%，信息传输（电信）类项目投资增长17.7%。高技术产业投资增长31.1%，占固定资产投资的比重为4.5%。

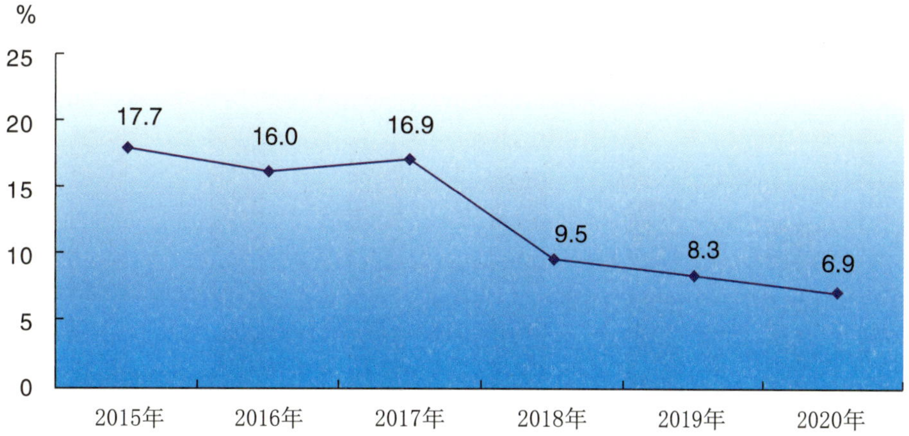

图5 2015—2020年固定资产投资额增长速度

全年房地产开发投资783.25亿元，比上年增长9.2%。商品房施工面积4655.62万平方米，增长11.8%；竣工面积483.78万平方米，下降9.6%；销售面积748.57万平方米，增长12.2%；销售额594.16亿元，增长15.5%。

附表3

2020年分行业固定资产投资增长速度表

行业名称	比上年增长（%）
固定资产投资	6.9
农、林、牧、渔业	6.1
采矿业	-58.3
制造业	-0.4
电力、燃气及水的生产和供应业	-11.7
建筑业	—
批发和零售业	-79.8
交通运输、仓储和邮政业	14.1
住宿和餐饮业	29.4
信息传输、软件和信息技术服务业	15.2
金融业	—
房地产业	9.8
租赁和商务服务业	14.5
科学研究和技术服务业	-15.1
水利、环境和公共设施管理业	27.6
居民服务、修理和其他服务业	236.3
教育	6.9
卫生和社会工作	4.0
文化、体育和娱乐业	4.0
公共管理、社会保障和社会组织	-24.2
国际组织	—

六、国内贸易

全年社会消费品零售总额1162.62亿元，比上年下降3.7%。按经营地统计，城镇消费品零售额889.52亿元，下降2.9%；农村消费品零售额273.10亿元，下降6.1%。从消费形态看，商品零售1047.52亿元，下降2.6%；餐饮收入115.10亿元，下降12.5%。

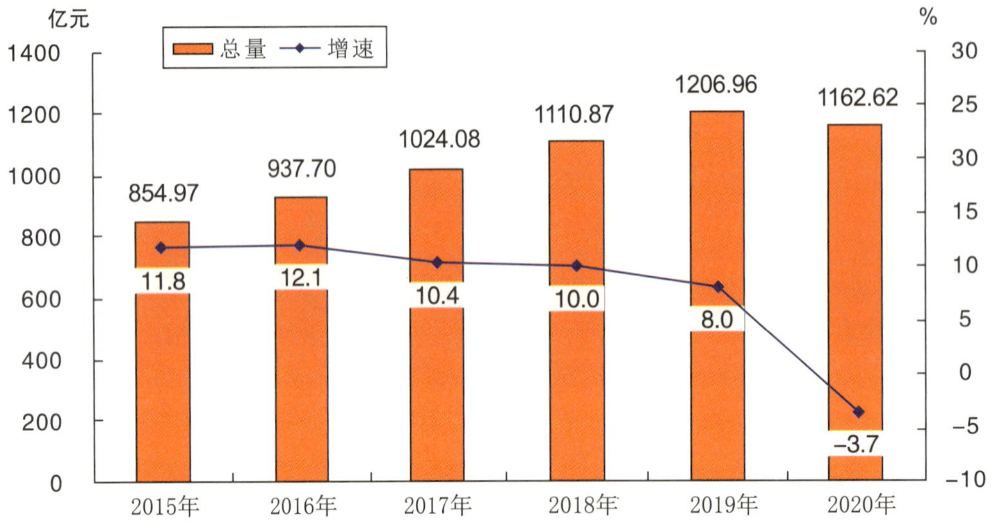

图6 2015—2020年社会消费品零售总额及其增长速度

在限额以上批发和零售业商品零售额中，粮油、食品、饮料、烟酒类比上年增长0.8%，服装、鞋帽、针纺织品类下降42.8%，化妆品类增长17.5%，金银珠珠宝类下降25.6%，日用品类增长14.3%，体育、娱乐用品类增长6.7%，电子出版物及音像制品类下降65.1%，书报杂志类下降2.0%，家用电器和音像器材类下降21.0%，中西药品类增长18.8%，文化办公用品类下降19.7%，通信器材类下降10.3%，石油及制品类下降19.8%，汽车类下降4.1%，建筑及装潢材料类下降5.1%。全年全市限额以上单位通过公共网络实现的商品零售增长41.5%，占全市限额以上单位商品零售的9.1%。

七、对外经济

全年外贸进出口总额1428.9亿元，比上年增长0.2%。其中，进口总额303.0亿元，增长4.7%；出口总额1125.9亿元，下降0.9%。对“一带一路”沿线国家进出口321.2亿元，下降0.4%。保税物流进出口9.9亿元，增长15.5%。出口分贸易方式看，一般贸易出口839.6亿元，增长7.4%；加工贸易出口284.2亿元，下降17.0%。出口前三位商品为家电、纺织制品和摩托车，出口值分别为172.5亿元、65.9亿元和62.2亿元，家电和摩托车分别增长22.0%和13.9%，纺织制品下降9.2%。出口高新技术产品145.5亿元，增长5.0%，占全市出口总值的12.9%。

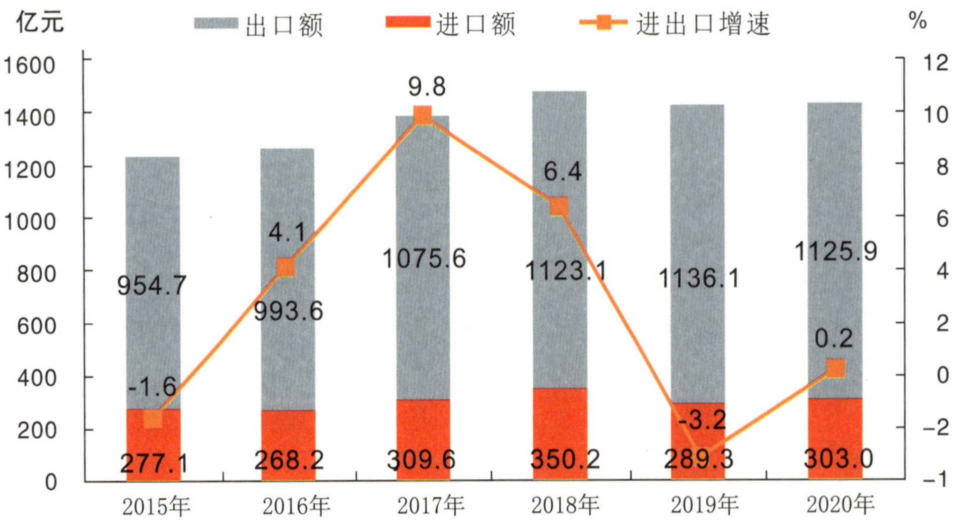

图7 2015—2020年外贸进出口总额

全年新设立外商直接投资项目354个，比上年增加88个。合同利用外资83.02亿元，下降10.7%。实际利用外资56.62亿元，增长3.8%。在实际利用外资中，分产业类型看，制造业增长201.7%；计算机、通信和其他电子设备制造业下降50.9%；电力、热力、燃气及水生产和供应业下降98.4%；批发和零售业下降89.2%；交通运输、仓储和邮政业增长343.0%；房地产业下降64.5%。分来源地区看，来自亚洲7.08亿美元，增长26.3%，其中中国香港地区5.67亿美元，新加坡1.07亿美元，中国澳门地区0.27亿美元；来自欧洲1.05亿美元，下降44.6%。

八、金融

年末中外资金融机构本外币存款余额5475.45亿元，比上年末增长10.7%，其中，境内存款余额5250.80亿元，增长10.7%，境内存款中住户存款3394.16亿元，增长10.9%；境外存款余额224.64亿元，增长10.9%。年末中外资金融机构本外币贷款余额4390.98亿元，增长19.7%，其中，境内贷款余额4353.54亿元，增长19.9%，境内贷款中住户贷款1804.55亿元，增长16.4%；境外贷款余额37.43亿元，增长2.2%。

年末各类保险公司65家，比上年增加4家。全年保费收入169.55亿元，比上年增长0.7%，其中，人寿保险业务收入130.55亿元，下降0.3%；财产保险业务收入39.00亿元，增长4.1%。共支付各项赔款39.59亿元，增长0.1%，其中，人寿保险业务赔款20.09亿元，增长5.0%；财产保险业务赔款19.49亿元，下降4.8%。

九、人民生活和社会保障

全年江门居民人均可支配收入33667元，比上年增长4.2%，扣除价格因素实际增长1.1%。

全年城镇居民人均可支配收入39923元，比上年增长3.4%。其中，工资性收入27975元，占全部可支配收入的70.1%。

全年农村居民人均可支配收入21129元，比上年增长6.3%。其中，工资性收入15236元，占全部可支配收入的72.1%。

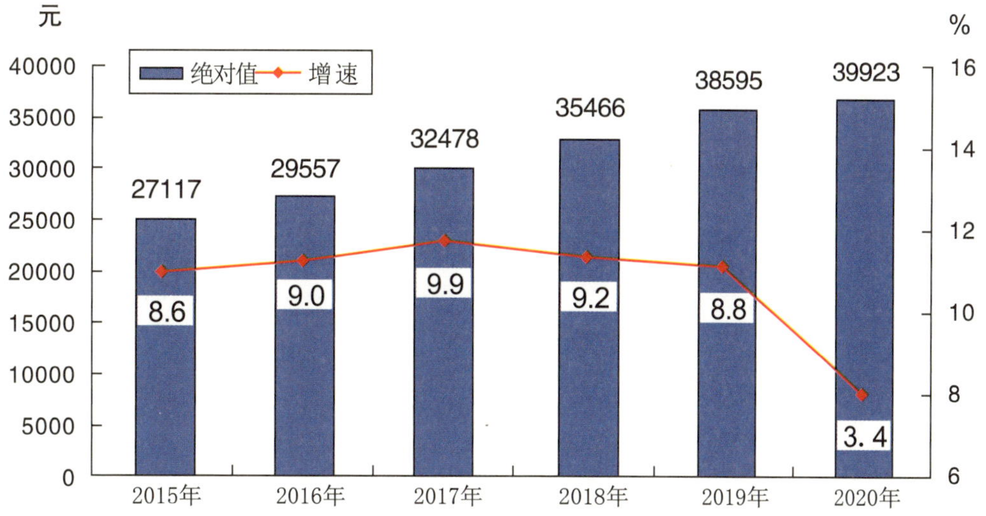

图8 2015—2020年城镇居民人均可支配收入及其增长速度

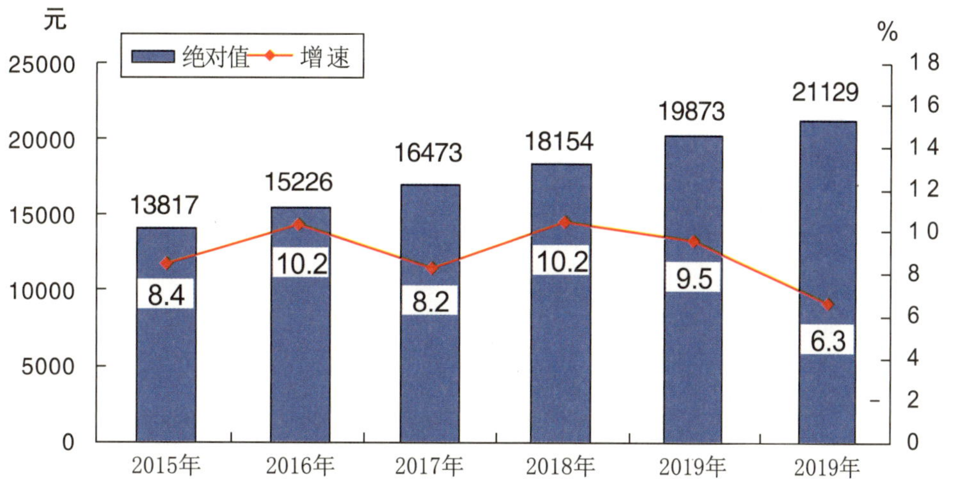

图9 2015—2020年农村居民人均可支配收入及其增长速度

全年社会保险基金收入224.11亿元，其中企业养老保险100.92亿元，城镇职工基本医疗保险（含生育）45.47亿元，城乡居民基本医疗保险22.09亿元。城镇职工基本养老保险参保人数153.35万人，城乡居民基本养老保险参保人数152.28万人，城镇职工基本医疗保险参保人数147.18万人，城乡居民基本医疗保险参保人数248.43万人，失业保险参保人数94.02万人，工伤保险参保人数103.12万人，生育保险参保人数98.76万人。年末领取养老金的离休、退休人数40.95万人，养老、失业、医疗、工伤、生育保险基金支出221.37亿元。

年末拥有社会福利院6间，福利院床位3140张，收寄养人数1431人；敬老院62间，敬老院床位5831张，供养人数1293人。拥有社区服务设施2253个，社区服务中心覆盖率100%。全年共销售福利彩票6.35亿元，筹集福利彩票公益金6966万元。年末每万人拥有社会组织数量为7.48个。

2020年全市居民最低生活保障标准900元/人·月，比上年提高50元/人·月。年末最低生活保障对象户数16630户，人数31310人。全年共发放低保救济金2.42亿元，比上年增长15.2%。年末特困供养人数9463人，全年落实供养经费1.69亿元，增长10.8%。全年门诊和住院费用医疗救助支出7315.86万元，救助19.72万人次；医疗救助资助参保支出1859.69万元，资助参保55348人。

十、教育和科学技术

全年高等教育(含成人教育)招生3.54万人，在校学生8.56万人，毕业生1.95万人。中等职业技术学校招生1.85万人，在校学生4.85万人，毕业生1.53万人。普通高中招生2.93万人，在校学生8.20万人，毕业生2.43万人。初中招生5.06万人，在校学生14.59万人，毕业生4.45万人。小学招生5.76万人，在校学生35.46万人，毕业生5.08万人。幼儿园入园儿童5.50万人，在园幼儿14.94万人。小学学龄儿童入学率100%，小学升学率100%，初中适龄少年入学率100%，初中升学率99.2%，高中升学率82.1%。

全年地方财政科学技术支出16.73亿元，比上年增长9.4%。全市高新技术企业1845家（拟通过），省级以上创新平台478个，省级农业攻关项目12个，市（县）属科学研究开发机构15个。年末有效发明专利拥有量4571件，专利授权量16891件，其中发明专利624件。全市拥有各类专业技术人数21.42万人，比上年增加0.70万人，其中中级职称以上8.71万人，比上年增加0.30万人。

十一、文化、旅游、体育和卫生

全年地方财政文化旅游体育与传媒支出11.63亿元，比上年增长0.6%。年末全市拥有群众文化艺术馆8间，文化站73个。拥有公共图书馆8间，公共图书馆藏书量435.4万册，图书馆全年流通人数207.1万人次，图书外借140.88万册次，图书馆阅览室座席3775个。拥有博物馆7个，博物馆文物藏品7.14万件，其中一级藏品6件。拥有广播电视台6个，广播电台节目7套。广播人口综合覆盖率100%，电视人口综合覆盖率100%。

2020年，全年旅游总收入103.34亿元，比上年下降29.6%。全年接待游客989.91万人次，比上年下降20.4%，其中，接待一日游游客261.03万人次，比上年下降9.3%；接待过夜游客728.88万人次，比上年下降23.7%。年末全市拥有体育场馆31个，市级体育协会（俱乐部）51家，现有国家级社会体育指导员数19名，一级社会体育指导员数344名，二级社会体育指导员2028名，三级社会体育指导员15124名。全市体育彩票年销售总额4.31亿元。江门籍体育健儿在国内赛事中，获得8项冠军，4项季军；在省级比赛上，获得17金、26银、42铜。

年末全市拥有医疗卫生机构(含各类门诊，下同)1712个，其中医院53个。医疗卫生机构实有床位24953张，其中医院18399张。医疗卫生机构在岗职工39597人，其中卫生技术人员33506人。卫生技术人员中执业（助理）医师11732人，注册护士15546人，药师（士）2110人，技师（士）1487人，其他卫生技术人员2631人。

十二、资源、环境和安全生产

年末全市领海基线以内海域面积2886平方公里，大陆海岸线414.8公里，拥有大小海岛352个（含赤鼻岛），其中有居民海岛6个、无居民海岛346个，海岛面积251.85平方公里。

全年规模以上工业综合能源消费量789.81万吨标准煤，比上年增长3.0%。全年全社会用电量308.73亿千瓦时，比上年增长4.8%。分产业看，第一产业用电量14.75亿千瓦时，增长12.3%；第二产业用电量211.06亿千瓦时，增长4.0%，其中工业用电量增长4.3%；第三产业用电量41.57亿千瓦时，增长2.9%。城镇居民生活用电量25.74亿千瓦时，增长7.3%；乡村居民生活用电15.60亿千瓦时，增长9.6%。

全市全年水资源总量102.36亿立方米。年平均气温23.5摄氏度，比上年下降0.2摄氏度；年降雨量1631.7毫米，比上年减少660毫米；年日照量1714.2小时，比上年增加3.3小时。全市大气环境质量良好，市区空气质量达标天数占比为88.0%，比上年提高11个百分点。市区和县级集中式饮用水源地水质优良，水质达标率100%。西江干流、西海水道水质优良，符合Ⅱ～Ⅲ类水质标准。江门河水质优良至轻度污染，水质类别为Ⅱ～Ⅳ类，达到水环境功能区要求；潭江干流上游水质优良至轻度污染，水质类别为Ⅱ～Ⅳ类，中游及下游银洲湖段水质优良至轻度污染，潭江入海口水质优良。列入水污染防治行动计划的9个地表水考核监测断面水质均达标，年度水质优良率为100%，无劣Ⅴ类断面。城市区域环境噪声平均值为56.69分贝，优于国家区域环境噪声2类区昼间标准；道路交通干线两侧昼间噪声质量处于较好水平，等效声级为69.7分贝，符合国家4类区昼间标准。全年农作物受灾面积7998.13公顷。自然灾害受灾1.38万人次，自然灾害直接经济损失0.98亿元。全市共发生生产安全事故105起，死亡77人，受伤72人，直接经济损失2661.46万元，事故起数和受伤人数分别比上年下降32.7%和29.4%，死亡人数下降15.4%，直接经济损失上升17.2%。事故起数分行业看，商贸制造业下降10.0%，建筑业上升50.0%，交通运输和仓储业下降36.5%，其他行业下降75.0%。道路交通万车死亡率为1.18人，比上年下降0.13人。

注：

1.本公报中2020年数据为初步统计数，统计图中2015—2019年数据为年报数。

2.地区生产总值、三次产业及相关行业增加值绝对数按现价计算，增长速度按可比价计算；地方一般公共预算收入增长速度按可比口径计算。

3.农业相关历史数据根据第三次全国农业普查结果进行修订。

4.社会消费品零售总额根据第四次全国经济普查结果对2019年数据进行修订。

5.规模以上工业统计口径为年主营业务收入2000万元及以上的工业企业。

6.固定资产投资项目统计起点由计划总投资50万元提高到500万元，增速为可比口径。

7.限额以上批发和零售业统计标准为：批发业年主营业务收入2000万元及以上；零售业年主营业务收入500万元及以上。

8.规模以上服务业范围是：（1）年营业收入2000万元及以上服务业法人单位。包括：交通运输、仓储和邮政业，信息传输、软件和信息技术服务业，水利、环境和公共设施管理业三个门类和卫生行业大类；（2）年营业收入1000万元及以上服务业法人单位。包括：租赁和商务服务业，科学研究和技术服务业，教育三个门类，以及物业管理、房地产中介服务、房地产租赁经营和其他房地产业四个行业小类；（3）年营业收入500万元及以上服务业法人单位。包括：居民服务、修理和其他服务业，文化、体育和娱乐业两个门类，以及社会工作行业大类。

9.2015年起，“地方公共财政预算收入”更名为“地方一般公共预算收入”；各项金融机构存款余额中，“单位存款”更名为“非金融企业存款”，“储蓄存款”更名为“住户存款”。

10.货物贸易、吸收外资采用人民币计价。实际利用外资分产业类型和分来源地数据仍沿用美元计价。

11.从2019年开始，已实现合并的广播电台、电视台纳入“广播电视台”指标统计，“广播电视台”包括市、市（区）广播电视台。

12.2020年起，全国文旅系统对旅游数据实行新的统计口径。

资料来源：本公报中户籍人口、机动车拥有量、道路交通事故数据来自市公安局；城镇就业和失业、专业技术人员、社会保障数据来自市人力资源社会保障局和市医保局；专利、私营企业和个体工商户数据来自市市场监督管理局；税收数据来自市税务局；财政数据来自市财政局；水产品产量数据来自市农业农村局；海域和海岛面积、大陆海岸线数据来自市自然资源局；货物进出口数据来自江门海关；利用外商直接投资数据来自市商务局；公路里程和密度、民用运输船舶、公路和水路运输、港口货物吞吐量数据来自市交通运输局；邮政业务总量数据来自市邮政管理局；通信业务总量数据由省反馈；移动电话用户数据来自市工业和信息化局；货币金融数据来自人民银行江门中心支行；保险业数据来自市保险行业协会；高新技术企业、科技计划项目数据来自市科学技术局；高等教育数据来自五邑大学、江门职业技术学院、江门开放大学、广东南方职业学院、江门中医药职业学院和江门幼儿师范高等专科学校，其他教育数据来自市教育局；广播电视、公共图书馆、文化馆（站）、博物馆、旅游、体育数据来自市文化广电旅游体育局；卫生数据来自市卫生健康局；社会福利机构、福利彩票、社会组织、低保特困数据来自市民政局；气象数据来自市气象局；环境监测数据来自市生态环境局；水资源数据来自市水利局；农作物受灾面积、自然灾害受灾面积及直接经济损失和安全事故数据来自市应急管理局；其他数据来自市统计局和国家统计局江门调查队。

附表4

2020年江门市经济社会发展主要指标表

指标名称	单位	绝对值	增长（%）
地区生产总值	亿元	3200.95	2.2
其中:第一产业增加值	亿元	274.48	3.2
第二产业增加值	亿元	1333.23	2.3
第三产业增加值	亿元	1593.24	1.9
粮食产量	万吨	97.9	5.0
规模以上工业增加值	亿元	1068.19	2.3
固定资产投资	亿元	—	6.9
其中：工业投资	亿元	—	-2.9
基础设施投资	亿元	—	12.9
房地产开发投资	亿元	—	9.2
社会消费品零售总额	亿元	1162.62	-3.7
进出口总额	亿元	1428.9	0.2
其中：出口总额	亿元	1125.9	-0.9
进口总额	亿元	303.0	4.7
实际利用外商直接投资额	亿元	56.62	3.8
地方一般公共预算收入	亿元	263.98	2.8
其中：税收收入	亿元	168.79	-3.2
地方一般公共预算支出	亿元	443.25	4.5
税收总收入	亿元	484.22	-3.5
金融机构本外币存款余额	亿元	5475.45	10.7
其中：住户存款	亿元	3394.16	10.9
金融机构本外币贷款余额	亿元	4390.98	19.7
其中：住户贷款	亿元	1804.55	16.4
旅游收入	亿元	103.34	-29.6
居民人均可支配收入	元	33667	4.2
城镇居民人均可支配收入	元	39923	3.4
农村居民人均可支配收入	元	21129	6.3
居民消费价格指数	%	103.1	3.1
工业生产者出厂价格指数	%	98.7	-1.3
全社会用电量	亿千瓦时	308.73	4.8
其中：工业用电量	亿千瓦时	209.59	4.3

社会经济统计资料

附表5

2020年江门市行政区划一览表

单位：个

市（区）	镇	街道办事处	村民委员会	居民委员会
全市	61	12	1056	265
蓬江区	3	3	55	77
江海区	0	3	36	26
新会区	10	1	199	34
台山市	16	1	277	36
开平市	13	2	226	42
鹤山市	9	1	112	27
恩平市	10	1	151	23

附表6

江门市经济和社会发展情况表（一）

项　目	单　位	2019年	2020年
土地面积	平方公里	9506.92	9506.92
年末常住人口	万人	475.32	480.41
年末户籍人口	万人	400.11	401.59
年末从业人员	万人	272.27	273.03
第一产业	万人	77.55	74.92
第二产业	万人	86.54	89.5
第三产业	万人	108.18	108.61
生产总值	亿元	3150.22	3200.95
第一产业	亿元	254.35	274.48
第二产业	亿元	1326.60	1333.23
# 工业	亿元	1201.74	1168.03
第三产业	亿元	1539.87	1593.24
人均生产总值	元	66622	66984
生产总值增速	%	4.3	2.2
第一产业增速	%	6.3	3.2
第二产业增速	%	2.5	2.3
# 工业增速	%	2.6	2.3
第三产业增速	%	5.8	1.9
人均生产总值增速	%	3.5	1.1
农业总产值	亿元	459.25	500.84
农业总产值增速	%	4.9	3.8

续附表6

项　目	单　位	2019年	2020年
粮食总产量	万吨	93.22	97.92
全部工业企业单位数	个	41071	---
全部工业总产值	亿元	4950.39	---
# 规模以上	亿元	4246.64	4382.58
规模以上工业增加值	亿元	1008.60	1027.95
规模以上工业增加值增速	%	1.5	2.3
规模以上工业利润总额	亿元	223.07	225.24
规模以上工业利润总额增速	%	-0.5	-2.8

说明：生产总值、工业及农业总产值均为现行价，增长速度按可比价计算

附表7

江门市经济和社会发展情况表（二）

项　目	单　位	2019年	2020年
固定资产投资额增速	%	8.3	6.9
#房地产开发增速	%	24.8	9.2
客运量	万人	8935	5127
货运量	万吨	16901	17921
单位GDP能耗	上升或下降%	-2.46	-2.51
社会消费品零售总额	亿元	1206.96	1162.62
进出口总额	亿元	1425.40	1428.90
#进口总额	亿元	289.31	303.01
出口总额	亿元	1136.09	1125.90
实际外商直接投资	亿美元	8.23	8.26
税收总额	亿元	502.02	484.22
地方公共财政预算收入	亿元	256.83	264.00
地方公共财政预算支出	亿元	421.24	442.37
人民币存款余额	亿元	4831.16	5359.09
#城乡居民人民币存款余额	亿元	2662.11	2986.74
人均储蓄存款余额	元	57493	56007
人民币贷款余额	亿元	3617.72	4344.57
在岗职工年平均工资	元	80332	88219
居民消费价格总指数	%	103.0	103.1
高等院校在校学生	万人	4.80	5.60
中等职业在校学生	万人	4.79	4.85
小学在校学生	万人	34.95	35.46
卫生机构病床数	张	24248	24953
卫生技术人员数	人	32010	39597

附表8

2020年江门各市（区）生产总值结构表

单位：万元

项 目	全市	蓬江	江海	新会	台山	开平	鹤山	恩平
生产总值	32009535	7244460	2490289	8122444	4575999	3911459	3747615	1917269
农林牧渔业	2818185	62042	54214	523686	1037314	504678	322632	313619
工业	11680300	2066913	1236580	3699214	1599945	1151370	1551633	374645
建筑业	1665450	284772	80429	312879	146599	519226	203022	118523
批发和零售业	1755720	590545	115377	314350	239107	213606	203350	79385
交通运输、仓储和邮政业	906184	214337	55097	139825	35938	214204	113153	133630
住宿和餐饮业	538131	152993	36612	83378	81596	68162	65772	49618
金融业	2436585	1107992	86687	405857	264733	226673	233712	110931
房地产业	2729779	767904	364095	427035	346117	263832	284020	276776
其他服务业	7479201	1996962	461198	2216220	824650	749708	770321	460142
第一产业	2744806	54178	53464	509096	1028365	478661	310695	310347
第二产业	13332318	2346182	1317009	4008933	1742590	1670547	1753939	493118
第三产业	15932411	4844100	1119816	3604415	1805044	1762251	1682981	1113804

附表9

2020年江门市森林资源情况表

市（区）	活立木蓄积量（万立方米）	森林覆盖率（%）	森林面积（公顷）	森林蓄积量（万立方米）
全市	2485.50	45.14	429220	2483.84
蓬江区	87.35	25.89	8340	87.34
江海区	7.07	4.58	500	7.07
新会区	215.74	31.35	42480	215.74
台山市	759.64	47.02	154510	759.52
开平市	417.17	45.63	75640	415.68
鹤山市	395.77	52.43	56790	395.74
恩平市	602.76	53.68	90960	602.75

说明：森林覆盖率，是指以行政区域为单位森林面积与土地面积的百分比。此表中森林面积为有林地＋国家规定灌木＋四旁林木面积；但是竹林和国家规定灌木无蓄积，四旁林木蓄积无法统计，故森林蓄积量为有林地中的乔木林蓄积。直属国有林场的数已合并入各市（区）

附表10

2020年江门市户籍人口情况表

市（区）	年末总人口（人）	按性别分（人）		按城镇、乡村分（人）		年末总户数（户）
		男	女	城镇人口	乡村人口	
全市	4015866	2013015	2002851	2182744	1833122	1208931
蓬江区	527196	257587	269609	511398	15798	173808
江海区	180498	87320	93178	180498	0	57374
新会区	765922	380644	385278	428265	337657	233909
台山市	965592	489535	476057	423506	542086	276417
开平市	686741	343397	343344	260397	426344	197813
鹤山市	386620	191952	194668	198672	187948	118493
恩平市	503297	262580	240717	180008	323289	151117

附表11

2020年江门市户籍人口迁移情况表

单位：人

市（区）	迁入		迁出		净迁移
	省内迁入	省外迁入	迁往省内	迁往省外	
全市	34930	13678	38713	6464	3431
蓬江区	1929	2787	1718	888	2110
江海区	7478	2198	6047	342	3287
新会区	1029	1411	1428	1139	-127
台山市	1565	1932	3621	1894	-2018
开平市	7274	791	9297	1039	-2271
鹤山市	8946	3273	8424	514	3281
恩平市	6709	1286	8178	648	-831

附表12

2020年全市分行业在岗职工人数与工资情况表

行　业	年末人数(人)	平均人数(人)	工资总额(万元)	平均工资(元)
合　　计	562163	558033	4922920	88219
按国民经济行业分组				
1.农、林、牧、渔业	1147	1073	7563	70482
2.采　矿　业	99	99	609	61833
3.制　造　业	263214	258230	1777598	68838
4.电力、热力、燃气及水生产和供应业	6278	6302	65403	103774
5.建　筑　业	32333	32622	263906	80898
6.批发和零售业	25447	26643	184391	69209
7.交通运输、仓储和邮政业	14747	14940	126908	84944
8.住宿和餐饮业	7052	7102	29435	41445
9.信息传输、软件和信息技术服务业	5220	5251	57204	108933
10.金融业	15529	15550	263138	169226
11.房地产业	12678	12878	103471	80348
12.租赁和商务服务业	12799	12690	80601	63514

续附表12

行 业	年末人数(人)	平均人数(人)	工资总额(万元)	平均工资(元)
13.科学研究和技术服务业	7070	7141	78553	109995
14.水利、环境和公共设施管理业	5979	6587	45402	68931
15.居民服务、修理和其他服务业	1800	1755	10908	62158
16.教育	53013	52756	526798	99856
17.卫生和社会工作	34831	34644	460490	132921
18.文化、体育和娱乐业	2284	2291	17211	75129
19.公共管理、社会保障和社会组织	60642	59480	823332	138422

附表13 2020年江门市在岗职工年末人数一览表

单位：人

市（区）	2010年	2011年	2012年	2013年	2014年	2015年	2016年	2017年	2018年	2019年	2020年
全市	2495463	2573842	2568913	2573569	2588071	2622698	2695683	2745351	2803319	2722680	2730271
市辖区	1008421	1060472	1059643	1060380	1064640	1078289	1118128	1160188	1239976	1275265	1267371
蓬江区	385144	393966	399670	408088	412706	421139	445285	470860	507753	520826	522744
江海区	150119	152723	153980	151948	151945	154604	160218	165917	170465	189806	190521
新会区	473158	513783	505993	500344	499989	502546	512625	523411	561758	564633	554106
台山市	545613	563105	564080	578329	572316	572347	586305	595589	536721	533298	535630
开平市	419909	402683	409729	417757	429052	440184	451452	461768	483211	425611	425973
鹤山市	289073	291984	289472	293900	295630	297637	304299	308551	327741	283684	295745
恩平市	232447	255598	245989	223203	226433	234241	235499	219255	215670	204822	205552

说明：2011-2018年全社会从业人员根据第四次全国经济普查数据进行平滑调整

附表14 2020年江门市城镇就业和失业变化情况表

单位：人

市（区）	本年失业人员总数			本年失业人员安排就业人数		本年末尚有失业人员数		城镇登记失业率（%）
	合计	本年新增失业人员		合计	其中：女性	合计	其中：女性	
		小计	其中由就业转失业					
全市	75401	49396	18076	31864	15649	30636	12315	2.36
蓬江区	17169	10990	8687	5165	2344	8292	3439	2.49
江海区	9885	6855	11	4200	2188	3840	1200	2.74
新会区	13996	8288	6408	5730	3060	7232	3022	2.1
台山市	9493	6363	1118	3713	1247	3136	940	2.56
开平市	8239	5317	1562	5132	2733	2936	1057	2.24
鹤山市	10213	6721	290	4241	2494	3755	2038	2.43
恩平市	6406	4862	0	3683	1583	1445	619	2.01

附表15

2020年全市主要工业产品产量表

产品名称	单位	生产量	产品名称	单位	生产量
盐酸	吨	111089	打印机	台	2783274
烧碱	吨	83357	彩色电视机	台	6490530
涂料	吨	621460	自来水生产量	万立方米	53389
化学纤维	吨	278426	发电量	亿千瓦时	480.42
塑料制品	吨	711099	其中：火电	亿千瓦时	241.69
水泥	万吨	594.85	水电	亿千瓦时	0.64
平板玻璃	万重量箱	2879.20	风电	亿千瓦时	5.01
日用玻璃制品	吨	202566	太阳能发电	亿千瓦时	1.90
瓷质砖	万平方米	9208.24	饲料	吨	3775106
铝材	吨	245345	成品糖	吨	297326
金属集装箱	万立方米	550.05	酱油	吨	1176109
不锈钢日用制品	吨	100316	小麦粉	吨	237059
民用钢质船舶	载重吨	227670	方便面	吨	298410
摩托车	万辆	291.24	饮料	吨	820065
变压器	千伏安	7181508	纱	吨	35589
电动机	千瓦	6524119	布	万米	20121
电力电缆	千米	355828	服装	万件	6825
原电池及原电池组（非扣式）	万只	62893	皮革鞋靴	万双	544.4
家用洗衣机	台	1823278	家具	万件	1080.94
家用电风扇	万台	2664.41	机制纸及纸板	万吨	237.92
房间空气调节器	台	4963234	光电子器件	万只(片、套)	4742329
集成电路	万块	203810	灯具及照明装置	万套(台、个)	20702.63

附表16

2020年江门市全社会工业企业数一览表

单位：个

指标名称	全市	江门市区				台山	开平	鹤山	恩山
		合计	蓬江区	江海区	新会区				
规模以上企业	2535	1378	476	329	573	256	341	430	130
1.轻工业	1341	696	238	167	291	140	224	247	34
2.重工业	1194	682	238	162	282	116	117	183	96

附表17

2020年江门市全社会工业总产值一览表

单位：万元

指标名称	全市	江门市区				台山	开平	鹤山	恩山
		合计	蓬江区	江海区	新会区				
规模以上企业	43825835	25766774	9475446	4966554	11324774	6352653	4227011	5920787	1558610
1.轻工业	19030049	10680605	2756189	1597883	6326533	2421580	2509034	3039588	379242
2.重工业	24795787	15086170	6719257	3368672	4998241	3931073	1717978	2881199	1179367

附表18

2020年江门市农村经济情况表

指标＼年份	单位	1995年	2011年	2012年	2013年	2014年	2015年	2016年	2017年	2018年	2019年	2020年
乡镇户数	户	774070	863912	856141	856631	819597	813896	813470	806586	866092	862485	857279
乡镇人口	万人	286.94	299.06	300.86	302.34	293.19	284.3	283.43	283.93	301.74	302.33	298.49
乡镇劳动力	万人	147.8	171.01	173.08	191.81	193.21	186.04	187.33	187.56	195.97	202.36	195.27
农业总产值	亿元	98.68	254.22	272.73	286.48	308.21	319.88	331.71	338.00	361.69	459.25	500.84
其中：												
1.种植业	亿元	49.33	76.59	86.16	91.81	98.68	105.17	112.94	116.66	128.14	143.29	152.20
2.林业	亿元	1.56	6.4	6.58	6.64	7.86	8.25	8.07	9.69	10.63	9.39	10.00
3.牧业	亿元	24.06	73.14	72.73	71.01	70.41	76.02	79.90	72.56	67.32	89.50	122.58
4.渔业	亿元	20.45	94.23	103.16	112.74	126.26	125.17	121.52	127.85	143.20	202.81	198.27
主要产品产量												
粮　食	万吨	139.17	89.49	93.07	88.79	90.05	89.32	90.02	91.14	88.81	93.22	97.92
水产品	万吨	34.29	69.27	71.24	72.75	74.59	77.1	74.00	75.39	76.57	79.20	80.80
肉　类	万吨	17.37	25.79	26.72	26.82	27.42	28.10	28.43	28.07	28.05	28.89	28.24
水　果	万吨	8.17	21.15	22.60	23.44	23.04	23.56	25.75	27.44	35.52	38.07	40.80
蔬　菜	万吨	98.53	109.27	112.24	112.73	110.59	110.52	137.06	142.40	150.60	162.38	170.58

说明：2005-2017年农业数据根据全国第三次农业普查修订

附表19

2020年江门市农业总产值一览表

单位：亿元

市（区）	合计	种植业	林业	牧业	渔业	农林牧渔专业及辅助性活动产值
全市	500.82	152.20	10.00	122.58	198.27	17.77
蓬江区	11.28	3.22	0.14	1.68	4.34	1.90
江海区	9.17	3.07	0.01	0.16	5.75	0.18
新会区	93.53	26.48	0.70	21.84	40.98	3.53
台山市	180.51	43.53	2.92	17.41	114.48	2.17
开平市	93.54	33.28	2.72	40.76	10.48	6.30
鹤山市	58.45	18.89	2.39	21.07	13.26	2.89
恩平市	54.31	23.73	1.12	19.67	9.00	0.79

说明：从2005年开始农业总产值由地级市单独计算，其结果可能不等于各市、区汇总数

2020年江门市农业总产值增速一览表

附表20

单位：%

市（区）	合计	种植业	林业	牧业	渔业	农林牧渔专业及辅助性活动产值
全市	3.8	2.3	-5.0	-1.8	6.4	21.4
蓬江区	7.6	7.0	-4.6	-3.5	9.5	18.6
江海区	0.8	4.9	-62.1	-35.4	-0.5	14.9
新会区	4.7	7.8	-20.5	-2.3	4.0	40.7
台山市	4.4	1.1	4.7	2.1	5.7	8.4
开平市	3.8	5.2	-0.1	3.5	6.6	-4.3
鹤山市	3.1	5.1	2.8	-21.7	21.1	179.5
恩平市	-1.3	-8.0	-31.2	12.3	0.8	5.9

2020年江门市主要农作物播种面积和产量一览表（一）

附表21

市（区）	农作物播种总面积（亩）	粮食作物（全年）		
		播种面积（亩）	亩产（公斤/亩）	总产量（吨）
全市	4695461	2781468	352	979167
蓬江区	60030	6849	285	1953
江海区	46106	883	336	297
新会区	592375	435898	322	140281
台山市	1698491	1096450	367	402046
开平市	1038584	648401	346	224650
鹤山市	460567	168644	378	63704
恩平市	799308	424343	345	146236

续附表21

市（区）	（一）稻谷			①夏收		
	播种面积（亩）	亩产（公斤/亩）	总产量（吨）	播种面积（亩）	亩产（公斤/亩）	总产量（吨）
全市	2535073	360	912508	1243134	372	462655
蓬江区	3674	297	1090	1870	346	647
江海区	691	357	247	613	357	219
新会区	355697	341	121277	176586	375	66290
台山市	1026848	372	382447	504857	379	191198
开平市	596314	352	209711	284079	367	104285
鹤山市	148665	383	56918	72945	391	28543
恩平市	403184	349	140818	202184	354	71473

续附表21

市（区）	②秋收			（二）玉米		
	播种面积（亩）	亩产（公斤/亩）	总产量（吨）	播种面积（亩）	亩产（公斤/亩）	总产量（吨）
全市	1291939	348	449853	55493	404	22430
蓬江区	1804	246	443	1049	405	425
江海区	78	359	28	45	422	19
新会区	179111	307	54987	18293	371	6795
台山市	521991	366	191249	10161	445	4524
开平市	312235	338	105426	17763	380	6754
鹤山市	75720	375	28375	7909	482	3810
恩平市	201000	345	69345	273	377	103

续附表21

市（区）	（三）薯类			大豆		
	播种面积（亩）	亩产（公斤/亩）	总产量（吨）	播种面积（亩）	亩产（公斤/亩）	总产量（吨）
全市	143148	1217	174240	30919	198	6134
蓬江区	1604	1032	1655	127	165	21
江海区	58	1121	65	33	212	7
新会区	48926	1006	49215	9417	192	1806
台山市	41446	1340	55550	11298	221	2494
开平市	23340	1317	30745	7553	181	1366
鹤山市	10415	1262	13145	793	221	175
恩平市	17359	1375	23865	1698	156	265

附表22　　2020年江门市主要农作物播种面积和产量一览表（二）

市（区）	甘蔗			其中：蔗糖		
	播种面积（亩）	亩产（公斤/亩）	总产量（吨）	播种面积（亩）	亩产（公斤/亩）	总产量（吨）
全市	42897	5658	242709	14569	6682	97349
蓬江区	82	8305	681	0	0	0
江海区	8217	5585	45896	0	0	0
新会区	8662	5175	44827	545	5295	2886
台山市	3908	5274	20611	500	5000	2500
开平市	2514	3634	9135	0	0	0
鹤山市	1291	5745	7417	0	0	0
恩平市	18223	6264	114142	13524	6800	91963

续附表22

市（区）	油料作物			其中：花生		
	播种面积（亩）	亩产（公斤/亩）	总产量（吨）	播种面积（亩）	亩产（公斤/亩）	总产量（吨）
全市	188321	175	32885	186934	175	32703
蓬江区	1179	195	230	1150	190	219
江海区	35	600	21	35	600	21
新会区	4696	201	945	4494	202	907
台山市	71125	189	13476	69976	191	13343
开平市	51632	159	8206	51632	159	8206
鹤山市	17570	155	2722	17563	155	2722
恩平市	42084	173	7285	42084	173	7285

续附表22

市（区）	烟叶			木薯		
	播种面积（亩）	亩产（公斤/亩）	总产量（吨）	播种面积（亩）	亩产（公斤/亩）	总产量（吨）
全市	8	0	0	34617	1630	56436
蓬江区	0	0	0	33	1091	36
江海区	0	0	0	33	909	30
新会区	0	0	0	1000	1460	1460
台山市	0	0	0	6395	1549	9903
开平市	0	0	0	8620	1442	12430
鹤山市	8	0	0	410	1337	548
恩平市	0	0	0	18126	1767	32029

续附表22

市（区）	蔬菜			果用瓜类		
	播种面积（亩）	亩产（公斤/亩）	总产量（吨）	播种面积（亩）	亩产（公斤/亩）	总产量（吨）
全市	1131923	1507	1705822	24056	1691	40679
蓬江区	45111	1657	74755	756	2329	1761
江海区	31872	1437	45808	2798	1466	4102
新会区	115044	1615	185739	1977	1142	2258
台山市	365322	1412	515689	11245	1789	20116
开平市	261741	1452	380146	1049	863	905
鹤山市	196171	1537	301576	6123	1854	11352
恩平市	116662	1732	202109	108	1713	185

附表23 2020年江门市主要水果种植面积和产量一览表

市（区）	水果合计		（一）柑、橘、橙		（二）香（大）蕉		（三）菠萝	
	年末实有面积（亩）	总产量（吨）	年末实有面积（亩）	总产量（吨）	年末实有面积（亩）	总产量（吨）	年末实有面积（亩）	总产量（吨）
全市	348311	408028	114505	174557	44424	104603	525	520
蓬江区	1489	3194	269	424	587	1841	0	0
江海区	3237	7842	996	2421	859	2122	0	0
新会区	91964	168050	63831	119734	11544	30648	158	253
台山市	93700	88753	11387	13844	10450	22302	0	0
开平市	64565	59729	14253	9484	10845	23836	0	0
鹤山市	28913	19901	4490	4884	2294	5749	344	240
恩平市	64443	60559	19279	23766	7845	18105	23	27

续附表23

市（区）	（四）荔枝		（五）龙眼		（六）番石榴		(七) 芒果	
	年末实有面积（亩）	总产量（吨）	年末实有面积（亩）	总产量（吨）	年末实有面积（亩）	总产量（吨）	年末实有面积（亩）	总产量（吨）
全 市	86117	27685	55362	23216	6342	12554	1719	1636
蓬江区	97	74	119	105	10	8	52	35
江海区	0	0	12	19	30	113	0	0
新会区	8730	6281	3703	3009	987	2760	261	131
台山市	46613	9722	13250	6000	0	0	230	446
开平市	12389	2216	9212	2516	4622	9356	610	680
鹤山市	8532	3097	3259	617	693	317	566	344
恩平市	9756	6295	25807	10950	0	0	0	0

附表24 2020年江门市水产养殖面积一览表

单位：亩

市（区）	合计	海水养殖	淡水养殖
全 市	820279	282225	538054
蓬江区	31350	0	31350
江海区	12735	0	12735
新会区	136395	0	136395
台山市	407940	270840	137100
开平市	102214	0	102214
鹤山市	66570	0	66570
恩平市	63075	11385	51690

2020年江门市水产品产量一览表

附表25

单位：吨

市（区）	合计	其中：淡水产品
全市	807973	515120
蓬江区	19140	19140
江海区	27799	27799
新会区	184387	150308
台山市	403184	158506
开平市	55234	55234
鹤山市	66908	66908
恩平市	51321	37225

2020年江门市畜牧业生产情况一览表

附表26

市（区）	年末牛存栏量（头）	年末羊存栏量（头）	年末生猪存栏量（头）	全年肉猪存栏量（头）	家禽出售（只）	禽蛋产量（吨）
全市	20265	16532	1261978	1606365	113367191	40898
蓬江区	65	0	0	0	5458230	29
江海区	0	0	0	0	286112	162
新会区	1001	1833	94904	137926	25189681	2533
台山市	9030	6048	331382	342763	14251692	8195
开平市	2947	6284	240942	458094	43496015	11760
鹤山市	632	359	274000	292753	16449068	4495
恩平市	6590	2008	320750	374829	8236393	13724

2020年江门市肉类产量表

附表27

单位：吨

市（区）	合计	牛肉	羊肉	猪肉	禽肉	兔肉
全市	282354	516	354	120408	159512	124
蓬江区	5078	35	0	0	5043	0
江海区	383	0	0	0	383	0
新会区	49125	0	29	11567	37529	0
台山市	45272	291	105	24227	20641	8
开平市	97735	113	189	35258	62059	116
鹤山市	44725	16	4	22576	22129	0
恩平市	38596	61	27	26780	11728	0

附表28

2020年江门市农业机耕、用电、化肥、水利情况表

市（区）	农村用电量（万千瓦时）	有效灌溉面积（公顷）	机收面积（公顷）	农业机械总动力（万千瓦特）	化肥施用量（折纯量、吨）	农药施用量（吨）
全　市	1787870	115603	166544	181.4	121940	5808
蓬江区	315868	852	283	14.9	2557	92
江海区	16541	1601	33	4.8	5002	553
新会区	481473	16821	23239	29.7	13200	1113
台山市	384338	43978	68457	54.5	46532	2013
开平市	66097	24346	39539	41.3	25221	1026
鹤山市	309811	12620	9603	18.8	13601	406
恩平市	213742	15385	25391	17.4	15827	605

附表29

2020年江门市各县（市、区）固定资产投资增速一览表

市（区）	2010年	2012年	2013年	2014年	2015年	2016年	2017年	2018年	2019年	2020年
全　市	28.4%	14.6%	17.7%	16.8%	17.7%	16.0%	16.9%	9.5%	8.3%	6.9%
蓬江区	32.2%	20.6%	26.9%	26.1%	27.3%	18.9%	16.8%	-14.8%	4.1%	10.5%
江海区	31.3%	8.1%	12.9%	23.2%	23.3%	20.1%	15.9%	18.7%	15.2%	12.1%
新会区	24%	13.3%	10.8%	11%	15.2%	16.6%	18.6%	18.7%	12.1%	6.6%
台山市	38.3%	4.2%	10.1%	4.5%	6%	7.1%	18%	15.1%	12.6%	4.2%
开平市	32.2%	20.6%	24.5%	23.2%	21.2%	22%	17%	15.4%	-7.4%	2.4%
鹤山市	24%	8.5%	22.1%	15%	15.2%	18.4%	16.5%	15.8%	13.0%	8.1%
恩平市	51.2%	30.1%	24.5%	22.9%	19.1%	17.7%	16.5%	15.3%	11.5%	10.2%

附表30

2020年江门市房地产开发投资情况表

分类	单位	全市	蓬江	江海	新会	台山	开平	鹤山	恩平
房地产开发投资	万元	7832491	1594125	912494	1626680	1185281	945416	902765	665730
其中：土地购置费	万元	2255043	903622	402829	398970	170490	173867	152456	52809
按工程用途分：									
其中：住宅	万元	6167754	1239409	583058	1313557	929809	736898	767735	597288
办公楼写字楼	万元	63656	5569	318	54990	2456	0	23	300
商业营业用房	万元	603655	113796	103030	90507	168896	56270	27981	43175
其他	万元	997426	235351	226088	167626	84120	152248	107026	24967
商品房屋建筑施工面积	万平方米	4655.62	837.41	522.05	689.96	676.94	529.02	860.62	539.62
商品房屋建筑竣工面积	万平方米	483.78	52.77	27.40	60.36	109.58	51.34	150.40	31.93
商品房实际销售面积	万平方米	748.56	111.39	68.30	123.00	145.24	88.71	136.71	75.21
其中：住宅	万平方米	666.55	94.12	54.48	97.07	136.29	79.01	132.74	72.84
商品房竣工房屋价值	万元	1758946	318082	103862	206147	360053	165439	471139	134224
商品房实际销售额	万元	5941645	1071724	646509	1197427	967750	604330	1025336	428569
其中：住宅	万元	5445374	975361	567798	1012115	919048	559465	999532	412055
房地产开发企业	个	588	105	48	108	124	64	78	61

附表31

2020年江门市分行业固定资产投资增速一览表

分类	2020年比2019年增长
全市固定资产投资	6.9%
一、 按建设性质分	
1.新建	6.5%
2.扩建	43.3%
3.改建	-1.2%
4.其他	-21.0%
二、按行业分	
1.农、林、牧、渔业	6.1%
2.采矿业	-58.3%
3.制造业	-0.4%
4.电力、燃气及水的生产和供应业	-11.7%
5.建筑业	-100%
6.批发和零售业	-79.8%
7.交通运输、仓储和邮政业	14.1%
8.住宿和餐饮业	29.4%
9.信息传输、软件和信息技术服务业	15.2%
10.金融业	—
11.房地产业	9.8%
12.租赁和商务服务业	14.5%
13.科学研究和技术服务业	-15.1%
14.水利、环境和公共设施管理业	27.6%
15.居民服务、修理和其他服务业	236.3%
16.教育	6.9%
17.卫生和社会工作	4%
18.文化、体育和娱乐业	4%
19.公共管理、社会保障和社会组织	-24.2%
20.国际组织	—

附表32

2020年江门市建筑业基本情况表

分项	全市	蓬江	江海	新会	台山	开平	鹤山	恩平
一、企业个数（个）	269	103	17	34	34	35	24	22
二、建筑业合同情况(亿元)								
签订的合同额	656.74	99.27	8.21	55.61	51.58	349.45	56.14	36.48
1.上年结转合同额	304.43	50.32	2.73	31.32	32.87	137.18	27.45	22.55
2.本年新签合同额	352.31	48.95	5.48	24.29	18.71	212.27	28.69	13.92
三、承包工程完成情况(亿元)								
1.直接从建设单位承揽工程完成的产值	335.24	48.06	4.29	19.80	23.87	197.27	22.71	19.24
①自行完成施工产值	330.31	46.56	4.29	19.72	23.35	197.26	21.09	18.03
②分包出去工程的产值	4.93	1.50	0.00	0.08	0.52	0.01	1.62	1.22
2.从建设单位以外承揽工程完成的产值	4.29	1.41	0.16	0.50	0.18	1.73	0.17	0.16
四、建筑业总产值（亿元）	334.60	47.97	4.45	20.21	23.53	198.99	21.26	18.19
其中：装饰装修产值	5.52	1.94	0.07	0.34	0.25	0.06	1.27	1.60
在外省完成的产值	5.02	0.39	0.00	0.00	2.23	0.69	1.04	0.68
1.建筑工程产值	274.96	38.94	2.93	15.02	22.08	166.98	16.87	12.15
2.安装工程产值	36.00	7.76	0.59	3.04	1.39	14.93	4.07	4.21
3.其他产值	23.64	1.28	0.93	2.15	0.06	17.07	0.32	1.83
五、竣工产值(亿元)	147.24	23.44	3.26	10.83	11.21	68.52	17.86	12.11
六、房屋建筑施工面积(万平方米)	2554.04	228.13	13.27	158.27	226.80	1498.90	303.56	125.09
其中：本年新开工面积	528.54	69.84	4.94	41.03	66.42	194.03	124.16	28.11
七、从业人员情况（人）								
计算劳动生产率的平均人数	78585	12307	1801	6114	11080	33653	7709	5921
年末从业人数	77523	12095	1577	6740	11879	31521	8845	4866
其中：工程技术人员	7203	1626	325	901	762	2033	874	682

附表33

2011—2020年江门市运输邮电业发展情况表

指标	单位	2011年	2012年	2013年	2014年	2015年	2016年	2017年	2018年	2019年	2020年
机动车辆总数	万辆	218.64	236.68	253.61	267.33	276.60	250.60	293.37	219.77	230.77	239.33
其中：汽车	万辆	31.97	36.12	41.01	45.7	51.83	61.05	69.98	78.73	88.21	96.25
轿车	万辆	16.42	19.07	22.54	26.25	30.96	36.92	42.96	48.73	55.17	60.52
摩托车	万辆	186.41	200.32	212.36	221.38	224.48	189.24	223.02	140.41	142.01	142.40
货运量	万吨	8180	8996	9999	13926	13177	14057	14975	15894	16901	17921
其中：公路运输	万吨	5246	5760	6487	9995	9471	10361	11167	12333	13226	14495
水运运输	万吨	2934	3236	3512	3931	3706	3696	3808	3561	3675	3426
货物周转量	万吨公里	1071885	1152885	1350682	1682397	1584857	1694403	1866187	1683582	1782209	1581953
其中：公路运输	万吨公里	581242	622407	713574	991596	936284	1024068	1115345	1260186	1355296	1228996
水运运输	万吨公里	490643	530478	637108	690801	648573	670335	750842	423396	426914	352956
客运量	万人	19052	19578	20102	9545	9239	9746	9606	9418	8935	5127
其中：公路运输	万人	18870	19379	19906	9324	9047	9555	9369	9198	8709	4962
水运运输	万人	182	199	196	221	192	191	237	220	226	165
客运周转量	万人公里	605515	644636	673124	596095	573605	606477	611027	613436	585369	331246
其中：公路运输	万人公里	600131	639069	667633	590362	568441	601556	605137	608588	579149	327883
水运运输	万人公里	5384	5567	5491	5733	5164	4921	5890	4848	6219	3362
货物吞吐量	万吨	5914.17	6210.67	6737.08	7352.17	7524.62	7923	8267.42	9368.84	6832.03	10698.20
邮电业务总量	万元	233053	538270	600664	829559	1021786	1660173	1288557	2643138	3834539	4628974
固定电话用户数	万户	134.6	134.8	138.27	144.87	129	119.93	105.14	90.7	98.8	92.57
固定电话机总量	万部	134.6	134.8	138.27	144.87	129	119.93	105.14	90.7	98.8	92.57
移动电话机用户数	万户	512.41	592.93	599.26	600.86	614.2	623.91	699.37	607.46	551.9	522.17
固定电话普及率	部/百人	30.1	30.1	30.7	32.11	28.5	26.54	23.3	19.73	21.48	19.28

说明：交通运输部在2014年和2015年开展了公路水路运输量专项调查，并对当年及往年公路客货运输、水路内河货物运输统计口径进行了调整

附表34

2020年江门市社会消费品零售总额一览表

单位：万元

市（区）	社会消费品零售总额	增长（%）	按消费类型分	
			商品零售	餐饮收入
全市	11626173	-3.7	10475182	1150991
蓬江区	2387110	-6.2	2152073	235037
江海区	568027	-6.2	513079	54948
新会区	2691484	3.1	2417304	274180
台山市	2031648	-4	1831802	199846
开平市	1657593	-6.2	1494778	162815
鹤山市	1419369	-6	1280139	139230
恩平市	870942	-4.8	786007	84935

附表35

2020年江门市个体工商户及私营企业情况表

项 目	个体工商户			私营企业		
	期末户数（户）	期末从业人员（人）	期末资金总额（万元）	期末户数（户）	期末从业人员（人）	期末注册资本（万元）
总计	480427	755497	2667902	78233	484985	24774456
一、按市分						
市区	346423	477962	2085408	50839	298321	16238093
台山	36808	69192	130715	6875	48424	2652032
开平	40708	81928	173389	7495	54903	2222206
鹤山	32975	83317	191642	8637	61151	2641981
恩平	23513	43098	86748	4387	22186	1020144
二、按行业分						
第一产业	3874	10529	133835	1520	8256	539222
第二产业	41416	113451	173104	28807	221016	10524380
(1)采矿业	26	55	335	97	836	105395
(2)制造业	34402	99490	133218	22694	186256	7137142
(3)电力、燃气及水的生产和供应业	36	116	1133	256	1699	100237
(4)建筑业	6952	13790	38417	5760	32225	3181606
第三产业	435134	631513	2360950	47906	255713	13710854
(1)交通运输、仓储及邮电通信业	152725	261048	528197	21491	111159	3708545
(2)信息传输、计算机服务和软件业	9542	14602	62994	1673	8592	425647
(3)批发和零售业	39100	87463	160793	1382	9210	184131
(4)住宿和餐饮业	897	1417	2707	1654	8638	305152
(5)金融业	23	29	44	527	5019	1097166
(6)房地产业	1200	2134	3302	2933	17780	1439101
(7)租赁和商业服务业	197336	202180	1497515	8018	42026	3634336
(8)科研、技术服务和地质勘查业	1099	1843	4436	6321	32165	2239811
(9)水利、环境和公共设施管理业	129	292	1945	365	2033	126671
(10)居民服务和其他服务业	29701	53306	78645	1668	9002	220517
(11)教育	1131	2335	6022	354	2110	32505
(12)卫生、社会保障和社会福利业	555	1419	4458	187	1130	86186
(13)文化,体育和娱乐业	1691	3440	9887	1309	6694	202858
(14)其他	5	5	5	24	155	8228

2020年江门市居民收支情况表

附表36

项目	2020年
江门市居民人均可支配收入（元）	33667
工资性收入	23734
经营净收入	2904
财产净收入	3342
转移净收入	3687
江门市居民人均生活消费支出（元）	21899
食品烟酒	8309
衣着	709
居住	4282
生活用品及服务	1316
交通通信	3681
教育文化娱乐	1870
医疗保健	1317
其他用品和服务	417

2013—2020年江门市能源消费基本情况表

附表37

指标	单位	2013年	2014年	2015年	2016年	2017年	2018年	2019年	2020年
一、全社会综合能源消费总量	万吨标准煤	1097.06	1147.08	1160.04	1189.59	1226.75	1257.87	1279.64	1274.73
二、规模以上工业能源消费情况									
综合能源消费量	万吨标准煤	852.46	786.28	730.64	699.73	746.29	824.48	758.45	789.81
其中：电力消费量	亿千瓦时	114.37	119.55	121.97	124.04	133.22	138.86	158.25	163.53
万元工业产值能源消费量	吨标准煤	0.28	0.22	0.18	0.16	0.18	0.19	0.18	0.18
万元工业产值电力消费量	千瓦时	371.8	329.74	300	283.41	320.14	315.11	366.99	373.25
节能量	万吨标准煤	-92.97	218.42	136.59	85.05	-68.38	-34.17	48.35	-19.18
节电量	万千瓦时	-44056	152466	118928	71250	-152838.2	22172	-223716	-27402
三、用电情况									
全市用电量	亿千瓦时	207.3	227.87	237.13	248.4953	267.12	281.78	294.64	380.73
其中：工业用电	亿千瓦时	148.26	159.16	164.43	171.09839	186.75	196.91	200.79	209.59
居民生活用电	亿千瓦时	24.12	28.93	30.44	32.55189	33.40	34.68	38.23	41.34
其中：乡村用电	亿千瓦时	9.23	10.79	11.54	12.301924	12.60	21.75	14.24	15.60
城市用电	亿千瓦时	14.89	18.14	18.9	20.249966	20.80	12.93	23.99	25.74
四、主要物资消费量									
原煤	万吨	1508.39	1325.13	1200.26	1127.64	1146.08	1294.55	1026.39	1013.25
燃料油	万吨	20.69	18.53	18.7	16.82	14.81	8.87	6.71	6.14

附表38

2020年江门市海关进出口总额一览表（按贸易方式分）

单位：亿元

项目	进出口总额	进口总额	出口总额
总计	1428.90	303.01	1125.90
一般贸易	1043.21	203.60	839.62
其他捐赠物资	0.09	0.09	0.00
加工贸易	365.53	81.29	284.23
加工贸易进口设备	0.54	0.54	0.00
租赁贸易	0.03	0.00	0.03
外商投资企业作为投资进口的设备、物品	1.15	1.15	0.00
保税物流	9.89	7.96	1.93
其他贸易	8.46	8.38	0.08

附表39

2020年江门市海关进出口总额一览表（分市、区）

单位：亿元

市、区	进出口总额	进口总额	出口总额
全市	1428.8	303.01	1125.90
蓬江区	396.9	60.1	336.8
江海区	245.1	58.3	186.8
新会区	322.6	103.6	219.0
台山市	114.6	29.7	84.9
开平市	131.6	15.9	115.7
鹤山市	186.9	30.7	156.2
恩平市	31.1	4.7	26.4

附表40

2020年江门市海关进出口总额一览表（按企业性质分）

单位：亿元

项目	进出口总额	进口总额	出口总额
总计	1428.89	303.01	1125.90
1.国有企业	5.78	2.59	3.19
2.中外合作企业	13.23	1.79	11.44
3.中外合资企业	265.05	82.48	182.57
4.外商独资企业	436.65	96.85	339.80
5.集体企业	3.41	0.21	3.20
6.私营企业	696.46	110.78	585.68
7.其他	8.33	8.31	0.02

附表41

2020年江门市海关出口情况表

单位：亿元

项目	出口总额	增长（%）
总计	1125.90	-0.90
一、 按贸易方式统计		
1.一般贸易出口	839.62	7.36
2.加工贸易出口	284.23	-16.97
其中：来料加工	20.86	-33.94
3.其他贸易出口	2.05	-82.54
二、 按企业性质统计		
1.国有企业出口	3.19	-26.62
2.三资企业出口	533.80	-7.80
3.其他企业出口	588.91	6.55

附表42

2012—2020年江门市旅游发展情况表

指标	计算单位	2012年	2013年	2014年	2015年	2016年	2017年	2018年	2019年	2020年
旅游机构	个	158	168	172	185	175	183	265	382	158
旅游机构职工人数	人	8108	7997	8305	8736	8520	8784	9719	10520	5370
旅游宾馆	家	473	493	879	889	892	899	852	844	10
按星级分： 五星	家	6	6	6	5	5	5	4	4	4
四星	家	2	2	2	2	1	1	1	1	1
三星	家	17	18	15	13	9	9	8	6	5
二星	家	2	2	2	2	0	0	0	0	0
旅游宾馆客房	间	34590	35390	44121	44851	45487	46239.60103	45937	46407	2287
旅游宾馆床位	张	60030	61030	66294	67156	68280	70284.19356	68094	69119	3783
旅游宾馆客房出租率	%	61.85	61.2	65.1	66.5	65.2	63.4	62.3	63.3	37.5
旅游收入合计	亿元	185.28	223.28	279	339.62	409.9	492.530726539	587.48	690.52	103.34
国际旅游收入	万美元	69917	79767	84318	96887.1	109324.09	129047.64	135315.47	176782.49	6802.46
1.商品性收入	万美元	18956	19064	20152	23880.2	26150.09	32417.30247	102948.30	44408.49	5112.04869
2.劳务性收入	万美元	50962	60703	64166	73006.9	83174	96630.34248	497.29	132374.00	1690.41131
国内旅游收入	亿元	141.16	173.89	227.19	279.81	337.31	405.40	497.29	568.37	98.84
旅游景点	处	62	62	64	64	66	70	71	72	25

说明：1.2009年开始旅游宾馆数据包括所有住宿设施。2.2010年以前的旅游景点数据统计不齐。3.2020年起，全国文旅系统对旅游数据实行新的统计口径

附表43

2020年江门市银行信贷储蓄基本情况表

单位：亿元

市（区）	2020年				2019年			
	人民币存款余额	人民币贷款余额	城乡居民储蓄存款余额	人均储蓄年末余额（元）	人民币存款余额	人民币贷款余额	城乡居民储蓄存款余额	人均储蓄年末余额（元）
全　市	5359.09	4344.57	2986.74	62171	4831.16	3617.72	2662.11	56007
市　区	3154.01	2702.22	1531.14	71810	2757.04	2196.80	1342.22	64283
台山市	692.12	506.16	482.48	53183	642.56	462.14	442.20	48508
开平市	695.98	476.98	474.50	63300	661.83	402.58	430.58	57889
鹤山市	505.60	482.00	294.62	55453	471.23	404.68	260.77	49595
恩平市	304.65	165.88	203.65	42094	291.26	134.29	185.99	38428

附表44

2020年江门市保险业务基本情况表

单位：亿元

市（区）	保费收入	
	财产保险公司业务	人身保险公司业务
全　市	39.00	130.55
蓬江区、江海区	15.24	101.70
新会区	8.32	8.21
台山市	3.75	4.75
开平市	4.99	5.30
鹤山市	4.28	7.16
恩平市	2.42	3.43

附表45

2020年江门市卫生事业发展情况表

指标	全市	市直	蓬江	江海	新会	台山	开平	鹤山	恩平
一、卫生机构数	1712	27	182	99	99	395	251	244	237
其中：医院	53	11	2	3	3	7	8	5	6
二、卫生机构床位数	24953	6601	2060	617	617	4352	2802	2018	1593
其中：医院	18399	6144	1300	501	501	2175	2326	1172	1138
三、卫生机构人员数	39597	9240	2946	1266	1266	6836	5058	3896	3295
其中：医院	22100	7506	826	629	629	2798	3199	1562	1393
其中：卫生技术人员	33506	7688	2613	1113	1113	6055	4117	3432	2643
执业（助理）医师	11732	2507	1035	409	409	2062	1333	1375	963
执业医师	9623	2464	855	337	337	1502	1092	1070	646
执业助理医师	2109	43	180	72	72	560	241	305	317
注册护士	15546	3970	1106	525	525	2741	1849	1459	1197
药师（士）	2110	400	165	84	84	334	309	230	193
技师（士）	1487	377	111	44	44	262	186	139	129
其他卫生技术人员	2631	434	196	51	51	656	440	229	161

说明：本表医院数不包含卫生院

附表46

2020年江门市文化事业发展情况表

项目	单位	全市	市直、蓬江、江海	新会	台山	开平	鹤山	恩平
一、广播电视台数	个	6	1	1	1	1	1	1
广播电台节目套数	套	7	2	1	1	1	1	1
广播全年播出时间	时：分	41634	6558	6558	6558	8760	6570	6570
广播覆盖率	%	100	100	100	100	100	100	100
电视台节目套数	套	9	3	1	1	2	1	1
电视全年播放时间	时：分	44581.35	6222:00:00	6222:00:00	6588:00:00	17520:0	6022.5	2007:30:00
电视覆盖率		100	100	100	100	100	100	99
二、公共图书馆	间	8	3	1	1	1	1	1
公共图书馆藏书	万册	435.4	152	55	43	83.9	33	68.5
图书流通人数	万人次	207.1	146.8	16	7	20	15	2.3
图书外借册次	万册次	140.88	108.82	11	6	5	7	3.06
阅览室座席数	个	3775	1100	650	400	570	800	253
群众文化艺术馆	间	8	3	1	1	1	1	1
文化站	个	73	9	11	17	15	10	11
三、博物馆	个	8	3	1	1	1	1	1
收藏品件数	件	71354	41311	6725	5666	5436	6424	5792
其中：一级品	件	6	1	5	0	0	0	0

附表47

2020年江门市社会保险情况表

项目	单位	2020年
社会保险基金收入	万元	2241083
其中：基本医疗保险	万元	675571
企业养老保险	万元	1009157
城镇职工基本养老保险参保人数	人	1533482
城乡居民基本养老保险参保人数	人	1522775
城乡基本医疗保险参保人数	人	2484259
失业保险参保人数	人	940246
工伤保险参保人数	人	1031174
生育保险参保人数	人	987560
年末领取养老金的离休、退休人数	人	409452
城镇居民最低生活保障标准	元	900
农村居民最低生活保障标准	元	900

附表48

2020年江门市社会福利情况表

项目	单位	2020年
社会福利院	间	6
社会福利院床位数	张	3140
福利院入住人数	人	1431
敬老院	间	62
敬老院供养人数	人	1293
敬老院床位数	张	5813
年末低保对象户数	户	16630
其中：城镇	户	2532
年末低保对象人数	人	31310
其中：城镇	人	4234
离退休人员	人	513

附表49

2020年江门市市政、园林绿化情况表

项目	单位	全市	市区	台山	开平	鹤山	恩平
城区面积	平方公里	1123.69	566.00	156.77	157.02	81.40	162.50
其中:建成区	平方公里	301.86	158.01	31.96	33.70	36.17	42.02
建成区绿化覆盖率	%	45.72	45.83	43.68	46.43	47.19	45.00
建成区绿地率	%	42.15	44.09	36.14	41.88	41.76	40.00
绿化覆盖面积	公顷	21249.24	13639.77	1769.14	1564.53	1706.85	2568.95
其中：建成区	公顷	13799.93	7241.65	1396.00	1564.53	1706.85	1890.90
公园绿地面积	公顷	4215.88	2572.93	374.97	417.05	437.27	413.66
人均公园绿地面积	平方米	20.19	20.16	20.18	14.26	29.21	22.54
公园个数	个	450	373	17	16	11	33
公园面积	公顷	3880.46	2438.58	335.20	317.72	355.44	433.52

附表50

2020年江门市各类学校情况表（一）

项目	单位	全市	市直	蓬江	江海	新会	台山	开平	鹤山	恩平
一、普通中学										
学校数	所	197	8	24	13	42	37	31	18	24
在校学生数	人	227945	13722	28322	11964	48959	38756	39507	24793	21922
教职工人数	人	21440	1467	2916	1350	4910	3571	3315	2151	1760
其中：专任教师	人	19388	1207	2659	1177	4496	3239	3117	1855	1638
二、 小学										
学校数	所	325	0	47	20	64	54	58	42	40
在校学生数	人	354628	3675	63918	26971	69565	53868	55210	41541	39880
教职工人数	人	21089	494	4101	1533	4246	3500	3128	2075	2012
其中：专任教师	人	19532	326	3876	1374	4035	3218	2923	1862	1918
三、 幼儿教育										
学校数	所	630	15	103	52	143	84	99	85	49
在校学生数	人	149419	6391	22633	9877	25271	24202	25857	20595	14593
教职工人数	人	18973	917	3386	1393	3485	2662	2977	2667	1486
其中：专任教师	人	9844	477	1701	653	1776	1559	1586	1381	711
四、升学率、入学率										
小学学龄儿童入学率	%	100.00	100.00	100.00	100.00	100.00	100.00	100.00	100.00	100.00
小学升学率	%	100.00	100.00	100.00	100.00	100.00	100.00	100.00	100.00	100.00
初中适龄少年入学率	%	100.00	100.00	100.00	100.00	100.00	100.00	100.00	100.00	100.00
初中升学率	%	99.22	99.26	100.00	100.00	99.32	98.69	99.15	99.1	98.48
高中升学率	%	82.13	89.12	79.42	74.47	66.6	84.57	87.3	93.02	83.84

附表51

2020年江门市各类学校情况表(二)

项目	单位	全市	市直	蓬江	江海	新会	台山	开平	鹤山	恩平
一、高等院校（全日制）										
学校数	所	5	5							
在校学生数	人	55980	55980							
教职工人数	人	3392	3392							
其中：专任教师	人	2588	2588							
二、中等职业教育学校										
学校数	所	19	7	1		2	4	2	1	2
在校学生数	人	48453	21329	212		11143	7158	3803	2912	1896
教职工人数	人	2923	1027	73		573	540	342	187	181
其中：专任教师	人	2600	908	60		485	479	322	176	170
1.普通中等专业学校										
学校数	所	6	5				1			
在校学生数	人	8900	7838				1062			
教职工人数	人	493	447				46			
其中：专任教师	人	386	341				45			
2.成人中等专业学校										
学校数	所	1				1				
在校学生数	人	4596				4596				
教职工人数	人	255				255				
其中：专任教师	人	214				214				
3.技工学校										
学校数	所	3	1			1	1			
在校学生数	人	16776	8311			6547	1918			
教职工人数	人	774	282			318	174			
其中：专任教师	人	694	282			271	141			
4.职业高中										
学校数	所	9	1	1			2	2	1	2
在校学生数	人	18181	5180	212			4178	3803	2912	1896
教职工人数	人	1401	298	73			320	342	187	181
其中：专任教师	人	1306	285	60			293	322	176	170

说明：中等职业教育学校数包含技工学校数，不包含已停止招生但牌照未注销学校

附表52

2020年江门市旅游星级饭店一览表

饭店名称	星级	地址
江门市逸豪酒店	五星	江门市蓬江区迎宾大道118号
开平潭江半岛酒店	五星	开平市祥龙中银路2号
鹤山市东古玥湖酒店	五星	鹤山市沙坪鹤山大道623号
台山市君海悦凤凰酒店	五星	台山市台城镇沙岗湖地段
新会龙泉度假酒店	四星	江门市新会区会城圭峰区北坑工业区
江门市荷塘园林大酒店	三星	江门市荷塘环半路11号
江门市新会区冈州宾馆	三星	江门市新会区会城圭峰路9号
新会新金田酒店	三星	江门市新会区中心路15号
台山市下川新帝苑别墅度假村	三星	台山市川岛镇下川岛王府洲旅游区08-C号地
鹤山市叠翠山庄	三星	鹤山市沙坪街道雁前路85号
开平雅致酒店	三星	开平市曙光东路178号2栋

附表53

江门市市级以上非物质文化遗产名录表

	国家级（7项）	省级（29项）	市级（69项）
市　直	白沙茅龙笔制作技艺	白沙茅龙笔制作技艺	白沙茅龙笔
蓬江区	龙舞（荷塘纱龙）	龙舞（荷塘纱龙）、宫灯制作技艺（江门东艺宫灯制作技艺）、罗氏柑普茶制作技艺、庙会（洪圣庙会）	荷塘纱龙、江门东艺宫灯、周家拳、洪圣庙会、潮连芝山纱龙、罗氏柑普茶制作技艺、棠下白眉拳、卢艺鹿角椅制作技艺、罗贵率众南迁故事
江海区		赛龙舟（礼乐龙舟）	礼乐龙舟、外海面制作工艺、外海太虚拳、礼乐梁氏传统木雕制作技艺
新会区	蔡李佛拳、新会葵艺	蔡李佛拳、新会葵艺、崖门海战流传故事、广式硬木家具制作技艺（新会古典家具制作技艺）、新会陈皮制作技艺、陈梦吉故事、小冈香制作技艺	新会蔡李佛拳术、新会葵艺、崖门海战流传故事、新会古典家具、新会陈皮、大鳌咸水歌、新会鱼灯、双水山地风筝、双水蕉树龙、三江龙乡游龙、司前金龙、古井烧鹅、陈梦吉故事、小冈香制作技艺、大有凉果制作技艺、冈州古琴艺术、司前龙舟习俗
台山市	广东音乐、抬阁（芯子、铁枝、飘色）（台山浮石飘色）	台山广东音乐、台山浮石飘色、广式硬木家具制作技艺（台山大江传统家具制作技艺）、海宴冬蓉制作技艺	台山广东音乐、台山浮石飘色、台山大江古典家具、海宴冬蓉制作技艺、跳禾楼、广海打龙船、台山排球、台山冲蒌编织、台山汶村庙会、台山民歌、佛家拳、台山黄鳝饭制作技艺、赤溪客家擂糖糊、马氏中医推拿按摩

续附表53

	国家级（7项）	省级（29项）	市级（69项）
开平市	灯会（泮村灯会）	灯会（泮村灯会）、金声狮鼓制作技艺、腐乳酿造技艺（广合腐乳酿造技艺）、开平民歌、灰塑（开平灰塑）	泮村灯会、三埠百年狮鼓、开平民歌、开平卖鸡调、广合腐乳、司徒浩毛笔、马冈鹅繁育、开平灰雕制作技艺、镇濠泥鸡制作技艺、马冈牛皮制作技艺、玉石花盆景传统制作、张桥庙会
鹤山市		狮舞（狮艺）、咏春拳、东古牌系列酱料制作技艺、陈山香火龙习俗、端午节（古劳三夹腾龙）	鹤山狮艺、古劳偏身咏春拳、陈山火龙、古劳三夹腾龙、古劳酱料制作技术、玉桥民间传统艺术节
恩平市		恩平民歌、茶坑石雕刻技艺	恩平木鱼、恩平歇马励学制、恩平民歌、茶坑石雕刻技艺、恩平烧饼、恩平濑粉

附表54

2020年江门市各市（区）图书馆情况表

市（县区）级	场馆	
	24小时自助图书馆	图书馆
市直	0	1
蓬江区	15	1
江海区	4	1
新会区	7	1
台山市	4	1
开平市	10	1
鹤山市	5	1
恩平市	14	1
总数	59	8

附表55

2020年江门市旅行社一览表

市	区	旅行社中文名称	地址	许可经营业务	固定电话
江门市	开平市	江门乐行国际旅行社有限公司	开平市长沙区幕沙路63号首层102号铺	境内旅游业务 出境旅游业务 入境旅游业务	2277111
江门市	开平市	开平市中国旅行社有限公司	开平市三埠区长沙文新路1号	境内旅游业务 出境旅游业务 入境旅游业务	2213898

续附表55

市	区	旅行社中文名称	地址	许可经营业务	固定电话
江门市	台山市	台山市粤游国际旅行社有限公司	台山市台城东城大道2号103房	境内旅游业务 出境旅游业务 入境旅游业务	0750-5552992
江门市	新会区	江门市方健国际旅行社有限公司	江门市新会区会城侨兴北路9号1座112	境内旅游业务 出境旅游业务 入境旅游业务	0750-6962222
江门市	新会区	江门市新会区华航国际旅行社有限公司	江门市新会区会城中心南路37号111	境内旅游业务 出境旅游业务 入境旅游业务	0750-6960005
江门市	新会区	江门市风光假期国际旅行社有限公司	江门市新会区会城冈州大道中50号101	境内旅游业务 出境旅游业务 入境旅游业务	0750-6662333
江门市	新会区	江门市新会区阳光假期国际旅行社有限公司	江门市新会区会城募兴路20号103-105	境内旅游业务 出境旅游业务 入境旅游业务	0750-6654555
江门市	新会区	江门市时尚国际旅行社有限公司	江门市新会区会城明兴路18号1座109、110	境内旅游业务 出境旅游业务 入境旅游业务	0750-6109099
江门市	蓬江区	江门市山水国际旅行社有限公司	江门市蓬江区聚德街34幢首层8-12 A-C轴	境内旅游业务 出境旅游业务 入境旅游业务	0750-3222816
江门市	蓬江区	江门市中青国际旅行社有限公司	江门市聚德街22幢首层5-6 A-C轴、6-7 A-C轴、7-8 A-C轴、8-10 B-C轴四卡铺位	境内旅游业务 出境旅游业务 入境旅游业务	0750-3912623
江门市	蓬江区	江门市交通国际旅行社有限公司	江门市建设路42号	境内旅游业务 出境旅游业务 入境旅游业务	0750-3270288
江门市	蓬江区	江门广之旅国际旅行社有限公司	江门市蓬江区白沙大道西23号102	境内旅游业务 出境旅游业务 入境旅游业务	3501888
江门市	新会区	江门市春秋国际旅行社有限公司	江门市新会区会城侨光北路28号127	境内旅游业务 出境旅游业务 入境旅游业务	0750-6333333
江门市	蓬江区	江门市飞扬国际旅行社有限公司	江门市蓬江区建设路49号之10-115	境内旅游业务 出境旅游业务 入境旅游业务	0750-3271122
江门市	蓬江区	江门市国旅国际旅行社有限公司	江门市蓬江区江华一路143号二层2-1/6 A/A-E 2-5 E-M轴自编N	境内旅游业务 出境旅游业务 入境旅游业务	0750-3699888

续附表55

市	区	旅行社中文名称	地址	许可经营业务	固定电话
江门市	蓬江区	江门市中国旅行社有限公司	江门市蓬江区跃进路长乐里28号一至四楼	境内旅游业务 出境旅游业务 入境旅游业务	0750-3288880
江门市	蓬江区	江门市大方旅游国际旅行社有限公司	江门市蓬江区建设三路19号2幢1202室	境内旅游业务 出境旅游业务 入境旅游业务	0750-3502888
江门市	蓬江区	江门市欢乐旅行社有限责任公司	江门市建设路42号A05(办公区域)	境内旅游业务 出境旅游业务 入境旅游业务	0750-3338133
江门市	恩平市	恩平恩之旅国际旅行社有限公司	恩平市恩城东门广场商业城B座7号之一	境内旅游业务 出境旅游业务 入境旅游业务	0750-7733033
江门市	江海区	江门市天天生活科技有限公司	江门市江海区外海永康路47号2幢三楼（自编A2号）	境内旅游业务 入境旅游业务	0750-3832979
江门市	新会区	江门市新会迎八方旅行社有限公司	江门市新会区会城悦龙新村11座115	境内旅游业务 入境旅游业务	0750-6669613
江门市	蓬江区	江门市活水教育科技有限公司	江门市蓬江区迎宾大道中131号25层2503号	境内旅游业务 入境旅游业务	0750-3188660
江门市	蓬江区	江门市蓬江区酿百岁科技发展有限公司	江门市蓬江区江门万达广场12幢157、158室	境内旅游业务 入境旅游业务	0750-8515858
江门市	蓬江区	江门大河国际旅行社有限公司	江门市蓬江区江门万达广场1幢1003室之一	境内旅游业务 入境旅游业务	0750-3138082
江门市	蓬江区	江门市百嘉国际旅行社有限公司	江门市建设路45号四楼403室	境内旅游业务 入境旅游业务	0750-3219310
江门市	开平市	江门市途程旅行社有限公司	开平市三埠街道办事处祥龙祥获路11-15号2层之二（一址多照）	境内旅游业务 入境旅游业务	0750-2399099
江门市	蓬江区	江门市景洋国际旅游有限公司	江门市蓬江区江会路24号正平科技大厦三楼B1-2室	境内旅游业务 入境旅游业务	0750-3693552
江门市	蓬江区	江门市永心研学旅行社有限公司	江门市蓬江区港口一路105号201室B区A户自编002	境内旅游业务 入境旅游业务	0750-3718920

续附表55

市	区	旅行社中文名称	地址	许可经营业务	固定电话
江门市	台山市	台山开心华之旅国际旅行社有限公司	台山市台城侨苑新村14号104房之一(一址多照)	境内旅游业务 入境旅游业务	0750-5507567
江门市	蓬江区	江门广视国际旅行社有限公司	江门市蓬江区建设路19号首层B座	境内旅游业务 入境旅游业务	0750-8221109
江门市	新会区	江门市新会区康豪商旅服务有限公司	江门市新会区会城启超大道1号新会凤凰酒店商业街3号楼自编1021-1022	境内旅游业务 入境旅游业务	6672999
江门市	新会区	江门市凯程旅行社有限公司	江门市新会区会城东庆北路7号5层（自编532-533）	境内旅游业务 入境旅游业务	0750-6333898
江门市	新会区	江门市新会腾辉国际旅行社有限公司	江门市新会区会城启超大道50号4号楼（自编）2105-2106	境内旅游业务 入境旅游业务	0750-6626988
江门市	蓬江区	江门市康侨国际旅游有限公司	江门市蓬江区江门万达广场1幢1515室	境内旅游业务 入境旅游业务	0750-8282168
江门市	蓬江区	江门市腾飞国际旅行社有限公司	江门市蓬江区建设三路19号2幢1206室	境内旅游业务 入境旅游业务	0750-3502886
江门市	蓬江区	江门市延锦旅行社有限公司	江门市蓬江区建设二路104号之一1605室（一址多照）	境内旅游业务 入境旅游业务	0750-3231802
江门市	蓬江区	江门市天露户外旅游有限公司	江门市蓬江区炮台北路17号101	境内旅游业务 入境旅游业务	0750-3210513
江门市	蓬江区	江门市悦美旅行社有限公司	江门市蓬江区群华路15号5幢702-24室	境内旅游业务 入境旅游业务	0750-3552393
江门市	开平市	开平市易途旅行社有限公司	开平市三埠长沙幕沙路79号首层1-2卡	境内旅游业务 入境旅游业务	0750-2882883
江门市	新会区	江门市新会区遨游国际旅行社有限公司	江门市新会区会城同德二路8号名苑华庭12座105	境内旅游业务 入境旅游业务	0750-6666669
江门市	台山市	台山市华都旅游有限公司	台山市台城环城南路97号地下	境内旅游业务 入境旅游业务	0750-5525000

续附表55

市	区	旅行社中文名称	地址	许可经营业务	固定电话
江门市	蓬江区	江门市海天一色旅行社有限公司	江门市蓬江区棠下镇体育路17号110室之一	境内旅游业务 入境旅游业务	0750-5683551
江门市	蓬江区	江门市野协旅游有限公司	江门市蓬江区跃进路100号之三101室全部	境内旅游业务 入境旅游业务	0750-3335783
江门市	新会区	江门市新会华霖国际旅行社有限公司	江门市新会区会城中心南路8号109	境内旅游业务 入境旅游业务	0750-6688488
江门市	台山市	江门市侨光旅行社有限公司	台山市台城桥湖路41号B座8-9卡	境内旅游业务 入境旅游业务	0750-5619218
江门市	恩平市	恩平市泉之旅旅行社有限公司	恩平市桥峰路48号金汇豪庭1幢铺位1号	境内旅游业务 入境旅游业务	7738877
江门市	恩平市	恩平市锦泉假期旅行社有限责任公司	恩平市美华东路52号中澳豪庭詠裕阁101号二楼	境内旅游业务 入境旅游业务	7820188
江门市	恩平市	恩平市星晖旅行社有限公司	恩平市恩城荣誉市民大道1号御景湾商铺37号	境内旅游业务 入境旅游业务	7157558
江门市	鹤山市	鹤山市春秋假日旅行社有限公司	鹤山市沙坪镇前进路26号	境内旅游业务 入境旅游业务	8833668
江门市	鹤山市	鹤山市国通旅行社有限公司	鹤山市沙坪镇新风路27号之二	境内旅游业务 入境旅游业务	0750-8988985
江门市	开平市	开平市尚游旅行社有限公司	开平市三埠区港口路88号8幢首层第二卡铺位	境内旅游业务 入境旅游业务	2161666
江门市	台山市	台山市川山群岛旅游发展有限公司	台山市川岛镇山咀港港口路1号（候客楼）二楼	境内旅游业务 入境旅游业务	0750-5381881
江门市	台山市	台山市金盛国际旅行社有限公司	台山市川岛镇上川岛飞沙滩旅游度假区海天路39号一楼1卡	境内旅游业务 入境旅游业务	0750-5395777
江门市	台山市	台山市金铧国际旅行社有限公司	台山市台城健康路7号102房	境内旅游业务 入境旅游业务	0750-5555303 0750-5555302

续附表55

市	区	旅行社中文名称	地址	许可经营业务	固定电话
江门市	台山市	台山市侨城国际旅行社有限公司	台山市台城桔园路3号副楼	境内旅游业务 入境旅游业务	0750-5510111
江门市	台山市	台山市乐途旅行社有限公司	台山市台城白石路润华大厦106号铺位右侧第一卡	境内旅游业务 入境旅游业务	0750-5557666
江门市	台山市	台山市启程国际旅行社有限公司	台山市台城海园华侨新村47号101房	境内旅游业务 入境旅游业务	0750-5559997
江门市	新会区	江门市开心国际旅行社有限公司	江门市新会区会城育才路5号113	境内旅游业务 入境旅游业务	0750-6666969
江门市	新会区	江门市星汇国际旅行社有限公司	江门市新会区会城中心南路22号104-1	境内旅游业务 入境旅游业务	6339955
江门市	新会区	江门市华厦国际旅行社有限公司	江门市新会区会城圭峰路3号	境内旅游业务 入境旅游业务	0750-6172222
江门市	新会区	新会海外旅游有限公司	江门市新会区会城镇冈州大道中60号	境内旅游业务 入境旅游业务	0750-6666669
江门市	新会区	江门市好大只陈皮文化旅游发展有限公司	江门市新会区会城冈州大道中52号107	境内旅游业务 入境旅游业务	0750-6969700
江门市	新会区	江门市新会理想国际旅行社有限公司	江门市新会区会城侨兴北路2号101	境内旅游业务 入境旅游业务	0750-6337777
江门市	新会区	江门市新会区浪漫国际旅行社有限公司	江门市新会区会城中心南路37号117-5	境内旅游业务 入境旅游业务	0750-6965996
江门市	新会区	江门市康怡国际旅行社有限公司	江门市新会区会城冈州大道中6号103	境内旅游业务 入境旅游业务	0750-6969996
江门市	江海区	江门市汇侨旅行社有限公司	江门市江海区礼乐新民一路18号1幢(自编108、117A商铺)	境内旅游业务 入境旅游业务	0750-3986608
江门市	江海区	江门市侨乡国际旅行社有限公司	江门市江海区礼乐文昌花园118栋3号商铺	境内旅游业务 入境旅游业务	0750-3618196

续附表55

市	区	旅行社中文名称	地址	许可经营业务	固定电话
江门市	蓬江区	江门市汇信国际旅行社有限公司	江门市蓬江区港口二路1号1105室	境内旅游业务 入境旅游业务	0750-3303633
江门市	蓬江区	江门市江之旅旅行社有限公司	江门市蓬江区良化新村西150号107室	境内旅游业务 入境旅游业务	0750-3718666
江门市	蓬江区	江门康辉国际旅行社有限公司	江门市蓬江区东华一路38号212室	境内旅游业务 入境旅游业务	0750-3926319
江门市	蓬江区	江门市邦程旅行社有限公司	江门市蓬江区胜利路152号1幢自编2号楼第4层2411室A区	境内旅游业务 入境旅游业务	0750-3116666
江门市	蓬江区	江门市四海国际旅行社有限公司	江门市蓬江区杜阮镇东路第6幢市场楼101	境内旅游业务 入境旅游业务	0750-3676368
江门市	蓬江区	广东中旅（江门）旅行社有限公司	江门市蓬江区白石大道141号128室自编之二	境内旅游业务 入境旅游业务	0750-3502288
江门市	蓬江区	江门市假日国际旅行社有限公司	江门市东华一路41号201之二	境内旅游业务 入境旅游业务	0750-3290288
江门市	蓬江区	江门市青年旅行社有限责任公司	江门市蓬江区建设路30号202	境内旅游业务 入境旅游业务	0750-3276688
江门市	蓬江区	江门市教育旅行社有限公司	江门市蓬江区迎宾大道西108号2幢（自编305室）（信息申报制）	境内旅游业务 入境旅游业务	0750-3501383
江门市	蓬江区	星辰国际旅行社（广东省江门）有限公司	江门市蓬江区建设三路75号2幢七层715室自编之2	境内旅游业务 入境旅游业务	0750-3316621
江门市	蓬江区	中国国旅（广东江门）国际旅行社有限公司	江门市蓬江区江华一路143号二层2-1/6 A/A-E 2-5 E-M轴自编0	境内旅游业务 入境旅游业务	0750-3699888
江门市	台山市	台山中国旅行社	台山市台城镇通济路1-11号	境内旅游业务 入境旅游业务	5524768
江门市	台山市	台山市旅游公司	台城镇环北大道石花华侨新村19-20号	境内旅游业务 入境旅游业务	5503287

续附表55

市	区	旅行社中文名称	地址	许可经营业务	固定电话
江门市	台山市	台山市枫叶国际旅行社有限公司	台山市台城桔园路3号地下	境内旅游业务 入境旅游业务	0750-5512277
江门市	开平市	开平市印象碉楼旅行社有限公司	开平市三埠区曙光东路186号首层125号	境内旅游业务 入境旅游业务	0750-2225111
江门市	蓬江区	江门市白云国际旅行社有限公司	江门市蓬江区跃进路100号首层	境内旅游业务 入境旅游业务	0750-3273333
江门市	台山市	台山市川岛国际旅行社有限公司	台山市台城平湖路2号102房	境内旅游业务 入境旅游业务	5553228
江门市	恩平市	恩平市中国旅行社	恩城镇河南西堤路33号	境内旅游业务 入境旅游业务	7780207 13326828060
江门市	开平市	开平市广旅国际旅行社有限公司	开平市塘口镇立园路18号3座首层	境内旅游业务 入境旅游业务	2212580
江门市	鹤山市	鹤山市中国旅行社	鹤山市沙坪镇北湖路16号之二	境内旅游业务 入境旅游业务	8833168
江门市	蓬江区	江门市恒汇国际旅行社有限公司	江门市蓬江区东仓里79号之九首层11-12 P-T（一址多照）	境内旅游业务 入境旅游业务	0750-3313108

附表56

江门市国家级重点文物保护单位一览表

文保单位名称	批次	市	县(区)	详细地点	年代	级别	类别
陈白沙祠	2019年10月7日第八批	江门市	蓬江区	蓬江区白沙大道西37号	明万历	国保	祠堂、牌坊
梁启超故居	1996年11月20日第四批	江门市	新会区	新会区会城镇茶坑村	清	国保	史迹
开平碉楼	2001年6月25日	江门市	开平市	开平各地	近现代	国保	代表性建筑
司徒美堂故居	2019年10月7日第八批	江门市	开平市	赤坎镇中股村委会牛路里第四巷6号对面	清末	国保	史迹
风采堂	2019年10月7日第八批	江门市	开平市	三埠街道办事处获海居委会东堤路1号风采中学内	民国3年(1914)	国保	代表性建筑

附表57

江门市省级重点文物保护单位一览表

文保单位名称	批次	市	县(区)	详细地点	年代	级别	类别	备注
司谏进士坊	2002年7月17日第四批	江门市	蓬江区	蓬江区荷塘镇南村	明嘉靖	省级	祠堂、牌坊	
新宁铁路北街站旧址	2008年11月18日第五批	江门市	蓬江区	蓬江区北街甘化新村北	清末	省级	代表性建筑	
江门海关旧址	2008年11月18日第五批	江门市	蓬江区	蓬江区北街海傍街	民初	省级	代表性建筑	
周源李公祠	2002年7月17日第四批	江门市	蓬江区	蓬江区荷塘镇篁湾村	清同治	省级	祠堂、牌坊	
陈垣故居	2002年7月17日第四批	江门市	蓬江区	蓬江区棠下镇石头村	清代	省级	史迹	
江门中山纪念堂	2010年5月10日第六批	江门市	蓬江区	蓬江区常安路口中山公园内	民国	省级	纪念建筑	
良溪罗氏大宗祠（含罗贵墓）	2010年5月10日第六批	江门市	蓬江区	蓬江区棠下镇良溪村良北	清康熙	省级	祠堂、牌坊	
良溪罗氏大宗祠罗贵墓	2010年5月10日第六批	江门市	蓬江区	广东省江门市蓬江区棠下镇良溪村仓下山	宋绍兴	省级	祠堂、牌坊	其中“罗贵墓”是南宋时期（1131年）
潮连洪圣殿	2019年4月19日粤府函〔2019〕96号第九批省保	江门市	蓬江区	蓬江区潮连街富冈社区	明万历	省级	寺庙、宫观	
卢边卢氏宗祠	2019年4月19日粤府函〔2019〕96号第九批省保	江门市	蓬江区	蓬江区潮连街卢边社区	明成化	省级	祠堂、牌坊	
陈白沙墓	2003年7月1日江府〔2003〕209号	江门市	蓬江区	蓬江区杜阮镇瑶村席帽山	明正德	省级	祠堂、牌坊	
陈少白故居	2002年7月17日第四批	江门市	江海区	江海区外海镇南华里1号	民国	省级	史迹	
陈少白墓	2019年4月19日粤府函〔2019〕96号第九批省保	江门市	江海区	江海区外海镇茶庵寺后五马归槽山	民国	省级	纪念建筑	
龙兴寺石塔	1978年7月18日第一批	江门市	新会区	新会区会城街道马山	隋一唐	省级	塔	
镇山宝塔	1978年7月18日第一批	江门市	新会区	新会区会城街道圭峰山	元	省级	塔	
崖门炮台	1989年6月17日第三批	江门市	新会区	新会区古井镇三崖村	清	省级	城防	
新会学宫	1989年6月17日第三批	江门市	新会区	新会区会城街道公园路	明一清	省级	学宫、书院	

续附表57

文保单位名称	批次	市	县(区)	详细地点	年代	级别	类别	备注
张将军家庙	2002年7月17日第四批	江门市	新会区	新会区双水镇豪山村	清	省级	祠堂、牌坊	
官冲窑址（原称陶瓷窑遗址）	2015年12月10日第八批	江门市	新会区	新会区古井镇官冲村	唐	省级	考古发现的墓葬	
凌东石戏台	2019年4月19日粤府函〔2019〕96号第九批省保	江门市	新会区	新会区会城街道平安路	明	省级	亭、台、楼、阁、公馆、会所	
金牛山华侨义冢	2019年4月19日粤府函〔2019〕96号第九批省保	江门市	新会区	新会区会城街道仁义村金牛山	民国	省级	祠堂、牌坊	
林氏家庙	2012年10月第六批	江门市	新会区	新会区罗坑镇石咀村东侯里	清代	省级	祠堂、牌坊	
台山县政府大楼	2002年7月17日第四批	江门市	台山市	台山市台城街道东云社区中山路三巷6号	民国22年（1933）	省级	代表性建筑	
汀江圩华侨近代建筑群	2002年7月17日第四批	江门市	台山市	台山市端芬镇西头村委会六乡村	民国21年（1932）	省级	代表性建筑	
台山县立中学	2008年11月18日第五批	江门市	台山市	台山市东云社区石花路1号	民国	省级	代表性建筑	
紫花岗摩崖石刻	2002年7月17日第四批	江门市	台山市	台山市广海镇南湾海永无波公园内	明	省级	摩崖石刻	
浮月洋楼	2008年11月18日第五批	江门市	台山市	台山市斗山镇墩头村委会浮月村	民国	省级	代表性建筑	
陈宜禧故居	2002年7月17日第四批	江门市	台山市	台山市斗山镇墩头村委会浮月村	民国11年（1922）	省级	纪念建筑	
翁家楼	2008年11月18日第五批	江门市	台山市	台山市端芬镇庙边村委会模范村	民国	省级	代表性建筑	
陈宜禧铜像及纪念亭	2019年4月19日粤府函〔2019〕96号第九批省保	江门市	台山市	台山市台城南塘社区北盛街	民国9年（1920）	省级	纪念建筑	

续附表57

文保单位名称	批次	市	县(区)	详细地点	年代	级别	类别	备注
庙边学校	第八批（2015年12月10日）	江门市	台山市	台山市端芬镇庙边村委会蓝田村	民国17年（1928）	省级	代表性建筑	
方济各•沙勿略墓园	第八批（2015年12月10日）	江门市	台山市	台山市上川岛山西麓	明—清	省级	寺庙、宫观	
赤坎旧镇近代建筑群（内含宝济楼、西隆押铺旧址、关光裕碉楼、发明电灯公司旧址、赤坎基督教堂、坚翁司徒公祠、巴黎旅店旧址、司徒珙医院旧址、素庵居庐、关族图书馆、宝恒按碉楼、汇通银号旧址、开平县灵通电话公司旧址、赤坎镇消防队旧址、赤坎影剧院旧址、开平酒家旧址、东堤旅店旧址、中华东路押铺、司徒氏通俗图书馆19个单位）	2002年7月17日第四批	江门市	开平市	开平市赤坎镇	民国	省级	代表性建筑	
周文雍故居	2019年4月19日粤府函〔2019〕96号第九批省保	江门市	开平市	百合镇茅冈村委会宝顶村凤凰里	清代	省级	史迹	
开平学宫	2019年4月19日粤府函〔2019〕96号第九批省保	江门市	开平市	苍城镇苍城墟居委会东门街	清康熙二十年（1681）	省级	学宫、书院	

续附表57

文保单位名称	批次	市	县(区)	详细地点	年代	级别	类别	备注
赤坎南楼	2019年4月19日粤府函〔2019〕96号第九批省保	江门市	开平市	赤坎镇南楼村委会腾蛟村潭江北岸	民国2年（1913）	省级	史迹	
立园	2019年4月19日粤府函〔2019〕96号第九批省保	江门市	开平市	塘口镇北义村委会庚华村	民国25年（1936）	省级	代表性建筑	
《大田洞摩崖石刻平瑶记》石刻	1989年6月第三批	江门市	恩平市	大田镇石山村委会石山东北坡	元至正十三年（1353）	省级	摩崖石刻	
冯如故居	2012年10月	江门市	恩平市	牛江镇昌梅杏圃村	清代	省级	纪念建筑	
恩平县公立图书馆	2012年10月	江门市	恩平市	恩平市沿江路8号(大钟楼)	民国19年（1930）	省级	代表性建筑	
昆东宋氏大宗祠（原鹤山苏维埃政府）	2019年4月19日粤府函〔2019〕96号第九批省保	江门市	鹤山市	鹤山市雅瑶镇昆东村委会平冈村	民国	省级	史迹	
广东人民抗日解放军司令部旧址	2019年4月19日粤府函〔2019〕96号第九批省保	江门市	鹤山市	鹤山市宅梧镇靖村村委会从新下村	民国34年（1945）	省级	史迹	
大洲湾遗址	第八批（2015年12月10日）	江门市	台山市	广东省江门市台山市川岛镇大洲村委会大洲湾	明	省级	遗址	
广海卫城城墙遗址（含紫花岗烽火台）	第八批（2015年12月10日）	江门市	台山市	广东省江门市台山市广海镇广海城居委会海永无波公园内	明	省级	遗址	
新地村天主堂遗址（含神父楼）	2019年4月19日粤府函〔2019〕96号第九批省保	江门市	台山市	广东省江门市台山市川岛镇大洲村委会新地村新地小学内	清	省级	遗址	
北门窑址	第八批（2015年12月10日）	江门市	新会区	江门市新会区会城街道猪乸岭、马山	隋唐	省级	窑址	
博健学校旧址	2019年4月19日粤府函〔2019〕96号第九批省保	江门市	开平市	江门市开平市月山镇博健村	民国	省级	史迹 代表性建筑	

附表58

江门市市级重点文物保护单位一览表

文保单位名称	批次	市	县(区)	详细地点	年代	级别	类别	备注
钓台故址	1983年10月31日 第一批	江门市	蓬江区	蓬江区钓台路1号	明成化	市（县）级	祠堂、牌坊	
北街天主教堂	2000年9月25日 第三批	江门市	蓬江区	蓬江区江北路67号	民国	市（县）级	代表性建筑	
名宦家庙	2000年9月25日 第三批	江门市	蓬江区	蓬江区潮连街卢边社区	明万历	市（县）级	祠堂、牌坊	
华丰古庙	2000年9月25日 第三批	江门市	蓬江区	蓬江区环市街耙冲水闸旁	清乾隆	市（县）级	寺庙、宫观	
施氏大宗祠	2000年9月25日 第三批	江门市	蓬江区	蓬江区环市街里村祠前里	清乾隆	市（县）级	祠堂、牌坊	
永安按当铺旧址	2000年9月25日 第三批	江门市	蓬江区	蓬江区东南胜街54	民国	市（县）级	史迹	
宝和按当铺旧址	2000年9月25日 第三批	江门市	蓬江区	蓬江区上步路10号	民国	市（县）级	史迹	
文昌阁	2004年4月29日 第四批	江门市	蓬江区	蓬江区棠下镇中心村	清代	市（县）级	塔	
南名谢公祠	2004年4月29日 第四批	江门市	蓬江区	蓬江区群星村丹井里	清代	市（县）级	祠堂、牌坊	
真壶陆公祠	2004年4月29日 第四批	江门市	蓬江区	蓬江区环市街群星东华里	清代	市（县）级	祠堂、牌坊	
美孚石油公司旧址	2004年4月29日 第四批	江门市	蓬江区	蓬江区北街海傍街65号	民国	市（县）级	史迹	
黎宏业墓	2003年7月1日 江府〔2003〕209号	江门市	蓬江区	蓬江区荷塘镇三丫村龟山	明崇祯	市（县）级	地面发现的墓葬	
济川桥	2003年7月1日 江府〔2003〕209号	江门市	蓬江区	蓬江区棠下镇中心村陈田围	清康熙	市（县）级	其他	
黄氏世宦祠	2003年7月1日 江府〔2003〕209号	江门市	蓬江区	蓬江区杜阮镇龙榜村龙聚里	明正统	市（县）级	祠堂、牌坊	
叱石摩崖石刻	2003年7月1日 江府〔2003〕209号	江门市	蓬江区	蓬江区杜阮镇叱石岩风景区	清代	市（县）级	寺庙、宫观 碑碣	
米氏太夫人墓	2003年7月1日 江府〔2003〕209号	江门市	蓬江区	蓬江区杜阮镇杜阮村三和里	南宋	市（县）级	地面发现的墓葬	
陶梁民及其家眷墓	2003年7月1日 江府〔2003〕209号	江门市	蓬江区	蓬江区杜阮镇贯溪村攀头岭	明嘉靖	市（县）级	地面发现的墓葬	
马直北夫妇合葬墓	2003年7月1日 江府〔2003〕209号	江门市	蓬江区	蓬江区杜阮镇亭园村 “大马洒”山	南宋	市（县）级	地面发现的墓葬	
“节孝流芳”坊	2008年9月27日 第五批	江门市	蓬江区	蓬江区棠下镇良溪村	清	市（县）级	祠堂、牌坊	

续附表58

文保单位名称		批次	市	县(区)	详细地点	年代	级别	类别	备注
尹氏宗祠		2008年9月27日第五批	江门市	蓬江区	蓬江区杜阮镇木朗村松芳里	明代	市（县）级	祠堂、牌坊	
接龙桥		2010年9月28日第六批	江门市	蓬江区	蓬江区棠下镇石头村民委员会	清代（重修）	市（县）级	其他	
莱山梁公祠		2010年9月28日第六批	江门市	蓬江区	蓬江区棠下镇三堡村民委员会	清代	市（县）级	祠堂、牌坊	
容氏宗祠		2010年9月28日第六批	江门市	蓬江区	蓬江区荷塘镇良村三良学校内	明代	市（县）级	祠堂、牌坊	
舜举李公祠		2010年9月28日第六批	江门市	蓬江区	蓬江区潮连街道富冈社区	明代	市（县）级	祠堂、牌坊	
木朗农会旧址		2010年9月28日第六批	江门市	蓬江区	蓬江区杜阮镇木朗村上屋里	民国	市（县）级	史迹	
篁庄欧阳氏祠堂		2010年9月28日第六批	江门市	蓬江区	蓬江区环市街篁庄土盛里	清代	市（县）级	祠堂、牌坊	
周氏六世祖祠		2010年9月28日第六批	江门市	蓬江区	蓬江区棠下镇虎岭村民委员会	清代	市（县）级	祠堂、牌坊	
茶庵（六祖寺）		1998年4月23日第二批	江门市	江海区	江海区外海镇西面五马归槽山	明万历	市（县）级	寺庙、宫观	
白水带水月宫		1998年4月23日第二批	江门市	江海区	江海区外海镇麻园乡白水带	清道光	市（县）级	寺庙、宫观	
外海五大祠		2000年9月25日第三批	江门市	江海区	江海区外海镇东升街	清咸丰	市（县）级	祠堂、牌坊	
三座石拱桥	南溪桥	2004年4月29日第四批	江门市	江海区	江海区礼乐镇东红村	清代	市（县）级	其他	
	跨龙桥	2004年4月29日第四批	江门市	江海区	江海区礼乐镇跨龙村	清代	市（县）级	其他	
	中正桥	2004年4月29日第四批	江门市	江海区	江海区礼乐镇威西村	清代	市（县）级	其他	
马敏卿墓及其马氏祖祠	马敏卿墓	2004年4月29日第四批	江门市	江海区	江海区外海镇蛇山	元代	市（县）级	地面发现的墓葬	
	前湾马公祠	2004年4月29日第四批	江门市	江海区	江海区外海镇麻二村	清代	市（县）级	祠堂、牌坊	
	耀台马公祠	2004年4月29日第四批	江门市	江海区	江海区外海镇麻二村	清代	市（县）级	祠堂、牌坊	
江门造纸厂旧址（含碉楼、办公楼）		2010年9月28日第六批	江门市	江海区	江海区礼乐街道文昌沙社区	民国	市（县）级	史迹	
仙涌寺地藏院碑		1979年4月25日第一批	江门市	新会区	新会区罗坑镇罗坑医院	宋	市（县）级	碑碣	

续附表58

文保单位名称	批次	市	县(区)	详细地点	年代	级别	类别	备注
奇石	1979年4月25日 第一批	江门市	新会区	新会区古井镇官冲村	宋	市（县）级	遗址	
杨太后陵	1979年4月25日 第一批	江门市	新会区	新会区罗坑镇卫生院	宋	市（县）级	地面发现的墓葬	
慈元庙碑刻	1979年4月25日 第一批	江门市	新会区	新会区古井镇官冲村	明	市（县）级	碑碣	
慈元庙旧址	1979年4月25日 第一批	江门市	新会区	新会区古井镇官冲村	明	市（县）级	遗址	
凌云塔	1979年 4月25日 第一批	江门市	新会区	新会区会城街道茶坑村	明	市（县）级	塔	
白石塔	1979年4月25日 第一批	江门市	新会区	新会区会城街道圭峰山	清	市（县）级	塔	
周恩来总理视察新会纪念室	1979年4月25日 第一批	江门市	新会区	新会区会城街道冈州大道中	现代	市（县）级	史迹	
新鹤人民抗日游击大队部旧址	1979年4月25日 第一批	江门市	新会区	新会区司前镇白庙村	现代	市（县）级	史迹	
革命烈士纪念碑	1979年4月25日 第一批	江门市	新会区	新会区会城街道黄云山	现代	市（县）级	纪念建筑	
宏文社学	1983年 第二批	江门市	新会区	新会区会城街道茶坑村	清	市（县）级	塔	
炼丹井	1995年3月29日 第三批	江门市	新会区	新会区会城街道炼丹街	北宋	市（县）级	其他	
莲花井	1995年3月29日 第三批	江门市	新会区	新会区会城街道新盛街	元	市（县）级	其他	
石井及慈尊宫	1995年3月29日 第三批	江门市	新会区	新会区会城街道诗书街	明-清	市（县）级	亭、台、楼阁、公馆会所	
文炳阁	1995年3月29日 第三批	江门市	新会区	新会区古井镇文楼村	清	市（县）级	塔	
“百岁流芳”石牌坊	1995年3月29日 第三批	江门市	新会区	新会区古井镇霞路村	清	市（县）级	祠堂、牌坊城防	
宋宗室亲臣赵公祠	1995年3月29日 第三批	江门市	新会区	新会区古井镇霞路村	清	市（县）级	祠堂、牌坊	
见龙桥	1995年3月29日 第三批	江门市	新会区	新会区双水镇富美村	清	市（县）级	其他	
景堂图书馆旧址	1995年3月29日 第三批	江门市	新会区	新会区会城街道仁寿路	民国	市（县）级	地面发现的墓葬	
新会书院	1995年3月29日 第三批	江门市	新会区	新会区会城街道惠民西路	民国	市（县）级	代表性建筑	

续附表58

文保单位名称	批次	市	县(区)	详细地点	年代	级别	类别	备注
抗战纪念塔	1995年3月29日第三批	江门市	新会区	新会区会城街道天禄村	民国	市（县）级	代表性建筑	
罗山咀贝丘遗址	2004年7月12日第五批	江门市	新会区	新会区会城街道都会村	新石器	市（县）级	纪念建筑	
下沙沙丘遗址	2004年7月12日第五批	江门市	新会区	新会区古井镇下沙村	新石器	市（县）级	遗址	
慧龙寺遗址	2004年7月12日第五批	江门市	新会区	新会区司前镇昆仑村	唐	市（县）级	遗址	
古城遗址	2004年7月12日第五批	江门市	新会区	新会区会城街道马山、象山、犀山	元—明	市（县）级	遗址	
黄道娘墓	2004年7月12日第五批	江门市	新会区	新会区会城街道都会村	宋	市（县）级	遗址	
林玄辅墓	2004年7月12日第五批	江门市	新会区	新会区睦洲镇睦洲村充美里	元	市（县）级	地面发现的墓葬	
建安郡王祠	2004年7月12日第五批	江门市	新会区	新会区三江镇新江村	明—清	市（县）级	地面发现的墓葬	
温文宁墓	2008年9月27日第五批	江门市	新会区	新会区崖门镇甜水村	宋	市（县）级	地面发现的墓葬	
黄竹坑华侨义冢墓群	2008年9月27日第五批	江门市	新会区	新会区会城街道圭峰山	清	市（县）级	地面发现的墓葬	
豪山奎阁	2010年9月28日第六批	江门市	新会区	新会区双水镇豪山村	民国	市（县）级	代表性建筑	
文楼吴氏宗祠	2010年9月28日第六批	江门市	新会区	新会区古井镇文楼村	清代	市（县）级	祠堂、牌坊	
洪圣始祖馆旧址	2010年9月28日第六批	江门市	新会区	新会区崖门镇京梅村拱北里	清代	市（县）级	亭、台、楼阁、公馆会所	
桃荫别墅	2010年9月28日第六批	江门市	新会区	新会区大鳌镇南沙村	民国	市（县）级	史迹	
梅阁烈士墓园	2010年9月28日第六批	江门市	新会区	新会区沙堆镇梅阁村马鞍山	20世纪50年代	市（县）级	纪念建筑	
新会人民会堂	2010年9月28日第六批	江门市	新会区	新会区会城街道南宁社区	20世纪50年代	市（县）级	代表性建筑	
赵母林氏墓	2010年9月28日第六批	江门市	新会区	新会区古井镇管咀村	明代	市（县）级	地面发现的墓葬	
石花山摩崖石刻群	1989年4月28日第一批	江门市	台山市	台山市台城东云社区石花山上	明、清	市（县）级	摩崖石刻	
琴溪古桥	1989年4月28日第一批	江门市	台山市	台山市北陡镇那琴圩西侧	清	市（县）级	其他	

续附表58

文保单位名称	批次	市	县(区)	详细地点	年代	级别	类别	备注
凌云古塔	1989年4月28日 第一批 1989年4月28日	江门市	台山市	台山市台城新桥社区塔山顶	明万历 四十一年 （1613）	市（县）级	塔	
香头坟 （伍隆起墓）	第一批 2002年7月17日 第二批	江门市	台山市	台山市台城镇香雁湖村委会 香头坟村黄牛拉车山	宋祥兴 元年 （1278）	市（县）级	地面发现 的墓葬	
台山溯源学校 纪念堂	2002年7月17日 第二批	江门市	台山市	台山市台城东云社区 中山路24号	民国 25年 （1936）	市（县）级	代表性建筑	
台城人民电影院	2002年7月17日 第二批	江门市	台山市	台山市台城环南社区 人民路10号	民国 24年 （1935）	市（县）级	代表性建筑	
台城谭宅	2002年7月17日 第二批	江门市	台山市	台山市台城南塘社区 台西路132号	民国 7年 （1918）	市（县）级	代表性建筑	
台城天桥大厦	2002年7月17日 第二批	江门市	台山市	台山市台城南塘社区 台西路40—49号	民国 30年 （1941）	市（县）级	代表性建筑	
台城东风旅店	2002年7月17日 第二批	江门市	台山市	台山市台城南塘社区 西荣街53号	民国 15年 （1926）	市（县）级	代表性建筑	
台城礼拜堂	2008年5月26日 第三批	江门市	台山市	台山市台城南塘社区 台西路186号	民国 11年 （1922）	市（县）级	代表性建筑	
黄光锐故居	2008年5月26日 第三批	江门市	台山市	台山市白沙镇龚边村委会 田四村	民国	市（县）级	史迹	
胥山纪念堂	2008年6月12日 第四批	江门市	台山市	台山市大江镇第二居委会 公益圩上海街1号	民国 19年 （1930）	市（县）级	代表性建筑	
赵天锡故居	2008年6月12日 第四批	江门市	台山市	台山市斗山镇浮石村 委会七坊	清	市（县）级	史迹	
赵灼故居	2011年9月8日 第五批	江门市	台山市	台山市斗山镇浮石村 委会四坊	民国	市（县）级	史迹	
福临碉楼	2011年9月8日 第五批	江门市	台山市	台山市四九镇玄潭村委会 福临村村外左前方	民国 15年 （1926）	市（县）级	代表性建筑	
立德学校旧址	2011年9月8日 第五批	江门市	台山市	台山市台城街道泡步村委 会信恒塑料厂内	民国	市（县）级	代表性建筑	

续附表58

文保单位名称	批次	市	县(区)	详细地点	年代	级别	类别	备注
日新学校	2011年9月8日 第五批	江门市	台山市	台山市台城街道板岗村委会	民国13年（1924）	市（县）级	代表性建筑	
蛮陂头水电站	2011年9月8日 第五批	江门市	台山市	台山市四九镇北峰山麓	20世纪50年代	市（县）级	史迹	
绥靖伯庙	2011年9月8日 第五批	江门市	台山市	台山市台城街道水南村委会水南圩西南侧	清光绪十六年（1890）	市（县）级	祠堂、牌坊	
巫公岩摩崖石刻	2011年9月8日 第五批	江门市	台山市	台山市海宴镇沙栏村委会通亨村西面山上	南宋德祐二年（1276）	市（县）级	摩崖石刻	
合山桥	1983年3月23日 第一批	江门市	开平市	百合镇齐塘村委会合山东侧水口镇红花村委会塘口村	民国23年（1934）	市（县）级	代表性建筑	
龙冈古庙	2000年10月31日 第二批	江门市	开平市	水口镇人民居委会银江里红花路13号	始建清康熙元年（1662）	市（县）级	寺庙、宫观	
黄氏大宗祠	2000年10月31日 第二批	江门市	开平市	水口镇人民居委会中山东路96号	清顺治元年（1644）	市（县）级	祠堂、牌坊	由于该庙已于1998年重建，“三普”登记调整为遗址类
溯源家塾	2000年10月31日 第二批	江门市	开平市	百合镇茅冈村委会茅冈墟325国道旁	清道光二十六年（1846）	市（县）级	学宫、书院	
周文雍烈士纪念碑	1983年3月23日 第一批	江门市	开平市	赤坎镇护龙村委会东升东盛村第二巷1号	1958年	市（县）级	纪念建筑	
邓一飞烈士祖屋	1983年3月23日 第一批	江门市	开平市	赤坎镇上埠居委会	民国8年（1919）年	市（县）级	史迹	
开平旧县委所在地	1983年3月23日 第一批	江门市	开平市	前进路34号二楼	清末	市（县）级	史迹	
开元塔	1983年3月23日 第一批	江门市	开平市	长沙街道办事处平冈村委会马山山顶	清乾隆十六年（1751）	市（县）级	塔	
金章阁	1983年3月23日 第一批	江门市	开平市	长沙街道办事处平冈村委会马山山腰	清道光二十三年（1843）	市（县）级	亭、台、楼、阁、公馆、会所	

续附表58

文保单位名称	批次	市	县(区)	详细地点	年代	级别	类别	备注
保厘塔	1983年3月23日第一批	江门市	开平市	苍城镇附城村委会牛牯坑山山顶	清乾隆六十年（1795）	市（县）级	塔	由于该阁已于1999年重建，“三普”登记调整为遗址类
得元梁公祠	2007年10月18日第三批	江门市	开平市	沙塘镇塘浪村委会永胜村巷背里	明正德年间（1506—1521年）始建	市（县）级	祠堂、牌坊	
抗日遗址——水口地堡（两个）	2007年10月18日第三批	江门市	开平市	水口镇泮南村委会沙岗头村、太和里	民国30年（1941）3月至9月间	市（县）级	史迹	由于该祠堂已于2004年重建，“三普”登记调整为遗址类
中山楼	1994年8月31日	江门市	开平市	塘口镇以敬村委会庆民村	民国元年（1912）	市（县）级	史迹	谢创故居
朗底革命烈士纪念碑	1983年6月第一批	江门市	恩平市	大田镇朗底圩侧	1978	市（县）级	纪念建筑	
牛皮塘农会旧址	1983年6月第一批	江门市	恩平市	东成镇回龙里村	民国15年（1926）	市（县）级	纪念建筑	
天村党支部旧址	1983年6月第一批	江门市	恩平市	圣堂镇水塘天村东闸	民国17年（1928）	市（县）级	纪念建筑	
冯燊故居	1983年6月第一批	江门市	恩平市	圣堂镇天村	1988	市（县）级	纪念建筑	
恩平县人民政府旧址	1983年6月第一批	江门市	恩平市	沙湖镇上凯岗村	1949	市（县）级	纪念建筑	
上凯岗革命烈士纪念碑	1983年6月第一批	江门市	恩平市	沙湖镇上凯岗村东边的乞米石山	1985	市（县）级	纪念建筑	
官路桥	1983年6月第一批	江门市	恩平市	圣堂镇三山	清代	市（县）级	其他	
水口桥	1983年6月第一批	江门市	恩平市	沙湖镇水口村	清代	市（县）级	其他	

续附表58

文保单位名称	批次	市	县(区)	详细地点	年代	级别	类别	备注
广东人民抗日解放军司令部驻地旧址	1984年7月第二批	江门市	恩平市	大田镇朗底圩	民国34年（1945）	市（县）级	纪念建筑	
中共恩平县委会旧址	1984年7月第二批	江门市	恩平市	牛江镇东边朗村	民国27年（1938）	市（县）级	代表性建筑	
恩平革命烈士纪念碑	1984年7月第二批	江门市	恩平市	恩城鳌峰山半山腰	1985	市（县）级	纪念建筑	
学宫（崇圣殿）	1984年7月第二批	江门市	恩平市	恩平市第一中学内	清代	市（县）级	学宫、书院	
石头村	2003年7月第三批	江门市	恩平市	那吉镇那西村委会	明代	市（县）级	第宅	
炯成楼	2003年7月第三批	江门市	恩平市	牛江镇仕洞村	民国23年（1934）	市（县）级	代表性建筑	
梁元桂故居	2007年1月第四批	江门市	恩平市	圣堂镇歇马村六巷1号	清代	市（县）级	第宅	
秋官第	2007年1月第四批	江门市	恩平市	圣堂镇歇马村七巷1号	清代	市（县）级	第宅	
缉熙堂祠堂	2007年1月第四批	江门市	恩平市	圣堂镇歇马村四巷与五巷之间	清代	市（县）级	祠堂、牌坊	
振韬祖祠	2007年1月第四批	江门市	恩平市	圣堂镇歇马村11巷与12巷之间	清代	市（县）级	祠堂、牌坊	
唐明照故居	2007年1月第四批	江门市	恩平市	圣堂镇塘龙村委会塘龙村	民国7年（1918）	市（县）级	代表性建筑	
郑氏古墓	2007年1月第四批	江门市	恩平市	大田镇坳田村后背君子山前	宋代	市（县）级	地面发现的墓葬	
唐氏古墓	2007年1月第四批	江门市	恩平市	君堂镇潢步头管区龟山	宋代	市（县）级	地面发现的墓葬	
朱人凤古墓	2007年1月第四批	江门市	恩平市	良西镇龙山村委会（又名“烛山”）	元代	市（县）级	地面发现的墓葬	
吴光集墓	2007年1月第四批	江门市	恩平市	良西北部二十四行的龙潭九凸	宋代	市（县）级	地面发现的墓葬	
裀荣故居	2012年1月第五批	江门市	恩平市	圣堂镇水塘村委会下隔巷村	民国24年（1935）	市（县）级	纪念建筑	
云亭书室	2012年1月第五批	江门市	恩平市	圣堂镇区村村委会西头村	清咸丰元年（1851）	市（县）级	学宫、书院	

续附表58

文保单位名称	批次	市	县(区)	详细地点	年代	级别	类别	备注
平塘村三驳桥	2012年1月第五批	江门市	恩平市	恩城街道办事处平塘村委会平塘村	民国	市（县）级	代表性建筑	
仕安岑公纪念堂	2012年1月第五批	江门市	恩平市	君堂镇江洲圩居委会江洲中学内	民国38年（1949）	市（县）级	纪念建筑	
和平解放战争革命烈士纪念碑	2012年1月第五批	江门市	恩平市	沙湖镇和平村委会恩沙公路和平路段旁边	1965	市（县）级	纪念建筑	
隔朗文阁	1994年第2批	江门市	鹤山市	鹤山市雅瑶镇隔朗村纱帽岗下	清	市（县）级	塔	
惠济桥	1983年8月15日第1批	江门市	鹤山市	鹤山市沙坪街道玉桥村东北横跨桃源河下游两岸	清	市（县）级	其他	
坡山坡亭	1983年8月15日第1批	江门市	鹤山市	鹤山市沙坪街道坡山村石螺岗下	清	市（县）级	亭、台、楼阁、公馆会所	
李铁夫艺术家纪念地	1983年8月15日第1批	江门市	鹤山市	鹤山市雅瑶镇陈山村委会侧	民国	市（县）级	纪念建筑	
共青团鹤山县特别支部旧址	1994年第2批	江门市	鹤山市	鹤山市雅瑶镇雅瑶村委会雅瑶罗经村	民国	市（县）级	史迹	
节孝流芳	2006年8月28日第4批	江门市	鹤山市	鹤山市雅瑶镇昆东村委会平岗村大桥坊	清	市（县）级	祠堂、牌坊	
李家成故居	2002年第3批	江门市	鹤山市	鹤山市古劳镇上升村委会二度桥村1至9号	清	市（县）级	第宅	
中共鹤山西北区工委旧址	1994年第2批	江门市	鹤山市	鹤山市龙口镇青文村委会瓦瑶村	民国	市（县）级	史迹	
兄弟义士坊	1983年8月15日第1批	江门市	鹤山市	鹤山市址山镇四九村委会凌村	民国	市（县）级	代表性建筑	
关帝庙	1994年第2批	江门市	鹤山市	鹤山市共和镇大凹村委会后	清	市（县）级	寺庙、宫观	
石笋村航海标志	第六批（2014年12月）	江门市	台山市	广东省江门市台山市川岛镇高笋村委会石笋村前	明	市（县）级	遗址	
江门市甘化厂制糖分厂及附属码头	第七批（2017年1月29日）	江门市	蓬江区	江门市甘化路56号	1957年动工兴建1959年建成投产	市（县）级	代表性建筑	
江门市蓬江区棠下凤凰山宋代黎待举公墓及墓群	第七批（2017年1月29日）	江门市	蓬江区	广东省江门市蓬江区棠下镇虎岭村民委员会凤凰山	宋淳祐年间（1241—1252）	市（县）级	地面发现的墓葬	
江门船厂	第七批（2017年1月29日）	江门市	江海区	江门市文昌沙129号	解放初期五十年代	市（县）级	代表性建筑	

续附表58

文保单位名称	批次	市	县(区)	详细地点	年代	级别	类别	备注
周恩来视察新会大泽旧址	第七批（2017年1月29日）	江门市	新会区	新会区大泽镇同和村委会虎爪里	民国初期	市（县）级	史迹	
林锵云故居	第七批（2017年1月29日）	江门市	新会区	新会区罗坑镇下沙村大来里	清朝	市（县）级	史迹	
慈溪本厚堂赵公祠	第七批（2017年1月29日）	江门市	新会区	江门市新会区古井镇慈溪村上联里	清咸丰年间（1851—1861）	市（县）级	祠堂、牌坊	
宏仁堂薛氏祖祠	第七批（2017年1月29日）	江门市	新会区	江门市新会区古井镇长沙村南里	清同治三年（1864）	市（县）级	祠堂、牌坊	
台山革命烈士纪念碑（含李荣熙烈士纪念碑）		江门市	台山市	台山市台城街道新桥社区塔山台山革命烈士陵园		市（县）级	纪念建筑	
岑尧俊家族墓		江门市	台山市	台山市台城沙岗湖路横湖		市（县）级	地面发现的墓葬	
南村人民抗击日军旧址（含康英家塾）		江门市	台山市	台山市四九镇上南村委会源美村		市（县）级	代表性建筑	
立益翁百岁亭		江门市	台山市	台山市都斛镇下莘村村委会下莘村北面		市（县）级	代表性建筑	
清濂郑公祠		江门市	台山市	台山市海宴镇联南佑村村		市（县）级	祠堂、牌坊	
汶村村陈氏祖祠		江门市	台山市	台山市汶村镇汶村村委会		市（县）级	祠堂、牌坊	
三遇陈公祠		江门市	台山市	台山市汶村镇汶村村委会		市（县）级	祠堂、牌坊	
三圣堂		江门市	台山市	台山市汶村镇汶村村委会		市（县）级	祠堂、牌坊	
闻溪陈公祠		江门市	台山市	台山市汶村镇汶村村委会		市（县）级	祠堂、牌坊	
升平人瑞牌坊		江门市	台山市	台山市汶村镇汶村村委会		市（县）级	祠堂、牌坊	
龙溪冯公祠	2019年4月19日第五批鹤山市保	江门市	鹤山市	鹤山市沙坪街道越塘村委会平圣村	清	市（县）级	祠堂、牌坊	
楼冲七驳桥	2019年4月20日第五批鹤山市保	江门市	鹤山市	鹤山公园内	清	市（县）级	其他	
乐隐源公祠	2019年4月21日第五批鹤山市保	江门市	鹤山市	鹤山市龙口镇霄南村委会北门村	清	市（县）级	祠堂、牌坊	
近湖源公祠	2019年4月22日第五批鹤山市保	江门市	鹤山市	鹤山市龙口镇霄南村委会礼奎村村前	清	市（县）级	祠堂、牌坊	

续附表58

文保单位名称	批次	市	县(区)	详细地点	年代	级别	类别	备注
大霖温公祠	2019年4月23日第五批鹤山市保	江门市	鹤山市	鹤山市龙口镇霄南村委会七九村	清	市（县）级	祠堂、牌坊	
彩虹岭摩崖石刻	2019年4月24日第五批鹤山市保	江门市	鹤山市	鹤山市宅梧镇白水带村委会彩虹岭	清	市（县）级	摩崖石刻	
胡蝶旧居	2019年4月25日第五批鹤山市保	江门市	鹤山市	鹤山市沙坪街道坡山村委会水寨村86号	清—民国	市（县）级	代表性建筑	
饮水思源水塔	2019年4月26日第五批鹤山市保	江门市	鹤山市	鹤山市沙坪街道园外苑20号鹤山一中校内	民国19年（1930）	市（县）级	代表性建筑	
梁赞故居	2019年4月27日第五批鹤山市保	江门市	鹤山市	鹤山市古劳镇古劳村委会东便村	清（光绪）	市（县）级	代表性建筑	
汉秋亭	2019年4月28日第五批鹤山市保	江门市	鹤山市	鹤山市雅瑶镇黄洞村口	民国25年（1936）	市（县）级	代表性建筑	
广东人民抗日解放军政治部旧址	2019年4月29日第五批鹤山市保	江门市	鹤山市	鹤山市宅梧镇靖村村委会堂厦村	民国	市（县）级	代表性建筑	
开侨中学南楼和小礼堂	2020年11月29日第五批开平县保开府函〔2020〕32号	江门市	开平市	开平市长沙街道办事处侨园路开侨中学	民国	市（县）级	代表性建筑	
横江绍贤学校旧址	2020年11月29日第五批开平县保开府函〔2020〕32号	江门市	开平市	开平市月山镇横江村委会	民国	市（县）级	代表性建筑	
梁嘉和梁寒光故居	2020年11月29日第五批开平县保开府函〔2020〕32号	江门市	开平市	开平市月山镇博健村委会联兴村11巷9号	民国	市（县）级	史迹	
谭国标烈士故居及书舍	2020年11月29日第五批开平县保开府函〔2020〕32号	江门市	开平市	开平市水口镇后溪村委会	民国	市（县）级	史迹	

续附表58

文保单位名称	批次	市	县(区)	详细地点	年代	级别	类别	备注
红线女故居	2020年11月29日第五批开平县保开府函〔2020〕32号	江门市	开平市	开平市水口镇黎村村委向北村一巷2号	清	市（县）级	史迹	
官堂村古建筑群	2020年11月29日第五批开平县保开府函〔2020〕32号	江门市	开平市	开平市马冈镇官堂村委会	清	市（县）级	祠堂、牌坊亭、台、楼、阁、公馆、会所	文物本体为：北帝庙帝圣阁元什梁公祠大口井
关崇涧故居	2020年11月29日第五批开平县保开府函〔2020〕32号	江门市	开平市	开平市塘口镇以敬村委会	民国	市（县）级	史迹	
司徒教伦堂纪念堂	2020年11月29日第五批开平县保开府函〔2020〕32号	江门市	开平市	开平市赤坎镇东郊开平一中	民国	市（县）级	纪念建筑	
邓荫南故居	2020年11月29日第五批开平县保开府函〔2020〕32号	江门市	开平市	开平市赤水镇湴溪村永和村	清	市（县）级	史迹	
中共中区特委机关旧址	2020年11月29日第五批开平县保开府函〔2020〕32号	江门市	开平市	开平市水口镇金山村委会	民国29年至民国32年（1940—1943）	市（县）级	史迹	张伟故居

索引

1.本索引采用主题分析方法，按主题词汉语拼音顺序排列。

2.本刊的《特辑》《大事记》《社会经济统计资料》《文献法规》和《附录》等篇目未作索引。

3.所以的主题词后面的数字表示内容所在页码，数字后面的拉丁字母（a,b,c）表示该页自左至右的栏别。

A

B

C

D

E

F

G

H

J

K

L

M

N

P

Q

R

S

T

W

X

Y

Z